나는 아직,

어른이 되려면

멀었다

나는 아직, 어른이 되려면 멀었다

1판 1쇄 발행 2010. 7. 15.
미니북 1쇄 발행 2016. 3. 28.

지은이 강세형

발행인 김강유
편집 임지숙 | 디자인 정지현
발행처 김영사
등록 1979년 5월 17일(제406-2003-036호)
주소 경기도 파주시 문발로 197(문발동) 우편번호 10881
전화 마케팅부 031)955-3100, 편집부 031)955-3250 | 팩스 031)955-3111

값은 케이스에 있습니다.
ISBN 978-89-349-7388-1 03810 세트 978-89-349-7392-8

독자 의견 전화 031)955-3200
홈페이지 www.gimmyoung.com 카페 cafe.naver.com/gimmyoung
페이스북 facebook.com/gybooks 이메일 bestbook@gimmyoung.com

좋은 독자가 좋은 책을 만듭니다.
김영사는 독자 여러분의 의견에 항상 귀 기울이고 있습니다.

나는 아직, 어른이 되려면 멀었다

강세형

김영사

내 이야기이면서도
내 이야기가 아닌 이야기

무엇이든 보고 듣는 걸 좋아했다.
책, 영화, 그림, 드라마, 만화, 음악… 그러는 시간이 제일 즐거웠다.
이미 세상에는 이렇게나 좋은 것들이 많으니 아무리 부지런히 보고 들어도
죽을 때까지 다 만나지 못할 것 같아 불안하기까지 했다.
하지만 돈은 벌어야 했고 그러다 아르바이트로 시작한 방송작가.

이 일을 이렇게 오래 할 줄 몰랐다. 내가 '작가'라 불리게 될 줄도 몰랐다.
아직도 사람들이 날 '작가'라 부르는 것이 편하지 않다.
그럼에도 내가 이 일을 계속하고 있다는 것은
분명 이 일이 내게 '어떤' 즐거움을 주고 있기 때문일 거다.

라디오 에세이는 소설과 에세이, 그 사이 어딘가쯤에 놓인 글 같다.
내가 쓰고 있지만, 나를 드러내진 않는다.
마치 이 글을 읽고 있는 DJ의 이야기인 듯 나는 그 뒤로 숨는다.
그래서 재밌다. 내 이야기이면서도 내 이야기가 아닌 이야기.
방송 후 청취자들의 반응 또한 재밌다.
내 마음을 정확히 짚어내는 반응부터 내가 전혀 짐작도 못 했던 반응까지.
그래서 나는 또 숨을 수 있다. 내 이야기이면서도 내 이야기가 아닌 척.

방송을 위해 쓰인 글을 책으로 엮어내는 것이 조금 부담스럽기도 했다.
하지만 또 이 글들이 누군가에 닿아
'내 이야기이면서도 내 이야기가 아닌' 어떤 다른 의미들로 변해갈지
이제 조금 궁금하기도 하고 두렵기도 하고 기대되기도 한다.

그동안의 원고들 가운데 테이의 뮤직아일랜드, 이적의 텐텐클럽,
스윗소로우의 텐텐클럽에서 쓴 원고들을 모아 봤다.

그래서 책 안 소제목들은 각 에피소드들과 꼭 일치하진 않으나
당시 코너의 제목들 〈청춘, 그 길에 서서〉, 〈기억, 한 컷〉, 〈어떤 하루〉로 정했다.

이른 아침, 잠에서 깬 아저씨는 생각했다.
"이제 내 청춘도 끝나는구나."
그날은 아저씨의 마흔아홉 번째 생일이었다.

어떤 드라마 속 한 장면.

나는 고등학교를 졸업하면서도 내 청춘도 끝나는구나 생각했고,
대학을 졸업하면서도, 긴 연애에 마침표를 찍으면서도,
스물아홉에서 서른으로 넘어가는 해에도,
그리고 최근까지도 시시때때로 생각했다.
이제 내 청춘도 끝나는구나.
그래서 드라마 속 아저씨의 대사가 마음에 남았다.
어쩌면 우리는 모두 언제나 청춘을 살고 있는지도 모른다는,
다만 열아홉에도 스물아홉에도 서른아홉에도 마흔아홉에도
이제 내 청춘도 끝나는구나 생각하며
나의 청춘을 흘려보내고 있는지도 모른다는 생각이 들었다.

그래서 만약 내가 계속 무언가를 쓰면서 살게 된다면,
죽을 때까지 '젊은 글'만 쓰고 싶다는 생각을 했다.
언제까지 그럴 수 있을진 모르지만, 언제까지 이 일을 하게 될진 모르지만.
그리고 그런 생각을 하는 나는 아직, 어른이 되려면 멀었나 보다 싶었다.

우리 엄마.
아직도 사는 데 어리바리한 나에게
늘 엄마처럼 잔소리를 늘어놔 주는 내 엄마 같은 지인들.
우리 가족.
이제는 가족이나 마찬가지인 함께 일해 온 스탭들과 DJ들.
고맙습니다.

2010년 7월 강세형

first

;

청춘,
그 길에 서서

second

;

어떤 하루

키쿠야
나는 지금 이대로가 좋다고!
방심
복수
습관처럼 봄을 타던 녀석
동전 던지기
실망하면 어떡하지
나쁘지 않아
인연
후회
칫솔질
웬만해선 화가 나지 않는다
나의 무용담
양말 한 짝
내 인생엔 어떻게 공짜가 없어, 공짜가!
선물받은 책
스무 살, 딱 그 나이에만
비닐봉지 두 개
도대체 나중에 얼마나 행복해지려고
내가 끊어야 할 두 가지
이제 들킬 일만 남은 거잖아
난 분명 널 본 걸까
우리가 이렇게 오래 알아 왔는데
어느 정도의 빈틈
화분
친근함에 대한 규율책
고등어찌개
바람둘이 선물
아이스크림
등호 관계
교통사고
힘든 사람, 슬픈 사람, 외로운 사람
위시리스트
제풀에 식어버릴
심야 영화
긴 밤
그렇지 않아
두 번째
신(scene)과 신 사이
우리를 어른스럽지 못하게 만드는 순간
눈 오는 소리
나 오늘 힘들어 자리
레퍼토리
안식처

third

;

기억,

한 컷

청춘 열차
1. 2. 3. 4. 5. 6. 7.
서로의 불행을 털어놓으며 정을 쌓아 가는 동물
하얀 모니터 위로 깜빡이는 커서
운동화 두 켤레
떡볶이
따뜻한 A4 용지
많이 변했네
흘리듯 놓쳐버린 많은 것들
시간이 흐른다는 건 인정하게 되는 것
나는 걱정하지 않는 법을 몰라요
2006년 10월 13일 저녁 9시 47분
쓰레빠
자격지심
바람이 불고 있는 거라면 참 좋겠다
악역
자기 검열
포장마차
고해
좋아, 근데 좀 힘들어
퍽도 유감이다
17년 전 남자친구
꿈꿀 수 있는 자유
따뜻한 아메리카노
귀향길, 귀경길
모르는 척
아빠 싫어, 아빠 미워
그런 날이 있다
빨간 멈춤 신호
네가 사는 거지?
언젠가는 터졌을 울음
흔해빠진 사랑, 흔해빠진 이별
새하얀 세계지도
약점
그러니까 꿈이다
타로 카드 점
진심의 홍수
더 이상 새로운 이야기가 없다
뻥이요!
좋아하는 냄새
다르다, 틀리다
눈 덮인 도시
외롭지 않아야 하는 하루였다
쿠키 굽는 여자
두루마리 휴지

first

청춘,
그 길에 서서

왜 꼭 그렇게 될까?

받은 사랑보단
받은 상처를 더 오래 간직하고

내가 이미 가진 무언가보단
내가 아직 가지지 못한 무언가를
더 중요하다,
혹은 더 갖고 싶다,
한없이 내가 아닌 타인만을 부러워하는
우리.

우린 도대체, 왜 그런 걸까?

'난 왜 이렇게 뭐든지 어중간한 걸까?'

싫증이 쉬운 아이

싫증이 쉬운 아이.
나는 그런 아이였던 것 같다.

이것저것 하고 싶은 것은 많아서 여기도 기웃 저기도 기웃.
피아노, 기타, 태권도, 미술, 영어, 일어.
이것저것 많이 시작은 해 봤던 것 같은데
처음엔 뭐든 무척 열심히 파고들었던 것도 같은데
금세 시들시들 싫증을 느끼곤 손을 놔버리곤 했던 나.

싫증의 원인에는 여러 가지가 있었지만
그중 하나는 이거였던 것 같다.

'왜 이렇게 안 늘지?'
어느 순간 찾아오는 슬럼프.
'저 사람은 나보다 늦게 시작했는데도 나보다 잘하잖아?'
괜한 자격지심.
'에이, 나는 재능이 없나 보다.'
그리고 쉬운 포기.

계단식 성장.
슬럼프가 찾아왔을 때
그걸 잘 이겨내야만 더 큰 도약으로 이어질 수 있다는 것.
머리로는 알면서도 포기가 빨랐던 아이.
그만큼 싫증도 쉬웠던 아이.
그래서 결국은

'난 왜 이렇게 뭐든지 어중간한 걸까?'
투덜거리기만 하는 아이.

어떤 드라마였던 것 같은데
주인공 소녀는 대단한 재능을 가진 한 선배를 짝사랑하게 된다.
나와는 너무 다른 사람.
나와는 전혀 어울리지 않을 것 같은 사람.
하지만 선배를 만난 이후 소녀의 꿈은 달라진다.

"죽을 만큼 노력해서라도
선배에게 어울리는 사람이 되고 싶어요."

그만큼이나 그 사람을 좋아했던 거다.
그만큼이나 그 사람과 함께하고 싶었던 거다.

그 소녀를 보면서
나는 이런 생각을 했던 것 같다.

내가 싫증이 쉽고 포기가 쉬웠던 이유는
그만큼 간절하지 않았기 때문 아닐까.

나는 어쩌면 지금까지 단 한 번도
죽을 만큼 노력해서라도 갖고야 말겠다는 간절함을
품어 본 적도 표현해 본 적도 없는 거 아닐까.

어쩌면 나는
처음부터 어중간한 아이는 아니었을지 모른다.
그저 내가 나를
어중간하게 만들어버린 걸지도.

나는 지금
열일곱의 세상밖에 볼 수 없으니까

"세상은 참 살기 힘든 거죠?"
열일곱 소녀가 어른에게 물었다.

"열일곱 나이로 그런 말 말아라."
어른이 대답했다.

"열일곱도 세상은 살기 힘들어요."
소녀가 말했다.
그리고 이어지는 독백.
'나는 지금 열일곱의 세상밖엔 볼 수 없으니까.'

내가 참 좋아하는 만화의 한 장면이다.

이 만화를 처음 읽은 건
아마도 내 나이 열일곱 그 즈음이었던 것 같다.
그래서 참 좋았다.
'나는 지금 열일곱의 세상밖엔 볼 수 없으니까.'
그 말이 왠지 멋져 보였다.

조금 더 세월이 흘러 이 만화를 다시 봤을 때
나는 또 한 번 그 말에 반해버렸다.

남들 보기엔 별거 아닌 고민일지라도
내가 볼 수 있는 세상은 어쨌든 내 눈에 보이는 내 세상뿐.

그러니 내 세상에선 내가 가장 힘들다는 것을,
그것이 당연하다는 것을,
그 만화가 이해해 주는 것만 같았다.
위로해 주는 것만 같았다.
별거 아닌 일에도 많이 고민하고 많이 아파하고 많이 힘들어하던
이십 대, 조금은 치기 어렸던 그 시절에.

그리고 얼마 전 다시 보게 된 그 만화.
나는 그 말에 또 한 번 위로받았다.

무심코 돌아보니 어느덧 삼십 대.
갑자기 내가 너무 늙어버린 느낌.
이제는 더 이상 어리다고 말할 수 없는 내 나이가
짐처럼 느껴지는 기분.

그때였다.
'나는 지금 열일곱의, 아니 서른의 세상밖엔 볼 수 없으니까.'
그 말이 나를 다독여 주는 것만 같았다.

너의 세상에선
너의 시선으로밖에 볼 수 없는 거라고.
그러니 서른,
너의 시선으로 많은 나이라면 많은 것이고
어린 나이라면 어린 것이라고.
그러니 다시 한 번 네 멋대로 살아 보라고.

어차피 너는 너일 뿐이니까.
그것이 열일곱의 너이든, 이십 대의 너이든, 서른의 너이든.

작가의 말

작가의 말.
어떤 책에나 부록처럼 실려 있는 작가의 말.

난 '작가의 말'을 꼼꼼히 챙겨 보는 스타일인데
물론 보지 않았으면 좋았을 걸 싶을 때도 있다.
원작의 감흥을 떨어뜨리는 경우도 분명 있으니까.

하지만 반대의 경우도 있다.
처음 그 소설을 읽었을 땐 그저 그랬다.
나쁘진 않았지만 그렇다고 내 맘에 쏙 들지도 않는,
재미있긴 했지만 그렇다고 두 번 볼 마음은 안 드는, 그런.

그러다 '작가의 말'을 보게 됐는데
그는 자신에게
예술적 재능 같은 건 눈곱만큼도 없다 생각했노라 고백했다.

대학 입학 원서를 쓸 때 문학을 전공하고 싶었지만
나에겐 어울리지 않은 일이라 확신했기에 다른 전공을 선택했고
대학 시절 내내 일부러 책을 읽지 않는 학생이었노라 고백했다.

그랬던 그가 소설가가 됐다.
세 번째 책의 작가 후기를 쓰고 있는 소설가.

그는 더 이상
자신에게 재능이 있는가 없는가를 고민하지 않는다 했다.

그는 더 이상
앞으로도 소설을 쓸 것인가 말 것인가를 고민하지 않겠다 했다.

그리고 말했다.
그가 계속해서 소설을 쓰는 이유는
재능이 없는 자도 기쁨을 얻을 수 있다는 것을
스스로 증명해 보고 싶어서라고.

조금 부럽단 생각이 들었다.

내가 과연 그 일을 할 수 있을까.
나는 계속 그 꿈을 지켜 갈 수 있을까.
나에겐 처음부터, 재능 따윈 없었던 거 아닐까.
그런 생각들로
아무것도 하지 않은 채 흘려보낸 많은 시간들.

어쩌면
자신의 꿈을 지켜 가고 있는 사람들 가운데 상당수는
타고난 재능 때문이 아닐지도 모른다.

재능이 없는 자도 기쁨을 얻을 수 있다는 것을
스스로 증명해 보고 싶었던 사람들, 그리고 끝내 증명해낸 사람들.

나는 과연,
그런 사람 중 하나가 될 수 있을까.

어쩌면 그것 또한 하나의 재능일지 모른다.
내가 원하는 것을, 쉽게 포기하지 않는 재능.

오징어

사진을 가득 채우고 있는 것은 오징어다.
줄을 맞춰 빨래처럼 널려 있는 오징어.

이제 막 씻어서 널어놓은 건지
아직 물기가 남아 있어
오징어들은 햇빛을 받아 반짝반짝.

갑자기 바다가 보고 싶다며
혼자 강원도로 여행을 떠난 친구.
며칠 뒤 친구의 미니홈피가 업데이트됐다는 소식에
돌아왔나 싶어,
여행 사진이 올라왔나 싶어 냉큼 가 봤다.

그런데 그곳엔
멋진 바다 사진도, 친구의 얼굴 사진도 하나 없고
오징어 사진만이 달랑 한 장 올라와 있었다.
사진 제목은,

'맛있어질 테다!'

그리고 사진 아래엔 이런 글이 적혀 있었다.

'막 펴서 널어놓은 오징어들 반짝반짝하더라.
하지만 아직
자신의 진한 체취는 갖추지 못한 상태.'

이 글을 읽는데 갑자기
건오징어 특유의 맛있는 냄새가 떠올라버렸다.
특히 불 위에 올리고 구울 때면
먹으려고 굽고 있으면서도 빨리 먹고 싶다, 안달이 날 정도로
특유의 진한 체취를 발하는 건오징어.

그러고 보니
마르기 전의 오징어는 그렇게 냄새가 강하지 않다.
바닷바람과 햇빛을 적당히 잘 받아 바짝 말라야만
자신의 진한 체취를 갖게 되는 오징어.

혼자만의 여행에서 돌아온 친구는
제일 먼저 이 오징어 사진을 업데이트하며 그런 생각을 했던 걸까.

지금 자신 또한
자신만의 진한 체취를 갖기 위해
바닷바람과 햇빛의 공격을 견뎌내고 있다는,
아니 견뎌내야만 한다는, 그런 생각을.

딱딱해져버린 마음

잠이 오지 않아 TV 리모컨만 괴롭히다 그 영화를 다시 만났다.
꽤 오래전에 본 영화고 무척 재미있게 봤던 영화라 또 보고 싶어졌다.

근데 영화를 보는 내내 이런 생각이 들었다.
'왜 나는 이 영화를 재밌었다 기억하고 있었지?'
주인공 남녀의 유치찬란한 사랑놀이가 전혀 공감이 안 돼서.

결국 TV를 꺼버리고 다시 잠을 청하려 누웠는데
머릿속에서 그 생각이 떠나질 않았다.
'왜 나는 이 영화를 재밌었다 기억하고 있었지?'

그러다 문득 떠오른 한 사람.
혹시 그래서였나.
그 사람과 같이 봤던 영화라?
나 또한 영화 속 주인공들처럼 절찬리 연애 중이었기 때문에?
상대의 사소한 말 한마디에
가슴 떨려 하고 가슴 아파하고 그랬던 나였기에
그 영화가 재미있었던 걸까.

그러고 보니 요즘의 나는
사랑 이야기들에 좀처럼 공감하지 못하고 있었다.

'이 노래, 가사 참 좋네!'
예전엔 귀에 들어오는 노랫말도 참 많았는데 요즘엔 그렇지 않고.
예전엔 가슴 떨려 하며 혹은 가슴 아파하며 보는

드라마나 영화도 참 많았는데 요즘엔 다 시큰둥.
그저 좋은 노래가, 좋은 드라마가, 좋은 영화가 요즘엔 별로 없다.
그렇게만 생각했는데 혹시 그런 게 아니었던 걸까.

갑자기 어떤 영화 속 한 장면이 떠오른다.
"마음이 아파요. 근데 계속 아프고 싶어요."
사랑에 빠져 가슴 아파하던 주인공의 대사.
그러고 보니 이런 시도 있다.
'내 고통의 달콤함을 이 세상 무엇과도 바꾸지 않으리라.'

갑자기 내 마음이
너무 딱딱해져버린 건 아닌가 싶어 좀 슬퍼진다.

"심장이, 딱딱해져버렸으면 좋겠어요."
어떤 드라마 속 여주인공이 울먹이며 했던 대사.
그녀의 일그러지는 표정을 보며 나도 따라 울컥했던 기억.
나 또한 심장이 딱딱해져버리길 바랐던 기억.

하지만 그녀는 사랑을 포기하지 않았다.
아니, 포기하지 못했다.
사랑은 그런 거니까.
너무 좋아서 계속하고 싶기도 하고
너무 아프지만 놓치고 싶지 않기도 한,
아파도 아파도 또 하고 싶은 그런 것.

그래서 나는 조금 슬퍼지고 말았다.
너무 딱딱해져버린 내 마음.
사랑도 그리움도 아픔도
품어 본 지 너무 오래됐구나 싶어서.
넘쳐나는 세상의 사랑 이야기가
어느새 모두 남의 이야기가 되어버린 듯싶어서.

나는 얼마나 많은 것들을 잊어버리려 애쓰며 살아가고 있는 걸까

다 잊었다고 생각하지만 아니 정말 다 잊었지만
한번 겪었던 아픔은 내 마음, 내 머리 어느 구석에
사라지지 않고 자리하고 있는 걸까?
그래서 무언가가 그 구석 언저리를 건드리는 순간
무조건반사처럼 눈물이 흐를 수 있는 걸까?

다 잊었다, 다 지웠다 생각했던
어떤 기억이, 어떤 눈물이, 혹은 어떤 즐거움이
내 안에는 도대체 얼마나 많이 쌓여 있을까?
나는 얼마나 많은 것들을
잊어버린 채 혹은 잊어버리려 애쓰며 살아가고 있는 걸까?

잘도 흘러만 가는 시간

중고 냉장고, 중고 컴퓨터, 중고 세탁기.
온갖 중고 가전제품을 사겠다는 안내방송이 끝도 없이 반복된다.

오랜만에 맘껏 늦잠을 자고 일어난 늦은 아침.
답답한 방 안 공기에
아주 조금 열어 두고 잔 창문 틈새로 새어 들어오는 소음.

중고 가전제품을 산다는 트럭이 지나가고 나자
김장철 배추를 싸게 판다는 트럭이 등장했다.
잠시 후엔 수다스러운 동네 아줌마들이 배춧값 흥정하는 소리.
잠시 후엔 동네 아이들이 우르르 지나가는 소리.

끊이지 않는 소음들에 이미 깨어버린 지 오래지만
좀처럼 이불 밖으로 나오기 힘들다.

조금 열어 두고 잔 창문 틈새로
바람이 새어 들어오는 소리가 들려온다.
제법 겨울 티가 나는 바람을 피해 더 깊이 이불 속으로 파고드는 나.

얼마나 그렇게 누워 있었던 걸까.
몸을 잔뜩 웅크린 채 아무것도 하지 않고
창문 틈새로 들려오는 소음들에만 귀를 기울인 채 아무 생각도 하지 않고
나는 그렇게 얼마나 누워 있었던 걸까.

이불 밖으로 손만 살짝 꺼내 더듬더듬 휴대폰을 찾는다.

부재중 통화는, 없다.

다시 이불 깊숙이 숨어든다.

여전히 창문 틈새로 들려오는 소음들.
여전히 세상은 아무 일 없다는 듯
잘 흘러가고 있는 거다.

여전히 창문 틈새로 새어 들어오는 찬바람.
여전히 시간은 째깍째깍 한 치의 게으름도 없이
겨울을 향해 흐르고 있는 거다.

여전히, 여전히.
내가 아무것도 하지 않아도
내가 아무 생각 또한 하지 않아도
잘도 흘러만 가는 세상, 잘도 흘러만 가는 시간.

아무것도 달라진 것은 없다.
더 이상 '나를 찾는 너'는 없다 해도
잘도 흘러만 가는 세상, 잘도 흘러만 가는 시간.

아무리 천천히 가도

'소리 내어 책을 읽는 즐거움.'

어떤 책에 이런 이야기가 나온다.

그 책을 보다 문득
소리 내어 책을 읽고 싶어졌다.
그러고 보니 고등학교를 졸업한 이후
소리 내어 책을 읽어 본 적이 거의 없는 것 같았다.

꽤 색다른 경험이었다.

처음엔 물론 좀 답답했다.
아무래도 속도가 떨어질 수밖에 없으니까.

눈으로만 읽다 보면 다음 내용이 궁금해서라도
건너뛰는 단어들, 빠르게 넘어가는 문장들이 생긴다.
하지만 소리 내어 책을 읽다 보면
문장 하나, 단어 하나도 그냥 쓱 지나갈 수 없다.
또박또박 한 단어 한 단어를 음미할 수밖에 없게 되는데
그래서인지 똑같은 내용의 글도
소리 내어 읽다 보니 전혀 다른 글처럼 느껴졌다.

한 친구도 이와 비슷한 경험을 해 본 적이 있다고 했다.
외국어로 된 책을 읽으면서.

아무래도 익숙지 않은 언어라 천천히 읽게 되고
헷갈리는 단어는 사전을 찾아보게 되고
그렇게 속도를 늦춰 책을 읽다 보니
분명 번역본으로 이미 읽었던 책인데도
마치 처음 보는 글처럼 생소하더란다.

꼭 책뿐 아니라 늘 지나치던 길인데도
갑자기 여유가 생겨 천천히 두리번두리번 걷다 보면
'어, 여기 이런 가게가 있었나?'
'저 떡볶이집 주인아줌마가 저렇게 젊은 분이었나?'
'이 집 간판은 원래 이렇게 촌스러운 색깔이었나?'
그 길이 무척 생소하게 느껴질 때가 있다.

어디 그뿐인가.
매일 보는 친구의 얼굴인데도
너 원래 이마에 그 살짝 파인 자국이 있었니 싶을 때.
내가 즐겨 입는 청바지인데도
원래 이 바지 뒷주머니에 이런 무늬가 있었나 싶을 때.
심지어 거울을 보다가도
어, 원래 내 목에 이런 작은 점이 있었나 싶을 때가 있다.

언젠가 선배에게서 이런 이야기를 들은 적이 있다.

"나도 무슨 책에서 본 건데,
우리가 아무리 천천히 가도
세상에는 우리가 보는 것, 그 이상의 것이 있대.
우리가 아무리 천천히 가도 놓치는 것들이 있을 수밖에 없대."

그 이야기에 나는 어쩐지
조금 슬픈 마음이 들었다.

아무리 천천히 가도 놓치는 것들이 있다는데
늘 부산스러운 마음, 늘 정신없는 하루.
그 안에서 나는 도대체
얼마나 많은 것들을 놓치고 있는 걸까 싶어서.

내게도 한때는
책을 먹어 치우듯 읽던 시기가 있었다.

분명 그때의 내 독서법은
읽는다는 표현만으론 부족한,
허기진 사람이 게걸스럽게 음식을 탐닉하듯
정말 먹어 치우는 듯한 형상이었다.

다른 여가 활동은 거의 멈춘 채
여유 시간 모두를 책 읽기에 할애했으며,
한 책의 3분의 2 정도를 읽었을 땐
다음엔 무슨 책을 봐야 하나 이미 마음이 조급해졌으며,
나중엔 책을 열 권 이상씩 한꺼번에 구입해
빠른 속도로 책들을 먹어 치워 나갔던 그 당시의 나.

아마도 그때의 난
내가 너무 무식하다는 생각을 했던 것 같다.
남들에게 뒤처지고 있다는 생각을 했던 것 같다.
이렇게 먹어 치우듯 빠르게 나아가지 않으면
이미 나보다 훨씬 앞서 걷고 있는 사람들을
절대로 따라잡을 수 없다고 생각했던 것 같다.

“아무래도 요즘의 난
책을 읽는 게 아니라 먹어 치우고 있는 것 같아.”

그때의 내게 아마도 꼭 필요한 말이 아니었을까 싶다.

"우리가 아무리 천천히 가도
세상에는 우리가 보는 것, 그 이상의 것이 있대.
우리가 아무리 천천히 가도 놓치는 것들이 있을 수밖에 없대."

선배의 그 말.

아무리 많은 책을 읽고
아무리 많은 영화를 보고
아무리 많은 것을 이미 겪었고 이뤘다 생각해도
나는 그것들을
다 읽고, 다 보고, 다 겪고 이룬 것은 아닐지도 모른다.

그래서 나는 아직도 가끔씩
소리 내어 책을 읽는다.

뒤처지고 있단 생각에
무언가에 쫓기는 듯한 기분에
자꾸만 마음이 조급해질 때.

그래서 더
부산스러워지는 마음, 정신없어지는 하루.

그 안에서 내가
길을 잃어버린 듯한 느낌이 들 때면.

나를
피해자로 기억하는 성향

"무슨 소리야, 엄마는 항상 네가 먼저였지.
그래서 내가 어렸을 때 얼마나 상처를 많이 받았는데!"

참 이상하다.
내가 기억하는 우리의 어린 시절엔
항상 오빠를 부러워하던 내가 있는데,
오빠가 기억하는 우리의 어린 시절엔
언제나 나를 부러워하던 오빠가 있다.

"오빠는 맨날 새 옷만 입었잖아.
내가 오빠한테 물려받은 남자 옷들 얼마나 부끄러웠는지 알아?"
내가 이렇게 투덜거리면,

"막내라고 대우받으며 자란 건 너야.
난 늘 오빠라고 너한테 양보만 했다고."
꼭 이렇게 받아치던 오빠.

근데 얼마 전에
이 비슷한 대화를 친구와도 나눈 적이 있다.

"에이 아니지. 그 선배는 나보다 널 더 예뻐했지.
솔직히 그땐 나, 좀 속상했었다."

신기했다.
나 또한 그런 생각을 해 본 적 있으니까.

선배가 나보다
그 친구를 더 예뻐하는 것 같아 조금 섭섭했던 기억이
나에게도 있었으니까.

우리에겐
타인이 아닌 나를, 피해자로 기억하는 성향이 있나 보다.

어쩌면 엄마는
오빠와 나를 똑같이 사랑했을지도 모르는데
서로 더 사랑받지 못했다, 내가 피해자다 주장하고.

손바닥도 마주쳐야 소리가 나는 법인데
누군가와 다투면
꼭 내 잘못보단 상대 잘못이 먼저 떠올라
내가 피해자라 생각하게 되고.

심지어 내가 먼저 이별을 통보하고 나서도
'어쩔 수 없었어. 나를 이렇게 만든 건 그 사람이라고.'
이렇게 생각하게 되는 우리.

왜 꼭 그렇게 될까?

받은 사랑보단
받은 상처를 더 오래 간직하고.

내가 이미 가진 무언가보단
내가 아직 가지지 못한 무언가를 더 중요하다, 혹은 더 갖고 싶다.
한없이 내가 아닌 타인만을 부러워하는 우리.

우린 도대체, 왜 그런 걸까?

난 이럴 때 참 억울하다.
'내일은 기필코 늦잠이다!'
굳게 마음먹고 잠자리에 들었건만
다음 날 아침, 습관처럼 꽤 이른 시간에 눈이 번쩍 떠질 때.

더 잘 거야. 더 잘 거야. 더 잘 거야.
억울해. 억울해. 억울해!

이리 뒹굴 저리 뒹굴.
아무리 자세를 바꿔 가며 다시 잠을 청해 봐도
피곤하긴 한데
정신 또한 몽롱하긴 한데
가수면 상태에서 절대 깊은 수면으로 들어가진 못할 때,
정말 그렇게 억울할 수가 없다.

할 일이 없는 건 아니다.
아니 내일부터 다시 시작될 빠듯한 일상을 생각하면
이것저것 미리미리 준비해 두는 게 좋은 시점.
하지만 늦잠까지 빼앗겨버린 억울함에
나는 이 하루를
온전히 나만을 위해 사용하기로 마음먹었다.

밀린 드라마부터 몇 편 몰아 보고 나니 꼬르륵.
부산스럽게 찌개까지 끓여 한 끼를 챙기고
다시 침대로 돌아와

뒹굴뒹굴 아이스크림 입에 물고 만화책 보기.
꾸벅꾸벅 졸다 깨다를 반복하며 보내는 나른한 오후.

그러다 영화를 또 두 편 몰아 보고 나니 꼬르륵.
냉장고를 뒤져 이것저것 다 몰아넣고
커다란 양푼에 고추장 한 스푼, 참기름 한 방울 똑!

배가 불러 숨도 못 쉬겠다는 시점이 오면
책도 영화도 눈에 안 들어오고, 자전거를 끌고 나가 동네 한 바퀴.
두 바퀴도 안 되고 세 바퀴도 안 된다.
나는 지금 운동을 하는 게 아니니까.
소화도 시킬 겸 바람도 쐴 겸
정말 그냥 놀기 위해 산책을 하는 거니까.

다시 집으로 돌아와 샤워를 하고 침대에 늘어져 책을 본다.
그때쯤 밀려오는 졸음.
그 졸음과 함께 찾아오는 이런저런 생각들.

아, 내일 일찍 일어나야 되는데.
아, 내일 할 일 되게 많은데.
아, 오늘 좀 미리 해 뒀어야 하는데.

하지만 별로 한 일도 없이 지나가 버린 오늘 하루를
먹다 자다 놀다 그렇게 흘리듯 보내버린 나의 오늘 하루를
후회할 마음은 없다.

지나친 게으름이 만들어낸 자기 합리화라 불러도 좋다.
나를 둘러싼 모든 걱정, 고민들을 잠시 뒤로 밀어 둔 채
딱 하루쯤,
내 일상에 쉼표 하나 찍어 주는 게 그리 큰 잘못은 아닐 테니까.

딱 하루쯤,

내 일상에 쉼표 하나 찍어 주는 게 큰 잘못은 아닐 테니까

그 날 우리 수다의 주제는
나이를 먹어 갈수록 점점 심해지는 듯한
건망증과 기억력 감퇴였다.

새로운 것을 배우는 데
점점 시간이 오래 걸리는 것은 물론
좋아했던 배우의 이름, 친했던 지인의 이름,
심지어 헤어진 여자친구의 이름도
생각 안 날 때가 있다는 이야기까지 나왔을 때
한 선배의 이 말에 우리는 모두 빵 터졌다.

"야, 원래 저녁 6시 이후에는 고유명사가 생각 안 나는 거야.
우리 머리도 퇴근하거든."

정말 그런 순간이 있다.
우리 머리가 퇴근한 것처럼 느껴지는 순간.

'어제저녁에 내가 뭘 먹었더라.'
아무리 생각해 봐도 기억나질 않고,
방금 몇 번이나 되뇌며 외웠던 누군가의 이름이 돌아서자마자
아 까먹었다, 생각나지 않을 때.

"나도 이제 늙었나 봐.
그래도 어렸을 땐 꽤나 총명하단 얘기도 듣고 그랬는데….
갈수록 머리가 나빠져."

이런 푸념이 절로 새어 나오는 순간.
그런데 언젠가 한 선배가
그렇게 투덜거리던 내게 이런 말을 해 준 적이 있다.

"갈수록 무언가를 기억하는 게 어려워지는 건
우리가 이미, 너무 많은 것들을 기억하고 있기 때문일지도 몰라."

어떤 과학적 근거도 없다는 거 아는데
이상하게 혹했다.

휴대폰 문자함이나 메일함도 용량 제한이 있어서
가득 차면 비워 줘야 하듯
혹 우리 머리도 그런 용량 제한 같은 게 있어서
적당히 비워 줘야 또 새로운 것들이 들어올 수 있는 건 아닐까.

어린 시절의 추억은 잘도 생각나는데
바로 작년에 있었던, 바로 지난달에 있었던,
바로 어제 있었던 일은 잘 기억나지 않는 것이 혹,
옛 기억들이 이미 너무 많은 용량을 차지하고 있기 때문은 아닐까.

그래서였는지도 모르겠다.

팔을 스치는 바람에서 가을이 느껴지자마자
나는 제일 먼저 긴팔 옷을 찾으려 옷장을 뒤졌다.
그런데 왜 이렇게 옷이 없는지.
도대체 나는 작년 가을에 무슨 옷을 입었는지
도무지 기억나지 않는 거다.

그런데 참 신기한 것이 아주 오래전에 입었던,

이젠 낡아서 더 이상 입을 수도 없는 그 옷만은
선명히 기억났다.
"어, 오늘 예쁘게 입고 나왔네?"

그 말과 함께 방긋 웃어 보이던, 그 사람의 얼굴과 함께.

자동
판매기

새까만 어둠 속에서
쓸쓸하게 홀로 빛을 발하고 있는 자동판매기.

늦은 밤
하얀 모니터 위로 깜빡이는 커서는 자꾸만 날 재촉하는데
내 머리는 텅 빈 듯 아무것도 쏟아내 놓지 못할 때.
그럴 때면 찾게 되는 옥상 풍경이다.

새까만 어둠.
쓸쓸하게 홀로 빛을 발하고 있는 자동판매기.
동전을 넣으면 몇 개의 불빛이 더 밝혀지고
나의 선택을 기다리는 메뉴들.

언젠가 그 앞에서
한참을 멍하니 서 있었던 기억이 난다.
며칠째 잠을 이루지 못했던 어떤 날.
내가 지금 졸고 있는 건가 착각이 들 정도로 한참을 멍하니.

계속되는 야근.
그에 비해 턱없이 적은 월급.
아무리 내가 좋아서 시작한 일이라도
피로의 누적은 사람을 지치게 할 수밖에 없다.
하지만 그보다 더 나를 지치게 하는 것은 언제나,
아이디어의 부재.

몇 시간째 눈을 비비며 모니터와 눈싸움을 해 봐도
아이디어는 떠오르지 않고,
옥상 휴게실을 들락날락 연거푸 커피를 마시고
쓰린 속을 부여잡고 다시 책상에 앉고.
하루 밤새 그 짓을 몇 번이나 반복하고 나면
한없이 밀려드는 자괴감.

이 길이, 내 길이 아닌 건 아닐까.
안 그래도 힘든 길, 과연 내가 이 바닥에서 성공할 수 있을까.
처음부터 내겐, 재능 따윈 없었던 게 아닐까.

아마도 그런 생각들로
머리가 복잡했던 어떤 날이었으리라.
그러다 어느새
머리가 텅 빈 듯 멍해져버린 날이었으리라.

나는 자동판매기 앞에서 한참을 멍하니 서 있었다.
나의 선택을 기다리는 불빛들을 멍하니 바라보며 그렇게 한참을.

그리고 생각했던 것 같다.
내가, 자동판매기였으면 좋겠다는 생각.
버튼만 누르면 아이디어가 자동으로 쑥쑥 나오는 자동판매기.
내가 그런 자동판매기였으면 좋겠다는 생각.

언젠가 이런 글을 본 적이 있다.

'글을 쓰려는 사람이
그 자신을 부끄러워하는 일은 죄악이다.
그 자신을 부끄러워하는 마음엔
어떠한 독창의 싹도 생기지 않는다.'

글을 쓰는 일이든
그림을 그리는 일이든
음악을 만드는 일이든
만화를 그리는 일이든
무언가를 창작해내야 하는 사람들에겐 그 무엇보다
자신감이 필요하다는 이야기일 거다.

근데 그 자신감이라는 게 참 어렵다.

번뜩이는 아이디어가
자동판매기처럼 쑥쑥 나오지 않는 날에는
자신감 대신 끝없는 자괴감이, 나를 지배하곤 하니까.

자유로운 걸까,
외로운 걸까

처음 자취를 시작했을 때 무엇보다 가장 신났던 건
내가 원할 때 원하는 장소에서 아무거나 먹어도 된다는 것,
아무거나 해도 된다는 것이었다.

"아침부터 무슨 라면이야? 밥 먹어."
이런 잔소리가 더 이상 존재하지 않는 세상.
아침에 눈을 뜨자마자 라면이 먹고 싶으면 라면을 먹으면 되는 거다.

"침대 위에서 뭐 먹지 말랬지?"
누가 이런 소릴 하겠는가.
침대 위에서 뒹굴거리며 과자를 먹어도
그렇게 이불에 과자 부스러기나 음료를 흘려도
나만 괜찮으면 되는 거다.

"일찍 좀 자라. 또 밤 꼴딱 샜니?"
다음 날 별일 없으면
밤새 나 하고 싶은 것 마음껏 하다 자고 싶을 때 잘 수 있다는 것.

이것이야말로 진정한 자유구나 싶었던
자취 초보생 시절.

그런데 언젠가
꽤 오래 혼자 자취를 한 선배집에 갑자기 들를 일이 있었다.
현관문을 열자마자 퍼지는 스테이크 냄새.

"선배는 혼자 스테이크도 해 먹어요?"
선배는 그냥 웃었다.
그런데 미니 오븐 안에 고스란히 남아 있는 스테이크.
"너 먹고 싶으면 먹을래?
한 지 좀 돼서 다시 데워야 하긴 하지만."

좀 의아했다.
이렇게 먹음직스러운 냄새를 풍기는 스테이크를
지금까지 왜 안 먹고 놔뒀는지.

"그냥, 갑자기 먹기 싫어져서."

그땐 그 선배가 참 이해가 안 됐는데
애써 만들어 놓은 스테이크를
왜 몇 시간이나 방치해 둔 건지 도무지 이해가 안 됐는데
어젯밤이었다.

"이 시간에 무슨 치킨이야?
자꾸 야식을 먹어대니까 속이 안 좋지."
이런 잔소리는 존재하지 않는 나의 자취방.

꽤 늦은 시간이었지만 그냥 치킨을 시켰다.
그리고 방 안 가득 퍼지는 치킨 냄새에 흐뭇해하며
맥주 캔을 똑 하고 따는 순간, 기분이 묘했다.
기분이 좋은 건지 아닌 건지 나도 잘 모르겠는,
아니 어쩌면 두 가지 다 아닌 듯한 묘한 느낌.

그리고 이런 생각이 든 거다.

무엇이든 내 마음대로 할 수 있다는 것.
그건 자유로운 걸까, 외로운 걸까.

시간은
조금씩 가르쳐 준다

아무렇지 않은 표정으로 친구를 만나 수다를 떨고
아무렇지 않은 표정으로 혼자 거리를 걷고
아무렇지 않은 표정으로 누군가에게 전화를 걸어
해도 그만, 안 해도 그만인 말을 늘어놓고.

어느 단편 만화에 나오는 주인공의 모습.

벌써 몇 해 전에 봤는지도 까마득한,
지루하다면 지루하다고도 할 수 있는 만화인데
지금도 내가 그 만화를, 그 만화 속 주인공의 표정을
선명하게 기억하고 있는 이유는
주인공의 마지막 대사 때문이다.

'전화는 오지 않는다.
시간은 조금씩 가르쳐 준다.
전화는, 오지 않는다.'

애써 아무렇지 않은 표정으로
무덤덤한 하루를 보내는 주인공은 기다리고 있었던 거다.
누군가의 전화를.

그 사람과 다투고 나면
늘 먼저 연락을 하던 사람은, 그였다.

그래서 어쩌면 나는

그와의 마지막 다툼 끝에도
막연하게나마 그렇게 생각하고 있었는지 모른다.

언제나처럼
그가 다시 전화를 해 올 거라고.
언젠가 그랬던 것처럼
늦은 저녁 내 집 앞 놀이터에서
그는 혼자 그네를 타며 나를 기다리고 있을 거라고.

이제는
그런 일은 일어나지 않을 거라 확신할 수 있을 만큼
많은 시간이 흘렀지만,

아직도 가끔은
집에 들어가기 전 무의식적으로 고개를 돌려
텅 빈 놀이터를 한 번씩 바라보는 나.

아직도 가끔씩
나도 모르게 휴대폰을 열어
부재중 통화가 없었는지를 확인하는 나.

그럴 땐 가끔씩
그 만화 속 주인공의 먹먹한 표정과 함께
마지막 대사가 떠오르곤 한다.

'시간은 조금씩 가르쳐 준다.
전화는, 오지 않는다.'

똑같은 사람, 똑같은 배경, 똑같은 포즈.
두 장의 사진은 모두 똑같다.

사진의 각도부터
나뭇가지에 매달려 있는 나뭇잎 위치까지
정확히 일치하는 두 사진은 분명
한자리에서 조금도 움직이지 않고 연속해서 찍은 사진들이다.

어쩌면 사람들은 궁금해할지도 모른다.
내가 왜 이토록 똑같은 사진을 두 번이나 연속해서 찍었으며
두 사진을 나란히 붙여 블로그에 올렸는지에 대해.

하지만 답은 간단하다.
사진을 조금만 더 자세히 들여다보면 쉽게 알 수 있다.

"너 또, 눈 감았다!"

사진을 찍으면 바로 확인이 가능하고
마음에 들지 않으면 바로 삭제가 가능하고.
디지털카메라의 최대 장점.

하지만 그 장점 때문에
더 방심하게 되는 사람들이 꼭 있다.
하나 둘 셋, 하는 순간에 자신도 모르게 눈을 깜빡.

내 친구가 꼭 그런다. 매번 그런다.

"에이, 너 또 눈 감았다!
다시 찍을게. 하나 둘 셋!"

그런 적이 정말 한두 번이 아니다.
그래서였다.
친구의 눈 감은 사진을 지우지 않고 그냥 블로그에 올렸다.
그것도 눈을 뜬 사진과 나란히 붙여 'NG컷과 OK컷'이란 제목으로.

그런데 며칠 후
친구가 사진 아래 댓글을 달았다.

그리고 그 댓글에
나도 모르게 흘러나온 혼잣말.

'정말, 그러게….'

친구의 댓글은 바로 이거였다.

'NG!
이렇게 외친 다음.
죄송합니다, 다시 할게요!
이게 우리 인생에도 가능하다면 얼마나 좋을까?'

빗소리

지난밤 창문 밖으로 들려오는 빗소리에
한참 동안이나 귀를 기울이며 뒤척뒤척.
쉽게 잠을 이루지 못했던 기억이 난다.

그리고 오늘 아침 시끄러운 알람 소리에
신경질적으로 손을 뻗어 알람을 끄고 일어났을 때
여전히 창문 밖으로 들려오는 빗소리.

그리고 불현듯 떠오른 어느, 비 오는 여름날의 기억.

작은 우산 아래 그녀와 나.
바짓단이 물에 젖을까
두 손으로 바지를 움켜쥐곤 바닥을 보며 걷던 그녀.
혹 물웅덩이가 나타나면
그녀는 살짝 뛰어 물웅덩이를 피하고
그때마다 나는 그녀 쪽으로 우산을 기울이고.
내 한쪽 어깨가 다 젖어 오는지도 모른 채
그녀의 움직임에 온 신경을 기울였던 그때.

바지를 움켜쥔 유난히 작고 하얗던 그녀의 손이
물웅덩이가 나타날 때마다
작은 입술을 실룩이며 집중하던 그녀의 얼굴이
오늘 아침
정말 거짓말처럼 생생하게 기억나고 말았다.

그때는 우리가 아직 서로 사랑하기 전이었고,
그 후로도 우리는
한 우산 아래 비 오는 길을 수없이 많이 걸었을 텐데,
왜 하필 그날의 일이 이토록 생생하게 기억나고 만 걸까.

지난밤 빗소리에 뒤척이다 잠이 들었을 때
그날의 꿈을 꾸었던 걸까.
별생각 없이 뒤척였다고 생각했던 것이
사실은 그녀를 떠올리고 싶지 않아
나도 모르게 내 마음과 내 머리와 싸움을 하고 있었던 걸까.

그렇다면 왜 하필 그날이었을까.
바지를 움켜쥔 유난히 작고 하얗던 그녀의 손.
물웅덩이가 나타날 때마다
작은 입술을 실룩이며 집중하던 그녀의 얼굴.
그리고 그런 그녀에게 시선을 떼지 못하던 나.

어쩌면 그날, 그 순간이,
내가 그녀를 사랑하게 된 시작이었던 걸까?

무거운 몸을 일으키며 시계를 본다.
'준비하고 나가야지….'
혼잣말을 내뱉으며 창밖을 바라본다.

여전히 들려오는 빗소리.
어쩐지 오늘은, 꽤 힘든 날이 될 것 같다.

무거운 몸.
무거운 마음.
그리운 그녀.

내 청춘을 바쳐

오랜만에 친구들 블로그를 기웃거리다
한 친구의 블로그에서 이런 글을 발견했다.

'청춘, 내게는 지금 이 순간.
훗날 내가
내 청춘을 바쳐, 라고 말하게 된다면!'

생뚱맞게도 난 이 글을 보자마자
어떤 만화 속 한 장면이 떠올랐다.

고등학생인 만화 속 남자 주인공은 농구선수로
경기 도중 부상을 입게 되는데,
모두가 그에게
더 이상 이 경기는 뛸 수 없다고
그래선 안 된다고
앞으로의 선수 생명도 위험해질 수 있다고 말한다.

하지만 그때 주인공은 감독님에게 이렇게 물어본다.

"감독님의 영광의 시대는 언제였나요?
국가 대표였을 때였나요? 난, 지금입니다."

그리고 다시 경기장으로 뛰어나가는 주인공의 모습은
참 행복해 보였다.

자신이 좋아하는 일.
모든 희생을 감수하고
그 안에서 최선을 다하고 있는 주인공의 모습은
정말 행복해 보였다.

그러고 보니
'청춘, 내게는 지금 이 순간.'
이 친구를 못 본 지가 벌써 꽤 된 것만 같다.

말 그대로 '내 청춘을 바쳐'
친구는 지금 무언가에 최선을 다하고 있기 때문일 것이다.

아마도 퍽 힘이 들 것이다.
그냥 주저앉고 싶은 순간도 찾아올 것이다.
그럴 때 내게 술 한잔 사 달라는 연락을 해 올지도 모른다.

그럼 난 친구에게 군말 없이 술을 사 줄 것이다.
그리고 마음속으로 이런 말을 읊조리게 될지도 모른다.

'청춘, 내게는 지금 이 순간'이라고 말하는 네가
참 부럽다고.
내 청춘을 바쳐 이루고 싶은 무언가를
나 또한 찾고 싶다고.

깨고 싶지 않은 꿈

조금씩 기억을 잃어 가고 있던 팔십 대 노인이
어느 날 아침 일어나 보니 스무 살 청년으로 변해 있었다.
아니, 몸은 팔십 대 그대로지만
그는 스무 살 이후의 기억을 모두 잃었고
자신이 스무 살이라 생각하게 된 거다.

노인의 집에 도우미로 찾아오는 스무 살 소녀는
노인에게 현실을 말하지 못한다.

자신의 첫사랑과 똑 닮은 스무 살 소녀를
노인은 진짜 자신이 스무 살 때 좋아했던 소녀라 착각하게 되고,
그런 소녀가 매일 자신의 집에 와 준다는 것만으로도
너무 행복해하고 있었기에,
소녀는 노인에게 현실을 말하지 못한다.

"당신이 매일 우리집에 찾아와 주다니
이건 마치 꿈인 것만 같아요.
절대 깨고 싶지 않은 그런 꿈이요."

사실 노인은
자신이 스무 살이라는 착각 속에서, 꿈속에서 살고 있는 건데.
그것이 꿈이라는 것을 노인 스스로만 모르고 있을 뿐.

어떤 영화 속 이야기다.

노인의 구애가
소녀에겐 제법 부담이 됐을 법도 한데
소녀는 말하지 못한다.

당신은 사실 팔십 대 노인이고
당신이 사랑했던 여자는 지금 친구의 아내가 돼 있다고
소녀는 말하지 못한다.

깨어나고 싶지 않을 만큼 행복한,
그런 꿈을 꾸고 있는 노인에게 소녀의 침묵은
어쩌면 생애 가장 소중한 마지막 선물이 됐을지도 모른다.

이것이 꿈이라면
깨어나고 싶지 않을 만큼 행복했던 순간이
누구에게나 있을 거다.

사랑하는 사람과의 행복했던 순간.
내가 원하는 것은 무엇이든 이룰 수 있다 믿었던
실패를, 좌절을 모르던 나의 지난날.

하지만 현실에선
그런 행복한 순간이, 행복한 꿈이
영원히 지속되진 않는다는 걸 알고 있는 우리.

그래서 그 영화가
더 깊은 여운을 남겼던 건지도 모르겠다.

깨어나고 싶지 않은 꿈.
그런 꿈을 현실에서 또한 바라고 있는 우리이기에.

외로움을,
라면으로 잇다

"걱정하지 마. 나 원래 혼자서도 잘 놀잖아."

연고 하나 없는 이곳으로 긴 여행을 떠나오게 됐을 때
많은 사람들이 날 걱정했지만 난 항상 자신 있게 말했다.
"걱정 마. 나 원래 혼자서도 잘 놀잖아.
나 혼자 있는 거 좋아하잖아."

그리고 처음 몇 달은, 정말 좋았다.
그때의 나는 많이 지쳐 있었으니까.
하루에도 수없이 마주치는 낯선 사람들.
쉴 새 없이 쏟아지는 일.
쉴 새 없이 말하고 쉴 새 없이 생각하고.
그래도 늘 쫓기는 기분.

그래서 이곳에서의 처음 몇 달.
조용하다 못해 지루할 정도로 한가로운 이곳 생활이
정말 좋았다.

하루 종일 한마디도 하지 않은 날이 있어
저녁때쯤 편의점 점원의 봉투가 필요하냐는 질문에 답하려는 순간
갈라진 쉰 목소리가 나올 정도로 혼자인 날들이었지만
그래도 외롭단 생각은 들지 않았다.

그런 내 고요한 일상을 흔들어 놓은 건,
갑작스러운 친구의 방문.

물론 반가웠지만 이미 혼자의 시간에 지나치게 익숙해 있었던지라
조금은 불편하기도 했던 보름 남짓의 시간.

그런데 참 이상했다.
친구가 한국으로 돌아가던 날.
공항 리무진을 탈 수 있는 데까지 친구를 바래다주고 집에 돌아왔는데,
방문을 열자마자 밀려오는 쓸쓸한 기분.

그동안 이곳에서
한 번도 느끼지 못했던 외로움이
그때야 비로소 나를 찾아왔다.
아니 어쩌면 그동안의 나는 외면하고 있었는지도 모른다.
혼자라는 외로움을.

이대로 있다가는 점점 더 우울해질 것만 같은 기분.
결국 밖으로 나와 자전거를 타고 달렸다.
집에서 멀다는 이유만으로 차일피일 미루고 있었던
이 도시에서 가장 맛있다는 라면집에 가기로 한 거다.
그렇게 자전거로 40분을 달려 도착한 라면집.

40분을 달린 보람이 있었다.
평소 좀 느끼한 맛이 싫어서
일본 라면보단 한국 컵라면을 더 사랑하던 나였는데
국물 한 방울까지 남기지 않고 다 비울 정도로
그 라면은 정말 최고였으니까.

그날 집으로 돌아와
나는 블로그에 그 라면 사진을 올렸다.
그리고 그 아래, 이렇게 글을 남겼다.

'외로움을, 라면으로 잊다.'

적당한 타이밍

오랜만에 모인 친구들과의 술자리.
오랜만에 만난 만큼
각자의 사는 이야기부터 출발해
우린 참 다양한 주제로 많은 이야기들을 떠들어댔지만
그 모든 이야기들이 결국, 이 한 문장으로 정리됐다.

"인생은 타이밍이야!"

짝사랑 중인 한 친구는
그녀도 내게 마음이 있나 싶어 고백하려 하면
시큰둥 무심해지는 그녀,
아닌가 싶어 멀리하려 하면 다정해지는 그녀 때문에
고백할 타이밍도
마음 접을 타이밍도 잡지 못해 괴로워하고 있었고.

반대로 다른 한 친구는
오랜 연인과의 이별을 준비하고 있지만
쉽사리 입이 떨어지지 않는다 했다.
하루는 그녀가 너무 울적해 보여서
하루는 그녀의 어머님이 갑자기 아프시다 해서
하루는 그녀가 갑자기 선물을 사 와서
하루하루 이별할 타이밍을 놓치고 있다는 친구.

또 어떤 친구는
오랫동안 마음에 품어 온 자신의 꿈을 위해

지금 다니는 직장에 사표를 내겠다 결심했지만
그 타이밍을 잡기가 어렵다 했다.
지금 맡고 있는 프로젝트만 끝나면! 했지만
그 프로젝트가 끝나자
내가 꼭 해야 할 것 같은 다른 일이 생기고.
지난달 연인에게 큰맘 먹고 사 준 선물, 할부라도 끝나면?
이런 생각도 들어서.

게다가 나는
평소 무척 못마땅하게 생각해 온 후배를 꽤 오랫동안 꾸짖을 기회를 찾다
며칠 전 결국 버럭 했는데 그 후배 하는 말.

"선배, 요 며칠 감기 때문에 몸도 안 좋은 것 같더니
요즘 너무 예민한 거 아니에요?"

아닌데! 그게 아닌데!
정말 오랫동안 벼르고 벼르다 한 말인데!
하필 내가 아플 때 그런 이야기를 하고 말아
난 졸지에 아픈 마음으로
히스테리나 부린 사람이 되고 말았다는 이야기를 꺼내자
친구들 동시에 말하길,

"그것 봐, 인생은 타이밍이라니까!"

사랑을 시작할 때도
이별을 말할 때도
새로운 일을 시작해 보려 할 때도
심지어 누군가에게 싫은 소리를 해야 할 때도
타이밍을 생각해야 하다니!

그래서 우리는 늘 피곤한가 보다.

내가 하고 싶은 말,
내가 저지르고 싶은 일들을
이것저것 생각 안 하고 확 저질러버릴 수가 없어서.

언제나 그 '적당한 타이밍'이란 녀석을
기다리고 또 기다려야 해서.

그런데 정말
그 '적당한 타이밍'이라는 게 있긴 하는 걸까.

‘청춘, 내게는 지금 이 순간’

이라고 말할 수 있다면…

지금의 내겐 전혀 쓸모없는 물건.
아마 앞으로도 역시
다시는 꺼내 쓸 일 없는 물건.
그런데도 쉽게 버릴 수는 없는 물건들이 있다.

내 방 책상 서랍 두 칸을 가득 채우고 있는 카세트테이프들이
내겐 그런 물건들 중 하나.

이젠 내게
그 테이프들을 재생할 수 있는 테이프리코더도 없다.
아마 앞으로도 역시
내가 테이프리코더를 살 일은 없을 것 같다.
그러니 그 테이프들을 꺼내 다시 들어 볼 일은 없지 않을까.

그런데도 매번 정리를 할까 서랍을 열었다가도 다시 닫게 된다.
서랍을 열 때마다 만나게 되는 나조차도 잊고 있던 추억들.

스무 살 무렵이었던 것 같은데
그때는 별 약속이 없는데도 집에 가는 일이 늘 아쉽고는 했다.

무슨 건수 없나 깜깜한 캠퍼스 여기저기를 방황하다
동아리방에도 한번 기웃, 과방에도 한번 기웃.
그러다 과방에 자리를 잡고 앉아 애들이 적어 놓은 낙서장들을 들추며
집에 가는 시간을 늦추고 있었던 것 같은데
창문 밖으로 날 부르는 낯익은 목소리가 들려왔다.

"역시 여기 있었네?"

창문가로 날 부르는 손짓.
쪼르르 달려가니 창문 너머로 내 귀에 이어폰을 끼워 주던 그 사람.

도대체 새 앨범은 언제 나올까?
흘리듯 뱉었던 내 말을 기억하고 있었던 그 사람.
음반가게에서 그 앨범을 보자마자 제일 먼저 내게 들려주고 싶었다며
늦은 밤 과방으로 날 찾아온 그 사람.

그런 그 사람이 참 좋았다.
내가 어떤 이야기를 해도 다 귀 기울여 들어주고
흘리듯 내뱉었던 말들도 기억해 주는 그 사람이 나는 참 좋았다.

어떤 노래였더라.
대단치 않은 사소한 이야기들이 쌓여 간다는 건
참 슬픈 일이라 말하던 노래.

아무 의미 없는 내 농담에도 웃어 주고
대단치 않은 사소한 내 이야기들에도 귀 기울여 주던 그 사람을,
이제 나는 잃었지만
그 사람과의 추억마저 잃고 싶진 않았던 모양이다.

오늘도 나는 서랍을 다시 닫고 말았다.
이젠 아무런 쓸모가 없다 해도
나는 그것들을 버릴 순 없었으니까.

미래를 공상하든
과거를 회상하든

'그가 미래를 공상하든 과거를 회상하든
그 모든 것이 언제나 옛날이야기처럼 아름다웠다.'

어떤 소설 속 주인공인 '그'.
그가 원래 이렇게 긍정적인 사람이었나 하면, 그건 아니다.
오히려 늘 피해 의식에 사로잡혀 있던 사람이었다.

'나는 왜 이렇게 되는 일이 없지?
내 인생은 왜 이렇게 굴곡투성이지?
내가 그렇지 뭐, 잘될 리가 있겠어?'

하지만 미래를 공상하든 과거를 회상하든
그 모든 것이 언제나 옛날이야기처럼 아름답게 느껴지는 순간이
그에게 찾아온다.
그는 지금 사랑에 빠져 있다.

조금 오래된 노래 중에 이런 가사가 있다.
'그대를 만나기 위해 많은 이별을 했는지 몰라.'
지난 모든 사랑의 아픔이 '그대'로 인해 아름답게 미화되는 순간.

하지만 반대로 이런 경우도 있다.
언젠가 한 후배가
꽤 중요한 물건을 잃어버리고 시름에 빠져 있을 때였다.
눈물이 그렁그렁 맺힌 채 후배는 말했다.

“말도 안 되는 거 아는데, 정말 말도 안 된다는 거 아는데….
나는 꼭 이게 다, 그 사람 때문인 것 같아.”

그 사람과 헤어진 후
무슨 안 좋은 일이 생길 때마다 제일 먼저 그가 떠오른다는 후배.
이상하게 그 후로 안 좋은 일들만 생기는 것 같고
자신에게 닥친 이 모든 불행들이 다
그와의 헤어짐 때문이라 생각된다는 후배.
물론 말도 안 되는 이야기란 거, 후배도 알고 나도 알고 있었다.

하지만 그 순간
내가 후배의 말을 부정할 수 없었던 이유.
알 것 같았기 때문이었다.

과거를 회상하든 미래를 공상하든
모든 것이 어둡게만 느껴지는 후배의 그 마음을
알 것 같았기 때문이었다.

사람 마음 간사한 게 어디 하루 이틀 일인가.

지금 내가 행복할 때는
칙칙했던 과거마저도
‘그래그래, 이렇게 좋은 날이 있으려고 그런 일도 있었던 거겠지.’
모든 것이 아름답게 보이고
세상이 마치 나를 중심으로 돌아가는 듯한 기분이 들지만,

지금 내가 불행할 때는
아름다웠던 과거의 추억마저도
원망스럽고 지워버릴 수만 있다면 지워버리고 싶고
세상 모든 것이
나를 등진 듯한 기분이 드는 법이니까.

산다는 건
끊임없이 쌓이는 먼지를 닦아내는 일

틈만 나면 쓸고 닦고.

어떤 소설에
틈만 나면 먼지를 쓸고 닦고
하루 종일 청소만 하는 아줌마가 등장한다.

'인생을 살아간다는 건
끊임없이 쌓이는 먼지를 닦아내는 일이야.'

정말 그런 걸지도 모르겠다.
청소한 지 얼마 되지도 않은 것 같은데
벌써 먼지가 뭉쳐 굴러다니는 게 보인다.
외면해 보려 해도 이미 본 먼지 덩이 때문인지
코도 답답하고 목도 따끔거리는 기분.

큰맘 먹고 창문을 다 열고 청소를 시작했다.
책상 밑, 서랍장 밑 구석구석까지 쓸고 닦고.
어찌나 열심히 청소를 했는지 이 겨울에 땀이 다 난다.

그래도 깨끗해진 방을 보니 나름 뿌듯한 기분.
상쾌하게 샤워까지 마치고 방으로 돌아왔는데
이럴 수가!
그렇게 쓸고 닦았는데도 몇 발짝 걷고 나니
발바닥에 먼지가 묻어 있다.

그때 떠오른 소설 속 아줌마의 말.

'인생을 살아간다는 건
끊임없이 쌓이는 먼지를 닦아내는 일이야.'

그러게 말이다.

아무리 쓸고 닦고 땀이 나도록 열심히 청소를 해도
발바닥엔 다시 먼지가 묻고
아무리 면봉으로 귓속을 구석구석 닦아내도
늘 미진한 기분이 들고

아무리 지우고 잊으려 해도
또다시 쌓이는 지우고 싶은 기억.

우리에겐
간직하고 싶은, 꺼내 볼 때마다 힘이 되는,
그런 기억만 있는 건 아니니까.

어쩌면 인생을 살아간다는 건
끊임없이 쌓이는
'지우고 싶은 기억'을 닦아내는 일일지도 모르겠다.

아마도 그때가
그 사람과의 마지막 만남이었던 것 같다.
그리고 그 사람은
그날이 우리의 마지막 만남이 될 거란 걸
알고 있었던 것 같다.

무슨 특별한 날이 아니었는데도
그 사람은 내게 선물을 주었다.
책인 듯 보이는 선물을 난 그 자리에서 풀어 보려 했고
그 사람은 그러지 못하게 했다.

그 사람과 헤어져 집으로 돌아와
서둘러 포장을 풀었을 때
역시 그 안에는 책이 한 권 들어 있었다.
그 책의 제목은 《관계》.

이제는 시간이 많이 흘러
그 책의 내용은 하나도 기억나지 않는데
그 책의 첫 장을 넘겼던 순간,
그리고 그 첫 페이지에 적혀 있던 그 사람의 글귀만은
아직까지도 생생하게 기억난다.

"우리는 어떤 관계였을까?"

그 사람과 나는 정말 어떤 관계였을까?

지금까지도 문득문득
그 질문이 내 머릿속에 떠오르지만
나는 아직도 그 답을 갖지 못했다.

꼭 남녀 사이가 아니라 해도
서로가 서로에게 '헤어지자, 이제 다시는 보지 말자.'
이런 말을 남기지 않았음에도
더 이상 만날 수 없게 돼버린 사람들이 있다.

서로가 의도적으로 피해서였든
아니면 드문드문 연락이 끊겨버린 관계였든
그 순간이 마지막이었다는 것도 모른 채
서로 웃으며 혹은 얼굴 붉히며 헤어졌지만
이제 와 생각하면 그 순간이 마지막이었던 만남들.

가끔 그런 생각이 든다.
이제는 더 이상 만날 수 없는 그들에게 나는
어떤 존재로 기억되고 있을까?
우리가 어떤 관계로 기억되고 있을까?

어쩌면 그들과 우연히 다시 마주칠지도 모른다.
그럼 나는 그들과 반갑게 인사 나눌 수 있을까?
나는 그 사람에게 웃으며 물어볼 수 있을까?

우리가 어떤 관계였냐고.

욕심이 생길수록 우리는 꼭 실수를 하게 된다

욕심이 생길수록
잘하고 싶단 마음이 커질수록
우리는 꼭 실수를 하게 된다.

이쯤에서 뭔가 제대로 보여 줘야 하는데
이번엔 정말 잘해내고 싶은데
실수하면 안 되는데
이번엔 정말! 이번엔 기필코! 이번엔 반드시!

하지만 그럴수록 실수는 잦아진다.

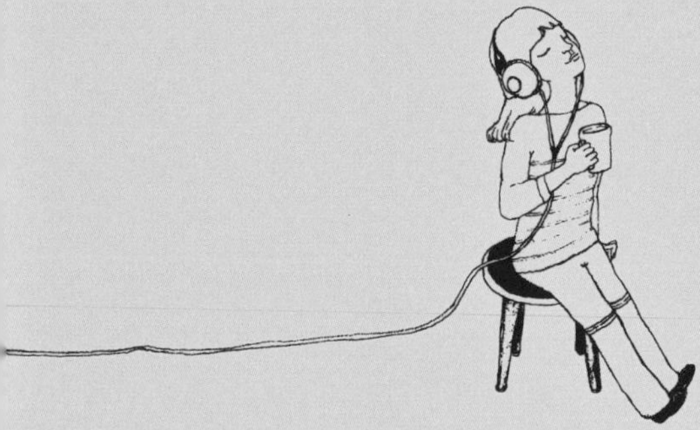

그리고 그럴 때마다
힘을 빼세요, 힘을!
이 말이 떠오르지만 그건 참 쉽지 않은 이야기.

점점 더 몸에 힘이 들어간다는 건
점점 더 긴장이 된다는 건
그만큼이나
그것을 바라는 내 마음도
그것을 잘해내 보이고 싶다는 내 마음도
간절하다는 뜻일 테니까.

그저,
그뿐이었던 것 같다

좋아하는 사람이 있었다.

참 좋았다.
늘어진 티셔츠, 헐렁한 청바지.
아무렇게나 입은 모습도
말할 때면 살짝 미간을 찌푸리는 모습도
잠이 덜 깬 듯 부스스한 표정도 그냥 참 좋았다.

무뚝뚝한 성격.
나를 향해 툭 내뱉는 핀잔들도
가끔씩 보이는 이기적인 모습까지도 그냥 참 좋았다.

사람들이 그런 날 이해할 수 없다 말해도
나는 오히려
그의 매력을 몰라보는 그 사람들이 이해가 안 됐다.

사람들이 가끔씩 그의 험담을 할 때도 나는 이해가 안 됐다.
그게 뭐?
그게 왜 흠이 되는 거지?
누구에게나 그런 면은 조금씩 있잖아?
나는 정말 그 사람을 참 많이 좋아했나 보다.

무척 오랜만이었다.
내가 그토록 좋아했던 그 사람과 다시 마주하게 된 것.

그 사람은 예전 모습 그대로였다.
미간을 찌푸리며 투덜거리는 모습.
무엇 하나 자기 마음대로 되지 않는 것은 참지 못하는
조금은 이기적인 모습까지.

그런데 참 이상한 것이
그의 그런 단점들이
이제는 내 눈에, 보이기 시작했다는 거였다.

내가 이런 사람을 좋아했구나.
그래서 사람들이 날 이해할 수 없다 했던 거구나.
그래서 사람들이 가끔은 내 앞에서도 그의 험담을 했던 거구나.

그리고 그때야 나는 깨달았던 것 같다.
아, 그를 향한 내 사랑은 끝났구나.

그뿐이었다.
조금도 억울하지 않았다.
조금도 후회되진 않았다.

그랬구나.
내게도 그런 시절이 있었구나.

상대의 모든 단점조차
내게는 단점으로 느껴지지 않는,
그런 사랑을 했던 시절이 내게도 있었구나.
그저 그뿐이었던 것 같다.

그리고 그랬던 내가
그럴 수 있었던 내가 조금은 그리운 느낌.
그저, 그뿐이었던 것 같다.

요즘
힘드시죠?

며칠 전부터 왼쪽 귀가 잘 안 들리더니
오늘은 귀에서 윙 하는 소리까지 들리고.
그러다 보니 머리까지 지끈지끈.
결국 참을 수 없어 병원을 찾았다.
중이염인가? 무슨 큰 병은 아니겠지?
걱정 가득한 마음으로 검사를 마치고 의사 선생님 앞에 앉았는데,

"검사 결과만 봐선 별다른 이상이 없는데요?"

안심이 되면서도 허탈하고 울컥하는 마음.
그럴 리가 없는데, 분명히 나 아픈데, 나 꾀병 아닌데.
이런 생각에 그럼 도대체 왜 그런 거냐고 조금 따지듯 물었더니
의사 선생님은 이렇게 답했다.

"요즘 일이 많으세요? 아무래도 스트레스 때문인 것 같은데?"

바쁜 시간 쪼개서 병원까지 왔는데 뭐야.
허탈한 마음에 터덜터덜 병원을 나서는데
때마침 친구에게서 전화가 걸려 왔다.

"거 봐, 내가 별거 아닐 거라고 했잖아. 야, 나는 얼마 전에
살이 너무 쭉쭉 빠져서 갑상선에 문제가 생겼나 병원에 갔는데
그것도 그냥 스트레스 때문이라 하더라고."

"그러고 보니 나 작년에 허리 아파서 병원 갔을 때,

그때도 스트레스 때문이라고 그랬잖아.
혹시 의사들이 잘 모르겠으면
그냥 다 스트레스 때문이라고 하는 건 아닐까?"

스트레스가 만병의 근원이라는 거.
현대 질병의 대부분이 스트레스 때문이라는 거.
부정하고 싶은 건 아닌데 그냥 그런 생각이 들었다.

왜 사이비 종교 단체 같은 데서
사람들 끌어들일 때 제일 처음 하는 말이
"요즘 힘드시죠? 요즘 집에 안 좋은 일 있으시죠?"
이거란 말도 있지 않나.
이 말에 대부분의 사람들이 "예, 어떻게 아세요?" 이렇게 대답하듯,

"요즘 스트레스 많이 받으시죠?"
이 질문에도 우리는 "예!"
크게 고개를 끄덕끄덕
이렇게 되는 거 아닌가 싶은 거다.

세상에 고민 하나 없는 사람은 없다는 말도 있지만
우린 왜 꼭 그렇게 되는 걸까.
"요즘 힘드시죠?" 하면, "예!"
"요즘 스트레스 많이 받으시죠?" 하면 또, "예!"

문득 궁금해졌다.

"요즘 힘드시죠?" 이 질문에
"아니요? 하나도 안 힘든데요?
요즘 완전 좋아 행복해 죽겠는데요?"
이렇게 대답할 수 있는 사람,
이렇게 대답할 수 있는 시기가 과연 있긴 한 걸까?

너무
착한 사람

"너는 너무 착해서 탈이야."

내가 그 녀석에게 가장 많이 했던 말.
"너는 너무 착해서 탈이야."

바보스러울 만큼 착한 녀석.
학교 다닐 때도
친구들의 무리한 부탁까지 다 들어주면서 늘 당하고만 살더니
연애에 있어서도 녀석은 마찬가지였다.
늘 퍼 주기만 하는 연애.

녀석의 그런 호의를
처음엔 물론 다들 고마워하지만
사람의 마음이란 게 참 간사해서
고마움이 당연함으로 바뀌는 건 시간문제.

"너랑 함께 있으면 너무 답답해."
그렇게 이별이 찾아와도 녀석은 상대를 원망하지 않았다.
오히려 더 잘해 주지 못해 미안했다 말하던 녀석.

회사 생활을 시작한 다음에도
미련스러울 만큼 착한 녀석의 심성은 마찬가지여서
맨날 혼자 야근하고
맨날 혼자 다른 사람들 일까지 떠맡아 낑낑거리고
그러다 일이 좀 어긋나면 그 책임까지도 녀석에게 떨어지고.

옆에서 지켜보는 내가 다 답답할 정도였는데
그런 상황에서도 녀석은 이렇게 말했다.

"그냥 내가 좀 피곤하고 말면 되는 거잖아.
괜히 내 몸 좀 편해 보자고 머리 굴렸다가
계속 마음 찜찜하고 불편한 것보다
난 이게 낫더라."

녀석은 그런 사람인 거다.
너무 착해서 탈인 사람.

'너무'라는 부사는
일정한 정도나 한계에서 지나침을 의미하는 말.
부정을 더 부정해 주는 말로
그 뒤에는 부정적인 상황,
올바르지 않거나 옳지 못한 의미의 단어나 문장이 이어져야 한다.
그런데 '너무 착한 사람'이라.

좀 씁쓸하다.

우리는 지금
그런 시대를 살아가고 있는 건 아닐까.

너무 착해도
너무 곧아도 안 되는 세상.

지나치게 좋은 사람은
좋은 사람으로 인정받을 수 없는 시대를
살아가고 있는 건 아닐까, 하는 생각에.

그럴 수 없었던 나

친구와 내가
참 많이 좋아했던 영화감독이 있다.

지금은 흥행에도 꽤 성공한 제법 알려진 감독이지만
그의 데뷔작은 흥행에도 실패했고
그 영화가 그의 데뷔작이란 것도, 아니 그런 영화가 있었다는 것도
모르는 사람들이 더 많을 정도로 알려지지 않은 영화였다.

하지만 친구와 나는
그의 데뷔작 때부터 열광하며 그를 좋아했다.
항상 그의 다음 작품을 기다리고 기대하고.
잡지 한 귀퉁이에 실린 짧은 그의 인터뷰 기사 하나에도
열을 올리며 많은 이야기를 주고받고 그랬던 것 같다.

그렇지만 몇 해 전부터
그에 대한 나의 관심은 완전히 식어버렸다.
그의 최근작들이 계속해서 내게 실망을 안겨 줬기 때문이었다.

기대가 컸던 만큼 실망도 컸다.
처음 그의 작품에 실망했을 땐
극장을 나오면서 다시는 그의 영화를 보지 않겠다 결심했지만,
다음 작품이 나오면 혹시나 하는 마음에 또 극장을 찾았고,
그때마다 실망은 더해 갔다.

그런데 며칠 전

예전에 나와 함께 그 감독에게 열광했던 친구를 만났는데
친구는 아직도 그 감독이 좋다고 했다.

발끈한 나는
어떻게 아직도 좋을 수 있냐고
우리가 열광했던 그의 모습을 그의 최신작들에선 절대 찾아볼 수 없는데
어떻게 아직도 좋을 수 있냐고 친구에게 물었다.
최근에 나온 그의 작품을 봤냐고
그걸 봤는데도 아직 그가 좋냐고.

그때 친구는 이렇게 답했다.
"아니, 안 봤어.
실망할까 봐. 그가 싫어질까 봐, 아예 안 봤어."

친구의 대답이
처음엔 너무 어이없었지만
다시 생각해 보니 그럴 수도 있겠다 싶었다.
그럴 수 있는 친구가 조금 부럽기까지 했다.

상대의 단점이 전혀 눈에 들어오지 않을 정도로
누군가 그를 욕해도 귀를 막아버리고
혹 그의 단점을 알게 돼도 일부러 모르는 척 외면해버릴 정도로
맹목적인 사랑을 할 수 있다는 것.

그것이 다른 사람들에겐
어이없어 보이고 어리석어 보이는 일일지라도
그럴 수 있다는 것.

부러웠다.
그럴 수 없는, 그럴 수 없었던 내가
그래서 지금 혼자가 아닐까 싶어서.

가장
모모하는?

가끔 이런 친구들이 신기하게 느껴질 때가 있다.
짜장 짬뽕, 물냉면 비빔냉면처럼 무언가를 선택해야 하는 순간
단 1초의 망설임도 없이 바로 대답하는 친구들.
무언가를 선택하고 결정하는 일.
내겐 쉽지 않으니까.

짜장 짬뽕, 물냉면 비빔냉면, 엄마가 좋아 아빠가 좋아.
이런 이지선다형 문제도 쉽지 않은 나에게
정말 정말 어려운 질문이 있으니
그건 바로 '가장 모모한 것은?' 이런 유의 질문이다.

가장 좋아하는 책은?
가장 좋아하는 영화는?
가장 좋아하는 노래는?
가장 좋아하는 음식은?

늘 곤란하다.
그동안 읽은 책들 중에서 좋았던 것이 한두 권이어야지!
각각 다른 매력이 있는 건데
무엇이 더 낫고 무엇이 더 못하고 비교 자체가 안 되는 건데
어떻게 그중에서 딱 한 권을 꼽느냔 말이다.

그래서 가끔은 '가장 모모한 것'이란 질문에
너무나 쉽게 대답하는 사람들을 보면 신기하기도 하고
꼬치꼬치 캐묻고 싶은 마음도 든다.

"정말? 정말 A가 가장 좋아? 그럼 B는?
너 저번에 C도 좋다고 했잖아. A가 좋아 C가 좋아?
정말 네가 가장 좋아하는 게 A 맞아? 다시 한 번 잘 생각해 보라고."

그래서일까.
이렇게 말하는 사람들 또한 난 정말 신기하다.

"이제 와 생각해 보니,
내가 가장 사랑했던 사람은 그때 그 사람이었던 것 같아."

그럼 다른 사람들은?
사랑에도 크기란 게 존재하고 조절이 가능하고 그렇단 말이야?
누군 덜 사랑하고 누군 더 사랑하고 그런 게 가능해?
다 그 순간에는 진심으로 정말 사랑했던 게 아니고?

가장 미련이 많이 남는 사랑.
지금도 이따금씩 종종 가장 많이 생각나는 사랑.
가장 상처가 많았던 사랑.
가장 추억이 많았던 사랑.
뭐 이런 거라면 모르겠지만 '가장 사랑했던 사람'이라….

잘 모르겠다.
우리는 지나간 사랑을 미화시키거나 퇴색시켜
조작된 기억을 간직하게 되는 경우도 많으니까.

그저 이런 마음은 든다.
가장 사랑했던 사람?
그건 잘 모르겠고
'지금' 내가 가장 많이 사랑하는 사람.
그런 사람을 갖고 싶다는 마음.

고속버스를 타 본 게 얼마 만인지 모르겠다.
요즘은 웬만하면 승용차로 움직이게 되니까
정 급할 땐 KTX나 비행기를 타곤 하니까.

조금 더 어렸을 땐
차에서도 책을 곧잘 보곤 했는데
책을 펼치자마자 속이 울렁울렁.
바로 덮었다.

창밖이나 구경해 볼까 싶었지만
플라스틱 커튼을 열자마자 쏟아지는 아침 햇살.
눈이 따갑다.

커튼마저 도로 닫고 나니 할 일이 없다.
가방에서 주섬주섬 이어폰을 꺼내 귀에 꽂고 눈을 감았다.
잠이 안 온다.
아침부터 먼 길을 가야 한다는 부담감에
지난밤 일찍 잠자리에 들었더니 잠도 안 온다.
그래도 할 일이 없으니 눈을 뜨진 않는다.

눈을 감고
이어폰에서 흘러나오는 노래 가사를 따라다녀 보는 일도
이내 질린다.

그래서였을까.

내 머릿속 오랫동안 닫혀 있던 서랍들이
제멋대로 마구 열리기 시작한 것.

일탈에 대한 동경을 품고 있었던 학창 시절.
지금 생각해 보면 기억도 안 나는 이유로 가출을 결심.
친구와 고속버스를 타고 바다를 보러 갔다가
하루도 못 견디고 집에 돌아왔던 일.
그래서 아무도 내가 가출했었다는 것을 몰랐던 그 일.

대학 1학년 여름방학 때였나.
방학이라 고향으로 내려간 친구가 갑자기 보고 싶어
연락도 없이 고속버스에 올랐는데
터미널에 도착해 전화를 했더니 친구는 그날 서울에 갔다고 해서
낯선 그 도시의 거리를 홀로 걸었던 일.

시끌벅적했던 엠티 가는 고속버스 안 풍경.

깜깜한 밤 처음으로 차려입은 검은 정장,
아버지를 잃은 친구 생각에 고속버스 안에서 눈물을 훔쳤던 기억.

이런저런 추억들이 마구 뒤엉켜
미소 짓다 심란해하다 그러다 잠이 들었던 걸까.

눈을 떴을 땐
여전히 고속버스의 흔들림이 내 몸으로 전해져 왔다.

여전히 플라스틱 커튼 사이를 비집고
햇살이 들어오려 하고 있었고
여전히 내 귀에서는
음악이 흘러나오고 있었다.

그런데 왜 그때 나는
내 옆자리로 시선을 옮겼던 걸까.
분명 비어 있는 그 자리에
마치 누군가가 있었던 것 같은 느낌.

나는 꿈을 꾼 것일까.
아니면 제멋대로 열리고 있던 내 머릿속 서랍들이
또 한 번 열렸던 것일까.

마치 누군가가 있었던 것 같다.
내 이어폰 한쪽을 나눠 낀 누군가가.
내 어깨에 기대 잠을 자고 있던 누군가가.
이제는 다시 만날 수 없는, 그 누군가가.

이제는 다시 만날 수 없는,

그 누군가가…

굴곡이 심한 거울

굴곡이 심한 거울.

거울이라 함은
있는 그대로의 모습을 비춰야 하는 건데
그 거울은 그렇지 못했다.
울퉁불퉁 지나치게 굴곡이 심해서
그 거울 앞에 서면 자신의 얼굴이 온통 찌그러져 보였기에
남자는 그 거울이 싫었다.

하지만 남자의 부인은
그 거울을 보자마자 한눈에 반해버린다.
그리고 황홀한 미소를 지으며 이렇게 말한다.

"이게 바로 나야!
모두가 거짓말을 해도 이 거울은 그렇지 않아!"

여자가 그 거울에 반해버린 이유.
남자는 거울 속에 비친 여자를 보고서야 알게 된다.
거울 속에는 남자가 한 번도 만난 적 없는,
눈부시게 아름다운 여인이 서 있었으니까.

거울의 굴곡이
여자의 얼굴을 온통 비틀고 변형시켜
우연히도 아름다운 여인의 모습을 만들어냈기 때문이었다.

어떤 소설 속 이야기.

그 소설을 보고 나니 궁금해졌다.
내 진짜 얼굴은 어떻게 생겼을까?

수없이 많은 타인의 얼굴은 내 눈으로 직접 보며 살아가지만,
우리는 죽을 때까지 단 한 번도 내 진짜 얼굴은 볼 수 없다.
거울에 비친 내 얼굴, 사진에 담긴 내 얼굴만을 만날 수 있을 뿐.

하지만 거울마다
내가 좀 더 멋져 보이기도 하고, 못나 보이기도 하고,
날씬해 보이기도 하고, 살쪄 보이기도 하고, 차이가 있다.
사진도 마찬가지.
내가 정말 이렇게 생겼단 말이야?
사진 속 낯선 내 얼굴에 놀랄 때도 많으니까.

그래서 이런 궁금증이 생긴 거다.
'내 진짜 얼굴은 어떻게 생긴 걸까?'

그리고 이어진 또 하나의 궁금증.
'진짜 나란 아이는 어떤 아이일까?'

끝없는 자기 합리화 혹은 자기 비하.
그것이 쏙 빠져버린 진짜 내 모습.
쉽지 않을 것 같다.
그런 진짜 나를 만나는 일.

자기 자신을
객관적으로 바라보고 판단할 수 있는 사람은
그리 많지 않을 테니까.

결국
이렇게 되고 마는 건가

벌써 몇 번째,
같은 줄을 반복해서 읽고 있는지 모르겠다.
안 되겠다, 결국 책을 덮고 영화를 보기로 결정한다.

영화는 이미 30분쯤 흘러갔는데 도무지 무슨 내용인지 모르겠다.
이럴 때 볼 만한 영화가 아닌 거다.
좋은 영화를 그렇게 흘려보내는 게 아까워 정지 버튼을 누르고 만다.

책장으로 다가가 정말 우울할 때 보려고 아껴 뒀던 만화책을 꺼낸다.
열 페이지쯤 읽었을까?
벌써 몇 번이나 푸핫, 웃음을 터뜨릴 만한 장면이 지나갔건만
안 되겠다, 만화책도 다시 책장에 가져가 꽂는다.

질서 없이 제멋대로 꽂혀 있는 책들, 정리하기로 마음먹는다.
부산스럽게 책장 정리를 하고 있는데
무언가를 찾으러 내 방에 들어온 동생이
갑자기 왜 안 하던 짓을 하고 난리야, 라는 눈빛을 던지고 나간다.

갑자기 안 하던 짓을 해서 그런가, 또 이내 질린다.
휴대폰을 찾아 여기저기 연락을 하다 시간이 맞는 친구와 만나기로 한다.
하다 만 책장 정리로 지저분해져 있는 방을 그대로 둔 채
옷을 챙겨 입고 나가려는데
그럼 그렇지, 하는 눈빛으로 동생이 쳐다본다.

친구와의 술자리 역시 별 재미가 없다.

똑같은 패턴의 의미 없는 이야기와 농담만을 주고받다 헤어진다.

어설프게 마신 술에 아쉬움이 들어
편의점에서 맥주 몇 캔을 사
한 손엔 비닐봉지, 한 손엔 휴대폰을 들고 집으로 향하는 길.
휴대폰을 열었다 닫았다. 휴대폰을 열었다 닫았다.
그러는 사이 벌써, 집에 도착해버린다.

문을 열까 말까, 잠시 망설이다 놀이터 쪽으로 발길을 옮긴다.
벤치에 앉아 맥주 캔을 따고 한 모금 마시려는데, 춥다.
추워도 너무 춥다.

'휴….'
내 입에서 흘러나오는 긴 한숨에 입김이 한가득 따라 나온다.
긴 하루를 겨우겨우 끝마쳤건만 결국 이렇게 되고 마는 건가.
휴대폰을 열어 전화를 건다.

"나야…."
한쪽으로 기울어져 있는 우리의 관계가 다시 한 번 증명되는 순간.

"미안해…."
어쩌면 이젠 더 이상
나를 사랑하지 않는 너를 향해 내뱉는, 나의 사과.

엄마 마음

"너, 언제까지 그렇게 살래? 이 좋은 걸 왜 안 해?"

이제 막 결혼을 해서 신혼 재미에 푹 빠져 있을 때는
나를 한없이 안쓰러운 눈길로 바라보며 이렇게 말하던 친구들.
하지만 부부싸움이라도 한번 하고 나면 꼭,

"결혼 빨리해서 좋을 거 하나도 없다?
너는 가능한 늦게 해. 안 하고도 잘 살 수 있으면 안 해도 되고.
나는 네가 정말, 부럽다!"

아니, 나는 가만 있는데 왜들 그러시는지.

언젠가 한번은 라식수술을 한 친구에게
나도 한번 해 볼까 지나가듯 말했는데
만에 하나 발생할 수도 있는 부작용들을 줄줄줄 읊어 주더니만,
"그냥 너는 하지 마. 혹시 모르잖아." 이러는 거다.

너는 했지 않냐,
너는 별 부작용 없이 잘 지내고 있지 않냐,
왜 나는 하지 말라는 건데, 뭐 이런 식으로 따져 물었더니
"혹시 모르잖아. 이게 다 엄마 마음이야."
그러고는 자신의 말이 스스로도 웃겼는지 한참을 웃던 친구.

내가 꼭 결혼을 하고 싶다거나, 라식수술을 하고 싶다, 뭐 그런 건 아닌데
나는 참 그런 유의 이야기들이 싫다.

'내가 해 봐서 아는데.' 이렇게 시작해서
'그러니까 너는 하지 마.' 이렇게 끝나는 이야기들.

모든 일엔 장단점이 있는 거고
모든 일엔 고비도 있고 힘든 점도 있다는 거
나도 모르는 거 아닌데,
'내가 해 봐서 알아. 그러니까 너는 하지 마.'
심지어 본인은 그 일을 하면서도, 혹은 했으면서도 잘 살고 있으면서
'고생문이 훤해. 내가 해 봐서 알아. 그러니까 너는 하지 마.'

나도 안다.
일이 그릇될 수도 있다는 거.
실패할 수도 있다는 거.
지금보다 더 힘들어질 수도 있다는 거.

하지만 그럼에도 그건, 내가 해 봐야 하는 거 아닌가.
실패를 하든 성공을 하든
내가 원하는, 내가 꿈꾸는 것이라면
해 보고 후회를 하더라도 내가 해 봐야 하는 거 아닌가.

많은 사람들이 말렸던 일을 덜컥 저지르고만 친구가 있다.
그 친구의 블로그에는 이런 글이 적혀 있다.
'언제까지 상상만 하고 있을 순 없지 않은가.'

내가 해 봐야 하는 거다.
혹여 나중에 "거 봐. 내가 뭐랬니?" 이런 이야기를 듣게 된다 할지라도
정말 언제까지나 상상만 하고 있을 순 없는 일이니까.

노 잼,
노 스트레스

남자는 아무 죄가 없다.
"잘 지내지?"
다만 툭 그냥 안부를 물었을 뿐인데
"아니 그럼, 내가 못 지내길 바라는 거야 뭐야. 에이 짜증나!"
버럭 화를 내는 여자. 그리고 떠오르는 카피.
'노 잼, 노 스트레스'

어떤 복사 용지 광고.
요즘 나는 그 광고만 보면 웃음이 난다.

"생일 축하합니다!"
깜짝 생일 파티를 열어 주는 후배들에게
"지금 장난해? 나이 먹었다고 놀리는 거야 뭐야. 에이 짜증나!"
버럭 화를 내는 선배.
그 광고의 후속 편 역시 나를 웃게 했다.

누구에게나 그런 순간이 있으니까.
누구든 건들기만 해, 어디 한 명 걸리기만 해!
짜증과 스트레스를 견디다 못해
누군가에게 화풀이라도 하고 싶은 순간.

"괜찮아?"라고 물어오는 상대에게
"안 괜찮으면 어쩔 건데?"
버럭 짜증을 내고 싶을 때.

"무슨 일 있어?"라고 물어오는 상대에게
"왜, 무슨 일 있기라도 바라냐?"
말도 안 되게 꼬투리를 잡고 싶을 때.

물론 소심한 우리들은
일반적으론 그 말들을 차마 입 밖으로 내뱉지 못하지만
속으로는 그런 생각을 할 때, 분명 있다.

반면 이런 순간도 있다.
"힘들지?"
이 한마디에 눈물이 주르륵.
'내가 이렇게 고생하는 거, 힘들어하는 거 알고 있었구나.
알아주는 사람이 있었구나.'
이런 생각에 말도 안 되게,
"힘들지?"
고작 이 한마디에 눈물이 주르륵 흘러내릴 때.

'울 준비는 되어 있다.'
이런 제목의 소설도 있었던 것 같은데
아마도 그때의 나는 준비가 돼 있었던 거 아닐까.

위로받을 준비.
토닥임받을 준비.
울어버릴 준비.

하지만 그런 준비가 다 돼 있는 상태에서도
"힘들지?"
이 말에 눈물은커녕 짜증이 버럭 날 때도 있다.
힘들다면 어쩔 건데? 알면서 왜 물어?
나 힘든 거 다 알면서 그러냐?

결국은 누구냐가 중요한 거 아닐까.

"괜찮아? 무슨 일 있어? 요즘 힘들지?"
이 말을 건네 오는 상대가 누구냐.
그리고 그 말에 얼마만큼의 진심이 담겨 있느냐.

위로를 받고도
걱정 섞인 질문을 받고도
영 기분이 개운치 못한 순간들 또한 종종 있으니까.

넌 왜 슬픈 얘기를 웃으면서 해?

"넌 왜 항상 슬픈 얘기를 웃으면서 해?"

조금은 짜증스러운 말투로
친구에게 물은 적이 있다.

친구는 조금 놀란 듯 내 얼굴을 빤히 바라봤고
잠시 후 다시 웃으며 이렇게 말했다.

"그럼 울면서 하리? 그게 더 짜증날걸?"

늘 웃음을 잃지 않는 친구가 좋았다.
그 친구와 함께하는 시간은 항상 즐거웠다.
누구와 대화를 하든
어떤 주제로 이야기를 나누든
유머를 잃지 않는
그래서 결국은 상대를 웃게 하는 그 친구가 좋았다.

굴곡 많은 자신의 인생을
내 인생은 왜 이렇게 시트콤 같냐며 희화화해서 말하는 친구.
눈물 없인 들을 수 없는 실연담도
결국은 콩트로 재구성해내고야 마는 친구의 탁월한 능력.

그런데 언젠가부터
친구의 그런 화법이 마음에 들지 않기 시작했다.

해도 해도 너무하다 싶을 만큼 고난과 좌절의 연속.
옆에서 바라보는 나까지도 숨이 턱턱 막힐 지경인데
그 상황마저도 웃으며 이야기하는 친구.

너무 속이 상했다.
그래서 조금은 짜증 섞인 말투로 이렇게 물었는지도 모른다.

"넌 왜 항상 슬픈 얘기를 웃으면서 해?"

친구는 그저 웃었다.
"그럼 어떻게 하냐? 맨날 울어?
맨날 힘들다고 죽는소리해? 그게 더 짜증날걸?"
그러곤 또 웃어버리는 친구.

물론 엄살이 심한 사람도 짜증스럽다.
별것도 아닌 일로 세상이 무너진 듯 슬퍼하고
만났다 하면 자기 힘들단 이야기만 하는 사람, 솔직히 짜증스럽다.

그게 엄살이 아니더라도
그래 너 힘든 거 다 안다, 그런 상황일지라도
맨날 힘들다, 힘들다.
솔직히 그런 이야기는 계속 듣는 것도 곤욕이고
듣고만 있어도 같이 우울해지는 것도 사실이다.

하지만 슬픈 이야기를 웃으며 하는 친구의 모습도
난 맘에 들지 않았다.

애써 별거 아닌 듯
애써 아무렇지 않은 듯
애써 다 괜찮은 듯

친구의 밝은 모습이
'애써'의 결과라는 걸 알기에 더 속이 상했던 나.

힘들다는 말.
사람을 참 지치게 한다.

입 밖으로 내도, 입 밖으로 내지 않아도,
지켜보는 사람까지도 지치게 만드는 말.
그런 말인가 보다, 힘들다는 말은.

잘 알지도 못하면서

"너 그 책 봤어?"
국문과를 졸업한 한 친구는, 이 질문이 세상에서 가장 싫다고 했다.
그 책을 안 봤다고 대답했을 때
"너 국문과 나왔잖아?" 이렇게 이어지는 질문.
국문과 출신은 서점에 있는 모든 책을 다 봤을 것 같다는 편견이
너무 싫다는 거였다.

"오빠, 공대 출신이잖아? 에이, 학교 다닐 때 공부 열심히 안 했구나?"
공대를 졸업한 또 한 친구는,
여자친구의 컴퓨터를 고쳐 주다 실패했을 때
이렇게 말하는 여자친구가 몹시 얄미웠단다.

"그거, 그거, 그게 영어로 뭐였더라?"
일상에선 잘 쓰지도 않는 전문용어를 물어봐 놓곤,
'영문과 나와서 넌 그것도 모르냐? 영문과 출신도 별거 없구나.'
이렇게 무시하는 듯한 눈빛을 보내는 상대가
짜증스러웠다는 또 다른 친구.

"한국 사람이라고 국어사전에 있는 우리말 다 아는 거 아니잖아?
아마 그 단어는 미국 사람들 중에도 모르는 사람 많을걸?"
영문과 출신의 친구는 말했다.

"급변하는 현대사회에서 컴퓨터 기술은 또 얼마나 빠르게 진화하는데?
아니 내가 그걸 어떻게 다 아냐고!"
공대 출신의 친구는 또 이렇게 말했다.

"우리나라에서 하루 평균 출판되는 책이
만화 학습지 빼고도 백 권 가까이 된다고.
일 년이면 35만 권 이상이 출판된다는 건데,
아니 그걸 다 볼 수 있는 사람이 세상에 있기는 하겠냐?"
이건 국문과 출신 친구가 흥분해서 했던 말.

어떤 영화에 이런 말이 나온다.

'나에 대해서 뭘 안다고…. 잘 알지도 못하면서.
딱, 아는 만큼만 안다고 해요.'

아마도 그 영화의 마지막 대사였던 것 같은데
그 대사를 듣자마자 뭔가 통쾌한 기분이 들었다.
하지만 잠시 후
영화가 끝나고 엔딩크레딧이 올라가는데
나의 기분은 좀 씁쓸하게 변해 갔다.

'잘 알지도 못하면서.
딱, 아는 만큼만 안다고 해요.'

그렇게만 살아도
아무 문제없는 세상이라면 참 좋으련만
그렇지 않을 때가 참 많으니까.

모르는 걸 모른다고 했을 때
'너 그것도 몰라?'
자신이 알고 있는 건, 당연히 상대도 알고 있으리라 믿는 사람들 또한
세상엔 너무 많으니까.

그들이야말로
잘 알지도 못하면서.

어쨌든 공짜니까
일단 킵!

인터넷으로
물건을 몇 개 고르고 결제하려는 순간, 뜨는 창.

'이 상품에는 사은품이 있습니다. 수령하시겠습니까?'

필요하면 예,
필요하지 않으면 아니요를 클릭하면 된다.
그리고 그 사은품이라는 게 대부분
내게 필요하지 않은 물건일 확률이 높다.

그런데도 나는 잠시 고민하다
꼭 '예'를 클릭하게 된다.
공짜에 눈이 멀어 필요하지도 않은 사은품을 받고
내 방에는 필요하지도 않은 물건들이 쌓여 간다.

이런 유혹도 이기기 힘들다.
"고객님. 십만 원 이상 구입하시면 사은품이 있는데
더 필요하신 물건 없으세요?"

사은품? 이를 어쩐다.
어느새 나는 또 당장 필요하지도 않은 물건들을 더 고르고 있다.

마트에서도 마찬가지.
유통기한 내 다 먹을 수 있을까?
잠시 고민하다가도

원플러스원 혹은 사은품이 딸린 제품을 구입하게 된다.
그렇게 상해 버리는 음식들.
이러다 나 벌받는 거 아니야 싶다가도
나는 또 사은품, 공짜에 현혹된다.

왜 꼭 그렇게 될까?
나한텐 필요하지도 않은 것들을
공짜라면 그저 넙죽넙죽.

아마도 그런 거겠지?
혹시 모르잖아? 혹시 필요하게 될지도. 혹시 다 먹게 될지도.
어쨌든 공짜니까 일단 킵!

그런데 오늘 또 도착한
인터넷 쇼핑 택배 상자 속 사은품들을 바라보고 있자니
이런 생각이 들었다.

공짜라고 넙죽넙죽.
그렇게 받아 챙기고 나 몰라라 했던 것이
내게 물건들뿐이었을까?

혹시 내가
누군가의 마음도
누군가의 배려도
누군가의 호의도 그렇게 넙죽넙죽.

그러곤 나 몰라라.
'공짜라며? 내가 언제 달랬니? 네가 그냥 준 거잖아.'
그러진 않았을까, 하는 생각.

남자는 하루 종일 현미경으로 세균을 들여다본다.
세균.
박테리아를 연구하는 것이 남자의 직업이었으니까.

"그거 알아요?
사람들은 박테리아를 무조건 불결한 것으로만 치부하지만
남녀가 키스를 한 번 할 때마다
약 4만 개의 박테리아를 주고받는다는 거?"

작업용 멘트로 그리 적당해 보이진 않지만
어쨌든 남자는 여자에게 그렇게 말했다.
그리고 현미경으로 여자에게 박테리아들을 보여 준다.

현미경 속 박테리아들은 그다지 불결해 보이지 않았다.
디자이너인 여자는 오히려 그것들이
예쁜 옷감의 무늬처럼 보인다고 말한다.
그리고 이어지는 남자의 말,

"그렇죠?
뭐든지 가까이서 들여다보면 아주 예쁜 법이죠."

그리고 두 사람이 키스를 했는지 안 했는지
그건 잘 기억나지 않지만
영화가 끝난 후에도 그 대사만은 오랫동안 기억에 남았다.
뭐든지 가까이서 들여다보면 아주 예쁘다는 그 말.

여자를 꽤나 좋아하는 한 선배도 이런 말을 했던 기억이 난다.
"10분 이상 가만히 바라봐 봐. 세상에 안 예쁜 여자는 없어."

아주 가까이서 들여다보면.
10분 이상 가만히 바라보면.
이 모든 것이 결국 '관심'의 결과가 아닐까 싶다.

언젠가 한 아이의 엄마가 된 친구에게 물어본 적이 있다.
"정말 아이를 낳으면 저절로 모성애가 생겨?"
그때 친구는 이렇게 대답했던 것 같다.
"고슴도치도 제 새끼는 예쁘다는 말, 나도 안 믿었거든?
근데 내 새끼는 예쁘더라고."

그리고 덧붙이기를,
"아이를 낳는다고 없던 모성애가
어느 날 갑자기 막 생기고 그런 건 아닌 것 같고
하루 종일 아이만 보고 있으니까.
오로지 내 관심이 아이에게만 집중되니까.
결국 그 아이가 특별해 보이고 예뻐 보이고 그렇게 되는 거 같긴 해."

모두 다 똑같은 이야기인 것 같았다.
세상에 예쁘지 않은 사람은 없다는 이야기.
무엇이든 관심을 갖고 애정을 쏟으면 특별해질 수 있다는 이야기.

그렇다면 문제는 지구력인 걸까?
에이 별로야, 쉽게 고개를 돌려버리면
에이 안 돼 안 돼, 쉽게 포기해버리면
그 무엇도 내게 특별해질 수 없는 걸까?

그 관심의 대상이
바로 나 자신이라 할지라도.

뭐든지 가까이서 들여다보면 아주 예쁜 법이다

가진 자의 여유

국내엔 많이 알려지지 않은 좋은 영화를
잘 알고 있고 잘 찾아보는 선배.

선배의 취향과 내 취향은 아주 비슷해서
선배가 추천하는 영화는 거의 실패할 확률이 없었기에
기분 전환을 하고 싶다거나 좋은 영화를 보고 싶을 때면
난 항상 선배에게 물어보곤 했다.

그런데 어느 날 선배가
영화가 아닌 외국 드라마들을 추천하며 이런 말을 했다.

"너 드라마 쪽은 거의 안 봤지?
좋겠다. 아직도 볼 게 많이 남아 있어서! 부러운데?"

아니, 선배도 이미 다 본 작품들인데
내가 아직 그것들을 보지 않았다는 게
부러울 것까진 없지 않냐고 난 되물었고
선배는 웃으며 이런 이야기를 했다.

"이건 조금 다른 얘긴데,
언젠가 교수님이 나에게 '좋겠다, 부럽다.'
이런 말씀을 하신 적이 있어."

선배도 처음엔 교수님의 그 말이 황당했단다.
대학원 박사과정을 밟고 있는 선배 입장에선
선배가 꿈꾸는 모든 것을 이미 이뤘고, 누리고 있는 교수님이

왜 자신에게 부럽단 이야기를 하는지
도무지 이해할 수 없었으니까.

"난 이제 더 이상 하고 싶은 게 없다.
꿈도 없고, 목표도 없고, 의욕도 없고.
그저 지금 정도의 삶만을 유지하면서 살아야겠다.
이런 생각으로 늙어 가고 있는 거지."

교수님의 그 말조차도
처음엔 '가진 자의 여유'처럼 느껴졌다는 선배.
하지만 선배의 나이가 조금씩 그때의 교수님 나이와 가까워지자
그 말이 이해되기 시작했다는 선배.

꿈꿀 수 있는 청춘.
아직 해 보지 못한 것들, 가져 보지 못한 것들이 많아서
해 보고 싶은 것도, 이루고 싶은 것도 많은 청춘이 얼마나 행복한가를.
그리고,
그것들을 하나하나 이뤄 갈 때 느낄 수 있는 기쁨.
무엇과도 비교할 수 없는 그 기쁨들이
아직도 많이 남아 있는 청춘이 얼마나 행복한가를.
이제는 조금씩 알 것 같다는 선배.

나에게도 그런 날이 올까?
문득 궁금해졌다.

그 과정이 비록 무척이나 힘겹다 할지라도
꿈꾸는 청춘을 살아가고 있는 내가 행복하다는
선배의 말, 그 교수님의 말을 이해할 수 있는 날이
과연 나에게도 올까?

시작은
시작일 뿐

"생각만 하지 말고 일단 시작을 해, 시작을!
시작이 반이라는 말, 너도 알잖아?"

물론 안다.
생각만 백날 해 봤자 아무 소용없다는 말에도
물론 동의한다.
그러니까 일단 시작해 봐라, 이 말까지도 납득할 수 있다.
하지만 '시작이 반이다?' 여기서는 고개를 갸웃.
'정말?' 솔직히 의심이 든다.

아마도 많은 사람들의 수학책은 집합 명제 부분까지만 더러울 거다.
아마도 많은 사람들의 다이어리는 1월, 2월까지만 빽빽할 것이며
영어, 일어, 중국어, 프랑스어, 스페인어,
아마도 누구에게나 시작은 해 봤던 외국어가 한 개쯤은 있을 거다.

먼지 쌓인 자전거.
이제는 빨래 너는 용도로 쓰이고 있는 러닝머신.
어딘가에 처박혀 있는 요가 매트.
입은 지 백만 년은 된 것 같은 수영복.
외출용으로 장만했으나
이제는 집에서 뒹굴 때만 입는 제법 비싼 트레이닝복.
아마도 누구에게나 시작만 해 봤던 운동 또한 하나쯤은 있을 거다.

그런데 시작이 반이라니.

그동안 내가 했던 수많은 시작들을 생각해 보면
정말 납득하기 힘든 말이다.
시작은 정말 '시작'일 뿐인 거다.
어쩌면 시작보다 중요한 것은 그다음.

난 가끔 궁금하다.
내 발에 딱 맞는 구두로
왕자와의 사랑을 시작한 신데렐라는 그 후 어떻게 됐을까?
오래오래 행복하게 살았습니다, 전에
그들에게 찾아온 권태기와 잦은 다툼은
어떻게 극복했는지도 알려 줘야 하는 거 아닌가?

무언가를 결심하고
머리에 띠를 맨 채 공부를 시작한 드라마 속 주인공은
어떻게 그것을 이뤄낸 것일까?
'몇 년 후'라는 자막과 함께
합격통지서를 들고 기뻐하는 모습만 보여 주니
중간중간 수도 없이 찾아왔을 포기의 순간을 그는 어떻게 극복했는지
나는 도무지 모르겠다.

시작은 정말 시작일 뿐.
시작, 그다음의 이야기가 나는 궁금하다.

집합 명제 그다음 페이지로 넘어가려면
러닝머신 위의 빨래들을 걷어내려면
매일매일 찾아오는
힘듦, 권태, 게으름을 이겨내려면 도대체 어떡해야 하는 건지.
나는 정말 그다음의 이야기가 궁금하다.

세계 여행

"이게 다 뭐야? 무슨 책을 이렇게 많이 샀어?"

커다란 쇼핑백을 들고 나타난 친구.
그 안에는 책이 가득했다. 그것도 온갖 종류의 여행책들.

"어디, 가려고? 이건 유럽, 이건 아프리카, 이건 남미.
뭐야? 왜 이렇게 갖가지야? 도대체 어딜 가려고?"

친구는 씨익 웃어 보이며 뜸을 들였다.
그리고 말하길,
"세계 여행."

친구는 벌써 회사에 퇴사 의사를 밝혔다고 했다.
지금까지 모아 둔 돈이랑 퇴직금까지 다 합치면
넉넉하진 않아도
얼추 1년은 돌아다닐 수 있을 것 같다며 웃어 보이는 친구.

이게 드디어 미쳤나 싶었다.
우리 나이에? 멀쩡히 다니던 회사를 그만두고? 세계 여행?
아니, 무슨 다른 일을 준비하겠다는 것도 아니고
무턱대고 지금까지 모아 둔 돈 다 퍼부어서 여행을 가겠다고?

"갔다 와선? 아니, 갔다 와선 어떡할 건데?
너 정말 회사에 말했어?
지금이라도 가서 잘못했다고 싹싹 빌고 취소해!"

펄쩍 뛰는 나를 빤히 바라보며 또다시 뜸을 들이던 친구.

"나, 이렇게 살다 죽을까 봐 두려워."

친구는 말했다.
그 날 또한 평소와 다름없이
사무실에서 헉헉대며 일을 하고 있었는데
맞은편에 앉은 선배를 보니 5년 후 나는 저렇게 살고 있을까.
건너편 과장님을 보니 10년 후 나는 저렇게 살고 있을까.
저 멀리 부장님을 보니 20년 후 나는 저렇게 살고 있을까.
갑자기 두려웠단다.

"그냥 그냥 이렇게 살다 죽는 건 아닌가 두려웠어.
그럼 너무 억울할 것 같아서."

그다음은 여행을 다녀온 후 생각해 보겠다 했다.
어쩌면 지금 이 결정을 두고두고 후회하게 될지도 모르지만
그래도 일단 저질러 보고 싶다는 친구.

우리가 스무 살이었다면
아니 적어도 이십 대였다면
친구를 보는 내 마음이 이렇게 불안하진 않았을 것 같다.

근데 정말 이상한 건
친구와 헤어져 집에 오는 길
그 친구가 부럽다는 생각이 들었다는 거다.

'이렇게 살다 죽을까 봐 두려웠다라….'

친구의 말이 계속해서 내 머릿속을 맴돌아서.

금일 휴업

금일휴업.
내 이마에 이렇게 써 붙이고 싶은 날이 있다.

물리적으로도
당장 해내야 하는 일들이 산더미처럼 날 압박해 오고
이런저런 고민 잡념들까지
내 머릿속을 엉망진창으로 헤집고 다니는 날.

금일휴업.
이렇게 선언하고 아무도 날 찾지 못하게
휴대폰 전원을 꺼버리고 싶지만, 그건 쉽지 않은 일.

차를 돌릴까?
꽉 막힌 강변북로에 갇혀 한강을 바라보다
문득 바다가 보고 싶어진 어떤 소설 속 주인공.
하지만 그는 차를 돌릴 수 없었다.
그는 지금 출근하는 길이었으니까.

꼭 그렇게 된다.
휴대폰 전원을 꺼버릴까 싶다가도, 차를 돌릴까 싶다가도,
그 후에 발생할 문제들이 다다다다다다 머릿속을 스치고 지나간다.
그럴 땐 또 왜 그렇게 머리가 잘만 돌아가는지.
휴대폰을 끌까 말까 한참을 망설이다
'이러고 있을 시간에 하자, 하고 말자.'
이렇게 되기 십상이다.

정말 도저히 못 참겠다는 지경에 이르러
누군가 내게 해 줬던
'이기적인 것이 현명한 것임을 잊지 말자'는 말로 나를 합리화하며
휴대폰을 끄게 된다 해도
내 마음 편해지기란 쉽지 않다.

안 그래도 이런저런 고민 잡념들로 엉망진창인 내 머리.
그 사이로 또 하나의 걱정이 빼꼼하니 머리를 내민다.

이래도 되는 걸까?
내일 가서 뭐라고 하지?
지금쯤 사람들이 내 욕하고 있진 않을까?
어차피 내 힘듦만 더 늘어나는 거 아냐?

그게 참 힘들다.
물리적인 것들은 그래도
미룰 수 있는 데까지 미루며 잠시 꺼버리는 일이 가능하지만
마음을 끄는 일, 생각을 끄는 일.

아무리 머리를 비워 보려 애써도
여기서 빼꼼 저기서 빼꼼
소란스러운 머리를 잠재우는 일은 쉽지 않다.

그래서 가끔 묻고 싶어진다.
"너무 고민하지 마, 너만 지친다."
이런 말을 해 주는 상대에게.

그럼 그 스위치가 어디 있는지도 좀 알려 달라고.
마음을 끄는,
생각을 끄는 스위치는 도대체 어디 있냐고.

눈이 좀 천천히 녹았으면 좋겠다

우리 엄마는 눈을 참 좋아하신다.

어린 시절 늦잠을 자도 되는 겨울방학.
아침 먹을 시간도 안 됐는데 엄마가 날 깨우는 건
밤새 눈이 왔다는, 혹은 지금 눈이 오고 있다는 뜻이었다.

"밖에 눈 온다, 얼른 일어나."

그땐 나도 눈이 참 좋았다.
졸린 눈을 비비며 일어나 엄마를 따라 쪼르르 창문가로 달려가
한참을 그렇게 엄마랑 창가에 앉아 눈 구경을 하곤 했으니까.

하지만 머리가 조금 굵어진 이후부턴 난 눈이 좋지 않았다.
차 막히는 것도 싫고
질척질척해진 땅을 조심조심 걸어야 하는 것도 귀찮고
또 눈이 뭐 별거라고
꼭두새벽부터 날 깨우는 엄마가 좀 짜증스럽기도 했다.

"엄마는 눈이 그렇게 좋아?"

"좋지, 얼마나 예쁘냐."

하지만 올해는 해도 해도 너무하다 싶을 정도.
백 년 만의 폭설이란 말이 무색하지 않을 정도로 사방이 그냥 눈, 눈, 눈!

걱정스러운 맘에 집에 전화를 넣었는데
어딜 가신 건지 도통 전화를 받지 않는 엄마.
늦은 저녁에나 간신히 통화가 돼
이렇게 사방이 눈인데 위험하게 어딜 갔다 온 거냐고 조금 화를 냈는데
울 엄마 너무나 천연덕스러운 말투로,

"눈 구경하고 왔지."

그냥 집에 있지!
날도 춥고 그러다 넘어져 어디 다치기라도 하면 어쩌려고!
잔소리를 시작한 내게 엄마는 말했다.

"엄마가 백 살까지 살아도
앞으로 눈 볼 날이 채 50번도 안 남은 건데
아까워서 어떻게 집에만 있니."

갑자기 가슴 한쪽이 욱신.

너무나 당연한 일인데도 우린 가끔 잊고 산다.
우리가 백 살까지 살아도
우리에게 남은 겨울은 고작 몇십 번도 안 된다는 사실.
그리고 엄마에겐 그 남은 겨울이 더 적을 수밖에 없다는 사실을.

눈이 좀 천천히 녹았으면 좋겠다.
이번 주말엔 집에 잠깐 다녀와야 할 것 같으니까.
엄마와 나란히 걸으며 눈 구경을 할 수 있는 기회가
나에게 그리 많이 남아 있는 것 같진 않으니까.

자꾸만 미루게 되는 이유

도시락을 먹을 때
유독 어떤 한 반찬에 선뜻 먼저 손이 가지 않는 이유는
두 가지 중 하나다. 너무 싫어서 혹은 너무 좋아서.

내가 정말 좋아하는 반찬이라
아껴 뒀다 마지막에 먹으려고 남겨 두는 경우도 있으니까.
무언가를 자꾸만 미루게 되는 것이 꼭 싫어서만은 아니란 말이다.

손편지를 써 달라는 그 사람의 부탁을 자꾸 미뤘던 것도
그 사람을 덜 사랑해서가 아니라 너무 사랑해서였다.
그러니까 잘 써 주고 싶고, 그러다 보니 자꾸 미루게 되고.

큰맘 먹고 장만한
나에겐 제법 비싼 그 옷을 자주 입지 않는 이유도 마찬가지.
마음에 안 들어서가 아니라 너무 맘에 들어서.
정말 특별한 날 입고 싶은 그런 마음.

하지만 그렇게 아껴 두고 미뤄 두다 낭패 보는 일도 적지 않았다.

아껴 둔 반찬을 "너 이거 안 먹지?"
친구가 홀라당 먹어버렸을 때.
끝내 편지 한 번 써 주지 못했는데
그 사람이 내 곁을 떠나버렸을 때.
유행이 지나 아껴 둔 그 옷을
이젠 더 이상 입고 싶지 않아졌을 때.

나는 늘 생각했던 것 같다.
'진작 먹을걸. 진작 써 줄걸. 진작 자주 좀 입을걸.'

하지만 그럼에도, 내가 정말 좋아하는 무언가를
자꾸만 미루게 되는 이유 중 하나는 이게 아닐까 싶다.
실망에 대한 두려움.

맛있는 반찬만 쏙쏙 빼먹고 나면
그 후의 식사는 더 이상 즐겁지 않을까 봐 두렵고.
나의 서투른 편지에
그 사람이 실망할까 봐 두렵고.
너무 자주 입다 옷이 금세 낡을까 봐
혹은 내가 너무 빨리 질려버릴까 두려운 마음.

소설가를 꿈꾸는 친구가 있다.

"그럼 쓰면 되잖아."
나는 늘 이렇게 말했던 것 같다.

그런 내게 언젠가 친구는 말했다.
"좀 두려워. 혹시라도 나한테 실망할까 봐.
나란 인간이 사실은 '소설을 쓸 수 없는 인간이었음'을 깨닫게 될까 봐."

어쩌면 핑계로 들릴지도 모를 그 말이
조금은 이해도 됐던 이유.
그건 누구나 마찬가지일 거란 생각이 들었기 때문이었다.

누구에게나
세상에서 가장 두려운 '실망' 중 하나는 이것일 테니까.
나 자신에 대한 실망.

포커
페이스

포커페이스.
상대가 내 속마음을 눈치채지 못하도록 표정 관리를 완벽히 하는 것.

나이를 먹어 갈수록 잘하게 되는 것 중 하나가
이 '포커페이스'가 아닐까 싶다.

싫은 사람 앞에서도
싫지 않은 척, 최선을 다해야 하는 순간이 많아지고
가끔은 마음에도 없는 입에 발린 말들을 늘어놓으며
상대의 눈치를 봐야 할 때도 있고
또 좋아하는 것 앞에서도
나 이거 좋아! 쉽게 말했다간 낭패 보는 일도 많고.

그러니 어른이 되어 갈수록
자연스레 포커페이스를 점점 더 잘하게 되는 우리.

꽤 오랜만에 찾은 나의 모교는 한창 축제 중이었다.
늦은 시간까지 주황색 불빛을 내뿜는 천막, 일일 주막들이 즐비했고
술에 취해 비틀거리는 후배들도 눈에 띄고
말 그대로 젊음이, 청춘이 느껴지는 캠퍼스 풍경.

그때 내 눈에 띈 한 남학생.
걱정 가득한 표정으로 어떤 건물 앞을 계속 왔다 갔다.
그러다 건물 안쪽을 기웃기웃.
뭔가 초조해 보이고 불안해 보이는 모습.

도대체 무슨 사정일까 궁금했는데
잠시 후 나의 궁금증은 완전히 해결됐다.

다른 여자 친구들의 부축을 받으며 건물 밖으로 나온 한 여학생.
그 여학생을 보자마자 달려가는 남학생.

"괜찮아? 정말 괜찮아? 걸을 수 있겠어?
내가 집에 데려다줄까? 정말 괜찮은 거 맞아?"

그 남학생의 초조 불안은, 사랑이었던 거다.
그는 지금, 그녀를 사랑하고 있는 거다.

그래서 걱정되고
그래서 어쩔 줄 모르겠으며
그래서 불안 불안, 초조 초조.

좋을 때다.
웃음이 나오면서도 뭔가 씁쓸해져 오는 마음.

나의 스무 살도 저런 모습이었을까?

나를 잘 모르는
나를 처음 보는 사람조차
단번에 내 마음을 읽을 수 있을 만큼
포커페이스가 전혀 안 되는 그런 모습이었을까,
궁금해진 거다.

아무 계산 없이 누군가를 만나고
아무 계산 없이 누군가를 사랑했던 내 스무 살 시절이,
그리워진 거다.

뜻하지 않은 길을 가다
뜻하지 않은 즐거움을 만나다

친구와 둘이서 유럽 배낭여행을 갔을 때의 일이다.

처음엔 둘 다 바짝 긴장을 해
여행책과 회화책을 손에 꼭 쥐고
혹시라도 길을 잃을까 전전긍긍해 했지만
여행이 끝나 갈 때쯤 긴장이 풀려서였을까.
우리는 길을 잃었다.

영국에서 기차를 잘못 탄 거였다.
한국에서 가져온 여행책에는 나와 있지도 않은
어느 작은 해변 마을에 도착한 우리.

눈앞이 깜깜했다.
당장 오늘 밤 어디서 묵어야 할지도 모르겠고
관광도시가 아니었기 때문인지
그 마을에선 관광객으로 보이는 사람들,
아니 유색인종조차 단 한 명도 눈에 띄질 않았다.

일단 저녁을 해결하기 위해 작은 식당으로 들어갔는데
그곳 사람들도 우리가 신기했는지
흘끔흘끔 우리를 훔쳐보다 눈이 마주치면
깜짝 놀라 재빠르게 고개를 돌리거나 머쓱한 웃음을 지어 보였다.

그런데 참 신기한 건
그곳에서 우리는, 우리가 정말 외국에 나와 있다는 느낌을
처음 받았다는 거였다.

여행책에서 봤던 익숙한 건물과 풍경들은 하나도 없고
관광객은 우리뿐.
정말 낯선, 미지의 세계에 와 있다는 느낌.

저녁을 먹고 해변을 산책하는데
시원한 바닷바람이 두 뺨에 와 닿는 순간
여행 내내 한 번도 느껴 보지 못했던 자유로움이
내 온 마음에, 내 온몸에 퍼져 오는 듯했다.

두 달 동안 유럽 여러 나라를 돌며
유명한 멋진 관광지들도 숱하게 보았지만
여행을 마치고 한국에 돌아온 다음에도 역시
가장 기억에 남는 곳은, 그 마을이었다.

기차를 잘못 타지 않았다면
길을 헤매지 않았다면 만날 수 없었던 마을.

그래서일까.
아직도 가끔씩 그 마을을 떠올려 보곤 한다.

내가 몹시도 길을 헤매고 있단 생각이 들 때면,
이 길이 아니면 안 돼.
이 사람이 아니면 절대 안 돼.
내가 만든 규칙에 내 스스로 얽매이고 있단 느낌이 들 때면,
내가 지금 제대로 가고 있는 게 맞는 걸까?
자꾸만 마음이 불안해 올 때면, 떠올려 보곤 한다.

뜻하지 않은 길을 가다
뜻하지 않은 즐거움을 만날 수도 있다는 걸 알게 해 준, 그 마을을.

second

어떤 하루

실망하면 어떡하지.

상처받으면 어떡하지.

실패하면 어떡하지.

그렇게 주저주저.

여러 번의 실망, 여러 번의 상처, 여러 번의 실패.

그사이 어느덧 나는 겁쟁이로 변해 있었다.

설렘보단, 두근거림보단,
언제나 걱정이 앞서는 겁쟁이.

찰~칵!

“

우리에게는 언제나 내 이야기를 들어줄 누군가가 필요하다

”

키쿠야
聞く屋

일본 여행을 갔을 때였다.
주말이라 제법 북적이는 공원.
그 공원 한쪽 구석에서 키쿠야(聞く屋)를 만난 것은.

간이 의자에 앉아 있는 한 남자.
그 남자 앞에는 작은 입간판이 놓여 있었다.
'키쿠야(聞く屋)'라 적힌 입간판.
우리나라 말로 '듣는 가게'라는 뜻.

듣는 가게?
도대체 무슨 의미일까 궁금했는데
그 아래 적혀 있는 작은 글씨들이 눈에 들어왔다.

'何でもいいです。何でも聞きます。
무엇이든 좋습니다. 무엇이든 듣습니다.'

'듣는 가게'는 말 그대로
무엇이든 들어주는 가게인 듯싶었다.

신기한 마음에 조금 떨어진 거리에 앉아
책을 보는 척
'듣는 가게'를 운영하는 주인아저씨를 관찰하기 시작했다.

그렇게 한 시간.
그런데 조금 이상한 것이

그 한 시간 동안
'듣는 가게'의 주인인 그는, 계속 떠들고 있었다.

사람들이 다가와
'왜 이런 가게를 하게 됐냐. 주로 어떤 이야기를 들어주는 거냐.'
뭐 이런 것들을 물어보는 것 같았고

그때마다 열심히 장황하게도
한참씩 떠들어대던 아저씨.

그래서였다.
이런 생각이 든 것.

저 아저씨가
키쿠야(聞く屋), 듣는 가게를 시작한 이유는
누군가의 이야기를 들어주기 위해서가 아니라
누군가에게 자신의 이야기를 하고 싶어서가 아니었을까 하는 생각.

우리에게는 언제나
내 이야기를 들어줄 그 누군가가, 필요한 법이니까.

나는 지금 이대로가 좋다고!

늦은 아침 TV를 보고 있을 때면 좀 불편할 때가 있다.
아무리 이리저리 채널을 돌려도 반드시 볼 수밖에 없도록
모든 채널에서 쉬지 않고 흘러나오는 각종 보험 광고 때문에.

우리나라 암 발생률이 얼마나 높은지부터
고혈압, 뇌졸중, 심근경색, 치매, 골절 등
우리가 걸릴 수 있는 각종 중증 질환이 얼마나 많은지.
또 교통사고를 비롯한 각종 무시무시한 사고들.
심지어 요즘엔 아이가 유괴됐을 때를 대비한 보험까지 있었다.

당신은 이렇게나 많은 위험들에 노출돼 있으니
미리미리 준비해라. 그렇지 않으면 큰일 난다.

계속해서 광고는 흘러나오고
광고 끝에는 꼭 지금 바로 전화하라며
친절하게 몇 번에 걸쳐 전화번호까지 일러 주니
아직 젊은 내가 보고 있어도, 심지어 이미 몇 개의 보험에 가입돼 있는데도
세뇌교육을 당한 듯 뭐라도 또 가입해야 할 것 같은 기분이 드는 거다.

언젠가 우리나라에 살고 있는 외국인 친구가
그 보험 광고에 대한 이야기를 한 적이 있다.
심각한 질병을 앓고 있는 것은 분명 슬프고 힘든 일인데도
'미리 보험에 들어 놔서 얼마나 좋은지 몰라요!'
환자와 그의 가족들이 해맑게 웃는 게 너무 이상하다는 거였다.
도대체 한국에는 왜 이렇게 보험 광고가 많냐며.

보험.
앞으로 일어날지도 모르는 심각한 상황에
미리 대비책을 마련해 두는 좋은 제도라는 거
미래에 대한 불안을 덜어 주는 제도라는 거 부정하고 싶은 건 아니다.
하지만 아주 가끔은
쉴 새 없이 쏟아지는 보험 광고들에 숨이 턱 막힐 때가 있다.
미래에 대한 불안을 덜어 주기는커녕 오히려 조장하는 느낌이랄까.

미리미리 준비해. 안 그러면 후회한다고.
나중에 정말 큰코다친다니까!

어떤 영화에
자신을 자꾸만 다그치는 여자에게
남자 주인공이 이렇게 소리치는 장면이 있다.

"당신은 왜 늘 계획을 세우라고 하지?
왜 항상 현실을 극복해야 한다고 하지?
나는 지금 이대로가 좋다고!"

물론 미래에 대한 준비, 짜임새 있는 인생 설계, 필요하다.
하지만 가끔은 이런 생각도 든다.
우리는 '항상 뭐라도 해야 한다'는 강박관념을 갖고 있는 건 아닐까.

남들은 다 뭐라도 하고 있는 것 같고
남들은 다 뭐라도 배우고 있는 것 같고
남들은 다 미래를 준비하고 있는 것 같고
그래서 가만히 서 있는 나는 마냥 뒤처지고 있다는 느낌.

사실은 그것도 힘든 건데.
제자리에 서 있는 것도, 제자리를 지키는 것도,
지금 이 순간을 제대로 즐기며 사는 것도, 사실은 참 힘든 건데.

어렸을 때부터 난
상대방이 나와 다를 수 있다는 걸
인정할 줄 모르는 세계에 사는 사람들이
정말 싫었다.

문학 시간.
똑같은 문학 작품을 읽어도
모두 다 다른 감상평이 나올 수 있는 건데
이 시에서 이 단어가 의미하는 바를
오지선다로 골라야 하는 것도 싫었고.

사소하게는
나는 정말 맛이 없어서 맛없다고 안 먹는다고 얘기했는데
이게 얼마나 맛있는 건데
넌 입맛이 왜 그렇게 촌스럽냐고 이야기하는 어른들도 싫었다.

내가 좋아하는 음악이나 영화에 대해서
함부로 얘기하는 사람들.
"어떻게 그런 걸 좋아할 수 있니?"
이렇게까지 말하며 자신들의 취향은
조금 더 우월하다고 생각하는 사람들을 만날 때면
답답하기까지 했다.

심지어 누군가의 연인에 대한 험담을 늘어놓으며
"난 걔가 왜 하필 그 사람을 만나는지 모르겠어."

이런 말을 아무렇지 않게 하는 사람들도 있으니까.

왜 모를까?
우리 모두가 다르다는 걸
다른 취향을 가질 수 있다는 걸 왜 모를까?
왜 인정하지 못하는 걸까?
늘 답답했다.

그런데 얼마 전
내가 무척 좋아하는 영화를 재미없다 말하는 사람을 보면서
'그럼 그렇지. 네가 뭐 영화 볼 줄이나 아냐?'
이런 생각을 하고 있는 내 자신을 발견했다.

이미 나는 너보다
우월한 취향을 갖고 있다는 전제 아래
상대를 낮추보는 듯
내가, 생각하고 있었던 거다.

아차, 싶으며 두려워졌다.
그렇게 되어 갈 수도 있겠구나.

방심하면
조금만 경계를 늦추면
그렇게 되어 갈 수도 있겠구나.
무서웠다.

나는 저렇게 되진 말아야지, 저렇게 살진 말아야지.
결코 닮고 싶지 않았던 모습들.
그런 사람들을 닮아 가지 않는 것 역시
만만치 않은 일인 것만 같아서.

복수

헤어진 다음,
자신에 대한 나쁜 소문을 퍼뜨리는 소년에게 복수하고 싶었던 소녀는
체력 훈련에 돌입한다.

소년을 만났을 때
순간 올려 차기, 내려찍기 등의 기술로 그를 혼내 주고 싶어
매일 하루도 거르지 않고 맹훈련을 감행한다.

하지만 소녀는
예상치 못한 곳에서 소년과 단둘이 마주쳤을 때
그동안 연마한 기술을 펼치지 못한다.
다만 이 한마디만을 내뱉고 서둘러 등을 돌려 달아나버린다.

"미안해."

어떤 단편소설 속 이야기.

누구나 한 번쯤은 복수를 꿈꿔 봤을 것이다.

날 괴롭힌 누군가에게
날 떠난 누군가에게
내 마음을 아프게 한 누군가에게 복수하고 싶단 생각에
그를 만나면 이렇게 욕해 줄 테야. 상처 줄 테야.
하루에도 수십 번씩 생각하고 머릿속으로 연습도 해 보고.

나 또한 그랬다.
날 떠난 그 사람이 너무나 미웠다.
하지만 우연이라도 그 사람과 마주치게 된다면
난 욕해 줄 수 있을까? 상처 줄 수 있을까?

못 할 것 같다.

내가 그렇게 한다고 해서
달라지는 건 아무것도 없을 테니까.
오히려 그 사람뿐 아니라
나에게도 더 큰 상처만 남기게 될 테니까.

하지만 내가 그렇게 할 수 없는 진짜 이유는 따로 있다는 걸
난 알고 있다.

마음속으로 수백 번
그 사람을 원망해 봐도 미워해 봐도
진짜 내 마음 깊은 곳에 숨겨져 있는 진심은
그게 아닌 거다.

다만 그 사람을 난,
잊지 못하고 있을 뿐.

습관처럼
봄을 타던 녀석

'봄이 이르다 싶었다.
나와 보니 다시 겨울이 심해졌다.
일찍 집으로 돌아와 삼겹살을 실컷 구워 먹고 대청소를 하고
코에 무슨 흰 물질을 발라 보고 사진 한번 찍어 봤다.'

친구의 블로그에 사진이 한 장 올라왔다.

아내와 나란히 코팩을 하고 찍은 사진.
그 사진이 우습기도 하고 행복해 보이기도 해
모니터를 보며 나도 모르게 조금 웃었다.

녀석은 늘 봄을 심하게 탔다.
가을이 남자의 계절이고
봄은 여자의 계절이라고 하던데
녀석은 이상하게 봄만 되면 우울해지곤 했다.

어떤 해는 실연의 아픔 때문에
어떤 해는 군 입대를 앞둔 착잡함 때문에
또 어떤 해는 그냥 습관처럼 봄을 타던 녀석.

넉넉하지 않은 가정 형편.
항상 힘들기만 했던 녀석의 사랑.
힘들게 공부하고 힘들게 사랑하고 힘들게 이별하고.
녀석의 삶은 늘 팍팍해 보였다.

그랬던 녀석이 취업을 하고
우리 동기 중 가장 먼저 결혼을 했다.

작년 봄,
문득 녀석 생각이 나 문자를 보냈다.

'신혼의 봄은 어떠냐?'

그때 녀석은 이렇게 답장을 했다.

'행복한 봄이 좀 어색하구나.'

오늘 친구의 블로그를 보고 그때 생각이 났다.
아마도 녀석이 마지막에 덧붙인
이 말 때문에 더 그랬던 것 같다.

'몇 년 전에 비해 크게 달라진 점 중 하나는
봄이 무척이나 좋아졌단 것이다.'

이제 녀석은 행복한 봄이 어색하지 않나 보다.
삼겹살을 구워 먹고 대청소를 하고
아내와 나란히 누워 코팩을 하면서 행복한 봄을 기다리고 있을 녀석.

녀석이 조금 부러워진다.
그리고 이어
내 마음의 온도가 조금 올라간 느낌.

겨울이 지나면 봄이 오는 자연의 섭리처럼
힘든 시간이 지나면
그렇게 행복한 봄이 어색하지 않은 시기도 찾아온다는 인생의 섭리가
새빨간 거짓말만은 아닌 것 같아서.

사람들은 모두
조금은 다른 내일을 위해 바쁘게 살고 있는 것 같고
조금씩은 다른 모습으로 한 발짝씩
움직이고 있는 것 같은데
나만 정체돼 있는 느낌.
나만 제자리걸음인 듯한 느낌.

하지만 어제와 같은 오늘을 산다는 것이
꼭 나쁜 것만은 아니지 않을까.
남들 눈치 보느라
나에겐 별로 필요하지도 않은 변화를 위해
무리하게 나를 다그칠 필요는 없는 거 아닐까.

"난 당신이 행복해지길 바라."

나는 내 자신에게
이렇게 말하고 싶다.

어제와 같은 오늘을 사는 나이든
어제와 다른 오늘을 사는 나이든
내가 만족하는 나.
내 스스로 행복하다 느끼는 나.
그런 내가 되고 싶다.

동전 던지기

내 귀가 이렇게 얇았나?

요즘 그런 생각이 든다.
결정을 해야 하는 순간은 다가오는데 마음을 정하지 못해 갈팡질팡.

주변 사람들에게 조언을 구하기 시작했는데
이 사람 얘길 들으면 이 사람 이야기가 맞는 것 같고
저 사람 얘길 들으면 저 사람 이야기가 맞는 것 같고.

내 귀가 이렇게 얇았나?
내가 이렇게 우유부단한 사람이었나?
그런 생각들까지 더해져 머리가 더 복잡해져버렸다.

해야 하나 말아야 하나.
질러야 하나 참아야 하나.
하루에도 수십 번씩 마음이 왔다 갔다.

그러다
나는 도대체 왜 이렇게 우유부단한 거야!?
그렇게 또 괴로워하기.

어쩌면 내 마음이
정말 반반이기 때문인지도 모른다.

49 대 51.

단 1%라도 한쪽으로 기울어져 있다면
그편 들어주는 사람들 말이 조금 더 솔깃할 텐데
사실 누군가에게 고민을 토로할 때는
자기 안에 이미 답이 있는 경우가 많은데

내가 지금
이 말에 흔들리고 저 말에 흔들리는 이유는 아마 그 때문일 거다.
내 마음이 정말 반반이기 때문에.

그런데 오늘
내 사정을 쭉 들은 한 친구가 이렇게 말했다.

"야, 그냥 동전 던지기로 결정해!
내가 어떤 만화에서 봤는데,
고민만 하고 있어 봤자 아무것도 변하는 건 없대.
애당초 인간의 고민이란 건 아무리 생각해도 답이 없는 거니까."

어쩌면 그 말이 정답일지도 모른다.

어떤 선택을 해도 후회는 남을 테고
이렇게 고민하면서 시간만 끄는 것보단
뭐든 빨리 결정해서 시작하는 게 나을 테니까.
그래야 그 길이 아니다 싶으면 다시 돌아 나올 여유도 생길 테고.

그래, 동전 던지기야!

근데 그 순간, 난 또 다른 고민에 휩싸였다.
어떤 걸 앞면으로 하고 어떤 걸 뒷면으로 하지?

아, 내가 이토록 우유부단한 인간일 줄이야!

실망하면 어떡하지

서점에 가서
내 돈으로 처음 만화책을 샀던 것은
고등학교 1학년 때였다.
만화방에서 한 번 보고 마는 걸론 너무 아쉬워서
처음으로 샀던 만화책.
그건 완결되지 않은 것이었다.

그 후 두 달 혹은 석 달에 한 번꼴로 나오는
그 만화책의 다음 권을 기다리는 건
괴로우면서도 무척 즐거운 일이었다.

'슬슬 다음 권이 나올 때가 됐는데?' 매일 서점을 기웃거리기.
'오늘도 안 나왔네.' 체념하고 집으로 돌아가 1권부터 다시 읽기.
'아, 도대체 왜 안 나오는 거야!' 그러다 혼자 버럭 하기.

그렇게 혼자 아등바등하다
어느 날 서점에 꽂혀 있는 다음 권을 발견했을 때의 쾌감!
애타게 기다렸던 만큼
비닐을 벗겨낼 때의 그 두근거림은 정말이지 짜릿했던 기억!

기다렸던 만화책의 다음 권.
기다렸던 감독의 다음 영화.
기다렸던 작가의 다음 책.
기다렸던 뮤지션의 다음 앨범.

언제나 내게
설렘과 두근거림을 안겨 줬던 존재들.

며칠 전, 기다렸던 뮤지션의 새 앨범을 만났다.
지난 앨범에 대한 만족도가 워낙 컸기에
앨범을 보자마자 냉큼 집어 들었는데
비닐을 벗겨내고 CD 플레이어에 CD를 집어넣기 직전,

'실망하면… 어떡하지?'

내가 이런 생각을 하고 있는 거다.
그리고 이어 고등학교 시절 두근두근 입꼬리가 올라간 상태로
새로 나온 만화책의 비닐을 벗겨내던 내가 떠올랐다.

그때의 나는 그런 생각 따윈 하지 않았는데
마냥 설레고 마냥 즐겁고 마냥 두근거렸을 뿐인데.
갑자기 조금 씁쓸해져버렸다.
도대체 내가 언제 이렇게 부정적인 인간으로 변해버린 걸까.

실망하면 어떡하지.
상처받으면 어떡하지.
실패하면 어떡하지.

그렇게 주저주저.

여러 번의 실망, 여러 번의 상처, 여러 번의 실패.
그사이 어느덧 나는 겁쟁이로 변해 있었다.

설렘보단, 두근거림보단,
언제나 걱정이 앞서는 겁쟁이로.

"나쁘지 않아."

누군가 내게
오늘 본 영화가 어땠냐고 묻는다면 나는 그렇게 대답할 것 같다.
말 그대로 나쁘진 않았으니까.

하지만 극장을 나서며 이런 생각이 들었다.
요즘 영화들은 왜 이렇게 다들
반전 콤플렉스에 시달리고 있는 거지?

영화는 처음부터 거의 끝날 무렵까지 무난하게 잘 흘러갔다.
나름 재미도 있고 감동도 있고 정말 나쁘지 않았다.
하지만 결론에 다다랐을 때의 마지막 반전은 좀…
어이없음을 넘어 허탈했을 정도랄까.

그냥 둬도 됐을 텐데 왜 굳이 저런 반전을?
이런 생각이 들었던 거다.

언젠가부터 반전이 없는 영화나 드라마는
시시한 취급을 받고 있는 것만 같다.

그래서 죽은 줄 알았던 주인공이 자꾸 다시 살아나고
아무도 예상치 못했던 사람이 범인이나 귀신으로 밝혀지고
알고 보면 이복 자매, 멀쩡했던 주인공이 불치병 환자로 돌변하기.
반전에 반전에 반전을 거듭하는 영화와 드라마들.

반전이 있어 좋은 영화도 있지만 반전이 없어도 좋은 영화.
아니 반전이 없었어야 더 좋았을 영화도 많은데
왜 이렇게 다들 반전! 반전! 반전에 목을 매는 건지.

반전에 목을 매는 건 꼭 영화만이 아니다.

'너무 지루해. 따분해. 시시해.
내 인생은 왜 이렇게 밋밋할까?'

누구나 한 번쯤은
내 인생의 반전을 꿈꿔 보지 않았을까?

그것이 복권 당첨일 수도 있고
멋진 이성과의 만남일 수도 있고
정말 불가능해 보이는 무언가를 이루는 것일 수도 있고

기적! 반전!
이런 것들에 목말라하는 우리.

그런데 문득 이런 생각이 들었다.

"나쁘지 않아."
이 말처럼 산다는 것도 실은 정말 힘든 거 아닐까?
"정말 좋다, 너무 좋아."
이런 말들만 하고 살 수 있다면 더할 나위 없이 좋겠지만
사실은 그렇지 못한 날들이 더 많으니까.

'오늘 하루, 뭐 나쁘진 않았어.'
이렇게 하루하루를 마감할 수 있다는 것도
정말 나쁘지 않다는 생각.

아끼던 시계를 고속도로 휴게소에서 잃어버렸다.
찾을 수 없을 거라 생각했다.
그 시계를 찾으러 휴게소까지 다시 갈 수도 없는 노릇이고
다시 간다 해도 휴게소 유동 인구가 얼만데.
벌써 누군가 주워 갔겠지, 싶었다.

근데 찾았다.
"너 혹시 시계 잃어버렸냐?"
친구에게서 걸려 온 전화.
휴게소 화장실에서 그 시계를 봤을 때
얼마 전 내가 시계 자랑하던 생각이 나더란다.

거짓말 같은 우연에
"신기하죠? 진짜 신기하죠?"
잔뜩 흥분된 어조로 어떤 선배에게 말했는데,
"뭐 인연이었나 보지. 너랑 그 시계랑."
너무 시큰둥한 선배의 반응.

근데 그 시큰둥한 선배의 말이
이상하게 그 후로
내가 무언가를 잃어버릴 때마다 떠올랐다.

한번은 북한강에서 제트스키를 타다 선글라스를 물에 빠뜨렸는데
서울로 돌아오는 길 선배의 그 말이 떠오르면서,
'정말 그 선글라스와 내가 인연이라면

그 선글라스가 남쪽으로 남쪽으로 떠내려와
우연히 내가 한강 공원을 산책하다 찾을 수 있게 되지 않을까?'
이런 말도 안 되는 상상까지 해 보곤 했다.

그런데 얼마 전 TV를 보다, 선배의 그 말과 비슷한 이야기를 듣게 됐다.
짝사랑 중인 여자 주인공에게 어떤 할머니가 말했다.

"너무 속 끓이지 마라.
인연이라면 그렇게 속 끓이지 않아도 잘될 것이고
인연이 아니라면 아무리 속 끓여도 안 되는 법이니까."

정말 그런 걸까.
인연이라면, 만나야 할 사람이라면,
어떡해서든 만나지게 되는 법인 걸까.

그렇게 생각됐던 사람이 있었다.

계속되는 우연, 자연스러운 만남.
모든 상황이 그 사람과 내가 사랑할 수밖에 없도록 흘러갔다.
운명 같았고 정말 내 인연 같았던 사람.

하지만 지금 그 사람은 내 곁에 없다.
그렇다면 그 사람과 나는 인연이었던 걸까, 아니었던 걸까.
어떡해서든 만나지게 되는 것이 인연이라는데
그 인연이란 것에도 끝은 존재하는 걸까.

거기까지 생각하고 나니, 나는 좀 슬퍼지고 말았다.

결국 그렇게 돼버릴 것을
결국 그렇게 끝나버릴 것을
그 사람을 운명이라 착각하게 했던 '인연'이란 녀석이 미워지면서.

그 사람과 나는 인연이었던 걸까

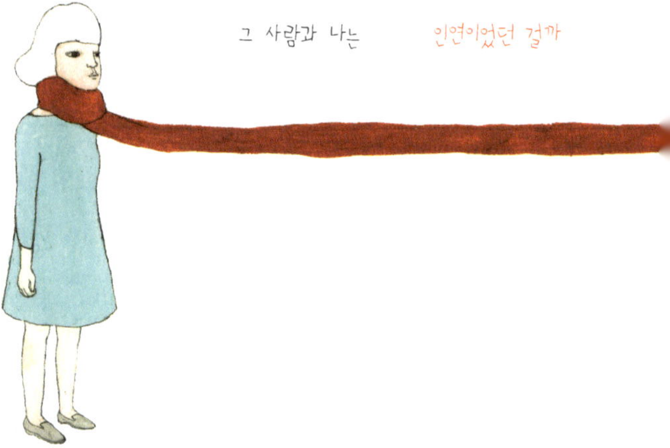

인연이란 것에도

아니었던 걸까

끝은 존재하는 걸까

"혹시 너희도 그런 적 있어?
잘 자고 일어났는데 갑자기 몇 년 전 내가 했던 행동이 생각나
막 부끄러워질 때."

뜬금없는 친구의 질문.

자신에겐 종종 그런 일이 있다고 했다.
상대는 이미 그 일을 까맣게 잊고 지낼지도 모르는데,

내가 왜 그때 그런 말을 했을까.
내가 왜 그때 그런 행동을 했을까.
상대는 나의 그랬던 모습을 어떻게 기억하고 있을까.

갑자기 너무 부끄럽고 두려워서
가끔은 상대를 찾아가 정말 그럴 수만 있다면
나에 대한 그 기억을 싹 지워버리고 오고 싶다는 거였다.

글쎄, 나도 그럴 때가 있나….
잠시 내 기억을 되짚어 보고 있었을 때
다른 친구가 먼저 입을 열었다.

"난 오히려 반대인 것 같은데?
오히려 그때 왜 안 했을까. 왜 참았을까. 일단 저질러 볼걸.
그런 생각을 더 많이 하는 것 같은데?"

그때 내가 그 사람의 손을 잡았더라면
그때 내가 그 사람에게 소리라도 치고 화라도 냈더라면
오히려 이런 생각을 더 많이 한다는 다른 친구의 이야기.

두 친구의 이야기가 잦아들 때쯤 나를 향한 시선이 느껴졌다.
'넌 어때?'라고 묻는 그들의 시선.

글쎄, 나는 어떤 스타일의 사람일까….
일단 저질러 보고 후회하는 스타일?
아니면 너무 참아서 후회하는 스타일?

잘 모르겠다.
근데 이런 의구심은 들었다.
일단 저질러버리고 '내가 왜 그랬을까' 하는 후회와
너무 참은 다음 '내가 왜 못 했을까' 하는 후회 중
무엇이 더 큰 후회고
무엇이 더 큰 창피함과 두려움을 남길까?

그 또한 잘 모르겠다.
다만 이런 생각은 든다.
저질러도 후회. 참아도 후회.
후회하지 않는 삶이란 이토록 어렵구나, 하는 생각.

무슨 일인지 틈만 나면 칫솔질을 했던 여자.
마당 가운데 수돗가에서
흰 치약을 많이 묻혀
아주 오랫동안 칫솔질을 했던 여자.

어떤 소설 속에 등장하는 여자다.

이 소설의 주인공은
여자가 왜 그렇게 틈만 나면 칫솔질을 해대는지
처음엔 알지 못한다.

아주 나중에야 알게 된다.
여자는 칫솔질을 하며 울고 있었다는 걸.
누구에게도 들키고 싶지 않아
아니 누구에게도 들켜선 안 됐기에
흰 치약을 많이 묻혀 아주 오랫동안 칫솔질을 하며
울고 있었다는 걸.

꽤 오래전에 봤던 그 소설이
불현듯 오늘 아침 다시 생각났다.

지난밤 술을 너무 많이 마셨나 보다.
점심때가 돼서야 일어난 내가 방문을 열고 나왔을 때
거실에 앉아 TV를 보고 있는 아버지와 동생의 모습이
부엌에서 식사를 준비하고 있는 어머니의 모습이 눈에 들어왔다.

냄새만으로 알 수 있다.
어머니는 지금 북엇국을 끓이고 계신다.
못난 자식을 위해 북엇국을 끓이고 계신 어머니.

느낌만으로 알 수 있다.
아버지와 동생은 애써 나를 신경 쓰지 않는 척
TV를 보며 웃고 있다.
나에 대한 어떤 관심이나 질문도
결국은 상처가 될 거라는 걸 알고 있는 거다.

또 한 번의 실패, 또 한 번의 아픔.
그것이 지난밤 나를
술에 취하게 한 건 사실이지만 울게 하진 않았다.

"일어났니? 어서 씻고 밥 먹어라, 북엇국 끓여 놨다."

어머니의 말에
무뚝뚝하게 고개만 까딱하곤 화장실로 들어온 나.
칫솔에 치약을 짜려는 순간
꽤 오래전에 봤던 소설 속 여자의 모습이 떠올랐다.
누구에게도 들키고 싶지 않아
아니 누구에게도 들켜선 안 됐기에 칫솔질을 하며 울던 여자.

오늘은 나에게도
칫솔에 하얀 치약을 많이 묻혀
오랫동안 칫솔질을 하고 싶은 날이다.

그렇게 한참을 서서 나는,
오랫동안 이를 닦았다.

웬만해선 화가 나지 않는다

나는 이제 정말
어른이 되어 가고 있나 보다 느껴지는 순간이 있다.

예전 같으면
불같이 화가 날 일에도 마음이 고요할 때.
예전 같으면
무척이나 아파했을 만한 일에도 마음이 고요할 때.
예전 같으면
도저히 이해할 수 없었을 타인의 말이나 행동 앞에서도
짜증이 나지 않을 때.

한때는 드라마 속 악역들에게조차 파르르했던 나.
주인공을 괴롭히고 못살게 구는 악역들이 너무 싫어서
그 역을 맡은 배우에게는 아무 잘못이 없다는 것을 알면서도
'원래 그런 면이 있을 거야.
그렇지 않고선 저렇게 연기가 자연스러울 수 없어.'
괜히 이런 식으로 합리화까지 해 가며
그 배우에게도 곱지 않은 시선을 던지곤 했던 나.

하지만 요즘의 나는 전혀 그렇지 않다.
요즘의 나는, 웬만해선 화가 나지 않는다.

나도 한때는 감정의 기복이 꽤나 커서
나뿐 아니라 내 주변 사람들에게 조금만 안 좋은 일이 생겨도
화가 나고 답답해서 어쩔 줄 몰라 했던 것 같은데,

나도 한때는 사소한 불의에도 파르르 떨며
어떡해서든 그 상황을 고쳐 보려 애썼던 것 같은데,
요즘의 나는 전혀 그렇지 않다.

어쩌면 그런 변화는
화를 내봤자 짜증을 내봤자 답답해해 봤자
아무 소용없는 일도 세상엔 많다는 걸, 알아 가면서부터였는지도 모른다.

내 힘으론 도저히 해결할 수 없는 일들.
그 일들 앞에서 답답해하고 화를 내다 좌절하는 일도 늘어나면서
어느 순간에 이르러서는
어차피 안 되는 일, 괜히 힘 빼지 말자.

오히려 사소한 일에도 파르르 떠는 사람들을 보면
미숙한 사람으로 느껴졌달까.
어쩌면 나는 '웬만한 일에는 화가 나지 않는 것'이
성숙해지는 과정,
어른이 되어 가는 과정이라 생각했는지도 모른다.

그런데 얼마 전 이런 글을 읽었다.

'정신분석의 최종 목표는
과도한 마음의 고통을 일상적인 고통 수준으로 바꾸는 것이다.
지나치게 초탈해지는 것은
또 다른 정신적인 문제일 수 있기 때문이다.'

웬만한 일에는 화가 나지 않는 것.
웬만한 일에는 아프지 않은 것.

그것은 내가 성숙해져서가 아니라
고통과 불행에 지나치게 익숙해졌기 때문은 아닐까.

어쩌면 나는 어른이 되어 가고 있는 것이 아니라
그저 포기가 빠른 인간이 되어 가고 있는 건 아닐까.

내가 뭘 어떻게 할 수 있겠어.
어차피 말해 봤자
어차피 내가 파르르 화내 봤자 뭐 달라지겠어?
그냥 서로 빈정만 상하고 말겠지. 상황만 더 나빠질 거야.
에이 몰라 귀찮아. 그만 고민하자.
그만 내가 포기해버리고 말자.

솔직히 이런 마음이 전혀 없었다면 거짓말일 테니까.

그래서 가끔은 좀 두렵다.

좀처럼 화가 나지 않는 나.
사소한 불의마저도 자꾸만 모른 척, 다 이해하는 척.
그렇게 넘겨버리는 내가,
혹 아주 큰 불의 앞에서도
끝없는 이해심으로 혹은 끝없는 귀찮음으로
그 상황을 외면해버리진 않을까 싶어서.

나의 무용담

'만약 시간을 되돌릴 수 있다면?'

언젠가 술자리에서
이런 주제로 시간을 때운 적이 있다.

첫사랑과 한참 열애 중일 때부터
고3 때로 돌아가면 절대 이 과를 선택하지 않았을 거다,
학교도 안 가도 되고, 돈도 안 벌어도 되는
정말 먹고 자고 놀고 그것만 하면 되는 어린 시절로 돌아가고 싶다 등.
다양한 대답이 속출하고 있는 가운데
한 친구가 아주 진지한 표정으로 이렇게 말했던 기억이 난다.

"너희 정말 돌아가고 싶어?
그 끔찍한 학창 시절과 고3.
그 치열하고 힘들었던 이십 대로 정말 돌아가고 싶어?
그 개고생을 처음부터 다시, 정말 하고 싶단 말이야?"

마냥 행복하기만 했던 시절.
물론 없었던 것 같긴 하다.
어떤 나이건 어떤 상황이건
나름의 고민과 힘듦, 불평은 당연히 존재할 수밖에 없으니까.

"나는 가끔 그 시절들을 잘 견뎌낸 내가 기특하고 자랑스러워.
그래서 지금이 좋아.
지금도 물론 견뎌내야 할 문제들이 천지긴 하지만."

친구는 말했다. 그리고 덧붙이기를,

"물론 또 10년 후로 훌쩍 건너뛰기 바라냐면 그것도 싫고.
그냥 지금이 딱 좋아."

어떤 영화에
괴로운 학창 시절을 보내고 있는 열다섯 소년이 등장한다.

"나는 가끔 스무 살까지 자면서 지나가기를 바라곤 해요.
이 지겨운 학창 시절과 모든 걸 건너뛰길 바라죠."

그때 소년의 곁에 있던 어른은
어떤 유명한 작가의 이야길 들려준다.

"그는 완전한 패배자였어.
한 번도 제대로 된 직업을 가져 본 적 없고
아무도 읽지 않는 책을 쓰느라 20년을 보냈지.
하지만 그는 인생의 막바지에 이런 결론을 내려.
자신이 고통받았던 날들이 자기 인생의 최고의 날들이었다고.
지금의 자신을 만든 시간들이었으니까."

그리고 덧붙이기를,

"네가 스무 살까지 잠만 잔다면
네가 놓칠 고난의 시간들을 생각해 봐.
너에겐 으뜸가는 고난의 시간들일 텐데 말이지."

나는 사실
과거, 혹은 현재의 고난이
미래의 행복을 보장한다고는 생각하지 않는다.

하지만 그 시간들이
내가 감내해야만 하는
반드시 거쳐야만 하는 시간들이라면
그건 또 어쩔 수 없는 거란 생각은 한다.

일단 시간 여행은
어차피 공상영화에서나 가능한 일이니까.

그리고 확실한 것 하나는
그 고난의 시간들이 훗날 나의 무용담이 되어
술자리의 제법 맛있는 안주로 사용되긴 할 테니까.

내가 할 수 있는 일조차 자꾸만 미루고 있는 건 아닐까

어떤 드라마였던 것 같은데
별 쓸모도 없어 보이는 발명품들을
계속 만들어내는 주인공에게 누군가 묻는다.

"도대체 그걸 왜 하는 건데?"

주인공은 답한다.

"그냥 내가 할 수 있으니까."

내가 할 수 있는 일.
나는 얼마만큼이나 하면서 살고 있는 걸까?

내게 재능이 있어도
내가 정말 원해도
그것을 할 수 없는 사람들도 너무나 많은 세상.

그 안에서 나는 지금
시답잖은 불평, 시답잖은 핑계만
늘어놓으며 살아가고 있는 건 아닐까?
부끄러웠다.
내가 할 수 있는 일조차 자꾸만 미루고 있는 내 자신이.

양말 한 짝

또! 양말 한 짝이 사라졌다.
나는 정말이지 양말 한 짝을 잘 잃어버리는 인간이다.

정말 이상하다.
내가 밖에 나가서 아무 데나 양말을 훽훽 벗어 두고 오는 것도 아니고
그럼 분명 우리집 어딘가에 나머지 한 짝들이 있어야 할 텐데
왜 내 양말 상자엔
이토록 한 짝밖에 남지 않은 짝짝이 양말들만 수북한 건지.

양말 한 짝은 우산만큼이나 미스터리한 존재다.
그렇다.
나는 양말 한 짝만큼이나 우산도 잘 잃어버리는 인간이다.

그동안 내가 산 우산들만 해도 수십 개는 될 터이고
"비싼 우산 들고 다니면 안 잃어버릴 거야."
우산을 잘 잃어버리는 나를 위해
그 사람이 선물해 준 비싼 우산까지 결국 잃어버리고 말아
진땀을 뺐던 기억.

언젠가 또 하나의 우산을 잃어버리고
싸구려 우산이라도 하나 사려고 편의점에 들어갔는데
우산이 없었다.
다 팔렸다는 거였다.
그 옆 편의점도 마찬가지였다.

나만큼이나 우산을 잘 잃어버리는 사람들이 꽤나 많은 건지
비 오는 날 편의점, 지하철역 등에서 우산을 사는 사람들은
언제나 너무 많다.
근데 또 비 오는 날 집에서 나가려고 보면 쓸 만한 우산이 없다.

그러고 보니 '잃어버린 우산들의 도시'라는 제목의
단편소설을 본 기억도 난다.
나만큼이나 우산을 잘 잃어버리는 사람들이 정말 많은가 보다.

질량 보존의 법칙, 에너지 보존의 법칙,
아무튼 학창 시절 배웠던 각종 보존의 법칙들을 떠올려 보면
잃어버린 양말 한 짝들과 우산들이
이 세상에서 완전히 사라져버렸을 리는 없을 테고
분명 어딘가에 있긴 할 텐데
도대체 걔네들은 지금 다 어디에 있는 걸까?

정말 '잃어버린 양말 한 짝들의 도시', '잃어버린 우산들의 도시'가
어딘가에 존재하는 건 아닐까?

짝이 맞는 양말을 찾기 위해
한참을 양말 상자 앞에 쭈그리고 앉아 뒤적뒤적.
그러다 지쳐 짜증이 나 멍하니 앉아 있는데
문득 이런 생각이 들었다.

그동안 내가 잃어버린 양말 한 짝들.
그동안 내가 잃어버린 우산들.

그리고 내가 잃어버린 사랑들은
도대체 지금 어디에 있는 걸까, 하는 생각.

내 인생엔 어떻게 공짜가 없어, 공짜가!

우연의 남발.
가끔 드라마를 보다 짜증이 날 때가 있다.

'뭐야. 또 우연히 다시 만난 거야?'

도서관에서 우연히 만난 여자를 카페에서 또 만난다.
운동하러 한강에 갔는데 또 있다.
심지어 비행기 타고 해외여행 가는데 그 비행기 안에서 또 우연히 만난다.
말도 안 돼!

하지만 그 드라마에 흠뻑 취해 있는 내 친구는 이렇게 말한다.
"뭐가 말이 안 돼. 운명인 거지, 운명!"
드라마 폐인은 멀리 있지 않았다.

근데 내 주위에
그렇게 특정한 한 사람과 우연히 계속 다시 만나지는 건 아닌데
희한하게 어딜 가나
우연히 아는 사람을 잘도 만나는 선배가 있긴 하다.

카페에서 함께 차를 마시고 있다가
선배의 대학 후배가 와서 인사를 한 적도 있고,
술집에서 함께 술을 마시고 있다가
선배의 옛 직장 동료를 만난 적도 있고,
또 한 번은 함께 여행을 갔는데
거짓말처럼 그 여행지에서 선배의 옛 연인을 만난 적도 있다.

정말 신기했다.
고등학교 동창이나 옛 연인을 우연히 다시 만나는 경험.
다들 한 번쯤은 해 봤다고 하는데
이상하게 나에겐 그런 우연이 한 번도 찾아온 적 없었으니까.
심지어 가까이 사는 친구조차도
오가다가 마주칠 법도 한데
꼭 전화를 하고 약속을 잡아야만 만날 수 있었던 나.

그래서 가끔은
그 선배의 빈번한 우연이 좀 샘이 나기도 했다.

어떻게 내 인생에는 공짜가 없어, 공짜가!
이런 생각이 들어서.

우연이라도 한 번쯤
다시 만나고 싶은 사람이 있었다.

그 사람의 동네.
그 사람과 자주 찾던 장소.
그 사람이 유난히 좋아했던 곳들까지.
꽤 여러 번 기웃기웃거렸던 것 같은데 이상하게 만나지지 않았다.

멀리서 닮은 뒷모습을 보고
두근거리는 마음으로 쫓아가기도 여러 번.
늘 그 사람이 아니었다.

'뭐가 말이 안 돼. 운명인 거지, 운명!'
드라마 속 우연의 남발을 두고 운명이라 말했던 친구.
그렇다면 나와 그 사람은
그저 운명이, 인연이, 아니었던 걸까?

잘 모르겠다.
다만 이런 생각은 든다.

내 인생엔 어떻게 공짜가 없어, 공짜가!

운명이 아니더라도
인연이 아니더라도
꼭 한 번쯤은 우연이라도 다시 만나고 싶은, 그 사람이었으니까.

선물받은 책

'우리가 서로 알고 지낸 지 벌써 4년이 됐구나.
계속 우린 변해 가겠지만
너랑 나랑 처음 받았던 친구의 느낌은 변치 말자꾸나.'

책장 정리를 하다
한 권의 책 사이에서 툭 떨어진 종이 한 장.
밑에 적혀 있는 날짜를 보니
내 스무 살 생일에
고등학교 동창 친구에게 선물받은 책이었나 보다.

풋, 웃음이 나왔다.
아무리 한창 감수성 예민했을 스무 살 시절 이야기라지만
풋, 나는 웃음을 참을 수 없었다.

지금은 서로 만났다 하면 저런 닭살 멘트는커녕
일단 욕부터 주고받아야 다음 화제로 넘어갈 수 있는 우리.
트집 하나 잡았다 싶었다.
다음에 만나면 잔뜩 놀려 줘야지 싶은 마음에 좀 신이 났다.

그래서일까.
나는 그대로 책장 앞에 쭈그리고 앉아
이 책 저 책을 꺼내 보기 시작했다.

선물받았던 책들에는 대부분
맨 첫 장에 상대가 적어 준 글귀들이 적혀 있었다.

그 사람들은 기억할까.
몇 년 전 내게 이런 책을 선물했던 것.
그리고 그 책에 이런 글귀를 적어 줬던 것.

아마 못 하지 싶다.
한때는 나도
가까운 지인들에게 책 선물을 꽤 자주 했던 것 같은데
무슨 책을 선물했는지
어떤 글을 함께 적어 줬는지
나도 대체로 기억나지 않으니까.

근데 내 책장 속에서 발견된 어떤 책에
아주 낯선 이름이 하나 적혀 있었다.
그것도 꽤나 로맨틱한 글귀와 함께.

누구지?
한참을 고민해 봐도 생각나지 않았다.
나도 이제 늙었나?
한참을 자학하며 괴로워해 봐도 떠오르지 않았다.

그런데 그날 밤 자려고 누웠을 때
나의 뇌리를 스쳐 간 추억의 장소가 하나 있었으니
대학 시절 내가 꽤나 자주 들락거렸던 학교 앞 헌책방.

아마도 그 책은
그 헌책방에서 샀던 책들 중에 하나였나 보다.

그럼 그렇지, 나 아직 안 죽었어!
아주 어려운 문제 하나를 깔끔하게 해결하고 난 듯 상쾌한 기분.
그 기분을 간직한 채 이제 자자, 했건만
웬일인지 잠이 잘 오지 않았다.

근데 왜 버렸을까?
그런 로맨틱한 글귀와 함께 선물받은 책을
그는 왜 헌책방에 팔았을까?
쓸데없이 이런 궁금증이 들어 뒤척뒤척.

그리고 이어진 또 하나의 궁금증.
이젠 나조차 기억나지 않는
내가 누군가에게 선물했을 책들.
내가 누군가에게 적어 줬을 글귀들은, 지금 어디에 있을까.

스무 살,
딱 그 나이에만

딱 한 번,
그 사람에게 전화를 걸고 싶었을 때가 있었다.

분명 팍팍했던 하루였는데
중간에 갑자기 약속 하나가 취소되는 바람에
혼자 가까운 극장에 들어갔던 나.
말랑말랑한 사랑 영화나 청춘 드라마를 굳이 찾아보는 스타일은 아닌데
시간이 맞는 영화가 딱 그거 하나라 보게 됐던 영화.

영화를 보는 내내
나도 모르게 엄마 미소를 짓고 있었던 기억이 난다.

너무 예뻤다.
스무 살, 딱 그 나이에만 할 수 있는 사랑.
스무 살, 딱 그 나이에만 꿀 수 있는 꿈.
영화 속 주인공들이 너무 예뻤던 거다.

극장을 나오자마자
옆에 있던 음반가게에 들어가 그 영화의 OST를 샀다.

이어폰에서 흘러나오는 음악.
내 머릿속에 재생되는 영화 속 장면들.
그 장면들이 어느새
스무 살의 나로 오버랩되어 흘러갔다.

바로 그 순간.
딱 한 번 그 사람에게 전화를 걸고 싶었던 순간.
하지만 나는 전화를 걸지 않았다.

아마도 그 사람이 아니었을 거다.
그 순간 내 그리움의 대상은.

스무 살, 딱 그 나이에만 할 수 있는 사랑.
스무 살, 딱 그 나이에만 꿀 수 있는 꿈.
나는 그런 사랑을 하고 있었다.
나는 그런 꿈을 꾸고 있었다.
내 나이 스무 살 때.

내가 그리웠던 것은 그 사람이 아니었던 거다.
그 사람을 사랑했던 나.
스무 살의 꿈을 꾸던, 스무 살의 내 자신이었을 뿐.

비닐봉지 두 개

"또 볼 텐데 뭐."

아무리 나이를 먹어도
좀처럼 헤어짐에는 익숙해지지 않는다.

다니던 회사를 그만두고
적지 않은 나이에 떠난 어학연수.
그곳에서 만난
나보다 한참은 어린 이십 대 초반의 아이들.

저 아이들과 잘 지낼 수 있을까.
처음엔 걱정도 많았지만
한국으로 다시 돌아올 땐
그 아이들과의 이별이 쉽지 않았을 정도로
낯선 타지 생활에 큰 힘이 돼 줬던 친구 같은 동생들.

출국 전날
조촐한 환송회 같은 걸 했는데도
다음 날 아침
약속도 없이 집으로 찾아온 녀석들.
그리고 아이들 손에 들려 있던 비닐봉지.

"아침 못 먹고 갈 것 같아서….
공항에서 먹어요, 누나."
샌드위치와 탄산음료가 들어 있던 까만 비닐봉지.

"어, 언니 우리도 사 왔는데…."
주먹밥과 이온음료가 들어 있던 하얀 비닐봉지.

그 봉지들을 건네받으며
나는 아이들의 눈을 똑바로 쳐다볼 수 없었다.

헤어지는 그 순간까지 아쉬워하는 아이들에게
어른인 척 내가 뱉은 말,

"또 볼 텐데 뭐."

하지만 그 순간을
가장 견디기 힘들었던 사람은 내가 아니었나 싶다.
그래서 아이들의 눈도 한번
똑바로 바라보지 못하고
서둘러 공항행 버스에 몸을 실었던 나.

물론 우리는 또 만나게 될 것이다.
조금 부지런히 연락하고
조금 부지런히 마음을 쓰면
다시 못 볼 사람들이 아니란 걸 알고 있다.

하지만 쉬는 시간
졸린 눈으로 서로를 바라보며
커피와 함께 시시껄렁한 농담으로 졸음을 쫓는 일.
누군가에게 한국에서 소포가 오는 날이면
우르르 몰려가 함께 저녁을 먹으며 한국을 그리워하는 일.
날씨가 좋을 때면
도시락을 싸서 자전거를 타고 강가로 소풍 가는 일.
밤새 시험공부하겠다고 한집에 모여
공부는 안 하고 먹고 수다 떨고 그렇게 새벽을 맞는 일.

이제는 그런 일상을 우리는
더 이상 공유할 수 없는 거다.

그래서였나 보다.
그렇게 아침잠 많은 녀석들이
학교 가기 전 우리집에 들러 건네고 간 비닐봉지 두 개.
탑승 수속을 마치고 공항 의자에 앉아
그 비닐봉지 두 개를 바라보는데 문득 사진이 찍고 싶어졌다.

녀석들의 마음을 기억하고 싶어서.

기내 음식물 반입 금지라는 문구에
배가 불러오는 것도 꾹 참고
그 자리에 앉아 샌드위치와 주먹밥을 꾸역꾸역 다 먹었던
그날의 나를 잊고 싶지 않아서.

아무리 나이를 먹어도
좀처럼 익숙해지지 않는 헤어짐.
그래서 결국 또 한 번 왈칵, 눈물을 쏟고 말았던
그날의 나를 기억하고 싶어서.

좀처럼 헤어짐에는 익숙해지지 않는다

도대체 나중에 얼마나 행복해지려고

어떤 영화에 이런 말이 나온다.
'인생은 초콜릿 상자와 같다.'
맛있는 초콜릿만 먼저 먹고 나면
나중엔 맛없는 것만 남게 된다는 이야기.

그 외에도
고진감래, 흥진비래, 전화위복, 새옹지마,
오르막길이 있으면 내리막길도 있다, 어쨌든 다 비슷비슷한 이야기들.

고생 끝에 낙이 온다는 뭐 그런 의미들인 건데
나는 항상 그 말들에 의문이 들곤 했다.
정말? 정말 고생 끝에 낙이 올까?
그냥 힘든 누군가를 위로하기 위해 지어낸 말들은 아니고?

어떤 만화에
이 말들을 맹신하는 캐릭터가 등장한다.

그는 불행한 일을 겪을 때마다 기뻐한다.
'이건 곧 내게 행운이 찾아올 거란 의미!'
불행이 찾아올 때마다
그 불행의 크기가 크면 클수록 더 크게 기뻐한다.
심지어 불행한 일들을 스스로 만들어내기도 한다.
바보 같은 그 모습에 독자들은 피식피식 웃게 되고.

언젠가 한 친구가 이런 이야기를 한 적이 있다.

"도대체 나중에 얼마나 행복해지려고
나는 지금 이렇게 힘든 걸까?"

어깨가 축 늘어진 그 친구에게 나는 아무 말도 할 수 없었다.
빤한 위로의 말들은 참 많았다.

고생 끝에 낙이 온다잖아, 비 온 뒤에 땅이 굳는다잖아.
아픈 만큼 성숙해진다잖아, 곧 좋은 일이 있을 거야.
지금의 시련이 언젠가 네 인생에도 도움이 될 거야.

하지만 입 밖으로 내뱉을 순 없었다.
고생 끝에 낙이 온다는 말, 아픈 만큼 성숙해진다는 말.
그 말들을 극구 부정하고 싶은 건 아닌데
가끔은 이런 생각도 들기 때문이다.

더 좋은 날까진 바라지도 않으니까
더 이상 상황이 나빠지지만 않았으면 좋겠단 생각.

아픈 만큼 성숙해지지 않아도 좋으니까
아픈 일, 힘든 일 따윈 가능한 겪지 않고 살았으면 좋겠단 생각.

그저 나의 무력함이 슬펐다.
내가 사랑하는
내가 아끼는 누군가의 축 처진 어깨를 바라보며
빤한 위로의 말밖에 던질 수 없다는 것은, 참 슬픈 일이니까.

내가 끊어야 할 두 가지

"내가 끊어야 할 두 가지? 그게 뭐야?"
내 휴대폰을 흘깃 보더니 친구가 했던 말.

"담배?"
뭐라 대답해야 할지 몰라 나는
"으, 응."
얼버무리고 말았다.

"그리고 또 하나는 뭐야?"
뭐였을까.
나도 궁금해졌다.
벌써 한참 전에 적어 두었던 글이다.
그 당시 내가 끊어야 할 것은 담배가 아니었다.

좋아하는 사람이 있었다.
그 사람 생각에 쉬이 잠을 이루지 못했던 어느 날 밤,
나는 휴대폰을 열고 배경화면에 이렇게 적었다.
'내가 끊어야 할 두 가지'

그 하나는 분명 그 사람이었다.
나 따위는 안중에도 없는 것 같은
그 사람 때문에 힘든 시간들을 멈추고 싶었으니까.
그리고 다른 하나는 뭐였을까?
담배였을까?
그 사람 때문에 더 자주 찾게 됐던 술이었을까?

아니면 그 당시 한참 빠져 있던 게임?
그것도 아니면 평생 나를 자책하게 하는 나의 선천적 게으름?

생각나지 않았다.
너무 오래전에 적어 두었던 글인 거다.

그런데
"내가 끊어야 할 두 가지? 그게 뭐야?"
친구의 질문에 나는 쉽게 대답할 수 없었다.
내 마음을 들켜버린 양 무척 당황이 돼서.
한참 전에 적어 두었던 그 글이 지금의 나에게도 적용되다니.

내가 끊어야 할 것들은 지금도 너무 많은 거다.
언제나 나에겐 '끊어야 할 것'이 두 가지 이상은 되는 걸까?
하나의 자리를 채우기가 쉽지 않았다.
담배? 술? 게임? 늦잠? 자기 합리화 혹은 자책?

하지만 나머지 하나의 자리는 너무나 쉽게 채울 수 있었다.

좋아하는 사람이 있었다.
그리고 그 사람 또한 나를 사랑한다 믿었던 시간들.
참 빠르게 흘러갔다.
너무나 빠르게 흘러가 버렸다.

이제 내가 끊어야 할 분명한 한 가지는 이것이 되어버렸으니까.
그 사람에 대한 미련.

이제
들킬 일만 남은 거잖아

"그 사람이 날 너무 좋아하는 것 같아서 좀 두려워."

자신을 꽤 오랫동안 좋아해 준 남자와 이제 막 연애를 시작한 후배.
참 별게 다 걱정이다, 너 지금 자랑질하는 거냐? 어쩌라고!
이런 나의 반응에도 후배는,
팔자 눈썹이 돼선 자신의 말을 이어 갔다.

"이제 들킬 일만 남은 거잖아. 실망하게 할 일만 남은 거잖아."

그제야 좀 이해가 되는 기분이었다.
꼭 연애에서뿐 아니라
누군가 날 지나치게 과대평가한다는 느낌을 받았을 때
솔직히 우쭐한 마음이 들면서도
나의 진짜 모습을 알면 실망할 텐데….
부담스럽고 불편한 마음이 드는 것도 사실이니까.

물론 내가 지나치게 저평가되는 것도 유쾌한 일은 아니지만
그래도 그럴 땐 이런 마음이 든다.
'두고 봐. 당신 생각이 틀렸단 걸 보여 주겠어.'
오기가 생긴달까.
더 좋은 사람, 더 나은 사람이 되고 싶은 투지가 생긴달까.

어떤 영화에 이런 대사가 나온다.

'가장 짜릿한 순간이죠.

상대가 나를 전혀 안 믿을 때.
내 아이디어가 너무 황당하다면서 완전히 실패할 거라 생각할 때.
그럼 슬슬 내 안에서 시동이 걸리거든요.'

최악의 상황이 있어야 짜릿한 반전도 가능한 법.

"너는 뭐 당연히 잘하겠지. 걱정 안 해."
주변 사람들의 지나친 기대.
그 기대에 어긋날까 봐 전전긍긍.
작은 실수에도 손을 바들바들 떠는 것보단,

"네가 과연 할 수 있겠냐? 넌 안 돼, 포기해."
오히려 이럴 땐
밑져야 본전이란 생각으로 한번 달려들어 보면 되는 건데….
문제는 그때부터인 거다.

두고 봐!
이 오기가, 이 투지가 얼마나 가느냐.

하루 이틀 발끈하다가도
우린 참, 뭐든지 빨리 잊곤 하니까.

뭔가 제대로 해 보지도 않고
에이 몰라. 귀찮아. 네 맘대로 생각하라지 뭐.
우린 참, 게으르기도 하니까.

난 분명
널 본 걸까

수없이 상상했던 장면이었다.
어떤 표정을 지어야 할지 어떤 말을 건네야 할지
수없이 상상했던 장면.

참 이상한 기분이었다.
그토록 오랫동안 상상해 온 장면이 현실이 됐는데
나는 아무것도 할 수 없었다.
손을 뻗으면 닿을 만한 거리에 그 사람이 있었지만
나는 아무것도 할 수 없었다.

분명 그는
내가 기억하고 있는 모습 그대로였지만
'내가 아는 그'는 아닌 느낌.
그래서였을까.
집에 돌아오는 길 이런 생각까지 들었다.

난 분명, 너를 본 걸까.

그렇게 시작되는 노래가 있다.
'난 분명, 너를 본 걸까.'
나도 모르게 흥얼거리게 된 그 노래.

'문득 잠에서 깨면 우리 둘은 사랑했었고
오래전에 헤어져 널 이미 다른 세상에 묻기로 했으니.
문득 잠에서 깨면 우리 둘은 남이 되었고

그 흔적조차 잃은 채로 하루하루 더디게 때우고 있으니.'

쉽게 잠을 이룰 수 없었던 그날 밤.
오래전 편지들을 꺼내 읽었던 그날 밤.
참 이상한 기분이 들었다.

그 편지들 속엔 그 사람이 있었다.
내가 아는 그 사람.
하지만 더 이상 이 세상엔 존재하지 않는 그 사람이.

오늘 나는 분명 너를 본 걸까.
그렇다면 나는 누구를 원망해야 하는 걸까.

내가 아는 '그'가 아닌
다른 이가 되어버린 그 사람을?
아니면 그토록 나를 사랑했던 그 사람을 지키지 못한 나 자신을?

오늘 나는 분명 너를 본 걸까.
그렇다면 나는 도대체 누구를 원망해야 하는 걸까.

우리가 이렇게 오래 알아 왔는데

"산책 나갈래?"
여자가 물었다.
"아니?"
남자가 대답했다.

남자는 정말 그 말밖에 하지 않았다.
그런데 여자는 화가 났다.

여자는
남자가 산책을 원하는지 물어본 게 아니라
자신이 원하는 바를 요구했던 것이고
남자가 그것을 알아채 주지 못했기 때문에 화가 난 거다.

남자는 답답하다.
"나 산책 나가고 싶은데 같이 가 줄래?"
그럼 이렇게 다시 한 번 구체적으로 요구했으면 될 것을
여자가 왜 화를 내는지.

여자도 답답하긴 마찬가지다.
우리가 이렇게 오래 알아 왔는데 내 마음 하나 못 읽는 남자 때문에.

어떤 소설 속 한 장면.
그리고 그 장면은 이 문장으로 마무리된다.
'누군가를 오래 알수록
잘 파악하지 못하는 것들에 관한 자책감도 늘어난다.'

참 이상하다.
누군가를 처음 만났을 땐
상대를 알아 가는 일이
그리고 상대에게 나를 알려 가는 일이 참 재미있다.

서로의 이름부터
생일, 성격, 식성, 취미, 좋아하는 것과 싫어하는 것.
서로를 알아 가는 과정이 그렇게 재미있을 수가 없고.

긴장하면 눈을 자주 깜빡인다든가
거짓말할 땐 고개가 약간 오른쪽으로 기운다 등의 내 작은 습관이나
지나치듯 했던 내 말을 상대가 기억해 주면 점점 더 즐거워진다.

하지만 시간이 지날수록 서로의 정보에 대한 공유는
즐거움이 아닌 당연한 것, 혹은 의무로 변해버려서
'왜 내 마음을 몰라주지? 왜 나를 이해 못 해 주지?
왜 그거 하나 기억 못 해 주는 거냐고!'
상대에게 화가 나거나 짜증내는 일이 잦아진다.

참 이상한 일이다.
'우리가 이렇게 오래 알아 왔는데….'
그런 이유로 날 이해 못 해 주는 상대가 답답하다 말하면서도
그렇게 오래 알아 온 상대를
내가 이해해 주자는 생각은 왜 못 하는 건지.

어느 정도의 빈틈

대학 시절 우리 동아리엔
유난히 열심인 선배가 있었다.

한낱 동아리 활동일 뿐인데도
빈틈없이 일을 처리하는 선배가
나 또한 대단해 보였고 싫지 않았지만
그렇다고 편하지도 않았다.
바로 빈틈이 없다는 그 점 때문에
쉽게 다가가기 어렵고, 그래서 편하지 않은.

두고 온 물건이 있어
어느 늦은 밤 동아리방을 찾았을 때
그곳엔 선배가 있었다.
다른 후배 녀석이 해야 할 일을
선배가 대신하고 있던 중이었다, 밤을 새워 가며.

"선배, 그런 건 그냥 어떻게 되든
그 녀석한테 끝까지 알아서 하라고 하지 그랬어요."

선배는 그저
자기가 하는 게 빠르고 마음 편하다며 웃었던 것 같은데
그때 나는 선배에게 이런 말을 했던 것 같다.

"선배, 그거 알아요?
선배는 가끔 주변 사람들을 굉장히 무능력하게 만들어요."

선배는 정말 그런 느낌이었다.
뭐든지 혼자, 알아서, 잘해내는 선배는
주변의 도움은 전혀 필요 없어 보였고
'내가 안 해도 선배가 알아서 잘할 텐데 뭐.'
주변 사람들에게 이런 생각까지 갖게 하는,
그래서 주변 사람들을 점점 무능하게 만들어버리는 그런 느낌.

한참이나 잊고 있던 선배를
다시 떠올리게 만든 건 그 사람이었다.
다른 사람이 생겼다며 이별을 말하던 그 사람.

"그에겐 내가 필요해.
하지만 넌, 내가 없어도 괜찮잖아."

난 그저
언제든 그 사람이 필요할 때면 기대 쉴 수 있는
그런 존재가 되고 싶었다.
힘든 일이 있어도
그 사람에게 내색하고 싶지 않았고
그 사람이 걱정하고 힘들어할 만한 일은 만들고 싶지 않았다.

"넌 좋은 사람이야. 고마운 사람이고.
하지만 네 옆에 있으면 내가 너무 가치 없이 느껴져."

그 사람의 마지막 말은
언젠가 내가 선배에게 했던 말과 닮아 있었다.

누군가와 어울려 살아가는 것.
누군가와 함께 사랑을 이뤄 간다는 것은
남들에게 폐 끼치지 않고
'나 혼자, 알아서, 잘.'

그게 정답은 아니었던 건데.

어느 정도의 빈틈.
상대가 답답해하지 않을 정도의 빈틈은 필요했던 건데
나는 그걸 몰랐던 거다.

그때의 선배와 마찬가지로.

화분

처음 내가 화분을 죽였던 이유는 너무 무심해서였다.

화원에서 몹시도 친절하게
일주일에 한 번 물을 줘야 한다는 의미의
'7일'이라 적힌 푯말을 꽂아 줬음에도 늘 깜빡했다.
낮에는 거의 집에 없다 보니
늘 창문도 커튼도 꼭꼭 닫아 놓고 다녔다.

그러니 물도 못 먹고 햇빛도 못 받은 녀석이
오래 버틸 수 없었던 것은 당연한 일.
녀석이 완전히 말라 비틀어져 죽은 다음에야
나는 그 자리에 화분이 있었음을 자각했다.

그 후론 한동안
화분을 들여놓을 용기가 생기지 않았는데
선물을 받고 말았다.
선물받은 화분을 누구에게 줘버릴 수도 없고
어쩔 수 없이 그 녀석을 받아 들고 집에 왔는데
이번엔 정말 죽이지 말고 잘 키워 봐야지 싶었다.

매일매일 물도 주고
햇빛 좀 받으라고 낮에 창문을 열어 놓은 채 외출하기도 하고
이름도 붙여 주고 자꾸 말도 걸어 주며 사랑을 주면 잘 자란다기에
용기 내 녀석의 이름을 불러 보기도 했는데….

녀석은,
나를 버렸다.

어느 날부터 잎이 노래지더니 죽어버렸다.

왜? 관심을 퍼 줬는데, 사랑을 퍼 줬는데도 왜?
나는 이해할 수 없었고
나는 화분이란 걸 키울 수 있는 인간이 안 되나 보다
자학 증상까지 일어났는데
어느 날 우리집에 와 죽어 가는 화분을 보며 친구가 말하길,

"얘는 물 많이 주면 안 되는 앤데?
물을 너무 자주 줬구나? 그러니 썩어버리지."

물을,
너무 자주 줘도 안 된다고?
의아해하는 날 아랑곳하지 않고
친구는 화분 전문가인 양 잘난 척하며 계속 떠들어댔다.

"원래 모든 식물은 물을 찔끔찔끔 너무 자주 주면 안 돼.
더 갈증이 나서 죽어버리거나 썩어버린다고.
물을 주고 싶어도 꾹 참았다가
품종마다 3일에 한 번, 일주일에 한 번, 혹은 보름에 한 번.
충분히 흠뻑 물을 주는 게 중요해."

찔끔찔끔.
그게 더 화분을 갈증 나게 한다.
물을 너무 자주 줘도 안 되고 너무 무심해도 안 되고
뭐 이렇게 어려워!
괜히 짜증이 났다.
세상엔 왜 이렇게 쉬운 게 하나도 없는지.

그리고 나는 또 심각한 자학 모드로 돌입했다.
어쩌면 나는 화분을 기를 수 없는 인간인 게 아닐까 싶어서.

그냥 내 맘대로
물을 주고 싶을 때 주고 싶은 만큼.
그래도 잘 자라는 화분은 없나?

이렇게 생각하고 있는 나는,
어쩌면 제대로 된 사랑 또한
하기 힘든 인간인 게 아닐까 싶어서.

친근함에 대한 규율책

"고맙긴 한데 좀 부담스럽네."

그 말을 난 잘 이해할 수 없었다.
나의 친절과 호의를 왜 부담으로 생각하지?
그만큼 내가 좋아하니까
잘해 주고 싶으니까 잘해 주는 건데 왜?

나중에야 알게 됐다.
그것은 연애 초보들이 곧잘 저지르는 전형적인 실수라는 걸.
연애 초기에 너무 잘해 주는 것, 너무 내 마음을 다 보여 주는 것.
그것은 오히려 상대를 멀어지게 하는 일이라는 걸
그땐 나도 몰랐던 거다.

참 어렵다.
그렇다고 너무 내 마음을 감추면 그게 싫어 상대는 떠나고
그렇다고 또 잘해 주기만 하면 상대는 이내 날 질려 하고
적당한 선을 유지하는 일은 늘 어렵다.

그리고 그것은
연애에만 국한되는 것도 아닌 듯싶다.

나는 우리가 꽤 친하다고 생각해서 그런 농담을 한 건데
상대의 표정이 달라지는 것이 느껴질 때.
상대 또한 솔직한 나의 의견을 말해 달라고 해서 그런 건데
상대가 불쾌해하는 것이 역력히 보일 때.

어렵게 털어놓은 내 비밀 이야기에
'왜 나한테 이런 얘길 하는 거지?'
상대가 부담스러워하는 것이 느껴질 때.

그리고 그런 문제는
꽤 오래 알아 온 관계, 제법 친밀한 관계에서도 발생한다.

도대체 내가 뭘 잘못했는지도 모르겠는데
상대가 나를 멀리하려는 것이 느껴질 때, 우리는 참 답답하다.

'우리 사이에 그 정도도 이해 못 해 준다는 게 말이 돼?'

그러곤 이내 상대를 원망하게 되지만 사실은 알고 싶다.
친근함에 대한 규율책을.

어떤 드라마에 이런 이야기가 나온다.

'친근함에 대한 규율책.
선을 넘었을 때 알려 주는 가이드북 같은 게 있었으면 좋겠어.'

아무리 가깝고 친밀한 관계라 해도
아니 오히려 가깝고 친밀한 관계일수록
사소한 말 한마디에도 '사고'가 일어나곤 하니까.

고등어 찌개

유학 시절 비 오는 어느 날 밤.
룸메이트와 나란히 누워
한국에 돌아가면 먹고 싶은 음식에 대해
이야기를 나눈 적이 있다.

유학 생활을 길게 한 친구들이 다 그렇듯
룸메이트는 짜장면과 냉면이 가장 먹고 싶다고 했다.
이젠 세계 어느 큰 도시에서나
웬만한 한국 음식은 다 사 먹을 수 있고
한국 슈퍼에서 재료를 구입해 직접 해 먹을 수도 있지만
짜장면과 냉면만은
제대로 된 한국에서의 맛을 찾을 수 없기 때문이었다.

"너는? 너는 뭐가 제일 먹고 싶어?"

나는 조금도 망설이지 않고 답했다.

"고등어찌개."

룸메이트는 조금 의외라는 표정으로
고등어찌개가 뭐냐고
고등어조림이 아니냐고 되물었고
난 다시 대답했다.

"응. 찌개.

우리 할머니가 해 주시던 고등어찌개.
고등어와 감자를 큼지막하게 썰어 넣고
국물을 얼큰하게 우려낸 고등어찌개."

언젠가부터 어떤 음식을 가장 좋아하냐는 질문에
난 항상 고등어찌개라고 답했고
그때마다 사람들은
고등어로 찌개도 만드냐고
비릿하지 않냐고 되물었지만
우리 할머니의 고등어찌개는 전혀 비릿하지 않았다.

내가 아주 어렸을 때
바쁜 부모님 대신 난 늘 할머니와 함께였는데,
내가 조금만 입맛이 없어 해도
비 오는 날 뭔가 맛있는 음식이 먹고 싶다고 해도
할머니는 항상 고등어찌개를 끓여 주셨다.

창문 밖에선 두둑두둑 빗소리가 들려오고
부엌에선 보글보글 찌개 끓는 소리가 들려오고
거실에 누워
그 소리들에 귀를 기울이고 있으면
어느새 비 냄새가
얼큰한 고등어찌개 냄새와 어우러져
내 코를 자극하고
그럼 한순간에 입맛이 돌며 기분이 좋아지곤 했던 나.

할머니가 돌아가신 다음
어머니가 종종 그 고등어찌개를 대신 끓여 주시곤 했지만
할머니의 맛은 아니었다.
그리고 그 어떤 가게에서도 할머니의 맛은 찾을 수 없었다.
아니 고등어찌개라는 메뉴도 쉽게 찾을 수 없었다.

아직도 가끔씩
비 오는 날, 입맛이 없고 힘이 쭉 빠진 날이면
할머니의 고등어찌개가 생각난다.

거실에 누워
창문 밖으로 들려오는 빗소리에 귀 기울이며
자박자박 끓어 가는 고등어찌개 냄새에 행복해하던 나.
그리고 그런 나를 돌아보며 웃으시던 할머니의 모습.

이젠 다시는 돌아갈 수 없는 그 시절이
가끔씩 그리워진다.

이젠 다시는 돌아갈 수 없는

그 시절이 그리워진다

바람돌이 선물

'하루에 한 가지, 바람돌이 선물.'

내가 어렸을 때 그런 만화영화가 있었다.
아이들의 소원을
매일 딱 한 가지씩만 들어주는, 모래요정이 나오는 만화영화.

혹시라도 놓칠까 나는 늘 뛰어서 집에 왔고
집에 도착해선 책가방을 멀리 던져 놓고 TV 앞에 앉아 그 만화를 봤다.
그렇게 30분 남짓의 시간이 흐르고
만화영화가 끝나면 흘러나오던 주제가.
'하루에 한 가지, 바람돌이 선물.'
그 노래를 따라 부르다 보면 항상 들었던 생각.
'하루에 한 가지. 딱 한 가지라면 나는 무슨 소원을 빌어야 할까?'

선택의 순간은, 그 어린 나이에도 참 어려웠다.
엄마가 못 먹게 하는 커피를 한입만 먹게 해 달라고 할까?
아니야, 그건 너무 사소해.
그럼 내가 갖고 싶었던 장난감을 사 달라고 할까?
아, 과자로 만든 집도 갖고 싶은데!
근데 숙제는 언제 하지? 숙제를 대신 해 달라고 할까?

언제나 그렇게 고민만 했던 것 같다.
실제로 모래요정이 나타나 내 소원을 들어줄 일도 없을 텐데
왜 그렇게 진지하게 고민만 했는지.
결정은 못 하고 늘 고민만.

골라 먹는 재미.
한때 이런 광고 카피가 유행이었던 적이 있다.
근데 이런 실험 결과도 있다.
'선택의 폭이 넓어질수록 만족도는 떨어진다.'

한 그룹에겐 서른 가지 초콜릿을
다른 그룹에겐 여섯 가지 초콜릿을 맛보게 한 다음
마음에 드는 초콜릿을 고르라는 실험이었는데,
선택의 폭이 좁았던 그룹이
자신이 고른 초콜릿에 대해 훨씬 더 만족했다는 실험 결과.

그 이유는 간단했다.
선택의 폭이 넓어질수록
내가 과연 옳은 선택을 한 걸까 확신이 안 서고
선택하지 않은 것들에 대한 미련도 크기 때문에.

언제나 그놈의 미련이 문제다.
내가 선택하지 않은 길에 대한 미련.
내가 가지지 못한 것들에 대한 미련.

그래서 그 어린 나이에도 나는,
선택이 어려웠던 거다.

로봇을 사 달라고 하면 과자로 만든 집은 못 갖는 거잖아.
과자로 만든 집을 달라고 하면 숙제는 누가 하지?
아, 커피도 먹고 싶은데.
아, 내일 학교도 안 갔으면 좋겠다.

그놈의 미련은
어른이 된 지금까지도 날 괴롭힌다.
내가 이미 가지고 있는 것들조차, 잃게 만들면서.

아이스크림

"아이스크림 먹을래?"

학교 앞, 작고 허름한 술집.
그 좁은 곳에
우리가 다 어떻게 들어가 앉았는지 신기할 정도로 꾸역꾸역 붙어 앉아
마시고 웃고 떠들고.
재미있는 이야기를 놓칠까 화장실도 참을 정도로 즐거웠던 시간.
그러다 한계에 부딪혀 화장실에 들렀다 나오는 길,
그 아이와 마주쳤다.

"아이스크림 먹을래?"

우리는 그곳을 빠져나와
편의점 앞에 나란히 앉아 아이스크림을 먹었다.

사람은커녕
도로 위로 차 한 대 지나가지 않을 정도로 늦은 시간이었고
깜깜한 서울 하늘 위로는 별 하나 보이지 않았는데
우리는 그렇게 나란히 앉아
별 대화도 없이
한참을 멍하니 하늘만 바라보며 아이스크림을 먹었다.

근데 이상하게 그때 나는
참 편안하고 고요한,
뭔가 안심이 되는 듯한 기분이 들었다.

시끌벅적한 술자리.
그 자리가 싫었던 것도 아니고
즐겁지 않았던 것도 아니었는데
그 아이와의 그 고요가
이상할 정도로 내 마음에 평온함을 가져다주었던 기억.

한참을 잊고 있었다.

아무 생각 없이 술 마시고 웃고 떠들고.
오랜만에 정신없이 즐거운 시간을 보내고 집에 돌아왔던 그 날.
아무도 없는 집에 들어서 불을 켜고 식탁 의자에 앉아
집에 오는 길 편의점에서 산 아이스크림을 꺼내 입에 물었는데
이상하게 내 마음에 평온함이 찾아왔다.

시끌벅적했던 술자리가 불편했던 것도 아니고
즐겁지 않았던 것도 아니었는데
아무도 없는 집, 고요한 이 시간, 적막한 이 순간이,
뭔가 안심이 되는 듯한 기분.

그때였던 것 같다.
"아이스크림 먹을래?"
잊고 있던 그 아이와의 추억이 되살아난 건.

그리고 그때였다.
나는 정말 이젠 널 잊었나 보다, 싶었던 것.

신기했으니까.
네가 없는 내 일상이 이렇게 평온하게 느껴질 수 있다니.
참 신기했으니까.

한밤중 담배가 떨어질 때면
가끔 찾곤 하는 집 앞 편의점.

"A 담배 주세요."
내가 이렇게 말할 때면
언젠가부터 사장님이 꼭 내게 이렇게 되물었다.
"요즘은 B 담배 안 태우세요?"

"아, 예…."
늘 그렇게 얼버무리며 편의점을 나오곤 하는데
그러고 나면 드는 생각.
'나, B 담배 안 피운 지 1년도 넘었는데….'

게다가 내가 B 담배를 좋아하던 시기는 굉장히 짧았기에
나조차도 내가 B 담배를 태웠단 사실을 잊고 지낼 때가 많고
벌써 1년 가까이
일주일에 한 번, 적어도 한 달에 한 번 이상은
그 편의점에서 A 담배를 사고 있는데
그는 또 내게 묻는다.
"요즘은 B 담배 안 태우세요?"

B 담배를 찾았던 어느 날 밤의 내 모습이
그에게 굉장히 인상적이었던 걸까?
아니면 애초부터 그는 내게 전혀 관심이 없었고
그냥 서비스 정신으로 할 말을 찾다 보니

자신도 모르게 똑같은 질문을 반복하고 있는 걸까?
그것도 아니면 그냥 내가 A 담배 찾는 게 싫어서?
B 담배를 태웠으면 하는 바람에?

어쨌든 그의 머릿속에는
'나 = B 담배'라는 등호 관계가 잠금장치로 설정돼 있어
내가 아무리 다른 정보를 입력해 보려 해도 거부, 거부, 거부.
자꾸만 거부당하고 있는 듯한 느낌이 들었다.

그래서 좀 궁금해졌다.
나를 아는 또 다른 누군가의 머릿속에선
내가 과연 무엇과 등호 관계로 설정돼 있을지.

내가 아는 나와는 전혀 다른 나.
나는 절대 인정하고 싶지 않은 나.
그런 나도 누군가의 머릿속엔 존재하지 않을까 싶어서.

때론 참 힘드니까.

내가 아무리 노력해도
그가 나를 이미 '어떤 나'로 규정해버린 다음에는
그 '어떤 나'가 실제의 나와는 전혀 다른 모습이라 할지라도
내 진짜 모습을 그에게 재입력하기란
때론 정말 힘드니까.

교통사고

갑자기 느려진 차량 흐름.
남자는 화가 난다.
안 그래도 복잡한 머리, 답답한 마음.
어서 이 답답한 차 안에서라도 벗어나고 싶은데
갑자기 느려진 차량 흐름.

'아직 밀릴 때가 아닌데, 왜 이러지?'

그 순간 들려오는 사이렌 소리.
저 앞에서 사고가 난 거다.
남자는 더 화가 난다.
힘껏 클랙슨을 누르며
아무도 듣지 못할 혼잣말을 큰 소리로 내뱉는다.

"미친놈들, 구경할 게 뭐 있다고 빨리 안 가고!"

어떤 소설 속 한 장면.

실제로 교통사고가 나면 차량 흐름은 느려진다.
그 이유는 사고 때문이기도 하지만
주변 차량들이 사고를 구경하고 싶은 마음에
자신도 모르게 속도를 늦추기 때문이다.

시도 때도 없이 발동되는 사람의 호기심.
꼭 그렇게 된다.

교통사고뿐 아니라
누군가에게 무슨 일이 생겼단 소식이 퍼지면
"무슨 일이래? 왜 그랬대? 도대체 뭐가 문제래?"
쏟아지는 관심, 쏟아지는 질문.

가끔은 그 호기심이란 녀석이 참 싫어진다.
"괜찮아, 너 정말 괜찮아?"
쏟아지는 관심, 쏟아지는 질문.

아무리 괜찮다고 말해도
아무리 아무렇지 않은 척 행동해도,
"너, 정말 괜찮아? 괜찮은 거 맞아?"
쏟아지는 관심, 쏟아지는 질문.

그래서 가끔은 이런 생각도 든다.
그렇게 연거푸 '괜찮아?'란 질문을 던지는 사람들.
혹시 이런 대답을 기대하고 있는 건 아닌지.
"그래요, 나 안 괜찮아요. 힘들어 죽겠어요. 이제 됐어요?"

쏟아지는 관심, 쏟아지는 질문.
시도 때도 없이 발동되는 사람의 호기심.
참 싫다, 느껴질 때가 있다.

평소엔 별 관심도 없었으면서
사고 소식에 발동되는 그들의 호기심.
특히 그 사고의 주인공이 나,
혹은 내가 아끼는 누군가였을 땐 더더욱.

힘든 사람, 슬픈 사람, 외로운 사람

20년 만의 휴가.
사람들은 궁금해했다.
20년 만의 휴가지로 그녀가 이곳을 선택한 이유를.

"몹시 힘든 어떤 날이었어요.
TV에 이곳이 나오는 거예요."

그녀가 TV에서 본 이곳의 모습은
멋진 풍경, 화려한 건축물 같은 건 아니었다.

"기타 소리 흉내 내기 대회였어요.
아주 인상적이었죠.
기타 없이 사람들이 진짜 기타를 치는 듯 흉내를 내는 대회."

그러곤 연달아 나오는
부인 업고 달리기라든가 휴대폰 멀리 던지기.
또 사우나에서 오래 견디기 등 우스꽝스러운 경기를
아주 진지하게 임하는 사람들 모습이 무척 인상적이었다며
그녀는 말했다.

"정말 아무 걱정도 없는
세상의 모든 구속으로부터 자유로운 사람들처럼 보였죠.
행복하고 평화롭게 느껴졌어요. 그래서 여길 오게 된 거죠."

하지만 그녀가 이곳에서 만난 사람들은

그렇지 않았다.

“언제나 여유롭게만 보이는 것이
제가 알고 있던 이곳 사람들의 이미지였어요.
하지만 슬픈 사람은 어느 나라에도 존재하는군요.”

당연한 이야기를 왜 하냐는 듯
심드렁한 표정으로 누군가 답했다.

“물론이죠.
세상 어딜 가도
슬픈 사람은 슬픈 것이고, 외로운 사람은 외로운 법이죠.”

20년 만의 휴가.
행복하고 평화로운 곳을 찾고 싶었던 그녀.
하지만 그렇지 않은 현실.
그렇다고 그녀가 실망했냐 하면, 그건 아니었다.

어떤 영화 속 주인공인 그녀는
그곳에서 오히려
기대치 않았던 위로, 더 큰 위안을 받은 듯했다.

힘든 사람이, 슬픈 사람이, 외로운 사람이,
세상에 나만은 아니라는 것.
세상 어디에나
힘들고, 슬프고, 외로운 사람은 존재한다는 것.

그것이 때론
우리에게 위안이 되곤 하니까.

갖고 싶은 것 한두 가지쯤은
누구에게나, 언제나, 존재한다.

쌓여 가는 위시리스트 목록을 보며 우리는 생각한다.
내가 사고 싶은 것을 고민 없이 마음껏 살 수 있을 만큼
내가 여유로웠으면 좋겠다고.

하고 싶은 것 한두 가지쯤은
누구에게나, 언제나, 존재한다.

하고는 싶지만 할 수는 없고
하고는 싶지만 하지는 못해서 목록만 늘어 간다.
그리고 생각한다.
'시간이 없잖아. 지금도 너무 바빠, 나는.'
언제나 생각한다.
하고 싶은 것들을 마음껏 하고 살 수 있을 만큼
내 생활도 좀 여유로웠으면 좋겠다고.

가질 수 없다고 생각하면, 어차피 할 수 없다고 여겨지면,
그만 포기해버리고 말면 될 텐데.
사람 마음은 또 그렇게 쉽지 않아서 우리는 늘 초조해한다.

시간은 흐르고 있는데, 나이는 먹어 가고 있는데,
나는 도대체 언제까지 이렇게 제자리에서 발만 동동 구르며 살 것인지
초초하고 불안하고 그래서 괴롭고.

언젠가 이런 이야기를 들은 적이 있다.
어떤 유명한 작가가 작가 지망생들에게 던진 이야기.
'초조해하지 마라.
무언가 열심히 매일매일 쓰고 있는 사람은 초조해할 여유가 없다.'

어떤 책에서 이런 글을 본 기억도 난다.
'꿈이 죽어 가는 첫 번째 징후는 시간이 없다고 말하는 것이다.'

언젠가 지나치게 바쁜 듯한 내 일상을 투덜거리던 내게
한 선배는 이렇게 말했다.
"다 할 수 있대.
시간이 없어서 할 수 없는 건 세상에 아무것도 없대.
다만 시간이 없다고 말하는 것이
가장 쉽게 나를 속일 수 있는 핑계일 뿐이라더라."

발가벗은 듯 창피했던 기억이 난다.
나도 모르던 나를 들켜버린 듯 창피했던 기억.
그래서 꽤 오랫동안
그 이야기들을 떠올리며 한숨을 내쉬곤 했던 것 같은데
그럼에도 참 어렵다.

그 이야기들이 다 맞는 말이란 걸 알면서도
초조해하지 않는 것.
시간이 없다 핑계대지 않는 것.

그 이야기들에 괴로워하면서도
선뜻 내가 가지고 싶은 것, 내가 하고 싶은 것을 위해
더 바쁜, 더 부지런한 일상을 갖지 못하는 우리, 아니 적어도 나에겐.

제풀에 식어버릴

"술이나 한잔하자."

정신없는 요즘의 나지만
친구의 제의를 거절할 순 없었다.

"나 헤어졌어, 여자친구랑."

그 말에 내 마음도 따라 쿵.
녀석이 그녀를 얼마나 좋아했는지
얼마나 오랫동안 혼자 속앓이해 가며 바라봤는지
그녀를 얻기 위해 얼마나 노력했는지
그래서 그녀의 마음을 얻게 됐던 날 얼마나 행복해했는지
내가 다 알고 있었으니까.

그래서였다.
두 사람이 헤어졌다는 소식에
나는 당연히 내 친구가 실연을 당했을 거라 생각했다.

"내가 말했어, 헤어지자고."

처음엔 좀 이해하기 힘들었다.
오랜 짝사랑이었던 만큼
그녀에 대해 지나칠 정도로 환상을 품었기 때문이었던 걸까?
아니면 다른 속사정이 있나?
그녀가 녀석을 별로 안 좋아했나?

아닌데, 저번에 보니까 그녀도 이제 녀석을 많이 사랑하는 것 같던데.
묻고 싶은 말은 많았지만,

"그렇게 됐어. 내가 나쁜 놈이지 뭐."

그러곤 아무 말 없이 술잔만 기울이는 녀석에게
나는 아무것도 물을 수 없었다.

무슨 이유로 헤어졌든 간에
지금 녀석의 마음은 몹시 무거울 테고
녀석만큼은 아니어도 나 또한 마음이 무거워서
차마 물을 수 없었다.

친구와 헤어져
괜히 쓸쓸해진 마음에
쓸쓸한 노래를 흥얼거리며 집에 오는데
그 노랫말에 내 마음이 더 쓸쓸해져버렸다.

'제풀에 식어버릴 철없는 사랑에 나는 왜 생각 없이 전부를 걸었나.
제풀에 식어버릴 철없는 사랑에 나는 왜 바보처럼 전부를 걸었나.'

어떤 이유에서든
아니 어쩌면 아무 이유 없이
제풀에 식어버리곤 하는 사랑.

그런 사랑이란 것이
참 쓸쓸하다 생각되면서도
나는 휴대폰을 열어 여자친구에게 전화를 걸었다.

"나야, 그냥 보고 싶어서. 사랑해."

어떤 이유에서든
아니 어쩌면 아무 이유 없이
제풀에 식어버리곤 하는 사랑일지라도,
언젠가 내 사랑 또한 그리돼버릴지 모른다 해도,
우린 그렇게 되니까.

생각 없이 바보처럼 또
전부를 걸게 되니까.
아니, 전부를 걸고 싶게 되니까.

심야 영화

주머니 사정이 뻔했던 학창 시절.
돈은 없고 영화는 보고 싶고.
친구와 나는 심야 영화를 자주 보곤 했다.
제법 가벼운 가격으로 밤 12시부터 새벽 6시까지
세 편의 영화를 연달아 보여 주던 극장이 있었다.
첫차를 타고 집에 갈 때면 어쩐지 조금 뿌듯한 마음이 들기도 했다.

그러던 어느 날
두 번째 영화가 끝난 후 잠깐의 휴식 시간이었다.
보통 때라면
조금 전 봤던 영화 이야기부터 잠시 후 시작될 영화에 대한 기대까지
쉴 새 없이 떠들어댔을 우리 두 사람인데
그때만은 어쩐지 둘 다 말을 잃었다.
서로 딴생각에 잠긴 듯 한참을 말없이 앉아 있었던 우리 두 사람.
누가 먼저였을까?
"우리 그냥 다음 영화 보지 말고 나갈까?"
이 말을 꺼낸 것은.

그대로 우리는 극장 밖으로 나왔고
새벽 4시.
택시 탈 돈도 없고
어디 잠시 쉬어 갈 가게가 있는 것도 아니고
우리는 첫차가 다닐 때까지 그냥 걸었다.
싸우기라도 한 듯
먼저 말하는 사람이 지는 거다 내기라도 한 듯

아무 말 없이 걷고 또 걸었다.

그런 영화였다.
도무지 바로 이어 다른 영화를 볼 엄두가 나지 않았다.
"참 좋은 영화였지? 그 장면 정말 멋지지 않았냐?
그 부분은 좀 별로더라."
이렇다 저렇다 떠들어댈 마음도 들지 않았다.
그저 조금 더 느끼고 싶었다. 조금 더 간직하고 싶었다.

엔딩크레딧이 다 올라가고 상영관 안에 불이 켜지고
서둘러 비상구를 향해 걸음을 옮기는 사람들 사이에서
더 이상 보여 줄 것은 아무것도 없다는 듯
회색으로 변해버린 스크린을 멍하니 바라보며
좀처럼 자리에서 일어날 수 없었던 그 느낌을, 그저 조금 더.

얼마 전 그 비슷한 느낌을 받은 적이 있다.

늦은 밤 어떤 책의 마지막 책장을 덮던 순간이었다.
마지막 장, 마지막 문장의 마침표까지도 다 읽어 놓곤
더 이상 그 책이 내게 줄 수 있는 새로운 글귀는
하나도 남아 있지 않다는 걸 알면서도
나는 그 책의 주변을 한참이나 서성였다.

잠을 잘 수도 없었고 TV를 켤 수도 없었고
그렇다고 다른 책에 손이 가지도 않았다.
그저 방금 전 마지막 책장을 덮은 그 책을 만지작만지작.
그렇게 한참을 멍하니 앉아 있었던 기억.

그런 책이 있다.
그런 영화가 있다.

마지막 장의 마지막 마침표까지도 이미 다 확인했지만
쉽게 놓아지지 않는 책.
회색으로 변해버린 스크린을 몇 번이나 확인했지만
쉽게 발길을 돌릴 수 없는 영화.

그리고 그런 사람 또한 있는 모양이다.

분명 이젠 다 끝났다는 걸 알지만
쉽게 놓아버릴 수 없는
쉽게 이렇다 저렇다 떠들어댈 수 없는
쉽게 다른 사람에게 그 자리를 내줄 수도 없는 그런 사람.
참 여운이 긴, 그런 사람.

언제였더라.
꽤 늦은 시간에 지하철을 탔다.

사람은 그리 많지 않았다.

늦은 시간까지 공부를 하다 집에 가는 길인 걸까?
아니면 아르바이트를 하다?
꽤 지친 표정으로 앉아 있는 대학생쯤으로 보이는 청년.
역시 초점 없는 눈빛으로 멍하니
깜깜한 창밖만을 바라보고 있는 아저씨.
고개를 가누지 못한 채 꾸벅꾸벅 졸고 있는 아가씨.
휴대폰만 만지작거리는 여학생.

하지만 잠시 후
고요한 지하철 안이 시끄러워졌다.

제법 술에 취한 양복 입은 아저씨 한 명이 등장한 거다.
아저씨는 계속 큰 소리로 알 수 없는 이야기들을 쏟아냈지만
그 이야기들은 그저 허공으로 사라지고 있었다.

아무도 관심이 없었다.

대학생쯤으로 보이는 청년은
여전히 지친 표정이었고,
깜깜한 창밖만을 바라보고 있던 아저씨는

여전히 초점 없는 눈빛.
아가씨는 여전히 꾸벅꾸벅.
여학생은 여전히 휴대폰만 만지작만지작.

나 또한 마찬가지였다.
이어폰에서 흘러나오는 음악 볼륨을 조금 높이며
술 취한 아저씨가 나에게 괜한 시비만 걸지 않았으면 좋겠다는 마음으로
그저 깜깜한 창밖만을 바라보고 있었다.

그런데 그 창으로 비치는 지하철 안 풍경이
왜 그리 슬퍼 보이던지.

모두가 지쳐 보였고
모두가 외로워 보였고
모두가 슬퍼 보였다.

어쩌면 나의 착각이었는지도 모른다.
그저 이어폰에서 흘러나오는 음악이 슬펐을 뿐일지도 모르고
그저 나 하나의 마음만이 슬펐을지도 모른다.

그런데 그 순간 떠오른 이야기 하나.

인도 신화 중에 이런 이야기가 있다.
남편을 잃은 여자가 계속 괴로워하고 슬퍼하자
신들이 이를 가엾게 여겨 마음을 달래 줄 방법을 찾다
밤을 만들었다는 이야기.
밤 덕분에 인간은
슬픔을 이기고 희망을 꿈꾸게 됐다는 이야기.

어쩌면 어느 정도는 맞는 이야기일지도 모른다.

어쨌든 이 밤이 지나면 우리는
또다시 학교로 회사로 일상으로
아무렇지 않은 듯 씩씩하게 돌아가곤 하니까.

아무 일 없었다는 듯
슬펐던 긴 밤을 지나 다시 아침으로
어쨌든 우리는, 돌아가야 하니까.

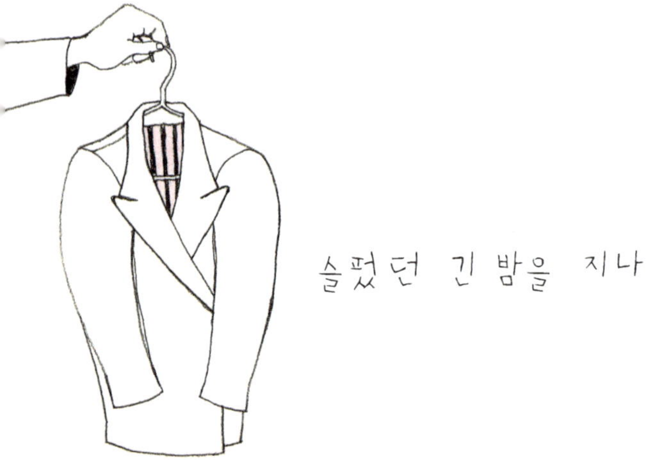

다시 아침으로

그렇지 않아

'그렇지 않아.'

선배로부터 도착한 메일의 제목.
'그렇지 않아.'

참 이상한 일이다. 안 좋은 일은 꼭 연달아 오는 것.
마치 도미노의 첫 번째 조각이 넘어진 듯
정신을 차릴 수 없을 정도로 연달아 우르르르.
그때의 나 또한 그랬다.
이제 좀 정신을 차리겠다 싶으면 저쪽에서 쿵.
저쪽을 바라보며 한숨 쉬고 있노라면 또 이쪽에서 쿵.

그럴 땐 꼭 인간관계에도 문제가 생긴다.
심란한 마음 때문에 내가 예민해져서인지
아니면 그 또한 넘어지는 도미노 조각 중 하나인 건지
인간관계 또한 삐거덕삐거덕.

"됐어, 몰라. 다 절연하지 뭐, 절연."
술자리에서 농담처럼 내뱉은 말이었다.
그리고 우리는 또 다른 화제들로 한참을 깔깔거리며 웃고 떠들었다.

그런데 그날 새벽
또다시 잠을 이루지 못하고 컴퓨터 앞에 앉았을 때
'그렇지 않아.'
선배로부터 메일이 도착해 있었다.

'너에게 스크래치를 주는 사람들 때문에
안 그래도 부족한 너의 밤잠을 조금씩 강탈당하는 거 같은데
너는 절연 시대의 주역은 아니 될 거야.
그러기엔 넌, 너무 남에게 마음을 많이 줬어.'

그렇게 시작되는 메일에
나도 몰래 뜨거워지는 눈시울.
서둘러 답장을 누르고 글을 썼다.

'울 뻔했네, 젠장. 꼭 이런 식이야.
신은 어찌나 밀고 당기기를 잘하시는지 꼭 그래.
구석까지 몰아치고 몰아치다 이제 정말 포기다 싶은 순간
이런 식으로 당근을 던져 준다. 마치 이렇게 말하는 것 같아.
어때? 그래도 살 만하지?'

신은 우리에게 두 개의 문을 주셨다는 이야기가 있다.
절대로 동시에 두 문을 잠그지 않으시기에
한쪽 문만을 바라보며 끝없이 슬퍼하는 사람은
절대 다른 쪽 문이 열리는 것을 보지 못한다는 이야기.

두 개의 문.
솔직히 난, 아직 거기까진 잘 모르겠다.
하지만 가끔 이런 생각은 든다.

기대치 못한 순간 기대치 못한 위로를 받았을 때.
기대치 못한 순간 기대치 못한 감동을 받았을 때.

신은 정말
밀고 당기기 하나는
끝내주게 잘하시는 것 같다는 생각.

12월 31일.
많은 사람들이 일출을 보기 위해 동해로 향한다는 그날.
나는 일몰을 보기 위해 서쪽으로 향했다.
그렇게 도착한 고창 도솔산 낙조대.

어떤 이는 이곳에서 보는 일몰을
우리나라에서 두 번째로 아름다운 일몰이라 표현했다.
첫 번째가 아닌 두 번째인 이유는
혹시라도 내가 아직 보지 못한 일몰 중에
이보다 더 좋은 풍경이 있을까 봐 양보한 것.

그저 그 표현이 참 좋았다.
'우리나라에서 두 번째로 아름다운 일몰.'
그래서 무작정 12월 31일
나는 그곳을 찾아갔던 것 같다.

그해의 마지막 날.
나는 왜 일출이 아닌 일몰이 보고 싶었던 걸까.

그저 힘들었던 것 같다.
오랫동안 준비했던 시험도 좋지 않은 결과.
오랫동안 만나 왔던 사람과도 좋지 않은 결과.
그런, 이런저런 이유로 그해의 나는 힘들었다.
그것도 참 많이.

그해 나는 이런 생각을 했던 것 같다.

앞으로 이보다 더 안 좋은 상황이 찾아올 수도 있잖아?
이번 해는 그저
내게 두 번째로 힘든 한 해였을 뿐이야.
이 정도 고비도 넘기지 못하면
정말 힘든 일이 찾아왔을 때 난 무너지고 말 거야.

내 삶의 두 번째로 힘든 한 해가 지나가는 것을
내 눈으로 똑똑히 확인하고 싶었던 걸까.
나는 우리나라에서
두 번째로 아름답다는 일몰을 보러 그곳을 찾아갔다.

저 해가 지고 나면 내 힘듦도 사라지기를.
이 해가 지나가면 내 마음도 조금은 편안해지기를.

그곳에 서서 나는 한참이나
이런 혼잣말을 되뇌었던 것 같다.

신scene과 신 사이

내가 정말 회사를 그만뒀구나 싶을 때, 참 많다.

아침에 늦잠 잘 때.
평일 대낮에 거리를 활보할 때.
밤늦게까지 딴짓을 하면서
내일 몇 시에 일어나야 하니까 이제 그만 자야지,
이런 생각 안 해도 될 때.

하지만 무엇보다
내가 회사를 그만뒀음을 실감할 때는
누군가 나의 직업을 물어 올 때다.
그리고 어학연수를 준비하면서 각종 서류들에
나의 신상명세를 적어야 할 일들이 많아졌는데
그 서류들에서 '직업란'을 만날 때.

생각해 보니 대학을 졸업하고 바로 취업을 한 나는
그것에 대해 고민해 볼 필요가 없었다.
'학생' 혹은 '회사원'이라 적으면 됐으니까.

하지만 지금의 나.
학생도 아니고 회사원도 아닌 나는 뭐라 적어야 하지?
백수? 무직? 없음? 집에서 놀아요?
결국 나는 가장 무난한 '무직'을 선택했다.

내 손으로 '무. 직.'

이 두 글자를 쓸 때의 느낌은 꽤 묘하다.
나는 분명 아무것도 하지 않고 있는 게 아닌데
그 무직이란 두 글자가
'나는 지금 아무것도 하지 않고 있음.'
꼭 이렇게 말하는 것만 같아서.

언젠가 이런 말을 들은 적이 있다.

'좋은 감독은
모든 신(scene)을 잘 찍는 감독이 아니라
신과 신 사이를 잘 찍는 감독이다.'

나는 감독이 아니라서
신과 신을 잘 찍는다는 말이
정확히 무슨 의미인지는 잘 모르겠지만
그 말이 지금의 내게 어떤 의미인지는 정확히 알 것 같다.

나는 지금 아무것도 하지 않고 있는 게 아니다.
지금까지 잘 달려왔고 앞으로도 잘 달려갈 거다.
다만 그사이 잠깐,
숨을 고르고 있는 것뿐.

아마도 내 인생이 영화라면
지금이 바로 그 신과 신 사이가 아닐까?
나는 그 사이를
정말 잘 찍는, 좋은 감독이 되고 싶다.

우리를
어른스럽지 못하게 만드는 순간

내가 아주 어렸을 때
저녁 식사를 준비하시던 엄마가 손을 크게 베인 적이 있다.

엄마의 손에서 빨간 피가 뚝뚝 떨어지는데
나는 그만 너무 무서워서 울음을 터뜨렸다.

손을 베인 것도 엄마고 아픈 것도 엄마일 텐데
정작 울음을 터뜨린 건 나.
엄마는 그런 나를 달래느라 한참이나 나를 안고 토닥토닥.

"괜찮아. 괜찮아. 정말 괜찮아.
엄마는 하나도 안 아파."

그때 나는 이렇게 생각했던 것 같다.
어른이 되면
웬만한 것에는 잘 아프지 않은 모양이라고.

나이를 먹어도 먹어도
아픔은 누구에게나 다 똑같다는 걸 깨닫게 된 건
그러고도 한참 후의 이야기.

어른이 된다는 것은
아픔을 잘 참아낼 수 있게 된다는 것,
아니 아픔을 잘 참아내야만 한다는 걸 깨닫게 된 건
조금 더 후의 이야기.

쉽게 울어버려서도 안 되고
사소한 일에 엄살 부리고 투정 부려서도 안 되며
안 아픈 척, 안 힘든 척, 다 괜찮은 척.
그래야만 사람들에게 무시당하지 않고
어린애 취급받지 않고
'어른답다'란 말을 들을 수 있다는 걸 깨닫게 된 거다.

그래서일까.
나이를 먹어 가면서
나를 다독이는 방법을 깨달아 가는 거 말이다.

화가 날 때 술로 그 화를 누르는 사람도 있고
게임이나 운동으로 스트레스를 푸는 사람도 있고
또 초콜릿 같은 달콤한 먹을 것으로 기분 전환을 삼는 사람도 있고.
누구나 내 마음을 다독이는 비법 한두 가지쯤은 갖게 되는 거 말이다.

그런데 이럴 땐 어떻게 해야 하는 걸까?

아무리 술을 마셔 봐도
아무리 운동을 해 봐도
아무리 맛있는 음식으로 나를 달래 봐도
도무지 기분이 좋아지지 않는, 기운이 나지 않는,
도저히 안 아픈 척, 안 힘든 척, 다 괜찮은 척, 할 수 없는 그런 순간.

어른이 된 다음에도 가끔씩 찾아오는
우리를 '어른스럽지 못하게 만드는 그런 순간'엔.

눈 오는 소리

꽤 이른 새벽, 잠에서 깼다.

방 안이 깜깜한 걸 보니
아직 해도 뜨지 않은 것 같고
더듬더듬 휴대폰을 찾아 시간을 확인하니
아직 알람도 울리지 않은 게 분명한데
그냥, 눈이 떠졌다.

조금 더 자 보자.
다시 눈을 감고 자세를 고쳐 누워 봤지만
좀처럼, 잠이 오지 않았다.

마음 한편이 간질간질.
이유를 알 수 없는 한숨이 자꾸만 새어 나와 뒤척뒤척.

한참을 뒤척이다 결국 일어나버렸다.
그리고 창문가로 다가가 커튼을 젖혀 연 순간
눈이, 오고 있었다.

비 오는 소리에 잠에서 깬 적은 여러 번 있었던 것 같은데
눈 오는 소리도, 있는 걸까?
마치 이 눈 때문에 잠에서 깬 듯한 느낌.

창문을 열고 고개를 빼꼼.
밤새 하얗게 변해버린 거리를 내려다봤다.

한 아저씨가 이 새벽부터 열심히 눈을 쓸고 계신다.
그 위로 다시 소복소복 눈이 쌓이고 있는데도 열심히 또 열심히.

한참이나 아저씨의 눈 쓰는 모습을 내려다보다
앗, 추워.
몸으로 스며드는 한기에 부르르.
다시 창문을 닫고 침대로 돌아왔다.

그런데도 역시
잠은, 다시 오지 않았다.

소복소복.
눈 오는 소리가 들려오는 듯한 기분.
소복소복.
쓸어도 쓸어도 다시 그 위로 눈 쌓이는 소리가 들려오는 듯한 기분.

소복소복.
아무리 쓸고 또 쓸어도 내 마음으로 소복소복.
그리움이 쌓이는 소리가 들려오는 듯한 기분에.

나 오늘 힘들어 자리

우울해하는 친구의 이야기를 한참 들어주다 갑자기 억울해졌다.
"근데 크리스마스를 함께 보낼 여자친구도 있는 널,
왜 혼자인 내가 달래 줘야 하는 거니?"

그러자 친구는 웃으며 이렇게 말했다.
"그런 게 어디 있냐?
더 밝은 쪽이 더 어두운 쪽을 달래 주는 거지."

그때 나는 이렇게 받아쳤던 것 같다.
"그게 아닌 것 같다.
그냥 네가 먼저 '나 오늘 힘들어 자리'를 꿰찬 것일 뿐."

혼자인 사람이
커플들의 힘든 이야기를 들어주게 되는 일은 다반사다.

혹자는
혼자일 때 외로운 것보다
옆에 누군가 있는 데도 외로운 것이 더 외로운 거란 주장도 펼치지만
거기까진 잘 모르겠고.

커플의 외로움이나 괴로움엔
눈에 보이는 뚜렷한 현안이 존재하지만
솔로들의 외로움과 괴로움은 너무 막연한 것이어서
딱히 그 문제를 두고 누군가에게 호소하기란 힘들긴 하다.

친구가 와서 이런 이런 문제로 연인과 다퉜다며
아주 구체적인 안건을 가지고 '나 오늘 힘들어 자리'를 먼저 차지했는데
거기다 대고
"나 외로워. 어떡하지?"
이런 막연한 안건으로 그 자리를 빼앗기란 쉽지 않으니까.

영화관 팔걸이는
과연 어느 쪽이 내 것인가라는 문제에
'먼저 차지한 사람이 임자'라는 얘길 들은 적이 있는데
그와 비슷한 거다.

솔로가 더 힘드냐, 커플이 더 힘드냐.
내가 더 힘드냐, 네가 더 힘드냐.

사실 문제는 그게 아닌 거다.

우는 아이 떡 하나 더 준다고
먼저 우는 놈이
'나 오늘 힘들어 자리'를 차지하게 되는 거고
먼저 우는 놈, 혹은 더 크게 우는 놈이
떡이라도 하나 더 얻어먹게 되는 거다.

울지 않는다고
덜 배고픈 것도 덜 외로운 것도 덜 힘든 것도 아니지만
먼저 소리 내 크게 울어버리지 않으면
'나 오늘 힘들어 자리'는 또 누군가에게 내줄 수밖에 없는 법.

그래서 혼자인 게 힘든 건가 싶다.
먼저 울어버리는 일도 쉽지 않은데
먼저 울어버리는 커플들의 하소연까지 들어줘야 하는 게
혼자라서.

"내가 그때 네 할아버지만 만나지 않았어도!"

할머니의 레퍼토리 중 하나였다.
할아버지와 처음 만난 날의 이야기.
"내가 그때 네 할아버지만 만나지 않았어도!"
늘 조금은 원망 섞인 말투로 이야기를 시작하셨지만
그때마다 할머니의 얼굴엔
사랑에 빠진 열일곱 수줍은 소녀의 표정이 나타나곤 했다.

참 신기했다.
나중에는 돋보기를 쓰고 계시면서도 내 돋보기 못 봤냐 물으시고,
조금 전에 밥을 먹고 상을 치웠는데도
"우리 손주 밥 먹고 가야지, 할미가 금방 해 줄게."
다시 자리를 털고 일어나실 정도로 깜빡깜빡.
많은 것을 잊어 가고 계신 듯 보였지만
그때도 할머니의 레퍼토리만은 계속됐다.

"내가 그때 네 할아버지만 만나지 않았어도!"
"그때 처음으로 우리집이란 게 생겼을 때…."
"내가 그 얘기해 준 적이 있더냐. 네 아부지 대학 합격하던 날…."

똑같은 레퍼토리를
한 자도 빼놓지 않고
한순간도 놓치지 않고
기억하고 말씀하신다는 게 참 신기했다.

그런데 얼마 전
어떤 소설을 보다 이 대목에서 나는
할머니 생각에 잠시 눈을 멈추게 됐다.

'노인들이 본질적이지 않은 모든 것을 잊어버린다는 사실은
생의 승리이다.
하지만 우리는 우리에게 정말로 중요한 것을 잊는 경우는 극히 드물다.
자기 보물을 어디에 숨겼는지 잊어버리는 노인은 없다.'

그런 거 아니었을까.
이미 많은 것을 잊었지만
할머니가 그 몇 가지 레퍼토리만은 절대 잊을 수 없었던 이유.
그건 그 추억들이
할머니 생의 가장 보물 같았던 순간들이었기 때문 아니었을까.

힘들고 고생스러운 기억만이 가득했던 삶이라 생각했다,
우리 할머니의 삶.
하지만 그 삶 속에도 반짝반짝 빛나는,
절대 잊을 수 없는 추억들이 존재했다는 것은 참 다행스럽고 고마운 일.
그만큼 할머니가 자신의 생을 열심히 가꾸셨다는 증거.

생각이 거기까지 미치자
나는 갑자기 궁금한 것들이 많아졌다.

내가 할머니의 나이가 됐을 때
나는 과연 몇 개의 레퍼토리를 읊어댈 수 있을까.
지금 이 순간은 기억할 수 있을까.

반짝반짝 빛나는
내 생의 보물 같은 순간들을
나는 지금 잘 만들어 나가고 있는 걸까.

내가 몹시 어렸을 때
혼날 만한 짓을 하고 숨는 곳은 딱 정해져 있었다고 한다.
부엌 식탁 밑, 혹은 아빠 책상 밑.

매번 걸리면서도 매번 똑같은 데 숨는 내가
참 바보 같아 보였다는 엄마의 얘길 들으며 늘 웃곤 했는데
나뿐 아니라 많은 아이들이 마음이 불안할 때면
식탁 밑에 숨는다는 이야기를 들었다.

어둡고 좁은 곳에 웅크리고 앉아 있으면
아이들은 엄마의 자궁 안에 있는 느낌이 들어
마음이 안정되기 때문이라는 기사도 본 적이 있다.

어른인 우리들에게도 그런 장소가 하나쯤은 있다.
우울할 때면 찾게 되는 공원이나 건물 옥상.
또 직장인 친구들에게
회사에서 짜증나는 일이 있을 때마다
화장실에 숨어 앉아 마음을 가라앉힌다는 이야기도 여러 번 들은 것 같다.

그곳으로 숨어들어 가면 이상하게 마음이 편해지는 곳.
그곳이 꼭 '장소'가 아닐 때도 있다.

낯선 사람들, 날 거북하게 하는 사람들.
그런 사람들과 함께 있다 내가 좋아하는 사람, 오랜 친구를 만나면
별 대화 나누지 않아도 마음이 편해지는 거.

혼자 자취를 하다 오랜만에 가족들을 만나면
아무 이유 없이 안도감이 드는 거.

우리는 그렇게 종종
장소가 아닌 '사람'에게로 숨어들기도 한다.

그 사람과 함께 있으면
나도 모르게 마음이 편안해지고,
그 사람과 함께 있는 순간만큼은
모든 걱정 고민이 사라지고.

알람이 울려도
이불을 돌돌 말며 그 순간의 포근함에서 빠져나오기 싫듯
그 사람과 함께 있으면
이대로 시간이 멈춰버렸으면 좋겠다는 생각이 들 정도로
충만한 행복감에 휩싸이게 되는.

역시 그런 아지트로는
내 사람, 내 사랑보다 좋은 것은 없을 터.

그래서인가 보다.
사랑이란 것이 하고 싶은 이유.

지난날 아무리 아픈 상처가 있었다 한들
또 사랑이란 것이 하고 싶어지는 이유.
나 혼자 씩씩하게 잘 살 수 있어 생각하면서도
마음 한편으론 또 다른 사랑을 기대하게 되는 이유.

우리에겐 필요하니까.
숨어들어 갈 수 있는 나만의 포근한 안식처가.

third

기억, 한 컷

웃기면 그냥 웃으면 되고

슬프면 그냥 슬퍼하면 되고

좋으면 그냥 좋은 대로 즐기면 되는 건데

그게 어려워서

나는 참 많은 것들을

제대로 느끼지도 못한 채

제대로 즐기지도 못한 채

흘리듯 놓쳐버린 거다.

그 많은 좋은 책, 좋은 영화, 좋은 음악.

그리고 좋은 사람들을.

어디 한번 네 멋대로 해 볼 때까지 해 보라며

내버려 둘 생각이다

교통비가 꽤 비싼 일본에선
여름방학, 겨울방학 기간 동안
꽤 저렴한 가격의 '청춘 열차'란 티켓이 개설된다.

처음 그 티켓의 이름이 '청춘'이란 얘길 들었을 때
나는 그것이, 청춘!
즉 젊은 사람들에게만 파는 티켓인 줄 알았다.

하지만 그렇지 않았다.
남녀노소 모두가 이용 가능한 티켓.
그런데 왜 티켓 이름이 '청춘'일까?
궁금함에 덜컥 그 티켓을 구입했던 기억이 난다.

무척 저렴한 가격으로 5일 동안 자유롭게 어디든 갈 수 있는 티켓.
하지만 짧은 시간 짬을 내서 일본 여행을 해야 하는 친구들에겐
절대 추천하고 싶지 않다.
그 티켓으로는 신칸센, 즉 고속철도는 탈 수 없기 때문이다.

신칸센으로는
한두 시간 안에 갈 수 있는 거리를
청춘 티켓으로는
우리나라 무궁화호나 통일호 같은 걸 몇 번이나 갈아타며
대여섯 시간 이상은 투자해야 한다.
시간이 곧 돈인 짧은 여행에서는 말도 안 되는 이야기.

처음엔 나도
내가 왜 이걸 사서 이 고생을 하고 있나.
그냥 돈 좀 더 쓰고 신칸센 탈걸.
몇 번이나 후회했는지 모른다.

하지만 어느 순간부터 나는
청춘 티켓 시스템에 완전히 적응됐다.

지어진 역사마다 느릿느릿 정차하며 천천히 움직이는 열차.
그에 맞춰 내 이어폰에서 흘러나오는 느린 템포의 음악.
창문 밖으로 보이는 한 장면 한 장면을 눈 안에 담는 시간.
갈아타야 하는 역에 내려 한참을 또 멍하니 앉아 있기.

어느 순간부터
그 모든 게 조금도 불편하게 느껴지지 않았다.

아니 오히려
지금이 아니면
언제 또 내가 이런 기분을 만끽할 수 있을까, 싶었달까.

언젠가 이런 글을 읽은 기억이 난다.

'불안이 손바닥 위에서 혀를 내밀고 말았다.
그래도 나의 이십 대는
그렇게 어디 한번
네 멋대로 해 볼 때까지 해 보라며 내버려 둘 생각이다.'

돌아 돌아 천천히 천천히.
끝이 보이지 않는 이 길이 답답해 오고 불안해 오더라도
지름길을 선택하지 않는다.

그것이 청춘 티켓의 법칙.

그리고 어쩌면 그것이 청춘,
젊음의 진짜 의미가 아닐까.

불안이 손바닥 위에서 혀를 내밀어도
그래 어디 한번
내 멋대로 해 볼 때까지 해 보자며
버틸 수 있는 것.
청춘이 가진 가장 큰 무기는 젊음, 즉 시간이니까.

아주 오래전에 봤던 그림책인데
아직까지도 생생하게 기억나는 그림 한 컷이 있다.

시도 때도 없이 얼굴이 빨개지는 아이와
시도 때도 없이 재채기를 하는 아이.
다른 아이들이 아무리 놀려대도 둘이라면 족하다.
딱히 특별한 화젯거리를 갖고 떠들어대지 않아도 그저 편한 친구.
두 아이는 서로에게 그런 존재였다.

그 책의 마지막 장면은
두 아이가 어른이 된 다음 커다란 나무 아래 나란히 앉아 있는 모습.
두 사람은 한마디도 나누지 않는다.
다만 한 사람은 얼굴이 빨개져 있고
한 사람은 에취 에취 재채기를 해대고.
그것뿐인데도 두 사람 얼굴에 피어나는 미소.
세상 그 누구보다도 편안해 보이는 모습.

그 마지막 그림이
오랫동안 내 기억 속에서 지워지지 않았던 이유.
나 또한 그런 친구를 갖고 싶었기 때문이었을까.

이런 장면이 등장하는 영화도 있다.

"이게 지도예요? 이걸 보고 어떻게 찾아가요?"

그냥 선만 두 개 찍찍 그어져 있고 지도에는 이렇게 적혀 있다.

'왠지 불안해지는 지점에서
2분 정도 더 참고 가면 거기서 오른쪽입니다.'

이방인은 그 지도를 좀처럼 이해할 수 없었지만
지도를 그려 준 사람도 그 지도를 받아 든 사람도 여유만만.
그리고 정말 거짓말처럼 그 지도만으로 길을 찾게 된다.

그런 관계.
그런 사람이 그립다 느껴질 때가 있다.

많은 말을 하지 않아도
많은 설명을 덧붙이지 않아도
내 생각을, 내 상황을, 내 진심을 모두 알아챌 수 있는 사람.
모두 이해해 줄 수 있는 사람.

아마도 그런 생각들에 머리가 복잡했던 어떤 날이었나 보다.
친구에게 걸려 온 전화 한 통.

전화를 받자마자
친구는 다짜고짜 순서가 엉망진창인 이야기를 두서없이 늘어놓았고
"너 도대체 무슨 소릴 하는 거야!?"
나는 버럭 소리를 질렀는데
수화기 너머로 잠시 침묵하던 친구가 이렇게 말했다.

"너… 사실 알아들었지?"

갑자기 웃음이 났다.
두서없는 친구의 이야기를
정말 난, 다 알아들었기 때문이었다.

그렇게 웃고 나니 마음이 한결 편해졌던 기억.
그런 친구가 곁에 있다는 게 참 고맙다 생각됐던 기억.

그런 관계.
그런 사람이 그리워질 때가 있으니까.

1. 2. 3. 4. 5. 6. 7.
순서대로 이야기하지 않아도
1. 3. 5. 7.
내 맘대로 건너뛰며 얘길 해도
내 말을, 내 마음을 다 알아주는 그런 사람.

세상엔 너무 많으니까.

1. 2. 3. 4. 5. 6. 7.
아무리 천천히 순서대로 차근차근 얘길 해도
내 말을, 내 마음을 못 알아채는 사람들도
세상엔 너무 많으니까.

서로의 불행을 털어놓으며
정을 쌓아 가는 동물

"연애 못 하는 게 무슨 걱정이야.
이상한 사람 만나서 고생하는 게 더 걱정이지."

선배는 늘 말했다.
괜히 어설프게 나랑 잘 맞지도 않는 사람 만나서 고생하느니
좀 외로워도 혼자 지내는 게 백번 낫다고.
선배의 말에 나는 늘 동의했다.
연애하는 주변 친구들을 봐도 웬만해선 부럽지 않았으니까.

간섭이 심한 연인 때문에
친구들과 술 한잔 마음 편하게 못 하는 것이 불만이라는 친구.
반대로 너무 무심한 연인 때문에
이게 연애를 하는 건지 아닌 건지 잘 모르겠다며 투덜대는 친구.
너무 잘난 연인 때문에 자격지심 느끼는 친구.
데이트 비용 단 한 푼도 보태지 않는 연인이 짜증스럽다는 친구.
성격이 너무 비슷해서 늘 싸운다는 친구.
달라도 너무 달라서 말이 안 통한다는 친구.

연인에 대한 불만은 정말 가지가지.

그러니 나 또한,
'그래, 연애 못 하는 게 무슨 문제야?
이상한 사람 만나느니
연애 그까짓 거 안 하는 게 훨씬 마음 편하지.'
늘 이렇게 생각할 수밖에 없었던 거다.

하지만 문제는
내 앞에서 늘 그렇게 투덜투덜.
연인에 대한 불만을 늘어놓던 친구들이
내가 꼭 필요할 때는 연락이 잘 안 된다는 것.

"전화했었냐?
여자들은 뭔 놈의 나들이를 그렇게 좋아하는지
어제도 차 겁나 막히는데 강원도까지 갔다 왔잖아."

"오늘은 진짜 안 돼.
요즘 맨날 야근하느라 여자친구 못 만나서 화가 단단히 났거든!"

"미안. 오늘이 무슨, 만난 지 200일이라나 뭐라나.
여자들은 도대체 왜 그렇게 기념일을 따져대는 거냐?"

그런 날,
친구들이 나를 만나지 못하는 이유도 정말 가지가지.

결국 혼자 편의점에 들려 맥주 두 캔을 사서
비닐봉지 달랑달랑 흔들며 쓸쓸히 집에 오는 길.
어떤 소설 속 이야기가 떠올랐다.

'한쪽이 행복할 때는 유대감이 형성될 수 없어.
인간은 결국 서로의 불행을 털어놓으며 정을 쌓아 가는 동물이거든.'

그런 거였다.
연애하는 친구들을 내가 웬만해선 부러워할 수 없었던 이유.
그건 그것들이
자신의 연인과 알콩달콩 행복해 죽겠을 때는
절대 나를 찾아오지 않았기 때문이었던 거다.

하얀 모니터 위로 깜빡이는 커서

매주 금요일 저녁 6시.
하루 종일 퇴근 시간만 기다렸던 사람처럼
이미 챙겨 놓은 짐을 들고 잽싸게 회사를 빠져나온다.
솔직히 퇴근 시간 30분 전부터
1분에 한 번씩은 시계를 쳐다본다.

얼마 전부터 나는 시나리오 수업을 듣고 있다.
아주 오랫동안 체념 상태로 버려뒀던 내 꿈을
올해 초 살포시 다시 꺼내 본 거였다.

직장 생활 하면서 학원에 다니고
또 학원에서 내주는 습작 과제를 다해내려면 정말 힘에 겹다.
한글창을 띄워 놓고 한 시간, 두 시간….
결국 단 한 줄도 쓰지 못하고 깜빡이는 커서만을 노려보며
밤을 지새운 적도 있다.

그렇기에 매주 충실하게 과제를 다해 오는 다른 친구들
게다가 그 내용까지 훌륭한 다른 친구들의 작품을 보고 있노라면
한숨이 푹푹 나오고
내가 괜한 짓을 시작한 게 아닌가 자괴감이 들고.

그러다 며칠 전 영화를 한 편 봤다.
영화를 보는 내내 속이 울렁거렸다.
흠잡을 데 없이 훌륭한 영화를 만났다는 것은
기분 좋은 일임과 동시에 조금은 슬픈 일이었다.

집에 가는 길 친구에게 전화를 걸었다.

"그런 좋은 영화를 만드는 사람도 세상엔 이미 많은데
나는 그냥, 지금 하는 일이나 열심히 해야 할까 봐."

그때 친구는 이렇게 말했다.

"네가 시나리오를 쓰고 싶어 하는 건
그 사람보다 더 잘하고 싶어서는 아니잖니?"

그러게 말이다.
내가 시나리오를 쓰고 싶어 하는 건
누구보다 더 잘 쓰고 싶어서가 아니라
그냥 내가 하고 싶기 때문인 건데
나는 종종 그걸 잊는다.

나보다 백배는 더 잘 쓰는 친구들.
나보다 백배는 더 좋은 영화들을 만들어내는 사람들.
세상엔 그런 사람들도 있는 거고 나도 있는 건데
나는 종종 그걸 잊는다.

나는 그저 내가 지금 하고 싶은 것.
내가 지금 하고 싶은 이야기를 해 나가면 되는 건데
나는 종종 그걸 잊는다.

하얀 모니터 위로 깜빡이는 커서와 눈싸움만 하며
단 한 글자도 쓰지 못하고
하얗게 밝아 오는 새벽을 맞는 일이
가끔은 너무, 힘에 겨워서.

운동화 두 켤레

"올 때는 미리 좀 전화를 하라니까!"

지난 토요일.
또 연락도 없이 엄마가 불쑥 서울에 올라오셨다.

웬만하면 약속 다 취소하고
엄마랑 같이 외식도 하고 영화도 보고 그럴 텐데
이번 주까지 반드시 마쳐야 할 일이 있어 그러지도 못하고
나름 허둥지둥 서두르긴 했는데 집에 돌아오니 벌써 10시.

9시 뉴스의 시작과 함께 취침 모드로 들어가시는 엄마는
벌써 자리를 펴고 누워 계셨다.
그리고 집은,
내 집이 아닌 양 반짝반짝.
하루 종일 또 쓸고 닦고 하셨나 보다.
냉장고를 열어 보니 냉장고 청소까지 다하시고
각종 엄마표 반찬들로 다시 그 빈 공간을 채워 두신 엄마.

그런데 다음 날,
나는 또 늦잠을 자고 말았다. 일요일이었던 거다.
한 주의 피로가 몰려서 찾아오는 일요일 오전.
눈을 뜨자 화장실에서 부산스러운 소리가 들려온다.
쪼르르 달려가 보니
엄마는 화장실에 쭈그리고 앉아
헌 칫솔로 내 운동화를 박박 닦고 계셨다.

"뭐하러 고생스럽게!
그냥 세탁망에 넣고 세탁기로 돌리면 되는데!"

화장실 문턱에 쪼그리고 앉아 구시렁거리는 내게 엄마는 말했다.

"그럼 안 깨끗해.
운동화는 이렇게 칫솔로 박박 닦아 줘야 새것처럼 하얘지지.
아가씨가 더러운 운동화 신고 다니면 못 써."

같이 저녁도 먹고 천천히 내려가시라 해도
아빠가 기다린다며
운동화만 빨아 놓곤 서둘러 짐을 챙기시는 엄마.
그대로 엄마를 터미널까지 모셔다드리고 집에 돌아왔는데
현관문에 들어서자마자
창가에 햇볕을 받아 반짝이는 운동화 두 켤레가 눈에 들어온다.

그대로 신발만 벗고 들어와
바닥에 벌렁 드러누워 한참을 바라봤다.
창문 밖으로 보이는 파란 하늘과
햇볕을 받아 반짝이는 하얀 운동화.

그리고 이어 엄마의 모습이 그려졌다.
혼자 고속버스에 앉아 창가로 쏟아지는 햇볕을 받으며
1박 2일 대청소의 피로감을 뒤로 한 채
꾸벅꾸벅 졸고 있을 엄마의 모습이.

나는 떡볶이를 사랑한다.
그중에서도 '그 집' 즉석 떡볶이를 매우 편애한다.
아니 편애했다.

어디서든 바퀴벌레가 튀어나올 것만 같은 꾀죄죄한 식당 풍경.
항상 설거지가 제대로 되어 있지 않은 컵과 그릇들.
그리고 늘 한쪽 구석에서 졸고 계시다
우리가 들어가면 너무너무 귀찮다는 듯 일어나
턱, 국물이 옷에 튈 정도로 거세게 냄비를 불 위에 올려놓곤
뒤도 안 돌아보고 바로 제자리로 돌아가
다시 졸기 시작하는 아줌마의 불친절까지 다!
전부 다! 용서될 정도였다.
그 집 즉석 떡볶이의 기가 막힌 그 맛은.

일주일에 두 번 정도는 갔다.
나는 정말 그 집 떡볶이를 사랑했다.
하지만 이젠 먹을 수 없다.
그 사람 집 앞에 있는 떡볶이집.

그 사람과 헤어지고 나니 차마 갈 수가 없었다.
그 후 나는,
서울 시내 맛있기로 소문난 온갖 떡볶이집을 다 찾아다녀 봤지만
절대 그 어디서도 그 맛은 찾을 수 없었다.

그런 내게 한 친구가 이런 말을 한 적이 있다.

"너 솔직하게 말해 봐.
사실 네가 진짜 그리운 건
그 떡볶이가 아니라 그 사람인 거 아냐?
무슨 떡볶이 하나에 그렇게 집착을 해?"

네가 진짜 그 집 맛을 몰라서 하는 말이라며 발끈했던 기억.

그런데 오늘 이 밤에도
서울 시내 유명 떡볶이집을 검색하고 있는 내 자신을 보면서
이제 웬만한 데는 다 가 봐서
더 이상 새로운 집도 없단 사실에 좌절하고 있는 내 자신을 보면서
갑자기 자신이 없어진다.

설마 이 많은 맛집들이
다 별로였던 건 아니었을 텐데….

난 정말 그 집 떡볶이가 아닌
그 떡볶이집 앞에 살고 있는, 그 사람이 그리운 걸까.

따뜻한 A4 용지

자신이 쓴 시를 누군가에게 처음 보여 주기 위해
복사를 해 A4 용지를 품고 걸어가는데
복사기 열기가 그대로 남아 아직도 따뜻한 종이가 마치
어린 시절 암탉 둥지에서 막 꺼낸
따끈따끈한 달걀처럼 느껴졌다는 시가 있다.

그리고 그 시엔 이런 구절이 있다.

'아, 내 영혼에서 갓 꺼낸 따끈따끈한 시여!'

그 시를 읽고 난 후 한동안은
프린터에서 막 나온
복사기에서 막 나온 따뜻한 종이를 만질 때마다
그 시 생각이 나 기분이 좋아졌던 것 같다.

나도 한때는
'글쟁이'가 되고 싶단 생각을 했던 적이 있다.

누군가를 생각하며 글을 쓰고
다음 날 그 사람에게 그 글을 보여 줄 생각에
한숨도 못 자고 설레었던 일도 있었고,
스터디에서 자작시를 발표하고
선배들에게 엄청 깨졌던 기억도 있다.

하지만 지금은 모두, 추억이 돼버린 이야기.

지금 다니는 회사에 처음 입사했을 때
난 어느 정도의 현실 타협이라고만 생각했다.
돈을 벌면서 퇴근 후나 주말, 휴가 때
틈틈이 글을 쓰면 된다고 생각했으니까.

그런데 오늘
프린터에서 막 나온 뜨거운 종이를 안고 회의실로 걸어가는데
짜증이 났다.
날도 더운데 인쇄 열이 채 가시지 않은 A4 용지들이
너무나 짜증스럽게만 느껴졌다.

그리고 문득
오래전 읽었던 그 시가 떠올랐다.

'아, 내 영혼에서 갓 꺼낸 따끈따끈한 시여!'

너무나 오랫동안 잊고 있었던 모양이다.

따뜻한 A4 용지를 가슴에 품으면 기분이 좋아졌던 나.
글쟁이가 되고 싶단 꿈을 가슴에 품고 살던, 나를.

많이 변했네

아주 오래전에도
이 섬에 와 본 적이 있다.
이 섬이 이렇게까지 유명한 관광지가 되기 전이었으니까
아주 아주 오래전 일일 것이다.

회사 사람들과 엠티를 다녀오는 길.
서울로 향하는 길은 너무 막혀 있고
이왕 이렇게 된 거
근처에 있는 이 섬에 들렀다 가자는 이야기를 누군가 꺼냈고
그때 바로 이 섬의 풍경들이 머릿속에 떠올랐다.
아주 아주 오래전에
딱 한 번 이 섬에 와 봤을 뿐인데도.

그때와는 다른 계절이고
시간이 많이 흘렀기 때문인지 섬은 많이 달라져 있었다.

아기자기한 조형물들이 늘어났고
상점들도 많아졌고
나무들은 단정해졌고
많은 사람들에게 내보이기 좋도록 단장돼 있는 섬이
왠지 어색한 느낌.

"많이 변했네."

혼잣말처럼 내뱉은 내 말에 사람들이 물어 온다.

이곳에 와 본 적이 있냐고
그때는 누구와 왔던 거냐고.

누구와….
대답 없이 난 그냥 웃어 보였지만
내 마음엔 이미 답이 있었다.

어떤 소설에서 한 소녀가 말했다.

"변했으면 하는 것들은 안 변하고
변하지 않았으면 하는 것들은 변하고.
그 반대였으면 좋겠어요."

그러자 옆에 있던 할머니가 대답했다.

"그건 무리야."

시간이 흐르면 모든 것이 조금씩은 변하나 보다.
이 섬이 달라진 것처럼.
그 사람의 마음이 달라진 것처럼.

하지만 정작 변했으면 하는 나는
왜 이리도 변하지 않는 건지.
그 사람을 떠올릴 때면 여전히 마음 한구석이 시큰한 나.

변했으면 하는 것들은 변하지 않고
변하지 않았으면 하는 것들은 변해 가고.

소설 속 할머니가
마치 내게도 말을 건네 오는 것 같다.
그 반대를 기대하는 건, 무리라고.

흘리듯 놓쳐버린 많은 것들

스무 살 무렵 숙제처럼 읽었던 고전 작품을
얼마 전 다시 읽을 기회가 생겼는데
그 책을 읽는 내내 이런 생각이 들었다.

'이 책이 이렇게 좋았던가?'

물론 똑같은 책이라 하더라도
어느 나이에 읽느냐에 따라 감흥이 달라질 순 있겠지만
스무 살 때와는 달리 지금의 내게
그 책이 그토록 감동을 안겨 준 건 이런 이유도 있지 않을까 싶다.

그때의 나는 숙제처럼 그 책을 읽었다.
너무 유명한 작품이었으니까.
그 정도로 유명한 작품은
왠지 읽어 줘야만 할 것 같은 알 수 없는 의무감.
그리고 그 의무감이
그 책을 온전히 나만의 시선으로 바라볼 수 없게 했던 것이다.

언젠가 어떤 코미디언이
이런 관객은 참 불편하단 이야기를 했다.

웃기면 그냥 웃으면 되는데 팔짱 끼고 앉아서,
'어 그래, 한번 해 봐. 얼마나 웃기는지 한번 보자.'
이런 표정을 짓는 관객.

그래서 웃긴 장면에서도
'아니야, 아니야. 난 이 정도로 웃지 않을 거야.
어디 한번 더 해 보라고.'
이런 표정으로 애써 웃음을 참는 듯한 관객을 보면
아니 그럴 거면 왜 코미디를 보러 오셨나 의아하고 불편하단 이야기.

스무 살 무렵 그 책을 읽던 나도 그랬던 게 아닌가 싶다.
있는 그대로의 그 작품을 즐기면 되는 건데,
이 책이 그렇게 유명하다는데!
세계적인 스테디셀러라는데!
모두들 그렇게 극찬을 해댄다던데!
그래 도대체 얼마나 좋은지 어디 한번 보자.

웃기는 영화를 보면 그냥 웃으면 된다.
슬픈 드라마를 보면 그냥 슬퍼하면 된다.
좋은 책, 좋은 음악을 만나면 그냥 그대로 즐기면 된다.

이 영화는 감독이 누구라서 미장센이 어쩌고.
이 드라마에 출연하는 배우는 연기가 어쩌고.
이 책은 작가가 어떤 사람이고, 이 음악은 편곡이 어쩌고저쩌고.

물론 그런 정보들이
그것들을 좀 더 알차게 즐기는 데 도움이 된다면 좋은 거겠지만
즐기기도 전에 먼저 재고 따지고 분석하고.

그러느라 정작 '즐기는 것'은 제대로 못 하게 된다면?
그러느라 우리가 놓쳐버린 수많은 즐거움들은
도대체 어디 가서 보상받아야 하는 걸까?

그래서 나는
그 시절의 내가 안쓰럽다 느껴졌다.

웃기면 그냥 웃으면 되고
슬프면 그냥 슬퍼하면 되고
좋으면 그냥 좋은 대로 즐기면 되는 건데

그게 어려워서
나는 참 많은 것들을
제대로 느끼지도 못한 채
제대로 즐기지도 못한 채 흘리듯 놓쳐버린 거다.

그 많은 좋은 책, 좋은 영화, 좋은 음악.
그리고 좋은 사람들을.

좋으면 그냥 좋은 대로 즐기면 되는 건데

시간이 흐른다는 건 인정하게 되는 것

"너도 가끔 옛 사람 생각나곤 해?
난 언제쯤에야 그 사람에게서
완전히 자유로워질 수 있을까?"

사랑을 잃은 지 1년 정도 된 친구.
벌써 1년이란 시간이 지났는데도
아직도 가끔씩 그 사람이 생각나 전화하고 싶고 찾아가고 싶고.
그 마음을 참는 게 힘들다며 친구가 내게 물었다.
언제쯤에야 그 사람에게서
완전히 자유로워질 수 있는 거냐고.

아마도 내가 친구보다 조금 더 오래전에
사랑을 잃어 본 경험이 있기 때문이었을 거다.

'조금 더 시간이 지나면 괜찮아질 거야.
새로운 사람을 만나게 되면 괜찮아질 거야.'

이런 이야기들이 떠오르긴 했지만 내뱉진 못했다.

깊게 사랑했던 사람.
그런 사람과 헤어진 다음
그 사람에게서 완전히 자유로워지는 건
어쩌면 불가능한 이야기일지 모른다.

쉬이 잠이 오지 않던 지난밤에도 난 그 사람이 떠올랐다.

잠이 오지 않는다고 그 사람에게 전화를 걸면
그 사람은 가끔씩 책을 읽어 주곤 했다.

그 사람이 보고 있던 책을 읽어 주던 거라
중간부터 시작되는 이야기들을 난 다 이해할 수도 없었고
그 내용들이 크게 내 마음을 움직이는 내용들도 아니었지만
전화기 너머로 들려오는 일정한 리듬의 그 사람 목소리에
이상하게 마음이 편해졌던 기억.

그런 기억이 떠오르는 날엔
그 사람이 그립다는 생각은 들지만
전화를 하진 않는다.
아니, 전화를 하고 싶단 생각 자체가 들지 않는다.

시간이 흐른다는 건 그런 게 아닐까.
인정하게 되는 것.

내 것이 아닌 것을
내가 가질 수 없는 것을 인정하게 되고 받아들이게 되고
그렇게 그 사람을 떠올리는 횟수가 줄어들고
그래서 가끔씩 그 사람 생각이 나도
그저 좋은 옛 추억으로만 생각하며 웃게 되는 것.

아마도 시간이 흐른다는 건, 누군가를 잊어 간다는 건,
그런 게 아닐까 싶다.

그 사람으로부터
완전히 자유로워지는 것이 아니고.

나는
걱정하지 않는 법을 몰라요

나는 거짓말을 잘하는 자식이었다.

그 거짓말이라는 것이
악의 가득한 거짓말은 아니었지만,
자식 문제에 있어선 지나칠 만큼 걱정 많으신 우리 엄마.
그런 엄마의 유난스러운 걱정이 부담스러워
자꾸만 거짓말을 하게 됐다.

정작 당신은 아무리 많이 아파도 병원 가는 걸 꺼리시면서
내가 조금 기침이라도 했다간
무슨 큰 병이라도 난 것처럼 걱정하는 엄마이기에
아파도 안 아픈 척, 힘들어도 안 힘든 척.

가만있어도 땀이 줄줄 흐르는 뜨거운 여름에
팔을 크게 데인 적이 있다.
분명 이 상처를 보면
어디서 이렇게 됐냐, 병원에 가자,
약을 더 발라야 한다, 거즈를 자주 갈아 줘야 한다,
술 먹지 마라, 어디 보자 얼마나 나았나.
끝없이 이어질 엄마의 잔소리와 걱정이 부담스러워
나는 그 여름 내내, 상처가 내 팔에서 완전히 사라질 때까지
집에서 긴팔을 입고 지냈다.

다니던 직장을 그만두게 됐을 때도
분명 나보다 더 걱정하고 힘들어할 엄마일 게 뻔해

재취업을 할 때까지
매일 아침 출근하는 척 집을 나와 여기저기를 방황하기도 했다.

엄마의 지나친 걱정과 잔소리, 그리고 간섭.
다 나를 끔찍이도 사랑하기 때문이란 걸
머리로는 알고 있었지만
마음으론 온전히 받아들일 수 없어 늘 부담스럽기만 했다.

그 부담스럽단 생각 자체가 죄스럽다 느껴지기 시작한 것은
아마도 그 사람.
그 사람을 사랑하면서부터였던 것 같다.

어떤 드라마에 이런 대사가 나온다.
'나는 걱정하지 않는 법을 몰라요.'

나는 정말 '걱정하지 않는 법'을 모르는 사람이 되어 가고 있었다.

그 사람이 조금만 아파도 걱정.
그 사람의 표정이 조금만 어두워도 걱정.
그 사람과 행복한 시간을 보내고 있는 동안에도
이 행복이 언젠가 끝나버리면 어쩌나 걱정.
나를 향한 그 사람의 마음이
혹 어느 날 갑자기 식어버리면 어쩌나 걱정.

누군가를 떠올리면
자꾸 조바심이 나고 애가 타고 걱정이 된다는 것.
그것이 어떤 의미인지를
나는 그때 머리로도 마음으로도 정확히 이해할 수 있게 된 거다.
그 모든 것이
상대를 끔찍할 만큼 사랑하지 않는다면
불가능하다는 것을 말이다.

2006년 10월 13일
저녁 9시 47분

우거진 나무.
반짝인다는 표현만으론 한없이 부족한
여러 가지 색채로 빛나고 있는 나뭇잎들.
한적한 오솔길. 그리고 작은 벤치.

오랜만에 찾은 미술관에서
한 그림 앞에 한참을 멍하니 서 있었다.
참 행복했다.
화가의 눈으로 본 그 세상, 그 순간의 행복이
내게도 전해졌기 때문이었다.

사실 그 화가는 불행한 사람이었다.
예술을 위해 자신의 삶을 내던졌고
그 삶 안에서 한없이 외롭고 괴로웠으며
살아 있을 땐 그 어떤 부와 명예도 갖지 못했던 불행한 사람.
그래서 그의 그림에는
늘 어둠이 짙게 깔려 있었지만
나를 한참이나 멍하니 서 있게 한 그 그림은 달랐다.

아무리 힘들고 외로운 삶을 살았던 그라 해도
그 그림을 그리는 그 순간, 그곳에선
분명 아주 잠시라도 무척 행복했을 것이다.
그 그림이 그렇게 말해 주고 있었으니까.

그 그림을 만나고 집에 오는 길

문득 이런 생각이 들었다.

아무리 내가
내 스스로의 삶이 전반적으론 힘들고 고단하다 느껴도
나 또한 그런 순간이 분명 있었고
지금도 있고 앞으로도 있을 거란 생각.

언젠가 친구와 함께 여행을 갔을 때,
시원한 바람.
쏟아질 듯한 밤하늘의 별.
오랜만에 느끼는 자유와 여유로움.
그 기분 좋은 정적을 깨고 친구가 말했다.

"지금 몇 시지?
2006년 10월 13일 저녁 9시 47분. 이 순간을 기억하고 싶다.
아주 오랫동안."

우리에겐 그런 순간이 있는 것이다.
아주 오랫동안 기억하고 싶을 만큼 행복한 순간.
그리고 그 순간은
아주 사소한 일상에서도 찾아올 수 있는 것.

오늘처럼 좋은 그림을 만나는 순간.
이른 아침 나른한 몸을 커피 한 잔으로 다독이는 순간.
좋은 사람과 말없이 손을 잡고 걷는 순간.

불쑥불쑥 찾아오는 그런 순간들이 있기에
우리의 삶이 아무리 힘들고 외롭고 고단할지라도
우리는 결국 또 살아갈 수 있는 게 아닐까.

헐렁한 고무줄 반바지에 슬리퍼.
이상하게 그런 차림일 땐
주머니에 손을 넣은 채 짝발을 짚고 껄렁껄렁.
꼭 그런 포즈가 된다.

그리고 그럴 땐
쓰레빠나 츄리닝이 잘못된 표현이란 걸 알면서도
슬리퍼 대신,
"나 오늘 쓰레빠 끌고 나왔잖아."
트레이닝복 대신,
"역시 편한 건 고무줄 츄리닝이 짱이야!"
꼭 이런 말투로 이야기하게 된다.

사실은 평범 그 자체로 살아왔으면서
영화 속 '좀 놀아 본 아이'처럼
껌도 질겅질겅 씹어 줘야 할 것 같고
괜히 미간에 주름을 잡으며
시건방도 좀 떨어 줘야 할 것 같고
꼭 그렇게 된다.

"너 오늘 왜 그러냐?"
분명 나를 잘 아는 사람들은
이런 반응 보일 거란 걸 뻔히 다 알면서도
내가 아닌 척.
아니 평소의 나와는 조금 다른 척.

왜 드라마 같은 걸 보면
모범생 스타일이었던 남자 주인공이
어떤 계기로 인해 방황하고 망가져 갈 때
여자 주인공이 꼭 이렇게 묻지 않나.
"너답지 않게 왜 그래?"
그럼 남자 주인공은 버럭 하며 꼭 이렇게 답한다.
"나답다는 게 뭔데? 나답다는 게 도대체 뭔데?"

반항기 가득한 눈빛 팍팍 쏴 주면서 나도 꼭 그렇게 말하고 싶어진다.
"나답다는 게 뭔데? 네가 나에 대해서 그렇게 잘 알아?
나답다는 게 도대체 뭔데?"

물론 소심한 대부분의 우리들은 그렇게 못 한다.
괜히 거울이나 보고 혼잣말로 드라마 속 주인공을 흉내 내는 정도?
그러곤 그러고 있는 내가 우스워서 혼자 낄낄낄낄.

근데 그러고 나면 기분은 좀 유쾌해진다.
맨날 똑같은 일상, 맨날 똑같은 하루.
그 안에서 평소와는 다른 나.
나답지 않은 내가 되어 보는 일.
뭔가 '일탈'이란 걸 해 본 듯한 유쾌함이랄까?

근데 가끔은
그렇게 혼자 낄낄거린 다음 마음이 조금 휑해지곤 한다.

'에휴, 이렇게라도 나를 달래야지.'

어딘가로 훌쩍 도망이라도 가고 싶을 만큼 답답한 하루하루.
하지만 대부분의 우리들은
어딘가로 훌쩍,
이게 또 웬만해선 불가능하니까.

"나도 모르게 그만….
그럴 필요까진 없었는데, 안 그래도 됐는데…."

후배가 설 연휴보다 조금 늦게 고향집을 찾은 건
사람들의 이런저런 잔소리가 듣기 싫어서였다.

그 길이 아니면 안 될 것 같아서
지금이 아니면 평생 후회할 것 같아서
잘 다니던 직장을 그만두고 나온 지 벌써 3년.

회사만 그만두면
그렇게 내 시간만 충분히 주어지면
뭐든 해낼 수 있을 것 같던 처음의 마음도
이제는 조금씩 흔들리고 있었던 걸까.

"3년이면 해 볼 만큼 해 본 거 아니냐고.
이제 그냥 남들처럼 살면 안 되겠냐고 그러시는데
나도 모르게 그만…."

그렇게 어머님에게
화를 내고 서울로 올라와 버렸다는 후배.

"그럴 필요까진 없었는데. 안 그래도 됐는데…."

혼잣말처럼 내뱉는 후배의 말에는

짙은 한숨이 묻어 있는 것만 같았다.

아마도 그 한숨은
자기 자신을 향한 것이었을 거다.

"걱정 마세요. 조금만 더 절 믿어 주세요."
이렇게 말할 수 없었던 것.

"엄마는 또 잔소리! 엄마 아들 배고프다. 오늘 저녁 뭐 해 줄 거야?"
이렇게 웃어넘길 수 없었던 것.

그건 아마
난 분명 해낼 수 있을 거란 처음의 마음이
후배에게서도 희미해져 가고 있었기 때문이었을 테니까.

다른 사람들의 걱정 어린 시선.
다른 사람들의 듣기 싫은 한마디를
흘려들을 수 없는 건, 웃어넘길 수 없는 건,
결국 그런 거다.

자격지심.
나 자신도 나를,
온전히 믿지 못하고 있기 때문에.

바람이 불고 있는 거라면 참 좋겠다

닫혀 있는 유리창.
그 유리창 너머로 보이는 세상은 촉촉이 젖어 있었다.
간밤에 비가 내린 것 같긴 한데
이젠 그쳤나? 아니면 지금도 조금씩 내리고 있나?
그런 의문이 들 때면 나는 항상
시선을 내려 빗물이 고여 있는 웅덩이를 찾는다.

그 웅덩이가 잔잔하면 이제 비는 그친 것.
그 웅덩이에 작은 파문들이 동그랗게 퍼져 나가고 있으면
그건 아직 비가 내리고 있다는 뜻.

내가 아주 어렸을 때였다.
엄마와 거실에서 장난감 놀이를 하고 있었던 것 같은데
엄마가 닫힌 창문 밖을 바라보며 이렇게 말했다.
"바람이 많이 부나 보다."

신기했다.
굳게 닫혀 있는 창문 너머의 바람을 읽을 수 있는 엄마가.
그때 엄마는 웃으며 이렇게 말했다.

"옛 시 구절 중에 이런 게 있거든.
창문 밖으로 나뭇가지가 흔들리고 있으면
그건 바람이 분다는 뜻.
창문 밖 물웅덩이가 일렁이고 있다면
그건 비가 내린다는 뜻."

어린 나이에도 나는
그 말이 참 멋지다 생각됐던 모양이다.
어른이 된 지금까지도
그때 그 순간이 생생하게 떠오르는 걸 보면.

그래서 나는 아직도
비가 오는 건지 멈춘 건지
사람을 자꾸만 헷갈리게 하는 부슬비 앞에선
시선을 내려 물웅덩이를 찾곤 한다.

창문 밖으로 나뭇가지가 흔들리고 있으면
그건 바람이 분다는 뜻.
창문 밖으로 물웅덩이가 일렁이고 있다면
그건 비가 내린다는 뜻.

나는 가끔
사람의 마음도 그렇게 짐작할 수 있는 방법이 있다면
참 좋겠단 생각을 한다.

그 사람의 친절한 미소.
따뜻한 말 한마디.
그 사람의 사소한 몸짓 하나하나에도
내 마음엔 이렇게 바람이 불고 있는데
내 마음은 이렇게나 일렁이고 있는데
그 사람의 마음은 어떨까.

부슬부슬 비가 내리고 있는 거라면 참 좋겠다.
그 사람의 마음에도
살랑살랑, 바람이 불고 있는 거라면 참 좋겠다.

누군가에게 맘껏 어리광을 부리고 싶어질 때

나이를 먹어 가면서 우리는
우리가 더 이상 막내로만 있을 수는 없다는 걸 깨닫게 된다.

하지만 그걸 다 알면서도
이젠 울고 떼쓰고
그런 게 통하지 않는 나이가 됐다는 걸 다 알면서도
그러고 싶어질 때가 있다.
누군가에게 맘껏 어리광을 부리고 싶어질 때.

나이를 아무리 많이 먹어도
늘 어른인 척 꿋꿋하게 서 있기엔 우리의 삶이
그렇게 만만치만은 않으니까.

"왜 나한테 그런 얘길 하는 건데?"

조금 불쾌하단 표정으로 그가 물었다.
그러자 상대는 이렇게 답했다.

"사실이니까."

어떤 드라마 속 한 장면.
살다 보면 그런 순간이 꼭 찾아온다.
악역을 해야 하는 순간.

상대가 듣기 싫어할 말.
십중팔구 불쾌해할 이야기.
하지만 꼭 참을 수만은 없는 이야기.

계속 미루기만 했다간
상대가 더 곤란해질 것이, 더 상처받게 될 것이 뻔한 상황.
그런 상황에서 우리는 도대체 어떻게 해야 하는 걸까?

교과서 같은 답은 '해야 한다'일 거다.
진정한 친구라면, 진짜 상대를 위한다면 '해야 한다'가 정답일 거다.

그리고 교과서 같은 입장에서 그 뒤 상황은
직언을 해 준 상대가 정말 나를 위하는 사람이니 고마워한다.
더 끈끈한 우정으로 발전한다.

뭐 이렇게 돼야겠지만 현실에선 그게 참 어렵다.

날 위해 해 준 이야기란 걸 뻔히 알면서도
듣기 싫은 말은 역시 불편할 수밖에 없는 법.

그 말이 다 맞다는 것을 알면서도
그 후 더 끈끈한 우정으로 발전하기는커녕 멀어지기 십상.

아주 가까운 지인에게 직언을 했다 낭패를 봤단 한 친구가
언젠가 이런 말을 한 적이 있다.
"나 상처받았어, 이 말에 내가 더 상처받았잖아."

듣기 싫은 말.
그런 말은 듣는 것도 참 불편하지만
하는 것 역시 만만찮게 불편하다는 생각.
참 쉽지 않다.

내가 힘들 땐, 내가 불편할 땐, 내가 상처받았단 생각이 들 땐,
더더욱 다른 사람 생각은 하기 힘드니까.

'네가 뭘 안다고.'
처음엔 그 말을 비웃게 되고
후에 그 말이 다 맞았다는 걸 인정할 수밖에 없는 순간에도
'꼭 그렇게 말했어야만 했니? 그래 너 잘났다.'

이렇게 되기 쉬운 게 사람 마음이니까.

친구에게 오랜만에 메일을 쓰다 순간 움찔했다.
방송에 부적합한 단어를 적다 무의식적으로 백스페이스를 눌러
그 단어를 지우고 있는 내 자신을 발견했기 때문이었다.

방송 일을 오래 하긴 했지만
이건 방송도 아닌데
친구에게 사적으로 메일을 보내는 건데
나 스스로 자기 검열을 하고 있었던 거다.

이런 직업병은 친구들과 수다를 떨다가도 등장하는데
방송 부적합 단어가 입 밖으로 튀어나올 때 나도 모르게 움찔.
혹은 친구의 입에서 흘러나오는 방송 부적합 단어를
지적하고 싶어지는 거다.

물론 방송 부적합 단어는
대부분 비속어나 은어, 욕설 같은 것들이니까
일상생활에서도 바르고 고운 말만 사용하는 게 뭐 나쁠 건 없지만
그래도 그럴 때마다 기분이 묘해진다.

초등학교 2학년 때였나.
장래희망으로 '슈퍼맨'을 적었다가 엄마에게 혼났던 기억.
그리고 그다음
나름 좀 더 현실적인 장래희망이라 생각해서 적은
'슈퍼 주인'도 엄마에게 퇴짜 맞았던 기억.

오락실 주인도 되짜.
놀이공원 사장님도 되짜.
만화가도 안 된다. 소설가도 밥 굶는다.
그렇게 내 꿈은 조금씩 현실적으로 변해 갔다.

그리고 언젠가부터는
굳이 누가 뭐라 하지 않아도 내 스스로
이건 안 돼, 저건 안 돼.
끊임없는 자기 검열, 자체 심의로
내 자신을 조금씩 조금씩 작은 상자 안으로 옮겨 담고 있었다.

이제 와 두 팔을 쭉 뻗어 크게 기지개를 켜 보려 해도
이미 작아질 대로 작아진 상자 안에선 그게 쉽지 않았다.
조금만 움직여도 이쪽 벽에 쿵. 저쪽 벽에 쿵.

물론 현실적인 어른이 되어 간다는 것이
일상에서 방송 부적합 단어를 사용하지 않는 것이
꼭 나쁜 것만은 아니다.

근데 나는 아직 철이 덜 든 걸까?
자기 검열을 하고 있는 내 자신이 그다지 마음에 들지 않았다.
그래서 친구에게 보내는 메일에
그냥 방송 부적합 단어들을 적어 넣었다.

나는 아직 그런 꿈을 완전히 포기하진 못했나 보다.
누가 봐도 '그게 뭐야.' 싶은
엉뚱한 꿈, 현실적이지 못한 그런 꿈을.

그리고 그런 나는 아직도,
어른이 되려면 멀었나 보다.

새까만 하늘, 새까만 아스팔트.
모든 불이 꺼져 흉물스러울 만큼 새까만 빌딩의 형체들.
어둠이 내린 도시 풍경.

하지만 이 길이
그리 우울하게만 느껴지지 않는 이유,
바로 저 주황색 불빛 때문이다.

"어, 저 포장마차 아직도 있네?"

천막 안에서 새어 나오는 주황색 불빛.
우동, 오돌뼈, 잔치국수, 닭똥집.
천막 밖으로 삐뚤빼뚤 적혀 있는 메뉴들.

"이것 봐, 우리가 그때 락카 가져와서 고친 그대로야!"

그런 곳에 적힌 글씨는
맞춤법 한두 개쯤 틀려 줘야 더 정겨운 법.
그런데도 나름 국문과라는 말도 안 되는 자부심 때문이었는지
아니면 그저 스무 살 혈기 왕성한 치기 때문이었는지
축제 마지막 날이었나?
우리는 쓰다 남은 스프레이 페인트를 들고 와
'닭똥집'의 쌍기역 받침을
기어이 '리을 기역'으로 덧뿌려 고치고 말았던 기억.

오랜만에 만난 대학 동기들.
한때는 매일 밤을 부어라 마셔라 함께했던 녀석들인데
거의 1년 만에 서로 얼굴을 마주한 것 같다.
그것도 한 친구의 결혼식 덕에 겨우.

오랜만의 만남이 다들 아쉬웠는지
1차, 2차를 거쳐 우리는 학교 앞까지 와버렸다.
그런데 그 포장마차가 아직도 그 자리에 있었다.
우리가 고친 '리을 기역' 받침을 가진 '닭똥집' 글씨 또한 그대로.
그래서 우리는 그곳을 지나칠 수 없었다.

여전히 코팅된 종이 위로 꼬질꼬질 때가 탄 메뉴판.
여전히 우동 국물에선 덜 끓인 듯한 수돗물의 비릿함.
하지만 그래서 더 정겨웠다.
변하지 않고 그 자리에 있어 준 그 포장마차가 고맙기도 하고.

친구들의 늙어버린 모습과 마주할 때
새삼 내 나이 또한 느껴지는 법.
어느새 양복 차림의 아저씨가 돼버린 친구들이 어색하기도 했지만,
"어째 오랜만에 만나도 다들 어제 만난 것 같냐?
하는 얘기도 맨날 똑같고!"
한 친구의 말에 우리는 동시에 웃음을 터뜨렸다.

10년 묵은 추억 되씹기.
언제나 만나면 반복되는 레퍼토리.
하지만 몇 번을 되풀이해도
언제나 우리는 같은 포인트에서 웃음을 터뜨린다.

그래서 좋은가 보다.
삭막한 도시, 삭막한 마음.
빠르게 흘러가는 시간, 팍팍하게 돌아가는 일상.

잠시나마 그것들을 잊게 해 주는 존재.

허름한 포장마차.
늙어버린 친구들.
변함없이 그 자리를 지켜 주는 무언가가 있다는 것은
그래서 참 좋은가 보다.

나는 아직,

어른이 되려면 멀었나 보다

중학교 땐가 성적표를 숨긴 적이 있다.
부모님께 혼날까 봐
책상 서랍 깊숙한 곳에 성적표를 숨겨 두곤
한동안 꽤나 마음 졸였던 기억.

성적표는 언제 나오느냐는 질문을 받을 때마다
주춤주춤 거짓말을 늘어놔야 했고
무슨 물건이라도 찾으러 내 방에 들어가시는 부모님을 보면
땀이 삐질 나서 나도 모르게 쫓아 들어가
"아, 내 방에 없어. 나 공부해야 돼. 얼른 나가."
도리어 내가 짜증을 내며
서둘러 부모님을 방문 밖으로 밀어냈던 기억.

그러던 어느 날 집에 돌아와 보니
거실 탁자 위에 성적표가 놓여 있었다.
정말 많이 혼났던 기억이 난다.
성적이 떨어졌단 이유보다는 성적표를 숨겼단 이유로.

근데 그렇게 혼이 나면서도
나는 오히려 홀가분한 기분이었다.
더 이상 거짓말을 하지 않아도 된다는 것이
더 이상 언제 들통날까 마음 졸이지 않아도 된다는 것이
오히려 날 홀가분하게 만들었던 기억.

어떤 책에 이런 말이 나온다.

'마음속에 비밀이란 것이 생기면
세상의 명도가 한 단계 낮아진다.'

그만큼 마음을 무겁게 하는 일도 없다는 뜻일 거다.

근데 고백, 혹은 고해가 참 쉬운 사람들이 있다.
"너한테 말 안 하려고 했는데, 그러기엔 내 마음이 너무 무거워서."
이렇게 시작되는 고백은
필시 내가 듣고 싶지 않을 이야기일 확률이 높다.
혹은 굳이 내가 알 필요는 없는 이야기.
아니 내가 몰랐다면 더 좋았을 이야기일 확률이 높다.

"미안해. 근데 나도 어쩔 수 없었어."
그렇게 쉽게 자신의 미안함을 인정할 거였다면
처음부터 미안할 일은 만들지 않았으면 됐을 텐데
고해가 쉬운 사람들은 실수도 쉽다.
또 '나도 어쩔 수 없었다'는 그 말엔 꼭 이런 의미가 담겨 있는 것만 같다.
'그러니 용서해. 용서 안 하면 네가 어떡할 건데?'

"나, 다른 사람이 생겼어."
그 사람 입에서 흘러나온 고백, 그 고해가 나는 참 싫었다.

고백, 혹은 고해란 것이 때로는
내 마음의 짐을
다른 누군가에게 떠넘겨버리는 것을 뜻하기도 하는 걸까.

마음을 무겁게 짓누르고 있던 비밀 하나를 툭 뱉어내 버리곤
이제는 홀가분해졌을 그 사람.
그래서 더 싫었다.
그 사람의 고백, 그 고해가.

좋아,
근데 좀 힘들어

"그 영화 어때? 재밌어?"
이 질문에 나는 한참을 생각해야 했다.

"글쎄, 재미라…."
그 '재미'라는 것이 정확하게 무엇을 의미하는지
가늠하기가 힘들었기 때문이었다.
결국 나는 한참의 고민 끝에 이렇게 답했다.

"그냥 좀 힘들어."
내가 생각해도 좀 생뚱맞은 답이긴 했다.
하지만 나에게 그 영화는 정말 그랬다. 힘들었다.
물론 예상은 했다.
늘 관객을 불편하게 만들어야 직성이 풀리는 감독.
영화를 보는 내내 움찔움찔 잔뜩 긴장이 됐던 건 물론이고
다 보고 나와서도 한동안 불편하고 무거운 마음을 떨쳐내기 힘들었다.

"그럴 줄 알고 있었다면 안 보면 되잖아."
누군가는 이렇게 물어 올지도 모르지만
나는 이번에도 개봉과 동시에
그 감독의 영화를 보기 위해 극장으로 달려갔다.

어린 시절
이불 뒤집어쓰고 무서워 무서워, 하면서도
납량 특집 드라마를 끝까지 볼 때의 느낌이랄까.

같은 판에서 번번이 게임 오버.
'됐어, 나 이제 진짜 안 해!'
홱 등을 돌렸다가도 슬금슬금 다시 게임 앞에 앉는 느낌?
'내가 진짜 미쳤지. 저런 사람이 어디가 좋다고!'
짝사랑에 지쳐 힘들다 힘들다, 하면서도
그 사람을 포기할 수 없었던 것과 같은 느낌?

힘든데 포기할 수는 없는 매력.
그게 그 감독의, 그 영화의 매력이었다.
그러니 '재밌어?'라는 질문에 내가 할 수 있는 대답이라곤,
"그냥 좀 힘들어."

"무슨 소리야! 그래서 보라는 거야, 말라는 거야?
재밌냐고, 재미없냐고?"
다시 한 번 버럭 물어 오는 친구.

좀 달리 물어 왔다면 좋았을 텐데.
'그 영화 재밌어?'가 아닌 '그 영화 좋아?'였다면
나는 좀 더 쉽게 대답할 수 있었을 것 같다.

"응, 좋아. 근데 좀 힘들어."

힘들어 죽겠는데
그 상황을 재미있다고 말할 수 있는 사람이 몇이나 될까.
하지만 그 힘들어 죽겠는 상황에서도
'좋아'라고 말할 수는 있는 거다.

그렇게 힘듦에도
반드시 내 손에 넣고 싶은, 갖고 싶은, 이루고 싶은,
적어도 나에게만은 치명적인 매력을 가진 그 무언가가
세상엔 분명 존재하니까.

퍽도
유감이다

"미안하다고 해."

여자가 바라는 건 그것 하나뿐이었다.
진심 어린 사과, '미안해'란 말 한마디.

하지만 남자에겐 그게 그렇게 어려웠던 걸까.
좀처럼 미안하단 말을 하지 않는 남자.

"미안해, 미안해, 미안하다고 말하라고!"
그런 남자를 몰아붙이는 여자.
결국 짜증이 난 남자가 결정적인 순간 내뱉은 사과의 말은,
"그래, 퍽도 유감이다!"
결국 두 사람은 파국으로 치닫는다.

어떤 영화 속 이야기.

영화를 보는 내내 참 답답했다.
'꼭 말을 해야 아나?'
굳이 미안하다는 말을 꼭 들어야만 하겠다는 여자도 답답했고
'그렇게 원하는데 좀 해 주지.'
굳이 미안하단 말을 끝내 꺼내지 않는 남자도 답답했다.

하지만 미안하단 말을 잘하는 사람, 너무 잘하는 사람.
그런 사람도 짜증스럽긴 마찬가지.

"미안해, 미안해. 그래, 그래. 무조건 내가 잘못했어.
알았어. 미안하다고. 정말 미안하다니까?"

이건 진짜 미안하단 건지
그냥 이런저런 잔소리 듣기 싫으니까 일단 미안하다고 하는 건지
자기가 뭘 잘못했는지 알긴 아는 건지.

또 이런 사람도 있다.

"미안해. 근데 있잖아…."
"미안해, 미안하다고. 근데 나도 사실은…."
"미안해, 정말 미안하다니까. 근데 너도 이건 좀…."

그냥 미안하다 말하고 끝내지,
꼭 뒤에 자기변명과 시시비비를 붙이는 사람.

이건 사과를 하는 건지
지금 나랑 싸우자는 건지 머리가 지끈지끈.
미안하단 말을 듣고도 영 뒷맛이 깔끔하지 못하다.

그렇다면 도대체
깔끔한 사과, 진심 어린 사과.
그런 사과는 어떻게 해야 맞는 걸까?

그때 떠오른 어떤 만화 속 한 장면.

"아무리 사과를 한다 해도, 이미 나간 말은….
이젠 너무 늦은 것 같아요."

고민하는 소녀에게 누군가 말하길,

"그건 모르는 거야.
어떤 실수도 상대방이 받아들일 마음이 있으면 받아들여지게 돼 있어.
안 받아들여질 건 어떻게 해도 안 받아들여지는 것처럼."

미안하다 말을 들으면서도 영 찝찝했던 순간들.
나의 그랬던 순간들을 되짚어 보고 싶어졌다.

제대로 된 사과, 깔끔한 사과, 진심 어린 사과에는
미안하다 말하는 사람만큼이나
그 말을 듣는 사람,
그 말을 받아들여야 할 사람의 몫도 컸던 게 아닐까 싶어서.

17년 전 남자친구

혼자만의 여행을 만끽하고 있던 여인은
높은 언덕에서 파리 시내를 내려다보며 생각한다.
참 아름답다고.

그리고 잠시 후
'참 좋다, 그지?'
내가 이렇게 말했을 때
'그러게, 정말 좋다.'
이렇게 대꾸해 줄 누군가가 있다면 더 좋겠다는 생각을 하며
옛 남자친구를 잠시 떠올리는데
이내 고개를 절레절레. 스스로가 어리석다 생각한다.
그도 그럴 것이
그와 마지막 데이트를 한 것이 벌써 17년 전이기 때문에.

어떤 영화 속 한 장면.

나는 이 장면에서 풋 웃음을 터뜨렸다.
아마도 '17년 전'이란 대사에 담긴 감독의 의도 또한
첫째는 관객의 웃음이었을 거라 짐작된다.

근데 벌써 꽤 오래전에 본 영화인데도
지금까지 그 장면이 문득문득 떠오르는 걸 보면
감독의 의도가 단지 '관객의 웃음'만은 아니었을 거란 생각도 든다.

나는 아직 17년 전까지 거슬러 올라가진 않지만

그래도 제법 오래된 그 사람을 가끔 떠올릴 때가 있다.
그것도 이상하게 행복한 닭살 커플을 볼 때가 아닌
사랑에 힘들어하는 누군가를 볼 때.

재미있는 영화를 보고 나왔는데도 별로 즐거워 보이지 않는 친구.
술자리에서 연신 휴대폰을 만지작거리는 친구.
그러다 순간순간 멍해지는 친구.
꽤 늦은 밤 뜬금없이 "뭐하냐?" 별 용건 없이 전화를 걸어오는 친구.

아마도 친구는 불을 끄고 자리에 누워도
좀처럼 잠이 오지 않는 날이 많을 거다.
뒤척뒤척, 헤어진 그 사람 생각에.

그런 친구가 조금 부러웠다면 이상한 걸까?

나 또한 그런 날이 있다.
불을 끄고 자리에 누웠는데도 좀처럼 잠이 오지 않는 날.
멀뚱멀뚱 천장과 눈씨름을 하게 되는 날.

그런 날
그리워할 수 있는 누군가가 있다면 참 좋을 텐데.
그래서 나는
꽤 오래전 그 사람을 떠올렸던 모양이다.

물론 실연 직후의 아픔과 그리움은
지긋지긋할 정도로 힘들고 괴롭다.

근데 참 이상한 것이
가끔은 그 '그리움'이 그리워질 때가 있다는 거다.
딱딱해져버린 내 마음 저 깊은 곳까지 파고 또 파서
꽤 오래전 그 사람을 생각해낼 정도로.

그래서 영화 속 그녀 또한
17년 전까지 거슬러 올라가 그를 찾아낸 게 아닐까.

그리워하고 싶을 때
그리워할 대상이 있다는 것도
뭐, 나쁘지 않은 일이니까.

꿈꿀 수 있는 자유

월요일 아침 출근길에 꼭 복권을 산다는 친구가 있다.

"꼭 복권 당첨을 꿈꾼다기보다
그냥 '당첨되면 뭐할까?' 그 상상만으로 일주일이 즐거워."

오랜 짝사랑.
하지만 절대 고백은 하지 않는 친구도 있다.

"누가 봐도 그 사람이랑 나는 어울리지 않는다는 거 아는데
그래서 그 사람이랑 잘해 봐야지 싶은 생각도 없는데
그래도 즐거워, 그 사람과의 무언가를 상상할 때면."

어떤 영화엔
이상한 스파이 단체에 가입하는 여자가 나온다.
하지만 그녀가 하는 스파이 짓이라곤
다른 사람들에게 스파이인 것을 들키지 않기 위해
평범한 척하는 것.
그러니까 실제 그녀의 일상엔 아무런 변화가 없는데도
늘 그렇듯 평범하다 못해 지루하기 짝이 없는 일상이 반복되고 있는데도
이상하게 그녀는 그 단체에 가입한 후 즐겁다.

'난 스파이잖아. 그러니까 남들한테 들키면 안 돼.'
이런 상상만으로 뭘 하든 두근두근 즐거운 거다.

복권 당첨부터

절대 불가능해 보이는 사랑에 대한 로망,
그리고 '내가 스파이'라는 말도 안 되는 엉뚱한 상상까지.

'정말 말도 안 돼.' 하면서도
그 상상들이 우리의 일상을 조금 더 즐겁게 해 주는 건 사실이다.
그런데 굳이
'말도 안 돼, 그런 일은 절대 일어나지 않아. 그래, 그래. 꿈도 꾸지 말자.'
이럴 필요까진 없는 거 아닐까?

어떤 소설에 이런 말이 나온다.

'현실로 이뤄지기를 기대할 수 없는 상상이란 게
도대체 어떤 건지 궁금하군요.'

남들 보기엔 정말 말도 안 되는 상상.
남들 보기엔 "야, 꿈 깨." 이런 말이 절로 나오는 상상.
하지만 남들 시선 따윈 사실 상관없는 거다.

그래도 혹시 모르잖아?

만에 하나의 가능성을 믿고
무언가를 상상하는 동안에라도
무언가를 꿈꾸는 동안에라도
내가 행복하면 되는 거 아닐까?

그 무엇이든 꿈도 꾸지 못할 이유는 없는 거니까.
우리에겐 분명히
'무엇이든 꿈꿀 수 있는 자유'는 있는 거니까.

따뜻한 아메리카노

매일 가는 작은 테이크아웃 커피 전문점이 있다.
내가 주문하는 것은 항상 따뜻한 아메리카노 한 잔.

두 달쯤 지났을 때
그곳의 아르바이트생이 날 알아보기 시작했다.
유동 인구가 꽤 많은 곳이라 하루 손님이 만만치 않게 많을 텐데
어느 날 내가 주문도 하기 전에
계산 기계에 아메리카노 가격이 찍혀 있는 걸 보고
그가 나를 알아본다는 것을 알았다.

사실 난
단골손님에게 친한 척
괜히 이런저런 말을 건네 오는
지나치게 싹싹한 점원은 좀 부담스러워하는 편인데
그가 나를 알아보는 것은 싫지 않았다.
그는 과묵했으니까.

우리 사이엔 대화가 없었다.

"따뜻한 아메리카노 한 잔이요."
"2천5백 원입니다."

그리고 그는 커피를 만든다.

"따뜻한 아메리카노 한 잔 나왔습니다. 맛있게 드세요."

“감사합니다.”

이것이
지난 6개월간 우리가 나눈 대화의 전부다.

한번은 다른 사람이 카운터에 서 있었는데
내가 주문도 하기 전에
그가 뒤에서 따뜻한 아메리카노를 만들고 있었다.

또 가끔은 내가 아직 가게에 들어서지도 않았는데
멀리서 내가 걸어오는 걸 보고
이미 아메리카노를 만들고 있는 그를 발견하기도 한다.

그러던 어느 날 갑자기 궁금해졌다.
내가 갑자기 다른 음료를 주문하면 그는 어떤 표정을 지을까?
갈증이 나서 그냥 오늘은 차가운 커피를 마실까 싶었던 어떤 날.

하지만 나는 결국 이렇게 말했다.

“따뜻한 아메리카노 한 잔이요.”

왠지 그 말이
그와 나의 암묵적인 ‘약속’처럼 느껴졌기 때문이었다.

나의 진짜 모습이 무엇이든 간에 그러고 싶을 때가 있으니까.

상대가 알고 있는 나로 말하기.
상대가 짐작하는 나로 행동하기.

귀향길,
귀경길

꽤 오랫동안 유학 생활을 했던 친구.
친구는 타국에 있는 내내
열쇠로 자신의 방문을 열 때마다 낯선 기분이 들었다고 한다.
이곳은 내 집이 아니라는 생각.
한국에 있는 진짜 내 집이 그립다는 생각에.

그런데 한국에 돌아온 다음
어느 날 집 현관문에 열쇠를 꽂는데
유학 시절 내내 느꼈던 그 '낯선 기분'이 자신을 찾아왔다고 한다.
유학 시절 그곳의 내 방이 떠오르며
그곳의 내 생활이 떠오르며 그곳이 그립다는 생각에.

"나는 그런 인간인가 봐.
그곳에 있을 땐 한국이 그립고, 한국에 있을 땐 그곳이 그립고.
늘 그리움에 허덕이는 그런 인간인가 봐."

언젠가 술자리에서 친구가 했던 말.

그 말이 다시 생각난 건
추석 연휴 마지막 날 TV 뉴스를 보고 있을 때였다.
꽉 막혀 있는 고속도로 정체 상황.
명절 때면 뉴스에서 빠짐없이 나오는 장면이었다.

처음 하루 이틀은 그 뉴스에 이런 자막이 붙는다.
'꽉 막힌 귀향길'

하지만 그다음 며칠은 이런 자막이 붙는다.
'꽉 막힌 귀경길'

귀향, 그리고 귀경.
나는 그 말을 들을 때마다 이런 의문이 들곤 했다.
왜 두 말 모두에 '돌아갈 귀(歸)'가 들어가는 걸까?

'돌아가다'는
말 그대로 그냥 '가다'가 아닌
원래 있던 자리로 '되돌아감'을 의미한다.

그런데 고향을 갈 때도 서울을 갈 때도
그냥 '가다'가 아닌 '돌아가다'는 표현을 쓴다는 게 나는 늘 궁금했다.
그렇다면 우리의 원래 자리는 도대체 어디인 걸까?

서울, 혹은 내가 나고 자란 고향이 아닌 다른 지역에 사는 사람들은
그곳을 '제2의 고향'이라 부르곤 한다.
그러곤 항상 진짜 자신의 고향을 그리워한다.

하지만 오랜만에 진짜 내 고향을 찾았을 땐
또다시 지금 자신의 일상이 펼쳐지고 있는 서울이 그리워진다.
그래서 귀향에도 귀경에도 '돌아갈 귀(歸)'가 붙는 걸까?

그런 생각을 하다 보면
이내 좀 쓸쓸해져버리고 만다.

이곳에 있으면 그곳이 그립고
그곳에 있으면 이곳이 그리운 우리.

어쩌면 이제는 그 어디에도, 본래의 내 자리.
진짜 내 집, 내 고향 같은 건 없는 게 아닐까 싶어서.

살다 보면 그런 순간이 있다.
들었으면서도 못 들은 척.
봤으면서도 못 본 척.
그러니까 다 알면서도 모르는 척하게 되는 순간.

첫째, 그냥 상대방을 놀려 주고 싶어서다.

"오늘 무슨 날인지 진짜 몰라?"
입을 삐쭉거리며 섭섭해하는 그녀를,
"글쎄 무슨 날이더라?"
그냥 놀려 주고 싶어서 장난치고 싶어서
오늘이 어떤 특별한 날인가를 다 알고 있으면서도 모르는 척.

둘째, 그 사실을 절대 인정하고 싶지 않을 때.

친구의 바지 주머니에서 담배와 라이터가 나왔을 때
친구의 부모님은 이렇게 말씀하셨단다.
"이거 네 친구 거지? 네 거 아니지?"
늘 아들의 옷에서 희미한 담배 냄새가 난다는 걸 모르실 수가 없는데도
'친구들이 펴대니까. 얘 옷에도 냄새가 뱄나 보네.'
우리 아들이 담배를 피운다는 사실을
절대로 인정하고 싶지 않아 그렇게 모르는 척.

셋째, 내 잘못을 합리화하기 위해서, 변명하기 위해서.

할 일을 다 끝마치지 못했을 때
"아, 그걸 오늘까지 했어야 하나요? 진짜 몰랐는데…."
교통법규를 어기다 경찰에게 잡혔을 때
"아, 정말요? 여기 좌회전 금지예요? 표지판 정말 못 봤는데…."
스스로를 합리화, 혹은 변명하기 위해서 모르는 척.

그리고 그 마지막.
우리가 다 알면서도 모르는 척하는 이유는 이거 아닐까.
정말 어쩔 수가 없어서.
정말 그럴 수밖에 없어서.

정말 나에겐 다른 방법이 없었다.

그 사람의 마음이
서서히 식어 가고 있다는 걸 알고 있었지만
이제 곧 그 사람이
나를 떠날 수도 있다는 걸 알고 있었지만
이제 그 사람의 눈은
내가 아닌 다른 누군가를 좇고 있다는 걸 다 알고 있었지만
모르는 척.
정말 모르는 척.
그럴 수밖에 없었다.

그때의 나는 정말
그 '모르는 척'하는 방법 외에는
아무것도 떠오르지 않았으니까.
아무것도 할 수 없었으니까.

아빠 싫어,
아빠 미워

딩동.
경쾌한 소리와 함께 엘리베이터 문이 열렸을 때
나와 눈이 마주친 아저씨는 서둘러 내 시선을 피했다.

그리고 그 순간 들려오는 아이의 울음소리.
"아빠 싫어, 아빠 미워."

시선을 조금 낮추니 아이가 보인다.
뭐가 그렇게 서러운 건지
뭐가 그렇게 마음에 안 들었는지
눈물 콧물 줄줄 흘려 가며 울고 있는 아이.

이미 한참을 운 얼굴이다.
젊은 아빠의 얼굴 또한 이미 지친 표정.
달랠 만큼 달래 봤으나 울음을 그치지 않는 아이.
아마도 그래서였을 거다.
엘리베이터에 등장한 낯선 이, 즉 내가
젊은 아빠는 달갑지 않았을 거다.

나에게 머쓱해서인지
아니면 아무리 달래도 울음을 멈추지 않는 아이에게
아빠도 화가 나버린 건지
젊은 아빠는 다른 곳을 바라보고 있다.
그런 아빠가 야속해서 더 큰 소리로 울어대는 아이.
"아빠 싫어, 아빠 미워."

그런데 참 신기한 것이
그렇게 아빠가 밉다고 아빠가 싫다고 울면서도
아이는 아빠의 손을 꼭 잡고 있었다.

1층에 도착한 엘리베이터 문이 열리자 서둘러 내리는 아빠.
보폭이 큰 아빠를 놓칠까 봐
종종걸음으로 달리듯 걸으며 우는 아이.
"아빠 싫어, 아빠 미워."
그러면서도 아빠의 손을 꽉 잡곤 놓지 않는 아이.

아이러니한 그 상황이 귀엽기도 하고 좀 우습기도 해서
나도 몰래 피식, 웃었던 것 같은데….
참 이상하다.
하루 종일 그 아이의 모습이 내 머릿속을 떠나지 않는다.

'아빠 싫어, 아빠 미워.'하면서도
조금만 힘을 풀면 놓칠까 봐
아빠의 손을
힘주어 꽉 잡고 있던 그 아이의 작은 손이
하루 종일 내 머릿속을 떠나지 않는다.

어쩌면 그 아이가
나와도 조금은 닮아 있기 때문이었을지도 모른다.

그 사람이 미웠다.
아니 아직도 참 밉다.

그래서 아직도 그 사람을 생각하면
그때의 이별을 떠올리면
화가 나기도 하고,

누군가 내게 그 사람에 대한 이야기를 물어오면
만약 그가 돌아와도 절대 받아 주지 않겠다고
나는 이제 그 사람이 너무너무 싫다고 말하는 나.

그런데 참 이상하다.
아빠가 싫다고 울면서도
아빠의 손을 놓지 못하던 꼬마 아이.
그 아이의 모습이 하루 종일 내 머릿속을 어지럽힌다.

꼭 내 모습 같아서.

그 사람이 싫다고
그 사람이 밉다고 외치고 있는 내 모습 같아서.

그렇게 외치고 있으면서도
아직도 그 사람을 놓지 못하고 있는,
내 모습인 것만 같아서.

조금만 힘을 풀면 놓칠까 봐

그런 날이 있다

그런 날이 있다.

그 누구도 만나고 싶지 않은 날.
아무 말도 하고 싶지 않은 날.
아무 생각도 하고 싶지 않은 날.
말 그대로 정말
아무것도 하고 싶지 않은 그런 날.

작은 지도에는 나오지도 않는 인적 드문 시골 마을.
그곳으로 휴가를 온 한 여자.
어떤 영화 속 이야기인데
시골 마을 사람들은 무척 궁금해한다.
그녀가 왜 하필 이곳으로 휴가를 온 건지.
그때 그녀는 이렇게 말한다.

"그냥 휴대폰이 터지지 않는 곳을 찾고 있었을 뿐이에요."

누구에게나 그런 시기가 있을 거다.

그 누구도 만나고 싶지 않고
걸려 오는 전화도 받고 싶지 않고
정말 아무것도 하고 싶지 않은 그런 시기.

하지만 그건 참 쉽지 않은 이야기.

예능 프로를 맡고 있는 어떤 작가는
일을 하면서 제일 서글펐을 때가
오래 만난 남자친구와 헤어졌던 날이라 했다.
눈물을 주룩주룩 흘리면서
웃기는 이야기를 써내고 있는 자신이 너무나 서글펐다고.

직장 생활을 하는 어떤 친구는
몸이 아파 병원에 입원해 있을 때도
회사에서 걸려 오는 전화는
받을 수밖에 없더란 말을 한 적이 있다.

또 어떤 만화가는 말했다.
어머님 상중에도 원고 독촉 전화는 걸려 오더라고.

산다는 것이
가끔은 참 힘에 겹다 느껴지는 순간이 있다.

난 정말 아무것도 하고 싶지 않은데….

다만,
마음껏 아파하고
마음껏 슬퍼하고
마음껏 울고 싶을 뿐인데….

그것조차 허락되지 않는 그런 순간, 그런 날.

빨간
멈춤 신호

요즘의 친구는 꽤 힘들어 보였다.

“드라이브, 드라이브. 내가 드라이브하고 싶어서 그래.
잠깐이라도 보자, 좀!”
싫다는 친구를 억지로 끌어내 함께 차를 타고 가는 길.
꽤 늦은 새벽 시간, 한적한 도로.
창문을 열어 둔 채 달리는 기분이 썩 나쁘지 않았다.

라디오에서 흘러나오는 음악 소리를 흥얼흥얼 따라 부르는 친구.
친구의 기분도 조금은 나아진 듯싶었다.

그런데 잠시 후
신호등 빨간 불에 잠시 멈추었을 때
힘없는 말투로 읊조리듯 친구는 말했다.

“꼭, 지금 내 상황 같다.”

친구의 시선은 정면을 향하고 있었다.
깜깜한 도로.
그 위로, 우리 바로 앞에 있는 신호등부터
그다음 그다음, 그리고 저 멀리 있는 신호등까지 모두 멈춤.
연달아 빨간빛을 발하고 있었다.

운전을 하다 보면 그럴 때가 있다.
한번 빨간 등에 걸리면 계속 빨간 등, 빨간 등, 멈춤, 멈춤.

그런데 이렇게 내 앞에 보이는 모든 신호등이
동시에 모두 멈춤을 외치고 있는 장면은 나도 처음 보는 듯했다.

"꼭, 지금 내 상황 같다."
친구의 그 말 때문이었을까.
유난히 그 신호가 길게 느껴졌던 것.

하지만 신호등은 어김없이 약속된 시간이 지나자
일제히 파란 불로 바뀌었다.
서서히 우리의 차는 다시 움직이기 시작했다.
다시 창밖으로 시원한 바람이 불어오기 시작했고
다시 라디오에서 흘러나오는 음악을 흥얼흥얼 따라 부르는 친구.

우리의 삶도 그렇기만 하다면 좋을 텐데.
약속된 시간이 지나면
어김없이 다시 파란 불로 바뀌는 신호등.
우리의 삶도 그렇기만 하다면 참 좋을 텐데.

우리는 알고 있다.
아무리 구불구불 뒤엉켜 있는 미로에도 반드시 출구가 있고
아무리 비비 꼬인 어려운 수학 문제에도 반드시 정답이 있다는 것.
그래서 아무리 어렵고 힘들어도 아무리 답답하고 미칠 것 같아도
기를 쓰고 한 번쯤은 매달려 볼 수라도 있는 법.

그래서 더 어려운 걸지도 모르겠다.
출구가 과연 있긴 한 건지, 정답이 과연 있긴 한 건지,
빨간 멈춤 신호가 파란빛으로 바뀌는 날이 과연 있긴 한 건지.

그것조차 잘 모르겠는 우리의 삶이 그래서 더.
복잡한 미로보다도, 어려운 수학 문제보다도,
그래서 훨씬 더, 어려운 걸지도 모르겠다.

네가
사는 거지?

"선배가 사는 거죠?"

약속을 잡고 전화를 끊을 때 꼭 이런 후배가 있다.
그래도 그렇게 물어 오는 건 양반이다.
계산을 할 때면 내가 사는 게 너무나 당연하다는 듯
뒤에서 멀뚱멀뚱 바라보는 후배, 먼저 나가는 친구.
그런 얄미운 사람들도 있으니까.

근데 난 오히려 '그 후배'를 만날 때 마음이 더 불편하다.
신세 지는 걸 죽도록 싫어하는 후배.

술을 마실 때마다 반드시 나눠 내려 하고
오늘은 내가 사겠다 우겨서 계산을 마치고 나면
돌아가는 길 아무리 됐다고 해도 꼭 편의점에 들러
맥주 몇 병, 안주 몇 개라도 내 손에 쥐여 주는 후배.

둘 다 학생일 때야
서로 돈 없는 거 뻔히 아니까 그러나 보다 했지만
내가 조금씩 돈을 벌기 시작한 후에도
'좀처럼 얻어먹지 못하는 후배의 습성'은 변하지 않았다.

한번은 미처 선물을 준비하지 못한 채 후배네 집들이를 가는데
후배네 집 앞 슈퍼에서 딱 마주치고 말았다.
세제며 휴지, 과일 등 이것저것을 사고 있는 내게서
후배는 하나둘 물건들을 다시 내려놓았다.

"됐어요, 그냥 와도 되는데….
정 그러면 그냥 이거 휴지나 하나 사 줘요."
그러곤 제일 싼 휴지만 계산하게 하는 후배.
"선배도 힘들게 번 돈인데…. 아, 됐어요.
그리고 알잖아요. 나 뭐든 공짜로 받는 것에 익숙하지 않은 거."

한번은 후배를 나무란 적도 있다.
지나치게 상대를 배려하는 것도 기분 상하게 할 수 있다고.
지나치게 착한 것도 실은 착한 게 아니라고.
"선배, 나 착한 사람 아니에요.
굳이 따지자면 오히려 이기적인 사람이지."

신세를 지고 나면 마음이 불편하다고 했다.
어떡해서든 그 신세를 갚아야 한다는 생각,
받는 것이 없으면 줄 필요도 없단 생각이 들어
아무리 안 그래야지 노력해도
받는 것에는 좀처럼 익숙해지지 않더라는 후배.

"고마워."
이 한마디면 될 것을,
"뭘 이런 걸 다. 아, 됐어. 아, 왜 쓸데없이 이런 데 돈을 써."
나도 가끔은 그렇게 상대의 호의를 무색하게 했던 적이 있었던 것 같다.

상대에 대한 배려라 생각했던 그것이
어쩌면 그와 얽히고 싶지 않다는
이기적인 마음에서 비롯된 걸지도 모르는데….

잘 주는 일만큼, 잘 받는 일도 참 어렵단 생각이 든다.

물론 매번, "네가 사는 거지?"
이런 사람들도 여전히 참 얄밉긴 하지만.

언젠가는 터졌을 울음

"울어, 어서 울어! 이래도 안 울어?
어디 네가 이기나 내가 이기나 한번 해보자!"

그런 영화가 있다.
울음을 강요하는 듯한 영화.
난 사실 그런 영화를 볼 때면 눈물이 잘 안 난다.
어쩌다 찔끔 눈물을 흘린다 해도 영 개운치가 않다.
억울하고 찝찝하고 짜증나고 뭔가 당했다는 느낌이 든달까.

하지만 그런 나도 영화를 보며 울었던 적이 있다.
그것도 아주 펑펑.

갑작스러운 아내의 죽음.
하지만 남자는 울지 않았다.
어쩌면 울 여유 따윈 없었는지도 모른다.
남겨진 딸아이를 돌보는 것만으로도 벅찼던 남자.

사람들은 그의 눈치를 살폈다.
괜찮아? 정말 괜찮아? 도움이 필요하면 언제든 얘기해.
하지만 그는 오히려 그런 사람들의 관심이 귀찮다.
난 정말 괜찮은데, 다들 왜 그렇게 유난을 떠는 건지.

그러던 어느 날,
오랜만에 딸과 떨어져
혼자 밤길을 운전 중이던 남자의 얼굴이 갑자기 일그러진다.

그러곤 더 이상 운전을 할 수 없을 만큼 쏟아지는 눈물.
결국 차를 세우고 뛰쳐나와 남자는 운다.
길가에 앉아 미친 사람처럼 한참을 그렇게 운다.

그때였다.
내 눈에도 그렁그렁 눈물이 차오르기 시작한 것은.

한참을 울었던 것 같다.
다시 일상으로 돌아가 아무렇지 않게
딸과의 부산스러운 하루하루를 보내는 남자의 모습이
스크린에 비치는데도
주책없이 눈물이 계속 흘러 창피했던 기억.

그런데 그다지 기분이 나쁘진 않았다.
오히려 후련한 느낌.
오랫동안 내 마음 한편을 짓누르고 있던 무언가가 조금은 가벼워진 느낌.

어쩌면 나는
울음을 강요하는 듯한 그때의 내 상황이 짜증스러웠는지도 모르겠다.
그래서 애써 괜찮은 척.
이따위 일로 울지 않아, 고집을 피우고 있었던 건지도 모르겠다.

그렇게 괜찮은 척한다고
정말 괜찮아지는 건 아닌데
그렇게 울음을 참는다 해서
내 안의 아픔이 저절로 사라지는 게 아닌데도.

언젠가는 터졌을 울음.
그래서였나 보다.
극장을 나서는 내 발걸음이 조금은 가벼워졌던 이유.

흔해 빠진 사랑,
흔해 빠진 이별

어떤 소설에 이런 이야기가 나온다.
'사랑에 빠진 사람들은 모든 우연을 운명이라 착각하게 된다.'
정말 그런 것 같긴 하다.

"어, 그 노래 좋아하세요? 나도 그 노래 무지 좋아하는데?"
대한민국에 사는 사람이라면
누구나 한 번쯤 들어 봤을 만한 무지 유명한 노래.
그런 노래를 좋아하는 사람이 어디 한둘이겠나?
그럼에도 사랑에 빠진 사람들은
그게 무슨 대단한 공통점이라도 되는 양
역시 이 사람과 나는 운명이야, 생각하곤 한다.

"나도 어렸을 때 그 동네 살았는데?
와! 어쩌면 우리 옛날에 오다가다 마주쳤을 수도 있겠네요?"
그 동네에 살았던 사람이 어디 그들뿐이었겠나?

"정말요? 나도 그 감독 좋아해요. 그 감독 영화는 정말 다 봤는데!"
그렇게 유명하지 않은 영화감독이라 할지라도
그 감독을 좋아하는 사람이 어디 그들뿐이겠냔 말이다.

김밥에 들어간 오이를 싫어하는 사람.
카레에 들어간 당근을 싫어하는 사람.
요구르트는 밑면을 살짝 이로 뜯어내고
쪽쪽 빨아 먹어야 더 맛있다고 생각하는 사람.
맑은 날보단 비 오는 날을 더 좋아하는 사람.

지하철보단 버스를 더 좋아하는 사람.
문자나 이메일보단 손편지가 더 좋다고 말하는 사람이
어디 세상에 한둘이겠나?

어떻게 그것들이 우리 둘만의 특별한 공통점.
우리 둘을 '운명'이라 말해 주는 증거가 될 수 있겠냔 말이다.

하지만 그럼에도 사랑에 빠진 사람들은
그 모든 우연을 운명이라 착각하게 된다.

나 또한 그랬던 것 같다.
그랬던 상대이기에 헤어진 후 더 많이 아팠던 것도 사실.
세상 모든 이별 노래가 마치 내 이야기인 것만 같았던,
그래서 그 어떤 노래도 들을 수 없었던 시간들.

나 또한 남들 다 하는 그런 사랑을 했을 뿐이고
나 또한 남들 다 하는 그런 이별을 했을 뿐이라는 걸 깨닫게 된 건
그러고도 한참 후의 이야기.

세상 모든 이별 노래가 마치 내 이야기 같다는 것은
나 또한 결국은
그들과 같은 흔해 빠진 사랑, 흔해 빠진 이별을 했단 얘기일 텐데도
참 많이 아팠던 것 같다.

사랑에 빠진 모든 사람들이
모든 우연을 운명이라 착각하듯
그 누구나 겪는 흔해 빠진 이별일지라도
그것이 내 이야기가 됐을 때는
특별한 슬픔, 특별한 아픔, 특별한 힘듦으로 느껴질 수밖에 없는 거니까.

새하얀 세계지도

새하얀 세계지도를 벽에 붙여 놓고
지금까지 자신이 다녀온 나라를 색연필로 칠하는 친구가 있다.

돈이 있든 없든
밥을 굶어 가면서 틈만 나면 여행을 다니는 친구라
친구의 세계지도는 벌써 알록달록해졌겠지 싶었지만 그렇지 않았다.

아직도 새하얀 지도.
색연필로 칠해진 곳이 하도 드문드문이라 그냥 얼룩 같아 보일 정도였다.
"아직도 못 밟아 본 땅이 세상엔 이렇게 많다.
죽기 전에 다 밟아 볼 수 있으려나 몰라."
지도를 보며 친구가 했던 말.

어떤 소설엔
평생 책만 보며 사는 것이 꿈인 여자가 등장한다.
여자는 백수다.
최소한의 생필품과 책을 살 수 있는 돈을 벌기 위해 아르바이트만 할 뿐.
그 여자도 이렇게 말했던 것 같다.
"매일매일 책을 봐도 내가 보고 싶은 책들
죽기 전에 다 못 본다고."

얼마 전 또 다른 한 친구도 이런 말을 했던 기억이 난다.
"영화를 봤어.
국내엔 잘 알려지지 않은 작품인데 우연히 알게 돼서 보게 됐거든?
근데 그 영화 보고 나서 이런 생각이 들더라.

이렇게 좋은 영화를 못 보고 죽을 뻔했구나.
아니, 이렇게 좋은 영화가 있다는 것도 모르고 죽을 뻔했구나."

좋은 영화, 좋은 책, 좋은 여행지, 좋은 음악, 그리고 좋은 사람들까지.
세상엔 정말, 좋은 것들이 너무나 많은 모양이다.
아무리 부지런히 살아도 죽기 전에 다 만나 볼 수 없을 정도로.

서른 넘은 아저씨의 독백으로 시작하는
어떤 만화의 첫 장면이 떠오른다.

실컷 자고 일어나
깜깜한 밤하늘을 바라보며 아저씨는 갑자기 자신의 인생을 쭉 돌아본다.
그리고 깨닫는다.
자신의 인생을 잠, 잠, 잠으로 절반이나 허비해버렸음을.
갑자기 조급해져 온다.
'나는 지금까지 뭘 한 거지?'

나도 덩달아 조금 조급해져버렸다.
그 좋은 많은 것들을 만나 보지도 못하고
아니, 그렇게 좋은 것들이 세상에 있었단 것도 모르고
그냥 이대로 쭉 잠들어버리면 어떡하지.

정말 그렇게 된다면
너무 억울할 것 같아서.

약점

대학원에 다니는 후배 하나가 어느 날
풀이 잔뜩 죽은 목소리로 말했다.

"그냥 나 공부 포기할까 봐.
왠지 나 같은 애가 할 수 있는 공부가 아닌 것 같아."

후배가 말하는 '나 같은 애'란
공부에만 전념할 수 없는 자를 뜻한다.
후배는 돈도 벌어야 했다.

"하루 종일 공부만 하는 애들도 많은데
내가 걔들보다 뛰어나게 머리가 좋거나 재능이 있는 것도 아닌데
이렇게 공부해서 될까. 저들보다 더 좋은 성과를 낼 수 있을까.
요즘 계속 그런 생각이 들어."

이 비슷한 이야기를 다른 친구에게서도 들은 적이 있다.

소설가란 꿈이 있지만
당장의 생계는 해결해야 하기에 직장 생활을 하는 친구.
그 친구도 그런 이야기를 했다.

"하루 종일 붙들고 앉아 소설만 써도 힘들 것 같은데
난 그럴 수 없으니까.
내가 그냥 허황된 꿈을 꾸고 있는 건 아닌가 싶다."

어떤 말을 해 줘야 할지 몰라
나 또한 그저 한숨만 내쉬었던 기억.

그런데 오늘
후배와 친구에게 선물해 주고 싶은 만화책이 생겼다.
만화책 맨 뒤에 실려 있던 만화가의 인터뷰에 이런 이야기가 있었다.

'용감한 영웅을 그릴 때
주인공의 마음에 약점이 크면 클수록 그 용기가 크게 표현되죠.
처음부터 강한 사람은 어디까지나 강자일 뿐.
용감한 자가 될 수는 없다고 생각합니다.'

강자의 당연한 성공담을 그리는 만화는 없다.
대부분 눈물겨운 사투 끝에 이뤄낸 약자의 성공담이 만화의 소재가 된다.
그건 세상이 강자의 성공담보다는
약자의 성공담에 더 감동하기 때문 아닐까?

세상을 감동시킬 정도의 요란한 성공담은 아닐지라도
내 자신,
적어도 내 자신을 감동시킬 만큼의 성공담엔
어쩌면 지금 내 약점이 조금은 도움이 될지도 모른다.

그 약점에 내가 굴복해버리지만 않는다면.

그러니까 꿈이다

짝사랑하는 그녀와
우여곡절 끝에 이뤄져 드디어 첫 키스를 하려는 순간!?
꼭 깨고 만다.

네가 범인이지!?
드디어 범인을 잡아 얼굴을 확인하려는 순간!?
꼭 깨고 만다.

꿈은 꼭 그렇다.
끝을 보여 주지 않는다.
꼭 결정적 순간에 깨고 만다.

한번은 이런 꿈도 꾼 적이 있다.
범죄 스릴러 영화 같은 꿈이었는데
범인도 잡히고 모든 사건이 종결돼버린 거다.

그런데 꿈속에서도 나는 엉뚱하게 이런 생각을 했다.
'어, 끝난 거야? 이거 꿈인데?
원래 꿈은 끝이 없는 건데? 그럼 이제 어떻게 되는 거지?'

그런데 그 순간 내 꿈이 까맣게 변하더니
엔딩크레딧이 올라갔다.
그리고 엔딩크레딧이 끝나기 전에 나는 잠에서 깼다.
결국 또 중간에 깨버린 거다.

그래서 더 궁금해졌던 것 같다.
꿈은 왜 꼭 중간에 깨고 마는 걸까?
완결된 꿈은 왜 없는 걸까?

과학적으론 물론 여러 가지 학설이 있었다.
렘수면이 어쩌고, 휴지기가 어쩌고.
근데 그 많은 지식 검색 답변 중
내 눈에 들어온 아주 간결한 한 문장이 있었으니,

'그러니까 꿈이다.'

처음엔 그저 피식 웃음이 났다.
근데 조금 지나니 씁쓸해져 오는 마음.

그러니까, 꿈이다라….

참 어려운데.
꿈의 끝을 본다는 것, 꿈을 이룬다는 것.
현실에서도 참 어렵고 힘든 일인데….

가끔은 꿈에서라도 결말 좀 보여 주면 안 되나?
이런 생각이 들어서.

타로 카드 점

'아무 말 없이 가려고 했는데
그 타로 카드 점.
무슨 프로그램이 그렇게 잔인하냐?
어차피 장난으로 하는 건데
좋은 말 좀 해 주면 안 되는 거냐? 버럭!'

내 블로그에 친구가 남겨 놓은 글.

피식, 웃음이 났다.
며칠 전 인터넷을 하다
타로 점을 볼 수 있는 플래시가 있기에
내 블로그에 스크랩해 둔 거였는데 친구가 그걸 했던 모양이다.

친구도 처음엔
아무 생각 없이 시작 버튼을 눌렀단다.
소원을 적으라는 화면이 뜨자
장난 반으로 시작한 거였는데도 은근 긴장이 돼서
나름 간절함을 담아 소원을 적었단다.
그리고 패 섞기를 누른 다음 결과 보기를 클릭했는데,

'좋은 결과를 바라긴 힘들겠군요.'

갑자기 짜증이 밀려오더란다.
친구는 다시 처음부터 소원을 적고 점을 쳤다.
그런데 또 같은 결과.

굴하지 않고 또 소원을 적고 점을 쳤다.
그런데 이번엔,

'좀 더 노력하세요.
지금으로선 좋은 결과가 힘듭니다.'

그렇게 몇 번이나 다시 점을 쳤지만
만족스러운 답을 얻지 못한 친구는
결국 흥분해서 내 블로그에 글을 남겼다.

'아무 말 없이 가려고 했는데
그 타로 카드 점.
무슨 프로그램이 그렇게 잔인하냐?'

대학을 졸업한 지도 벌써 3년이 넘어가는데
고시촌 생활은 끝날 기미가 보이지 않고
친구는 별거 아닌 일에도 자꾸 일희일비하게 된다고 했다.

이젠 포기해야 하는 건가
그래도 지금까지 해 온 게 너무 아까운데.
아니야, 더 늦으면 나이 때문에 취업도 힘들 거야.
하지만 이대로 포기하는 건 너무 슬프다고!

하루에도 몇 번씩 마음이 오락가락.
그래서 더 울컥했던 모양이다.
장난으로 시작한 그까짓 타로 점 하나도
내 맘대로 되지 않는 것이 울컥.

그런데 며칠 후
친구에게서 사진이 첨부된 문자가 왔다.
신문 구석 자리에 나와 있는 띠별 오늘의 운세 사진.

그곳엔 이렇게 적혀 있었다.

'당신이 할 수 없는 일은 아무것도 없다.'

그 문자를 보자마자
피식 웃음이 나면서도 마음이 짠해져 왔다.

지금 나한테 필요한 건 이거야.
토닥토닥, 넌 할 수 있어.
빈말이라도 좋다고! 난 지금 그런 얘기가 듣고 싶다고!

친구가 꼭 그렇게 말하고 있는 것만 같아서.

그리고 그런 빈말조차 못 해 준 내 블로그 타로 점 플래시가
마치 나인 듯만 싶어 미안해져서.

당신이 할 수 없는 일은

아무것도 없다

진심의 홍수

소년에겐
다른 사람의 이야기를 읽을 수 있는 능력이 있었다.

상대의 생각뿐 아니라
상대와의 가벼운 접촉 한 번으로도
그 사람이 살아온 과거까지 읽어낼 수 있는 능력.

상대가 사람이 아닐 경우에도 마찬가지였다.
벤치에 앉으면 그 벤치가 봤던 과거의 풍경들,
어떤 도로에 서 있으면 그 도로가 갖고 있는 과거의 기억들까지.
원치 않아도 보이는 그들의 이야기.

이 소설을 보면서
그런 능력을 부러워했던 과거의 내가 떠올랐다.

너의 진심은 뭘까?
너의 마음속으로 들어가 볼 수만 있다면.

하지만 지금의 나 역시 그 소년이 부럽냐 하면, 그건 아니다.
그런 능력자가 현실엔 존재하지 않는다는 것이
오히려 다행으로 여겨진다.

누군가 내 생각을, 내 과거를 속속들이 읽어내고 있다면?
생각만으로도 끔찍하니까.
그리고 내게 그런 능력이 있다 한들 행복할 것 같지 않다.

소설 속 소년도 행복하지 않았으니까.

겉으론 아무 문제없어 보이지만
사실은 죽도록 서로를 미워하고 있다는 것을
아들에게만 감추고 있는 부모님의 진심.
속으론 자신을 얕잡아 보고 욕하고 있는 친구의 진심.
키스하는 순간에도
여과 없이 들려오는 여자친구의 생각, 여자친구의 진심.

끊임없이 밀려오는 진심, 진심, 진심의 홍수를
소년은 감당할 수 없었으니까.

마지막 책장을 덮으며
나는 이런 생각을 했던 것 같다.

그런 능력 없이도 우린 이미
너무 많은 걸 듣고 있는지도 모른다는 생각.
너무 많은 걸 알고 있는지도 모른다는 생각.

내가 듣고 싶지 않은 진심,
내가 알고 싶지 않은 이야기까지도.

더 이상 새로운 이야기가 없다

"더 이상 새로운 이야기가 없다, 새로운 이야기가!"

아직도 소설가에 대한 미련을 버리지 못하고 있는 친구의 푸념.
자신이 쓰고 싶은 이야기들은 이미 다 있다는 거였다.

"요즘 고전들에 꽂혀서
옛날 소설들을 보고 있는데 볼수록 그런 생각이 들어.
몇백 년에 걸쳐 쌓이고 쌓인 이야기들이 이렇게나 많으니
이젠 패러디와 변주만 남았을 뿐
더 이상 새로운 이야기는 나올 수 없는 거 아닌가."

그 비슷한 이야기를
음악 하는 지인에게서도 들은 적이 있다.

그래 이거야!
갑자기 영감이 떠올라 멜로디를 만들었는데
"그런 멜로디 있잖아, 이미."
이런 적이 한두 번이 아니라고.
세상엔 이미 너무 많은 노래, 너무 많은 멜로디와 가사가 있으니까.

오죽하면
이런 글을 자신의 블로그에 적어 둔 뮤지션이 있겠는가.
'도레미파솔라시도 말고 뭐 없나? 대체 새로울 게 없네!'

"한 백 년만. 아니, 한 50년만 일찍 태어났어도 좋았을 텐데."

친구의 푸념에 나도 따라 고개를 끄덕끄덕.
꼭 음악 하는 사람들, 글 쓰는 사람들만 이런 생각을 하는 건 아닐 거다.

취업난에 허덕이며
10년만 일찍 태어났어도.
잘난 척하는 직장 선배를 보며
내가 5년만 일찍 태어났어도.
좋은 시절을 살았던 것만 같은 어른들을 보면서
나도 그 시절에 태어났더라면.

근데 얼마 전 이런 글을 봤다.
15세기에 살았던 천재 예술가 또한
자신의 노트에 이런 푸념을 남겼다는 글.

'나보다 먼저 태어난 사람들이
쓸모 있고 꼭 필요한 주제들을 이미 다 선점해버렸다.
따라서 나는 꼴찌로 도착해 원하는 것을 고를 수 없는
가엾은 사람처럼 행동할 수밖에 없다.'

역사에 길이 남을 예술품들을
수백 점 이상 남긴 그도 이런 이야기를 했다니!
우리보다 5백 년이나 먼저 태어난 그도 이런 이야기를 했다니!

결국 우린 다 똑같은 거다.
누구나 지금의 내 상황에 불만을 가진다.

다만 그와 우리의 차이는 이것뿐.

그래서 그 불만을 이겨내고
무엇을 했는가, 무엇을 이뤄냈는가.

일요일 아침.
기필코 오늘은 늦잠이다 싶었던 나의 의지를 무너뜨린 소리.

"뻥이요!"

근데 참 이상했다.
모처럼의 늦잠을 깨운 그 소리가 미울 법도 한데
나도 모르게 발딱 일어나 창문을 열고 두리번두리번.

반가웠나 보다, 그 소리가.

서둘러 부엌을 뒤적뒤적.
한 바가지 가득 쌀을 담아 골목으로 나섰다.
저 멀리 보이는 파란 용달차.
그 소리가 반가웠던 사람이 나 외에도 꽤 많았나 보다.
용달차 앞에 이미 제법 모여 있는 사람들.

한참을 기다려야 했지만
그 시간이 별로 지루하지 않았다.

기계에 쌀이나 말린 옥수수를 넣고 기다린 다음
연기가 모락모락 피어오를 때쯤, 뻥이요!
아저씨는 우렁찬 목소리로 소리쳤다.

그러면 기계 입구에서

우수수수 하얀 뻥튀기들이 쏟아져 나온다.
그리고 사방으로 퍼져 나가는 따뜻하고 고소한 냄새.

그 냄새에
잊고 있던 또 하나의 냄새가 떠올랐다.
우리 할머니 냄새.

어린 시절의 나는
뻥튀기가 쏟아져 나오는 그 장면이
신기하고 재밌으면서도 무서웠나 보다.

아저씨가 뻥이요! 하고 외치면
할머니 치마폭으로 폭 안기곤 했던 나.
그러면 익숙한 할머니의 냄새와 더불어
잠시 후 고소하고 따뜻한 뻥튀기 냄새가 내 코를 자극했던 기억.

집에 가서 먹으면 될 것을
할머니 손을 잡고 집으로 돌아오는 길,
나는 언제나 참지 못하고
커다란 비닐봉지를 풀어 뻥튀기를 입안 가득 넣고 우물우물.
그때도 내 옆에선
희미하게 할머니의 냄새가 전해져 왔다.

새삼 냄새의 기억 또한
참 신비롭단 생각이 든다.

뻥튀기 냄새 하나가
내 코끝을 이렇게 찡하게 만들 수 있다니.

좋아하는 냄새

여자의 방을 가득 채우고 있는 책들을 보며 남자가 말했다.
"우와, 책이 굉장히 많네요? 이 책을 다 언제 봐요?"

하지만 이어진 여자의 대답은,
"안 봐요."

당황해 하는 남자를 보며 여자는 웃었다.
"헌책을 사다가 먼지를 닦고 햇빛에 잘 말린 다음 책장에 꽂아요.
그리고 가끔 꺼내서 냄새를 맡죠. 나는 그 책 냄새가 참 좋거든요."

어떤 영화 속 한 장면.

누구에게나 그런, 좋아하는 냄새 하나쯤은 있다.
우울할 때면 빨래를 한다는 친구가 있다.
작은 방에서 자취를 하고 있는 친구는
빨래를 해서 막 널었을 때
방 안 가득 퍼지는 은은한 섬유유연제 냄새가 좋다고 했다.
그래서 우울할수록 섬유유연제 양을 조금씩 더 늘린다고 했다.

갓 내린 커피 향만 맡으면 기분이 좋아진다는 사람도 있고
긴 머리 휘날리는 청순녀의 샴푸 냄새에 집착하는 남자도 있고
비 냄새를 좋아하는 사람이 있는가 하면
날 좋은 날, 바짝 마른 빨래에서 나는 햇볕 냄새가 좋다는 사람도 있다.
또 목욕탕 냄새, 수영장 냄새,
약간 소독약 섞인 그 냄새가 좋다는 친구도 있었고

어떤 만화가는 손톱을 막 자른 다음 꼭 손톱 밑 냄새를 맡는다고 했다.
자기는 그 냄새가 그렇게 좋을 수 없다며.

누구나 인정하는 좋은 냄새부터 약간은 마니아적인 취향까지.
어쨌든 누구에게나 좋아하는 냄새 하나쯤은 있을 것 같은데
나에게도 그런 냄새가 있었다.

아무리 우울해도 그 냄새만 맡으면 기분이 좋아졌다.
혼자 있을 때도 자꾸만 생각났다.
가끔은 정신 나간 사람처럼 혼자 피식피식 웃기도 했다.
그 사람, 그 사람의 냄새를 떠올리며.

꽤 오랜 시간 잊고 있었다.

그러던 어느 날, 무슨 기운 빠진 일이 있었던 걸까.
고개를 푹 숙인 채 엘리베이터에 올랐는데
엘리베이터 안에서 바로 그 냄새가 났다.
혹시? 나도 모르게 뒤를 돌아봤다.
하지만 이미 저만치 멀어져 가고 있는 누군가의 뒷모습은
그 사람이 아니었다.

다시 고개를 숙인 채 엘리베이터에 오른 나.

조금 슬픈 마음이 들었다.
그 사람이 보고 싶다거나 그립다거나 그런 건 아니었는데
그냥 조금 슬픈 마음이 들었다.

아무리 우울할 때도
이 냄새만으로 기분이 좋아지곤 했던 나인데
이젠 이 냄새가 나를 슬프게 한다는 사실이 조금,
그냥 조금 슬펐던 모양이다.

아무리 옆에서
'넌 그것밖에 안 돼, 그냥 포기해'라고 말한다 한들
반대로 '이대로 포기하지 마. 넌 할 수 있어'라고 말한다 한들
내 자신의 한계는 나만 알고 있다.

'난 결국 이것밖에 안 되는 건가, 여기까진 건가?'
나조차도 이런 생각이 들 때
그 한계를 넘을 수 있는 건 결국 믿음.
나에 대한 믿음, 자신감이다.

한계를 넘을 수 있는 건 결국 나에 대한 믿음이다

실패. 좌절.
이런 것들이 한두 번도 없는 삶은 아마 없을 거다.
자신감을 잃지 않고
그것들을 넘어서느냐, 넘어서지 못하느냐.

어쩌면
꿈을 이뤄내는 사람과 이뤄내지 못하는 사람의 차이는
그것뿐일지도 모른다.

다르다,
틀리다

'그 영화 2편 나왔대. 봤어?'
후배는 어느 날 친구에게서 이런 문자를 받았다.
아마도 그 문자는
그 영화를 보지 않았다면 자신과 함께 보자는 의미였을 거다.
그래서 후배는 이렇게 답장을 보냈다.
'아니. 안 봤는데 안 볼 거야.'

후배는 그 이야기를 하며 조금 흥분해 있었다.

"내가 분명 얘기했거든!
그 영화 1편 함께 보고 나왔을 때 재미없었다고!
중간에 심지어 졸았다고!"

하지만 그때 후배의 친구는 이렇게 말했단다.

"말도 안 돼! 거짓말! 어떻게 재미없을 수가 있어?
에이, 너 괜히 그러는 거지? 그치?"

그리고 2년 후,
그 영화의 2편이 나왔는데
그 친구는 다시 후배에게 보러 가자고 한 거다.
그러니까 2년 동안 그 친구는
그 영화가 재미없었다는 후배의 말이
진심이 아니었다고 생각한 거다.

그럴 수 있다.

내가 좋아하는 무언가를 상대는 별로라고 이야기했을 때
"에이, 네가 잘 몰라서 그래."

어떤 상황에 대해 상대가 나와 다른 의견을 내보였을 때
"아니야, 네가 잘 몰라서 그래."

그럴 수 있다.

그것에 대해
조금만 더 자세히 알면
조금만 더 깊이 생각해 보면
상대의 생각이 바뀔 거라고
상대의 마음이 바뀔 거라고
내 맘대로 단정하기.

우리가 흔히 범하는 실수 중 하나다.

다르다와 틀리다는 분명 다른 뜻임에도
"전에 봤던 거랑 틀린 건데?"
"이거, 저거랑 색깔이 틀린데?"
'다르다'를 사용해야 할 자리에 '틀리다'를 자주 사용하는 우리.

어쩌면 우린 무의식적으로
나와 다른 것은
일단 틀렸다고 생각하는지도 모른다.

그 생각이
틀렸다는 것도 모른 채.

눈 덮인 도시

소복소복.
건물들 위로, 도로 위로, 세워진 자동차들 위로,
하얀 눈이 쌓여 가고 있었다.

눈 내리는 겨울밤.
저 아래 눈을 얹고 달리는 손톱만 한 몇 대의 자동차들이
노란 헤드라이트 불빛에 의지해
엉금엉금 하얀 눈밭을 헤쳐 나가고 있었다.

깜깜한 밤, 하얀 눈.
그리고 노란 가로등 불빛과 자동차 헤드라이트 불빛.
그 선명한 색깔의 조화가 이상하게 비현실적인 느낌.
낯익은 도로, 낯익은 빌딩 숲.
이 모두가 마치 동화 속 풍경처럼 낯설게 느껴지던 순간.

그래서였던 것 같다.
눈을 얹고 달리는 손톱만 한 자동차들을 바라보며
나도 모르게 흘러나온 혼잣말.

"정말 장난감 같다."

계속되는 야근에 지쳐
잠시 회사 옥상을 찾았던 그날.

그리고 그 순간 떠오른 어떤 소설 속 이야기.

소년은 틈만 나면 그곳으로 구경을 간다.
장난감으로 만들어진 작은 도시가 있는 어느 빌딩 로비.
소년이 그곳에서 하는 일이라고는 오로지 구경뿐.
하지만 소년은 매일 그곳에 간다.
그리고 장난감 도시를 내려다보며 생각한다.

'이 구경에서 가장 마음에 드는 것은
이 모든 것들이 실제가 아닌 장난감이라는 것이다.
그래서 이 세상 속 사람들은 모두
고통받지도 않고 늙지도 않고 불행에 빠지지도 않는다는 것을
잘 알고 있다는 것이다.'

눈 덮인 도시.
그 도시를 내려다보며 나는 잠시 현실을 잊었던 걸까.
그 세상이 마치 장난감 도시처럼 느껴졌던 나.

불 켜진 빌딩.
저 어딘가에서는
누군가 오늘도 졸린 눈을 비비며 야근을 하고 있단 현실도.

저 엉금엉금 지나가는 자동차 안 사람들도 사실은
고된 하루의 끝,
지친 몸을 이끌고 내일 아침 출근길까지 걱정하며
힘겹게 눈길을 헤쳐 나가고 있단 현실도 모두 깜빡 잊은 채.

나는 그렇게 한참이나
눈 덮인 도시를 내려다보고 있었다.

외롭지 않아야 하는 하루였다

외롭지 않아야 하는 하루였다.

일단 바빴다.
해야 할 일도 많았고 만나야 할 사람도 많았다.
그리고 모든 일이 별 탈 없이 다 잘 마무리됐다.

오늘따라 안부 전화도 제법 걸려 왔고
나에게 호감이 있는 듯한 누군가의 문자 메시지도 받았다.

저녁엔 친구들과의 술자리.
내가 무슨 짓을 저질러도 무조건 내 편 들어줄 친구들.
그런 친구들과 함께하는 술자리는 언제나 즐겁다.

집에 오는 길 피곤하긴 했지만 우울할 이유는 없었다.

나에게 호감을 갖고 있는 사람들.
무조건 내 편 들어주고 날 좋아해 주는 사람들.
그런 사람들에게 둘러싸여 있었던 하루였으니까.

그런데 왜 이럴까.
집으로 향하는 발걸음이 왜 이렇게 무거운 걸까.
혼자 걷는 이 길이 왜 이렇게 쓸쓸한 걸까.

주머니 속 휴대폰에 자꾸만 신경이 쓰인다.
아무런 진동이 느껴지지 않았는데도 자꾸만 꺼내서 보게 된다.

부재중 통화는 없는지.
나 몰래 도착한 문자는 없는지.

외롭지 않아야 하는 하루였는데.
분명 그런 하루였는데.

그래서였다.
언젠가 본 만화 속 한 장면이 떠올랐던 것은.

'너는 네가 좋아하는 사람에게서만 빼고
모든 사람에게서 사랑받는 존재가 되고 싶니,
아니면 네가 좋아하는 사람에게서만 사랑받는 존재가 되고 싶니?'

그리고 그때 왜 하필 내 이어폰에선
이 노래가 흘러나왔던 걸까?

'아무도 날 좋아하지 않아.'

그건 아닌데.
내게 호감을 갖고 있는 사람들,
무조건 내 편 들어주고 날 좋아해 주는 사람들이 이렇게나 많은데.

그런데도
아무도 날 좋아하지 않는 듯한 느낌.

사실은 단 한 사람,
그 사람만이 날 좋아하지 않는 건데.

쿠키 굽는 여자

명문대 법대를 졸업한 후 쿠키 굽는 일을 하고 있는 여자.
어떤 영화 속 주인공이다.

"어렸을 때 제가 우울해할 때면
엄마가 맛있는 쿠키를 구워 주시곤 했어요.
그리고 거짓말처럼 그 쿠키를 먹으면
전 항상 기분이 좋아지곤 했죠."

대학을 다닐 때
시험과 과제에 치여 우울해 보이는 친구들이 여자는 늘 안쓰러웠다.
그때 떠오른 엄마의 쿠키.
여자는 친구들을 위해 쿠키를 구워 가기 시작했다.

시간이 지날수록
여자의 쿠키를 찾는 친구들은 점점 늘어났고
그러니 여자는 점점 더 많은 쿠키를 구워야 했고
공부할 시간은 점점 사라져 갔다.

하지만 여자는
자신이 만든 쿠키를 먹으며
행복한 미소를 짓는 친구들을 보는 게 좋았다.
결국 여자는
대학을 중퇴하고 작은 쿠키 가게를 열게 된다.

"대학 입학시험 논술 주제가 이거였어요.

졸업 후 당신은 어떻게 세상을 더 좋게 바꿀 것인가.
그 답을 전, 대학을 중퇴하면서 깨닫게 된 거죠.
내가 세상을 좋게 바꾸려면 쿠키로 해야 한다는 답을."

단 한 사람이라도 내가 만든 쿠키를 먹으며 행복해한다면
나는 세상을 더 좋게 바꾸는 데 일조하고 있는 거라 말하는 여자.

여자에게 남들의 시선 따위는 중요치 않았다.
명문대 법대를 졸업해
남들 보기에 좋은 직장, 남들 보기에 부러운 삶.
그런 삶을 살았다 한들 지금보다 행복하진 않았을 거라 말하는 여자.

사실 그거면 되는 거 아닐까?

남들 보기엔 별로인 내 여자친구도
내 눈에만 예뻐 보이면 되는 거고
남들 보기엔 별 볼 일 없는 일이라도
내가 좋으면 되는 거고
남들 보기엔 정말 보잘 것 없는 나라 할지라도
내 마음에 드는 나라면 되는 거 아닐까?

사실 그것만도 충분히 어려우니까.

내 마음에 드는 나.
그런 나로 사는 것만도 충분히 어려운 일이니까.

두루마리 휴지

'인생은 두루마리 휴지 같은 거야.
처음엔 이걸 다 언제 쓰나 싶지만
중간을 넘어가면 언제 이렇게 줄었나 싶게 빨리 지나가지.'

꽤 오래전에 봤던 소설인데
화장실 두루마리 휴지를 바꿔 끼울 때마다 생각난다.

나이를 먹을수록 시간이 빠르게 지나간다는 의미의 비슷한 이야기들을
그 외에도 많이 들어 봤지만
그 '두루마리 휴지'처럼 적확한 비유를
나는 아직까지 본 적이 없다.

그래서일까.
어느새 딱딱한 봉만 남은 흉측한 두루마리 휴지의 잔재를 보고 있을 때면
가끔 이런 생각이 든다.
두루마리 휴지와 같은 것이 꼭 '시간'만은 아닌 것 같단 생각.

엄마가 보내 주시는 김치.
언제나 그 양이 어마어마해서
언제나 이걸 다 언제 먹어 싶지만
어느새 편의점에서 김치를 사고 있는 날 발견하게 되고.

꽤 긴 만화책이나 드라마.
이걸 다 언제 봐 싶지만
어느새 끝이 나, 이제 뭘 보지?

또 끝나지 않을 것만 같았던 나의 감정.
영원할 것만 같았던 사랑도 어느새 돌아보면
나도 모르게 싸늘히 식어 있곤 했으니까.

그리고 그런 느낌은
꼭 '좋은 것'들에서만 느껴진다.

맛있는 음식일수록 금세 바닥난 듯 느껴지고
재미있는 만화책이나 드라마일수록 금세 끝난 듯 느껴지고
뜨거운 사랑일수록 금세 식어버린 듯 느껴지고.

반대로
맛없는 음식은 먹어도 먹어도 안 줄어드는 것 같으니까.
재미없는 책은 읽어도 읽어도 끝나지 않으니까.
지루한 사랑은 1분이 1시간 같고, 1년이 10년처럼 느껴지니까.

'인생은 두루마리 휴지 같은 거야.
처음엔 이걸 다 언제 쓰나 싶지만
중간을 넘어가면 언제 이렇게 줄었나 싶게 빨리 지나가지.'

그렇다면 '두루마리 휴지'처럼 느껴지는 인생은
결국 '좋은 것' 아닐까?

힘들고 외롭고 괴롭기만 한 순간순간인 듯싶어도
어느새 나도 모르게 훌쩍훌쩍 흘러가 버린다는 것은
결국 '좋은 것'이기 때문 아닐까?

그런 거였으면 좋겠다.
인생은 결국 좋은 것.
삶은 역시 살아 볼 만한 좋은 것.
꼭, 그런 거였으면 좋겠다.

도움을 받다

이 책을 먼저 읽은 사람들

책

고래 _ 천명관
관계 _ 안도현
굽은 거울 _ 안톤 체호프
내 슬픈 창녀들의 추억 _ 가브리엘 가르시아 마르케스
농장의 일요일 _ 천명관, 유쾌한 하녀 마리사
달걀 _ 오탁번, 1미터의 사랑
도전 무한지식 _ 전희주, 정재승
독고다이 _ 이기호
문학 교사 _ 안톤 체호프
바쇼의 하이쿠 기행 _ 마쓰오 바쇼
백수생활백서 _ 박주영
본드걸 미미양의 모험 _ 오현종
새벽 세 시 바람이 부나요 _ 다니엘 글라타우어
소설처럼 _ 다니엘 페나크
순례자 _ 파울로 코엘료
쓸쓸함보다 더 큰 힘이 어디 있으랴 _ 아쿠타가와 류노스케
얼굴 빨개지는 아이 _ 장 자끄 상뻬
용은 잠들다 _ 미야베 미유키
울 준비는 되어 있다 _ 에쿠니 가오리
잃어버린 우산들의 도시 _ 이적, 지문 사냥꾼
자기 앞의 생 _ 에밀 아자르
죽이러 갑니다 _ 가쿠타 미쓰요
퀴즈쇼 _ 김영하
키스하기 전에 우리가 하는 말들 _ 알랭 드 보통
풍금이 있던 자리 _ 신경숙

만화

17세의 나레이션 _ 강경옥
기생수 奇生獣 _ Hitoshi Iwaaki
삐리리~ 불어봐! 재규어 ピューと吹く!ジャガー _ Kyosuke Usuta
소라닌 ソラニン _ Inio Asano
슬램덩크 Slam Dunk _ Inoue Takehiko
심해어 わにとかげぎす _ Minoru Furuya
이상하지 않은 나라 _ 강경옥, 강경옥 Special 단편집 이미지 퍼즐
현재진행형 _ 강경옥

드라마 & TV 애니메이션

그레이 아나토미 Grey's Anatomy
내 이름은 김삼순
노다메 칸타빌레 のだめカンタービレ
돌아온 시효경찰 帰ってきた時效警察
몽크 Monk
모래요정 바람돌이 おねがい!サミアどん
빅뱅이론 The Big Bang Theory
지붕 뚫고 하이킥

영화

거북이는 의외로 빨리 헤엄친다 亀は意外と速く泳ぐ, 2005 _ Satoshi Miki
금발의 초원 金髪の草原, 2000 _ Isshin Inudou
내 남자의 유통기한 The Fisherman And His Wife, 2005 _ Doris Dorrie
로큰롤 인생 Young@Heart, 2007 _ Stephen Walker
메가네 めがね, 2007 _ Naoko Ogigami
미스 리틀 선샤인 Little Miss Sunshine, 2006 _ Jonathan Dayton&Valerie Faris

박쥐, 2009 _ 박찬욱
사랑해, 파리 Paris, Je T'Aime, 2006
싸움, 2007 _ 한지승
소설보다 이상한 Stranger Than Fiction, 2006 _ Marc Forster
슬럼독 밀리언네어 Slumdog Millionaire, 2008_ Danny Boyle
아내가 결혼했다, 2008 _ 정윤수
일 포스티노 Il Postino, 1994 _ Michael Radford
잘 알지도 못하면서, 2008 _ 홍상수
조용한 혼돈 Quiet Chaos, 2008 _ Antonio Luigi Grimaldi
카모메식당 かもめ食堂, 2006 _ Naoko Ogigami
포레스트 검프 Forrest Gump, 1994 _ Robert Zemeckis
허니와 클로버 ハチミツとクローバー, 2006 _ Masahiro Takada

노래

결국… 흔해 빠진 사랑 얘기 _ 윤상
귀향 _ 김동률
아무도, 아무것도 _ 조원선
입이 참 무거운 남자 _ 윤상
사랑일 뿐야 _ 김민우
Nobody Likes Me _ 이지형
The Sea 앨범 _ Corinne Bailey Rae

그림

생레미 병원의 정원 The garden of the asylum at Saint-Remy _ Vincent Van Gogh

이 책을 먼저 읽은 사람들

끊임없이 불안과 자격지심에 흔들리지만 결코 꿈을 놓지 않는 소년.
번번이 세상과 자신에게 실망하면서도 조심스레 희망을 되뇌는 소녀.
자꾸 미끄러지는 삶의 경사로를 오르며 적어 내려간 알싸한 청춘의 메모들.

이적(가수, 《지문 사냥꾼》 저자)

나와 전혀 다른 생각을 가진 사람들의 글이 신선했던 적이 있었다. 그러나 시간이 지날수록 나와 비슷한 생각을 갖고 있는 사람의 글, 그리고 바삐 살다 보면 무심히 지나치게 되는 일상의 소소한 느낌과 반성들을 일깨워 주는 글이 점점 더 마음에 와 닿는다. 그런 의미에서 강세형 작가의 '나는 아직, 어른이 되려면 멀었다'는 비단 그녀만의 이야기가 아니다. 우리가 여러 가지 핑계로 미루고 게으름 피우다 미처 적어 두지 못한 '우리'의 일기이다.

김동률

세형이의 글을 읽고 있노라면, 평범한 일상의 소소함 속에도 수많은 아기자기한 생각할 거리들이 넘쳐나고 있음을 알게 된다. 그 작은 조각조각들이 내 사랑을 응원하고 있고, 내 아픔을 나누어 덜어 주고 있으며, 내 고민에 고개 끄덕끄덕해 주고 있는 것 같다. 마음의 여유를 가지고 읽어야 한다. 그래야 안 틀리고 읽을 수 있다. 그래야 안 틀리고 살아갈 수 있다.

스윗소로우 인호진

확실히 그녀는
친절하거나 살가운 사람이라고 하긴 힘들다.
같이 방송을 하면서 제일 많이 듣는 말은
싫어, 안 돼, 하지 마, 별로야, 빨리해, 집에 가자 등등이 아닐까.

당연한 이유로
그녀의 글은 그녀를 닮아 있다.
느끼하거나 눅눅하지 않고
쓸데없이 착한 척을 하거나 순진한 척을 하지 않는다.
자기 할 말만 하고 휙 가버린다.

그런데 이상하게도
그렇게 휙 건넨 몇 마디가
내 지난 청춘의 어떤 순간에 닿아버린다.
그래 맞아,
그토록 단단하게 반짝거렸었지.

젠장,
오늘도 또 당해버렸다.
스윗소로우 송우진

음. 세형이는 세상을 너무 일찍, 그것도 많이 파악해버린,
그래서 내 맘대로 될 수 없는 많은 일도,
옳지 않아도 침묵하는 세상의 이치도 다 아는,
하지만 맘에 안 드는 건 안 드는 거라서 숨기지 못하고 툴툴대는
조금 특별한 '꼬마' 같다는 생각이 들었다.
그리고 그녀의 글 역시 그녀와 다르지 않아서 좋았고, 뭐 그랬다고.
스윗소로우 김영우

주의 산만한 내가 1년 넘게 라디오 DJ를 하면서 가장 많이 배우고 있다고 느끼는 건, 매끈한 진행 솜씨도 재치 있는 애드립도 아닌, '남의 이야기에 관심 가지기'인 것 같습니다. 그리고 이건 누구보다 강세형 작가에게서 많이 보고 느낍니다. 고기 먹을 때를 제외하곤 늘 뭔가가 불만인 것처럼 보이는 이 누나는, 사실 알고 보면 다른 사람들에게 관심이 참 많습니다. 그냥 흘려 넘기기 쉬운 작은 한마디 말에도 귀를 기울이고 맞장구치고, 굳이 쌍수 들고 반대하고 그러니까요.

심지어 방송 중에는 원고랑 사연들 정리하느라 정신없는 와중에도 내내 혼자서 구시렁거리며 DJ들 수다에 대꾸를 하고 있다지요. 가끔은 그렇게 방송 중이나 쉬는 시간에 별생각 없이 내뱉고 까먹은 시답잖은 일상 얘기들이, 며칠 후 제가 읽어야 할 〈어떤 하루〉의 소재가 되어 있곤 합니다. 그리고 그땐 이미 누구라도 가슴을 치며 공감할 수밖에 없는 우리 모두의 '내 이야기'가 되어 있지요.

이 책은 세형 누나가 가진 그 놀랍고 따뜻한 관심의 산물이라고 생각합니다. 두 시간 내내 신나게 깨방정을 떨고 슬슬 입이 아파 올 때쯤이면 여지없이 기대하게 되는 오늘의 〈어떤 하루〉. 그런 마음으로 청취자들의 작은 이야기 하나하나에 더 정성스레 귀 기울이려 노력하면서 하루하루 커 가고 있습니다만, 나도 아직 어른이 되려면 멀었다.

스윗소로우 성진환

하루를 마무리하는 새벽 시간.

늘 강세형, 이 사람의 이야기가 기다려졌다.

'나만 그런 게 아니구나, 다 그렇구나.' 소소한 공감.

'어 그럴 수도 있겠구나, 그렇구나.' 또 다른 시각.

제법 큰 힘이 되어 줬던 시간.

그래서 언제나 궁금하고 기다려졌던, 이 사람의 이야기.

테이

출근 후 습관처럼 꺼내 읽는 A4 두 장의 짧은 이야기.

실수투성이 서툰 사랑에 지쳐 떠났던 사랑도
타고난 게으름에 꾸깃꾸깃 버려진 꿈도
글자 사이사이에서 슬금슬금 나타나
고맙다며 괜찮다며 머리를 쓰다듬고 사라진다.

씨익, 정말 괜찮은 줄
하루 종일 웃을 수 있게 해 주는 이야기.
하지만 나도 모르게 시퍼런 멍이 되어 남아 있는
A4 두 장의 정말 길게 아픈 이야기.

소소한데 가슴이 먹먹해지고,
엉뚱한데 속내를 다 내보인 듯 부끄럽다.
따끔한 한마디는 부드럽고, 위로의 손길은 오히려 매섭다.
동갑인 그녀, 그래서 언제나 한 4년쯤 선배 같다.
박형주 PD (이적의 텐텐클럽, 스윗소로우의 텐텐클럽)

“다들 어떻게 견디고 있는지 궁금해.”
어떤 소설 속 주인공의 말이다.
‘쫓기고 고독하고 불안하고 두려운’ 시절을 견디고 나면
기다리던 무언가가 찾아오긴 하는지,
차라리 인생의 끝에 청춘이 있다면 좋지 않을까…
질문을 던지는 주인공들을 보면서,
2007년의 밤들이 떠올랐다.

그렇게 고독하고 불안한 하루를
‘어떻게든’ 견뎌야 했던 외로운 청춘들이

밤 12시가 되면 라디오를 찾아 서로의 이야기를 나눴다.
그들의 가슴 아프면서 짠하고
절절하면서 동시에 웃기기도 한 이야기 속에 담긴 섬세한 감정들을
제일 처음 '읽고' 그것을 잘 '엮어 주는' 역할을 했던 사람이
'테이의 뮤직아일랜드'가 존재했던 1년 동안은 강세형 작가였다.

눈물이 그렁그렁 맺힌 이들에게
무심한 듯 농담을 던져 웃게 만드는 역할을 주로 했던 그녀가
새벽 2시가 다가올 즈음
지친 어깨에 손을 얹듯, 차가운 손을 따뜻하게 잡아 주듯,
선물처럼 내놓았던 '청춘'에 대한 글들이 참 소중하다 못해 아까웠는데,
그 글들이 모여 한 권의 예쁜 책으로 다시 태어난다니,
아쉽게 막을 내린 프로그램의 시즌2라도 만난 듯 기쁘다.

그녀의 글의 '첫 번째 독자'로서 누릴 수 있었던
'기대치 못했던 위로'와 '기대치 못했던 감동'을
이제는 '뮤직아일랜드'와 '텐텐클럽'을 몰랐던 독자들과도
함께 나눌 수 있다니 설렌다.

그녀의 글이 늘 지금처럼 젊고 따뜻했으면 좋겠다.
그 글을 읽고 듣는 이들이 청춘을 잘 견딜 수 있도록.
그리고, 청춘을 잘 기억할 수 있도록.
박정연 PD (테이의 뮤직아일랜드)

나는 다만, 조금 느릴 뿐이다

나는 다만, 조금 느릴 뿐이다

1판 1쇄 발행 2016. 3. 11.
미니북 1쇄 발행 2016. 3. 28.

지은이 강세형

발행인 김강유
편집 임지숙 | 디자인 안희정
발행처 김영사
등록 1979년 5월 17일(제406-2003-036호)
주소 경기도 파주시 문발로 197(문발동) 우편번호 10881
전화 마케팅부 031)955-3100, 편집부 031)955-3250 | 팩스 031)955-3111

값은 케이스에 있습니다.
ISBN 978-89-349-7389-8 03810 세트 978-89-349-7392-8

독자 의견 전화 031)955-3200
홈페이지 www.gimmyoung.com 카페 cafe.naver.com/gimmyoung
페이스북 facebook.com/gybooks 이메일 bestbook@gimmyoung.com

좋은 독자가 좋은 책을 만듭니다.
김영사는 독자 여러분의 의견에 항상 귀 기울이고 있습니다.

나는 다만, 조금 느릴 뿐이다

강세형

김영사

1

어른이 된 나는 ———— 어지러워

2

우리가 끊임없이 —— 타인을 찾아 헤매는 이유

3

우리는 모두 ——— 섬이다

4

나를, ———— 실망시키지 않았으면 좋겠다

나는 다만,

조금 느릴 뿐이다

생각해 보면,
언제나 나는 조금 느렸던 것 같다.

밥을 먹는 것도 느렸고, 길을 걷는 것도 느렸다. 나는 아직 반도 못 먹었는데, 이미 식사를 마친 맞은편 상대가 일어나지도 못하고 나가지도 못하고 안절부절못해 하는 표정이, 내게는 참 익숙하다. 또한 누군가의 뒷모습은 내게, 그의 앞모습이나 옆모습보다 익숙하다. 대부분의 사람들은 나보다 빨라서, 나는 뒤처져 그의 뒷모습만 보고 걷게 되니까.

감정에 있어서도 나는 참 느렸다. 나는 누군가에게든 한눈에 반해 본 적이 없다. 또한 내 감정을 깨닫는 데도 한참이나 걸렸다. "너는 왜 나한테 좋아한다고 말하지 않아? 빤히 보이는데, 나 좋아하는 거." 하지만 내가 정말 그 사람을 많이 좋아했구나, 깨달은 건 그로부터도 한참 후였다. 좋아했구나, 과거형으로 말해야 할 만큼 한참 후.

생각해 보면,
어렸을 때도 나는 참 더딘 아이였던 것 같다.

초등학교 1학년 때, 받아쓰기 빵점을 받은 아이는 나밖에 없었다. 대부분의 아이들이 초등학교 입학 전에 한글을 미리 배운다는 건 나중에야 알게 된 사실. 태어날 때부터 워낙 작은 미숙아였고 병치레도 많은 아이였는지라, 엄마는 내게 한글을 가르치지 않으셨다. 그 후에도 워낙 작고 성장이 더딘 아이였던 나는, 키로 번호가 매겨지는 초등학교 내내 1번 아니면 2번이었고, 학교 진도도 잘 따라가지 못해 나머지 공부는 언제나 내 차지였다.

하지만 나는 또 그렇게 느린 아이였는지라,
내가 느리다는 걸 깨닫는 데도 한참이나 걸렸던 것 같다.

나는 자꾸만 숨이 찼다. 학교를 졸업하고 방송작가 생활을 하는 내내 나는 늘 숨차 했던 것 같다. 움직이는 것도, 생각하는 것도, 말하는 것도, 마음을 정하고 바꾸는 것도, 사람들은 참 빨랐다. 그 사람들을 쫓아가느라 지쳐 나는 언제나 숨이 찼고, 숨이 턱까지 차오를 때면 자꾸만 어딘가로 숨고 싶어졌다.

"나 숨차, 좀 천천히 가면 안 돼? 너는 너무 빨라!"

유난히 빠른 듯한 친구와 길을 걷다 내가 멈춰 섰을 때, 친구가 나를 돌아보며 농담처럼 던진 말.

"네가 느리다고는 한 번도 생각 안 해 봤니? 너 빼곤 다 빠르잖아?"

그때 나는 처음으로 깨닫게 됐던 것 같다. 멈춰 서 있는 내 주위를 빠르게 지나치는 사람들을 바라보며, 서른도 훌쩍 넘은 그제야, 겨우, 처음으로.

아, 그럼 내가 느린 걸 수도 있겠구나.

어쩌면 그래서 나는 늘 숨이 찼던 걸지도 모르겠다고. 나와 다른 속도, 그래서 전혀 다른 시간대를 살고 있는 사람들과 나란히 걷고 싶어, 무리하게 속도를 내다 그렇게, 내내 숨이 차고 어지러웠던 걸지도 모르겠다고.

"참 느리다. 읽으면서 계속 그런 느낌이 드네. 한참 바라보고 관찰하다가, 또 한참 생각하고 또 생각하다가 '아, 그랬구나….' 참 느리고 더딘 것이, 더 너 같기도 하고."

몇 년 동안 조금씩 써 둔 글이 어느새 꽤 모였을 때, 한 선배가 했던 말. 그제야 나는 또, 새삼 깨닫게 됐던 것 같다.

아, 나는 정말 느리구나.
그러니 내가 쓴 글이라는 것도 느릴 수밖에 없겠구나.

하지만 나는, 그래서 더 반가웠던 것 같다. 나와 비슷한 사람을 만났을 때. 그런 사람이 쓰고 그린 것 같은 책이나 영화를 만났을 때. 나만 이런 게 아니구나, 세상에 나만큼이나 혹은 나보다 더 느린 사람들도 참 많구나. 반갑고, 그것이 위안이 되는 순간도 참 많았다. 느리지만, 그 느림 안에서 누구보다 성실한 삶을 살아가고 있는 사람들을 볼 때면, 나의 느림이 나 또한 싫지만은 않게 느껴질 수 있었으니까.

나의 이야기도 누군가에게,
그런 반가움을 안겨 줄 수 있었으면 좋겠다.

그가 정말 느린 사람이든, 아니면 한순간 불현듯 내가 참 더디고 느리다는 생각이 들어 쓸쓸해진 누군가이든, 나는 느리지만 사실 '나만' 그런 것은 아니라는.

나는 느리지만
나는 사실 '다만, 조금 느릴 뿐'이라는.

반가움이 되어 줄 수 있다면 좋겠다.

2013년 1월
강세형

여전히 나는 참,

느리지만…

지난 내 글들을 다시 들추어 보는 일은,

마치 지난 내 사진들을 다시 꺼내 보는 일과 비슷해서,

어떤 글을 보고 있으면 '이땐 참 어렸네.' 너무 풋풋해서 쑥스럽기도 하고, 어떤 글은 '이게 정말 나 맞나.' 싶기도 하고, 또 어떤 글은 순식간에 그 글을 쓰고 있던 그 시간, 그곳으로 나를 데려가기도 한다. 그곳의 풍경, 그 시간의 냄새와 미세한 소음, 공기의 색깔까지도 생생하게 살아나, 그때의 내 마음과 생각까지도 모두 지금 이 순간의 일처럼 되살아나곤 한다.

이 책에 실린 글은 모두 2010년 말부터 2012년 말까지 썼던 글들이다. 그때의 나는 여의도에 있는 작은 원룸 오피스텔에 살고 있었고, 종종 홍대 상수동으로 작은 배낭을 멘 채 '작가 코스프레'를 하러 다녔으며, 평범하기 그지없는 내가 앞으로 또한 계속 글을 써도 되는지를 끊임없이 고민하고 있었고, 지금 내가 하고 있는 일이 '무모한 도전'은 아닐까, 서른이 넘도록 아직도 어른답지 못한 내가 언젠가는 '나를 실망시키지 않는 어른'이 될 수 있을까, 참 열심히도 방황하며 하지만 또 참으로 더디고 느리게 살고 있었던 것 같다.

출판사가 바뀌어 개정판을 준비하면서, 오랜만에 이 글들을 다시 들춰 보고 만지작거리는 동안 나는 꼭 그 시절을 다시 살고 있는 듯한 기분이었다. 그리고 그렇게 그 시절을 다시 사는 동안, 나는 좀 놀랐다.

매일매일 거울을 통해 나를 볼 때는 분명 '어제의 나'와 '오늘의 나'가 조금도 변함없는 똑같은 나였는데, 고작 지난 4, 5년 동안에도 나는 그리고 내 주변 상황은 많이 달라져 있었다.

이 글들을 쓸 때 이제 막 결혼을 해서 임신을 했던 후배는 벌써 두 아이의 엄마가 됐고, 이제 막 사랑을 시작해 시도 때도 없이 그 사람이 '보고 싶다' 노래를 불러대던 친구는 어느새 그 사람과 한집에 살고 있다. 아직 습작생이었던 어떤 후배는 등단을 했고, 야구선수를 꿈꿨던 초등학생 내 조카는 중학생이 된 후 이제 야구보단 걸그룹에 더 관심이 많은 것 같다. 카톡 프로필 사진이 몇 달에 한 번씩 새로운 여자 아이돌 멤버로 바뀌는 걸 보니 말이다.

참 신기하다.
어제도 오늘도 별반 다를 것 없는 똑같은 매일인 것 같은데,
시간이 흐르고 있다는 것.
그렇게 조금씩 무언가가 달라지고 있다는 것.

나 또한 이제 더 이상 여의도에 살고 있지 않고, 홍대 상수동 카페는 너무 멀어져 다닐 수 없게 됐으며, 어느덧 삼십 대 후반에 접어들어 이제 더는 어른 아닌 척 어린양을 피워댈 수만도 없는 기성세대가 됐고, 무엇보다 계속 글을 써도 되는지를 그토록 열심히 고민하며 방황하던 내가 그사이 또 '이야기 폴더'의 아이들을 꺼내 와 새로운 책 한 권을 냈으니 말이다.

시간은 흐르고 있다.
어제도 오늘도 매일매일이 똑같은 것 같아도,
우리는 조금씩 달라지고 있는 거다.

그렇다고 모든 것이 달라지는 건 또 아니어서, 나는 여전히 참 느린 사람이고, 그래서 나와 다른 속도의 시간대를 살고 있는 듯한 사람들을 볼 때면 여전히 숨이 차고 어지럽지만…

분명한 건,
나의 시간도 흐르고 있다는 거다.

여전히 나는 참 느리지만
다만, 조금 느릴 뿐…

나의 속도로 나는, 지금도 걷고 있다. 그리고 그 사실에 나는 조금, 안도했던 것 같다. 몇 년 후 또 언젠가 이 책을 들추어 보게 됐을 때, 그때 또한 나는 걷고 있는 사람이었으면 좋겠으니까. 멈춰버린 시간을 살고 있는 사람이 아닌, 여전히 걷고 있는 사람. 걷는 동안에는 시간이 흐를 테니까. 그렇게 걷다 보면 나는 또 조금씩, 달라지고 있을 테니까.

2016년 3월
강세형

1

어른이 된 나는 ——— 어지러워

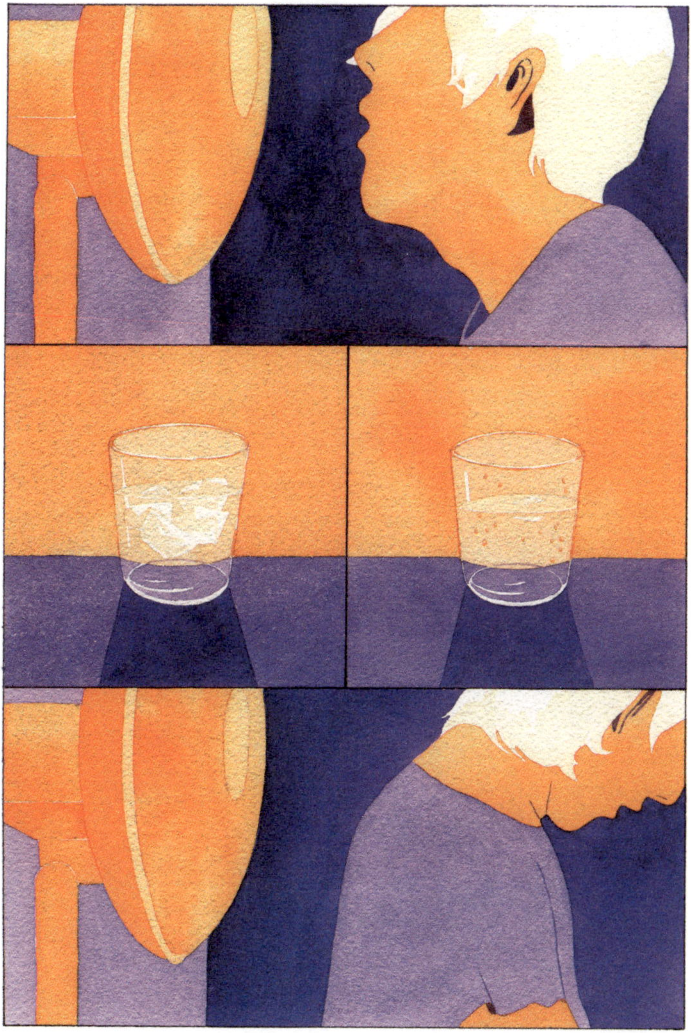

난 당신처럼 되고 싶어요

"이런 거 쓰지 말라고!"

이제 막 출근한 나를 보자마자 짜증을 내는 담당 PD. 그의 손에는 선곡할 시간을 주기 위해 출근 전 미리 메일로 보내 놓은 내 에세이 원고가 들려 있었다.

친구는 말했다.
그 날 또한 평소와 다름없이
사무실에서 헉헉대며 일을 하고 있었는데
맞은편에 앉은 선배를 보니 5년 후 나는 저렇게 살고 있을까.
건너편 과장님을 보니 10년 후 나는 저렇게 살고 있을까.
저 멀리 부장님을 보니 20년 후 나는 저렇게 살고 있을까.

갑자기 두려웠단다.
"그냥 그냥 이렇게 살다 죽는 건 아닌가 두려웠어.
그럼 너무 억울할 것 같아서."

원고를 읽자마자 담당 PD는 맞은편, 자신보다 몇 년 먼저 입사한 선배를 보게 됐단다. 그리고 차례차례 5년, 10년, 20년 선배들에게로 옮겨지는 시선. 결국 그는 우울해지고 말았단다. "내가 출근해서 제일 먼저 보는 원고가 이건 거 알면서! 오늘 하루 망했어! 시작부터 망했어! 이 우울함 어떡할 거야!?" 이 얘기를 내 지인들에게 했을 때도, 반응은 비슷했다. "그런 생각하면 정말 우울해지지. 이 꽉 막힌 사무실에서 나도 저 선배들처럼 늙어 갈 것이 빤하다고 생각하면 정말…." 왜일까. 같은 사무실의 선배들을 보면 '몇 년 후엔 나도 저런 모습이 돼 있겠지?' 기대가 되고 '그러니 더 열심히 일해야겠다.' 자극이 되지 않는 것, 도리어 우울해지고 마는 것, 도대체 왜 그렇게 되는 걸까.

그런데 더 이상한 건,
우리는 '저 선배들처럼' 살고 싶지 않을 뿐 아니라,
'내 엄마 아빠처럼' 살고 싶지도 않다는 것이다.
적어도, 나는 말이다.

내가 특별히 불우한 어린 시절을 보낸 것도 아니요, 나 또한 내 어머니 아버지의 삶이 존경받아 마땅하다고는 생각하지만, 나는 한 번도 두 분과 같은 삶을 살고 싶다고 생각해 본 적이 없다. 어려서부터 내가 두 분께 들어온 말 또한 "너도 엄마 아빠처럼만 살아라." 이게 아니었으니까. 자식들을 향한 두 분의 끝없는 희생과 베풂, 그것은 단 하나의 목표를 위해서였다. "너희는, 우리처럼 살면 안 된다."

그렇게 나는, 길을 잃었다.
내 엄마 아빠처럼 살고 싶지도 않고,
저 선배들처럼 살고 싶지도 않았던 나는, 길을 잃었다.

그런데 그것은 꼭 나만의 문제도 아니었나 보다. '나는 아직, 어른이 되려면 멀었다'를 출판하기 전, 솔직히 나는 누가 이런 얘기에 공감해 줄까 싶었다. 내가 생각해도 그 내용들이 그리 긍정적이거나 따뜻하지 못했으니까. 서른을 훌쩍 넘긴 나이에도 고민하고 방황하고 깨지고 아픈 이야기, 그리고 끝. 보통의 책이라면 그래서 어떻게 극복했다, 그러니 당신도 이렇게 지금의 힘듦을 이겨내 봐라, 아니 적어도 함께 이겨내 보자, 그것도 아니면 토닥토닥 내가 너 힘든 거 다 안다 위로라도 해 줘야 하는 건데, 나는 그게 안 됐으니까. 나 또한 아직도 헤매고 깨지고, 그런 내가 어떨 때는 나 스스로도 한심해 죽겠는데, 누가 누구한테 꿈과 희망을 불어넣어 주고 위로와 힘이 되어 줄 수 있겠냔 말이다. 그러니 그런 내가 끼적인 글이라는 것도 당연히 사람들의 공감을 얻어내진 못할 거라 생각했던 거다.

그런데 있었다. "앞으로 어떻게 살아야 할지 모르겠어요." 이런 내 얘기에 공감해 주는 사람들이. 물론 그것은 내게도 묘한 위로가 되어 줬다. 나만 이런 건 아니었구나. 하지만 한편으론 조금 슬픈 마음도 들었다. 우리는 이토록 '앞으로 어떻게 살아야 할지'를 끊임없이 고민하고 있는데, 왜 그 답은 누구에게도 쉬이 찾아오지 않는 걸까 답답해서. 혹 그 이유가 저 선배들처럼 살고 싶지도 않고, 내 엄마 아빠처럼 살고 싶지도 않은, 그래서 길을 잃어버린 우리가 '전범의 부재'라는 시대 속을 살아가고 있기 때문은 아닐까 싶어서.

내 아버지의 아버지는 농사를 지었다. 하지만 내 아버지는 당신의 아버지처럼 살고 싶지 않았다. 아버지의 아버지 또한 아들이 자신처럼 살기를 원치 않았다. 그래서 무리하고 희생하여 아들을 도시로 보냈다. 아들은 도시에서 대학을 다니고 취업을 하고 샐러리맨이 됐다. 그리고 30년이 흐른 후, 당신의 아버지처럼 살고 싶지 않아 다른 삶을 선택한 내 아버지는, 당신만은 행복하고 충만한 삶을 살았다 생각하게 됐을까. 나는 잘 모르겠다. 나는 아버지에게서 '너는 나처럼 살지 마라'는 얘길 듣는, 30년 전의 아버지와 똑같은 상황에 놓여 있었으니까. 아버지를 향한 나의 시선 또한, 아버지가 당신의 아버지를 바라봤던 존경과 측은함이 뒤섞인 시선과 크게 다르지 않았으니까.

어쩌면 우리는 이렇듯 대물림된 전범의 부재 속을 헤매고 있기에 '앞으로 어떻게 살아야 할지'를 더 모르겠는지도 모르겠다. 아버지를 보아도, 아버지의 아버지를 보아도, 보이지 않는 길.

물론 '전범의 부재'를 탓하는 것 자체가 핑계일지 모른다. 하지만 그렇게 '탓을 할 수 있는 시대'를 살아간다는 건 어쨌든, 조금은 더, 힘겨울 수밖에 없는 거 아닐까. 아무도 무엇도 탓할 수 없다면, 나만 잘하면 된다. 그러니 패배를 인정하기도 쉽다. '저 사람을 봐. 저렇게 행복하고 충만하게 사는 사람도 있는데, 네가 지금 그렇지 못한 건 다 네가 못나서야. 네가 더 간절히 열심히 살지 않았기 때문이야.' 그렇게 패배하지 않기 위해선 그저 달리면 된다. 그 과정이 아무리 힘들다 해도, 적어도 길은 보이는 거니까. 누군가 먼저 걸어간 길, 나도 가고 싶은 길이, 적어도 있긴 하는 거니까.

"난 당신처럼 살고 싶어요."
아무리 두리번거려 봐도 이 말을 뱉을 수 없는 막막함.
"나도 아버지처럼 살고 싶어요."
이 말을 뱉을 수 없어
내 맘에 담게 되는 죄스러움과 당신을 향한 측은함.
적어도 이런 힘듦으로부터는 조금 더 자유로울 수 있었을 테니까.

"난 당신처럼 되고 싶어요."

이 말을 쉬이 담을 수 있는 시대를 우리가, 살고 있었다면 말이다.

작가 코스프레

사랑은, 은하수 다방 문 앞에서 만나
홍차와 냉커피를 마시며
매일 똑같은 노래를 듣다가, 온다네.

이어폰에서 흘러나오는 '사랑은 은하수 다방에서'를 들으며 '은하수 다방'을 지나친다. "거의 모든 노래를 여기서 만들었죠." 그들의 팬들에겐 성지나 다름없는 '은하수 다방'이지만, 나는 이 노래를 흥얼거리면서도 근처 다른 카페로 들어선다. 가장 한적해 보이는 다른 카페로. 그러곤 언제나 그렇듯 가장 눈에 띄지 않을 법한 구석진 테이블에 짐을 푼다. 오늘도 나는 은하수 다방을 등진 채 노트북을 꺼내고 '아메 아메 아메 아메 아메리카노'를 시킨 뒤 한글창을 열고 작업을 시작한다.

"어디야?"
"홍대 근처 카페."
"거기서 뭐해?"
"작가 코스프레…."

요즘 나의 직업은, 작가 코스프레.

라디오 일을 그만두고 꼬박 6개월 동안 아무것도 쓰지 못했다. 여행을 하고, 책을 보고, 영화와 드라마도 실컷 보고, 운동도 하고, 카페 아르바이트도 하고, 친구들 만나 목이 아프도록 수다도 떨고, 그러는 사이에도 시간은 잘만 흘러갔으니까. 하지만 꼭 그래서만은 아니었다. 내가 지난 6개월 동안 한글창을 단 한 번도 열지 못한 진짜 이유. 그건, 작가의식의 부재. 내 스스로가 나를 '작가'라 생각지 않는 것 때문이었다. 10년 넘게 '라디오 작가'라 불리고, 운이 좋게 책이란 것도 내보고 '저자'라 불려 보기도 했지만, 그럼에도 나는 내 스스로를 '작가'라 생각지 못했다.

책을 좋아했다. 어려서부터 책 읽는 것이 좋았고, 작가들의 삶을 동경해 본 적도 많았다. 하지만 그래서 더 자신이 없었다. 내 주제에 어떻게, 나는 어차피 그렇게 대단한 글은 쓸 수 없어, 나는 천재가 아니니까, 재능이 없으니까. 국문과를 선택한 이유 또한 글을 쓰기 위해서가 아니었다. 더 많은 글, 더 많은 책을 '다만' 보고 싶었기 때문이었다. 그러다 대학원 진학을 앞두고 학비를 벌기 위해 우연한 기회로 시작하게 된 라디오 작가 아르바이트. 그걸 10년 넘게 하게 된 거다. 그 10년 동안에도 나는, 나를 한 번도 '진짜 작가'라 생각지 않았다. 한글창에 글을 쓰긴 하지만, 그 글은 오직 라디오 송출을 위한, 음성언어를 위한 글이었기에, 나는 그것을 그저 '수다'의 한 부분이라 생각했던 것 같다. 그리고 어느 순간부터는 오직 '일'이라고만 생각했던 것 같다. 매일 방송인 라디오이기에 매일매일 데드라인이 있는 그냥 일, 나는 그렇게만 한글창을 대해 왔다.

그러니 라디오 작가 일을 쉬게 되면서, 매일매일의 데드라인도 사라졌겠다, 스스로 작가라는 의식도 없겠다, 한글창을 열 일도 없어졌다.

"요즘 뭐해요?" 사람들의 질문에도 "그냥 놀아요." 이렇게 대답할 수밖에 없었고, "다음 책 안 내요?" 이런 질문에는 "예? 다음 책이라뇨?" 오히려 반문할 수밖에 없었다.

"매일 새로운 글을 어떻게 써요?" 라디오 작가로 가장 많이 받았던 질문. "중요한 건 러닝타임이 아니라 데드라인이더라고요. 뭘 쓰지, 뭘 쓰지 하다가도 데드라인이 다가오면 손이 막 쓰고 있어요. 머리로 쓰는 게 아니라 손으로 쓰는 거죠." 이 대답 또한 '난 작가가 아니야.'라는 자기 합리화 혹은 자기 최면의 방편이었다.

그러니 라디오 작가 일을 쉬게 되면서 나는 정말 '할 일'이 없어졌다. 일로 생각하던, 머리가 아닌 손으로 데드라인에 맞춰 쓰던 '글'이라는 걸 나는 더 이상 쓸 필요가 없어졌고, 써야겠단 의지도 생겨나지 않았다.

그러던 어느 날 아침,
'그럼 난 이제부터 뭘 해야 하는 거지?'
라디오 일을 쉬게 된 지 꼭 6개월이 지난 어느 날 아침,
'난 이제부터 어떻게 살아야 하는 걸까?'
눈을 뜨자마자 떠오른 이 질문들과 함께,

갑자기, 모든 게 다, 재미없어졌다.

여행도, 책도, 영화와 드라마도, 아르바이트도, 운동도, 친구들을 만나는 것도 갑자기 모든 게 다, 재미없어졌다. 일 때문에 늘 미뤄 둬야만 했던 많은 놀이들에 취해 마냥 즐거웠던 어제까지의 나였는데, 하루 만에 모든 게 달라졌다.

다, 재미없어.

그래서 나는, 태어나 처음으로 이런 생각을 해 보게 됐던 것 같다.

나는 사실, 계속 무언가를 쓰고 싶었던 게 아닐까.

그냥 일이니까 하는 거죠, 먹고살려고. 머리로 쓰는 게 아니라 손으로 쓰는 거예요. 매일 '원고'라는 걸 쓰면서도 늘 그렇게 말해 오던 내가, 사실은 그 모든 걸 즐기고 있었던 게 아닐까. 그럼 나는 왜 그동안 줄곧 '나는 작가가 아니야.' 스스로에게 말해 온 걸까.

나는, 두려웠던 걸지도 모르겠다. 무언가를 쓰고 싶으면서도, 그래서 라디오 원고를 쓰며 글이라는 세계에 한쪽 발을 담그고 있으면서도, 그곳에 두 발을 다 담그고 스스로를 작가라 말하게 되는 순간, 모든 것이 들통나버릴까 봐. 나는 사실 그리 대단한 사람이 아니라는 게, 나는 사실 재능이 없는 사람이라는 게, 나는 좋은 글을 쓸 수 없는 사람이라는 게, 그러니까 진짜로 '작가'가 아니라는 게 들통나버릴까 봐. 그 누구도 아닌 내 자신에게 들통나버릴까 봐, 나는 내내 두려웠던 걸지도 모르겠다.

모든 것이 재미없어진 그날 아침. 평균 수명은 계속 늘고 있다는데, 이러다 우리 때는 정말 백 살까지 사는 거 아냐? 갑자기 두려워졌다. 그럼 사고사, 병사 아니면 아직도 70년 가까이 더 살아야 된다는 건데? 갑자기 남은 인생이 너무 두려워졌다. 앞으로 70년이나 더! 이렇게 재미없이 살아야 한단 말이야!?

사랑은, 은하수 다방 문 앞에서 만나
홍차와 냉커피를 마시며
매일 똑같은 노래를 듣다가, 온다네.

이어폰을 꽂고 노트북이 든 배낭을 메고 집을 나섰다. 그렇게 나의 '작가 코스프레'가 시작됐다. 하지만 나는, 늘 붐비는 '은하수 다방'은 그냥 지나친다. 가장 한적해 보이는 다른 카페로 들어가 가장 눈에 띄지 않을 법한 구석진 테이블에 짐을 풀고 노트북을 꺼낸다.

나의 작가 코스프레는 '최대한 남들 눈에 띄지 않게'를 목표로 한다. 카페 주인을 비롯한 그 누구도 내 노트북 화면이 보이지 않는, 그러니까 내가 지금 한글창에 무언가를 쓰고 있음이 보이지 않는 자리에 앉아야 나는 가장 마음이 편해진다. 그리고 마침내 하얀 새 한글창에 까만 글자들을 하나씩 채워 나가면서 나는 알게 됐던 것 같다. 내가 지금, 즐겁다는 것을….

나는 이제부터 무엇이든, 써야만 할 것 같다.
그것이 대단한 글이 아닐지라도,
아무도 좋아해 주지 않는 글일지라도,
아니 아무도 읽어 주지조차 않는 글일지라도,
어쨌든 매일 조금씩.

결국 나에겐 재능 따윈 없었고, 나는 작가도 뭣도 아닌 별 볼일 없는 사람이었음이 들통난다 해도 괜찮다. 어차피 나는, 늘 붐비는 '은하수 다방'은 지나치는 사람이니까. 어차피 나는, 가장 눈에 띄지 않을 법한 구석진 테이블에서 노트북을 꺼내는 사람. 어차피 나의 '작가 코스프레'는 누구에게 보이기 위함이 아니다. 그러니 나는 그런 글을 쓰면 되는 거 아닐까.

그리 대단한 글이 아닐지라도 내가 지금 쓸 수 있는 글.
아무도 좋아해 주지 않는 글일지라도 내가 지금 쓸 수 있는 글.

이제 나는 알아버렸으니까. 이제 정말 알아버려서, 더 이상 외면할 수도 도망칠 수도 없게 돼버렸으니까. 내가 지금 나의 '작가 코스프레'를 즐기고 있다는 것을. 결국 나는 무엇이든 쓰고 싶었던 사람이었다는 것을, 아무것도 쓰고 있지 않는 동안에는 아무것도 즐겁지 않은 나라는 것을, 이제 정말 알아버렸으니까.

싸우기도 하고 지랄도 하고

나는 비교적 참는 걸 잘하나 보다.

언젠가 열이 좀 나는 듯 몸살기가 있어 출근 전 병원에 들렀는데, "오늘은 무조건 쉬세요." 하기에 "저 지금 출근해야 하는데요?" 했더니, 의사가 몹시 어이없단 표정으로 이렇게 말했다. "열이 40도가 넘었어요. 이렇게 회사 가면 일도 못 하고 오히려 다른 사람들한테 민폐예요, 민폐." 그 정도는 아닌데…. 나는 그날 출근해 일도 잘하고 무사히 퇴근했다.

건강검진 위내시경을 할 때도 수면은 시간도 많이 걸리고 귀찮아서 나는 늘 간단하게 금방 끝나는 일반내시경을 하는데, "야만인!" 심지어 내게 이렇게 소리친 사람도 있었다. "너무 힘들어서 나는 못 하겠던데?" 그 얘길 들었을 때도 나는, 왜? 그냥 목으로 한 번 쑥

집어넣었다 빼기만 하면 되는 건데 왜? 물론 눈물은 좀 나고 캑캑거리게도 되지만 5분도 안 돼서 끝나니까 그게 더 간단한 거 아닌가, 생각했다. 대부분의 사람들이 일반내시경을 기피한다는 건 나중에야 알게 된 사실.

그러고 보니 초등학교 때는 이런 일도 있었다. 문턱에 발가락이 걸려 넘어졌는데 좀 아팠다. 하지만 뭐 걷는 데 별 이상 없으니 그냥 좀 아프네 하고 말았는데, 다음 날 엄마 손을 잡고 할머니집에 가는 길, 걷기가 좀 힘들었다. 그래서 "엄마, 발가락 아파."하곤 길에 앉아 신발, 양말을 벗었는데 퉁퉁 부어 두 배나 커져 있는 엄지발가락. 바로 직행한 병원에선 발가락뼈에 금이 가 깁스를 해야 한단 진단을 받았고, 그날 나는 병원 복도에서 엄마에게 등짝을 때려 맞으며 욕을 먹었다.

"아유, 미련한 것! 왜 아픈 걸 몰라!"

잘 참는 건 '참 잘했어요' 도장을 받을 수 있는 일이긴커녕 '미련한 짓'이라는 걸, 그 어렸을 때부터 엄마에게 배웠는데도, 나는 아직도 비교적 참는 걸 잘하나 보다.

그건 또 몸이 아픈 것에만 해당되는 것도 아니어서 일을 할 때도, 연애를 할 때도, 나는 마찬가지였다. 일이 좀 많아도 나는 잘 참았다. 그냥 하고 말지, 잘 참았다. 연애를 할 때도 잘 안 싸웠다. 소리

높여 싸우는 것 자체를 싫어하는 성격인 데다 참기까지 잘하니, 웬만하면 다 맞춰 주는 편이었다.

"그러다 너 한 번 돌면 그냥 끝나는 스타일이지?"

내 연애 얘기를 듣다 한 선배가 했던 말.

"그게 더 나쁜 거야! 결국 터진다고. 터져야 하는 문제는 언젠가는 결국 터져. 근데 계속 참기만 하면 더 곪아서 한 번에 빵! 크게 터진다고. 그럼 상대는 얼마나 황당하겠냐? 밑도 끝도 없이 헤어져, 하는 걸로 들릴 텐데."

할 말이 없었다. 부인할 수 없었으니까. 그러고 보니 나는 늘 그랬던 것 같다. 참고 참고 참다 결국 한 번에 빵. 그렇게 이별한 사람, 그렇게 절연한 지인, 그렇게 그만둔 일이 내겐 적지 않았으니까.

"싸우기도 하고 지랄도 하고, 그러면서 살아야 안 곪아요. 참는 게 능사가 아니야."

그런데 나는 그게 참, 잘 안 되나 보다. 언젠가 레이저 치료를 받을 일이 있었는데 의사가 계속 물었다. "안 아파요? 아프면 말씀하세요." 처음 한두 번은 그냥 넘어갔는데, 계속 "안 아파요? 안 아파요? 안 아파요?" 하니까 나도 모르게 너무나 무뚝뚝한 말투로 툭 튀어나온 말. "아파요." 흠칫, 의사의 당황해 하는 모습이 너무 티가 났다. 느껴졌나 보다. '아파요. 근데 아프다고 하면 뭐 달라져요? 어차피 치료는 해야 하는데? 아프냐고 물어보면서 괜히 배려하는 척하지 말고 그냥 얼른 끝내요.' 나의 무뚝뚝한 말투에 담긴 이 모든 내심이 느껴졌는지 의사는 그 후 "안 아파요?"라는 질문은 더 이상 하지 않았다.

나는 기본적으로 그렇게 생겨 먹은 애였던 거다. 아프다, 힘들다. 하지만 뭐 그걸 말하면 달라지나? 그냥 참고 말지, 뭘 그렇게 징징거려. 아프다, 힘들다는 말을 입에 달고 사는 사람들에 대한 나의 내심 또한 어쩌면 그런 것이었는지도 모르겠다. 뭘 그렇게 징징거려, 징징거려서 달라지는 것도 없는데.

"그거 진짜 아프다던데?" 처음 대상포진에 걸렸을 때도 호랑이가 무는 것처럼 고통이 심한 병이라며 사람들은 걱정했지만, '그 정도는 아닌 것 같은데….' 나는 일도 하면서 평소의 일상을 그대로 살았다. 몸이 좀 무겁고 두들겨 맞은 듯한 느낌의 신경통은 있었지만, 그렇다고 일상생활을 못할 정도는 아니었으니까. 아니 정확히 말하면, '못하면 어쩔 건데? 누가 대신해 줄 수도 없는 일, 아파도 내가 그냥 해야지 뭐.'였던 것 같다.

그게 몇 해 전 일이다. 과로와 스트레스, 면역력이 약해지면 발병하기 쉬운 질병 대상포진. 그러고 보니 그때의 나는 정말 힘들긴 했던 것 같다. 과로와 스트레스, 그리고 무엇보다 마음의 상처. 그땐 의식하지 못했으나, 어쩌면 참고 참고 참기만 했던 마음의 상처가 곪아 몸이 아팠던 걸지도 모르겠다는 생각이, 오늘 아침에서야, 비로소 들었다.

며칠 전부터 몸이 무겁고 뻐근한 것이 근육통이 있는 것 같아 그냥 몸살인가 했는데, 오늘 아침 샤워를 하려고 보니 옆구리 쪽에 일렬로 발간 발진이 보였다. 몇 해 전과 똑같은 발진. 신경계를 따라 줄무늬 모양으로 일어나는 발진. 대상포진이었다. 왜? 제일 먼저 든 생각은 그거였다. 왜? 과로와 스트레스가 원인인 대상포진이 왜? 요즘의 나에겐 과로랄 게 없었는데 왜? 그래서였던 것 같다. 몇 해 전 대상포진 역시, 참고 참고 참기만 했던 마음의 상처가 곪아 몸이 아팠던 걸지도 모르겠다는 생각이 든 것.

요즘의 나에겐 과로랄 게 없었으니까.
다만, 마음이 좀 아팠을 뿐….
하지만 어쩔 수 없잖아?
또 참고 참고 혼자 끙끙거리며 참고만 있었던 나.
결국 그 마음이 곪아 발간 줄무늬 발진으로 나타난 게 아닐까.

"싸우기도 하고 지랄도 하고, 그러면서 살아야 안 곪아요. 참는 게 능사가 아니야."

오래전 선배에게 들었던 그 말이 다시 떠올랐다.
거울 속 발간 줄무늬 발진을 바라보고 있으니.

어른이 된 나는 어지러워

일요일 오후, 후배에게서 전화가 걸려 왔다. 평온하다 못해 나른하기까지 했던 일요일 오후. 책을 끼고 뒹굴다 선잠에 빠지려던 찰나, 누운 상태 그대로, 잠이 묻은 나른한 말투 그대로, 완전한 무방비 상태에서 전화를 받은 나. 그런 나를 3초도 안 돼 벌떡 일으켜 세운 후배의 목소리.

후배는 울고 있었다. 유난히 볕이 좋은, 유난히 하늘이 높은, 그 하늘로 떠가는 뭉게구름이 유난히도 평화롭던 9월의 일요일 오후. 후배가 울고 있었다. 창밖으로 보이는 여름 그 끝자락의 평온과 전화기 너머로 들려오는 후배의 울음 사이에 서 있던 나는, 순간 현실 감각을 잃었다.

휘청, 나는 조금 어지러웠다.

한 시간 넘게 통화를 하는 동안 후배는 계속 울고 있었고, 그 울음 사이사이로 튀어나오는 후배의 말은 온전히 알아들을 수 없는 형태였지만, 이 아이가 지금 많이 아프구나, 많이 힘들구나, 짐작은 할 수 있었다. 사랑을 잃은 이 아이가 지금 많이 아프구나, 많이 힘들구나, 그것뿐….

그리고 나는 조금, 어지러웠다.

전화를 끊고 잠깐 멍하니 앉아 있다 자전거를 타야지 싶었다. 한강을 따라 한참을 달리고 돌아와 샤워를 하고, 일요일 오후니 대청소를 하고, 저녁이 돼 밥을 하고, 과일을 먹으며 9시 뉴스를 봤다. 그러곤 소화도 시킬 겸 음식물 쓰레기를 버리러 다시 밖으로 나와 집 주변을 한 바퀴 휭 도는데, 자꾸만 TV 속 광고문구 하나가 떠올랐다.

당신은 기분 좋을 때 웃고 기분이 나빠지면 울었습니다.
하지만 당신은 어른이 되는 대가로 당신의 감정을 숨겨야 했습니다.
가볍게 보이지 말아야 했고 철들어 보여야 했으니까요.

늦여름 평온한 오후 창밖 풍경과 금방이라도 부서질 듯 울어대던 후배의 목소리. 그리고 그 틈새를 비현실적인 느낌으로 부유하고 있던 나. 그 장면이 머릿속에서 끊임없이 재생되며 이 문구가 떠올랐다. '당신은 기분 좋을 때 웃고 기분이 나빠지면 울었습니다.'

나는 울음이 나지 않는다. 밥도 너무 잘 먹고, 잠도 너무 잘 자고, 심지어 운동도 열심히, 일도 열심히. 요즘의 나는 이상하리만큼 멀쩡하다. 그런데 후배는 울었다. 곧 부서질 듯 울어댔다. 그래서 생각났다. 사랑을 잃고 후배마냥 부서질 듯 아파하던, 과거의 내가.

하지만 지금의 나는, 울음이 나지 않는다.
나 또한 사랑을 잃었는데….
지금의 나 또한 사랑을 잃은 사람인데,
과거의 나처럼 부서질 듯 아파하지 않는다.

며칠 전 이별 앞에서도 나는 참 덤덤했다. 집에 돌아와 밥도 잘 먹고, 잠도 잘 자고. 내가 그를 덜 사랑했던 걸까. 그건 아니다. 과거의 사랑 못지않게 뜨거웠고, 그와의 미래를 상상해 보며 행복해도 했고, 사소한 다툼에도 많이 아파했던 나는 분명, 그를 많이 사랑했다.

그럼 '당신은 어른이 되는 대가로 당신의 감정을 숨겨야 했습니다. 가볍게 보이지 말아야 했고 철들어 보여야 했으니까요.' 광고 속 문구처럼 나는 이제 어른이 된 걸까. 하지만 나는 부러 노력하고 있는 게 아닌데…. 가볍게 보이고 싶지 않다, 철들어 보이고 싶다, 그렇게 생각해 본 적도 없는데…. 그런데도 나는, 울음이 나지 않았다. 부서질 듯 울어대는 후배의 목소리 앞에서도 나는 울지 않았다. 그냥 조금, 어지러웠을 뿐. 그리고 떠오른 노래.

어른이 된 나는 어지러워.

감정에 휘청이는 후배와, 감정에 휘청였던 과거의 나는, 오히려 비현실적인 느낌.

그렇기에 밥도 잘 먹고, 잠도 잘 자고,
나의 평온한 현실은 계속된다.

그리고 그 안에서 나는 어쩐지,
계속 조금 어지럽다.

내 맘 같지 않은 지금

초등학생 시절, '나의 미래'와 관련해 내 머릿속에 그려지는 이미지는 딱 하나뿐이었다. 하얀 가운을 입고 환자를 진료하고 있는 의사 선생님의 모습. 세뇌 교육의 놀라운 효과였다. 엄마 배 속에서부터 '나의 미래 = 의사'로 교육받았으니, 그 시절 나는 당연히 내가 어른이 되면 의사가 돼 있을 거라 생각했다.

중학교 시절엔 그 당연함이 수학자로 옮겨 갔다. 나름 내 미래에 대한 사고의 프레임이 달라지는 중대한 일인데, 그 계기는 실로 우스웠다. 주요과목 국영수 가운데 국어, 영어는 늘 평균 이하였기에 그나마 나은 수학에 애정이 가고 있었는데, 잘생긴! 수학 선생님까지 만나면서 수학에 올인. 그렇게 나의 미래는 수학자로 결정됐다.

국문과를 가야겠다 생각했던 것은 고등학교에 올라오고 나서였다. 수능 준비 필독서였던 한국단편문학선. 너무, 재밌었다. 지나치게, 재밌었다. 독서의 즐거움을 깨닫고부터는 책만 봤다. 계속 책만 보면서 살면 좋겠다 싶었다. 그럼, 교수가 돼야 하나? 일단 국문과 가지 뭐.

하지만 지금의 나는, 교수도 아니고, 수학자도 아니고, 의사도 아니다.

적중률 0%.
내 미래에 대한 나의 예측은, 적중률 0%를 자랑한다.

거창하게 장래희망까지 안 가도, 내가 예측했던 내 삼십 대의 일상엔 잘생긴 남편, 토끼 같은 애들도 셋쯤? 잘 꾸며진 아파트, 빨간색 자동차 등이 배치돼 있었는데, 그중 지금의 나, 삼십 대의 내가 갖고 있는 것은 아무것도 없다.

첫사랑을 앓고 있을 때는, 당연히 몇 년 후 이 사람과 결혼해 알콩달콩 살게 될 거라 예측했으나, 지금은 그의 얼굴도 잘 기억나지 않는다. 어떤 이와는 미래의 우리 아이 이름 짓기 따위의 말도 안 되는 닭살 짓 또한 했던 것 같은데, 지금 그분은 다른 사람과 결혼해 (물론 그때 우리가 지은 이름과는 전혀 다른 이름을 가진) 아이 낳고 잘 살고 계신다.

뭔가 드라마틱한 사건 사고나 격정적인 감정 변화와 갈등이 있었던 것도 아니다. 사소한 계기와 인연으로 방향이 조금씩 틀어지고, 순간순간 이루어진 나의 선택들이 모여 내가 전혀 예측하지 못했던 삶으로 나를 데리고 온 것이다. 돌아보니 말이다.

내 맘 같지 않은 지금이네.

어느 날 문득, 그런 생각이 들었다. 나는 지금 내가 한 번도 예측하지 못했던, 내 맘 같지 않은 지금을 살고 있다는 생각. 그런데 참 묘하게도, 그것은 오히려 내게 '위로'가 되고 있었다.

산다는 게 내 맘처럼 되지만은 않는다는 것. 그렇다면 달라질 수도 있다는 얘기일 테니까. 이렇게 이렇게 살다간 5년, 10년, 20년… 빤히 보이는 나의 미래 또한 달라질 수도 있다는 얘기일 테니까.

사소한 계기와 인연이 어느 날 또 찾아와, 순간순간 이루어지는 나의 선택이 미묘하게 방향을 틀어, 지금의 나는 상상도 할 수 없는 또 다른 미래가 찾아올 수도 있다는 것.

오히려 나는 위로받고 있었다.
내 맘 같지 않은 삶, 내 맘 같지 않은 지금에.

내 맘처럼 되지만은 않는 것, 사랑도 마찬가지인가 보다.
불확실성이 주는 불안함과 두려움과 힘겨움.
삶과 사랑의 닮은 점.

'사랑이 없다면 삶은 얼마나 평화롭겠니. 안전하고, 평온하고.'

어떤 영화에 등장했던 이 말.
이 말에 고개가 절로 끄덕여졌던 기억이 난다.
하지만 그다음 대사에서 나는,
다시 한 번, 더 크게, 고개를 끄덕일 수밖에 없었다.

'대신, 지루하겠지.'

우리들은 모두 무엇이 되고 싶다

'음악선물 도착! 마이페이지 선물함에서 확인하세요.'

삼십 대 중반의 선배 언니가 아이돌 출신 연기자에게 푹, 아주 푹 빠졌다. 만나서 하는 얘기도 순 그 아이 얘기뿐. 9시 반이 되자 그만 일어나자고 했다. 그 아이가 출연하는 드라마 본방사수를 위해. 그러더니 며칠 후 음악선물을 보내왔다.

'우리 유천이가 부른 드라마 OST야. 들어 봐 줘. 내 아이디로는 한 번밖에 못 받거든. 순위 올려 줘야 하는데.'

그래서 지인들에게 음악선물을 뿌리고 있다는 거였다.

"회사 안 다니고 하루 종일 우리 유천이만 '핥았으면*' 좋겠어. 나는 '뉴비*'라서 아직도 못 본 동영상이 엄청 많거든. '머글*'이었을 때는 도대체 퇴근하고 뭐했는지 기억도 안 난다."

뉴비가 뭐야? 머글은 또 뭐고? 핥아? 뭘 핥아? 그래도 난 직업이 방송작가였는지라, 내 또래 다른 이들보단 인터넷 용어, 십 대들 언어를 많이 안다고 생각했는데 언니의 말은 반도 못 알아듣고 있었다.

그에 대한 사랑이 넘쳐 이제 그 사랑을 다른 이들에게도 전도하고 싶었던 언니는, 우리집에 와서도 컴퓨터를 끼고 앉아 이런저런 동영상들을 내게 보여 주고 싶어 했다. 그러다 보게 된 데뷔 초 그가 출연했던 한 오락 프로.

"나 이거 몇 년 전에도 봤는데, 그땐 얘네가 누군지도 모르고 봤거든? 동방신기? 믹키 뭐? 이름이 왜 이렇게 어려워, 하면서."

영상을 보는 동안에도 연신 종알종알, 진짜 남자친구와의 연애사를 읊어대듯 그에 대한 사랑을 설토하던 언니는 결국 이 얘기로 종지부를 찍었다.

"내가 그래서 김춘수 시가 얼마나 대단한 시인지 새삼 깨달았잖아. 내가 그의 이름을 불러 주기 전에는, 그는 다만 하나의 몸짓에 지나지 않았다!"

핥았으면* 좋아하는 연예인의 동영상과 자료를 보는 것.

뉴비* 인터넷을 처음 접하여 여러 기능에 익숙하지 않은 사람을 일컫는 말로, 기존 팬이 아닌 이제 막 팬 생활을 시작한 사람을 뜻함.

머글* 해리포터에서 마법사가 아닌 일반인을 '머글'이라 부르는 것에서 따와 팬이 아닌 사람들을 칭하는 말.

그 시가 절로 떠올랐단다. 그에게 빠지기 전에는 그가 나오는 TV 프로그램을 보면서도 아무 감흥이 없었는데, 이제 와 그 프로들을 다시 찾아보고 있자니 절로 그 시가 떠올랐단다. 내가 그의 이름을 불러 주었을 때, 그는 나에게로 와서 꽃이 되었다!

인정.
나는 그녀의 사랑을 인정하며 무릎 꿇었다.
그러지 않을 수 없었다.
그녀의 절절한 진심이, 꽃이 되어 내게도 전해졌으니까.

교과서에도 나오는 시. 오히려 너무 유명해 감흥이 옅어진 시. 그런 시를 나이 들어 다시 보게 됐을 때, '역시, 유명한 데는 다 이유가 있어.' 새삼 마음이 시큰해질 때가 있다. 내게도 그 시가 새삼 꽃이 되어 마음에 와 닿았을 때가 있었다.

아직도 헤어짐에 익숙지 못한 나. 10년 넘게 방송 일을 해 왔고, 방송 일이라는 게 헤어짐과 새로운 만남의 반복이라는 걸 누구보다 잘 아는데, 그러니 이제 익숙해질 법도 한데, 나는 여전히 헤어짐의 순간을 나이스하게 해치우지 못한다. 매번 쭈뼛쭈뼛 어색해하다, 도리어 외면하려고만 한다. 영화는 못 찍을망정 평소보다 더 이상하고 우스꽝스러운 모습을 마지막으로 남긴다. 그 날도 그랬던 것 같다. 그리고 그럴 줄 알았다. 그래서 마지막 원고를 일주일 전에 썼다. 어차피 헤어짐의 아쉬움도 미안함도 고마움도 제대로 표현 못 하고 우스꽝스럽게 뒤돌아설 나를, 내가 너무 잘 알아서.

내가 선명하게 기억하고 있는 누군가의 이름은 몇이나 될까.

어느 날 이런 엉뚱한 생각을 하고 있던 난, 조금 놀랐다.
내가 선명하게 기억하고 있는 이름이
생각보다 그리 많지 않아서였다.
나의 협소한 인간관계 때문인지 아니면 기억력이 나빠서인지
나는 그다지 많은 이름을 기억하고 있지 않았다.

심지어 내 휴대폰에 등록돼 있는
채 3백 명도 되지 않는 사람들의 이름 중에도
이제는 그 얼굴조차,
그와 어떤 인연으로 전화번호를 교환했는지조차
기억나지 않는 것도 꽤 있었다.

그러니 내가 그의 이름을 기억하고 있고
그도 나의 이름을 기억하는 경우는 더 적지 않을까.
호감을 담아 내가 그의 이름을 부를 수 있고
그가 나의 이름을 부를 수 있는 관계는 더 적지 않을까.

그렇게 점점 그 수가 줄어 갔다.

나와 '좋은 인연'을 맺고 있는 사람들의 수가.

현생에 옷깃이라도 한 번 스치기 위해선
전생에 3천 번 이상의 인연이 있어야 한다는 얘기,
꼭 그 얘기 때문이 아니라 하더라도
나는 인연이라는 것이 새삼 신기하다 느껴졌다.

세상은 참 넓고 사람들 또한 참 많다.
그런데 내가 기억하고 있는 이름은,
내가 호감을 담아 그의 이름을 부를 수 있는 관계는,
이다지도 적다니.

그들과 나의 인연이 새삼 신기하다 느껴졌다.
그리고 그런 생각 끝에 나는 조금 생뚱맞은 결론에 다다랐다.

조금 더, 잘 살아야겠다는 결론.

모든 인연에는 끝이라는 것이 존재하는 법.
나의 의도와는 상관없이 언제나 그 끝은 찾아온다.
그 끝이 당장 내일이든 일 년 후이든 몇십 년 후이든.
그래서 나는 조금 더, 잘 살아야겠다는 생각이 들었던 모양이다.

내가 그의 이름을 기억하고 있고 그가 나의 이름을 기억하고 있는,

내가 그의 이름을 부를 수 있고 그가 나의 이름을 부를 수 있는,
지금의 이 인연이 끝난 후에도
내가 그의 이름을 기억할 수 있기를,
그가 나의 이름을 좋은 인연으로 기억할 수 있기를….

그래서 나는 조금 더,
잘 살아야겠다는 생각을 했던 모양이다.

원고만 쓱 던져 주고 또 우스꽝스럽게 이별을 했다. 그런데 집에 돌아와, 함께 일한 동료들이 적어 준 롤링페이퍼를 펴 보니 이런 글이 있었다. '네 마지막 원고, 가방에 챙겼다.'

'음악선물 도착! 마이페이지 선물함에서 확인하세요.'
'나한테까지 보내 주고! 팬질도 돈 만만치 않게 들겠어!' 나의 답문에 선배 언니가 말했다. '장난 아니지. 콘서트 따라 다니랴, 각종 물품 구입하랴, 팬질도 돈 있어야 돼! 그래서 나 요즘 더 열심히 일하잖아! 크크크크.', '오, 팬질도 꽤 긍정적인 효과가 있는 걸?' 내 반응에 언니가 답했다.

'그럼, 우리 유천이에게 부끄럽지 않은 팬이 되기 위해서라도 더 열심히 살아야지!'

인정. 나는 그녀의 사랑을 인정하며 다시 한 번 무릎 꿇기로 했다. 참 많고도 많은 TV 속 사람들 중 딱 '그 사람'의 이름을 마음에 담게 된 그 인연을, 그 인연에 부끄럽지 않게 더 열심히 살 거라는 그녀의 사랑을 인정.

사랑은, 좋은 인연은, 결국 그런 게 아닐까 싶었으니까. 나를 조금 더 나은 사람으로 만들어 주는 것. 좀 더 나은 사람이 되고 싶다, 좀 더 좋은 사람이 되고 싶다, 먼 훗날에도 내 이름이 그 인연들에게 호감을 듬뿍 담아 부를 수 있는 이름이 될 수 있길….

'우리 유천이'에게 부끄럽지 않은 언니가 되길 바란다.
'나의 좋은 인연들'에게 부끄럽지 않은 내가 되길 바란다.

우리들은 모두
무엇이 되고 싶다.
너는 나에게 나는 너에게
잊혀지지 않는 하나의 눈짓이 되고 싶다.

그 시의 마지막 구절처럼 우리들은 모두 정말 그럴 테니까. 내 좋은 사람에게 잊히지 않는 좋은 이름, 좋은 인연, 하나의 눈짓으로 기억되고 싶을 테니까. 그러니 더, 잘 살아내고 싶다.

끝내 떠오르지 않는 그리움이 그리워

친구를 만났다.

아니, 이제 막 시작된 사랑에 정신 못 차리는 친구를 만났다.

그러니 참을 수 있었다. 만나자마자부터 몇 시간에 걸쳐 대놓고 자랑질, 하지만 마냥 좋은 건 아니라며 하소연하는 척하지만 가만 들어 보면 돌려 까기 자랑질, 참을 수 있었다. 아니 마땅히 들어줘야 할 의무감도 들었다. 고생 많았던 친구였으니까. 연애에 있어서는 산전수전, 볼 꼴 못 볼 꼴, 지지리 궁상, 고생 많았던 친구였으니까. 이 얼마 만에 찾아온 평화로운! 행복한! 연애란 말인가. 친구로서 마땅히 들어줘야 할 의무감도 들었다.

적당히 맞장구도 쳐주고 적당히 부러워도 해 주고. 대화가 다른 화제로 전환되기가 무섭게, 끝없는 되돌이표라도 단 양 금세 자랑

질로 화제를 되돌리는 친구의 놀라운 재능 또한, 이해할 수 있었다. 연신 방긋방긋, 눈 초롱초롱해서 신나게 떠드는 모습이 귀엽기도 하고 흐뭇하기도 해서 나도 뭐 괴롭지만은 않았으니까.

그런데 붕 들떠 있던 친구가, 갑자기 한순간에 푹 가라앉았다. 빵빵했던 풍선이 이렇게 빠른 시간에 휙 바람이 빠져버릴 수도 있을까, 싶을 만큼 정말 한순간에 푹. 그리고 순식간에 일그러지는 얼굴.

"왜? 갑자기 왜 그래?"

너무나 갑작스러운 장면 전환에 당황한 내가 묻자, 친구는 한없이 애잔한 눈빛이 되었다. 그리고 이어지는 긴, 슬픈… 한숨 끝에 친구가 뱉은 말.

"보고 싶어."

잠깐의 멍….

그리고 내 의지와 상관없이, 내 의식과도 상관없이, 은연중 내 입에서 튀어나온 한마디.

"이런, 썅!"

둘 다 터졌다. 옆 테이블 사람들이 깜짝 놀랄 정도로 둘 다 터졌다. 웃음이 빵.

친구와 헤어져 집에 오는 길에도 자꾸만 웃음이 났다. 나쁜 년. 내

내 그 사람 얘기만 하더니, 결국 '보고 싶어'로 끝내? 아우, 못된 기집애. 어제도 봤다면서! 자꾸만 웃음이 났다. 친구의 닭살 짓 때문만이 아니었다. 내내 흐뭇한 마음으로 잘 들어주다 내가 욕을 뱉고만 그 타이밍. 그게 어이없어 자꾸 웃음이 났다.

나는 사실 몇 시간에 걸친 친구의 자랑질을 들으면서도 그리 부럽지는 않았던 것 같다. 좋을 때다! 나도 그럴 때 있었지. 너도 이제 연애의 참 재미를 알게 됐구나. 경축! 뭐 그 정도뿐이었던 것 같다. 그래서 엄마 미소와 평온한 마음을 유지할 수 있었던 것 같은데, 그런데, 그건 좀… 부러웠나 보다. 그리움.

연애야 뭐, 하고 있을 수도 있고 안 하고 있을 수도 있고, 지금 내가 혼자라 해도 예전에 안 해 봤던 것도 아니고, 앞으로 영 못 할 거라 비관하고 있는 것도 아니니 상관없는데, 그건 좀… 부러웠던 거다. 그리움.

함께 있지 않을 때도 보고 싶다는 그리움. 이젠 만날 수 없는 상대일지라도 좋은 것을 보면, 좋은 음식을 먹을 때면, 좋은 곳에 갈 때면 떠오르는 그리움. 상대가 내 마음을 알든 모르든 일을 할 때도, TV를 볼 때도, 친구와 수다를 떨다가도 문득문득 떠오르는 그리움. 새벽녘 잠에서 깨 창밖을 바라보면 나도 모르게 떠오르는 얼굴, 그리움.

떠오르는 얼굴이 없다.

겨울이 오려나.
여자들은 눈이 내리면 누군가를 그리워하게 되니까.
가사가 맞나?
옛 노래를 내 맘대로 흥얼거리며 창밖을 본다.

끝내 떠오르지 않는 그리움이, 그리워.

간사한 마음

이렇게 돼버릴 것을,
나는 분명 알고 있었을 것이다.

한 달 넘게 이어진 지인들과의 여행. 출발한 지 고작 며칠도 되지 않아 나는 집이 그리워졌다. 정확히 말하면, '혼자'가 그리워졌던 것 같다. 혼자 사는 사람들은 대부분 이런 것에 익숙해져 있다. 내가 먹고 싶을 때 먹고, 씻고 싶을 때 씻고, 자고 싶을 때 자기. 하지만 일행이 있는 여행에선 모두 쉽지 않은 일. 때가 되면 썩 내키지 않아도 밥을 먹어야 한다. 때론 별로 달갑지 않은 음식도 일행들의 기쁨에 누가 되지 않도록 맛있는 척 먹어야 한다. 숙소마다 욕실이나 화장실이 사람 수대로 있는 것도 아니니 불편할 수밖에 없고, 컨디션이 별로인 날도 웬만하면 공동일정을 소화하도록 노력해야 하며, 그것을 위해 잠도 계획적으로 자야 한다. 하루 이틀도 아니고 한 달이 넘는 공동생활은, 아무리 친한 친구와 함께여도 불편함이 있을 수밖에 없다.

하지만 그 정도는 당연히 예상했던 일이었고, 충분히 감수할 수 있는 일이었다. 문제는 이럴 때였다. 그냥 혼자 있고 싶을 때. 기분이 나빠져서도 아니고, 일행들에게 불만이 생겨서도 아니고, 그냥 어느 순간 문득 혼자이고 싶을 때. 그 누구와도, 아무 말도 하지 않고, 그저 내 안으로 숨고 싶을 때.

"저는 그냥, 여기서 내릴까 봐요."

한번은 일행들과 함께 버스를 타고 가다, 혼자 내려버린 일도 있었다. 저녁에 숙소 근처 식당에서 다시 만나기로 하고, 나는 버스에서 내렸다. 그리고 그날 나는 길을 잃었다. 말도 안 통하는 낯선 땅에서 두 시간가량을 혼자 헤매는데, 다리도 아프고 두렵기도 하고 무엇보다 외로웠다. 그런데 싫지 않았다. 오랜만에 찾아온 외로움이 도리어 나는 반갑기까지 했던 것 같다.

여행이 계속될수록 그런 순간은 더 잦게 찾아왔다. 그냥 혼자 있고 싶은 순간. 부러 혼자 산책도 나가고, 부러 혼자 숙소에 머물며 책을 보기도 하고, 부러 혼자 다른 일정을 계획하기도 하고, 그래서였다. 자꾸만 혼자의 시간을 가지려 애썼던 것. 그렇게 시간은 흘러갔다. 어느덧 한 달이 넘는 시간이 훌쩍 흘러 나는 다시, 온전히 혼자가 됐다. 그토록 그리워했던 나의 집. 나만의 집. 나만의 시간. 그런데 참 희한한 노릇이다.

'우리집이 이렇게 컸던가?'

문을 열자마자 제일 먼저 들었던 생각. 그래도 짐을 풀고, 오랫동안 비워 뒀던 집을 정리하고 치우고, 누적된 피로에 자고 또 자고, 하루 이틀은 정신없이 지나갔다.

그리고 삼 일째 아침.
눈을 뜨자마자 나는, 짜증이 났다.

나는 알고 있었다.
이렇게 돼버릴 것을 말이다.

그런데도 여행 내내 나는 그토록 혼자가 그리워 애타했던 거다. 결국 다시 이렇게 외로워할 거였으면서. 너무 외로워 여럿을 그리워하게 될 거였으면서. 어쩌면 계속 여럿과 함께 북적이며 지내다 갑자기 혼자가 돼 더 외로웠는지도 모른다. 아니면 나는 그냥, 이렇게 생겨 먹은 애인지도 모른다.

여럿이 있으면 혼자가 그립고
혼자 있으면 여럿이 그리운.

외롭지 않을 때는 외로움이 그립고
외로울 때는 또 그 외로움이 지긋지긋한.

이곳에 있을 때는 그곳이 그립고
그곳에 있을 때는 이곳이 그리운.

왜 그 반대일 수는 없는 걸까. 여럿과 있을 때는 여럿이어서 좋아. 혼자 있을 때는 혼자여서 좋아. 이곳에 있을 때는 이곳이 좋고, 그곳에 있을 때는 그곳이 좋아. 그렇게만 된다면 매일매일이 더할 나위 없이 즐거울 텐데, 어찌나 간사하고 바보 같은 마음인지 나는 짜증이 나고 말았다. 항상 '지금의 나, 지금의 내 상황'이 아닌 것만을 그리워하는 '내 마음'에.

엄마의 김치

엄마와 함께 살 때도 나는, 엄마 얼굴을 자주 볼 수 없었다. 10년 가까이 라디오 밤 프로그램을 했던 탓에, 언제나 나는 엄마가 이미 잠든 늦은 밤에나 집에 들어갔고, 일어나 보면 엄마는 이미 나가고 없었다. 집에서 엄마와 얼굴을 마주하고 밥을 먹는 일도 별로 없었다. 오후에나 일어나면 언제나 출근하기 바빴고, 저녁은 방송국에서 먹었고, 늦은 밤 집에 돌아와 먹는 야식을 엄마와 먹을 순 없었으니까. 가끔 엄마와 저녁을 먹을 때라곤 거의 집안 행사였던 것 같다. 엄마 아빠 그리고 언니네 둘, 오빠네 둘, 어린 조카가 넷이나 되는 가족 모임은 언제나 난장판이었다. 그러니 내가 엄마와만 단둘이 마주하고 밥을 먹는 일은 거의 없었다. 근 10년 동안.

그런데 독립 후 오히려 잦아졌다. 2주에 한 번씩은 엄마집에 가니 그때마다 엄마와 단둘이 마주 앉아 밥을 먹게 됐고 그때마다 나는,

짜증이 났다.

"이걸 나 혼자 어떻게 먹어?"

둘이 먹는 밥상인데, 언제나 대가족 밥상이었기 때문이었다.

"제발 하나만 해요, 하나만. 고기면 고기, 찌개면 찌개, 생선이면 생선, 잡채면 잡채. 한 번에 하나씩만! 이걸 다 내가 어떻게 먹어."

나는 언제나 엄마의 푸짐한 상차림이 불만이었고, 엄마는 언제나 내가 많이 먹지 않는 것을 섭섭해했다. 하지만 한 사람이 한 끼에 먹을 수 있는 양은 한계가 있다. 엄마의 밥상은 언제나 그 한계를 훨씬 훨씬 초과한 양이었다. 그리고 돌아올 때는 또 언제나 싸워야 했다.

"집에서 밥 거의 안 먹는다니까? 다 썩어서 버려."

엄마랑 살 때도 집에선 밥을 거의 안 먹던 내가, 독립하고 밥을 해 먹겠냔 말이다. 가끔 라면 먹을 때 필요한 김치 외에는 아무것도 가져가고 싶지 않았다. 하지만 엄마가 싸 주는 반찬은 언제나 너무 많았고, 들고 가기도 무거웠고, 언제나 상해 버려야 했으며, 음식물 쓰레기 버리는 것도 귀찮고, 버리면서도 괜한 죄책감이 들었다. 그러니 나는 언제나 엄마가 싸 놓은 반찬을 덜어내려 했고, 그때마다 섭섭해하는 엄마와 다투다 보면 내가 또 나쁜 자식인 것 같아 더 짜증이 났다.

그런데 얼마 전 엄마가 입원을 했다. 작년부터 큰 병은 아니지만 지속적인 관리가 필요한 병을 몇 가지 진단받은 터였는데, 이제 어느덧 할머니 나이가 돼버린 엄마이기에 조금만 무리를 해도 이렇게 입원하는 일이 생겨버리는 거였다.

"넌? 넌 밥 먹었니? 반찬 하나도 없을 텐데…."

죽을 사 들고 병원에 들락거리는 나를 보고 엄마는 또 반찬 타령을 했다. 입원해 누워서까지 반찬 타령을 하고 있는 엄마를 보고 있자니 나는 또 짜증이 났다.

"지금 내 반찬 걱정할 때야? 엄마 몸이나 얼른 나아!"

그리고 돌아오는 길엔 더 화가 났다. 왜 엄마는 나를 꼭 나쁜 딸로 만들어버리는지, 그게 또 화가 났다.

다행히 엄마는 곧 퇴원했지만, 아직 몸이 온전치 못한 상태라 절대 무리하면 안 된다고 의사는 여러 차례 강조했다. 그런데 며칠 후 김치가 떨어져 엄마집에 갔더니 또! 상다리가 부러져라 밥상을 차려 놓은 거다. 오늘은 그냥 밖에서 먹자고 몇 번이나 말했는데 또!

이 더운 여름날, 전기세 아깝다고 혼자 있을 땐 에어컨도 안 틀면서 하루 종일 더운 부엌에서 지지고 볶고 이 음식들을 하고 있었을 엄마를 생각하니,

"오늘은 밖에서 먹자고 했잖아!"

나는 또 버럭 화가 났다.

"반찬 다 떨어졌을 텐데, 어차피 그거 해야 되니까…."

김치만 가져오면 된다고 몇 번이나 말했는데 반찬도 한 짐 해 놓은 엄마.

"나 이거 다 안 가져가. 내가 아예 안 가져가야 다음에 안 하지."

"다음에는 진짜 안 할 테니까, 이번 건 그냥 가져가. 이미 해 놨으니까."

엄마의 그 말에 나는 더 화가 나고 말았다.

"저번에도 그랬잖아! 저번에도, 저번에도, 저번에도! 내가 반찬 하지 말라고 백 번도 넘게 말했는데 맨날 또 하잖아. 나 진짜 안 가져가. 아무것도 안 가져가!"

"너는 애가 왜 이렇게 못됐니! 엄마가 하루 종일 고생해서 해 놨으면 그냥 가져가서 맛있게 먹으면 좋잖아!"

"그러니까 엄마도 고생 안 하고, 나도 고생 안 하고, 엄마가 아무것도 안 하면 되잖아!"

결국 밥상머리 앞에서 엄마와 나는 큰소리로 다투기 시작했다.

그러다 엄마가 먼저 홱 등을 돌리고 말을 멈췄다. 그리고 한참의 정적.

"엄마…."

나는 너무 속이 상했다.

"엄마, 나는 엄마가 오래오래 건강하게 살았으면 좋겠어. 나는 정말 다른 건 필요 없고, 엄마가 담가 준 김치는 오래오래 먹고 싶어."

그렇게 입 밖으로 튀어나온 나의 진심.

"그러니까 나 온다고 하루 종일 부엌에서 고생하지 말고, 차라리 나가서 운동도 하고 놀아. 그렇게 관리 잘해서, 오래오래 살면서 오래오래 김치 담가 주면 안 돼?"

하지만 이 말은 하지 말 걸 그랬다.

"나중에 돈 주고 김치 사 먹게 되면 내가 얼마나 슬프겠어!"

나는 결국,

엄마를 울리고 말았다.

나는 그날 결국,

엄마가 해 놓은 반찬을 모두 바리바리 싸 들고 돌아와야 했다.

하지만 작은 냉장고 가득 엄마의 반찬을 채워 놓고 나니 또 한숨이 나왔다.

'아… 이걸 언제 다 먹어.'

그러면서도 후회가 됐다.

'나중에 버리더라도 그냥 아무 말 없이 가져왔으면 좋았잖아.'

역시 나는 못된 자식이구나 싶어서.

그러다 이번엔 내가 찔끔 눈물이 났다.

정말 너무 슬플 것 같았다.

나는 이렇게 못된 자식이라 너무 슬플 것 같았다.

정말 언젠가, 돈을 주고 김치를 사 먹는 날이 오면, 정말….

학교 앞 허름한 노래방

학교 앞 허름한 노래방.

설마 아직도 있을까 싶었는데, 아직도 있었다.

오랜만인 친구와 오랜만에 학교 앞에서 만나 농담처럼 그 노래방 얘기가 나온 건데, 십여 년 전에도 허름하고 지저분했던 그 노래방이, 아직도 허름하고 지저분한 모습 그대로, 그 자리에 있었다.

오래 묵은 담배 냄새와 술 냄새가 싸구려 방향제 냄새와 뒤섞여 진동하던, 집에 와서 샤워를 해도 코끝에서 그 냄새가 사라지지 않던 그 노래방은, 여전히 그 냄새를 간직하고 있었고, 여전히 가격은 말도 안 되게 쌌고, 여전히 서비스 시간 또한 끝없이 들어왔다.

그러니 자연스레 여러 기억들 또한 동시에 밀려왔다. 몇 번 방에서 동기 녀석 하나가 술에 취해 천장 형광등을 부쉈던 일, 각각 다른 일이 있다며 술자리에서 사라졌던 두 친구가 어느 방에서 뽀뽀하고 있다 들켜 공식 커플로 거듭났던 일, 카운터 앞 커피 자판기 앞 의자에 앉아 술 취한 친구의 끝도 없는 넋두리를 들어주며 '왜 하필 나는 지금! 커피를 마시고 싶었던 말이던가.' 자책과 짜증을 반복했던 밤.

그래서 선곡도 자꾸 십여 년 전으로 돌아갔다. 그 시절 댄스곡이 이렇게 느렸나 신기해하며, 그땐 이 노래 누가 맨날 불러서 너무 지겨웠는데 오랜만에 들으니 반갑네, 수다 떨랴 노래하랴 정신없던 한 시간이 지나고 나니 친구도 나도 기운이 쭉 빠졌지만, 여전히 끝도 없이 들어오는 서비스 시간. 팔팔했던 이십 대 초반에도 이 사장님을 이겨 본 적이 없다. 언제나 결국은, 우리가 졌습니다, 시간을 남긴 채 나와야 했다. 그러니 어차피 이길 수 없다는 걸 알면서도, 이대로 자릴 털고 일어나는 건 또 뭔가 아쉬워, 축 늘어진 채 에너지 소비 적은 노래들을 읊기 시작했는데, 그때였다.

어, 이 노래!

우리의 애창곡이었던 노래. 부르면서도 들으면서도 늘 가슴 아파했던 노래. 무슨 노래가 이렇게 슬퍼! 짜증내 하면서도 늘 선곡했던 노래. 그 노래의 전주가 흘러나왔다. 친구는 노래를 불렀고, 나는 찬찬히 노래방 화면에 지나가는 가사를 따라갔다. 마지막 한 글자까지, 마지막 한 음까지, 둘 다 그렇게 모니터만 보고 있었던 것 같은데, 요란스런 팡파르 소리에 깜짝. 그제야 서둘러 정지 버튼을 누르며, 친구가 말했다.

"풋풋하다, 야."

웃음이 났다. 나도, 같은 생각을 하고 있었으니까. 가사가, 어찌나 풋풋한지 슬프기는커녕 엄마 미소가 지어졌다. 우리가 그토록 가슴 아파하며 들었던, 불렀던 그 노래가 이제는 풋풋하게만 느껴지다니.

"우리도 늙었나 봐."
"그러게."

집에 오는 길, 자꾸만 그 노래가 떠올라 흥얼흥얼. 역시나 슬프진 않고 풋풋하기만 했다. 거리에서 그 노래의 전주만 들어도 눈물이 핑 돌던 시절이 있었는데, 이젠 너무 풋풋하게만 느껴져 피식피식 자꾸만 웃음이 났다.

어쩌면 정말,
우리도 이제 제법 나이를 먹었기 때문인지도 모른다.

쉽게 달뜨고 깊게 아파했던 풋풋한 사랑과는
우리의 나이가 이미 너무, 멀어졌기 때문인지도 모른다.

하지만 어쩌면 그저,

시간이 흘렀기 때문인지도 모른다.

나이를 먹었다고 해서 사랑을 꿈꾸지 않는 것도 아니요, 실연이 아프지 않은 것도 아니요, 지금도 여전히 어떤 노래에는 가슴이 욱신 슬퍼지곤 한다. 그러니 어쩌면 그 노래만이, 추억이 된 것일지도 모른다. 그 노래의 전주만 들어도 눈물이 핑 돌던 시절엔, 그 얼굴만 떠올려도 눈물이 핑 돌던 사람 또한 있었다. 그 아픔은 언제까지나 계속될 것만 같았던 시절.

그런데 시간이 흘렀다. 별다른 일이 있었던 것도 아니고, 별다른 노력을 했던 것도 아닌데, 그저 시간이 흘렀고, 시간이 흐른 것만으로 영원할 것만 같았던 아픔도 이토록 풋풋해질 수 있다니. 어쩌면 조금은 씁쓸한 일인지도 모른다. 하지만 조금은, 위안도 되는 기분이었다.

지금도,
시간은 흐르고 있는 거니까.

아무리 아파도,
시간은 흐르니까.

어쩌면 가능할지도 모른다.
언제까지나 계속될 것만 같은 지금의 이 아픔 또한 언젠가는.

이제는 전혀 슬프지 않은,

풋풋하게만 느껴지는 그 노래처럼 언젠가는.

어쩌면, 언젠가는.

우리의 전성기는 언제였을까

나보다 스무 살 가까이 많은 오십 대 초반의 어른들과 식사를 하게 됐다. 제법 즐거웠다. 이젠 나도 어디 가서 어린 축에는 끼기 힘든 나이가 됐는데, 오랜만에 느껴 보는 막내의 기쁨. "쪼그만 게 어디서! 넌 아직 어려서 몰라." 어리다는 것으로 구박당해 보는 것도 얼마 만인지! 더 어린 척, 더 아무것도 모르는 척. 나는 막내의 기쁨을 만끽하고 있었다. 그토록 제법 어린 내가 끼어서인지, 대화 주제는 자연스레 그분들의 젊은 날의 회상 쪽으로 흘러갔다. 그러다 튀어나온 화두.

"우리의 전성기는 언제였을까?"

자신의 인생에서 가장 좋았던 시절을 돌아가며 이야기하기.

한 남자분은 초등학교 5학년 때라 했다. 그때는 인물도 좋았고 공부도 잘한 데다 촉망받는 야구선수였는지라, 여자애들이 하루에 한 명씩 와서 고백했다며, "그때 연애 좀 실컷 할걸! 공부해야 한다고 다 거절했다? 그때가 전성기였단 걸 알았으면 안 그랬을 텐데!" 한 여자분은 대학 시절을 꼽았다. "남자가 끊일 날이 없었어요!" 언제나 나 좋다는 남자가 줄 서 있던 그 시절에 더 신중히 남편감을 골랐어야 했다며 우스갯소리를 하셨고, 다른 남자분은 삼십 대 초반을 전성기로 기억하고 있었다. 가장 열심히 일했고, 그만큼 인정도 받았던 그 시절이 가장 열정 넘치던 행복했던 시기였던 것 같다고.

장난 반, 진담 반처럼 진행되던 각자의 전성기 얘기. 그러다 눈길이 내 쪽으로 쏠렸다.

"너는? 너는 네 인생의 전성기가 언제였던 것 같니?"

그때 나는 생뚱맞게도 며칠 전 보고 온 콘서트가 떠올랐다. 넘치는 에너지와 넘치는 재기, 넘치는 자신감과 넘치는 열정. 그의 무대를 보고만 있는 나조차도 손끝이 찌릿할 정도로 그는, 최고의 순간을 누리고 있는 듯 보였다.

"어떤 기분일지 궁금해요."

함께 공연을 봤던 후배가 말했다.

"지금이 나의 전성기구나, 그도 느낄까요? 어떤 기분일까요? 우리한테도 올까요? 전성기란 것이 과연?"

자못 진지한 후배에게, 나도 모르게 튀어나와 버린 농담.

"지나가 버렸으면 어떡하지? 우리도 모르게 우리의 전성기는 이미 지나가 버린 거면?"

그건 정말, 농담이었다. 나는 그렇게 생각하고 싶지 않으니까. 나도 모르는 새 나의 전성기가 지나가 버린 거라면, 그처럼 억울한 일도 없을 테니까. 그리고 나는, 그 콘서트의 주인공 또한, 지금 자신이, 전성기를 살고 있다 생각하지 않길 바랐다. 나는 오히려 기대가 됐다. 그가 지금보다 앞으로 더, 어떻게 어떤 방향으로 성장해 갈지 지켜보고 싶었다. 점점 더 성장해 가는 그의 모습을 지켜보는 일은 무척 즐거운 일임과 동시에, 나에게도 자극이 되어 줄 것 같았으니까.

"그래서 너는? 네 인생의 전성기는 언제였냐니까!?"

딴생각에 대답이 늦어진 나를 빤히 바라보고 있는 어른들.

"아직… 안 온 것 같은데요?"

정적. 나를 빤히 보는 어른들 머리 위로 수많은 말풍선들이 떠 있는 느낌. 그리고 그 말풍선들은, 이 한 문장으로 정리되는 듯 느껴졌다.

'역시, 너는 아직 젊구나!'

하지만 나는 싫다.

언제나 과거의 추억만을 되새김질하며 살고 싶진 않다.

우리 엄마의 소원은 아직도 내가 의사가 되는 것이다. 가난한 집

안에, 아들도 아닌 딸이라는 이유로 학업을 중단해야 했던 엄마는, 내가 아주 어렸을 때부터 본인의 꿈을 내가 이뤄 주길 바라셨다. 그리고 아직도 포기하지 못하셨는지, 명절 때면 나를 앉혀 놓고 지금도 늦지 않았으니 다시 공부해서 의대에 가면 어떻겠니, 나이가 문제라면 한의대는 괜찮지 않겠니, 서른을 훌쩍 넘긴 딸에게 아직도 다른 꿈을 꾸신다. 그때마다 나는 똑같이 대답한다.

"엄마, 그게 그렇게 소원이면 엄마가 해. 엄마도 늦지 않았어. 내가 등록금 대 줄게."

그때마다 엄마는 내게, 똑같은 욕을 하신다. 그러면 나도 웃으며 나 대학 다닐 때 일흔 넘은 할머니랑 같이 수업 들은 이야기를 또 한다. 백발 머리로, 구부정한 등에 책가방을 메고 강의실을 찾아가시던 할머니의 모습이, 나는 정말 좋아 보였다. 하지만 그 할머니 얘기가 나오기 무섭게 엄마의 입에선 또, 똑같은 욕이 흘러나온다.

물론 엄마에게 하는 나의 말은 당장의 잔소리를 피하기 위한 농담이지만, 실은 작은 진심 또한 담겨 있는 말이다. 나는 마흔이 돼도, 쉰이 돼도, 환갑을 지나 엄마 나이가 돼도, 꿈을 갖고 살고 있었으면 좋겠다. 내 인생의 전성기는 아직 오지 않은 거라 믿으며 살고 있었으면 좋겠다. 과거의 추억만을 되새김질하며 사는 것도, 이제 내 꿈은 없고 자식에 대한 기대만이 남은 삶도, 나는 싫다.

"당신을 정말 사랑해. 하지만 내게는 당신보다 더 사랑하는 사람이 있어. 바로 내 자신."

정체하고 있는 자신을 참을 수 없어, 자신의 꿈을 위해 사랑을 떠나는, 드라마 '섹스앤더시티'의 사만다. 그때 그녀의 나이는 오십이었다.

물론 드라마 속 얘기다. 심지어 우리나라 드라마도 아니다. 어쩌면 현실에서 그 나이에 그런 생각을 한다는 건, 누군가에겐 세상 물정 모르는 철이 덜 든, 좀 모자란 사람으로 비칠지도 모른다. 하지만 나는 드라마 같은 이야기일지라도, 정말 꿈같은 이야기일지라도, 그렇게 살고 싶다. 마흔이 돼도, 쉰이 돼도, 환갑을 지나 엄마 나이가 돼도, 지금 또한 더할 나위 없이 안정되고 행복한 삶을 살고 있다 할지라도, 이렇게 말하고 싶다.

"제 전성기는 아직, 안 온 것 같은데요?"

그래야 또, 꿈을 꿀 수 있을 테니까.
그래야 더, 나아갈 수도 있을 테니까.
그래야 앞으로 또한 열심히, 잘, 살고 싶단 열정이 계속될 테니까.

젊은 우리 사랑

나는 참 이런 게 귀찮다.

'1개의 업데이트 목록이 대기 중입니다. 지금 업데이트하시겠습니까?'

이럴 때 나는 꼭 '다음에 하기'를 클릭한다.

오늘은 약속이나 한 것처럼 각종 소프트웨어 업데이트 안내가 동시에 뜨며 참 여러 번도 묻는다. 나는 다음에, 다음에, 다음에를 연신 클릭했다. 그런데 가만 보니 '다음에' 옆에 이런 선택이 가능한 것도 있었다. '이 업데이트에 대한 안내를 다시는 묻지 않기.' 어차피 다음에 역시 '다음에'를 클릭할 내가 이상하게 '다시는 묻지 않기' 앞에서는 주저하고 있었다. 꼭 '영원히, 다시는 묻지 않기' 같아서. '영원히'란 말 앞에선 번번이 약해지고 마는 나. 결국 '다음에 하기'를 클릭하고 음악을 재생시켰다.

좋아하는 뮤지션의 새 앨범이 나왔으니 오늘 플레이 리스트는 고민할 여지가 없다. 몇 번쯤 돌고 나니 어느새 나는 새 노래들을 흥얼흥얼 따라 부르고 있다. 그런데 몇 번쯤 돌고 났을까. 불현듯 귀에 들어온 가사 한 줄.

젊은 피가 젊은 사랑을 후회할 수가 있나.
나도 뭐가 뭔지 모르겠는데.

같은 노래를 다시 한 번 재생시켰다.

젊은 사랑 그것은 너무도 잔인한 것.
어린 맘에 몸을 실었던 내가 더 잔인한가.
모든 게 잘못돼서 죽어버릴 듯 위태롭던 우리 일 년은
눈물과 거짓말이 배어 나오던 수많은 상처들만 남겼다.

잔인한 젊은 사랑, 죽어버릴 듯 위태롭던 젊은 사랑 끝에도 '젊은 피가 젊은 사랑을 후회할 수가 있나.' 후회하지 않는 이 친구가 나는 참 쿨하다 생각됐다. 게다가 마지막 가사엔,

그래도 나는 상관없는걸. 정말로 아무 상관 없는걸.

될 대로 되고 망해도 좋은걸. 내가 정말 사랑했던 사람은.

이렇게 마침표를 찍었으니 '이 친구는 참 쿨하구나.' 나는 정말 그렇게 생각됐다.

나는 정말, 그럴 수 없었으니까. 자다 깨서도 문득 한숨이 나오곤 했다. 길을 걷다가도 문득 화가 나곤 했다. 바쁘게 일을 하다가도 문득 부끄러워져 얼굴이 발개지곤 했다. 꽤 오랜 시간, 어쩌면 지금까지도 나는 후회가 됐다. 젊은 사랑, 나도 뭐가 뭔지 몰라 어설펐던 젊은 사랑이 불현듯 떠오르는 날엔 어김없이 후회가 됐다. 젊은 날의 내 어설픔, 깨끗이 지워버릴 수 있다면 지워버리고도 싶었다. 내 머릿속에서도, 상대의 머릿속에서도.

젊은 피가 젊은 사랑을 후회할 수가 있나.

그런데도 이 노래가 자꾸만 나를 붙잡았다. 결국 한 곡 반복을 클릭했다. 시간도 멈추고, 세상도 멈췄는데, 이 노래 한 곡만이 끊임없이 재생되고 있는 듯한 비현실적인 느낌 속에서 나는 같은 노래를 듣고 또 들었다. 그렇게 몇 번이나 들었을까. 딩동, 눈앞에 떠오른 소프트웨어 업데이트 창에 깜짝 놀라 나는 다시 현실로 돌아왔다.

'지금 업데이트하시겠습니까?'
현실에서는 세 가지 선택이 나를 기다리고 있었다.

'지금 하기', '다음에 하기', '이 업데이트에 대한 안내를 다시는 묻지 않기'

나는 또 망설이고 있었다. '다음에 하기'와 '다시는 묻지 않기' 사이를 헤매고 있는 마우스 화살표. 하지만 끝내 내가 선택한 것은, '다음에 하기'였다. 어쩌면 나는 이런 인간인가 보다.

지금은 싫다.
다음에 하기로 미룬다.
하지만 다시는, 영원히 묻지 않기 앞에선 망설인다.

어쩌면 나는 그 또한 두려운지도 모르겠다. 다시는 묻지 않는 것, 다시는 떠오르지 않는 것, 그것이 다시는 영원히 떠오르지 않는 것 또한 나는 두려운지도 모르겠다.

죽어버릴 듯 위태롭던 젊은 사랑.
하지만 젊은 사랑을 후회할 수 없는 오직 젊은 피였기에 가능했던,
지난, '젊은 우리 사랑'이.

2

우리가 끊임없이 타인을 찾아 헤매는 이유

너무 많은 일기장

"목요일 저녁? 그래, 그러자!"

친구와의 전화를 끊고 책상 위 달력 목요일 칸에 '7시 저녁, Y'라고 적는다. 적고 보니 오늘 일정은 안 적혀 있다. 휴대폰 스케줄 캘린더를 열고 오늘 일정을 확인한 다음 달력에 적는다. 그리고 목요일 새롭게 잡힌 약속은 휴대폰에 적는다. 작업을 하려고 노트북을 켠 다음 가장 먼저 하는 일도 노트북 스케줄러를 확인하는 일. 휴대폰을 노트북과 연결하면 그 내용이 연동되긴 하지만 아무래도 시시콜콜 좀 자세한 건 노트북으로 쓰는 게 편하니까.

그다음은 트위터를 열어 밀린 잡지를 읽듯 타임라인을 확인하고, 그다음은 친구들이 많은 페이스북을 열어 친구들의 요즘을 훔쳐보고, 그다음엔 내 블로그 차례. 하… 맘에 들지 않는다. 몇 년 동안 부지런하게는 아니지만 그래도 미니홈피란 곳에 글과 사진을 게시하다 여러모로 블로그가 더 좋다 하여 싸이 블로그를 시작하긴 했으나, 미니홈피의 옛 기록들을 다 옮겨 오진 못했다. 근데 또 귀는 얇아서 요즘은 싸이보단 다른 사이트 블로그가 대세라는 친구들 말에 귀가 팔락팔락 다른 블로그도 두 개나 더 개설했는데, 역시 나는 어느 하나 제대로 관리하지 못한다. 그러니 여기저기 칠렁팔락 미친년 널뛰듯 흩뿌려져 있는 나의 기록들.

책을 읽다 자려고 스탠드를 켜고 침대에 누우면 종이 다이어리가 눈에 들어온다. 휴대폰이나 노트북 스케줄러를 쓰기 전엔 항상 종이 다이어리를 사용해 왔으니 올해 치도 이미 시작한 상태고, 또 한 해 한 해 한 권 한 권 쌓여 이제 제법 양이 되는 다이어리 서랍에 올해 것이 빠져 있으면 섭섭할 것 같기도 하고, 그러니 종이 다이어리도 포기 못해 밀린 종이 다이어리의 공백까지 채우고 나니, 내가 지금 뭐하고 있는 건가 싶다.

게다가 스마트폰을 쓰면서부터는 가계부가 따로 생겼고, 독서 목록과 간단한 감상평을 적는 독서 일기도 따로 생겼고, 자전거와 조깅 코스가 지도로 표시되고 칼로리와 이동 거리까지 자동으로 기재되는 운동 일기까지 따로 생겼다. 이 뭐, 일기장의 난립이다.

영화를 봤다. 오랜만에 내 맘에 쏙 드는 영화. 지금 내 마음을 기록하고 싶었다. 그런데 문제가 생겼다. 도대체 어디에 기록해야 하는 거지? 책상 위 달력, 휴대폰과 노트북 스케줄러, 침대 옆 종이 다이어리, 트위터, 페이스북, 나의 블로그 1, 2, 3. 아, 놔. 이쯤 되니

머리만 어지럽고 귀찮다. 결국 나는 이불 뒤집어쓰고 그냥 잠이나 자자, 했다.

도대체 뭐가 문제인 걸까. 자꾸만 새로운 기록 창구들은 생겨나는데 그때마다 제때제때 짐 제대로 싸서 후딱 자리를 옮기지 못하는 게으른 내가 문제인 걸까. 한 곳에 나의 모든 기록이 좌르륵, 뭔가 방법이 있는데 워낙 평소 삶이 어리바리한 나라서 나만 잘 모르는 걸까. 아니면 남들은 새로운 창구가 생겨날 때마다 요모조모 잘 따져 장점들만 쏙쏙 빨아먹는 자신만의 스킬로 별 불만 없이 이것저것 다 잘만 사용하는데 워낙 멀티플레이가 안 되는, 좀만 복잡해져도 아우 귀찮아! 나동그라지고 마는 내가 문제인 걸까.

몇 년 전 다이어리 노트를 꺼내 봤다. 빽빽하고 꼼꼼한 기록은, 물론 아니었지만 그래도 그 안에는 다 있었다. 난 그때 어떤 이들을 자주 만났는지, 어떤 책과 어떤 영화에 열광하고 짜증내 했는지, 무슨 생각을 하며 살고 있었는지, 누굴 좋아하고 누굴 미워하며 살았는지, 심지어 뭘 자주 먹었는지까지, 그 한 권 안에 나의 한 해가 담겨 있었다. 하지만 이제 나에겐 제대로 된 나의 기록, 나의 일기장은커녕 앨범도 없다. 디지털카메라나 휴대폰으로 찍은 사진들 가운데 몇 개만, 그것도 이젠 무슨 사진을 어디에 올렸는지 제대로 기억도 못 할 만큼 여기저기 아무렇게나 인터넷 사이트에 올리고, 언젠가부터는 것도 귀찮아 찍기만 하고 컴퓨터 폴더 안에 처박아 놓은 사진들이 수두룩.

조석의 만화 '마음의 소리'였던 것 같다. 온라인 친구 100명, 현실 친구 0명. 꽤 오래전 그 에피소드를 보며 나는 좋아라 낄낄 웃어댔던 것 같은데…. '깊은 밤 뜬눈으로 지새우게 생겼는데 전화번호부를 열어 본다. 가나다순으로 줄 세우니 삼백 명쯤 되는구나. 나는 정말 복이 많다. 이렇게 아는 사람 많구나.' 장기하와 얼굴들의 노래를 흥얼거리며 나는 왠지 좀 쓸쓸해져버렸다.

내 마음을, 내 생각을, 내 일상을 기록할 일기장은
여기저기 참으로 많은데, 너무나 많고도 많은데….
내 진심, 내 진실, 내 자신은 어디에 기록해야 하나
우왕좌왕 갈팡질팡 어지러워하다,
이불을 뒤집어쓰고 에이 잠이나 자자, 귀차니즘이 돋는다.

내 마음을, 내 생각을, 내 일상을 어디든 툭 내뱉긴 참 쉬운데….
내 진심, 내 진실, 내 자신은
'앉아 봐 봐. 그리고 좀 찬찬히 들어 봐 봐.'
어디에 털어놓아야 할지 몰라 우왕좌왕 갈팡질팡 에이 잠이나 자자,
이불을 머리끝까지 올리곤 노래를 흥얼거리며 잠을 청한다.

잠깐 잠깐만이면 되겠는데,
한잔 딱 한잔이면 되겠는데,
가나다순으로 보다 보니 일곱 번쯤 돌았구나.
나는 정말 복이 많다. 이렇게 아는 사람 많구나.

나는 참 평범하구나

예능 프로에 한 소설가와 그의 아내가 나왔다. 괴짜 예술인이라 불리곤 하는 소설가. 그의 범상치 않은 행적들이 소개되고, 그때마다 그의 부인이 얼마나 당황스러웠는지를 얘기하며 깔깔깔깔.

"이 양반은요, 오늘 차가 갖고 싶다, 그럼 글이 더 잘 써질 것 같다, 하면 다음 날 아침 눈 딱 떴을 때, 그 차가 집 앞에 예쁘게 놓여 있길 바라는 사람이에요. 근데 하루는 배를 사 달라는 거예요. 예, 타는 배요. 그 비싼 거. 아무리 계산기를 두드려 봐도 답이 없는데."

그래도 착한 아내는 화천호에 나가 봤단다. 배가 몇 척 띄워져 있기에 관공서에 줄을 대, 혹 그 배를 좀 빌릴 수 있냐 물었단다. 이 호수를 배경으로 소설이 나오게 되면 관광 마케팅에도 도움이 되지 않겠느냐 사람들을 설득했고, 흔쾌히 배를 빌려주겠단 그들 말에 기분 좋게 집에 돌아왔는데,

"근데 이 사람이 그건 싫다는 거예요. 내 배가 갖고 싶다고!"

"아니, 저도 배가 그렇게 비싼 줄은 몰랐어요…."

소설가는 잠깐 변명하는 듯하더니,

"근데 아무리 생각해도 행정선 타고 글 쓰는 건 아니잖아요. 저는 내 배가 갖고 싶다고요! 진짜 배만 사 주면 엄청난 예술 하나 나올 것 같은데!"

어린애처럼 웃는다. 사람들도 깔깔깔깔. 나도 따라 깔깔깔깔. 그 뒤로도 소설가의 괴짜 기질에 대한 고발은 이어졌다.

"술 마시고 방바닥에 먹으로 쓱쓱 그림을 그려요. 그러곤 이거 정말 대단한 예술 작품이라며 빨리 장판을 오려 놓으래요? 그럼 전 또 진짜 오리거든요? 근데 다음 날 아침 일어나면 뭐라고 하는 줄 알아요? 장판! 이거 누가 이래 놨어!? 막 이런다니까요."

깔깔깔깔. 스튜디오는 온통 웃음바다가 된다.

"예술을 몰라줘요, 이 사람은! 예술 하는 사람들은 그런 게 필요하다니까."

소설가는 또 그러면서 웃고, 그때마다 아내는 뜨악하는 표정을 지으면서도 따라 웃는다. 나도 웃는다. 깔깔깔깔.

그렇게 한참을 깔깔대다 TV를 끄니 작은 내 방이 고요해진다.

깜깜한 TV 액정에 비치는 내 모습.

참 평범하다. 참 특별할 게 없다.

나는 그런 아이였다. 책을 좋아해 국문과에 진학하긴 했지만 똘기 충만한 다른 동기, 선배들을 보며 나는 다시 한 번 깨달았다. 아, 나는 참 평범하구나.

잔디밭에서 술을 마시다 한 동기가 술에 취해 울기 시작했다. 그 아이의 입에선 니체를 비롯한 뭇 철학자들의 이름이 흘러나왔다. 한 동기는 일주일 넘게 강의실에도 과방에도 나타나지 않는다. 스카이라운지라 불리던 과방 건물 옥상에서 하루 종일 술 마시며 노래하고 있다. 아는 사람들이 지나가면 큰 소리로 불러 세워 술 좀 더 사 들고 올라오라 한다. 언집이라 불리던 과방에 놓인 동기들의 낙서장에는 자작시 같은 글들이 갈겨져 있다. 시인 교수님의 시 수업 중간고사엔 이런 문제가 나왔다. "우리 대학에는 목련 나무가 참 많다. 하지만 자목련은 딱 세 그루 있다. 어디 어디에 있는 줄 아는가?" 한 선배의 꼬드김에 넘어가 과 내 소모임 문예창작반 합평회에 처음 가 본 나는 질식할 뻔했다. 사방에서 퍼져 나오는 똘기. 그 똘기에 숨이 막힐 뻔했다. 문학 하는 사람은, 예술 하는 사람은 무릇 똘기가 있어야 한다. 학창 시절 내가 해 본 일탈이나 방황으로는 명함도 내밀기 힘든 문학청년들 사이에서 나는 생각했다. 역시, 나는 참 평범하구나.

내 노트북엔 두 개의 폴더가 있다. 이야기와 에세이. 그래도 꾸역꾸역 에세이는 조금씩 파일들이 늘어 가는데, 이야기 폴더를 열고 그 안에 파일 하나를 열면 내 손이 눈에 띄게 느려진다. 키보드 위에서 어쩔 줄 몰라 방황하는 손가락을 내려다보고 있자니, 어느새 노트북 화면이 까맣게 변해 있다. 깜깜한 액정에 비치는 내 모습.

참 평범하다.

참, 특별할 게 없다.

똘기 충만 문학청년들이 어른이 되어 가는 걸 봤다. 취업을 하고, 결혼을 하고, 아이를 낳고, 양복을 입고 9시에 출근해 6시에 퇴근. 가끔 갖는 퇴근 후 술자리에서도 필름이 끊길 때까지 술을 마시진 않는다. 내일 출근해야 하니까. 이제 몸이 힘들어서 못 마셔. 똘기와 멀어지고, 술과 멀어지고, 시집과 멀어지고, 소설과 멀어지며 어른이 되어 가는 그들을 보며 나는 괜히 부끄러워 죄책감과 자괴감이 들기까지 했다. 가장 평범했던 내가 어쩌다 작가라 불리며 살게 된 거지? "너 책도 냈더라?" 오랜만인 동문들의 물음을 받을 때면 시선을 피하느라 전전긍긍 그 쉬운 "응."이란 답조차 힘겨웠다. 그런 내가 무언가를 계속 쓰면서 살아야 한다니. 나에게는 똘기도 없고 재능도 없음을 누구보다 내가 잘 알고 있는데, 내가 어쩌다? 도대체 왜? 쉽고 잦은 투덜거림.

"저도 처음엔 그런 생각 진짜 많이 했는데…."

음악 하는 후배가 말했다.

"근데 언니, 제일 무서운 애들이 어떤 애들인 줄 아세요? 똘기도 충만한데 성실함까지 갖춘 애들이요. 재능도 넘치는데 열심이기까지 하는 애들 보면 진짜 짜증난다니까요."

맞다. 주변인들을 한없이 작아지게 만드는 족속들이다.

"근데 언니, 제일 후진 애들은 어떤 애들인 줄 아세요?"

글쎄…. 고개를 갸웃하는 내게 후배가 말했다.

"똘기만 있는 애들이요. 진짜 아무것도 없이 똘기만 있는 애들. 아무것도 안 하면서 똘기만 뽐내고 싶어 하는 애들. 그리고 그거 서로 들킬까 봐 더 오버해서 경쟁하듯 똘기 부리는 애들이 제일 후져요. 일명 똘경쟁이라고 하죠."

그리고 덧붙이기를,

"전 그렇더라고요. 똘기만 있는 애들보단, 똘기는 없어도 성실한 애들 음악이 더 좋더라고요. 그리고 참 다행인 건 많지 않더라고요. 똘기에 성실함까지 갖춘 애들은. 그래서 나 같은 사람도 계속 음악할 수 있는 거고."

집으로 오는 길, 그동안 잊고 있었던 좀 다른 부류의 작가들이 떠올랐다. 글은 엉덩이로 쓰는 거라며, 오래 앉아 있는 사람보다 좋은 글을 쓸 순 없다며, 체력을 키우기 위해 매일 아침 하루도 거르지 않고 달리기를 한다는 작가. 같은 이유로 담배를 끊었다는 작가. 게을러지지 않기 위해 매일 아침 9시 출근, 저녁 6시 퇴근이란 스스로의 규율을 만들었다는 작가. 매일 조금씩이라도 쓰기 위해 부러 연재를 한다는 작가. 글 쓰는 리듬을 깨뜨리지 않기 위해 평일에는 술도 마시지 않는다는 작가. 재능이 없는 자도 기쁨을 얻을 수 있다는 것을 스스로 증명해 보고 싶어 작가가 됐다는 작가.

우리는 누구나 내가 가지지 못한 타인의 것을 부러워한다.
그런데 나는 그 많은 타인의 것들 중,
굳이 내가 절대 가질 수 없는 것만을 딱 집어 부러워했던 건 아닐까.

그래야 핑계 댈 수 있으니까. 그래서 나는 안 되는 거라고, 내가 잘 못하는 건 다 그래서라고, 스스로를 속이기도 쉬우니까. 다른 길은 못 본 척, 내가 들어갈 수 있는 다른 길이 있는데도 그쪽은 왠지 힘들어 보여 못 본 척. 그러곤 굳이 내가 절대 들어갈 수 없는 길만을 바라보며 '좋겠다, 너희들은. 통행증이 있어서. 나도 그 통행증만 있었다면.' 이런 말도 안 되는 투정과 핑계를 늘어놨던 건 아닐까.

운동을 시작해야겠다.
아침에 조금 더 일찍 일어나야겠다.
내일은 조금 더 오래 앉아 있어야겠다.

나에겐 이제 조금 다른 부러움이 생겼으니까.
이번엔 어쩌면 나도 손에 넣을 수 있는 것에 대한 부러움.

그래서 어쩌면 지금부터가 더 힘든 싸움이 될지도 모르겠다.
어쨌든 이번 싸움에선, 더 이상의 핑계는 통하지 않을 테니까.

나는 원래…

소개팅을 하고 온 친구에게 전화가 왔다.

"아니, 다 나쁘진 않았는데…. 뭐 대화도 잘되는 편이고, 취향도 비슷한 부분이 많고…. 외모? 외모도 뭐 객관적으로 보면 잘생긴 편이긴 한데…."

근데, 근데 왜? 친구의 목소리에 묻어 있는 왠지 모를 떨떠름함. 근데, 뭐가 불만이란 거야? 그제야 자신을 속내를 속사포처럼 쏟아내는 친구.

"확 설레는 마음이 안 든다? 너도 알다시피 나는 원래, 첫눈에 안 되면 계속 안 되는 스타일이잖아? 그리고 나는 원래, 키 너무 커도 싫은 거 알지? 185도 넘을 것 같더라고. 그리고 나는 원래, 나는 원래, 나는 원래…."

친구의 '나는 원래'가 한 백번쯤 돌아가는 듯한 기분이 들었을 때,

"야!"

나는 결국 버럭 소리를 지르고 말았다. 이 친구가 좀, 이런 스타일이란 건 알고 있었다. 자기 자신에 대한 확신이 무척 강한 사람. 나는 원래 이런 사람. 나는 원래 이런 취향. 나는 원래 이런 이런 건 되고, 저런 저런 건 안 되고. 어찌나 자신에 대한 주제 파악이 확실하신지, 그래서 도리어 답답한 사람.

"연애하고 싶다며? 너 그래서 어디 연애하겠냐!?"

나는 정말 답답했다. 사랑에 빠지는 데는, 여러 가지 길이 있을 수 있다. 첫눈에 반하는 사랑만 있는 게 아니다. 나쁘진 않은데 싶어 만나다 보니 어느 순간 내가 더 그를 좋아하게 될 수도 있고, 전혀 이성으로 안 보이던 사람이 어느 순간 나를 두근거리게 할 수도 있고, 또 이미 지나간 사랑이 몇 년 후 다시 나를 설레게 할 수도 있고, 아무튼 누군가에게 반하게 되는 방법과 계기는 너무너무 다양하다. 그러니 세상엔 그 많은 사랑 이야기들도 존재하는 거고. 그런데 이 친구는 딱 한 가지 길. 자신의 이상형인 외모와 취향을 가진 남자와 서로 첫눈에 반하는, 이 한 가지 길만을 고집하고 있으니 연애가 쉽겠냔 말이다. 다른 수많은 길에는 기회조차 안 주고 다 차단하고 있으니…. 이 뭐, 답답의 끝.

그리고 사실, 자신의 이상형과 결혼하는 사람이 과연 몇이나 될까? 자신의 이상형과 자신이 꿈꾸던 방식으로 사랑에 빠져, 영원히 행복하게 잘 살았습니다. 그런 동화 같은 삶을 사는 사람은 과연 몇이나 될까? 나는 잘 모르겠다. 내가 꿈꾸던 이상형과 사랑에 빠져도 권태기는 오고, 그러다 이별을 맞기도 한다. 반대로 전혀 내 취향이 아니었던 사람과 어쩌다 보니 사랑에 빠졌는데, 도리어 잘 사는 경우도 많다. 나의 이상형을 포기하지 않았다면 만날 수 없었던 사람. 나의 환상을 포기하지 않았다면 맛보지 못했을 즐거움.

포기하면,
다른 길이 보이는 법이니까.
포기하지 않았다면,
절대 보이지 않았을 다른 사람, 그리고 다른 길이.

내 꿈은 작가가 아니었다. 나는 사실 다른 꿈을 꾸고 있었다. 하지만 그 꿈을 놓아버리기란 쉽지 않았다. 나는 언제나 '포기'는 지는 것이라 배워 왔으니까. 포기란 현실과 타협하는 것, 포기는 창피한 것, 포기는 낙오자들에게나 어울리는 말. 세상엔 그런 얘기들이 너무 많았다. 그러니 세뇌 교육처럼 그런 얘기들을 듣고 자란 나는, 포기가 쉽지 않았다. '이 길이 아니면 안 돼, 이 사람이 아니면 안 돼.' 그래서 더 고집을 부려댔다. 아등바등 미련스러울 만큼 포기하지 않으려 발버둥을 쳤다. 그래야 내가 더, 행복해질 거라 믿었으니까.

그런데 참 신기한 것이, 그 끈을 놓아버리고 나자, '낙오'라 생각했던 '포기'란 카드를 꺼내 들고 나자, 내게 또 다른 길이 열렸다. 이 길이 아니면 안 된다는 고집 속에선 절대 보이지 않던 길, 짐작조차 할 수 없던 즐거움이 나를 찾아왔다. 새로운 사랑, 새로운 일. 내가 이렇게 글을 쓰면서 살 수 있게 된 것도, '포기'란 카드를 꺼냈을 때 찾아온 뜻밖의 즐거움이었다. 포기하지 않았다면, 나는 작가가 될 수 없었을 것이다.

그뿐이 아니다. 어쩌면 우리는 '포기'를 몰라서, 내가 모르는 수많은 즐거움 또한 놓치고 살아가는지 모른다. 나는 원래 저런 장르의 음악은 별로야. 나는 원래 만화는 안 봐. 저런 사람들은 원래 나랑 안 맞아. 나는 원래 이런 사람이야. 자신의 취향과 성격, 심지어 자신의 인간관계와 자신에 대한 모든 것을 '원래'로 규정한 다음, 포기하지 않아서.

그리고 말한다.
세상 참 심심하다.
사람들은 왜 다 내 맘 같지 않을까?
세상 참 내 뜻대로 안 돼.

빨강 머리 앤은 이런 얘길 했다. "엘리자가 말했어요. 세상은 생각대로 되지 않는다고. 하지만 생각대로 되지 않는다는 건, 정말 멋지네요! 나는 생각지도 못했던 일이 일어나는 거잖아요." 빨강 머리 앤처럼 초긍정 아가씨가 되긴 힘들겠지만, 나는 가끔 이런 생각이 들

때가 있다. 우린 너무 '원하는 답'만 찾아 헤매느라, 좌절도 쉽고 세상도 재미없다 말하는 건 아닐까? 그래서 더, 이 말이 마음에 남았다.

"나는 자네가 좀 염려스럽네. 열심히 하는 건 좋은데, 원하는 답을 정해 놓고, 거기에 맞는 근거만 찾으려고 하는 건 아닌지. 최적의 답을 찾아가는 과정과, 원하는 답을 찾아가는 과정은 분명히 다른데 말이야."

생각 없이 멍하니 드라마를 보다 만난 이 말.

최적의 답과 내가 원하는 답이 정확히 일치하는 삶만 살아갈 수 있다면 더할 나위 없이 좋겠지만, 나는 잘 모르겠다. 세상이 그렇게, 누구에게나, 어느 순간에나, 만만한 것 같지만은 않아서. 또한 모르는 일이다. 내가 원하는 답이, 언제나, 나에게, 최적의 답인지는.

그래서 나는,
포기 또한 재능이고 용기인 것만 같다.
사랑에 있어서도, 살아감에 있어서도.

내가 원하는 답은 아니라 하더라도,
최적의 답은 어쩌면 '포기' 안에 있을지도 모르니까.
그리고 그 최적의 답이 어쩌면,
나도 몰랐던 '내가 원하는 답'이 될지도 모르는 일이니까.

뒤집을 수 없는 관계

독립하고 처음 혼자 살게 된 집은, 무척 더웠다. 집이 좁아선지, 창문이 작아선지, 아니면 그해 여름이 유난히 더웠던 건지, 여름에도 종종 긴팔 긴바지를 입을 정도로 더위를 잘 안 타는 나에게도, 그 집의 여름은 무척 더웠다. 하지만 내게는 당연히 집에서 입을 만한 짧은 바지가 없었다. '사러 가야지, 사러 가야지. 아우, 더워.' 그러면서도 차일피일 미루기만 하고 있던 어느 날, 언니네 집에 점심을 먹으러 갔는데 어린 조카가 무척 시원해 보이는 짧은 바지를 입고 있었다.

"나도! 나도 이런 바지 입고 싶다! 이 바지, 이모 주면 안 돼?"

농담처럼 조카에게 던진 말이었는데, 그 말을 엄마는 기억하고 있었나 보다. 다음번 엄마집에 갔을 때, 엄마는 나를 위해 무척 얇고 짧은 시원한 여름 반바지를 세 벌이나 사다 두셨던 거다.

"엄마 없으면 어떻게 살까 모르겠어요."

한 선배를 만나 그 일을 얘기했을 때, 선배는 말했다.

"못 살지. 우리 같은 애들은 엄마 없으면 죽어."

결혼 못 한 막내딸. 선배에게도, 내게도, 엄마는 너무나 필요한 존재였다. 특히나 선배는 유난히 엄마와 가까웠다. 나와 함께 있을 때도, 엄마에게 전화가 걸려 오면 귀찮아하기는커녕 마치 친구와 통화하듯 수다를 떨기도 하고, 나이 많은 남자친구에게 하듯 어린양도 피우는 선배를 보며, 나는 늘 신기해했던 것 같다. 그런 선배가 내게는, 늘 엄마 같은 존재였으니까.

무척 힘겨웠던 어떤 날엔 선배가 손에 쥐여 준 편지 한 장에 눈물을 찔끔거리기도 했고, 마음이 흔들리던 어떤 날엔 벼락처럼 내리치는 선배의 잔소리에 정신이 번쩍 나기도 했고, 아무 이유 없이 쓸쓸한 날엔 '배고파요.' 찾아갈 수 있는 선배가 있다는 것만으로도 나는 꽤 든든했던 것 같다. 심지어 가끔은 용돈까지 내 주머니에 넣어 주던 선배는, 정말 나에게 있어 또 하나의 엄마였다.

어쩌면 그래서였는지도 모르겠다. 엄마와 자식의 관계는 절대, 동등할 수 없다. 모든 관계에는 권력구도가 존재한다. 특히 사적인 관계에서는 더 많이 좋아하는 쪽이 약자가 될 수밖에 없다. 그래서 엄마는 늘, 약자가 된다. 툭 하면 짜증내는 자식, 툭 하면 징징거리는 자식, 툭 하면 뭐 해 달라는 자식 앞에서 엄마는 늘 약자가 될 수밖에 없다. 그렇게 나는 늘 받기만 했던지라, 어떻게 해야 할지를 몰랐다.

정작 엄마에게 내가 필요한 순간이 찾아왔을 때.
정작 엄마 같은 선배에게 위로가 필요한 순간이 찾아왔을 때.

'세형아, 놀라지 마.' 언니에게 문자가 왔다. '엄마 아빠가 교통사고가 나서 OO 병원에 입원하셨어. 많이 다치신 건 아니야.' 어쩌면 이미 '많이 다치신 건 아니'라는 걸 알고 병원을 찾았기에 그랬을 수도 있겠지만, 나는 짜증이 났다. 죽을 사 들고 병원에 들락거리는 것도, 사고 관련 일을 수습하는 것도, 아픈 게 빤히 보이는 데 괜찮다고만 하는 엄마도, 일 때문에 퇴원을 서두르려는 아빠도, 바쁜데 자꾸 오지 마라, 이미 왔는데 얼른 가서 네 일 봐라 하는 것도, 다 짜증이 났다. 도대체 엄마 아빠가 아플 때는 어떻게 해야 하는 건지도 잘 모르겠는 나에게도 짜증이 났다. 나는 정말 나쁜 딸이구나, 생각하게 만드는 이런 상황 자체에 짜증이 났던 걸지도 모르겠다.

그런 짜증 속에 병원에서 돌아와 자려고 누웠을 때, 문자가 왔다. 'OOO 모친상.' 선배의 이름이었다. 내게 또 하나의 엄마와도 같은 선배의 모친상. 머릿속이 그저 하얬다. 엄마와 단둘이 살고 있는 선배. 친구이자 남편과도 같은 엄마와 유난히 다정했던 선배. 그런 선배의 어머님이 돌아가셨단 문자를 보고 있는데, 나는 도대체 뭘 해야 하는 건지 아무런 생각도 나지 않았다. 그리고 그런 내가 너무 바보 같아, 나는 또 짜증이 났다.

"아직 실감이 안 나서 그런가."

장례식장에서 만난 선배는 나보다도 씩씩해 보였다. 찾아온 사람들을 하나하나 챙기며 이런저런 일을 처리하는 선배는, 여전히 내게는 엄마 같은 어른의 모습이었고, 그런 선배에게 내가 뱉은 말이라곤 고작,

"나 선배네 들어가 살까 봐요."

그런 내게 선배는 또 특유의 그 엄마 같은 말투로 답했다.

"됐거든? 혼자 사는 게 편하지. 내가 너 밥해 주고 살기는 싫거든?"

그리고 웃었다. 어쩔 줄 몰라 하는 나를 도리어 위로하듯 선배는 농담을 하며 웃었다.

늘 이런 식이 되어버릴 수밖에 없는 걸까? 내가 힘겨울 때, 나는 늘 선배에게 위로를 받았다. 언제나 선배는 내게 힘이 되어 줬다. 그런데 정작 선배에게 위로가 필요한 순간에 내가 할 수 있는 일은, 아무것도 없었다. 아니 솔직히 전혀 생각나지 않았다. 도대체 내가 어떻게 해야 선배에게 위로가 되고 힘이 되어 줄 수 있는지, 그 방법이 전혀 떠오르지 않았다. 그래서 나는 또, 짜증이 났다.

세상에는,
도저히 뒤집을 수 없는 관계가 존재하는 걸까?

받기만 하는 딸, 받기만 하는 후배.

주기만 하는 엄마, 주기만 하는 선배.
그 관계는 도저히 뒤집힐 수 없는 걸까?

이제는 흰머리가 가득한 엄마에게도, 그 어느 때보다 위로가 필요한 엄마 같은 선배에게도, 나는 무력하기만 한 사람이었다. 병원을 나서면서도, 이 순간을 후회하고 또 후회할 날이 언젠가는 내게도 찾아올 거란 생각이 들었지만, 여전히 무능력한 나. 여전히 참 나쁜 딸인 나는, 그저 이기적인 바람만을 또 마음에 품었다.

그런 날이, 오지 않았으면 좋겠다.

엄마는 여전히 강하고, 선배는 여전히 엄마와 같아서, 나는 또 그들에게 받기만 하는, 그들은 또 나의 도움이나 위로 따위는 전혀 필요치 않은, 그런 날들만이 계속됐으면 좋겠다.

정말, 그랬으면 좋겠다는 이기적인 바람만을.

세상에서 가장 부러운 커플

열아홉부터 서른까지, 11년 연애 끝에 결혼한 후배 커플.

대학 1학년 때부터 캠퍼스 커플이었던 그들은,

"너네, 안 지겹냐?"

선배들의 이런 질문이 더 지겨웠을 거다.

11년. 결혼을 한 것도 아닌데 11년을 단 한 사람과 함께하다니!

"바람피우고 싶었던 적, 정말 한 번도 없었어? 한 사람만 만나 보고 결혼하는 거 안 억울해?"

결혼 전, 여자 후배에게 물었다.

"언니."

정색을 하곤 후배가 나를 불렀다. 그리고 말하길,

"그러기엔 우린…… 너어어어무 게을러!"

그래서 같이 웃고 말았던 것 같다. 바람도, 부지런하고 열정적인 사람들에게나 가능하단 후배의 말이 어느 정도 공감됐으니까. 11년이나 서로에게 길들여진, 이제 가족이나 마찬가지로 너무 편한, 나의 맞춤형 연인이 바로 옆에 있는데, "안녕하세요, 처음 뵙겠습니다. 나이가? 직업이? 고향이? 취미가?" 이렇게 처음부터 하나하나 다시 시작하는 건 정말, 눈이 뒤집힐 정도의 열정이 어느 날 갑자기 대처할 겨를도 없이 천재지변처럼 찾아오지 않고선 힘들 것도 같았다.

두 사람이 연인이라는 사실은, 어느 순간부턴 내게도 내 침대 옆의 스탠드, 내 식탁 위에 밥통, 내 책상 앞의 의자처럼 너무 당연한 것이어서, 의식될 것도 부러울 것도 없었다.

아무리 친한 사이라 해도, 보통 친구가 연애를 시작하거나 결혼을 하면 조금은 조심스러운 마음이 드는 게 사실이다. 둘만의 시간을 방해하면 안 될 것 같기도 하고, 내 앞에서와 연인 앞에서의 조금은 다른 친구 모습이 어색하기도 하고, 친구의 연인이 못마땅하거나 불편할 수도 있고, 또 둘 사이가 너무 좋으면 홀로 집에 돌아가는 길이 쓸쓸하게 느껴질 수도 있으니까.

하지만 그 후배 커플에겐 그런 마음이 조금도 들지 않았다. 나에게 남자친구가 없을 때도 셋이 함께 나들이를 가는 것이 조금도 이상하거나 비참하게 느껴지지 않았고, 두 사람이 결혼한 다음에도 그 신혼집에 가서 함께 뒹굴거리는 것이 조금도 불편하지 않았고,

홀로 집에 돌아오는 길에도 역시 쓸쓸한 마음 따윈 들지 않았다. 둘이 내 앞에서 조금 티격거린다고 해서 '역시 혼자가 편해.' 고소한 마음이 들지도 않았고, 둘이 좀 닭살을 떨어댄다 해서 '아우 짜증나.' 부러운 마음이 들지도 않았다. 정말 두 사람은 내게 당연함, 그 자체였던 거다. 의식될 것도 부러울 것도 없는.

두 사람이 결혼을 한 지도 벌써 2년이 넘어가나 보다. 어느새 여자 후배의 배가 조금씩 불어 오르고 있다.

'언니, 나랑 P랑 부모 된대. 큭큭큭큭. 웃기지? 큭큭큭큭큭큭.'

'큭큭큭'이 도배된 문자로 임신 소식을 알려 온 후배.

"너 그런 건 아빠 닮으면 안 돼. 엄마 닮아야지."

둘이 앉아 배를 보며 그런 얘길 주고받고선 잠깐의 정적 후,

"내가 아빠래. 큭큭큭큭큭."

"큭큭큭큭큭큭. 그러니까 내가 엄만가 봐. 큭큭큭큭큭큭."

데굴거리며 웃어대는 둘을 보고 있자면, 이런 것들이 어떻게 애를 낳아 키우겠다는 건지 어이없음과 동시에 나도 그냥 웃음이 났다.

하지만 한편으론, 내가 고작 몇 살이나 더 많다고 같잖게 부모 마음이 되어 걱정이 되기도 했다. 아직 공부 중인 남자 후배, 대학원을 마치고 이제 겨우 보따리 장사로 조금씩 강의를 나가고 있는 여자 후배의 넉넉지 못한 상황을 생각하면, 요즘 애 키우는 게 정말 만만치 않다는데 싶어서였다.

그런데 여자 후배 역시 그런 주변 사람들의 걱정을 조금은 눈치채고 있었던 걸까. 어느 날 사뭇 진지한 표정으로 이런 얘길 꺼냈다.

"우리 엄마가 그러는데, 아주 조금씩이라도 앞으로 나아가고 있다는 느낌이 들면 살 수 있대. 근데 아무리 발버둥 치고 죽을 둥 살 둥 허우적거리는데도, 제자리만 맴돌고 있다거나 오히려 뒤로만 가고 있다는 기분이 들면 그건 정말 힘들대."

그리고 덧붙이기를,

"나는 그래도 우리가, P가, 조금씩 나아지고 있다는 생각이 들어. 그래서 나는 사실 지금의 P가 제일 좋다?"

그리고 후배는 나를, 깜짝 놀라게 만들었다.

"언니 나는, 10년 전의 P와 지금의 P. 둘 중 누구와 사귀겠냐고 하면 지금의 P를 선택할 거야."

아무 말도 할 수 없었다.

너무, 부러워서.

언젠가 오래된 커플과 부부는 추억을 뜯어먹고 산다는 이야길 들은 적이 있다. 연애 초기나 신혼 시절 뜨겁게 사랑했던 기억을 되새기며, '그래, 우리에게도 그랬던 시절이 있었지. 그래, 이 사람이 내가 그토록 사랑했던 사람이지.'

나도 그랬다. '옛날에는 그렇게 잘해 주더니. 옛날에는 더 멋졌는데.' 추억만 뜯어먹다 결국 나자빠져 손을 놓아버렸다. 그리고 완벽한 사람을 기다렸다. 연애 초기엔 완벽해도, 만나다 보면 결혼하고 나면 달라지는 게 사람이고 사람 마음인데, 처음부터 그렇지 않은 사람은 만나고 싶지 않았다. 그렇게 완벽한 사랑만 기다렸다. 그러니 후배의 말은 내게, 충격에 가까운 부러움을 불러일으켰다.

나는 한 번도 그렇게 생각하려, 그렇게 되기 위해 노력해 본 적도 없었으니까. 전과는 달라졌지만 더 멋져진 그의 모습을 발견하려, 전과는 달라졌지만 더 깊어진 나의 마음을 보여 주려 노력해 본 적이 한 번도 없었으니까. '10년 전의 그와 지금의 그. 둘 중에 누구와 사귀겠냐고 하면 나는 지금의 그를 선택하겠어.' 10년은커녕 5년 전의 그, 3년 전의 그, 1년 전의 그와 비교해도 '지금의 그'를 선택해 본 적이 없는 나였으니까.

두 사람이 함께라는 것이 너무 당연해서,
의식될 것도 부러울 것도 없었던 후배 커플.

그런데 이 커플이 이젠 내게,
'세상에서 가장 부러운 커플'이 될 것만 같다.

그리고 그들이 앞으로 10년 후에도, 20년 후에도, 그렇게 말할 수 있었으면 좋겠다. 10년 전, 20년 전, 30년 전의 그와 지금의 그 중 누구를 선택하겠냐 묻는다면 조금도 망설이지 않고 '지금의 그'를 선택할 거라 말하는 그들을 계속 볼 수 있었으면 좋겠다.

내가 맘껏 부러워할 수 있게.
그래서 나 또한 그런 사랑을 꿈꿀 수 있게.
나 또한 누군가에게, 그런 사람이 되기 위해 노력할 수 있게.

홀로 북극에 버려진 펭귄

이야기를 짓는 일은 생각보다 힘들었다. 사람과 장소와 시간을 고루 살피며 문장까지 신경 써야 하는 게 만만치 않아서였다. 처음에는 그저 소박하게 '과거에 일어난 일을 그대로 기록해 보자'는 취지로 시작한 건데, 막상 쓰다 보니 더 재밌게, 또 맛깔나게 쓰고 싶은 욕심이 앞섰다. 글쓰기는 매 순간이 결정과 선택의 연속이었다. 그런데 그걸 내가 잘하고 있는지 확신이 서지 않았다. 이야기는 중간중간 자꾸 멈췄다. 그럴 때면 홀로 북극에 버려진 펭귄이 된 기분이 들었다. 참으로 막막하고 무시무시한 순간이었다.

좋아하는 작가의 첫 장편소설이 나왔다.
그녀는 나를 참, 여러 번 즐겁게 하고 여러 번 슬프게 한다.

그녀의 첫 단편집을 만났을 때의 충격이 지금도 선명하다. 당시 글 꽤나 좋아한다는 지인들이 모일 때면 언제나 그녀 얘기가 화제에 올랐다. 신선한 충격. 70년대 생, 90년대 학번인 우리들에게 그녀는 그런 존재였다. 독특한 문체와 감성, 이야기꾼으로의 타고난 재능과 능청. 오랜만에 술술 재미나게도 읽히는 좋은 소설을, 그런 이야기를 펼쳐내는 좋은 작가를 만났다는 기쁨과 동시에 그녀는 우리를 슬프게 했다. 그녀는 어렸다. 우리보다, 나보다, 어리다. 그녀는 80년대 생 이야기꾼.

아직 이십 대의 끝자락에 서 있던 그 당시의 나는, 내가 아직 멀었다고 생각했다. 아직 아무것도 시작해 보지 못한, 그러니 아직 많은 가능성 또한 남아 있는 그야말로 '청춘'이라고 생각했다. 지리멸렬한 방황의 시간들이 길어져도 나는 아직 어리니까, 나는 아직 멀었으니까. 나에게 '작가'는, '소설가'는, 언제나 나보다 한참 멀리 있는 어른들이었다. 그런데 그녀는, 나보다 어렸다. 그리고 무엇보다 그녀의 글, 그녀의 이야기는, 멋졌다.

아직, 이라 생각하며 미뤄 왔던 것들이
영영, 오지 않을지도 모른다는 초조함.

아직, 이라 생각했지만
원래, 나는 아무것도 아니었을 수도 있다는 불안함.

우리보다 어린 나이로 이미 멋지게 해낸 그녀는

우리를, 나를, 슬프게 했다.

부러웠다. 그래서 '낀 세대'인 우리의 처지를 운운하며 핑곗거리를 찾기도 했다. 70년대 생, 90년대 학번. 누군가는 우리를 '치열했던 386 세대'도 아닌 '청년실업 88만원 세대'도 아닌 386-88, 298 세대라 불렀다. 존재감 없는, 개성 없는, 잊힌 세대 혹은 낀 세대. 글을 대함에 있어서도 어쩌면 우리는, 그 연장선 위에 있는 걸지도 모른다고 생각했다. 이전 세대만큼 치열한 시대를 살지 않았기에 그만큼 치열하고 진지한 글을 써내지도 못한다. 그렇다고 이후 세대만큼 그로부터 완전히 자유롭지도 못해 '글이란, 책이란 무릇'이란 틀 안에 갇혀 이러지도 저러지도 못한 채 맴맴거린다. 그러다 과감히 그 틀을 깨고 그들만의 개성으로 새로운 영역을 개척한 80년대 생들의 번뜩임에 깜짝. 경탄과 부러움에 입을 마냥 헤 벌리고 서 있다 이내 슬퍼지고 말았던 건 아닐까, 하며 열심히 핑곗거리를 찾았다.

등단 후 5년이 넘어가도록 그녀의 장편이 나오지 않자, 도대체 그녀의 장편은 어떨까 기대가 되면서도, 그래 번뜩이는 개성과 반짝이는 재능은 단편에 더 어울릴지 몰라, 묘한 안도감이 들기도 했다.

그러다 드디어, 만나게 된 것이다. 그녀의 첫 장편소설. 야금야금 아껴 본다고 하는데도 술술 넘어가는 책장. 이것저것 생각할 겨를도 없이 다른 일들은 모두 제쳐 두고 나는, 그 책만 붙들고 있었다. 그리고 마지막 책장을 덮으면서 나는 그만 멍…해지고 말았던 것 같다.

“글은 잘 써져?”
“김애란 장편이 나왔어.”
“아, 벌써 봤어? 재밌어?”
입은 꾹 다물고 고개만 끄덕이는 날 빤히 보던 선배가 말했다.
“그래서, 기 팍 죽었니!?”

긴 방황 끝에 드디어 한글창과 마주한 지 얼마 되지 않았을 때였다. 더 이상 도망만 다니지 말자, 지금 내가 할 수 있는 이야기를 매일매일 조금씩이라도 적어 가 보자. 생각만 많았던, 괴로워만 했던 내 지난 시간들이 아깝다 생각될 정도로 나는 조금 즐거웠던 것 같다. 이 이야기들이 끝내 아무에게도 가닿지 못하고 영원히 내 노트북에만 남게 된다 해도 괜찮다 느껴질 만큼. 그런데,

시간이 더해 갈수록 나는 내가 맘에 들지 않았다. ‘이 단어 말고 없나? 이 문장도 별론데? 처음 구성 자체가 문제였던 것도 같고. 이 단락은 아예 빼야겠다. 아… 그냥 처음부터 다시 쓸까?’ 지우고 고치고, 다시 쓰고 고치고, 그러다 지쳐 ‘아… 역시 나는 아닌가 보다.’ 슬쩍 뒤돌아 도망이나 치려고 반쯤 몸을 돌린 나를 딱 알아챈 듯 선배가 말했다. “그래서, 기 팍 죽었니!?” 아무 말 않고 가만있는 내게, 선배가 갑자기 버럭 소리를 질렀다.

“누가 너보고 1등 하라고 글 쓰래!?”

어우, 깜짝이야. 나는 또 한참을 혼났다. 서점에 가면 가끔 숨이 턱턱 막힌다. 세상엔 이미 이렇게나 많은 책들이 있는데…. 좋은 책, 좋은 작가를 새로 발견하게 될 때마다 이런 생각도 들었다. 아직도 내가 모르는 좋은 책, 좋은 작가들이 이렇게나 많은데, 다른 건 아무것도 안 하고 매일매일 책만 봐도 다 못 보고 죽을 것만큼 세상엔 이렇게나 많은, 좋은 책들이 있는데…. 그런데, 별것도 아닌 것 같은 내가 무얼 또 쓴다는 게 도대체 무슨 의미가 있을까.

"누가 너보고 1등 하라고 글 쓰래!?"

한참을 혼나고 돌아왔는데도 마음이 쉬이 잡히지 않았다. 그러다 다시 꺼내 보게 된 '그 책'. 처음부터 다시 한 글자 한 글자 꼭꼭 씹어 읽는 동안 나는 그녀의 이야기에 빠져들어 또다시 즐거워졌다. 그러다 다시 만난 이 단락.

이야기를 짓는 일은 생각보다 힘들었다. (……) 이야기는 중간중간 자꾸 멈췄다. 그럴 때면 '홀로 북극에 버려진 펭귄'이 된 기분이 들었다. 참으로 막막하고 무시무시한 순간이었다.

그녀는 참,
나를 여러 번 즐겁게 하고 여러 번 슬프게 하더니 이젠,
위로까지 해 준다.

'홀로 북극에 버려진 펭귄'의 기분을 그녀도 알고 있다는 사실에

마음이 시큰. 홀로 북극에 버려진 채, 펭귄 탈을 쓰고 뒤뚱거리는 작은 아이가 떠올라 꼭 안아 주고 싶었다. 그런데 그렇게 안아 주고 있는 사이, 펭귄 탈 안의 얼굴이 내 얼굴로 변해 있다.

뒤뚱뒤뚱 그러다 뒤로 쿵. 하지만 커다란 펭귄 탈을 가누지 못해 일어나지도 못하고 차가운 얼음 바닥에 누워 한참을 버둥버둥. 그러다 기운이 빠져 대자로 뻗은 채 멍…. '그래도 북극 하늘은 참 파랗고 맑네.' 그 순간이 힘이 돼 영차, 힘차게 발을 굴려 일어나 보려……

해도, 끝내 일어나지 못할 수도 있다. 겨우 일어는 났지만 뒤뚱뒤뚱 어설프고 느린 걸음으로 1등은커녕 너무 늦어, 모두가 집에 돌아가 버린 쓸쓸한 결승점에서 또 멍하니 홀로 서 있게 될지도 모른다. 하지만 그럼에도 다시 한 번 영차, 생각했다.

뒤뚱뒤뚱이라도 어쨌든 버둥거리는 동안에는 '그래도 버둥거리고 있다고!' 이렇게 말할 수는 있을 테니까. '네가 그렇지 뭐. 생각만 많으면 뭐해. 말만 많으면 뭐해. 네 얘기 들어주는 것도 이제 지겹다.' 나를 향한 지겨움과 짜증, 그건 정말 나조차도 이젠 지겹고 싫어서 영차.

나를 참 여러 번 즐겁게 하고 여러 번 슬프게 한 그녀에게 이젠,
위로까지 받았으니 다시 한 번 영차.

소멸의 순간

그 그림을 처음 만났던 순간이 아직도 생생하다.

너무나 유명한 화가의 특별전이었기에 시장통처럼 북적이던 미술관. 안 그래도 작은 키, 새까만 사람들 머리에 가려진 그림, 나도 좀 보겠다고 까치발로 연신 목을 쭉 빼 기웃거렸더니 30분도 안 돼 감동은커녕 피로가 밀려왔다. 그래도 이왕 나온 거 2층도 봐야지 힘겹게 계단을 올라 2층 첫 번째 전시실로 들어섰을 때,

처음, 이었다.

그 큰 전시실에 마치, 그 그림만이 달랑 한 장 걸려 있는 듯한 느낌. 그 많던 사람들, 그 많던 다른 그림들이 희뿌옇게 지워져 이내 모두 사라지고 그 큰 전시실에 마치, 나와 그 그림만이 마주하고 있는 듯한 느낌. 화폭 안에 있던 나뭇잎들이 거짓말처럼 반짝반짝, 조금씩 화폭 밖으로 자라나 전시실 전부를 하나의 숲으로 채워버린

듯한 느낌.

반짝, 반짝.
화가의 마음이 반짝이는 느낌.
덩달아 내 마음까지 반짝이는 느낌.

그런 느낌은, 처음이었다.
한참을 그 자리에 서 있었던 것 같다.
중간에 갈라졌던 동행이 다가와 내 어깨를 툭 치기 전까지
한참을 멍하니, 그 자리에.

그 그림을 다시 만난 건 몇 년 후 도쿄에서였다.
너무나 유명한 화가라 도쿄 곳곳에 그 화가의 특별전 포스터가 붙어 있었다. 예정돼 있던 일정을 취소하고 일행들과 헤어져 홀로 미술관을 찾은 것은, 오로지 그 그림. 어쩌면 그 그림을 다시 만날 수도 있지 않을까, 하는 기대감 때문이었다.

일본에서의 특별전 역시 많은 사람들로 붐볐다. 한 시간 넘게 줄을 서 마침내 전시실 안으로 들어섰을 때, 다른 그림들은 눈에 들어오지 않았다. 사람들의 까만 머리 사이를 기웃거리며 그 그림만을 찾았다. 그렇게 한참을 바쁘게 두리번거리다 멈칫. 지나온 두 걸음을 되돌아갔다. 두 걸음을 되돌리는 그 짧은 순간에도 의심이 들었다. 그럴 리가, 내가 그 그림을

그렇게 쉬이 지나쳤을 리가 없는데….

하지만 두 걸음 뒤엔, 그 그림이 있었다.

조금 전 지나친 작은 액자. 그 액자 안에 있었다. 그 그림이.

당황스러웠다. 이 그림이 이렇게 작았던가. 내 키보다 큰 나무였던 것 같은데. 이 그림이 이렇게 어두웠던가. 무척 반짝반짝 빛이 났었는데. 분명 그랬었는데…. 한참을 그 그림 앞에 서 있었다. 믿을 수가 없어서.

몇 년 전 서울에서 그 그림을 함께 봤던 동행에게 전화를 걸고 싶을 정도였다. '그때 그 그림, 내 키보다 훨씬 크지 않았어? 무척 반짝반짝, 나뭇잎이 막 빛이 나지 않았어?' 하지만 그럴 수 없었다.

미술관을 나서 지하철역으로 향하던 좁은 골목길이
제법 쓸쓸했던 기억.

그 기억이 오늘 아침, 문득 떠올랐다.

눈을 뜨니 7시. 아직도 방 안이 어두운 것이 정말 겨울이 왔나 보다 싶었다. 창가로 가 커튼을 여니, 역시나 어둠은 아직 채 가시지 않았다. 쭉 늘어선 가로등들이 아직도 불을 밝히고 있는 도로로, 헤드라이트를 켠 차들이 드문드문 지나가는 걸 얼마나 내려다보고 있었을까.

저 멀리 왼쪽부터 차례로, 그리고 순식간에, 꺼지는 가로등 불.

조금 더 어두워진 아침 도로를 내려다보며, 나는 그 그림을 떠올렸던 것 같다. 그리고 조금, 슬퍼졌던 것 같다. 어쩌면 그것이, 가장 슬픈 순간일지도 모르겠다는 생각이 들었기 때문이었다.

어쩌면 가장 슬픈 순간, 관계에 있어 가장 슬픈 순간은, 그런 순간일지도 모른다. 서로의 마음에 부러 생채기를 내며 독기를 내뿜는 순간도, 눈물 흘리며 다투고 매달리고를 반복하는 격정의 순간도, 그리고 끝내 이별을 맞이하는 순간도 아닌, '찬란히 반짝이던 사랑의 불빛이 소멸되는 순간, 그 소멸을 직시하게 되는 순간.'

그래서 나는 조금 슬퍼지고 말았던 것 같다.

왠지, 보고 싶지 않은 순간을 봐버린 느낌.
왠지, 보지 않아도 될 순간을 봐버린 느낌.

가로등이 꺼지는 순간.
빛을 잃은 그림과 다시 마주하던 순간.

그리고…
더 이상 반짝이지 않던 그 사람을, 처음 깨닫게 된 순간.

그렇게 내 안의 가로등 하나가, 꺼지는 순간을.

꼬박 일 분간의 지극한 행복

'재작년 봄, 난 뭘 하고 있었지?'

금세 생각날 리 없다. 재작년은커녕 작년 일도, 심지어 어제 먹은 점심 메뉴도 금세 생각 안 날 때가 많으니까. 그러니 조금 더 시간을 거슬러 올라가 '2007년에 나는 어떻게 살고 있었지? 2005년에는 뭐 했더라? 2001년 내 관심사는?' 이런 질문들엔 그냥 멍해지기 쉽다. 그나마 학생일 때는 '몇 년도에는 대학 졸업반, 몇 년도에는 고2였지, 몇 년도에는 초등학교 5학년.' 조금만 생각해 보면 이런 계산이 됐지만, 사회생활을 시작하면서부터는 해가 바뀌는 것에 대한 감각이 점점 둔해졌고, 심지어 올해가 몇 년도인지 올해 내가 정확히 몇 살인지도 잠시 생각해 봐야 확신이 섰다. 매일매일이, 별반 다를 게 없으니까. 작년에도 일을 하고 있었고, 재작년에도 일을 하고 있었고, 그 전 해에도, 그 전 전 해에도. 보통은 이렇게 되니까.

그런데 얼마 전, 컴퓨터 사진들을 정리하다 보니 몇 년도에 뭘 했는지에 대한 기억이 '여행'에서만은 분명했다. 2010년에는 이집트에 갔었어. 2009년에는 제주도에 갔었군. 2008년에는 교토에 있었지. 이런 식으로 말이다. 1년 365일의 일상보다 여행 그 며칠간의 기억이 더 생생하게 떠올랐다. 1년 365일 찍은 사진보다 여행 그 며칠간 찍은 사진이 더 많듯이.

그러고 보니 이런 질문을 받았을 때, "(지금은 헤어진) 그 사람과의 추억 중에 뭐가 가장 기억에 남아?" 그때도 나는 여행을 떠올렸던 것 같다. 그리고 그때도 그것이 조금 신기하다 느껴졌던 것 같다. 1년 365일 거의 매일 연락하고 만나고 그랬던 것 같은데, 그 많은 시간들의 기억은 도대체 어디로 다 날아가 버린 건지, 그 사람과 여행했던 단 며칠의 짧은 날들만이 이토록 생생하게 기억난다는 것이, 그때도 조금 신기하다 느껴졌던 것 같다.

어쩌면 당연한 일일지도 모른다. 반복되는 하루하루는 굳이 기록하지 않으면, 필름처럼 토막토막의 기억만을 남기고 일상에 묻혀 그대로 날아가 버리고 마니까. 또 낯선 곳에서의 새로운 일들은, 반복되는 일상보단 어쨌든 더 강렬한 인상을 남길 수밖에 없으니까. 그래서 사람들은 그렇게 여행을 가고 싶어 하고, 추억을 만들고 싶어 하는지도 모른다.

그런데 재밌는 건, 사랑도 그렇다는 거다. 한창 사랑에 빠져 있던 그해를 떠올려 보면, 난 분명 사랑 이외에도 많은 일을 했을 텐데,

그 사람과의 추억 이외에는 별로 기억나는 게 없다. 반복되는 지루한 일상. 그 안에서의 사랑은, 선명한 추억을 남기는 여행과도 같은 걸까. 그래서 사람들은 늘 여행을 가고 싶어 하는 것만큼이나 늘 사랑을 하고 싶어 하는 걸까.

그러고 보면 참 닮은 점이 많다. 여행과 사랑. '세상에 가 볼 곳이 얼마나 많은데!' 한 번 갔던 여행지를 또다시 가는 건 바보 같다 말하는 사람들도 있다. 하지만 반대로, 좋았던 기억을 잊지 못해, 혹은 왠지 모를 아쉬움에, 혹은 다시 가면 더 잘 지낼 수 있을 것 같아, 한 번 갔던 여행지를 다시 찾는 사람들도 있다. 한 번 헤어지면 뒤도 안 돌아보는 사람들도 있고, 헤어졌던 사람과의 재결합을 더 원하는 사람들도 있듯이.

또 여행에 있어 가장 설레는 순간은, 그 직전이다. 오히려 여행 그 자체보다 계획을 짤 때가 더 두근두근. 그리고 그 정점은 출발 직전, 공항이다(혹은 기차역). 나 같은 경우엔 시내에 돌아다니는 공항버스만 봐도 설렐 때가 있다. 나도, 떠나고 싶다! 그런데 사랑도 그렇다. 가장 두근두근할 때는, 사귀기 직전. 그 사람의 마음은 어떨까, 추측하고 기대하고 그러다 마침내 서로의 마음을 확인하는 그 순간. 심장이 터질 듯한 긴장감과 설렘은 아마도, 그 순간이 최고이지 않을까. 그리고 그런 사람들, 이제 막 사랑을 시작하려는 사람들을 보면 나도 설레곤 한다. 공항버스에 타고 있는 사람들을 보면, 나의 지난 여행들이 머릿속을 스쳐 가며 두근두근 나도 떠나고 싶어지는 것처럼 말이다.

그런데 그 터질 듯한 마음으로 여행지에 도착했을 때, 모든 것이 내 계획대로 내 마음대로만 되느냐. 그렇지 않다. 좋은 추억들만 백만 개 생기느냐. 그렇지 않다. 길도 잃어버렸다가, 동행과 싸우기도 했다가, 기대했던 것보다 여행지가 별로인 것 같아 실망도 했다가, 또 미처 생각지도 못했던 문제들까지 곳곳에서 튀어나와 당황스럽기도 했다가, 그런 게 여행 아닐까. 모든 연애가 그렇듯. 내 계획대로 내 마음대로만은 안 되는 것이 여행이고 또 사랑 아닐까.

하지만 무엇보다 여행과 사랑의 닮은 점은, 이것이 아닐까 싶다.

지난 여행이 좋았든 나빴든
일상으로 돌아오는 순간 우리는,
다시 여행을 꿈꾼다.

'집 나가면 고생이라더니, 내가 왜 내 돈 쓰고 여기까지 와서 이 고생인 거야.' 여행 내내 투덜투덜했어도 막상 일상으로 돌아오면, 우리는 여행이 그리워진다. 또 다른 여행을 꿈꾸게 된다. 죽을 것처럼 아팠으면서도, 다시는 사랑 따윈 하지 않으리라 백만 번 다짐했으면서도, 이내 그리워지는 설렘. 이내 또 다른 사랑을 꿈꾸게 되는 우리.

어쩌면 어리석은 일일지도 모른다. 1년 365일 긴 일상에 비해, 여행은 참 짧다. 뜨겁게 타오르는 사랑의 순간 역시 긴 인생, 긴 만남에 있어서는 찰나의 시간일지도 모른다. 그런데도 그 찰나의 시간을 위해, 지지고 볶고 상처 주고 상처받고 아파하고 괴로워하는 사랑을 또 하겠다? 문득, 어떤 소설의 마지막 문장이 떠오른다.

오, 신이시여! 꼬박 일 분간의 지극한 행복!
인간의 삶 전체에 비춰 볼 때 과연 적은 것일까요?

찰나의 지극한 행복. 하지만 어쩌면 그래서 더 필요한 걸지도 모르겠다. 기복 없이 일자로 흘러가는 재미없는 그래프처럼 아무 일 없이 반복되기만 하는 일상, 그런 일상을 살고 있는 우리이기에 더, 꼬박 일 분간의 지극한 행복일지라도, 그 일상에 '반짝'하는 순간이 필요한 걸지도 모르겠다.

그 '반짝'의 순간이 때론
평생의 힘이 되는, 평생의 추억이 되는 기억으로도 남곤 하니까.
그러니까 우리는 또, 하고 싶어지는 게 아닐까.
여행을, 그리고 사랑을.

친구의 연애

결혼식에 갔다 딱 한 번 울컥했던 적이 있다.

H는 대학에서 내가 가장 먼저 만난 친구였다. 입학식 전 신입생 오리엔테이션 가는 버스 내 옆자리에 앉았던 친구. 나는 재수를 했고, H는 빠른 년생 친구였기에 거의 두 살 터울이 났던 만큼 처음 우리의 대화는 이러했다.

"그래도 동기인데 말 편하게 해요."

"어유, 어떻게 그래요. 누나인데…."

볼이 발개져 쑥스러워하던 H. 그때 H의 얼굴엔 꼭 이렇게 쓰여 있는 것만 같았다. '나 순진, 나 범생, 나 곱게 자라 예의 바름.' 하지만 잦고 거친 술자리로 눈 깜빡할 새 3월이 지나자, H가 나를 부르는 호칭은 이렇게 바뀌어 있었다. "야 이년아." 하지만 그 말을 할 때조차 H의 표정은 어쩐지 어색해 나는 그냥 웃겼다. 어떨 때는 친구 같고, 어떨 때는 막내 동생을 넘어 아들 같기도 했던 H라, 과 친구들은 우리를 모자 관계라 놀렸다. 남녀 관계의 애틋함 같은 건 처음부터 지금까지 한 번도 없었다. H에게 여자친구가 생겼을 때는 정말 며느리가 생긴 기분이었고, 나에게 남자친구가 생겼을 때는 새아빠를 소개해 주는 듯한 기분이 들 정도로, H는 내게 정말 가족 같은 느낌의 친구였다.

그런 H가 나보다 먼저 결혼을 했다. "아들 결혼식인데 왜, 한복 입고 가야지." 친구들의 장난에 나도 따라 웃었다. 부럽다거나 그의 신부에게 질투가 난다든가 하는 감정은 전혀 없었다. H의 지난 아픈 연애들도 모두 지켜봐 왔던 친구의 입장에서 그의 행복한 결혼식은 나에게도 큰 기쁨이었다. 그런데 결혼식 중, H와 신부의 어린 시절부터 지금까지의 사진들이 짤막한 글과 더불어 슬라이드로 비치는데 갑자기 내가 울컥. 스무 살 무렵의 H가 등장하는 부분에선 정말 울 뻔했다. 이건 또 무슨 말도 안 되는 오지랖인지 아들 장가 보내는 엄마 마음, 아니 딸 시집보내는 아빠 마음 같은 게 몽글몽글 솟아 눈물을 참느라 혼났던 기억.

그런데 그건 분명, H가 이성 친구였기 때문은 아니었다.

동성 친구인 J와 나는 10년 넘게 아주 가까운 사이로 지내 왔지만 서로의 남자친구는 거의 본 적이 없다. 우리는 만날 때 절대 남자친구를 대동하지 않는다. 그럼 남자친구 욕을 못 하니까. 절찬리 열애 중일 때도 적당한 남자친구 뒷담화는 필요하다. 또 남자친구와는 할 수 없는 여자들만의 대화라는 것도 있으니까.

그러던 어느 날 J에게 새로운 남자친구가 생겼다. 물론 그전과 마찬가지로 나는 다 알고 있었다. 처음 만남부터 사귀게 된 과정, 그의 장단점과 성격까지 모두 다. 우리는 언제나 서로의 연애 상황을 보고하는 사이니까. 그런데 이번엔 좀 달랐다. 내가 J에게 이런 말을 한 건 처음이었으니까.

"언제 같이 밥이나 한번 먹자."

나는 처음으로 J의 남자친구가 보고 싶었다. 그리고 또 처음으로 J의 남자친구와 잘 지내야 할 것 같다는 기분이 들었다. 꽤, 오래 만날 것 같았으니까. 그가 J의 모든 일상으로 들어올 것 같은 기분. 그리고 J의 그 모든 일상에는 나 또한 포함돼 있기에, 그와 나는, 잘 지내야 할 것 같다는 기분이 처음으로 들었다.

그리고 나는, 서운했다. 내가 지금 혼자라 연애가 부러운 것도 아니고, J가 나에게 얄밉게 혹은 섭섭하게 대한 것도 아닌데, 나는 서운했다. 그것도 많이, 아주 많이. 딸 시집보내는 아빠 마음이라도 된 양 또다시 펼쳐진 감정의 오지랖.

언젠가 이런 글을 본 적이 있다.

스무 살 무렵 우리가 가장 쉽게 하게 되는 착각 중의 하나는,

지금 만나고 있는 사람들과 영원히 함께일 거라 생각하는 것이다.

스무 살 무렵, 나도 그런 착각을 했다. 하지만 그 시절 매일 붙어 다니던 친구 중에 지금은 연락조차 안 되는 친구도 있다. 물론 그 시절 친구 중 지금도 가깝게 지내는 친구 또한 분명 있다. 하지만 그 또한, 조금은 다른 관계로.

지금 만나고 있는 사람들과 영원히 함께일 거라는 생각은
착각일 수도 있고 아닐 수도 있다.
지금 만나고 있는 사람들과 영원히 연락하며 지낼 거라는 생각은
이뤄질 수 있다. 하지만,

지금 만나고 있는 사람들과
영원히 지금과 같은 관계로 함께일 거라는 생각은
착각이 맞다.

사람은 변하니까. 상황은 달라지니까. 그렇게 관계 또한 달라지니까. H는 결혼을 했고, J는 새로운 일상으로 이어질 연애를 시작했다.

우리는,
우리의 관계는, 달라질 것이다.

우리가 서로를 덜 아끼거나, 덜 챙기거나, 덜 좋아하게 된다는 것

이 아니라 오히려 더 배려하느라, 더 아껴 주느라 우리의 관계는 달라질 것이다.

"날 너무 배려하진 말아 줘. 그럼 나 섭섭해질 것 같아."

J는 말했다. 하지만 아마도 난 배려하게 될 것이다. 아무 때고 불쑥 전화하거나, 주말 약속을 무리하게 강요하거나, 여행을 함께 가자고 조르지도 않을 테고, 나는 이제 늘 J를 생각함에 있어 J의 남자친구 마음 또한 헤아리려 할 테니까. 그래야 우리 셋이 모두 즐겁게 잘 지낼 수 있을 테니까.

너무나 당연하게도 시간은 언제나 흐르고 있다.
그렇기에 우리는 조금씩 흘러간다.
그렇기에 우리는,
그리고 우리의 관계 또한, 변해 갈 수밖에 없는 것.

나는 아직,
그것을 조금도 서운해하지 않고 받아들이기엔
철이 덜 들었나 보다.

친구의 연애.
내가 더 기쁘고 그래서 진심으로 축하해 주고 싶은 마음이지만,
서운함 또한 어쩔 수가 없다.

딸래미 시집보내는 아빠 마음이라도 된 양
감정의 오지랖이 팔락팔락.

나는 지금, 몹시 쓸쓸해하고 있으니 말이다.

죽어버린 시계, 죽어버린 관계

우리집엔 시계가 딱 하나 있다.

하루 종일 휴대폰을 곁에 두기 시작하면서 알람시계나 손목시계는 더 이상 필요하지 않게 되었지만, 그래도 벽시계는 하나 있었으면 했다. 그리고 하나면 충분했다. 워낙 작은 원룸 오피스텔에 살고 있으니까. 대신 어디서나 볼 수 있는 곳에 벽시계를 걸었다. 책상에서 책을 보다가도, 소파에서 TV를 보다가도, 식탁에서 밥을 먹다가도, 침대에서 뒹굴거리다가도, 심지어 창가에 멍하니 있다가도, 고개만 돌리면 시간을 확인할 수 있는 곳에 시계를 걸어 뒀다.

저녁 6시 15분. 오늘까지 꼭 해야 할 일이 하나 있었지만, 아직 여유가 있으니 조금만 더 책을 보자 했다. 7시까지만 보지 뭐. 아직 해도 안 졌잖아. 중간중간 시계 쪽을 흘깃거리긴 했지만, 시침이 아직

7시엔 다다르지 않은 듯해 나는 계속 책을 봤다. 원래 다른 일이 밀려 있을 때 책도 더 재밌는 법. 조금만 더, 조금만 더. 그러다 문득 깨달았다. 창문 밖이 깜깜해진 것을. 어? 아직 7시도 안 됐는데, 해가 벌써 졌어? 이 여름에?

그제야 휴대폰 시간을 확인해 봐야겠다는 생각이 들었다. 저녁 9시 23분. 세 시간이 훌쩍 지나 있었던 거다. 그리고 고갤 들어 다시 벽시계를 확인했을 때, 시침은 여전히 7시에 이르지 못하고 있었다. 6시 43분에, 시계는 죽었던 것이다.

이런 바보. 30분도 아니고, 한 시간도 아니고, 세 시간이 지나도록 몰랐다는 게 말이 돼? 어쩌면 나는 모른 척하고 싶었던 게 아닐까. 일이 쌓여 있는 현실의 세계로 돌아오고 싶지 않아 시계가 죽었다는 것, 시간이 흐르고 있다는 것을 모른 척하고 싶었던 게 아닐까. 그 세 시간 동안 벽시계만을 철석같이 믿으며, 한 번도 휴대폰 시간은 확인하지 않았다는 것이 내가 생각해도 말이 안 되는 얘기 같았다.

그런데 더 바보 같은 건, 그다음 날부터의 나였다. 나는 이제 알고 있다. 시계가 죽었다는 것. 건전지를 갈아 끼우기 전까진, 시계가 더 이상 내게 현실의 시간을 알려 줄 수 없다는 것을 나는 이미 알고 있었다. 그런데 나는 하루 종일 시계를 흘깃거렸다. 이런 바보. 시계 죽었잖아. 그때마다 휴대폰을 찾으며 혼잣말을 중얼거리면서도 또 같은 실수, 또 같은 실수. 빨리 가서 건전지를 사 와 갈아 끼우면 될 텐데, 것도 하지 않으면서 바보같이 또 같은 실수, 또 같은 실수.

그렇게 이틀을 보냈다. 그런데 삼 일째 아침, 눈을 뜨자마자 나는 또 벽시계를 봤다. 6시 43분. 멈춰 있는 시간. 죽어 있는 시계.

습관이 무섭구나, 싶었다. '지금 몇 시지?'란 생각과 동시에 무의식적으로 벽시계를 향해 돌아가는 고개. 어쩌면 정말, 몸에 밴 '그 습관' 때문만일지도 모른다. 하지만 동시에 이런 생각도 들었다.

어쩌면 나는, 원래 이런 사람인 건 아닐까.

멈춰버린 시간. 죽어버린 시계.
알면서도 모른 척, 또 까먹은 척, 뒤를 돌아본다.

멈춰버린 시간. 죽어버린 관계.
다 알면서도 자꾸만, 습관처럼, 뒤를 돌아본다.

그렇다고 죽은 시계가 어느 날 저절로 다시 살아날 리 없다는 걸 알면서도, 건전지를 갈아 끼우기 전까진 새로운 시간 또한 불가능하다는 걸 잘 알면서도, 그 일만은 하루하루 미루며, 나는 또 나에게 속는다.

그렇게 나는 얼마나 오랫동안
죽어버린 관계, 죽어버린 시간 속에서 살고 있었던 걸까?

우리가 끊임없이 타인을 찾아 헤매는 이유

"이제 정말, 돌아갈 때가 됐나 보다."

친구가 말했다. 한 달 계획으로 떠나온 여행이 거의 막바지에 다다랐을 때, 우리는 어느 작은 해변 마을 바닷가에 앉아 있었다.

"그러게…."

전후 맥락 없는 친구의 말인데도, 내 입에서 바로 동의의 표현이 흘러나온 이유. 나도 같은 생각을 하고 있었기 때문이었다. 장기 여행으로 인한 피로 누적 때문만은 아니었다. 그렇다고 여행의 불편함이 극에 달해서도 아니었고, 집과 친구들이 그리워져서도 아니었다. 굳이 이유를 찾자면, 지금 우리 앞에 펼쳐진 풍경이 지나치게, 아름다워서였다.

유명하거나 화려한 관광도시도 아니었다. 그저 어느 나라에나 있을 법한 작은 해변 마을. 수평선에 발갛게 걸린 태양을 등진 채 막바지 물놀이를 즐기는 젊은이들, 모래사장에 누워 책을 보는 사내, 개와 함께 산책을 나온 부인, 그리고 다정한 연인들까지. 뭐 특별할 것도 없는 어느 해변 마을에서나 볼 수 있는 풍경. 그런데도 참, 지나치게 평화롭고 아름다운 느낌.

이보다 더 좋은 것은 이제 이 여행에서 남아 있지 않겠구나 생각될 만큼, 그래서 이제 정말 집으로 돌아갈 시간이구나 생각될 만큼, 평화롭고 아름다운 순간. 우리는 말없이 한참을 앉아 있었던 것 같다. 그리고 이제는 떠나야 할 시간. 자리를 털고 일어나며 친구가 말했다.

"근데, 기분이 이상하다. 어쩐지 좀… 슬퍼."

웃음이 났다. 나도, 같은 생각을 하고 있었으니까. 여행이 곧 끝날 것이라는 아쉬움 때문은 아니었다. 평화로운 해변 마을 사람들의 모습이 절대 내 것이 될 수 없는 행복으로 느껴져서도 아니었다. 그저 이 순간이 너무 좋아서, 너무 아름다워서 조금 슬퍼졌을 뿐. 그리고 그 슬픔이 '나는 왜 이 좋은 순간을, 이 아름다운 순간을 마냥 행복해하며 즐기지 못하는 거지?' 나에 대한 짜증으로 변해 가려 할 찰나,

"어쩐지 좀 슬프다. 도대체 왜 슬픈 건지는 나도 잘 모르겠지만…."

친구가 말해 준 것이다. 그리고 그때 떠오른 소설 속 한 장면.

미녀를 보며 남자는 생각했다.

그녀가 그 아름다운 모습으로 내 눈앞에서 어른거리는 횟수가 잦아질수록 나의 슬픔은 더해 갔다.

아름다운 여인 앞에서, 남자는 왜 슬퍼졌을까?

그것이 소녀의 아름다움에 대한 질투 때문인지, 아니면 이 소녀가 지금 내 것이 아니며 앞으로도 영영 내 것이 될 수 없는 타인이기 때문인지, 아니면 소녀의 흔치 않은 아름다움이 지상의 다른 모든 존재들처럼 우연하고 불필요하고 무상한 것이라는 사실을 내가 막연히 느끼고 있기 때문인지, 알 수 없는 일이다.

그리고 덧붙이기를,

어쩌면 나의 슬픔은 진정한 아름다움을 관조할 때 인간의 마음속에서 불러일으켜지는 특별한 감정인지도 모른다. 누가 알겠는가!

가장 아름다운 순간을, 가장 즐거운 순간을, 가장 행복한 순간을, 언제나 이 지랄 맞은 성격으로 만끽하지 못하는 내가, 한때는 나조차도 몹시 짜증스러울 때가 있었다. 그렇게 누군가를 잃은 적도 있다.

'너랑 계속 같이 있으면 나도 우울해질 것 같아.'

그 말이 꽤 오랫동안 마음에 남아 이렇게 생겨 먹은 내가 나 스스로도 짜증스러웠던 시절. 그런데 지금의 나는, 웃을 수 있었다.

"아무튼 지랄 맞은 성격. 끼리끼리 논다고, 어쩜 우린 이렇게 성격도 똑같이 지랄 맞은 거니?"

이 순간을 같은 느낌으로 바라봐 주는 친구가 곁에 있어서.

친구에게 조금 전 떠오른 그 책을 선물해야겠다.

세상에는 우리와 다른 사람들도 참 많다.
그래서 불현듯 외로워질 때도 참 많다.

하지만 그렇지 않은 사람들도 있는 거다.
같은 순간, 같은 생각과 같은 느낌을 공유할 수 있는
타인을 발견하는 즐거움.

그 즐거움이 때론,
살아감에 있어 제법 큰 위안이 되어 주곤 한다.

어쩌면 그 즐거움 때문인지도 모른다.
책을 보고, 영화를 보고, 새로운 사람을 만나고,
우리가 끊임없이 '타인'을 찾아 헤매는 이유 또한 말이다.

그러니 친구에게,
조금 전 떠오른 그 책을 선물해야겠다.

그 시절 그 모습 그대로

연합고사를 며칠 앞둔 중3 겨울이었다. 시험을 앞둔 마지막 학원 수업은 밤늦게까지 이어졌고, "시험 잘 봐." 조금은 긴장된 공기 안에서 인사를 나누고, 각자의 버스에 오르는 아이들. 우리집은 종점이었다. 늘 같은 버스를 타기에 안면만 익은 아이들이 하나둘 내리고, 텅 빈 버스가 되어 승객이 한 명 혹은 두 명만 남을 즈음이면, 화려한 간판 조명들도 점점 사라져 띄엄띄엄 가로등 불빛만 남을 즈음이면, 우리집 앞 버스 정류장이 나타났다. 버스에서 내리자마자, 하얀 입김이 퍼져 나오던 겨울밤. 이어폰에서 흘러나오는 음악에 기대, 밤의 두려움을 떨쳐내려 애쓰며 집으로 걸어가는 길.

조금, 이상한 기분이 들었다. 내 뒤에, 다른 누군가가 있었다. 벌써 몇 정거장 전에 내렸어야 하는 한 남자아이. 학원 같은 반이었지만, 말은 한 번도 섞어 보지 못했던 아이. 왜였을까. 나는 발걸음이 조금 빨라졌다.

나중엔 거의 뛰다시피 쌕쌕거리며 아파트 단지 안으로 들어섰고, 경비실 불빛을 보고서야 마음이 조금 놓였던 것 같다. 다시 늦춰진 발걸음. 그리고 그 앞을 가로막는 그림자 하나. 그 아이 또한 뛰어왔는지 쌕쌕, 하얀 입김이 겨울밤 차가운 공기 밖으로 가득 퍼져 나오고 있었다. 그리고 그 아이가 뭐라고 입을 벙긋벙긋했던 것 같은데, 이어폰 음악 소리에 나는 그 말을 알아듣지 못했다. 그리고 내 손에 쥐어진 검은 비닐봉지 하나. 당황해 하다 정신을 차렸을 땐, 이미 뒤돌아 저 멀리 뛰어가고 있는 그 아이의 뒷모습만이 눈에 들어왔다. 그 아이가 쥐여 준 검은 비닐봉지 안에는, 포장된 찹쌀떡과 초콜릿이 들어 있었다.

"혹시, OOO 씨 아세요?"

그 이름을 듣자마자, 제일 먼저 떠오른 기억이었다. 가끔 무척이나 궁금해지곤 했던 이름이었는데, 가끔은 길을 걷다 괜히 두리번거리게도 만들었던 이름이었는데, 그리고 더 가끔은 아침에 눈을 떠 '지난밤 꿈에 만났던가.' 한참이나 지난밤 꿈을 되짚어 보게 만들었던 이름이기도 했는데…. 나는 그 이름을 까맣게 잊고 있었다. 그렇게 까맣게 잊고 지낼 수 있을 정도로, 한 번도, 우연이라도, 마주쳐지지 않았던 이름이었으니까. 그런데,

"혹시, OOO 씨 아세요?"

그런 사람이 살고 있었다. 아니 지금도 살고 있단다. 그것도 나와 꽤 가까운 곳에, 내가 자주 지나치는 길에, 그런 사람이 살고 있단다.

그리고 나는 그 사실이, 몹시도, 불편했다.

이젠 당연히 그 사람도 삼십 대고, 직장인이고, 결혼도 했고, 아이도 있고 그렇단다. 그리고 그 소식을 듣는 내내 나는 왠지, 불편했다. 그 사람이 결혼을 해서도 아니고, 그 사람에게 마음이 남아 있어서도 아니었다. 그저 내가 기억하는 그의 마지막 모습은 학생이었다. 그렇기에 내 기억 속의 그의 모습 또한 언제나 스물 몇 살 쯤의, 아직 소년티를 벗지 못한 학생으로 멈춰 있었다. 그리고 나는, 언제까지나 그가 그 모습 그대로 멈춰 있길 바라고 있었던 걸까.

물론 말도 안 되는 얘기라는 거 안다. 나는 나이를 먹는데, 나도 더 이상 스물 몇 살쯤의 학생이 아닌데, 나 또한 이젠 어디 가서도 도저히 '어른' 아닌 척할 수 없는 모습이 되어 있는데, 그렇게 내 세계의 시간은 차곡차곡 흘러갔고 지금도 흐르고 있는데, 그가 사는 세계라고 시간이 멈춰 있었을 리 없다. 그런데도 나는 불편했다. 아닌 것만 같았다. 그 아이와 그 어른이 같은 사람일 리 없어. 다른 사람일 거야. 상상도 되지 않았다. 그 아이가 어른이 되어 있는 모습. 넥타이를 매고 일을 하고, 주말이면 가족과 함께 장을 보는 모습. 그 아이가 어른, 아저씨가 되어 있는 모습은 상상이 되지 않았다. 그래서 이런 생각이 들었는지도 모르겠다.

그토록 까맣게 잊고 지낼 수 있을 정도로
한 번도, 우연이라도,

그 이름과 마주쳐지지 않았던 것이 도리어,
다행한 일이었는지도 모르겠다는 생각.

그리하여 그는, 내 기억 속에서만은 과거의 모습 그대로 살고 있었다. 더 나이 들지도 않았고, 달라진 것 또한 하나 없이 과거의 모습 그대로. 그리고 그 시절을 떠올릴 때면 나 또한 그 모습 그대로였다. 적어도 내 기억 속의 그 아이와 나는, 그렇게 멈춰 있었다. 아직 소년 소녀티를 벗지 못한 그 시절 그 모습 그대로.

어른이 된 나는, 아마도 그 길을 또 무심코 걷게 될 것이다. 어른이 된 그 아이가 살고 있다는 그 길. 하지만 나는 이제 우연이라도 그 아이와 마주치지 않길 바란다. 혹 스치더라도 서로가 서로를 알아보지 못하기를. 나는 곧 어른이 된 그 아이의 소식은 잊을 것이다. 그 아이 또한 어른이 된 나의 소식은 듣지 못하길 바란다. 그렇게 서로, 우연이라도 마주치지 않기를….

어쩌면 나는 바라고 있는지도 모르겠다.
내 기억 속에서도, 그 아이의 기억 속에서도,
우리는 언제까지나, 그 시절 그대로의 모습으로 멈춰 있기를.

모든 것이 변해 가는 세상에서 변색되지 않은,
앞으로 또한 변색되지 않을,
그래서 그 기억을 꺼내 볼 때만은

온전히 그 시절 그대로의 나로 돌아갈 수 있는,

그런 기억 하나쯤은 품고 있고 싶어서.

3

우리는 모두 ——— 섬이다

마음이, 너무 바빠서

나, 도대체 왜 이렇게 바쁜 거지?

어느 날 불현듯, 그런 생각이 들었다. 도대체 나, 왜 이렇게 바쁘고 피곤한 거지? 백수가? 어딜 꼭 가야 하는 것도 아니고, 누가 뭘 시킨 것도 아닌데, 도대체 왜?

그런데 나는, 그래서 더 바빴다.
아무도 내게 무언가를 시키지 않아서.

라디오 일을 할 때도 바쁘긴 했다. 매일 생방송, 매일 데드라인, 매일 원고. 하지만 그래서 쉬는 날에는, 마냥 쉴 수 있었다. 하루 종일 자다 깨다 뒹굴거려도, '일주일 내내 열심히 일했잖아. 난 좀 쉬어도 돼.' 일을 하다 한두 시간쯤 딴짓을 해도 어차피 마감 전까지 일을 끝내야 하는 건 오로지 내 몫이니까, '이따 빨리하지 뭐.' 잠들기 전 이런저런 망상들로 뒤척일 때도 어차피 내 잠 줄여 하는 망상이니, '내일 좀 피곤하고 말지.'

하지만 백수가 되고 나니, 조금만 늦잠을 자도 '해가 뜨기도 전에 지는 이런 상황은 뭔가.' 어느 노래 가사가 절로 떠올라 내가 잉여가 된 듯한 느낌이 들고, 운동도 못 하고 글도 한 줄 못 쓰고 그렇다고 영화나 책도 많이 보지 못한 날엔 '하루 종일 나 뭐한 거지.' 자괴감이 들고, 집이 조금이라도 지저분하거나 설거지감이 쌓여 있으면 '놀면서 뭐하냐.' 자꾸만 나에게 짜증이 났다. 그렇게 또 언짢아지면 언짢은 기분에 아무것도 못 하게 되고, 그럼 나는 점점 더 내가 싫어지고.

그러다 보니 나를 바쁘게 돌리게 된 것 같은데, 설거지를 하면서도 이거 끝나면 청소기 돌려야지, 영화를 보면서도 이거 보고 나면 저 책 봐야지, 저 책을 보면서도 이거 빨리 보고 다음 책 봐야지, 운동을 하면서도 오늘은 뭘 좀 써야 하는데, 인터넷 서핑을 하면서도 TV 뉴스 채널을 항상 틀어 놓고, 모처럼 친구들을 만나도 빨리 집에 가 뭐라도 해야만 할 것 같고, 심지어 잠들기 전 (나는 불을 끄고 누워도 쉽게 잠들지 못하는 편인데) 망상으로 뒤척이는 시간까지 잉여 같아 팟캐스트 방송들을 들으며 잠들다 보니, 늘 피곤했다. 몸보다도 마음이 몹시.

하지만 그렇게 피곤하게, 어쩌면 라디오 일을 할 때보다도 더 바쁜 마음으로 지내고 있는데도, 막상 써 놓은 글을 보면 라디오 때에 비해선 턱도 없었다. 그래서 더 조급증이 났다. 나는 왜 이렇게 게으른 거지? 하루에 A4 30장씩도 쓰고 그랬잖아. 아무리 조금 다른 글을 쓰고 있다 하더라도 이건 아니야. 내가 너무 무능하고 게으른 인간인 것만 같았다.

그러던 어느 날, 후배 S에게서 연락이 왔다. 오랜 꿈이었던 소설에 한 번쯤은 모든 것을 걸어 보고 싶다며, 회사를 그만둔 S. 그 후 S는 기회 닿는 대로 여기저기 공모전에도 응모하며 습작을 하고 있었는데, 몇 편 완성된 단편들을 모니터해 줄 수 있겠냐고 내게 연락을 해 왔다. S의 소설은, 기대 이상이었다. 무엇보다 재기발랄한 상상력과 이야기를 거침없이 쭉쭉 풀어 가는 스토리텔링의 힘은 여느 기성작가 못지않았다. 하지만 S의 소설이 번번이 공모전에서 낙방하는 이유는, 왠지 알 것도 같았다. 아직, 우둘투둘한 느낌. 뭐랄까, 처음부터 조금씩 한 단어 한 문장씩 완벽하게 만들어 가는 작법을 가진 작가가 아니라, 일단 한 번에 끝까지 가능한 빠르게 초안을 써 놓은 다음 수없이 고치고 다듬는 작법을 가진 작가의 초고를 보는 느낌이랄까. 조금만 더 다듬으면 짜임새 튼튼한 재밌는 소설이 될 것 같은데, 지금으로선 뭔가 매끈하지 못한 느낌. 내가 받은 그런 느낌들을 조심스럽게 얘기했을 때, S는 눈이 동그래져선 이렇게 말했다.

"어떻게 알았지? 진짜 나 그렇게 쓰는데. 일단 끝까지 한방에. 어떤 건 하루 여덟 시간씩 이틀 만에 쓴 것도 있어요."

그 말에 내가 더 놀랐다. 이걸 이틀 만에 썼단 말이야? 너는 정말 진작 회사 그만두고 소설을 썼어야 하는 아이구나! 하지만 S는 이내 팔자 눈썹이 돼선 자신이 그럴 수밖에 없었던 속내를 털어놨다.

"마음이, 너무 급해요."

왜 아니겠는가. 서른 넘어 잘 다니던 회사 그만두고 소설 쓴다고 들어앉았는데, 왜 눈치가 안 보이겠냔 말이다. 가족에게도, 자기 스스로에게도. 돈은 둘째 치고, 일단 빨리 등단이 돼야 그나마 계속 쓸 수 있는 명분이라도 생길 텐데 공모전에선 번번이 떨어지고, 그래서 조급한 마음에 더 빨리 쓰게 되고, 그러다 보니 우둘투둘해지고, 그럼 끈기를 가지고 한 작품을 계속 들여다보며 찬찬히 다듬고 해야 하는데, 다음 공모전을 생각하면 이 얘기보단 다른 얘기가 더 공모용에 좋을 것 같아 또 다른 것부터 일단 빨리 써 보자, 그렇게 된다는 거였다.

S의 얘기를 듣고 있자니, 어떤 소설가가 진행하는 팟캐스트 방송이 떠올랐다. 대학에서 학생들을 가르치기도 했던 소설가. 예술대 제자들인 만큼 창작열이 대단들 해서 어찌나 많은 작품들을 부지런히 써대는지 놀랍고 기특했단다. 하지만 이런 아쉬움 또한 있었단

다. 많이는 써도, 많이 관찰하고 있진 않은 것 같다는 아쉬움. 소설가는 말했다. 글을 씀에 있어, 한 대상을 집요할 만큼 오래 관찰하고 그것에 대해 깊이 생각하는 것은 무척 중요한 작업이라고. 그래서 자신은 시인이란 '많이 보고 적게 쓰는 사람'이라고 생각한다고. 시인만큼은 아니어도 소설이나 다른 산문을 쓰는 작가들에게도, 관찰하고 사색하는 시간은 무척 중요하다고.

관찰하고, 사색하는 시간.

나는 그것을 잊고 있었다.
마음이, 너무 바빠서.

컴퓨터 모니터에 하얀 한글창을 띄워 놓고 있으면, 뭐라도 빨리 써야만 할 것 같았다. 하지만 맘에 들지 않아 썼다 지웠다를 반복하다 지치면 '오늘도 공치면 안 되는데.' 마음이 또 바빠졌다. 그럼 책이라도 보자, 영화라도 보자, 뉴스라도 보자, 신문이라도 보자, 음악이라도 듣자, 팟캐스트라도 듣자, 쉴 새 없이 내 안에 정보들을 쑤셔 넣어대, 아침에 일어나면 머리가 아팠다. 어떤 날엔 하루 종일 두통이 가시질 않았다. 나는 몰랐던 거다. 그것이 입력되는 정보의 홍수로 인한 과부하였다는 걸. 내 삶에서 사라진 '멍 때리는 시간'을 나는 인지하지 못하고 있었던 거다. 마음이, 너무 바빠서.

침대에 누웠다. 책도 없이, 음악도 없이, 휴대폰도 없이, 불을 끄고 가만히 누웠다. 고요했다. 너무나 고요했다. 내 방이 원래 이렇게 고요했던가. 잠시의 어색함 뒤에 가만히 내 마음을 따라다녀 봤다. 최근에 본 영화와 책에서부터 몇 년 전 친구가 했던 말, 그 친구와 함께했던 어느 여름의 기억, 그러다 또 최근의 고민거리들까지. 두서없이 내 안에 맴도는 기억, 내 안에 맴도는 생각, 내 안에 맴도는 이야기들을 가만히 따라다니는 일, 무척 오랜만이었다.

다음 날 아침 눈을 떴을 때, 머리가 아프지 않았다. 두통 없이 아침을 맞이한 것이 얼마 만인가 싶었다. 눈을 뜨자마자 켜곤 했던 TV 뉴스 채널도 오늘은 켜지 않았다. 고요함을 조금 더 만끽하고 싶었다. 고요한 아침. 고요하게 샤워를 하고, 고요하게 밥을 차리고, 고요하게 식사를 마치고, 창밖을 멍하니 한참이나 내다보기도 하고, 음악 없이 고요히 산책을 다녀오기도 했다. 그러곤 집에 돌아와, 글을 썼다. 아주, 오랜만의 일이었다. 그러곤 또 한참을 멍하니 앉아 있다, 후배 S에게 문자를 보냈다.

'우리, 너무 조급해하지 말자.
조급함의 반대말이 게으르다는 아닌 것 같아.'

두통 없는 하루, 무척 오랜만인 고요한 하루를 보내며 나는 생각했던 것 같다. 충실하게 살되, 이제는 충분히 멍도 때리면서 살아야겠다고. 조급해하지 않는다는 것이 꼭 나태한 삶을 살고 있다는 의미도 아니라는 걸, 너무 오랫동안 잊고 있었던 느낌이었으니까.

착한 사람들에 의한 착한 세상

시간이 맞아 아무 정보 없이 보게 된 영화였다. 대충의 스토리는 커녕, 어느 나라 영화인지, 감독이 누구인지, 어떤 배우가 나오는지, 장르는 무엇인지, 정말 아무것도 모른 채 보게 된 영화.

판타지적 요소는 눈곱만큼도 없었다. 비현실적이다 싶을 만큼 잘생긴 배우들이 나오는 것도 아니었고, 현실에선 좀체 만나기 어려운 엄청난 부자가 주인공인 영화도 아니었다. 타임머신 타고 시간을 왔다 갔다 하는 것도 아니요, 먼 미래에 대한 공상 혹은 까마득한 과거에 대한 전설도 아니요, 괴물이나 영웅이 나오는 영화도 아니었다.

지나치다 싶을 만큼 평범한 외모의 주인공들부터가 무척 현실적이었다. 배배 꼬인 구성도 아니어서 작은 항구 마을을 배경으로 시간의 순서대로 이야기는 차근차근 흘러갔고, 손에 땀을 쥐게 할 만큼의 긴장감 넘치는 사건 또한 없었다.

현란한 화면 구성, 관객들의 심장을 몇 번이나 들었다 놨다 하는 위기 탈출의 반복, 그리고 마지막엔 탄성을 자아낼 정도의 허를 찌르는 반전! 따위에 익숙해져 있어서였을까. 이쯤에선 뭔가 나오지 않을까. 나름 긴장을 준비하며 다음 장면 넘겨짚기를 몇 번. 하지만 그때마다 맥이 쫙쫙 빠졌다. 반전은, 없었으니까. 그러니…

'리얼리티가 살아 있는 작품!'이라 평해야 할 것 같았지만, 참 희한한 일이었다. 엔딩크레딧까지 다 올라간 다음 극장 안에 불이 켜졌을 때,

'뭐야, 판타지잖아?'

영화가 너무, 착했다.

주인공 부부뿐 아니라, 조연들도 다, 모두, 너무, 착했다. 이웃의 어려움을 모른 척하는 사람도 없고, 환자의 사적인 부탁까지도 무시하는 의사도 없고, 출세에 눈이 멀어 상관의 지시라면 무조건 따르는 경찰도 없고, 나의 불행을 이용해 내게 잘해 주는 사람을 어떻게든 더 벗겨 먹으려는 사람도 없고, 결정적으로 이 착한 사람들이 결국 어떻게 되느냐.

다 잘됐다. 그렇다고 또 엄청난 변화의 해피엔딩도 아니고, 어제의 조용한 항구 마을 그대로 오늘도 조용한 항구 마을. 평온한 일상으로 영화는 끝났다. 그리고 나는 이런 생각을 한 거다.

'판타지였어, 이 영화.'

그리고 상영관을 나와서야 보게 된 이 영화의 포스터.
그 포스터엔 이렇게 적혀 있었다.

우리가 바라는 세상을 그린 감성적인 '동화'.

그리고 그 밑에 쭉 적힌 이 영화에 대한 평들. 2011 칸 영화제를 행복하게 만들어 준 동화 같은 이야기, 너무나 행복한 꿈을 꾸고 깨어난 직후의 감정이랄까, 이 시대를 위한 반짝반짝 빛나는 동화 등등등.

아, 나만 그렇게 느낀 게 아니었나 보다.

평범한 사람들, 착한 사람들이 끝내 복을 받는다, 까지도 아니었다. 평범한 사람들, 착한 사람들이 그저 차별당하지 않고, 피해당하지 않고, 좌절해 불행해지지 않고, 그 착한 마음 그대로 평범하게 계속 살아갈 수 있는 세상. 그런 세상을 그린 것뿐인데도 나는, 그리고 많은 사람들은, 이렇게 느낀 거다.

판타지, 동화.

영화 속에서 의사가 말했다.

"그래도 종종 기적이란 게 있기도 합니다."
일 초의 망설임도 없이 주인공 아줌마가 답했다.
"내 주변엔 없어요."

하지만 아줌마에게 기적이 일어난다. 어제처럼 오늘도, 평범하고 착한 주변 사람들과 함께 억울해할 일 없이, 분노해 할 일 없이 평온하게 지낼 수 있는 기적이.

하지만 영화를 보는 동안에는, 그것마저도 별로 '기적'으로 느껴지지 않는다. 아, 기적이었구나. 이 영화는 판타지 동화였구나. 그것을 깨닫게 되는 것은 영화가 끝이 난 다음.

우리가 살고 있는 영화 밖 현실의 세상에선
그것이야말로 진짜 '기적' 같은 일일지도 모르니까.

착한 사람들에 의한 착한 세상.
그리하여 그 착함으로 인해 그 어떤 불이익도 받지 않는 세상.
어쨌든 우리는 그런 세상을,
그런 세상을 그린 영화를 '판타지, 동화'라 부르고 있었으니까.

투자 회수 가치

아침에 눈을 뜨는 것이 즐거웠다. 안 그래도 새벽별 보고 등교해야 하는 고등학생이었지만, 다른 친구들보다 더 일찍 눈을 떠 더 일찍 학교에 갔다. 아직 조용한 교실 문을 열면, 나보다 먼저 와 점심 도시락을 아침으로 까먹고 있던 친구. 그 옆에 앉으면 나도 배가 고파져 숟가락을 들었고 그렇게 밥을 먹으며 우리는, 서로의 노트를 바꿔 봤다. 친구는 만화를 그렸다. 나는 소설을 썼다. 밤사이 각자의 독서실과 집에서 그리고 쓴 만화와 소설을 바꿔 보는 일. 그것이 우리 아침의 시작이었다.

우리는 고3이 됐다. 친구는 제법 공부를 잘했다. 그것이 문제였다. 친구는 더 이상 만화를 그릴 수 없었다. 친구는 좋은 대학, 만화와 전혀 관련 없는 학과에 입학했다. 그리고 좋은 회사에 취업했다. 그리고 몇 년 후, "나, 회사 그만뒀어." 친구는 일본으로 유학을 갔다. 만화를 배우러.

참 많은 말이 있었다. 이제 와서 만화 공부를 해 뭐하겠다는 건데? 만화가가 된다 한들 밥 먹고 살기 힘든 직업 아니니? 엄청 성공하지 않으면 힘들 텐데 너한테 그런 재능은 있니? 갔다 와서 만화가도 못 되고 나이만 먹고 결혼 시기도 놓치고, 그래도 후회하지 않을 자신 있어?

그 많은 말들에 나는 고개를 갸우뚱. 나는 도리어 기뻤으니까. 학창 시절 서로의 노트를 바꿔 보던 추억이 떠올라, 친구의 만화를 다시 볼 수 있다는 사실만으로 기뻤고, 그래서 응원해 주고 싶었고 심지어 부럽기까지 했으니까.

"다 나를 아끼고 걱정해서 하는 말이라는 거 아는데, 나 신나. 하루 종일 두근두근 그 어느 때보다 설레. 그럼 되는 거 아닐까. 그럼 해도 되는 거, 아닐까?"

그러게 말이다. 친구는 누구의 도움도 없이 그동안 자신이 모은 돈을 들고 일본으로 갔다. 내 힘으로 내 즐거움을 위해 꼬박 4년을 투자해 공부한 친구. 친구가 한국으로 돌아왔을 때는 서른이 넘은 나이였다. 그리고 친구는 지금, 만화를 그리고 있지 않다.

그때 그 좋은 회사 안 그만뒀으면 좋았잖니.

그때부터 차곡차곡 돈을 모았어도 이미 자리 잡았을 텐데.

그때 왜 바보같이, 철없이, 현실을 너무 몰랐다, 네가.

또 많은 말이 있었다. 나는 또 갸우뚱. 친구의 지난 4년이 정말 아무런 가치가 없었다 생각되는 걸까. 그 많은 말의 그 많은 사람들에겐.

언젠가 이런 얘기를 들은 적이 있다.

"생각보다 소설은 아예 안 보는 사람들도 많아. 기발한 소설? 아이디어? 음, 신선하네. 그런데 뭐? 그래서 어쩌라고? 내 삶엔 아무런 도움도 안 되니까. 그 시간에 그냥 실용서를 보는 게 낫다고 생각하는 사람들도 의외로 참 많아."

어쩌면 같은 얘기일지도 모르겠다.

내 삶에, 현실적인 혹은 바로 도움이 되지 못하는 소설은 읽지 않는다. 앞으로의 삶에, 처음부터 경제적인 이득 혹은 손에 잡히는 성과 따위는 불투명했던 만화 공부를 왜 했는지 모르겠다.

둘 모두 '투자 회수 가치'에 대한 얘기인 것 같으니까.

시간과 노력 그리고 돈이 들어가는 일. 그러니까 투자에 앞서 회수 가치를 따져 봐야 하는데 그들의 눈에는 친구의 투자, 늦은 나이에 번듯한 직장을 그만두고 만화 공부를 했던 것은, 회수 가치가 전혀 없는 종목에 투자해 결국 손해만 본 것으로 생각되는 것이다.

하지만 자신의 인생에서
무엇을 더 '가치 있게' 생각하느냐는
사람마다 다, 다를 수 있는 거 아닐까?

나는 소설을 읽지 않는 사람을 어리석다 생각하지 않는다. 그들은 독서투자에 있어, 소설보다 실용서가 더 회수 가치 높은 종목이라 여기는 거니까. 반면 나는 소설의 회수 가치를 더 높게 여기는 거고. 실제로 나는 내 삶의 많은 것들을 소설을 통해 배웠고, 지금도 배워 가고 있다.

만화에 대한 친구의 투자 마인드 또한 그들과 달랐을 뿐이다.

"나 신나. 그 어느 때보다 설레. 그럼 되는 거 아닐까?"

지금 나를 설레게 하는 것. 그것이 친구에게는 그 무엇보다 매력적인 회수 가치였던 거다. 단기적인 경제적 이득과 현실적 안정보다도 훨씬 더 매력적인 회수 가치.

하지만 결국 실패했잖아. 지금 만화 안 그리잖아.
그럼 결국 투자 실패 아냐?

그 또한 친구와는 다른 투자 마인드를 가진 사람들의 이야기일 뿐.

방송작가는 기본적으로 모두 프리랜서이긴 하지만 그중 라디오 작가는 비교적 안정적인 편이다. 고정된 시간에 매일 출근, 그러니 매달 정해진 날짜에 꼬박꼬박 월급이 들어온다. 내가 그 비교적 안정적인 라디오 일을 그만두고 이제 조금 다른 글을 써 보고 싶다고 했을 때, 나를 가장 지지해 주고 응원해 줬던 사람은 바로 그 친구였다.

"그때 만화 공부를 안 했더라면, 그게 더 후회가 됐겠지. 나를 설레게 하는 일에 모든 것을 투자해 부딪쳐 봤다는 것. 그거면 충분한 거 아닐까. 비록 재능의 한계를 느끼고 실패했다 하더라도."

그리고 웃어 보이던 친구의 얼굴이, 내게는 가장 큰 용기가 되어 줬다. 실패해도 괜찮은 거다. 아니 처음부터 단기적이고 눈에 보이는 '경제적 가치'가 목표였던 일이 아닌 만큼 실패라 말할 수도 없는 거다. 지금 내게, 우리에게, 이만큼의 기쁨, 이만큼의 설렘을 줬다면.

내 인생에서 무엇을 더
가치 있는 투자, 회수율 높은 투자로 생각하는가는
어차피 사람마다 다, 다를 수 있는 거니까.

우리는 모두 섬이다

여의도로 이사 와 처음 한강시민공원으로 자전거를 끌고 나갔을 때, 나는 새삼스러운 깨달음 하나를 안고 집에 돌아왔다.

맞다, 여의'도(島)'도 섬이었지.

자전거 길이, 샛강으로 끊겨 있었기 때문이었다. 뱅뱅 섬을 돌 수는 있으나, 저 강 건너로는 갈 수 없다는 것에 나는 무척 놀랐다. (나중에야 알게 된 사실이지만, 다른 자전거 길이 있었다. 정확히 말하면 다른 쪽에 강 건너로 연결된 작은 다리가 있었다.) 10년 넘게 여의도로 출근했는데, 나는 그동안 여의도가 섬이라는 것을 인지하지 못하고 있었던 것이다. 여러 다리들을 통해 백 번도 넘게, 아니 어쩌면 만 번도 넘게 여의도를 들락거렸을 텐데도, 나는 다리를 건너고 있단 생각은 못했다. 아니 어쩌면, 하지 않았던 걸지도 모르겠다.

그날 이후로도 나는 종종 잊었다. 크고 작은 다리들로 전혀 불편함 없이 얼마든지 언제든지 다른 곳으로 건너다닐 수 있었으니, 여의도도 섬이란 사실을 늘 인지하며 사는 것이 오히려 더 어려웠다.

그런데 어느 늦은 밤, 가만히 창밖을 내려다보고 있는데 새삼 다시 이런 생각이 들었다.

'나는 정말 섬에 있구나.'

깜깜한 한강으로 끊긴 저 건너의 불빛들이 유난히 멀어 보여 그런 생각이 들었던 걸까. 아니면 내가 외로움을 타고 있었던 걸까. 정말 그런 기분이 들었다. 내가 마치 섬에 갇혀 있는 것 같단 기분.

'No man is island.'

'인간은 섬이 아니다.'란 존 본조비의 말로 시작되는 영화가 떠올랐다. 영화 속 주인공은 그 말을 비웃으며 첫 내레이션을 시작한다.

'그것은 말도 안 되는 소리다. 내 생각엔 모든 사람은 섬이다. 게다가 현대는 혼자 살기에 적당한 시대다. 바야흐로 섬의 시대다. 백 년 전엔 타인에게 의존해야 했다. TV, CD, DVD, 커피메이커도 없었다. 멋진 물건이 하나도 없었다. 하지만 지금은 천국의 섬에 사는 것과 같다. 올바른 물품과 사고방식만 조달할 수 있다면, 근사한 열대 섬에서 일광욕도 실컷 할 수 있다. 난 내 자신도 바로 그런 섬이라고 생각한다. 난 꽤 멋지다고 생각하고 싶다. 날 근사한 이비사 섬으로 생각하고 싶다.'

정말 그랬다. 지금을 살아가는 내가 섬으로 산다는 건, 정말 어렵지 않았다. 게다가 나는 혼자서도 꽤 잘 노는, 오히려 여럿보단 혼자 노는 것을 좋아하는 사람이라 생각했기에 정말 쉬웠다. 그나마 출퇴근이 있었던 라디오 일마저 그만두고 혼자 작업을 시작하고부턴, 나는 정말 더 혼자 잘 지냈다. 혼자 밥을 먹고, 혼자 운동을 하고, 혼자 글을 쓰고, 혼자 산책을 하고, 혼자 책을 보고 영화를 보고, 그 시간이 길어지자 가끔 지인들을 만나러 여의도를 벗어날 때면 불안하기까지 했다. 어서 나만의 섬으로 돌아가고 싶단 생각마저 들었다.

그러니 내가 '섬에 갇혀 있는 것 같다'는 기분이 든다는 건 말이 안 되는 얘기다. 우리는 누구나 자신이 선택한 삶을 살아간다. 나의 섬 생활 또한 나의 선택이었다. 그런데도 참 이상했다. 그날 밤 나는 정말 그런 기분이 들었으니까. 내가 지금, 이 섬에 갇혀 있는 것 같단 기분. 문득, 그 영화의 결말이 궁금해졌다. 영화는 물론 원작 소설도 찾아봤던 기억은 나는데 왜 그 결말은 바로 떠오르지 않는지. 다시 보기로 결정. 두 시간이 흘렀고, 영화는 끝났다. 그리고 다시 창밖 풍경을 내려다보고 있자니, 이번엔 영화 속 주인공의 마지막 내레이션이 머릿속을 맴돌았다.

모든 사람은 섬이다. 나는 이 말을 믿는다.
하지만 분명한 것은 일부의 섬들은 연결돼 있다는 사실이다.
실제로 섬들은 바다 밑에선 서로 연결돼 있다.

유난히 멀어 보이던 강 건너 불빛들. 그런데 그제야 다른 불빛들도 눈에 들어왔다. 이 깜깜한 밤에도, 이 섬과 저 강 건너를 연결하고 있는 다리 위의 가로등 불빛들. 이 작은 여의도란 섬에만도 크고 작은 많은 다리들이 있다. 또 실제로 섬들은 강 밑에선, 바다 밑에선, 서로 연결돼 있다. 그리고 그걸 너무나도 잘 알고 있었기에 나는 나의 섬을, 나의 혼자를 즐기고 있다 생각했는지도 모른다.

무인도에서 구조신호를 담은 유리병을 끊임없이 바다로 띄우는 누군가처럼, 나 역시 바다 너머로 나의 이야기들을 끊임없이 건네고 싶어 했으니까. 내 이야기들이 누군가에게 가닿기를, 나는 끊임없이 진심으로 바라고 있었으니까.

내일은, 섬 밖으로 나가봐야겠다.

사실 따지고 보면 모든 대륙 또한 섬이다. 바다 위에 띄워진 조금 많이 큰 섬. 우리 또한 모두 그런 섬일지도 모른다. 조금 큰 섬, 조금 작은 섬, 적당한 섬. 크기는 제각각일지 몰라도 다 같은 섬.

다른 곳으로 연결된 다리를 잊으면, 바닷속에 감춰진 연결됨을 잊으면, 끝없이 외로워질 수도 있는 섬. 하지만 다리만 건너면, 그 다리를 찾아내기만 하면, 다시 여럿이 될 수 있는 섬. 우리는 모두 그런 섬일지도 모른다.

그 섬에 갇혔다는 것은, 진실이 아니다.

스스로의 선택이었을 뿐.

내일은, 다리를 건너 봐야겠다.

다른 섬의 친구를 만나러.

그리운 칭찬

"선배는 왜 절 혼내기만 하세요? 왜 칭찬은 안 해 주세요?"

너무도 당당한 말투와 표정. 그래서 친구는 더 놀랐단다.

"저는 칭찬받아야 더 잘하는 스타일인데, 맨날 혼나기만 하니까 실수가 더 많아지는 것 같아요."

직장 후배에게서 이런 얘길 들었다는 친구는, 몹시 흥분해 있었다.

"이건, 지 일 못하는 게 다 내 탓이라는 얘기잖아? 아니, 칭찬할 게 있어야 칭찬을 하지! 맨날 사고만 치고, 했던 실수 또 하고! 내 하루 일과가 걔가 친 사고 수습하는 걸로 끝나는데!"

나도 이 얘길 처음 들었을 땐 입이 쫙 벌어졌다. 학교도 아니고 회사에서, 것도 후배들끼리 모여 선배들 뒷담화하는 자리도 아니고, 그냥 대놓고 직속 선배에게 그런 말을 할 수 있다니.

그런데 몇 년 후, 내게도 비슷한 일이 일어났다.

"일이… 재미없어졌어요."

요즘 왜 이렇게 실수가 잦냐, 무슨 일 있냐, 왜 맨날 멍하냐. 나의 다그침에 눈물이 그렁그렁해져선 후배가 말했다.

"일이… 재미없어졌어요."

누구보다 욕심 많고 열심이었던 후배였다. 그래서 처음엔 눈에 띄게 느는 것이 보였고, 그게 예뻐 나도 신이 나 더 많은 걸 가르쳐 주고 싶었다. 그런데 어느 순간부터 주춤주춤. 그러다 오히려 실수가 잦아지며 뒤로 가기 시작한 거다. 그러니 더 잘할 수 있는 애가 요즘 왜 이러나, 나는 더 답답했던 건데….

"옛날엔 선배가 칭찬도 많이 해 주고 그러니까 재밌고 신나서 더 열심히 하게 됐는데, 요즘은 맨날 혼나기만 하니까…."

아예 일이 재미없어져 버렸다며 나에 대한 원망의 빛을 숨기지 못하던 후배.

"나도 칭찬에 인색한 편이었거든? 애라면 이 정도는 당연한 거 아냐? 상대를 높이 평가할수록 칭찬보다는 모자란 부분을 말해 주는 편이었는데, 이런 얘긴 안 해도 다 알겠지 싶은 너무나 당연한 칭찬도 해 주는 걸 더 좋아하더라고, '사람들'은."

처음 한 선배로부터 이런 얘길 들었을 때만 해도, 그 '사람들'에 내가 포함된다고는 생각지 못했다. 코앞에서 직접 칭찬을 받으면 오히려 민망해지는 나였으니까. 어떻게 대꾸해야 할지 어떤 표정을 지어야 할지 몰라, 어색하게 웃다 딴 얘기로 화제를 급전환시키거나 자리를 피해버리곤 하는 나였으니까. 그러니 사람들이 왜 당연한 칭찬까지도 굳이 직접 듣고 싶어 하는지도 잘 이해가 안 됐다. 비슷한 사람들끼리 친해진다고 내 지인들 또한 대부분 나와 비슷했으니까. 입에 발린 말이라곤 할 줄 모르는 사람들. 그냥 서로 욕 안 하면 좋아하는 것, 서로 지적 안 하면 인정하는 것. 오히려 너무 칭찬을 입에 달고 사는 사람들과는 쉽게 친해지지 못했다. 아니 솔직히 그런 사람들은 좋아지지 않았다. 너무 잦은 그들의 칭찬은, 정말 '입에 발린 말'로만 느껴져서.

그런데 나는 그런 인간이 아니었다.
칭찬을 싫어하는, 입에 발린 말을 싫어하는, 그런 인간이 아니었다.

라디오 일을 그만두고 혼자 작업을 시작하고부터였다. 매일 방송인 라디오 원고는 그날 쓴 원고가 그날 방송을 통해 바로 소개된다. 그리고 그렇게 방송이 되면 어떤 식으로든 피드백이 올 수밖에 없다. 요즘은 문자와 인터넷 메시지 등 청취자들의 실시간 반응이 많아져 방송이 나감과 동시에 청취자들의 메시지가 쏟아진다. 그리고 나는 그것에 몹시 길들여져 있었던 것이다. 나도 모르는 새 그것에, 중독돼 있었던 것이다.

혼자의 작업은 몹시 외롭고 지난했다. 끙끙거리며 한 편을 완성해도 반응은 없다. 특히 내 마음에 흡족한 무언가를 써냈을 때, 나는 몹시 외로워하고 있었다. 보여 줄 사람이 없다. 칭찬해 주는 사람이 없다. 갑자기 내 글에 자신이 없어진다. 분명 마지막 마침표를 찍었을 때는 의기양양했는데 자꾸만 들여다보고 있자니 자신이 없어진다. 다시 보니 별로인 것도 같고, 내가 지금 잘하고 있는 건가 자꾸 의심까지 든다. 그렇게 나는, 깨닫게 된 것이다.

아, 칭찬받고 싶다!

나는 사실
그 누구보다도 칭찬받길 원하는,
코앞에서 해 주는 낯간지러운 칭찬까지도 꼭 직접 듣길 바라는,
그런 사람이었음을.

결국 나는, 집에 놀러 온 친구를 앉혀 놓고 강요했다.

"어때?"

그동안 내가 쓴 원고들을 친구 앞에 쫙 펼쳐 놓고 읽어 보라 강요했다.

하지만 이 친구 역시 내 친구였다.

"이건 뭐랄까. 너무 감성적인데…. 밤에 썼지? 낮에 한번 다시 읽어 보고 고쳐 봐."

"이건 너무 길다. 읽다 지쳐. 좀 덜어내도 될 것 같은데…."

물론 나는 이 친구의 이런 솔직함을 사랑한다. 그래서 쑥스러움을 무릅쓰고 원고도 보여 준 거다. 어쨌든 솔직하게 평해 줄 거라

생각했으니까. 또한 친구가 지적했던 내용의 대부분은 나 또한 고민하고 있던 것들이라 수긍도 됐다. 그러나!

"끝이야? 다른 할 말은 없어?"

그 순간 나는, 친구에게 다른 것을 강요하고 싶었던 거다.

"글쎄, 이 정도면 된 것 같은데…. 굳이 더 말하라면 이건 뭐 중요한 건 아닌데, 여기 이 부분에 쉼표…."

"야!"

나는 결국 질러버렸다.

"그거 말고 칭찬, 칭찬 없냐고!"

그것도 아주 노골적으로.

"나 요즘 칭찬에 굶주려 있단 말이야!!!"

숨이 넘어가라 친구가 웃는다. 그것도 한참을.

"아무 말 안 하고 넘어간 원고도 많잖아. 그럼 그건 다 괜찮았다는 뜻이지. 그걸 꼭 말로 해야 아냐, 우리 사이에?"

"응. 말해야 알아. 말해 줘, 제발!"

결국 그날 친구는, 나의 노골적인 강요에 못 이긴, 서로 낯간지러울 만큼의 칭찬을 뱉어내고 나서야 집에 돌아갈 수 있었다. 그리고 나는 몹시 흡족한 마음으로 다시 한글창과 마주했다. 다시 즐거워졌다. 나에 대한 믿음도 조금씩 다시 생겨나는 것 같았다. 그리고 무엇보다 더 열심히, 더 잘해내고 싶어졌다. 또, 칭찬받고 싶었으니까.

그리고,

그래서 더 미안해졌던 것 같다.

나의 칭찬에도 목말라했을 내 과거의 사람들에게.

이제 좀, 헤픈 사람이 되어야 할 것 같다.

그 미안한 마음, 과거의 빚을 갚기 위해서라도

나는 이제 헤픈 사람이 되고 싶다. 칭찬에 무척 헤픈 사람.

나도 이제 알게 됐으니까.

입에 발린 말조차도 누군가에겐 이렇게 자신감을 심어 줄 수 있다는 것, 더 잘해내고 싶다는 마음 또한 갖게 할 수 있다는 것을, 나도 이제 알게 됐으니까.

익숙함을 놓아버린다는 것

내가 무척 좋아하는 만화가 완결됐다.

열여덟 소년이 주인공인 만화였다. 소년은 쭉 열여덟이었다. 그래서 자신은 열여덟이라고 말한 것뿐인데,

“그건 10년 전 얘기고….”

너는 사실 스물여덟이야, 라고 말하는 상대를 향한 소년의 절규.

“이건 문제가 심각해요. 소년 만화의 캐릭터로서 스물여덟이라니! 거, 거짓말이야. 그럴 리가! 내가 벌써 스물여덟!? 어, 어떡하지? 이 취업 빙하기의 가혹한 시대에…. 아직 팔팔한 청춘이라 상관없다며 빈둥빈둥 놀기만 했는데…. 이제 난 어쩌면 좋냐고!”

“영원한 열여덟 같은 게 있을 리 없잖아? 우리가 만난 지도 벌써 10년이 됐으니까! 훗.”

그렇게 10년의 세월을 뒤로 한 채, 만화는 끝이 났다.

벌써 10년이라니….

이 만화와 함께한 10년의 추억을 되돌아보게 되는 애틋함.

이렇게 끝이라니….

이젠 더 이상 새로운 에피소드를 만날 수 없다는 섭섭함.

보다, 먼저 든 생각.

이렇게 놓아버리다니! 어떻게 이렇게 놓아버릴 수가 있지?

스토리 중심의 만화가 아닌 매회 다른 에피소드로 이뤄지는 만화였기에, 나 이제 그만할래, 만화가의 종전선언이 더 갑작스럽고 놀라웠다. 어차피 만화가라는 '직업'이 바뀌는 것도 아닌데, 라고 생각할 수도 있겠지만, 나는 이것이 10년 동안 다니던 직장을 그만두는 것만큼이나 쉽지 않은 결정이었을 거라 생각됐다.

물론 매번 새로운 에피소드를 만들어내는 것도 고된 일이었겠지만, 그래도 이미 만들어진, 것도 10년에 걸쳐 탄탄하게 다져진 캐릭터들이 있다는 건, 맨바닥에 헤딩과는 차원이 다르다. 심지어 두터운 독자층까지 갖추고 있었던 만화. 조금 인기 있는 드라마도, 시청률 안 떨어지면 몇 번이고 연장하고 싶은 게 제작진 마인드인데, 10년을 그려 온 만화를, 것도 인기 절정의 순간에 여기서 끝!을 선언한다는 게 어떻게 쉬웠겠냔 말이다. 그런데 만화는 끝이 났고, 그 끝에서 나는 이런 생각을 하고 있었다.

10년의 익숙함을 놓아버린다는 건, 어떤 기분일까.

하지만 도리어 만화가는, 시원해하고 있었다. '만화는 타성으로 하는 게 아니야. 그만둬야 할 때에 깨끗이 그만둬야 한다.' 생각하면서도 10년은 채워야지 했더니, 사실 마지막 1, 2년은 무척 괴로웠노라 고백했다. 그 후기에선 '놓아버림'에 대한 아쉬움 같은 건 전혀 느껴지지 않았다. 오히려 새로운 '다른 세계'에 대한 열망이 보였다. 그래서 이 말 또한 떠올랐다.

미친 짓이란,
같은 일을 반복하면서 다른 결과를 기대하는 것이다.

아인슈타인의 말이란다. 쉘든*이 말해 줬다.

같은 일을 반복하면서 다른 결과를 기대하는 것.
매일 똑같은 삶을 살고 있으면서 다른 삶을 기대하는 것.
내가 손에 쥐고 있는 것, 내가 지금 누리고 있는 것,
내게 편하고 익숙한 것은 아무것도 놓아버리기 싫은데,
내가 꿈꾸는 것은 지금과 다른 '무언가'라면, 미친 거라는 얘기.

쉘든* 미국 시트콤 '빅뱅이론'의 주인공

그런데 나는 10년 만에 완결된 만화책을 덮으며 제일 먼저 이런 생각을 한 거다.

어떻게 놓아버릴 수 있었을까, 10년의 익숙함을.

나는, 놓아버림이 익숙지 않았던 사람이었나 보다.
하지만 또 부러워는 하겠지?
그 만화가가 또 멋진 '새로운' 만화로 컴백하면.

새로운 것에 대한 기대는
익숙함을 벗어던질 수 있는 자만이 품을 수 있다는 걸,
이제 깨달을 때도 됐는데 말이다.

녹차와 김

물을 끓인다.
컵을 준비하고 차 서랍을 연다.
습관처럼 커피 쪽으로 향하던 손이 멈칫.

겨울이 오나 보다.
이상하게 날씨가 추워지면 나는 녹차가 당긴다.
따뜻한 녹차와 함께 좌식 소파에 앉아 무릎 담요를 덮고 책을 본다.
내가 좋아하는 겨울이다.

가장 편안한 자세와 각, 제대로 잡혔다.
녹차 한 모금과 함께 책장을 펼치…자마자 시작되는 마음속 갈등.
아… 일어나기 귀찮은데….
하지만,

김! 김! 김 먹고 싶다!

이상하게 녹차를 마실 때면 나는, 김이 당긴다. 이유는 모르겠다. 굳이 설명해야 한다면 뭐랄까. 녹차의 떫은맛과 김의 짭조름한 맛 (이때는 꼭 자연의 맛이 살아 있는 웰빙 김 말고, 기름소금장 제대로 발라 구운 인스턴트 김이어야 한다.)이 묘하게 어울려 중독성 짱이랄까.

"너도 혹시 녹차 마실 때 김 먹고 싶어?"

언젠가 친구에게 물었더니, '에에에!??'하는 표정이 돌아왔다. (이 표정 시 친구는 상체를 뒤로 빼 위아래로 나를 훑는다. '뭐, 이런 게 다 있어?' 생소한 동물체를 경계 관찰하는 느낌이랄까.)

그만큼이나 녹차와 김은, 서로 안 어울리는 조합인 걸까.

돼지와 새우젓, 치킨과 맥주, 떡볶이와 오뎅국물 같은 누구나 인정할 수밖에 없는 음식 조합이 있다는 건 나도 안다. 그 안에 '녹차와 김'은 포함되지 않는다는 것도 다 아는데, 그런 빤한 조합 말고 '나만의 음식 조합' 같은 걸 가지고 있는 사람들은 꽤 있지 않을까.

치킨엔 소주지! 하는 사람, 본 적 있다. (치킨도 배부르고 맥주도 배부르니, 오히려 치킨엔 소주가 더 적합하다는 논리를 펼치던.)

회를 와사비 간장이 아닌 쌈장에 먹는 사람, 꽤 봤다. (전라도에선 많이들 그렇게 먹는다는 얘기도 들었다.)

아, 전라도 광주엔 상추 튀김도 있다! 상추를 튀기는 게 아니라,

튀김을 양념간장 살짝 찍어 상추에 싸 먹는 음식. 겁나 맛나다.

그래도 여기까지는 그나마 보편적이고, 마요네즈에 밥 비벼 먹는 사람, 스파게티를 깻잎에 싸 먹는 사람, 떡볶이 국물에 튀김 말고 아이스크림 찍어 먹는 사람, 된장찌개에 감자 대신 사과 넣는 사람도 봤다. 타인으로 하여금 '에에에!??'의 반응을 불러일으킬 수도 있는, 조금 남다른 음식 조합을 즐기는 사람들의 이유? 별거 없다. 맛있으니까. 나에겐 최고의 궁합. 그렇게 먹어야 더 맛있으니까.

나도 그렇다. 따뜻한 녹차에는 김! 내 혀에는 이게 최고의 궁합. 그럼 된 거 아닐까. 맛은 내 혀로 느끼는 건데, 남의 혀 미각 조합 기준이 도대체 나한테 무슨 소용이 있겠냐 말이다. 나만 맛있으면 됐지. 나만 잘 어울린다고 느끼면 됐지.

그런 조합이 있는 거다.
남들에겐 에에에!??
하지만 나에겐 최고의 조합.

그러니,

에에에!?? 그 옷이 너한테 어울린다고 생각해?
에에에!?? 그 사람이랑 너랑 어울린다고 생각해?
에에에!?? 그 일이, 네가 하고 싶다는 그 일이, 정말 너한테 어울린다고 생각하냐고.

뭐, 이런 소리 좀 들으면 어때.
나만 잘, 어울린다고 생각하면 되지.

좌식 소파에 무릎 담요, 따뜻한 녹차에 김을 오물거리며 만화책을 본다.
내가 좋아하는 겨울이다.

메뉴에는 없어도 웬만하면 다 먹게 해 주는 심야식당•에선, 내가 녹차 한 잔 시켜 놓고 이렇게 외쳐도 주인장이 '에에에!??'하진 않을 것 같다.

'여기, 김 한 봉 추가요!'

내가 좋아하는 녹차와 김, 아니 만화다.

심야식당• 만화 '심야식당' _ 메뉴는 된장 정식뿐이지만, 웬만하면 먹게 해 준다. 있는 재료로 요리해서, 혹은 인근 만두 가게에서 배달시켜서, 심지어 기내식 인스턴트 봉지 수프까지 'JAL이 좋아요, ANA가 좋아요?'하면서 내주는 걸 보고 나는 확신했다. 김 무한 리필, 그 주인이라면 해 줄 것 같다고.

규칙 놀이

내가 사는 오피스텔엔 방문객을 위한 '1시간 주차권'과 '1일 주차권'이 있다. 그런데 내가 처음 '1일 주차권'을 받으러 관리사무소에 갔을 때, 담당자는 주차권을 찾는 척하며 내게 지나가는 질문인 듯 툭 물었다.

"근데 누가 방문하세요?"

그걸 왜 묻는지도 모르겠고 설명하기도 귀찮았던 나는 가장 쉬운 답을 골라 그냥 툭 뱉었다.

"친구요."

그 순간 주차권을 찾던 그의 손이 멈췄다. 그러곤 하는 말.

"친구는, 안 되는데요?"

"네?"

'1일 주차권'은 부모님 방문에만 발급된다는 거였다. 나는 잘 이해가 안 됐다. 똑같은 차 한 대가 들어오는데, 그 안에 부모님이 타 있든 친구가 타 있든 무슨 상관인지도 모르겠고, 그걸 어떻게 확인하겠다는 건지, 부모님이 방문하실 때마다 가족관계증명서라도 떼어 오라는 건지, 나는 잘 이해가 안 됐다. 하지만 관리사무소의 입장은 다음과 같았다.

"확인 못 하죠. 그러니까 꼭 필요하다 싶으면 그냥 다음엔 거짓말하세요. 이번엔 이미 친구라고 해서 안 되지만."

놀라웠다. 거짓말을 유도하면서까지 왜 그런 규칙을 적용하려 하는 건지, 나는 잘 이해가 안 됐다. 그럼 부모님이 없는 사람은 방문객 주차 혜택을 영원히 누릴 수 없다는 건가. 똑같은 관리비를 내면서? 주차난이 문제라면 차라리 '1일 주차권' 가구당 월 몇 회 제한 등이 더 효율적인 거 아닐까. 그래서 물었다. 이 규칙을 어떻게 하면 바꿀 수 있는지. 입주민 회의 같은 거라도 있지 않냐고. 하지만 관리사무소의 입장은,

"못 바꿔요. 원래부터 그렇게 정해진 거니까 당연히 못 바꾸죠."

"네? 영원히요?"

"네. 영원히요."

대한민국에선 헌법도 적법한 절차를 통해 바꿀 수 있는 여지가 있건만, 영원히 못 바꾸는 규칙이 있다니…. 놀랍고, 답답했다. 하지만 나는 꾹 참고 다시 한 번 물었다.

"똑같은 차 한 대가 들어오는데, 그 안에 부모님이 탔든 친구가 탔든 그게 도대체 무슨 상관인 거죠? 차라리 방문객은 무조건 안 된다, 돈을 내야 한다면 모를까."

"그건 안 되죠! 부모가 자식집에 오는데 어떻게 돈을 내라고 해요! 동.방.예.의.지.국.에서."

대화는 종료됐다. 동방예의지국이란 말 앞에서 더 이상 논리적인 대화를 기대하는 건 무리라고 판단됐기 때문이었다. 그는 지금 '규칙 놀이'를 하고 있는 것처럼 보였으니까. 규칙 놀이에서 가장 중요한 건 그 규칙을 무조건 사수하는 것. 수단과 방법을 가리지 않고.

'등교 시 무조건 흰 양말만' 같은 굳이 저런 규칙을 왜 만들었을까 싶은, 없어도 될 것 같은 규칙. '한여름에도 무조건 넥타이 착용' 같은 업무 능력 저하라는 치명적 단점을 가진, 도리어 효율성을 떨어뜨리는 규칙. 그리고 아직도 세상엔 너무나 많이 남아 있는, 이제는 반드시 없어져야만 하는 혹은 달라져야만 하는 규칙. 그런 규칙들을 수단과 방법을 가리지 않고 일단 무조건 사수하고 보려는 사람들을 볼 때면, 나는 이런 생각이 들었다.

'규칙 놀이에, 깊게 빠져 계시는구나.'

세상에는 그런 사람들이 있는 것 같았다. 규칙 놀이가 삶의 의미가 되어버린 것만 같은 사람들. 그래서 그 규칙의 부당함을 얘기하려 하면 주먹구구식의 비논리로, 심지어는 실제 주먹을 사용해서라도 일단, 무조건, 그 규칙은 지켜야만 하는 사람들. 그것이 자신의 권위이고, 그것이 곧 자신의 삶이라 믿는 사람들. 어쩌면 이런 이유들 때문인지도 모른다.

1. 지금 내가 가진 것들을 놓고 싶지 않다. 그것이 규칙을 휘두르는 권력 자체이든, 그 규칙에서 파생되는 어떠한 이득이든.
2. 변화가 귀찮다. 그 규칙이 내게 별 도움 안 된다 하더라도, 심지어 내게 손해가 된다 하더라도, 지금까지 이렇게 살아왔으니 어쨌든 변화는 귀찮고 싫다.

보수. 그래도 1번은 목적이 있는 보수다. 그래서 무조건 비난만 할 수도 없는 보수. 그러나 내가 가장 두려웠던 것은 2번. 내가 맹목적 보수가 되는 것이었다. 잘 모르겠지만 변화는 귀찮고 싫어. 나중에 더 좋아진다 해도 어쨌든 지금 당장의 귀찮은 변화는 그냥 딱 싫어.

얼마 전 지인에게서 '분노하라'라는 제목의 책을 선물받았다. 반나치 레지스탕스 운동가였고, 세계인권선언문의 초안 작업에도 참여했던 스테판 에셀이 93세의 나이로, 그 어느 것에도 분노하지 않는, 그래서 침묵하는 (심지어 투표조차 하지 않는) 젊은이들에게 보내는 분노의 글이었다. 분노 없이 세상은, 절대 더 나은 세상으로 나아갈 수 없다는 이야기를, 93세 노인이 썼다고는 믿기지 않을 정도의 열정적인 어투로 써 내려간 글. 물론 나에게, 그처럼 열정적으로 분노하며 살아갈 용기와 의지, 혹은 부지런함이 있다고는 말할 수, 아니 감히 상상할 수도 없다. 하지만 적어도 나는 이런 사람이 되고 싶었다. 지금 내가 할 수 있는 분노는 하자. 지금 내가 할 수 있는 표현과 행동은 하자. 그래야 자격이 있다고 생각했다.

더 나은 세상이 되지 못하고 있음을,
더 나은 세상이 되지 못하도록 막고 있는 사람들을, 비난할 자격.
더 나은 세상에 살고 있지 못함을, 불평할 자격.

하지만 그 또한, 쉽지 않은 일이었나 보다. 자장면을 짜장면이라 부를 수 있게 됐다. 짜장면 외에도 맨날, 간지럽히다, 끄적거리다 등 39개 낱말이 복수표준어로 새로이 인정됐다. 그중 내 눈에 확 들어온 건 '맨날'. 쓸 때마다 꺼림칙했던 단어 중 하나였다. '만날'이라고 쓰면 오타 아니냐고 묻는 사람들이 있고, 그렇다고 구어적 느낌을 살려 '맨날'로 쓰자니 한글창에 빨간색 밑줄이 나타난다. 아, 거슬려. 그러면서 괜히 잘난 척, 언어는 불역성과 가역성을 동시에 지니고 있는 존재니, 시대가 변하면 언어의 규칙도 달라져야 하는 게 맞는데 어쩌고저쩌고 투덜투덜. 그러니 이제 '맨날'도 표준어로 인정됐겠다, 얼씨구나 좋다 춤추며 좋아해야 하는 게 맞는데, 나는…… 귀찮아하고 있었다. 그것도 말도 안 되게 사소한 이유로. 지금까지 써 둔 원고들, 다시 다 찾아서 고쳐야 하나? 귀찮은데 말까? 그래도 찝찝한데 어떡하지? 그러다, 에잇 진작 인정해 주든가 아니면 아예 말든가. 아우 귀찮아!

동시에 나는, 놀랐다.

이 사소한 변화조차 은근슬쩍 귀찮아하고 있는 내 자신에게.

그건, 내가 늘 답답하다 생각해 왔던 사람들의 모습이었으니까. 그냥 원래 규칙대로 하자. 대충대충 좀 넘어가자. 어쨌든 변화는 귀찮은 일이니까. 나중은 나중이고, 지금 당장은 어쨌든 귀찮음을 야기하니까.

'맨날'을 '만날'로 고쳐 써야 할 때마다 짜증내 했으면서, 시대를 역행하는 듯 느껴질 정도의 지나친 방송언어 심의와 대중가요 심의 등의 각종 심의에도 짜증내 했으면서, 정작 이 사소한 변화 하나에는 귀찮아하다니.

나는 갑자기 두려워졌다. 어쩌면 이 사소한 귀찮음 하나하나가 쌓여, 나는 답답한 사람으로 변해 갈지 모른다. 규칙 놀이에 빠져버린 답답한 사람. 대한민국에선 헌법도 적법한 절차를 통해 바꿀 수 있지만, 그리고 분명 그러하다고 믿고 생각하고 있지만, 내 일상의 귀찮음을 요하는 사소한 변화에는 침묵하는 사람. 그래서 분노하지도, 행동하지도, 표현하지도 않으면서 투덜거림은 많은 사람.

잠시 돌아봐야만 할 것 같다. 귀찮음을 무릅쓰고.

나는 지금, 마땅히 분노해야 할 것에 분노하고 있는가.

나는 지금, 그 분노에 대해 내가 할 수 있는 최소한의 표현과 행동은 하고 있는가.

그렇지 않다면 선택해야 할 테니까.

분노하고 행동하든가.
아니면 그 누구도 비난하지 말고, 그 무엇도 불평하지 말고, 조용히 살든가.

균열

언제나 그렇듯 사고는,
부지불식간에, 그리고 아주 순식간에 일어난다.

아주 잠깐의 방심,
눈 깜짝할 새,
생각지도 짐작지도 못하는 새,
냄비가 타올랐다.

고구마가 다 익었을까.

아주 방금 전 냄비 뚜껑을 열고 젓가락으로 고구마를 찔러 봤다. 훅 올라온 김에 뿌예진 안경 너머로 젓가락은 잘도 들어갔다. 거의 다 익었다고 생각됐지만, 조금 더 푹 익히면 더 맛있겠지? 냄비 뚜껑을 도로 닫고 욕실로 들어가 시간을 때우기 위해 천천히 이를 닦왔다. 그런데 욕실 문을 열자마자 느껴지는 매캐한 냄새. 서둘러 달려가 가스레인지 불을 껐지만, 이미 부엌은 연기로 가득했다. 이를 닦는 그 잠깐 사이에 물이 바닥나고, 냄비가 타버린 것이었다.

침착하자.

레인지 후드를 켜고, 고구마와 삼발이를 걷어내고, 냄비에 뜨거운 물을 받았다. 좀 담가 뒀다 닦으면 되겠지. 그런데, 쉽지 않았다. 팔만 죽어라 아프고, 그을림은 조금도 가시지 않았다.

머리를 쓰자.

지식 검색이 추천하는 방법들을 써 보기 시작했다. 먼저 냄비에 물을 담고 세제 풀어 끓이기. 그런데 끓기가 무섭게 보지직 솰, 넘쳐버렸다. 가스레인지가 온통 세제 물로 출렁. 게다가 냄비는 닦이지 않았다. 식초물에 한 시간 넘게 담가 둔 다음 나무 주걱으로 벗겨내기도 시도해 봤지만, 결국 에이 씨! 잔뜩 신경질이 나 애먼 나무 주걱만 던졌다 결과는 또 참사. 얼굴에 식초물을 뒤집어쓴 거다.

괜한 짜증과 후회가 급속도로 밀려왔다.

왜 평소엔 잘 먹지도 않는 고구마를 갑자기 찌기 시작했는지, 아니 그 전에 왜 마트에서 고구마를 집어 들었는지, 아니 다 익었다 싶었을 때 그냥 불을 껐으면 됐지 뭘 더 얼마나 맛있게 먹겠다고 이 닦으며 시간을 때웠는지, 왜 하필 그때 이를 닦았는지. 후회와 자책과 신경질이 동시다발로 밀려오고, 팔 어깨 심지어 등까지 죽어라 욱신거려 계속 혼자 주물러대며 정신 사납게 방 안을 왔다 갔다 씩씩거리기를 한참.

그러다 갑자기,
기운이 쑥 빠져버렸다.

역시, 참 어렵구나.
새삼 이런 생각이 든 거다.

언제나 사고는 그렇게 찾아온다.
부지불식간에, 그리고 순식간에. 반면 그것을 수습하고 회복하는 데는 너무나 많은 시간과 에너지가 소요된다. 그래서 참 만만치 않다. 산다는 거 말이다. 어떤 이는 드라마에 대한 정의를 이렇게 내렸다고 한다.

> 인간 사회에 벌어지는 드라마라는 것은,
> 평온하던 삶의 균형이 깨어진 뒤에
> 그 균형을 회복하려고 투쟁하는 인간의 이야기다.

대부분의 소설과 영화. 이야기는 그렇게 시작된다.
부지불식간에 찾아온 사고, 일상의 균열. 그게 시작 후 5분이라면, 그 후 나머지 시간은 몽땅 그것을 수습하는 데 소요된다. 평온을 되찾기 위해 이리 뛰고 저리 뛰는 주인공. 그러다 작은 균열이 더 큰 균열을 야기하기도 해 더 갈팡질팡 좌충우돌 쓰러졌다 일어났다…. 또한 현실의 삶을 투영하지 않는 드라마라는 것은 있을 수 없으니 우리의 일상에서도 사고는, 균열은, 그렇게 찾아오곤 한다.

부지불식간에, 그리고 순식간에,
냄비가 타버린다. 컵이 깨진다. 거울에 금이 간다.
평온했던 일상에도 금이 간다.

그 사고 또한 내게 그렇게 찾아왔다.
부지불식간에, 그리고 순식간에. 이게 무슨 일인지 파악할 겨를도 없이, 어떻게 이런 일이 벌어지게 된 건지 되짚어 볼 겨를도 없이, 이미 나는 '그 사고' 속에 놓여 있었고, 내 평온했던 일상과 잔잔했던 마음은 마구 뒤틀리고 있었다.

늘 그랬던 것 같다.
누군가가 내 마음에 들어오는 균열, 그것은 내 의지와 에너지를 요하지 않았다. 정신을 차려 보면 나는 이미 그를 사랑하고 있었다. 그 시작은 늘 사고와 같았다. 순식간에 타오른 냄비처럼 부지불식간에 깨져버린 평온.

그런데 회복에는,
왜 늘 이토록 많은 시간과 의지와 에너지가 필요한 것일까.

닦고, 닦고, 또 닦았다.

빨리 닦인다는 비법들도 총동원했다. 냄비에 물을 담아 얼리면 얼음이 떨어지면서 그을림도 제거된다기에 그 방법도 써 봤고, 마법의 가루라는 베이킹 소다를 이용해 보기도 했지만, 쉽지 않았다. 겨우 다른 음식도 해 먹을 수 있을 정도까지 닦았을 때는 이미, 나의 팔과 어깨 심지어 등 근육까지 얼얼한 상태였다. 그 얼얼함과 함께 한참 동안 닦인 냄비를 바라봤다. 드디어 닦아내고 말았다는 뿌듯함에 조금 들뜰 법도 한데, 이상하게 나는 도리어 조금 가라앉았다. 평온해진 마음. 하지만 그 평온함은 이미, 사고 전의 평온함과는 조금 다른 감정이었다.

회복은 됐다 하지만 그 냄비가 더 이상,
타버리기 전의 냄비와는 똑같을 수 없는 것과 마찬가지로.

평온하던 삶의 균형이 깨어진 뒤에
그 균형을 회복하려고 투쟁하는 인간의 이야기.
드라마 속 주인공들 또한 그 끝에는 이미, 다른 사람이 되어 있다.
사고를 겪기 전의 그와는, 다른 사람.

한번 타버린 냄비는, 돌아갈 수 없는 거다.
타버리기 전의 그 모습 그대로는.

물론 닦아낼 만큼 닦아냈으니

이제 다른 음식을 또 담을 수야 있을 것이다.

하지만 그 냄비는 이미, 예전의 그 냄비일 수는 없는 거다.

사라져버린 이야기들

음악 하는 지인의 페이스북에 이런 글이 올라왔다.

> 아이폰 음성 메모에 몇 주 전에 넣어 뒀던 새 곡이 무슨 까닭인지 사라졌다. (……) 독특한 곡이었는데 까맣게 잊었고 급기야 잃어버렸네.

'좋아요'란 말이 어울리지 않는 상황이었지만, 나도 모르게 '좋아요'를 누를 뻔했다. 지나칠 만큼, 공감이 됐으니까.

어디라도 적어 두지 않으면 곧잘 잊어버리는 일이 잦아지면서, 나는 여기저기 사방에 메모를 하기 시작했다. 요리를 하다가 떠오르면 포스트잇에 적어 냉장고에 붙여 놓고, 자다 깨서도 침대 옆에 놓인 메모지와 연필을 집어 들었다. 컴퓨터 메모장과 휴대폰 메모장을 유용하게 활용하고 있음은 물론이요, 외출 시 내 가방에는 언제나 수첩과 연필이 들어 있다.

그런데 이런 '메모의 생활화'에는 맹점이 있다. 안심하게 된다는 맹점. 메모가 '완성된 글'인 것도 아닌데, '완결된 이야기'인 것도 아닌데, 나는 자꾸 안심을 하게 된다. '일단 적어 뒀으니까 나중에 쓰지 뭐.' 안심하고 미룬다. 그리고 잊어버린다. 그러다 잃어버린다.

실수나 우연 혹은 까닭을 알 수 없는 악재로, 컴퓨터와 휴대폰의 메모가 날아가 버린 일은 물론, 촘촘히 메모 돼 있는 수첩을 통째로 잃어버린 일도 있었다. 무언가 떠올랐을 때, 메모만 해 두지 않고 썼더라면, 바로바로 글로 썼더라면, 사라지지 않았을 이야기들. 그래서 나는 가끔 이런 엉뚱한 생각을 해 본다.

세상에 얼마나 많은 사람들의,
얼마나 많은 이야기들이,
이렇게 어딘가로 사라져버리고 말았을까.

꼭 나만은 아닐 테니까.

불현듯 떠오른 이야기를 미루고 미루다 잊어버린, 그러다 마침내 잃어버린 사람.

심지어 나는 이럴 때도 있다. 메모지를 잃어버린 것도 아닌데, 너무도 한참 전에 적어 둔 메모이기에 '내가 왜 이런 걸 메모해 뒀지?

이게 무슨 이야기였지?' 이런저런 핑계도 댈 수 없이, 오로지 '나의 게으름'만으로 이야기를 잃어버리고 말 때.

메모뿐이 아니다. 누군가에게 꼭 전했어야 할 이야기들, 나를 위해 꼭 완성했어야 할 이야기들 또한 나는 많이 잃어버렸다. '내일 또 볼 텐데 뭐.', '내일 하면 되지 뭐.', '내일 생각해도 늦지 않아.' 그렇게 나는 누군가를 잃었을지도 모른다. 그렇게 나는 지금, 전혀 다른 삶을 살고 있는지도 모른다. 어쩌면 이 또한 나만의 일은 아닐지도 모른다. 그래서 또 엉뚱한 상상은 이어진다.

세상에 얼마나 많은 사람들의,
얼마나 많은 이야기들이,
이렇게 어딘가로 사라져버리고 말았을까.

그렇게 사라져버린 이야기가, 내가 좋아하는 작가의 완성되지 못한 이야기였다면? 내가 좋아하는 뮤지션의 완성되지 못한 음악이었다면? 내가 누군가에게서 꼭 듣고 싶었던, 하지만 끝내 듣지 못한 이야기였다면?

나는 그가 미워졌을 것 같다.
그의 게으름을 한없이 원망하고 싶어졌을 것 같다.

어쩌면 그 이야기는,

나를 감동시켰을지도 모르니까.
누군가를 감동시켰을지도 모르니까.

아니 어쩌면,
그 이야기로 인해 세상은,
조금 더 풍요로워졌을지도 모르니까.

그래도 나는 하지 않았어

만원 전철에서 여중생을 성추행했다는 혐의로 현장에서 체포된 남자는, '나는 하지 않았다'고 주장한다. 하지만 아무도 그의 말에 귀 기울여 주지 않는다.

혐의를 인정하면 벌금형으로 바로 풀려날 수 있다. 딱지 떼는 것처럼 간단하다. 하지만 혐의를 부인하면 재판으로 넘어가기 때문에 돈도 많이 들고, 시간도 많이 들고, 유치장 생활도 길어질 것이다. 그러니 그냥 자백해라. 네가 안 했다고? 그래도 그냥 했다고 인정해라. 그게 간단하다. 재판은 네가 생각하는 것보다 훨씬 더 힘든 과정이다. 경찰도, 검찰도, 심지어 당직 변호사까지도 '혐의 인정'을 강권한다. 하지만 난 하지 않았는 걸…. 남자의 싸움은 그렇게 시작된다.

남자와 같은 날, 같은 혐의로 체포됐던 다른 샐러리맨은 그날 오후 벌금

50만 원을 내고 바로 풀려났다. 하지만 남자는 4개월 가까이 유치장에 갇힌 채 재판을 받았고, 1심 판결을 받는 데만 1년이 걸렸으며, 그동안 남자는 '내가 하지 않은 일을 하지 않았다고 증명하는 일'에 매달리느라 다른 일은 아무것도 할 수 없었다.

재판이 진행되는 과정에서도 남자는 '지금이라도 그냥 혐의를 인정하고 피해자와 합의해라. 그럼 바로 끝난다'는 이야기를 수없이 듣게 된다. 형사재판 유죄 선고율은 99.9%. 무죄 선고는 천 건당 한 건뿐. 유죄 판결을 받아도 끽해야 '징역 3개월'. 그러니 1년 넘게 지난한 싸움을 이어가는 남자가 누군가에게는 어리석어 보일지도 모른다. 하지만 남자는 말했다.

"그래도 나는 하지 않았어."

— 영화 '그래도 내가 하지 않았어それでもボクはやってない'

뇌물수수혐의로 기소됐으나, 긴 싸움 끝에 결국 무죄 판결을 받아낸 국내의 한 정치인은 이런 말을 했다. "내가 한 일을 했다고 증명하라면 오히려 쉬웠을 텐데, 내가 하지 않은 일을 하지 않았다고 증명해야 하는 일이었기에 무척 힘겨웠다."

과학에서도 '존재하는 것을 존재한다'고 증명하는 것보다 '존재하지 않는 것을 존재하지 않는다'고 증명하는 것이 훨씬 더 어렵다고 한다. 예를 들어 공룡의 존재는 화석 같은 증거로 증명될 수 있다. 반면 그 시절에 존재하지 않았던 생물을 존재하지 않았다고 증명하는 건? 과학을 잘 모르는 내가 얼핏 생각해 봐도 훨씬 더 어려운 일이겠구나 싶다.

어렵다.
존재하는 것보다 존재하지 않는 것을 증명하는 것.
일어난 일보다 일어나지 않은 일을 증명하는 것.
내가 한 일보다 내가 하지 않은 일을 증명하는 것이 더 어렵다.

그래서 아직 증명하지 못했다.
그럼 나는 그 일을, 한 것으로 추정되어야 맞는가. 하지 않은 것으로 추정되어야 맞는가.

그 논란 때문에 세계인권선언문뿐 아니라 대한민국 헌법에도 이런 원칙이 명시되어 있다. 무죄 추정의 원칙. 유죄로 최종 판정되기 전까지는, 무죄로 추정돼야 한다는 것.
하지만 쉽지 않다. 오히려 현실은 '유죄 추정' 쪽으로 더 기울어져 있는 것만 같다 느껴질 때도 참 많으니까.

유명인이 구속 혹은 기소되면 그날의 신문은 그 사실로 도배된다. 하지만 그들이 무죄 선고를 받은 후 기사는, 그 반의반도 되지 않는다. 어떤 기사가 보도됐다. 누군가 억울하다고 정정보도를 요구한다. 하지만 정정보도는 늘 쉽지 않은 일이고, 정정보도가 된다 해도 그 기사는 훨씬 더 작은 지면에 할애되며, 사람들은 더 이상 그 사건에 관심이 없다. 확인되지 않은 소문, 소위 찌라시라 불리는 루머들에 대해서도 사람들은 너무도 쉽게 이렇게 말한다. 아니 땐 굴뚝에 연기 나겠어?

나도 그랬던 것 같다. 아니 땐 굴뚝에 연기 나겠어? 이 말이, 이런 생각이, 얼마나 무책임하고 무서운 말인가를 직접 경험해 보기 전까진 말이다.

그 날도 두 시간의 라디오 방송을 별 탈 없이 잘 마쳤다. 그날은 특별히 입담 좋기로 유명한 A 가수가 출연해 주어 유난히 웃음도 많았던 방송이었다. 나는 그 두 시간 동안 한 번도 스튜디오를 벗어난 적이 없다. 그런데 몇 주 후 이상한 괴소문이 들려오기 시작했다. 그날 방송에서 A 가수와 친분이 두터운 남자가수 B가 우리 방송과 전화 연결돼, 방송인 줄 모르고, A의 휴대폰으로 걸려 온 전화인 줄만 알고, 어떤 여자가수와의 관계를 비방용 용어를 섞어 떠들어댔다는 것이었다.

전화 연결은 없었다. B 가수뿐 아니라 그 누구와의 전화 연결도, 그날 방송에선 없었다. 하지만 소문은 무섭게 확산되어 갔고, 심지어 본인이 직접 그 방송을 들었다는 사람들까지 인터넷에 수없이 등장하기 시작했다. 게다가 라디오 스튜디오에선 휴대폰 방송 연결이 불가능하다. 오로지 스튜디오에 있는 일반전화로만 방송 연결이 가능하다. 그런데 이런 사정을 누구보다 잘 알고 있는 방송 관계자들까지도 물어 왔다.

"그 소문, 사실이야?"

그 당시 함께 일했던 막내 작가는 친구들에게 헛소문이라고 해명하다 이런 말까지 들었다고 했다. "PD한테 교육받은 말투인데?"

나 또한 한 술자리에서 끝내 내 말을 믿어 주려 하지 않는 선배를 만난 적이 있는데, 내가 논리적으로 요목조목 설명하려 들자 나중엔 노골적으로 불편한 기색을 비치며 이렇게 말했다. "그만하자. 어차피 진실이든 아니든 뭔 상관이야. 그냥 술자리에서 그 얘기로 재밌었으면 됐지."

결국 남자가수 B는 이 사건을 검찰에 수사 의뢰했고, 조사 결과 이 루머는 한 초등학생이 장난으로 인터넷에 올린 글에서 시작된 것으로 밝혀졌다. 하지만 검찰 발표가 있은 후에도 그 수사 또한 조작이다, 음모다 말하는 사람들이 있었고, 몇 년이 지난 지금 이 글을 쓰면서 검색해 보니 아직도 많았다. 그 루머가 사실이라고 믿는 사람들이.

그 사건을 겪으며 나는 처음으로 이런 생각을 해 보게 됐던 것 같다. 그동안 내가 너무도 쉽게 '아니 땐 굴뚝에 연기 나겠어?' 유죄 단정까지는 아니어도 유죄 추정으로 치부해버렸던 소문들 가운데, 사실이 아니었던 것들도 얼마나 많았을까. 그로 인해 상처받았던 사람들은 또 얼마나 많았을까. 존재하지 않는 것, 일어나지 않은 일, 내가 하지 않은 일을 증명하기 위해 지금도 외로운 싸움을 하고 있는 사람들은 또 얼마나 많을까.

그런데도 나는 잠시 잊고 있었다.

열 명의 죄인을 놓친다 하더라도 죄 없는 한 사람을 벌하지 말지어다.

영화 '그래도 내가 하지 않았어'의 첫 화두. 까만 배경에 떠오른 그 문구에 나는 쉬이 공감하지 못했다. 그러나 두 시간이 흐르고 "그래도 나는 하지 않았어." 주인공의 마지막 대사가 울려 퍼진 후 다시 까맣게 변한 배경으로 떠오른 이 문구.

부디 당신이 심판받기를 원하는 그 방법으로 나를 심판해 주기를.

마음이 철렁했다. 나는 또 잊고 있었던 것이다.

일어난 일보다 일어나지 않은 일을 증명하는 것이 더 어렵다는 것. 내가 한 일보다 내가 하지 않은 일을 증명하는 것이 더 어렵다는 것. 유죄보다 무죄를 증명하는 것이 더 어렵다는 것. 하지만 유죄보다 무죄를 증명하는 일이 어쩌면, 훨씬 더 중요하다는 것.

그것을 나는 또 잊고 있었던 것이다.

아니 땐 굴뚝에 연기 나겠어? 혹여 사람의 마음은, 무죄 추정보다 유죄 추정으로 더 쉬이 흘러가게 되어 있는 걸까. 너에게 흠집이 있었으면 좋겠어. 잘못이 있었으면 좋겠어. 그에 대해 떠드는 건, 신나니까. 결점 없는 넌, 재미없으니까.

문득 어떤 소설 속 대사가 떠오른다.

"세상은 재밌어. 진실은 사람을 불편하게 만들지만, 거짓말은 사람을 흥분시켜. 안 그래?"

우리는 누구나 선택한 삶을 살아간다, 기본적으로는

우리는 누구나 '선택한 삶'을 살아간다, 기본적으로는.
나는 그렇게 믿어 왔다.

나는 종종 나를 소설가로 소개하면, 자기가 원하는 일을 할 수 있으니 행복하겠다고 부러워하는 회사원이나 주부들을 자주 만난다. 그때마다 나는 심히 의심스럽다. (……) 한번은, 자사에 대한 자부심이 은근한 어떤 대기업 직원이 나에게 "저도 대학 때 문예 동아리 활동을 열심히 하던 소설가 지망생이었어요. 이제는 이렇게 평범한 샐러리맨이 되었지만."이라고 말한 적이 있는데, 나는 이 말이, "나의 진짜 꿈은, 한때 나도 소설가 지망생이었던 적이 있지, 하고 말할 줄 아는 샐러리맨, 그래서 낭만성까지 갖춘 듯한, 그러나 어쨌든 경제적으로 안정된 대기업 충성 샐러리맨이 되는 것이었습니다."라는 소리로 들렸다.

그래서 이 글을 처음 접했을 때, 통쾌하면서도 한편 뜨끔한 마음이 들었다. 라디오 작가로 일하면서 나 또한 부럽다는 말을 많이 들었다. 하지만 그들 대부분은, 이 직업의 고충에 대해선 궁금해하지도 들으려 하지도 않았다. 한편 나 또한 늘 방송 원고가 아닌 다른 글을 꿈꿨다. 하지만 어쨌든 매달 월급이 들어오는 직업을 포기하기란 쉽지 않았다. 그래서 더,

우리는 누구나 '선택한 삶'을 살아간다, 기본적으로는.
나는 그렇게 믿어 왔다.

누군가를 부럽다 말하기 전에 노력해 봤는가.
지금의 나, 지금의 내 생활을 바꿔 보려 노력해 봤는가.
머리로만 말고 실천해 노력해 봤는가, 정말 최선을 다해.

너무 쉽게 불평하고 포기하고 타인의 삶을 부럽다 말하는 사람들을 보면 그런 의문이 들었다. 하지만 나 또한 사람인지라, 나와 출발선 자체가 다른 사람들을 볼 때면 억울한 마음이 들기도 했다. 내가 백 걸음 달려야 겨우 누릴 수 있는 것들을 한두 걸음이면 누릴 수 있는 사람들이 전혀 부럽지 않았다면 거짓말. 그래도 나는 그런 불평도 일단 백 걸음을 다 달린 다음에나 할 수 있는 것, 그래야 괜한 투정으로 비치지 않을 것이라 생각했다.

그런데 나는 어쩌면, 조금 오만했던 걸지도 모르겠다. '죽을 만큼

노력해서 이룰 수 없는 것은 없다'는 것은 어쩌면 '내가 노력만 하면 이루지 못할 것은 없다'라는 아직 젊은, 아니 아직 어린, 그래서 오만했기에 가능했던 생각이었는지도 모르겠다.

너무, 힘들었으니까. 내가 아무리 노력해도 어쩔 수 없는 것. 내가 나로 태어난 이상 어찌할 방법이 없는 것도 세상엔 분명 존재한다는 것이 힘들었다. 아무리 열심히 아무리 착하게 살아도 찾아오는 재앙이 있다는 것. 피할 수도 막을 수도 없는, 그저 맨몸으로 받아낼 수밖에 없는, 재앙이라 표현할 수밖에 없는 일도 세상엔 분명 존재하고 그것이 내게도 찾아올 수 있다는 사실 앞에서 나는 지나칠 만큼 휘청였다.

선택의 여지 따위는 없다는 것이, 평생 해독제를 찾아 헤맸으나 처음부터 해독제 따위는 없었다는 것을 알게 된 듯 허탈했고, 그 허탈함 안에서 나는 삶의 의미를 찾을 수 없어 끙끙거렸다. 우리는 누구나 선택한 삶을 살아간다고? 내가 헛소리하면서 살았구나. 인생은 그저 랜덤일 뿐이었는데. 나의 의지나 노력 따위와는 상관없이 랜덤으로 축복과 재앙이 배정되는데 더 나은 사람이 되겠다 치열하게 사는 게 도대체 무슨 의미가 있을까.

그런데, 그렇게 끙끙거리던 어느 날. 멍하니 드라마만 보고 있던 내게 불쑥 찾아와 준 말이 있었다.

제가 바꿀 수 없는 것들을 인정할 수 있는 평온을 주옵시고,
제가 바꿀 수 있는 것들을 바꿀 수 있는 용기를 주옵시고,
그 둘을 분간할 수 있는 지혜를 주옵소서.

드라마 스토리와는 아무 상관 없이 비지엠처럼 흘러가던 엑스트라들의 기도문이었다. 나는 그 장면을 몇 번이나 돌려 다시 봤다. 그 안에, 내가 지금껏 찾지 못하고 있던 답이 있었으니까.

세상에는 내가 바꿀 수 없는 것들도 존재한다. 내게 찾아온 불행 앞에서 나는 그것을 배웠다. 하지만 나는 아직 '내가 바꿀 수 없는 것들과 내가 바꿀 수 있는 것들을 분간할 수 있는 지혜'는 생각조차 못하고 있었던 것 같다. 내가 바꿀 수 없는 것들만 원망하느라 바빠서, 내게 선택권이 없는 것들만 바라보며 자기 연민 떨어대느라 바빠서.

나는 특정 종교에 대한 신앙을 가진 사람은 아니지만, 그 기도문만은 꽤 오랫동안 마음에 품게 될 것 같다.

내가 바꿀 수 없는 것들을, 인정할 수 있는 사람.
내가 바꿀 수 있는 것들을, 바꿀 수 있는 용기 있는 사람.
그리고 무엇보다 그 둘을 분간할 수 있는 지혜로운 사람.

나는 그런 사람이 되고 싶다.

우리는 누구나 선택한 삶을 살아간다. 기본적으로는.

단, 세상에는 내가 바꿀 수 없는 것, 내게 선택권이 없는 것도 존재한다.

그렇다고 내가 바꿀 수 있는 것조차 다 바꾸지 못하고 살아가면서, 내가 바꿀 수 없는 것들만 원망하며 사는 바보가 되지 않기를.

나는 그런, 조금 더 지혜로운 사람이 되고 싶다.

4

나를, ____________

실망시키지 않았으면 좋겠다

나는 이런 어른과의 만남이 즐겁다

최근 1년, 선배의 최대 고민은 '전자책'이었다. 활자 중독이 의심될 만큼 읽는 행위를 좋아하는 선배. 여행 짐을 쌀 때마다 책을 넣었다 뺐다, 넣었다 뺐다. 종이책은 무게가 상당하니 많이 가져가기는 부담스럽고, 하지만 여행 중 읽을 책이 떨어지면 언제나 아쉽고.

"그렇지만 책은 또, 종이책으로 봐야 제맛이잖아?"

그런데 이 선배는, 직업이 여행인 사람이다. 그러니 1년에 몇 번씩 다음 여행을 준비할 때마다 인터넷 쇼핑몰 장바구니에 전자책 단말기를 넣었다 뺐다, 넣었다 뺐다. 그 모습이 하도 답답해서, 내가 사 줘버렸다. 이럴 땐 누가 사 줘버리는 게 정답이니까. 내가 사긴 뭔가 께름칙하지만, 있으면 좋을 것 같은 물건 말이다. 그런데 몇 달 후, 긴 여행에서 돌아온 선배는 울상을 지으며 이렇게 말했다.

"너 때문에 이렇게 된 거잖아! 너 때문에, 내가 사실은 이런 인간이란 걸 깨달아버렸잖아!"

선배는 자신이 늘, 아날로그 취향의 사람이라고 생각했단다. 디지털카메라보단 필름카메라를 좋아하고, 편하고 빠른 것보단 여유롭고 느린 것이 좋은, 그래서 당연히 전자책보단 종이책을 선호하는 사람. 하지만 선배는 너무도 쉽게 전자책에 마음을 빼앗겨버린 거다. 가볍고, 눈도 덜 피로하고, 세계 어디서든 한국어로 된 새 책을 사 볼 수 있으며, 심지어 누워서 종이책을 보다 책이 코로 떨어져 젠장 하는 순간들도 없어졌다며, 논문도 쓸 수 있을 만큼 전자책의 장점들을 속사포처럼 뱉어내더니, 이내 다시 울상이 된 선배가 이렇게 말했다.

"나는 이런 사람이었나 봐. 그래서 좀 슬프다. 내가 원하는 나는 아날로그형 사람이었는데, 진짜 나는 디지털형 인간이라는 걸 깨달아버린 것 같아 슬퍼. 그리고 이게 다… 너 때문이잖아!"

아니, 이 언니는 왜 선물을 해 줘도 난리야. 웃겼다. 그리고 그 선물이 마음에 쏙 들어서 사랑에 빠졌으면 좋은 거지, 왜 슬프다고 난리냐고. 선배의 모습이 너무 웃겼다.

그런데 나는, 이 선배가 이래서 좋다.

웃겨서…가 아니라, 자신을 인정할 줄 알아서.

우리에겐 누구나 내가 되고 싶은 나의 모습이 있다. 전자책보단 종이책을 좋아하는 사람. 도시보단 자연을 좋아하는 사람. 홍상수 영화를 좋아하는 사람. 카프카 소설을 좋아하는 사람. 내 얘길 하는 것보단 남의 얘길 들어주는 걸 잘하는 사람. 사랑 앞에서 구질구질해지는 건 딱 질색인 사람. 지킬 수 없는 약속은 안 하는 사람 등등. 사소한 취향에서부터 성격과 세계관까지 내가 되고 싶은 나의 모습은 누구에게나 있다.

하지만 어른이 되어 가면서 우리는 깨닫는다. '내가 되고 싶은 나'가 아닌 '진짜 나'를. 사랑을 하고, 이별을 하고, 도전을 하고, 그 도전 앞에서 좌절해 보기도 하고, 많은 사람들을 만나고, 그 사람들과 부대끼며 나를 시험받는 과정을 거치면서, 우리는 알게 된다. 이런 상황에서 나는 결국 이런 선택을 하는 사람, 이런 말을 하는 사람, 이런 행동을 하는 사람.

그리고 그 '진짜 내 모습'이 어쩌면 내 마음에 안 들 수도 있다. '내가 되고 싶은 나'와 너무 달라서 말이다. 그 순간 우리에겐 세 가지 선택이 기다리고 있다.

진짜 나를 받아들이고 그에 순응하는 삶을 살 것인가.

진짜 나를 인정하되 내가 원하는 나를 위해 노력하는 삶을 살 것인가.

그리고 마지막, 진짜 나를 부정하며 '아니거든? 나는 이런 사람이거든?' 스스로에게 최면을 걸어 마침내 자기 자신까지도 속이는 데 성공하여 계속 '나는 이런 사람이야.' 우기는 삶을 살 것인가.

마지막 선택이 어쩌면, 가장 쉬운 선택일지도 모른다. 진짜 나, 것도 내 맘에 들지 않는 진짜 나를 인정할 수 있다는 게 그리 쉬운 일은 아니니까. 그래서 나이를 먹어 갈수록 많아진다. 자꾸만 우기는 사람들. 이 사람의 성향은 분명 A인데, 입으로는 자꾸만 B라고 우기는 사람.

어른이 된다는 것, 시간이 흐른다는 것은, 무엇에든 조금씩 능숙해지는 걸지도 모르겠다. 그리고 그 능숙함은 물론 좋은 것에도 발휘되지만, 그렇지 않은 곳에서도 맘껏 발휘된다. 특히 자기 합리화.

나는, 나와 취향이 다른 사람도 좋아한다. 나와 성격이 다른 사람도 좋아한다. 나와 세계관이 다른 사람과의 토론도 즐겁다. 하지만 홍상수 영화를 보며 실컷 졸다 나와서는 홍상수 영화를 극찬하는 사람. 카프카 소설 중 단 하나의 줄거리도 기억 못 하면서 (그래서 정말 읽어 본 적은 있는지 심히 의심되지만) 자신은 카프카를 사랑한다고 말하는 사람. 자신은 자기 얘길 하는 것보다 남의 얘길 들어주는 게 좋다는 내용으로 혼자서만 계속 떠드는 사람. 이런 사람들과의 만남은 즐길 수가 없다.

이렇게 자기 합리화에 능숙해진 사람들에게 '논리적인 대화'를 기대하는 건 무리니까. 그러니 '진짜 대화'는 더 이상 불가능하다. 이렇게 자기 합리화에 능숙한 사람들에게 '사과'를 기대하는 것 또한 무리다. 진짜 나는 물론, 나의 단점이나 잘못까지도 인지하지 못하게 만드는 자기 합리화. 그러니 그들과 '진짜 마음'을 나누는 것 또한 불가능하다.

그래서 나는,
아주 드물게 만나게 되는,
이런 '어른'이 반갑고 좋은가 보다.

"아날로그형 인간이 되고 싶었지만, 어쩌겠니. 나는 사실 전자책이 더 좋은 사람인걸. 이거 너무 편해. 너무 좋아. 너도 하나 사 줄까?"

그러고도 선배는 자신이 왜 전자책과 사랑에 빠지게 되었는가에 대해 한참을 떠들었던 것 같다. 하지만 나는 설득되지 않았다. 나는 또 열심히 왜 나는 아직 종이책이 더 좋은가에 대해 얘기했다. 제법 즐겁고 유쾌하게. 이 언니와의 대화는 언제나 즐겁다. 우리의 서로 다른 취향에 대해 논쟁할 때조차.

나는 이런 '어른'과의 만남을 좋아하니까.

그 사람이 어떤 취향이든, 어떤 성격이든, 어떤 세계관이든, '진짜 나'를 알고 있는 어른. 그것을 인정할 줄 아는 어른. 그래서 '대화'가 가능한 어른. '마음'을 나눌 수 있는 '진짜 어른'과의 만남은 말이다.

형편없는 작가, 제법 괜찮은 작가, 훌륭한 작가, 위대한 작가

그녀에게 전화가 왔다.

"많이 썼어? 얼마나 썼어? 잘 써져?"

그녀의 전화는 언제나, 숙제 검사하는 선생님처럼 시작된다. 하지만 나는 알고 있다. 그녀의 전화는 날 감시하기 위함보다는 그녀 자신이 자극받기 위해서임을.

"너는? 너는 좀 쓰고 있니?"

그러니 나도 물어봐 준다. 그녀는 나와 같은 해 라디오 작가를 시작한 유일한 동갑 작가 친구다. 나는 지난해 일을 그만뒀고, 그녀는 올해 일을 그만둘 예정이다. 우리 둘 다 방송 글이 아닌 다른 글을 써 볼 기회가 생긴 거다. 나는 그녀가 소설을 쓰길 바란다. 언제나 쓰고 싶어 했으니까. 실제로 쓰다 만 소설들이 그녀의 컴퓨터 구석 폴더에 숨겨져 있다는 걸 나는 알고 있으니까.

그녀가 나에게 전화를 할 때는 두 가지 이유 중 하나다. 혼나기 위해, 혹은 격려받기 위해. 이제 그녀가 일을 그만둘 날짜가 코앞으로 다가왔고, 본격적으로 다른 글을 써야만 하는 시기가 됐으니, 오늘은 두 가지 모두 필요할 것 같다 판단됐다.

"유혹하는 글쓰기를 다시 봤어."

벌써 몇 번이나 다시 봤지만, 볼 때마다 새로운 부분에서 자극이 되는 책이다. 이번에 꽂힌 부분은 이것. 저자는 세상에 네 가지 작가군이 존재한다고 했다. 형편없는 작가, 제법 괜찮은 작가, 훌륭한 작가, 위대한 작가. 그리고 말하길, 당신이 만약 형편없는 작가인데 제법 괜찮은 작가가 되고 싶다면… 불가능하다고, 빨리 다른 일 찾아보시라고. 또 당신이 만약 훌륭한 작가인데 위대한 작가가 되고 싶다면… 포기하는 게 낫다고, 빨리 포기하시라고. 그나마 한 가지 가능한 것이 있다면, 당신이 꽤 괜찮은 작가였을 때 죽어라 노력하면 훌륭한 작가는 될 수 있다고.

그녀에게 보내는 격려.

나는 그녀가 형편없는 작가라고는 생각지 않는다. 사회성 떨어지고 욱하는 성격까지 있어 윗사람들 비위도 못 맞추는 그녀가, 어쨌든 10년 넘게 라디오 작가로 글을 쓰고 있었다는 것은, 형편없이 후진 작가는 아니라는 증거라 믿으니까.

이제는 그녀가 혼날 차례.

"내가 너한테 톨스토이가 되라는 것도 아니잖아? 이젠 그 정도 파악은 되잖아, 우리."

삼십 대가 내게 준, 우리에게 준 평온 중 하나다. 우리가 톨스토이나 셰익스피어와 같은 위대한 작가는 될 수 없다는 걸 인정하고 받아들이게 된 것. 이십 대가 힘들었던 이유 중 하나는 그것이었으니까. 이상과 현실의 차이. 내가 쓸 수 없는 글을 바라보며 '나는 왜 안 될까. 이렇게 못 쓸 바에는 안 쓰고 말지.' 자학하면서도, '그래도 혹시….' 만에 하나의 기대를 포기하지 못하는 오만으로 성과물 없이 괴로워하는 것.

"그러니까 일단 써. 괜찮은 작가인 네가, 지금 쓸 수 있는 글을 쓰라고. 죽어라 노력하면 훌륭한 작가는 될 수 있다잖아. 네가 지금 아무것도 쓰지 않고 있는 건, 제법 괜찮은 작가인 그래서 어쩌면 훌륭한 작가가 될 수도 있는 너의 재능을 낭비하고 있는 거라고!"

다시 그녀를 위로하기.

지금 글을 쓰고 있는, 글로 밥벌이를 하는 모든 작가들이 위대한 작가일 순 없다. 그렇다면 '위대한'이란 수식어 자체가 무의미한 거니까. 세상엔 위대하진 않지만 제법 괜찮은 작가와 훌륭한 작가들 또한 존재하고, 아니 위대한 작가들은 정말 소수일 뿐, 피라미드의 법칙처럼 훌륭한 작가와 제법 괜찮은 작가들이 훨씬 더 많으며, 그들의 글에 공감하고 위로받고 즐거워하는 독자들 또한 분명 있다. 나도 그런 독자들 중 하나니까. 위대하지 않다는 이유로 다른 모든 작가들이 절필 선언을 해버린다면, 독자의 입장으로서 나는 너무

심심해질 것만 같다. 공허해질 것만 같다. 그래서 나는 그녀가 소설을 쓰길 바란다. 그녀가 분명 형편없이 후진 작가는 아니라는 믿음이 내게는 있으니까.

이제는 마무리.

독자인 나의 심심함과 공허함을 채워 주기 위해서라도 그녀의 첫 책, 그녀의 첫 소설책을 서점에서 만나 볼 수 있는 날이 어서 빨리 왔으면 좋겠다. 제일 먼저 사서, 저자 친필 사인받으러 달려가야지.

"그래!"

전화기 너머로 그녀 특유의 단순 명랑 "그래!"가 들려온다. 취할 거 다 취했다는 뜻. 오늘 그녀에게 필요했던 자극이 다 찼다는 뜻.

전화를 끊자마자 나 또한 노트북을 찾아 펼쳤다. 벌써 며칠이나 지지부진 고전하다 축 처져, 노트북을 외면하고 있던 참이었다. 어쩌면 그래서 더 몰아쳤다 달랬다 혼냈다 격려했다 지나치다 싶을 정도로 그녀에게 긴 잔소리를 늘어놨는지도 모르겠다.

실은 다 내가 듣고 싶었던, 내게 필요했던 얘기들이었던 거다.

내가 그녀에게 했던, 모든 얘기들이.

뭘 그렇게 놀래

“저희 어머니가 어디 가서 이런 말 절대 하지 말라고 하셨거든요. ‘저 요즘 별 탈 없이 아주 잘 지냅니다.’ 그러면 사람들이 싫어한다고요.”

그래서 그는 이 노래를 만들었다고 한다.

네가 깜짝 놀랄 만한 얘기를 들려주마. 아마 절대로 기쁘게 듣지는 못할 거다. 네가 들으면 십중팔구 불쾌해질 얘기를 들려주마. 오늘 밤 절대로 두 다리 쭉 뻗고 잠들진 못할 거다. 뭐냐 하면 나는, 별일 없이 산다! 별다른 걱정 없다! 나는 사는 게 재밌다! 하루하루 즐거웁다! 매일매일 하루하루 아주 그냥!

이 노래를 처음 들었을 때의 통쾌함이란!

그의 두 번째 앨범이 나왔다. 애타게 기다렸던 만큼 발매일 눈을 뜨기가 무섭게 구매 완료. 그리고 첫 번째 트랙을 플레이하자마자,

뭘 그렇게 놀래? 내가 한다면 하는 사람인 거 몰라? 내가 빈말 안 하는 사람인 거 몰라? 잘 들어. 미안하지만 네가 보고 있는 것들은 꿈이 아냐. 그리고 잘 봐. 낯설겠지만, 못 믿겠지만, 네가 보고 있는 사람이 진짜 나야. 나도 내가 진짜로 해낼 줄은 몰랐었어. 이렇게나 멋지게 해낼 줄은 몰랐었어. 너도 내가 진짜로 해낼 줄은 몰랐겠지만 더 이상 예전에 네가 알던 내가 아니야!

그래 이거야!
오래 묵은 체증이 내려가는 기분이었다.
내가 찾던 답이 그 안에 있었으니까.

한 지인이 이직을 했다. 내가 선택한 이직이라면, 그 이유는 누구에게나 비슷하지 않을까. 더 좋은 근무 환경 혹은 더 좋은 대우. 아니면 내가 더 원하는 일을 할 수 있는 곳 혹은 내게 또 다른 도전의 기회가 될 수 있는 곳. 그런데 이직 후 만난 지인의 표정은 그리 좋지 않았다.

"그냥 좀… 속상한 일이 있었어요."

전에 다니던 회사, 십 년 넘게 함께 일해 온 사람들로부터 좋지 않

은 얘길 듣게 됐다는 지인. 다른 회사도 겪어 보고 싶다고 했을 때도, 그래서 다른 회사를 알아보고 있다고 했을 때도, 그리고 결국 사직서를 냈을 때도, 그들은 말했단다. 이해한다고, 더 나아가 응원한다고. 하지만 막상 지인의 다른 회사로의 입사가 결정되자, 그들의 반응은 바뀌었다.

배신이다. 네가 어떻게! 각종 사소한 이유들을 끌어모아, 그들이 갑자기 지인을 비난하기 시작한 이유. 내가 보기엔 결국 하나였다. 지인이 옮겨 간 회사가, 전에 회사보다 나쁘지 않은 회사라는 것.

"가족이나 마찬가지인 사람들이라고 생각했는데…."

많이 섭섭했던 모양이다.

"그래도 다는 아니지 않나요?"

지인에게 내가 해 줄 수 있는 말은, 그것뿐이었다.

"그래도 그런 일을 겪고 나면 알게 되더라고요. 내 사람과 내 사람이 아닌 사람을."

"외롭다 생각될 때요? 음… 좋은 일, 생겼을 때요."

언젠가 TV에서 본 누군가의 인터뷰. 그 말에 격하게 공감했던 기억이 난다. 나 또한 그랬으니까. 좋은 일이 생겼을 때, 누군가에게 축하받고 싶은 일이 생겼을 때, 사람들에게 자랑하고 싶은 일이 생겼을 때, 도리어 참 외로웠다.

사람들을 만나면 언제나 듣게 되는 각자의 힘든 이야기들. 그 사이를 비집고, '나, 좋은 일 있어!' 그럴 수가 없었다. 지레 눈치만 보다 돌아왔던 기억. 그런데 그 후 주변 반응은 두 가지로 갈리었다. "너 왜 얘기 안 했어? 정말 축하해!" 진심으로 축하해 주는 사람. "좋겠다?" 말끝에 '흥!'이 붙어 있는 듯한 어투. "걔 요즘 건방져진 거 같지 않냐? 하긴 걔가 원래 좀 그랬지." 결국 내 귀에도 들어오게 될 뒷담화로 내가 도대체 뭘 잘못한 건지도 모르겠는데 괜한 죄책감을 갖게 만드는 사람.

그 과정을 겪으면서 나는 내 마음속에 두 개의 폴더를 만들게 됐던 것 같다. 내 사람, 그리고 내 사람이 아닌 사람.

어차피 후자의 사람들은, 언젠가는 나를 떠났을 혹은 아프게 했을 사람들이라 생각하니 오히려 마음이 편해졌다. 그 사람들 말에 상처받고 아파할 시간에 '내 사람들'에게나 더 잘하자. 그리고 그들에겐 그냥 이 노래나 들려주자 생각했다.

나는 별일 없이 산다!
사는 게 줄거웁다. 매일매일 하루하루 아주 그냥!

"그래? 별일 없이 산다고? 별걱정 없어? 사는 게 즐거워? 그래, 두고 보자. 앞으로 너 얼마나 잘 사는지 내가 두 눈 똑바로 뜨고 지켜볼 테니까!"

순간 움찔, 했다. 역시 만만치 않은 상대였어. 이제 어떡해야 하는 거지. 좀 더 센 게 필요한데, 좀 더 세게 질러 줘야 하는데, 어떡하지? 그때 그가 새 노래로 돌아와 준 거다.

뭘 그렇게 놀래? 잘 들어. 미안하지만 네가 보고 있는 것들은 꿈이 아냐. 나도 내가 진짜로 해낼 줄은 몰랐었어. 이렇게나 멋지게 해낼 줄은 몰랐었어. 너도 내가 진짜로 해낼 줄은 몰랐겠지만!

그 수밖엔 없지 않을까.

어차피 세상 모든 사람들에게서 사랑받을 순 없다. 그런데 어차피 내 사람도 아닌 사람들에게서 '너 어쩌면 그렇게 찌질하게 사니? 이리 와. 내가 토닥토닥해 줄게.' 이런 말이나 듣자고 계속계속 찌질하게 살 순 없는 거 아닐까. 그러니 이 수밖엔 없는 거다.

뭘 그렇게 놀래? 나도 내가 진짜로 해낼 줄은 몰랐었어!

이런 말이라도 할 수 있게 살아야지.

다른 꿈은 엄두조차 나지 않으니까

"조카랑 얘기하다, 나 깜짝 놀랐어."

설 연휴 고향에 다녀왔다는 친구가 말했다. 일곱 살 난 조카는 커서 과학자가 되고 싶다고 했단다. 노벨상 타서 그 상금으로 효도할 거라며. 그런데 친구는 자기도 모르게 이렇게 말해버렸단다. "야, 그건 우리나라가 월드컵 우승하는 것보다도 힘들고, 것도 평생 고생하고 인생 말년에나 받을 수 있을까 말까 한 거야." 그리고 헉 했단다. 내가 지금 어린 조카한테 무슨 말을 하고 있나 싶어서.

설 연휴, 우리집에서도 비슷한 일이 있었다. 초등학생인 큰 조카는 야구선수가 되고 싶다고 했다. 하지만 언니는 단호했다. "운동시키려면 돈이 얼마나 많이 드는데! 게다가 나도 회사 그만두고 애 따라다녀야 하는 건데, 현실적으로 운동해서 성공하는 애들이 몇이나 되겠냐?" 우리집 조카들은 모두, 의사 아니면 판사란 꿈을 강요당하고 있었다. "세상에 대학이 의대나 법대밖에 없는 건 아니야." 이런 말을 하는 난, 철없는 소리나 하고 앉아 있는 몽상가 이모. 너흰 이모처럼 살면 안 된다.

"너는 커서 뭐가 되고 싶니?"

나 또한 고등학생이 되고 대학생이 되고, 머리가 점점 굵어질수록 상상 가능한 운신의 폭이 좁아졌던 것 같긴 하다. 보다 현실적으로, 보다 안정적으로. 하지만 적어도 일곱 살, 아니 초등학생 때까지만 해도 그 정도는 아니었던 것 같다. 과학자도 되고 싶었다가, 대통령도 되고 싶었다가, 올림픽 같은 거 보면 금메달 선수도 되고 싶었다가, 또 만화영화 보면 마법사나 공주도 되고 싶었다가, 뭐 그런 게 더 자연스러운 아이의 꿈 아닐까. 적어도 내가 어렸을 때는 그런 꿈을 말해도 어른들이 비웃거나 제약하진 않았던 것 같다.

그런데 요즘 초등학생들에겐 야구선수란 꿈도 쉽지 않은 일이 되어버렸나 보다. 하긴 요즘은 의사도 꺼리는 부모들이 있단다. 원래 집에 돈이 많아서 목 좋은 데 크게 병원 내지 않으면 힘들다고. 동네 작은 병원들은 임대료 내기도 힘겨워 문을 닫곤 한다며.

점점 쉽지 않은 세상이 되어 가는 것만 같다. 상상이 점점 쉽지 않은 세상. 상상하면 뭐해, 어차피 안 되는 일. 어른이 되어 갈수록 상상의 폭이 좁아져 가는 건 뭐 새로울 일도 아니지만, 나는 좀 슬펐다. 그 나이가 점점 내려가고 있는 것만 같아서. 그리고 그건, 어른들의 삶이 점점 더 팍팍해지고 있기 때문인 것만 같아서.

우린 너무 힘들구나. 그러니 너희는 한 살이라도 어려서부터 준비하렴. 보다 현실적이고 안정적인 미래를. 쓸데없는 공상에 시간 낭비하지 말고.

최근엔 상상 가능한 운신의 폭에서 일반 회사 취직, 심지어 대기업 취직까지도 지워져 가고 있단다. 취업이 힘들 뿐 아니라, 어떻게 어떻게 취업이 된다 해도 마흔 줄에 쫓겨나기 십상이니까. 그리하여 안정적인 직업의 대표격인 교사, 공무원 시험의 경쟁률은 점점 더 높아만 간다. 내가 아는 대학생 친구들 가운데서도 절반 이상은 그런 시험들을 준비하고 있다. 그것이 꼭 행복한 미래를 가져다줄 거라 믿어서만은 아니다. 그저, 안정적이니까.

다른 꿈은, 엄두조차 나지 않으니까.

한 경제학자가 이런 얘길 했다. 88만 원 세대도 이젠 옛날얘기고 요즘 이십 대는 '5무(無) 세대' 같다고. 88만 원이라도 벌 수 있는 일자리조차, 요즘 이십 대한테는 쉽지 않단다. 일자리가 없으니 소득이 없고, 소득이 없으니 집이 없고, 집이 없으니 결혼도 못 하고, 결혼도 못 하니 아이까지 없는 세대. 그런데 그 말에 어떤 이십 대가 이런 답을 했단다.

"아닙니다. 우린 6무 세대입니다. 우리에겐 희망도 없으니까요."

그 말에, 내 마음도 따라 철렁했다. 그 말은, 이십 대가 아닌 나에게도 무력감을 안겨 줬다. 희망도 품기 힘든 세상에서 어떻게 '상상'을 바랄 수 있겠나 싶어서.

하지만, 어쩌면 그래서 더, 우리에겐 '상상'이 필요한지도 모른다.

어린 시절 누구나 한 번쯤은 이런 상상을 해 봤을 거다. '풍선을 많이 많이 달면 사람도 날 수 있지 않을까? 풍선으로 나는 집을 타고 세계 여행도 할 수 있지 않을까?' 하지만 어른이 되고부턴 그런 상상은 하지 않는다. 여행 짐을 꾸리며 뭘 빼야 할지 고심하다 보면, 집을 통째로 들고 가고 싶다는 엉뚱한 생각이 들기도 하지만, 그건 정말 엉뚱한 상상일 뿐. 이내 '어차피 말도 안 되는 얘기.' 쉽게 그 생각은 접고 만다.

그런데 끝내 '상상'을 접지 않았던 사람이 있었다. '그게 왜 말이 안 돼? 어쩌면 가능하지 않을까? 수만 개의 풍선을 굴뚝으로 연결해서….' 도리어 그 상상을 키워 나갔다. 그리고 마침내 그려냈다. '풍선으로 나는 집'을 만화영화로 만든 거다. 그리고 그 만화영화는 다른 이들의 상상까지 깨워냈다. '그래! 나도 어렸을 때 이런 상상 해 봤는데!' 오랜 시간 많은 이들의 무의식에 갇혀 있던 상상을 끄집어냈다. 그것도 현실로.

그 만화를 본 수많은 사람들이 모여 '풍선으로 나는 집'을 현실에서 시도해 보기로 한 거다. 한 다큐 채널의 주최로 전문가들의 도움까지 받아 꼼꼼하게 계산하고 계획하고 준비한 끝에, 마침내 그들은 해내고야 말았다. 상상은, 현실이 됐다. 삼백 개의 커다란 헬륨 풍선만으로 집은, 날아올랐다. 삼천 미터 상공까지 떠올라 한 시간 가까이 '풍선으로 나는 집'을 보며, 나는 조금 두근거렸던 것 같다. 그리고 무엇보다 그 프로그램의 제목이 오랫동안 잊히지 않았다.

How hard can it be.
어려워 봤자 얼마나 어렵겠어.

이래서 나는 만화가 좋다. 상상을 멈추지 않는 세상. 상상은 '바람'을 불러일으킨다. 정말 그런 일이 현실에서도 가능하다면 멋질 텐데. 정말 그런 세상이 왔으면 좋겠다. 그리고 그 바람이 간절해지면, 그것은 현실이 되기도 한다. '풍선으로 나는 집'처럼.

상상은 바람을 일으키고,
바람은 희망을 꿈꾸게 하고,
희망은 사람을 움직이게 하는 법이니까.

물론 더 이상 상상하지 않는다고 해서, 무슨 큰일이 나는 건 아니다. 단, 변화도 없을 뿐. 아무도 '풍선으로 나는 집'을 상상하지 않았다면, 아무도 '풍선으로 나는 집'을 현실로 만들어내진 못했을 것이다. 상상을 멈추면, 변화도 없다. 지금 현실이 맘에 들든 안 들든 변화는 없다. 그러니까 우리는 계속, 상상해야 하는 거 아닐까.

젊은이들의 입에서 '희망도 없다'는 말이 흘러나오는 시대, 이런 시대에서 계속계속 살고 싶은 사람이 있을까. 적어도 나는 싫다. 달라지길 바란다. 달라지길 희망한다. 그러니 우린 계속, 상상해야 하는 거 아닐까.

어쩌면 우리는,
그 어느 때보다 '변화'가 필요한 시대,
'상상'이 필요한 시대를 살고 있는지도 모르니까.

무모한 도전

배를 지휘하는 콕스만이 다른 팀들이 얼마나 앞서가고 있는가가 보인다. 배의 진행 방향과 역으로 앉아 있는 나머지 8명은 콕스의 얼굴을 보며 콕스의 지휘만을 따라 죽을힘을 다해 노를 젓는다.

이천 미터 조정 경기에 참가한 무한도전* 팀은 꼴등을 했다. 고작 5개월의 연습량으론 당연한 결과였을지도 모른다. 훨씬 더 오랜 기간 훨씬 더 집중력 있게 연습해 왔을 다른 팀들의 노력과 경험치를 생각하면 또, 그래야만 했던 결과였는지도 모른다. 그런데 나는 그들의 레이스를 보며 눈물을 주룩주룩 흘리고 있었다.

무한도전* 무한도전 _ 2011년 8월 7일 방송

꼴등이란 결과에 대한 안타까움 때문도 아니었고,
체력의 한계를 넘어 노를 젓는
그들의 일그러진 표정이 안쓰러워서도 아니었다.

상대 팀들과의 격차가 조금씩 더 벌어질수록,
꼴등이란 결과가 점점 더 당연해질수록,
빨라지는 배, 좋아지는 기록.

"이제 얼마 안 남았어! 우리 멋지게 들어가자!"

이미 꼴등임을 누구보다 잘 알고 있는 콕스가 목이 터져라 팀원들을 북돋았다. 잘한다, 멋지다, 좀 더 속도를 올려서! 파이팅! 다른 팀들이 모두 결승점을 통과한 이후, 홀로 남은 무한도전 팀의 마지막 오백 미터 기록은, 가장 좋았다. 이천 미터 전체 레이스 가운데서도, 지난 5개월간 연습해 온 기록 가운데서도, 꼴등이 확정 지어진 다음 마지막 오백 미터 기록이, 가장 좋았다.

그리고 그 모습이 나를, 울게 했다. '아름다운 꼴등'이란 이 식상한 말이, 꼴등을 위로하는 의미만은 아니었음을, 그들이 몸소 증명해 준 것만 같았다. 결승점을 통과하고 이제 다 끝났다는, 이제 노를 쉬어도 된다는 "Easy Oar!"라는 말이 콕스의 입에서 터져 나왔을 땐, 모든 멤버가 눈물을 터뜨렸다.

그리고 나는 그 모습에서 지난 밴쿠버 동계 올림픽의 김연아 선수가 떠올랐다. 그녀가 눈물을 터뜨린 것은 점수가 발표된 순간도, 그래서 금메달이 확정 지어진 순간도 아니었다. 오로지 자신의 연기를 마치자마자, 눈물을 터뜨린 그녀. 점수와 상관없이, 메달과 상관없이, 자신의 연기만을 마치고 눈물을 터뜨린 그녀가 나는, 그래서 더 멋지다 생각됐다.

그녀는 1등을 했고, 무한도전은 꼴등을 했다. 하지만 둘 모두는 내게 똑같은 감동을 안겨 줬다. 아니 어쩌면 무한도전이 내게는 훨씬 더 강한 자극이 됐는지도 모르겠다. 나는 결국 울어버렸으니까. 그리고, 이런 생각 또한 하게 됐으니까.

나도, 더 열심히 살아 보고 싶다는 생각.

나는 언제나 '최선'보다는 '머리'가 앞선 사람이었는지도 모르겠다. '어차피 잘 안 될 것 같은데….' 실패가 빤히 보이거나, 희망이 1%도 안 돼 보이는 길 앞에선, 언제나 최선보단 머리가 앞섰던 사람.

결과보다 과정이 중요하다는 걸 인정하지만, 과정만큼 결과도 중요하니까. 결과 따윈 아랑곳하지 않고 너무 무모하게만 덤벼들기엔 난 이제 어른이니까. 그래서 나는 언제나 안전한 길만을 선택하거나, 무모한 도전 앞에서는 지레 머리로만 계산해 보고 등을 돌려 왔는지도 모르겠다.

나는 과연, 나 자신을 감동시킬 만큼 최선을 다해 본 적이 있는가.

나는 과연, 나 자신에게 감동하여 울어 본 적이 있는가.
그 결과와 상관없이.

나는 자신 있게 '그렇다.' 대답할 수 없었으니까.

무한도전의 첫 이름은,
'무모한 도전'이었음이 새삼 다시 떠올랐다.
무모한 도전, 아름다운 꼴등, 무한도전에 감사한다.

비록 실패하더라도
비록 꼴등을 하더라도
비록 그것이 명명백백한 무모한 도전이라 하더라도

최선을 다하면
누군가는 감동시킬 수 있다는 것,
적어도 나 자신은 감동시킬 수 있다는 것,
나 자신은 울릴 수 있다는 것을 알려 준 그들에게 나는,
진심으로 감사하고 싶다.

조금 무모한 일이 될지 모른다 해도

왜 난 웃고 있는 걸까. 이젠 눈물이 말랐나.

모두 다 인정해도 돼. 나는 사랑의 패배자.

달빛요정역전만루홈런, 그는 언제나 패배자의 정서를 노랫말에 담았다. 그런데 어쩐지 나는 그의 노랫말이 좋았다. 어쩌면 그가 진실을 말하고 있었기 때문인지도 모른다. '직업에는 귀천이 없다고 배웠지만 현실은 그렇지 않더군. 난 부끄러워. 키 작고 배 나온 닭 배달 아저씨.' 그는 정말 치킨 배달 아저씨였고, 학창 시절 아버지가 기타를 부쉈을 때도 울지 않았으나 생활고에 기타를 팔며 눈물을 흘린, 그럼에도 '내일부턴 저금을 해야지. 그래도 난 한때는 세상을 노래하는 가수였는걸. 언젠가는 다시 기타를 사야지.' 음악에 대한 꿈은 접을 수 없었던 사람.

그리고 2010년 11월, 자신의 지하 셋방에서 뇌출혈로 쓰러진 지 30시간 만에 발견됐으나 끝내 사망. 서른여덟의 나이로 그는 세상을 떠났다. 그의 부고가 인터넷을 떠들썩하게 만들었던 그날, 대부분의 기사는 이렇게 시작됐다. '1인 프로젝트 밴드 달빛요정역전만루홈런 이진원이 결국 역전만루홈런을 날리지 못하고 숨졌다.' 나는 불편했다. '결국 역전만루홈런을 날리지 못했다'는 그 말.

지루한 옛사랑도, 구역질 나는 세상도, 나의 노래도, 나의 영혼도,
모든 게 다 절룩거리네.
세상도 나를 원치 않아. 세상이 왜 날 원하겠어.
미친 게 아니라면.

나는 그의 노랫말이 좋았다. 어쩌면 나 또한 패배자의 정서를 마음에 품고 있었기 때문인지도 모른다. '도대체 나중에 얼마나 행복해지려고!' 이 악물고 한고비 넘어왔는데, 보상은커녕 '요것 봐라? 그럼 어디 한번 이 산도 넘어 볼래?' 놀리듯 더 큰 산이 날 기다리고 있을 때. 풀라고 내주는 숙제가 아니라, 언제 포기하나 보자 벼르듯 내주는 듯한 숙제가 줄줄이 밀려오는 기분이 들 때가, 나에게도 있었으니까.

그래서 어쩌면 그의 죽음이 더, 불편했는지 모른다.

그래서 어쩌면 '결국 역전만루홈런을 날리지 못했다'는 그 말이 더, 짜증스러웠는지도 모른다.

나만 절룩거리는 기분으로 사는 건 아니구나. 그의 노래에 공감하면서도, "하지만 언젠가는 저도 역전만루홈런을 치는 날이 올 수 있겠죠." 그의 말처럼 '언젠가는'에 대한 기대가 내 마음 한구석에 또한 아직은 남아 있었기에 나는 불편했다. 죽어라 고생만 하고 결국 끝나버리는 삶, 끝내 역전만루홈런 따위는 찾아오지 않는 삶. 그것을 인정해버린다는 것이 쉽지 않아서.

"그래도 그는 노래했잖아. 그리고 그걸 네가 들었잖아. 그 사람이 그 사실을 알든 모르든 네가 위로받았잖아, 그의 노래에."

친구에게서 걸려 온 전화. 며칠 전 만났을 때 스치듯 했던 이야기인데도 친구는 내내 마음이 쓰였던 모양이었다. 달빛요정역전만루홈런의 이야기, 그리고 나의 이야기에.

"짜증나. 무슨 일인지 몰라도 그런 생각이 들 정도로 네가 힘들었다는 것 자체가 짜증나. 왜 그런 티를 내서 나까지 하루 종일 아무것도 못 하게 하는지 네가 원망스러울 정도로 짜증나."

친구는 화를 내고 있었다. 진심으로. 그래서 나 또한 전화를 끊고 나서 한참이나, 아무것도 할 수 없었다. 너무… 미안해서. 강하지 못한 모습을 내가 좋아하는 사람에게, 나를 좋아해 주는 사람에게 보였다는 미안함. 그로 인해 그를 아프게 했다는 미안함. 하지만 한편, 나는 조금 덜 외로웠던 것 같다. 나를 위해 진심으로 화내 주고 울어 주는 사람이 있다는 것, 그토록 나를 아껴 주는 사람이 있다는 것에.

내가 세상을 비웃었던 것만큼 나는 초라해질 거야.
아무래도 좋아.
나는 내 청춘을 단 하나에 바쳤을 뿐.
그저 실패했을 뿐. 그저 무모했을 뿐.

나는 그의 노랫말이 좋았다. 어쩌면 나는 그의 노래를 들으면서도 조금 덜 외로웠기 때문인지도 모른다. 그가 계속 노래했기에 그가 이 사실을 알든 모르든 나는 조금 덜 외로웠고, 그렇기에 적어도 내게 그는 틀림없는 달빛'요정'이었다. 역전만루홈런 따위는 처음부터 말이 안 되는 거였는지도 모른다. 적어도 내게 그는 지고 있는 사람이 아니었으니까. 적어도 내게 '그가 단 하나에 바친 청춘'은 실패가 아니었으니까. 조금 무모했을지는 몰라도.

결국 진심은 통하는 법.
나는 아직 인간을 믿고 있나 보다.
멍청하게.

그의 말처럼 나도 좀 멍청해져야 할 것 같다. 사람, 내가 좋아하는 사람, 나를 좋아해 주는 사람, 적어도 그들을 내가 더 이상 아프게 하는 일은 없도록 조금 더 씩씩하게, 그리고 조금 더 멍청하게 나는 다시 믿어 보고 싶다.

"그래도 한번 끝까지 해 봐야 하지 않겠니.
죽는 날 쌍욕을 하게 되더라도."

친구의 마지막 말을 떠올리며, 다시 한 번 씩씩하게. '요것 봐라? 그럼 이 산도 한번 넘어 볼래?' 깐죽거리며 줄줄이 다음 산을 준비하던 그가 도리어, '독한 것. 내가 졌다.' 나를 먼저 포기할 때까지. 아니 포기하지 않으면 어때. 한번 끝까지 싸워 보지 뭐. 나중에 쌍욕을 하게 되더라도. 나는 조금 더 멍청해질 거니까. 그렇게 믿어 볼 거니까. 그것이 조금, 무모한 일이 될지 모른다 해도.

자학과 자백

풀리지 않는 의문이 하나 있었다.

"나는 너무 게을러."
내겐 너무 멋진, 한 선배의 입버릇.
"내 주변에서 선배가 제일 열심히 살거든요?"
누구보다 열심히, 최선을 다해, '잘' 살고 있는 사람이 왜 자학을 할까.

반대로,

"일을 왜 그렇게 하는지 모르겠어. 나 같으면 그렇게 안 할 텐데."
언제나 남들은 못마땅하고 자기만 으뜸인, 또 다른 한 선배.
그런데 나는 인정할 수가 없다.

게으르고 무능한데 말만 많은 사람들의 공통점, 자백.

내겐 늘 풀리지 않는 의문이었다. 진짜 잘난 사람들은 자학을 하고, 결코 잘나지 못한 사람들은 자뻑에 취해 있는 것.

얼마 전 체호프 희곡집을 다시 보다 '자학'과 관련된 장면을 발견했다. 극 중 작가가 세 페이지에 걸쳐 '자학'을 하는데 그 끝은 이러했다.

사람들은 내 무덤 옆을 지나가면서 이렇게 말할 겁니다.
"그래 재미있고, 재주도 있고, 괜찮은 작가였지만,
톨스토이에 비하면…. 투르게네프보다도 못했지."

안톤 체호프와 같은 대! 작가도 자학이라니. 왜 꼭 잘난 것들이 자학을 하고 난리야. 그보다 못한 사람들은 어떻게 살라고.

그런데 책을 덮으면서 이런 생각도 들었다.
어쩌면 그래서, 아니 그랬기 때문에,
체호프가 체호프가 될 수 있었던 건 아닐까.

자학은 물론 괴로운 일이다. 너무 자학만 일삼다가는, 정말 '자학'만 하다 인생 종칠 수도 있다. 하지만 자학은 자기 발전의 시작이 될 수도 있다. 내 맘에 안 드는 나, 내 성에 안 차는 나. 그러니 고민

한다. 모색한다. 노력한다. 발전한다. 그리고 '체호프'가 된다. 이 진행이 가능할 수도 있는 거다.

반대로 자뻑은, 널리리야 내 마음 편할 수는 있겠지만, 그걸로 끝. 지금의 나도 너무 완벽한데 무슨 고민, 무슨 노력이 더 필요하겠냐 말이다. 게다가 자뻑은 '지금 내 마음 편함'의 지속을 위해 쉬운 자기 합리화를 부르고, 그 합리화가 거듭되면 정체를 넘어 퇴보로 간다. 그리고, 그러다 점점 부끄러움이 없어지는 건지도 모르겠다.

나에게도 자학이 자학을 낳는 날들이 있었다. 너무 자학만 하며 괴로워하느라 발전은커녕 우울의 끝만 달리던 날들. 그리고 그 끝에 자뻑형 인간들이 부러워지는 순간이 찾아왔다. 세상 별거 있나? 지금 내 마음 편한 게 최고지! 나도, 그렇게 살고 싶다.

하지만 그때 나는, 부끄러움을 모르는 사람을 만났다.

나보다 많이 배운, 나보다 똑똑한, 나보다 잘난 삶을 살아온 듯한 사람들이, 아무렇지 않게 부끄러운 행동을 했다. 그리고 TV에 나와 자신의 정당성을 부끄러운지도 모르고 떠들어댔다.

무서웠다.
부끄러움을 모르는 삶, 자학이 없는 삶의 끝은
저런 모습일지도 모른다는 생각에.

내 부끄러움을 나만 모르고, 남들은 다 아는 그런 삶.

자기의 죄에 대해서 몸부림은 쳐야 한다.
몸부림은 칠 줄 알아야 한다.
그리고 가장 민감하고 세차고 진지하게 몸부림쳐야 하는 것은 지식인이다.

그날* 트위터엔 이런 글이 올라왔다. 김수영 시인의 글이었다.

많이 배웠다고 해서, 똑똑하다고 해서, 화려한 경력과 말발을 자랑한다고 해서, 멋진 사람이 될 수는 없다. 적어도 나는 그런 사람들이 멋져 보이지 않는다. 그 많이 배움으로, 똑똑함으로, 자신의 부끄러움을 합리화도 잘하는 사람들. 자뻑에 취해 부끄러움도 모르는 사람들을 부러워할 뻔했다니.

그냥 자학, 계속해야 할 것 같다.

나도 이제 안다. 자학만 하는 삶은, 괴롭기만 할 뿐 성과도 없고 발전도 없는, 그러니 불행한 최악의 삶이라는 것. 어쩌면 그건, 자뻑으로 부끄러움을 모르는 삶보다도 못할 수 있다. 그래도 자뻑형 인간은 자기 마음이라도 편하니까, 아니 아마도 편할 테니까.

그날* 2011년 11월 22일

하지만 그럼에도 나는,
자학 없이 자뻑에만 취한 삶은 살고 싶지 않다.
적당한 자학, 그 끝에 아주 조금이라도 발전이 있을 땐
살짝 자뻑해 주기.

그 정도면 충분할지도 모르겠다.

나도 이제 정말 알겠으니까.
세상에서 가장 창피한 일 중 하나는 바로 이것이라는 것.
자뻑의 끝에 찾아오는 바로 이것.

나의 부끄러움을 나만 모르고, 세상 사람들은 다 아는 것.

적어도 나만은 실수하지 않는다 믿는 실수

대학교 1학년 첫 국어학 수업, 교수님은 강의실에 들어서자마자 흰 종이를 나눠 주시곤 받아쓰기 시험을 보겠다고 하셨다. 아니 우리가 초등학생도 아니고, 나름 대학 '국문과'에 입학한 학생들인데 받아쓰기 시험이라니! 모두들 조금 황당해하는 분위기였지만, 결과는 참담했다. 만점자는 한 명도 없었다. 심지어 빵점짜리 답안지도 속출. 그때 교수님 말씀이 아직도 기억난다.

"국문과는 '국어국문학과'의 줄임말이다. 문학뿐 아니라, 어학도 공부하는 학과라는 거다."

맞춤법, 띄어쓰기도 제대로 못하면서 문학이 어쩌고, 어디 가서 국문과 다닌다며 우쭐해 하지 말라는 말씀이셨다. 그리고 이제부터 주머니에 빨간 펜 하나씩을 넣어 가지고 다니면서 학교 안에 붙어 있는 벽보의 오자를 고치라고 하셨다. 물론 뒷말은 농담으로 하신 말씀이었겠지만, 그 뒤부턴 벽보의 오자들이 눈에 거슬리기 시작했다.

어쩌면 그런 어학 수업들의 영향이었는지도 모르겠다. 우리는 노래방에 가서도 화면 밑에 흐르는 가사의 오자들을 지적하며 웃었고, 밥집이나 술집에 가서도 메뉴판의 오자들을 화제 삼았으며, 소개팅남의 오자 작렬 문자나 편지는 당연한 퇴짜 이유로 인정. 심지어 "내가 과연 그걸 해낼 수 있을지 염두가 안 나." 심각한 고민을 털어놓고 있는 친구의 말을 자르고 들어가, "엄두." 사소한 말실수까지도 지적하게 되곤 했다. "야! 나 지금 심각한 얘기하는데, 그 정도는 그냥 넘어가 주면 안 되냐?", "미안, 미안. 너무 거슬려서 나도 모르게 그만…."

일종의 직업병과 유사한 '학과병'을 앓고 있었기에, 나 또한 맞춤법과 띄어쓰기에 유난히 민감할 수밖에 없었지만, 한국어는 생각보다 어려웠다. 대학을 졸업하고 나름 작가 생활을 10년 넘게 했는데, 아직도 나는 글을 쓸 때 사전을 찾아본다. '어학'으로 박사 학위를 받고 지금은 대학에서 강의를 하고 있는 후배 K에게도 그건 마찬가지일 정도로, 한국어는 만만치 않은 언어였다. 그래서 나는 더 이런 사람들이 이해가 안 됐다. 다른 사람의 글이나 말을 '틀리게' 지적질하는 사람들.

한번은 방송에서 '야채'란 말이 나간 적이 있는데, 그날 엄청난 청취자 실시간 반응이 쏟아졌다. '채소'가 아닌 일본식 한자어 '야채'를 썼다는 원성이었다. 하지만 '야채'가 일본식 한자어란 것은 소문에 불과할 뿐, 아직까지 '야채'가 일본식 한자어란 증거는 발견되지 않았으며, 국립국어원에서도 '야채'와 '채소'를 모두 표준어로 인정하고 있다. 하지만 쏟아지는 질타 반응은 너무도 확신에 차 있었다. 나는 그 자신감이 놀라웠다. 남을 지적함에 있어 어떻게 사실 확인도 한번 안 해 보고, 사전도 한번 안 찾아보고, 그렇게 확신에 찬 손가락질을 할 수 있는 걸까.

책을 낸 다음에도, 나는 지인들이나 독자들에게 '오자'를 지적받는 경우가 여러 번 있었는데, 그중 대부분은 틀린 지적이었다. 한번은 별로 친하지도 않은 지인에게서 문자를 받았는데, "행복해지길 바래!!! 네 책에 오타 있다!!! 행복해지길 바라라고 돼 있어!!!!!!' 이럴 때 참 난감하다. '바라'가 맞는 말인데, '바래'가 틀린 말인데, 엄청난 느낌표 개수만큼이나 자신감 넘치는 그 문자에 나는 어떤 답을 보내야 하나 난감해하고 있었고, 그때 나는 마침 국문과 출신 친구 네 명과 여행 중이었다.

"이건 정말 너무한데?" 다들 맞춤법에 예민한 친구들이라 그 문자는 우리 여행을 술렁이게 했고, 각자의 회사 생활 중 일어난 비슷한 에피소드들을 털어놓으며, 우리는 흥분했다. 생각보다 참 많았다. 자신이 알고 있는 정보가 틀렸다고는 전혀 의심하지 않은 채,

남들을 지적하는 사람들. 게다가 누군가 반론을 제기하면, 자신의 정보에 대해 한 번쯤은 사실 확인을 해 볼 법도 한데, 윽박지르며 무조건 자기가 맞다고 우겨대는 사람들 말이다.

그렇게 남들 뒷담화로 한바탕 수다를 떨고 나서, 우리는 숙소로 돌아와 TV를 봤다. 유명 작가의 인기 드라마가 한창 방영 중이던 찰나, 한 친구가 말했다. “저 작가는 이상한 데 꽂혀 있어. 주인공들이 항상 전화를 ‘즌화’라고 발음한다니까?”, “그래? 이상하네.”, “대본 리딩 연습 때 그렇게 시키는 것 같아. 저 봐, 저 봐. 또 ‘즌화’라고 하잖아. 이상해.” 그때였다. 잠시 화장실에 갔던 후배 K, 대학에서 어학 강의를 하고 있는 K가 돌아와 우리의 대화를 알아채고는 이렇게 말했다. “언니, 전화의 서울 방언이에요. ‘즌화’라고 발음하는 거.” 순간 정적. 우리의 머리 위로 느낌표가 다다다닥 찍히는 느낌이었다.

그 드라마에선 고향이 서울인 인물들만이 ‘즌화’라고 발음하고 있었던 거다. 우리는 몰랐고, 작가는 알고 있었던 것. 그런데 잘 알지도 못하는 우리들이, 잘 알고 있는 작가를 지적하고 있었던 거다. 사실 확인은 해 보지도 않은 채, 지적질. 그리고 그 순간 우리 머리 위로 다다다닥 찍히는 느낌표.

나름 남들보다 우리가 더 ‘잘’ 알고 있는 분야라고 생각했던 거다. 우리말에 관한 것. 그래서 더 의심하지 않았던 거다. 내가 틀리고,

남들이 맞을 수도 있다는 것. 그래서 더 쉬웠던 지적질.

아무리 머리 좋은 사람도 세상 모든 것들을 다 알 순 없다. 아무리 똑똑한 사람도 정답만을 얘기할 순 없다. 어학만 10년 넘게 공부하고, 사전 편찬실에서 일하며, 대학 강의를 하고 있는 후배 K 또한 아직도 모르는 게 많다고 한다. 우리말에 대해서. 그럼에도 우리는, 실수를 한다.

세상에 완전무결한,
모든 분야에서 완벽한 사람은 없다는 걸 알지만,
적어도 나만은 실수하지 않는다 믿는 실수.
내가 알고 있는 것은 모두 '정답'이라 믿는 실수.

특히 남들보다 내가 더 잘 안다는,
내가 더 잘났다는 우월감에 빠져 있을 때
우리는 바보짓을 하게 된다.

내가 틀렸다고는 한 치도 의심하지 않은 채,
도리어 '맞는 얘기'를 하고 있는 타인을 향해
손가락질하며 배를 잡고 웃어대는, 진짜 바보짓을.

통각 역치

'선배, 이번 주에도 산에 가요?'

선배에게 문자를 보냈다. 그리고 따라나선 산행. 선배의 산행 친구들과 여럿이 담소를 나누며 산에 오르는 일은 제법 즐거웠다. 초보인 나에 대한 배려로 쉬운 코스를 오른 덕에 그리 힘들지도 않았고, 조금 숨이 차다 싶으면 "과일 먹을까?" 누군가의 가방에서 복숭아가 나왔고, 조금 덥다 싶으면 누군가 얼음물을 건네줬고, 체력이 부친다 싶으니 간단한 도시락이 펼쳐졌다. 아무것도 준비 못 한 내가 미안할 정도로 산을 잘 아는, 초보의 페이스까지도 너무나 잘 아는 일행들 덕에 쉬다 오르다, 그렇게 쉬다 오르다 하는 새 어느덧 정상.

"너, 제법 복이 있는데? 이렇게 시야 좋은 날도 드문데."

선배의 말처럼 탁 트인 시야를 가득 채우고 있는 파란 하늘, 흰 구름, 그리고 바람.

"이 바람 맛에 산에 오르는 거지."

옆에서 들려오는 말에 절로 끄덕여지는 고개. 그렇게 얼마나 바람 맛을 보고 있었을까. 내 옆으로 다가온 선배가 불쑥, 물었다. 선배 특유의 그 무심한 말투로.

"무슨 일, 있었니?"

역시, 선배는 알고 있었나 보다.

꽤 오래전, 무척 힘겨웠을 때가 있었다. 미친 사람처럼 아파하고 슬퍼하던 그때의 나를 지켜봐 주고 다독여 줬던 선배. 그래서였다. 불현듯 며칠 전 선배가 떠올랐고, 일요일마다 산에 간다던 선배의 말도 함께 띠올라 무작정 따라나선 것. 그런데 참 이상했다. 분명 나에게는 무슨 일이 있었고, 지금의 내가 몇 년 전의 나보다 덜 아프고 덜 슬픈 것도 아닌데, 나는 지금 미친 사람 노릇은 하고 있지 않았다.

"사람의 적응력이란 게 때론 놀랍지."

선배는 말했다. 힘든 일이 거듭되면 사람은 고통에도 점점 익숙해진다고. 어쩌면 미친 사람처럼 날뛰어 봐야 소용없다는 걸, 경험을 통해 알게 돼서인지도 모른다. 어쩌면 미친 사람처럼 아픈 티를 낼 수 있는 것도 젊음의 특권이라는 걸, 나이를 통해 알게 돼서인지도 모른다. 그런데 나는 선배의 말에서 '역치'라는 단어가 떠올랐다.

역치, 자극에 대해 반응을 일으키는 데 필요한 최소한의 자극 강도.

언젠가 '통각 과민증'에 대한 기사를 읽은 적이 있다. 특수한 종류의 병적 상태에서 통각 역치가 현저히 낮아져, 작은 아픔도 큰 고통으로 느껴지는 증상. 그렇다면 반대의 경우 '통각 불감증'도 존재할 수 있지 않을까. 역치가 높아져 웬만한 아픔에는 고통이 느껴지지 않는 증상 말이다. 처음 기타를 배울 때는 손가락에서 피가 나고 아프지만, 계속 치다 보면 굳은살이 박여 더 이상 아프지 않게 되는 것처럼, 마음의 고통도 거듭되면 어느새 굳은살이 박인 듯 마음 또한 딱딱해져 통각 불감증이 생길 수도 있지 않을까.

힘든 일을 많이 겪을수록, 고통의 크기가 클수록,
마음의 통각 역치가 점점 올라가 웬만한 일에는 무던해지는 것.
통각 불감증.

언젠가 이런 글을 쓴 적이 있다.
아픈 만큼 성숙해진다는 말에,
성숙해지지 않아도 좋으니 그만 아팠으면 좋겠다는 글.
나를 성숙시킬 만큼 큰 아픔은 이제 그만 왔으면 좋겠다는 글.

그런데 나는 또 어느새, 성숙해지고 만 것일까.

분명 아프고 슬픈 일이 일어났는데도
나는 미친 사람 노릇은 하고 있지 않았다.

그저 선배를 따라 산에 오르고 싶었고,
산을 오르며 일행들과 나누는 대화가 즐거웠고,
정상에서 부는 바람 맛에 한참을 멍….

그저, 그뿐이었다.
그리고 그 사실이 도리어, 조금 씁쓸했을 뿐.

위악

나는 이런 사람들이 참, 별로였다.

"너… 너무 헤퍼. 넌 아무한테나 너무 친절해. 누가 지나가는 사람이고, 누가 정말 중요한 사람인지…."

영화 '가족의 탄생'에서 경석(봉태규 役)의 여자친구 채현(정유미 役) 같은 사람. 모두에게 좋은 사람이고 싶은 사람. 하지만 한정된 시간과 에너지, 세상 모든 사람들에게 사랑받고 싶다는 건 욕심이다. 결국 채현은, 자신의 남자친구인 경석을 이렇게 만들어버리고 말았으니까.

"외로워. 나 네 옆에 있으면 너무 외로워."

영화 '사랑한다, 사랑하지 않는다'의 지석(현빈 役) 또한 마찬가지다. 아내(임수정 役)가 바람이 났다. 근데 짐 싸는 걸 도와준다. 심지어 마지막 저녁 식사로, 평소 아내가 좋아했던 근사한 식당까지 예약해 뒀다. 객관적으로 지석은 좋은 남자다. 하지만,

"자기 참 나이스해, 좋은 사람이야."

"……."

"왜 나한테 화내지 않아? 당신 나한테 화내도 돼. 봐 봐, 응? 그래도 되는 상황이잖아?"

이렇게까지 몰아치는 아내에게, 끝까지, 너무도 차분한 말투로,

"화를 낸다고 해서 달라질 수 있는 건 없잖아. 그리고 분명히 나한테 문제가 있으니까 이렇게 된 거고."

이따위로 '다 내 잘못이네.' 해버리는 지석. 지석 편에 서지지 않았다. 나는 도리어 지석을 떠나려는 아내 편에 감정이입이 됐다. 참 별로니까. 어떤 상황에서도 '본인'은 좋은 사람이고 싶은 사람. 그래서 싸움이 안 되는 사람. 말을 섞을수록 점점 더 나만 나쁜 사람으로 만들어버리는 그런 유의 사람들이 나는 참, 싫었으니까.

어쩌면 그래서 더,

나는 위악을 떨어댔는지도 모르겠다.

언젠가 팀원들에게 이런 얘길 들은 적이 있다. 1년 넘게 함께 일하면서 그들이 내게 가장 많이 들었던 말은, "싫어. 안 돼. 하지 마. 별로야. 빨리해. 집에 가자." 등등이었다고. 물론 나도 알고 있었다. 내가 친절하거나 살가운 사람은 아니라는 것. 하지만 나는 그들을

좋아했다. 그리고 그들 또한 알고 있을 거라 생각했다. 그러니 우리가 웃으며 이런 말도 나눌 수 있는 거라고. 하지만 당연히 입 밖으로 뱉어 본 적은 없다. "내가 너희들 좋아하는 거 알지?"

나는 그런 사람이었다. '어떤 상황에서도 좋은 사람이고 싶기'는 커녕 모든 상황에서 별로 안 좋은 사람인 척하고 싶어 하는 사람. '모든 사람들에게 친절'은 애당초 불가능할 뿐 아니라, 내가 좋아하는 사람들에게조차 별로 살갑지 못한 사람. 좋아한다는 말 대신 부러 툴툴거리는 사람. 그게 나름의 애정 표현이라고 생각하는 사람. 안부 문자나 안부 전화도 어쩐지 쑥스러워, 나는 잘 못 했다. 오랜만의 만남에서도 펄쩍펄쩍 뛰며 반가움을 표현하는 일은, 어려웠다. 꼭 자주 연락하고 표현을 해야 아나? 무심함 속에서도, 툴툴거림 속에서도, 내 진심을 알아줄 사람들은 다 알아줄 거라는 믿음. 나의 인간관계는 그렇다고 믿었다.

그런데 어느 날, 내가 무척 좋아하는 선배를 만났다. 꽤 오랜만이었다. 하지만 선배는 어쩐지 기운이 없어 보였다. 이런저런 힘든 일이 있었고, 그래서 자신감을 많이 잃은 듯한 모습. 나는 잘 이해가 안 됐다. 선배 같은 사람이 자신감을 잃다니.

"내가 가장 부러운 사람 가운데 한 명인데요, 선배는?"

사실이었다. 나는 늘 부러워해 왔다. 선배의 재능과 삶에 대한 태도. 그래서 내가 평소 갖고 있던 생각들을 말했던 것뿐이었다. 내가 왜 선배를 부러워하는지, 선배의 어떤 점이 다른 사람들과 다른지, 선배의 어떤 점 때문에 내가 선배를 좋아하는지.

그런데 선배가 너무 당황스러워했다. 내가 선배를 그렇게 생각하고 있었다는 걸 전혀 몰랐다며 너무 놀라워하는데, 나는 선배가 '놀라워'한다는 게 더 놀라웠다.

왜, 왜 몰랐지?

나 정말 선배 좋아하는데.

처음부터 선배를 굉장히 높게 사고 있었는데, 왜?

그리고 며칠 후, 친구에게 전화가 왔다. 하루가 멀다고 전화를 해대던 친구였는데, 일주일 넘게 잠잠하던 참이었다. 안 그래도 무슨 일 있나 싶었는데, 그동안 밀린 이야기를 한 시간 넘게 쏟아내던 친구는, 이렇게 말했다.

"고마워."

응? 뭐가?

"그냥 내가 너 너무 귀찮게 하는 것 같아서 좀 자제하려고 했는데, 오늘은 정말 위로가 필요한 날이었거든. 들어줘서 고마워."

나는 또 놀랐다. 나는 친구의 전화를 귀찮다 생각해 본 적이 없었다. 나도 즐거웠으니까. 즐거운 이야기는 즐거운 이야기대로, 짜증나는 이야기는 또 같이 버럭버럭 짜증내며 즐거운 게 있었으니까. 그런데 이 친구는 왜 그렇게 생각한 거지? 나도 너 좋아하는데. 너랑 얘기하는 게 즐겁고, 뜸할 땐 도리어 기다려지기도 하는데, 왜?

그날 밤 꿈을 꾸었다. "싫어. 안 돼. 하지 마. 별로야. 빨리해. 집에 가자." 나랑 일하는 동안, 내게서 가장 많이 들었던 말은 이런 것들뿐이라며, 나의 살갑지 못함을 놀려대던 그때의 팀원들이 우르르 등장하는 꿈이었다. 우리는 우연히 만났다. 나는 너무 반가웠다. 그래서 그들의 손을 잡고 펄쩍펄쩍 뛰며 나의 반가움을 표시하려 했다. 그런데 그들이 너무 당황해 하며 한 발짝 물러났다. 이 사람이 갑자기 왜 이러지? 왜 이렇게 반가운 '척'이야. 도리어 경계하는 눈빛으로 나를 이상하다는 듯 바라보던 그들의 모습.

그리고 꿈에서 깼다.
그리고 불현듯 이런 생각이 들었다.

모를 수도 있겠구나.
그들을 만나면, 내가 정말 반가워한다는 것.
내가 그들을 정말 좋아했고, 지금도 늘 그리워하고 있다는 것.
어쩌면 그들은 '정말' 모를 수도 있겠구나.

나는 여전히 이런 사람들은 싫다.
모두에게 사랑받고 싶은, 모두에게 좋은 사람이고 싶은 사람.
어떤 상황에서도 본인만은 좋은 사람으로 남고 싶어 하는 사람.

하지만 어쩌면 그보다 더 나쁜 건,
'위악'일지도 모르겠다는 생각이 들었다.
좋은 데 안 좋은 척, 안 나쁜 데 나쁜 척, 약하면서 독한 척.

결국 나는 상대에게
더 어려운 걸 바라고 있었는지도 모르겠다.

내가 안 좋아하는 척해도, 사실은 좋아하는 걸 알아주길.
내가 나쁜 척해도, 사실은 안 나쁜 사람인 걸 알아주길.
내가 독한 척해도, 사실은 안 독한 사람인 걸 알아주길.

그게 왠지 더 '간지'나는 것 같아서.
실은 그게 정말 '촌스러운 것'인 줄도 모르고.

모두에게 좋은 사람일 필요는 없다.
사실 그건 불가능하다, 고 여전히 난 생각한다.
하지만 부러 '위악'을 떨어댈 필요도 없는 거다.

계속계속 위악을 떨다 보면,
나는 정말 '나쁜 사람'이 되어버릴지도 모르니까.
'사실은 좋은 사람이지만 나쁜 척하는 사람'이 아니라
'정말 나쁜 사람'.
모두에게, 아니 내가 좋아하는 사람들에게까지.

나는 1집을 사랑한다

라디오에서 '1집 앨범 명반 특집'을 한 적이 있다. 말 그대로 뮤지션들의 1집 앨범, 데뷔 앨범 가운데 명반이라 평가받는 좋은 앨범들을 다시 짚어 보는 특집이었다. 스탭들이 후보 앨범을 선정해 청취자들의 투표를 받기로 했는데 회의를 하다 조금 난감해졌다. 너무, 많아서. 내 마음에 전설로 남아 있는 1집 명반들이 이렇게나 많다니! 후보 앨범을 선정하기도 쉽지 않았다. 반응이 좋으면 2집 앨범 특집, 3집 앨범 특집도 해 볼까 했지만 그 마음은 또 바로 접었다. 쉬이 떠오르지 않아서. 1집 명반들에 비해 2집 명반은 또 쉬이 떠오르지 않아서. 괜히 소포모어 징크스란 말이 있는 게 아니구나, 싶을 정도로.

생각해 보니 특히나 나는 그랬다. 데뷔 작품 마니아 같았다. 앨범뿐 아니라 누군가의 첫 소설, 첫 영화, 첫 만화. 내 마음에 오래오래 남아 있는 작품들 가운데 상당수는 누군가의 데뷔 작품이었다.

많은 이들이 소포모어 징크스를 겪는 데는 여러 가지 이유가 가능할 것 같다. 데뷔 전까지 무척 오랜 시간 공들여 만든 첫 작품에 비해 아무래도 이후 작품들은 보다 짧은 시간 안에 결과물을 내보여야 하기에 그럴 수 있을 테고, 또 데뷔 작품으로 너무 큰 성공을 거둬버리면 그 후의 부담을 극복하기가 쉽지 않아서 그럴 수 있을 테고, 혹은 지나친 자만이 최선을 방해했을 수도 있을 것 같다. 그런데 적어도 나는, 내가 누군가의 데뷔 작품에 열광하는 이유는 이런 것 같다. 정말 하고 싶은 이야기를 하고 있다는 느낌. 마음속에 오랜 시간 쌓아 왔던 이야기를 이제는 정말 쏟아내지 않으면 못 견딜 것만 같아 기어코 토해내고 만 듯한 그 느낌. 나는 그게 참 좋다.

물론 데뷔 작품에 묻어 있던 풋내와 촌스러움만 싹 벗고 더 좋은 작품으로 점점 자신의 세계를 완성해 가는 사람들도 많지만, 적어도 나에겐 이런 경우도 적지 않았다. 흠, 어떡하지? 그에 대한 나의 사랑을 접어야 하나 말아야 하나, 고민에 빠지게 됐던 경우도 적지 않았다. 그의 두 번째 작품에서 이런 느낌을 받았을 때다. 억지로 쥐어짠 듯한 이야기를 하고 있다는 느낌. 확실히 더 세련돼지긴 했는데, 포장도 더 화려해지긴 했는데, 정작 그 안의 알맹이에선 진심이 느껴지지 않을 때.

나도 가끔 내 옛 원고들을 들춰 볼 때가 있다. 어우, 이런 걸 정말 내가 썼단 말이야? 아무도 없는데 누가 볼 새라 얼굴이 발개져 막 가리고 싶을 정도로 촌스러워 못 봐주겠는 글들도 참 많다. 그런데도 가끔 들춰 보고 싶을 때가 있다. 내가 숙제처럼 글을 쓰고 있다는 느낌이 들 때. 매일 써야 하는 라디오 원고의 특성상 쫓기듯 숙제처럼 썼던 글들도 꽤 있었다. 아무것도 떠오르지 않는 날에도 데드라인에 맞춰 무언가를 쓰긴 써야 하니까 겨우겨우 억지로 억지로. 그런데 몇 년 후 다시 들춰 보면 그게 딱 티가 났다. 숙제처럼 썼던 글과 정말 쓰고 싶어 썼던 글.

그런데 신기한 건, 내가 만든 음악도 아니고, 난 음악을 전공하지도 않았고, 사실 난 음악에 대해 잘 알지도 못하는데, 음악을 들을 때도 그게 느껴진다는 거다. 좀 더 세련돼졌고, 포장도 더 화려해졌지만, 그래서 얼핏 듣기엔 데뷔 앨범보다 더 좋아진 듯도 하지만, 이상하게 몇 번 듣다 보면 금세 싫증이 나버리는 앨범이 있다. 결국 몇 년 후에라도 내가 다시 찾아 듣게 되는 건 풋내 나는 그의 1집 앨범. 정말 하고 싶은 얘기들을 쏟아낸 듯한 바로 그 음악. 뭐라도 내놓지 않으면 안 되니까 꾸역꾸역 뱉어낸 얘기가 아닌 진짜 그가 하고 싶었던 이야기. 참 신기하다. 음악에 대해, 그에 대해 잘 알지도 못하는 내게도 그것이 딱 티가 난다는 것.

하지만 그건, 조금 두려운 이야기이기도 하다.

그건, 나의 꾸역꾸역 또한 누군가에게 딱, 티가 날 수 있다는 얘길 테니까.

어떻게 어떻게 나 자신은 잘 속여 넘어간다 해도
누군가에게는, 어딘가에서는, 딱, 티가 날 수 있다는 얘길 테니까.

내가 지금 그다지 하고 싶지도 않은 이야기를 꾸역꾸역 내뱉고 있다는 것. 내가 실은 진심이 아니라는 것. 내가 진짜로 원하는 삶은 살고 있지 않다는 것이 누군가에게는, 어딘가에서는, 딱.

그러니 더 잘, 살아야 하는 건데….
내가 정말 하고 싶은 이야기를 하면서
내가 정말 하고 싶은 일을 하면서 더 잘.
하지만 그건 또, 생각만큼 그렇게 쉽지만은 않은 일이니까.

나를, 실망시키지 않았으면 좋겠다

"어? 너, 이 만화책 있었네?"

오랜만에 놀러 온 친구가 내 책장을 훑어보다 발견한 그녀의 만화책.

"응. 나 그 만화가 좋아했잖아."

맞다, 좋아했다. 그래서 그녀의 초기 작품들은 거의 다 갖고 있다. 20년 가까이 갖고 있던 것들도 있고, 모두 백 번도 넘게 본 것들이라 만지면 부서질 듯 너덜너덜해진 그녀의 책들. 그러다 생각났다.

"나, 팬레터도 쓴 적 있어."

뭐!? 친구 눈이 튀어나올 듯 커졌다. 그럴 만도 했다. 나는 기본적으로 '빠심'이란 게 좀처럼 일어나지 않는 사람이라서, 아무리 누군가를 좋아하게 돼도 작품으로서가 아닌 다른 교감에는 흥미가 생기지 않는다. 팬레터는커녕, 인터넷 검색창에 그의 이름을 쳐 보는 일도 거의 없다. 그러고 보니 남자친구에게도 편지를 써 본 적이 거의 없는 나.

그런 내가 팬레터를 쓴 적이 있다, 는 기억을 새삼 떠올리고 나니, 나도 뭔가 기분이 묘해졌다. 아무리 감수성 최절정 '17세의 나레이션'을 읊어대던 사춘기 시절이었다 해도, 나는 정말 좋아했던 거다. 그녀를, 그녀의 작품을.

경제적으로 넉넉할 수 없었던 학창 시절, 아르바이트비를 받으면 동대문이나 청계천 헌책방을 돌아다니곤 했다. 그땐 지금처럼 인터넷으로 쉽게 만화책을 구할 수 있는 시절이 아니었으니까. 그나마도 맘껏 살 순 없었다. 몇 권씩, 형편 닿는 대로 조금씩. 완결된 만화책을 질로 살 수 있었던 것은 방송 일을 시작한 이후였다. 그것도 공개방송 같은 특집방송을 하고 원고료가 평소보다 많이 들어올 때뿐이었지만. 그런데 그때는 이미 구할 수 없는 것들이 많았다. 만화책은 쉽게 절판돼버리곤 했으니까.

그중 그녀의 작품도 있었다. 모두 열 권짜리 작품이었는데, 나에겐 5권까지밖에 없었다. 차라리 한 권도 없었다면 모를까, 5권까지밖에 없다는 게 또 나중엔 발목을 잡았다. 절판된 중고 만화책들을 파는 인터넷 사이트가 생겨나기 시작했을 때, 다 질로 파는 게 아닌가. 어떡하지, 그냥 다 사버려? 그럼 이미 있는 다섯 권은 버려? 그렇게 몇 년을 고민했나 보다. 그러는 사이 다른 출판사에서 그 작품이 다시 나오기 시작했는데, 응? 이건 애장판 여덟 권짜리. 아… 나는 열 권짜리 중 다섯 권이 있는데, 이 여덟 권짜리 애장판은 도대체 몇 권부터 사야 하는 것인가. 또다시 시작된 고민. 그렇게 또 몇 년이 흘렀고, 그러는 사이 나는 그녀를 잊고 살게 되었다.

예전처럼 만화방을 들락거리는 일도 줄어들고, 한국 만화보단 일본 만화책 시장이 점점 커지고, 종이 만화보단 인터넷 만화가 대세가 되어 가는 사이, 나는 우리나라 작가의 신간 만화책에 대한 정보와도 점점 멀어져 갔다.

"나, 팬레터도 쓴 적 있어."

새삼, 그녀의 만화들이 그리워졌다. 그래서 다시 꺼내 읽다, 불현듯 결심이 섰다. '그냥 질러야겠다!' 십여 년 가까이 어떡하지, 어떡하지 했던 문제의 그 작품. 다섯 권만 가지고 있던 '별빛 속에' 그냥 질로 사버리고 말겠어.

그렇게 인터넷을 뒤지게 된 건데, 그녀가, 아직도, 만화를 그리고 있었다. 예전에도 다작을 하는 작가는 아니었기에, 내가 그녀에게 뜸했던 사이 완결된 작품은 많지 않았지만, 그녀가 인터넷에 몇 년째 새로운 만화를 연재하고 있다는 사실을 알게 된 나. 바로 퍼질러 앉아, 웹툰을 보기 시작했다. 밤을 꼬박 새우고, 아침이 올 때까지 나는 모니터에서 눈을 뗄 수 없었다.

여전히 그녀가 만화를 그리고 있다.
그것도 20년 전 나를 두근거리게 했던,
그녀만의 감성이 여전히 살아 있는 새 작품을 그리고 있다…

는, 사실이 나는 왜 그렇게 반갑고 고마웠을까.

나는 다시 두근거렸다. 지금까지 나온 단행본이 여덟 권. 일단 여덟 권을 주문하고… 그리고 앞으로 4개월 혹은 6개월에 한 번씩은 새 단행본이 나올 테니까, 다음 권 나올 때까지 반복해서 읽고 또 읽으면 되겠다! 심지어 이젠 나도, 돈 걱정 없이 새 단행본이 나올 때마다 바로바로 사 볼 수 있는 형편이 되었다는 것이 스스로 기특하다 느껴질 만큼, 나는 반갑고 고마웠다.

그녀의 만화에 설레고 두근거리고 위로받았던 십 대의 나. 그로부터 20년이 지난 건데, 그녀가 여전히 만화를 그리고 있다는 사실이, 내가 여전히 그녀의 만화에 두근거릴 수 있다는 사실이, 나는 무척 반갑고 고마웠다.

어쩌면,
'나 또한 그럴 수 있었으면….'
하는 마음 때문이었는지도 모른다.

그녀의 웹툰 댓글 중 이런 것이 있었다. '여왕의 귀환.' 그녀는 내게도 그런 존재였다. 십 대의 나로 하여금 팬레터를 쓰게 했던 그녀는, 어쩌면 내게 우상과도 같은 존재였다. 그런 그녀가 여전히 건재하다는 것은, 그녀가 지금의 내게도 우상이 되어 줄 수 있을 것 같다는 든든함을 안겨 줬다. 나도, 그럴 수 있었으면….

어른이 되어 간다는 것, 나이를 먹어 간다는 것이 나는 가끔 두렵다. 단순한 육체의 늙음 때문이 아니라, 마음이 늙을까 봐. 내가 변할까 봐. 지금 내가 옳다고 생각하는 것, 지켜야 한다고 생각하는 것을 잃게 혹은 잊게 될까 봐. 그래서 '나는 어른이 되어도 절대 저렇게 되진 않을 거야.' 했던 누군가의 모습으로, 내가 되어 있을까 봐.

나는 10년 후, 20년 후, 그보다 더 후에도,
글을 쓰고 있었으면 좋겠다.
지금의 내가 꿈꾸는 글을.

나는 10년 후, 20년 후, 그보다 더 후에도,
좋은 사람이었으면 좋겠다.
지금의 내가 생각하는 좋은 사람이.

어쩌면 나는 아직, 지금의 내가 꿈꾸는 글은 쓰고 있지도 못하고, 지금의 내가 생각하는 좋은 사람에는 미치지 못하고 있는지도 모르지만, 10년 후, 20년 후, 그보다 더 후의 내가, 지금의 나에서, 지금의 기준으로, 더 후진 사람이 되어 있지 않기를.

그래서 지금의 나를 알고 있는 누군가와
아주 오랜 시간 후 다시 마주하게 됐을 때,

그를 실망시키지 않았으면 좋겠다.
나를, 실망시키지 않았으면 좋겠다.

나 너 좋아했어, 가 아닌
나 여전히 너 좋아해, 가 될 수 있기를.

마치 지금의 나에게 그녀가 그러한 것처럼.
마치 지금의 나에게 '현재진행형'인 그녀의 만화가 그러한 것처럼.

이야기와 나

이야기와 나

미니북 1쇄 인쇄 2016. 3. 21.
미니북 1쇄 발행 2016. 3. 28.

지은이 강세형

발행인 김강유
편집 임지숙 | 디자인 안희정
발행처 김영사
등록 1979년 5월 17일(제406-2003-036호)
주소 경기도 파주시 문발로 197(문발동) 우편번호 10881
전화 마케팅부 031)955-3100, 편집부 031)955-3250 | 팩스 031)955-3111

값은 케이스에 있습니다.
ISBN 978-89-349-7391-1 03810 세트 978-89-349-7392-8

독자 의견 전화 031)955-3200
홈페이지 www.gimmyoung.com 카페 cafe.naver.com/gimmyoung
페이스북 facebook.com/gybooks 이메일 bestbook@gimmyoung.com

좋은 독자가 좋은 책을 만듭니다.
김영사는 독자 여러분의 의견에 항상 귀 기울이고 있습니다.

이야기와 나

강세형

내 마음을 . 내 세계를 . 움직인 이야기들

김영사

LITTERATURHUSET

이야기와 나

소설 쓰는 친구와 연극하는 친구가 만났다. 연극하는 친구가 말했다. "사람들이 생활에서 연기를 하면서 살아가는 탓인지, 연극들을 잘 안 봐." 소설 쓰는 친구 또한 고개를 끄덕이며 이런 생각을 한다. '그건 소설도 마찬가지야. 세상이 소설보다 더 소설 같으니까.' 두 친구는 말없이 술잔만 부딪쳤다.

꽤 오래전 책을 읽다 발견한 이 장면에 나는, 어쩐지 좀 쓸쓸해졌다. "요즘엔, 소설은 아예 안 보는 사람들도 꽤 많아." 내 주위의 글쟁이들도 이런 얘길 참 많이 한다. 그때마다 나 역시 조금 쓸쓸해진 마음으로 고개를 끄덕이게 되지만, 내 마음 한편에선 이런 소리가 들려온다.

'아니야. 그래도 나는 아직, 이야기의 힘을 믿어.'

누군가 말했다. "이봐요! 책을 판다는 건 단지 340그램어치의 종이와 잉크와 풀을 파는 게 아니에요. 새로운 인생을 파는 거라고요. 책에는 사랑과 우정과 유머와 밤바다에 떠 있는 배, 그러니까 온 세상이 들어 있어요. 진짜 책에는 말이에요."

이 말 또한 나는 책, 이야기에게서 전해 들었다. 그 어느 때보다 내 마음속 고개가 격하게 끄덕이고 있는 것이 느껴졌다. 나 또한 그렇다고 믿으니까. 책 안에는, 이야기 안에는, '온 세상'이 들어 있다고.

어려서부터 이야기를 좋아했다. 소설, 영화, 만화, 드라마…. 장르는 아무래도 좋았다. 재밌는 이야기, 흥미로운 이야기, 내 마음을 움직이는 이야기라면 나는 무엇이든 좋았다. 이야기에는 정말 그런 힘이 있었으니까. 그 누구도, 그 무엇도 움직일 수 없었던 '내 마음'을 움직이는 힘. 그래서 나는 정말, 내 인생의 많은 것들을 혹은 대부분의 것들을 '이야기'를 통해 배웠다.

주저앉고 싶을 정도로 힘들 때, 나는 이야기에게서 위로받았고, 그 과정을 통해 또 누군가를 위로하는 법을 배웠다.

길이 보이지 않는 깜깜한 어둠 속에 나 홀로 서 있는 것 같을 때도, 나는 이야기 안에서 길을 찾았고, 그렇게 또 누군가와 함께 걷는 법을 배웠다.

누가 옳고 누가 그른지, 어느 쪽 말을 들어도 확신이 서지 않을 때 역시, 무엇이 맞고 무엇이 틀린지, 사방을 두리번거려 봐도 혼란스럽기만 할 때 역시, 답은 늘 이야기 안에 있었다. 그렇게 나는 세상을 보는 방법 또한 알아 갔다.

그래서 나는 아직도, 이야기의 힘을 믿고 있다. '생활에서 연기를 하면서 살아가야'하는, '소설보다 더 소설' 같은 현실일수록, 우리에게 필요한 건 '이야기'라고, 나는 믿고 있다.

이야기 안에는 온 세상이 들어 있으니까.

이야기 안에는 정말 그런 힘이 있으니까.

그 누구도, 그 무엇도 움직일 수 없는 내 마음을, 내 세계를 움직이게 하는 힘이….

당신의 엉뚱섬은 안녕하십니까?

이 글에는 영화 '인사이드 아웃(Inside Out)'에 대한
스포일러가 일부 포함돼 있습니다.

누군가를 보며 궁금해한 적 있나요?
그의 머릿속에서 도대체 무슨 일이 벌어지고 있는지….
음, 전 알아요. 적어도 라일리의 머릿속은 잘 알죠.

우리 머릿속 다섯 가지 감정. 기쁨, 슬픔, 소심, 까칠, 버럭 가운데 '기쁨이'의 내레이션으로 영화는 시작된다. 이제 막 태어난 아이가, 눈을 뜬다. 그때 아이의 머릿속엔 노란 옷을 입은 '기쁨이'가 버튼이 하나뿐인 컨트롤 패널, 제어판 앞에 서 있다. 조심스레 버튼을 눌러 보는 기쁨이. 그 순간 까르르 옹알이하듯 웃는 아이.

기쁨이 앞에 펼쳐진 모니터는 곧 아이가 바라보는 세상. 그 세상 속에서 아빠와 엄마가 사랑과 경외의 감정을 듬뿍 담아 아이를 내려다보고 있다. '안녕? 라일리….' 그때 아이의 머릿속에선 노란색 구슬 하나가 생성된다. 아이의 첫 기쁨에 대한 기억. 그 기억이 노란색 구슬 안에 담겨 있다. 그때만 해도 기쁨이는 이런 생각을 한다.

그건 정말 놀랍고 멋진 일이었어요.
라일리와 나, 단둘이 이렇게 함께 영원히….

하지만 금세 얼굴을 찌푸리며 울음을 터뜨리는 아이. 기쁨이와 라일리, 둘만의 시간은 '영원히'는커녕 고작 33초 정도? 어느샌가 기쁨이 옆에 다른 친구 한 명이 서 있다. 머리부터 발끝까지 온통 파란색인, 팔자 눈썹의 큰 뿔테 안경, 아무 말 없이 가만히 서 있는데도 마냥 슬퍼 보이는 '슬픔이'가.

그 후 라일리의 머릿속 본부는 훨씬 더 붐비게 된다. 어느새 서너 살 꼬마가 되어 장난감 사이를 질주하는 라일리. 그때 라일리의 머릿속에선 '안 돼! 모퉁이야! 위험해!' 삐쩍 마른 신경쇠약증 환자 같은 표정의 보라색 '소심이'가 소리를 지르고 있다.

소심이는, 라일리를 지켜주는 데 능숙하죠.

브로콜리를 처음 본 라일리가 '이걸 먹어도 되는 걸까?' 의아해할 때는, 머리부터 발끝까지 온통 초록색인 '까칠이' 등장.

앤 까칠이예요. 신체적으로든 사회적으로든 라일리가 해를 입는 걸 막아 주죠.

까칠이의 등장으로 브로콜리 접시를 뒤집어버린 라일리를 꾸짖는 아빠. '이걸 안 먹으면 디저트도 없을 거야.' 그러자 이번엔 온몸이 빨간색인 '버럭이' 등장. 머리에 불을 뿜으며 제어판을 조작한다. '디저트가 없다고!? 이 아저씨가 지금 나랑 해보자는 거야?'

앤 버럭이예요. 버럭이는 부당한 일들에 대단히 민감하죠.

그렇게 라일리의 머릿속 감정들을 하나하나 설명해 가던 기쁨이는 마지막 순간, 조금 주춤한다.

음… 그리고 애는, 슬픔이예요.

음, 얘는, 그러니까 얘는….

라일리가 자꾸 운다. 뜯어진 봉제 인형을 손에 들고 울고, 바닥에 떨어진 푸딩을 보면서 울고, 마트에서 엄마 손에 질질 끌려가면서 울고, 카시트에 자신을 앉히려는 아빠를 보면서 또 울고. 슬픔이가 컨트롤 패널 앞에 설 때마다 라일리는 자꾸 울음을 터뜨리고, 기쁨이는 그게 이해도 안 되고 싫다.

솔직히 얘는 무슨 일을 하는지 모르겠어요.
그래도 갈 곳 없는 친구 같으니까, 뭐….

그래서 기쁨이는 컨트롤 패널 가까이 슬픔이가 오지 못하도록 애를 쓴다. 패널에서 멀리 떨어진 곳으로 슬픔이를 데려가 바닥에 동그란 작은 원을 그려 놓곤, 제발 그 안에서 나오지 말라며 슬픔이를 격리하기도 한다. 그런 기쁨이의 노력으로, 아직 십 대에 이르지 못한 라일리의 기억 구슬들은 정말 대부분, 노란색, 기쁨이가 만들어낸 구슬들이다.

그리고 그 구슬들 가운데 몇 가지는 핵심 기억으로, 라일리의 각기 다른 인격의 원동력이 된다. 목욕을 마친 라일리가 알몸으로 뛰어나와 소파 위에서 우스꽝스러운 춤을 출

때의 기억은 엉뚱섬의 원천이다. 그 외에도 어깨동무한 친구와 발맞추어 걸으며 생성된 우정섬. 엄마 아빠에게 자신이 망가뜨린 물건을 솔직히 고백하며 만들어진 정직섬. 또 하키에서 처음 득점을 했을 때의 기쁨은 하키섬이 되고, 엄마 아빠와의 소중한 기억들은 가족섬의 바탕이 된다.

어느새 라일리는 열한 살이 됐다. 기쁨이는 말한다.

그래요, 우린 이 아이를 사랑해요.
멋진 친구도 있고, 멋진 집도 있고, 더 좋을 수가 없죠.
앞으로 또한 별일 있겠어요?

—

영화 '인사이드 아웃'의 처음 5분은 이렇게 전개된다. 시작부터 눈을 뗄 수 없었다. 딴생각도 할 수 없었다. 굉장히 흥미롭고 상상력 넘치는 재밌는 영화를 만났다는 기쁨에, 내 머릿속 기쁨이 또한 마구 노란색 버튼을 눌러대고 있는 기분이었다.

그런데 불과 5분 후, 그러니까 영화가 시작되고 10분 남짓

의 시간이 흘렀을 뿐인데, 내 머릿속 기쁨이가 한 발 한 발 뒤로 발을 빼고 있는 듯한 느낌이 들었다. 엉뚱섬의 불빛이 처음으로 지지직 불이 꺼졌다 켜졌다를 반복하던 순간부터. 그리고 20분 후, 내 눈엔 눈물이 차오르기 시작했다. 이미 내 머릿속 컨트롤 패널은 슬픔이의 차지가 돼버렸다. 라일리의 인격과 개성을 상징하는 여러 개의 섬들 가운데 가장 먼저 무너져 내린 엉뚱섬. 그 엉뚱섬이 저 아래 기억 쓰레기장, 낭떠러지 속으로 사라져 가는 장면을 바라보고 있던 내 머릿속은 이미 온통….

욕조 안에서 목욕을 하며 인어를 상상하고, 소파 아래 붉은 카펫을 보며 용암을 상상하고, 무엇보다 빙봉…. 대부분의 몸은 솜사탕이지만, 일부는(꼬리 부분은) 고양이, 일부는(코 부분은) 코끼리, 일부는(두 팔을 지느러미처럼 만들어 박수치며 초음파 소리를 지를 때는) 돌고래인, 눈물 대신 캔디를 흘려대는 빙봉…. 라일리의 최고의 친구이자 상상 속 친구였던 빙봉…. 바로 빙봉을 만들어냈던 라일리의 엉뚱섬이 무너져 내릴 때는 이미, 나의 머릿속은 온통 슬픔이의 세계였다.

그리고 영화가 끝날 때까지도 계속 훌쩍훌쩍, 창피한 줄도 모르고 울어댔다. 집에 돌아와서도 생각이 멈추질 않았다.

고작 만화영화 한 편에 그토록 울어대다니. 평소의 나는 눈물이 많은 편도 아닌데, 왜? 하지만 언젠가부터 나는 슬픔이 피규어를 사 모으고 있었고, 심지어 국내에서 구할 수 없는 피규어는 해외여행 떠나는 친구들에게까지 부탁해 수집하고 있었으며, IPTV에 그 영화가 나오길 기다렸다 평생 소장용 구입. 나는 벌써 열 번도 넘게 그 영화를 봤고, 지금도 볼 때마다 어김없이 훌쩍거린다. 매번 같은 포인트에서.

우리집에 놀러 온 한 친구는, 내가 사 모은 슬픔이 피규어를 보며 이렇게 말했다. "야, 너랑 똑같이 생겼어." 그러곤 나보고 슬픔이를 들고 서 있어 보라며 휴대폰을 꺼내 들고 사진까지 찍어댔다. 솔직히 나도, 인정하지 않을 순 없다. 나 또한 팔자 눈썹에 뿔테 안경. 아무 생각 없이 멍 때리고 앉아 있는데도 종종 이런 얘길 듣는다. "무슨 일 있어?" 한번은 편의점에 과자를 사러 갔는데, 편의점 아저씨한테 이런 얘길 들은 적도 있다. "혹시, 제가 뭘 좀 도와 드릴까요?", "네?", "무슨 안 좋은 일 있으신 것 같아서요. 표정이 너무…." 난 그냥 만화책 보다가, 과자 사 먹으러 나온 건데…. 팔자 눈썹을 갖고 태어나면 종종 받게 되는 오해다. '웃어야지, 웃어야지.' 애써 표정 관리에 힘쓰지 않는 한, 평소의 내 표정은 슬픔이. 물론, 내 성격 또한 기쁨이에 가깝다곤 말하기 힘들다.

나는 기쁨이처럼 해맑고 낙천적이며 열정으로 가득 찬 사람이 아니다. 그래서 실은 영화 내내 슬픔이를 격리하고 구박하는 기쁨이가 솔직히 좀 얄밉기도 했다.

하지만 그것만으론 어쩐지 설명이 부족했다. 영화를 보는 내내, 것도 여러 번을 봤는데 볼 때마다 매번, 내가 훌쩍거리는 이유에 대한 설명으론….

그런데 한 후배가 이렇게 말했다. "나도 정말 펑펑 울었어. 다섯 살 난 우리 딸이랑 같이 보러 갔는데, 엉뚱섬이 무너졌을 때부터 나 혼자 아주 펑펑." 한 친구는 또 이렇게 말했다. "빙봉이가 기쁨이를 살리기 위해 스스로 기억 쓰레기장에 남았을 때! 어떻게 안 울 수가 있어?", "난 마지막 부분. 기쁨이가 결국 슬픔이에게 컨트롤 패널을 내줄 때, 야 너무 슬프더라. 라일리가 엄마 아빠 품에서 우는데, 살짝 미소 짓잖아. 어우 야, 지금 생각해도 눈물 나." 이건 또 다른 친구의 이야기.

그 이야기들을 들으며, 나는 조금 신기하면서도 기뻤던 것 같다. 내가 훌쩍였던 부분들에서, 그들도 훌쩍였다는 사실에. 우리는 그럴 때 안도감을 느끼니까. 세상에 나와 비슷한 사람들이 있다는 사실을 깨달을 때, 그리고 그들과 이야기하

며 '맞아, 맞아.' 진심으로 공감하며 고개를 끄덕일 수 있을 때. 어쩌면 이 영화를 보며 내가 훌쩍였던 이유 또한, 그렇게 훌쩍여대면서도 틈만 나면 그 영화를 다시 찾아보고 있는 이유 또한, 그래서인지도 모른다. 영화는 마치 우리의 마음을, 우리의 머릿속을 다 들여다보고 있었다는 듯 말했다. 우리가 생각해 온 '어른'에 대한 의미를, 아주 정확하게.

두 아이의 엄마인 후배가 말했다. "곧 우리 애들한테도 저런 시기가 올 거 아니야. 엉뚱섬이 무너지는 시기. 생각하니까 너무 슬픈 거야. 내 엉뚱섬 사라진 것도 슬퍼 죽겠는데…." 한 친구는 또 이렇게 말했다. "빙봉은 알고 있었던 거잖아. 자신은 언젠가 잊힐 존재라는 거. 그렇게 우리는 다 어른이 되어야만 하니까." 또 다른 친구 역시 말을 더했다. "기쁨이가 차지하고 있던 제어판을 슬픔이에게 넘기는 순간. 그거, 어린 시절이 끝났다는 거잖아. 이제 마냥 기쁠 수만은 없는 어른이 됐다는 얘기잖아. 어떻게 안 슬플 수가 있어?"

맞다. 우리는 모두, 그래서 슬펐던 거다. 이 사악한 영화가, 어린 시절이 끝나는 순간을 너무 적나라하게 잘 그려내서. 이 몹쓸 영화는 다 알고 있었던 거다. 우리가 어떻게 어른이 됐는지, 어른이 된다는 것은 무슨 의미인지, 그렇게 어른이

된 우리가 왜 종종 한없이 슬퍼지는지, 모두 다.

언젠가 이런 글을 쓴 적이 있다. '어쩌면 우리는 그 어느 때보다 상상이 필요한 시대를 살고 있는지도 모른다'는 글. 그때도 나는 한 만화영화를 보고 그 글을 썼다. 풍선으로 나는 집. 어린 시절 누구나 한 번쯤 상상해 보았을 그 집을, 누군가는 어른이 된 다음에도 계속 꿈꿨다. 그리고 만화영화로 만들어냈다. 그 만화영화를 본 수많은 사람들은 또 함께 모여, 그 상상을 현실로 만들어냈다. 3백 개의 커다란 헬륨 풍선만으로, 3천 미터 상공까지 날아오른 정말 '풍선으로 나는 집'을 현실로. 상상은 바람을 품게 하니까. 정말 그런 일이 현실에서도 가능하다면 멋질 텐데! 그리고 그 바람이 간절해지면, 그것은 현실이 되기도 한다.

상상은 바람을 일으키고,
바람은 희망을 꿈꾸게 하고,
희망은 사람을 움직이게 하는 법이니까.

그런데 우리는 언제부터 상상하지 않게 된 걸까? 2009년 '풍선으로 나는 집'을 만들었던 감독은, 6년 후 상상력 넘치는 또 다른 영화 한 편을 들고 우리를 찾아왔다. 우리 머릿속

다섯 가지 감정. 기쁨, 슬픔, 소심, 까칠, 버럭이을 내세워, 마치 마냥 신기하고 재밌기만 할 것 같은, 어린아이들을 위한 만화영화인 양 우리를 극장으로 불러들인 다음, 너무도 사악하게 정곡을 콕콕 찔러 가며 어른인 우리를 울려버렸다.

당신은, 그렇게 어른이 됐어요.
당신은 더 이상 상상하지 않게 되었죠.
그렇게 빙봉이는 기억 쓰레기장으로 사라졌고, 엉뚱섬은 무너져버렸답니다.

그리고 그 가운데 '슬픔이'가 서 있었다. 팔자 눈썹에 뿔테 안경, 아무 말 없이 가만히 서 있는데도 마냥 슬퍼 보이는 슬픔이. 어쩌면 그래서였는지도 모른다. 내 머릿속 컨트롤 패널을 '기쁨이'가 장악했던 어린 시절을 지나, 우리는 언젠가부터 '슬픔이'를 만나게 됐다. 하나둘 슬픔이 쌓여 갈수록, 우리의 모습도 조금씩 슬픔이를 닮아 갔다. 내가, 할 수 있을까. 또 쓰러질 텐데…. 더는 아프고 싶지 않은데…. 괜히 상상하고 바람하고 희망하고 움직이다, 또 슬퍼지면 어떡하지. 내 주위로 내가 그려 놓은 동그란 작은 원 안에서 한 발짝… 내딛기는커녕, 발을 뻗어 보기도 전에 생각만으로 벌써 팔자 눈썹에 한없이 슬퍼 보이는 슬픔이가 되어버렸다.

그리고…

당신은, 그렇게 어른이 됐어요.

상상을 멈추지 않고, 풍선으로 나는 집을 만들어냈던 감독이 또다시 우리에게 말을 건네 왔다. 이번엔 그의 표정에서 '슬픔이'가 보인다. 그렇게 상상하지 않는, 재미없는 어른이 돼버린 우리가 안쓰럽다는 듯 팔자 눈썹을 지으며 그가 우리를 바라본다. 그래서 우리는, 엉엉 울어버렸는지도 모른다. 그깟 만화영화 한 편에…. 당신은 정말, 너무 잔인한 사람입니다.

그런데 그는, 거기서 끝내지 않았다.

"엄마. 근데 왜 기쁨이 머리 색깔이, 슬픔이랑 똑같아요?"

다섯 살 난 딸에게서 이런 얘기를 들었다는 후배. 정말 그랬다. 영화 속 다른 감정들은 모두 머리부터 발끝까지 한 가지 색깔이지만, 오직 기쁨이만이 자신의 몸과는 다른 색깔의 머리카락을 갖고 있다. 결국 감독이 우리에게 하고 싶었던 이야기는 그게 아니었을까.

우리는 모두 어른이 됐다. 마냥 노란색의 기억, 기쁨이의 세계에서만 머물 순 없는 어른이. 그러니 지금의 우리는, 어린 시절의 우리와 똑같을 순 없다. 어린 시절의 빙봉과 엉뚱섬을, 그 모습 그대로는 간직할 수 없는 거다. 하지만, 기쁨이의 머리카락만은 파랗게 칠해 놓았던 이 사악한 감독은 우리에게 이런 질문을 던지고 있는지도 모른다.

"당신의 엉뚱섬은 안녕하십니까?"

마냥 기쁘지 않아도 괜찮아요. 그래요, 우리도 이젠 슬픔을 아는 나이가 됐죠. 하지만 원래 모든 기쁨에는 슬픔이 조금씩 묻어 있는 거예요. 슬픔이 없이는 기쁨이도 존재할 수 없는 거잖아요. 그런데 파란 머리카락만 보고 지레 겁을 먹고 도망 다니다간, 당신은 영원히 상상할 수 없는, 재미없는 어른으로 남게 되겠죠. 어른인 당신에게도, 당신에게 어울리는 엉뚱섬이 분명 있을 텐데…. 하지만 당신은 오늘도, 그 작은 원 안에서 나오지 못하고 있군요.

팔자 눈썹의 슬픔이의 모습으로,
당신이 그려 놓은 그 작은 원 안에서….

바닷마을 다이어리, 그리고 기적

이 글에는 영화 '바닷마을 다이어리(海街 diary)'와
'진짜로 일어날지도 몰라, 기적(奇跡)'에 대한
스포일러가 일부 포함돼 있습니다.

나는 만화책을 무척 좋아하지만 만화를 원작으로 한 영화, 특히 내가 좋아하는 만화를 원작으로 한 영화에는 그다지 흥미가 생기지 않는다. 아마도 별로 없었기 때문일 거다. 만화보다 좋았던 영화, 아니 만화만큼이라도 좋았던 영화는.

그래서였던 것 같다. 내가 좋아하는 만화를, 내가 좋아하는 감독이 만들고 있다는 얘길 처음 들었을 때, 이건 또 무슨 오지랖인지 나는 걱정이 앞섰다. 기대보다는, 실망하면 어떡하지, 두려움이 더 컸던 것 같다. 한 번도 그의 영화에 실망해 본 적 없는데, 드디어 그 순간이 오고야 마는 것인가…. 특히 '그 만화'라 더 그랬다.

누군가 나에게 그 만화의 줄거리를 물어본다면,
음… 그러니까 그게, 음….

우리집은 카마쿠라 고쿠라쿠지에 있습니다. 첫째인 사치 언니, 시립 병원 간호사예요. 난 스즈, 카메가야 중학교 1학년이랍니다. 나와 언니들은 엄마가 달라요. 우리 엄만 병으로 돌아가셨어요. 언니들 엄마는 재혼해 먼 곳에 산다고 합니다. 언니들과는 아빠 장례식 때 처음 만났어요. 이런저런 일이 있었지만, 인연이란 게 참 신기해서 전 언니들과 함께 살고 있습니다. 둘째인 요시노 언니는 카마쿠라 신용금고에서 일해요. 멀쩡한 아가씨지만 술꾼이에요. 셋째 언니 치카는 스포츠용품점에서 일하고 있어요. 뭐랄까, 보기에 따라 좀 독특한 캐릭터일지도…. 이상이 우리 가족이에요.

주인공 '스즈'의 내레이션처럼, 이게 다다. 평온한 바닷마을에서 세 자매, 아니 이복 여동생까지 이제 네 자매가 된 그들이 동네 사람들이랑 함께 살아가는 이야기. 뭔가 기승전결 확실한 스토리 라인이나 사건 사고? 그런 거 없다. 뭐랄까. 일일 연속극 보듯, 옆집 얘기 듣듯, 중간에 몇 편 건너뛰어도 상관없을 만큼 잔잔하고 소소한 이야기들. 그런데 그 만화를 왜 좋아하냐고 묻는다면, 음… 그건 또 참 설명하기 어렵다. '그냥 봐 봐. 보면 알아. 그냥 우리 사는 이야기야. 뭐? 근데

그걸 두 시간짜리 영화로 어떻게 만드냐고? 그러니까, 내 말이…. 몇십 회 분량의 드라마라면 또 모를까.'

그렇다고 내가 영화를 보러 가지 않았나 하면, 그건 또 아니다. 이 망할 놈의 호기심. 궁금함을 참을 수 없어 개봉과 동시에 나는 극장으로 달려갔다. 그리고, 영화를 봤다.

영화를…
나는 정말 '영화'를 봤다.
만화를 원작으로 한 영화가 아닌, 그냥 정말 '영화'를.

극장을 나서며 나는 어쩐지 좀 멍해졌다. 그런데 함께 영화를 봤던 일행이 이렇게 말했다.
"이 감독은 정말, 계속 잘하는구나."
그때 내 입에선, 나도 모르게 이런 말이 흘러나왔다.
"어우, 다행이다."
일행은 원작 만화의 존재조차 몰랐던 사람. 이 감독은 결국, 원작의 마니아도, 원작을 보지 않은 사람도 만족하는 영화를 만들어냈구나. 어우, 다행이다. 그건 나에게 하는 말이기도 했다. 잠시나마 그를 걱정하며 의심했던 내가 바보처럼 느껴졌다. 하긴, 그는 '기적'을 만든 사람이잖아.

내가 특히 애정 하는 영화 리스트를 꼽을 때면, 언제나 빠지지 않는 영화다. '진짜로 일어날지도 몰라, 기적.'

엄마 아빠의 이혼으로 형제는 떨어져 살게 된다. 형은 엄마와 함께 가고시마에, 동생은 아빠와 함께 후쿠오카에. 그러던 어느 날 형 코이치는 이런 얘길 듣게 된다. 가고시마와 후쿠오카에서 각각 출발한 신칸센 두 열차가 시속 260km로 달리다 중간 지점인 구마모토에서 처음으로 스치고 지나갈 때, 엄청난 에너지가 생겨 기적이 일어난다는 얘기. 그때부터 코이치는 계획을 세운다. 구마모토로 소원을 빌러 가야지. 우리 네 가족이 다시 함께 모여 살 수 있기를….

이 영화는 처음부터 거의 끝까지, '코이치'의 간절함에 초점을 맞추고 있다. 엄마와 함께 가고시마 외가댁에 살고 있는 코이치는, 활화산이 가까이 있어 종종 재가 날리는 이곳이 너무 싫다. "왜 이런 곳에 사는 거야? 재가 막 떨어지는데…. 정말 이해가 안 가." 외할아버지에게 볼멘소리를 하는 코이치. 하지만 코이치가 정말 이해가 안 되는 건, 엄마 아빠의 이혼. 그런 코이치의 마음을 아는지 모르는지, 외할아버지는 먼 산을 바라보며 선문답 같은 답만 늘어놓는다. "분화는 살아 있다는 증거지. 살아 있으니까…." 그 순간 코이치

는 소원을 정했다. 저 화산이 폭발하면, 여기 있는 사람들은 다 도망가야 할 거야. 그럼 나도 엄마 아빠랑 다 같이 살 수 있을 거야. 코이치의 세계에선 그게 전부였으니까. 가족, 우리 네 가족이 다시 함께 모여 사는 것. 그리하여 코이치는, 구마모토까지의 경비를 모으기 위해 친구들과 함께 자판기 밑에 떨어져 있는 동전을 모으고, 아끼던 만화책과 피규어도 팔고, 수영장 이용료까지 빼돌린다. 심지어 학교에서 조퇴하기 위해 아픈 척하는 연기 연습까지….

이런저런 우여곡절 끝에, 코이치는 물론 동생 류와 각자의 소원을 가진 친구들이 모두 모여 구마모토에 도착. 헉헉거리며 달리고 또 달려서, 두 열차가 처음으로 교차하는 시간에 맞춰 그 장면이 보이는 곳에 노착한 아이들. 그런데 막상 양쪽에서 달려오던 두 열차가 교차하던 바로 그 순간, 몇몇 아이들 입에선 엉뚱한 말들이 튀어나온다. 예쁜 여자 선생님과의 결혼이 소원이었던 아이는 '아빠가 빠칭코에 가지 않게 해 주세요.' 달려오던 내내 뒤처져 숨을 헉헉거리던 또 다른 아이는 '달리기를 잘하게 해 주세요.' 그리고 영화 내내 너무도 간절했던 코이치는, 끝내 입을 열지 못한다.

응? 뭐야? 지금 이 순간을 위해 두 시간 동안 좌충우돌 달

려온 거잖아. 왜 소원을 안 빌어? 누군가는 이렇게 생각할지도 모른다. 그래서 어떻게 되는 거야. 애들의 소원은 이뤄지는 거야, 안 이뤄지는 거야. 그래서 코이치네 가족은 다시 모여 살게 되는 건가? 원래 애들 영화는 그런 거 아냐? 애들의 간절함에 어른들이 감동하여 해피엔딩. 그것을 기대했던 관객이라면, 어쩌면 조금 실망할지도 모른다.

"엄마랑 다시 합칠 거면, 서두르는 게 좋아." 자나 깨나 이 생각뿐이었던 코이치에게 어느 날 아빠가 말했다. "코이치. 나는 네가 뭔가 더 큰 다른 것들에도 관심을 가진 인간이 됐으면 해." 코이치는 이미 짜증이 났다. "뭔 말이야." 아빠가 답한다. "예를 들면 음악이라든가, 세계라든가….", "세계가 뭔데? 무슨 소리 하는지 모르겠어." 아빠와의 대화에서 한숨만 푹푹 내쉬던 코이치. 그랬던 코이치가 마지막 순간, 소원을 빌지 못한다. "형, 미안해. 나 다른 소원 빌었어." 이렇게 사과하는 동생에게 코이치가 말한다. "괜찮아. 나도 소원 말 안 했어." 갸웃하는 동생에게 코이치가 다시 말하길. "나는, 세계를 선택하기로 했거든." 그리고 형제는 다시 각자의 집으로 돌아간다. 전화할게! 사진, 이메일로 보내! 접영은 형이 다음에 만날 때 가르쳐 줄게!

이 영화의 마지막 장면은, 다시 가고시마의 외갓집에서 아침을 맞은 코이치의 모습. 창문을 열고 집게손가락에 침을 발라 들어 올리며 화산재를 체크하는 코이치. "좋았어. 오늘은 재가 안 쌓이겠어." 이제 학교에 가야지. 다시 시작된 코이치의 일상.

그때의 코이치 표정이 쉽게 잊히질 않았다. 그것은 평범한 우리들이 평범한 일상을 살아가는, 평범한 한 사람의 표정이었다. 영화 내내 걱정 근심으로 가득했던 코이치의 표정이 처음으로, 평범해 보이던 순간. 어쩌면 감독이 말하고 싶었던 것은, 그런 걸지도 모르겠다는 생각이 들었다.

그래도 삶은, 계속된다.

사는 동안 우리는, 많은 일을 겪게 된다. 때론 내가 받아들이기 힘든 사건 사고도 겪게 되고, 끝내 내 맘처럼 안 풀리는 일에 속상하기도 하고, 그래서 좌절하기도 하고, 체념하기도 하고…. 하지만 그럼에도 삶은, 계속된다. 내겐 세상이 무너질 것 같은 큰 아픔, 큰 슬픔이 찾아온다 해도, 우리의 세계는 멈추지 않고 계속 돌아간다. 때론 그것이 너무 잔인하고 아프게 느껴지기도 하지만, 가끔은 그것이 우리에게 위안이

된다. 그래도 시간이 흐른다는 것. 삶은 계속된다는 것.

우리는 또, 살아가게 되어 있다는 것.

바닷마을 다이어리의 스즈 또한, 마찬가지였다. 엄마가 돌아가셨다. 아빠는 재혼을 했다. 그런데 어느 날, 아빠마저 세상을 떠났다. 피 한 방울 섞이지 않은 새엄마의 가족들 사이에서 아빠의 장례를 치르는 스즈. 그때 스즈의 표정은 어린아이의 표정이 아니었다. 어린 나이에 너무 많은 것을 알아버린 듯, 어린 나이지만 어린아이의 시간은 이미 끝나버린 듯, 그렇게 스즈는 초연한 어른의 표정으로 아빠의 장례식장에 앉아 있었다. 하지만 스즈의 삶은, 그렇게 멈추지 않았다. 그래도 삶은, 계속되게 되어 있으니까.

나와 언니들은 엄마가 달라요. 언니들과는 아빠 장례식 때 처음 만났어요. **이런저런 일이 있었지만,** 인연이란 게 참 신기해서 전 언니들과 함께 살고 있습니다.

극장을 나서며 내가 가장 놀랐던 것은, 이 감독의 놀라울 정도로 과감한 '버림'에 대한 것이었다. 영화 안에는 많은 것들이, 원작 만화를 너무 잘 알고 있고 너무 사랑하는 사람이

라면 절대로 버릴 수 없을 것만 같은 많은 것들이, 사라져 있었다. 어떻게 그 장면을 버릴 수 있었지. 어떻게 그 캐릭터가 안 나올 수가 있어? 그런데 놀라운 건, 절대 버릴 수 없을 것 같았던, 절대 포기할 수 없을 것 같았던, 그 많은 것들을 버려내고 나서 이 영화는, 영화가 됐다.

"이 감독은 정말, 계속 잘하는구나." 원작 만화를 보지 않은 사람도, '실망하면 어떡하지.' 원작 만화를 너무 사랑했던 나조차도 인정할 수밖에 없는 '영화'가. 만화를 원작으로 한 영화가 아니라, 그냥 좋은 '영화'가.

"그래서 만화에선 끝이 어떻게 돼?" 일행이 물어 왔다.
"아직 안 끝났어. 아직, 연재 중이거든." 내가 답했다.

그리고 우리는 또 한참을 이야기했다. "큰 언니는 나중에, 그 축구부 코치랑 사귀게 된다?", "정말? 어쩐지. 나는 그 코치 좋더라." 영화 안에는 많은 것들이 버려지고 생략돼 있었지만, 그래서 우리는 또 한참을 즐겁게 이야기해댈 수 있었다. 마치 그 영화 속 등장인물들이, 우리가 아는 옆집 사람들이고, 그래서 또 그 사람들이 요즘엔 어떻게 살고 있는지, 지인들의 최근 근황을 이야기하듯 한참이나 즐겁게 이야기를

해댔다. 그 이야기 끝에 일행이 말했다.

"되게 반갑다."
"응?"
"아니, 영화는 끝났는데 그 주인공들이 아직도 계속 어딘가에서 살아가고 있다니까, 뭔가 되게 반가워."

그때 나는, 또 한 번 이 감독의 놀라운 재간에 놀아난 기분이 들었다. 그래서 웃음이 나왔다. 그래, 이 감독은 '기적'을 만든 사람이었지.

그래도, 삶은 계속된다.

감독은 우리에게 다시 한 번 그 사실을 말해 주고 있었다. 때론 세상이 무너질 것 같은 아픔이 당신을 찾아와도, 삶은 계속된다는 사실. 이야기는 그렇게, 쉽게 끝나지 않는다는 사실. 내 맘대로 되지 않는 많은 것들, 절대 포기할 수 없을 것 같았던 많은 것들도, 결국은 놓이게 되어 있고 버려지게 되어 있고, 그렇게 놓이고 버려지는 순간, 우리의 삶은 또 계속된다는 사실을….

시간은 또, 언제나 흐르고 있으니까.

이런저런 일이 있었지만,
인연이란 게 참 신기해서 전 언니들과 함께 살고 있습니다.

영화의 마지막 장면은, 스즈가 언니들과 함께 바닷가를 거니는 모습이었다. 그때 스즈의 표정은, 조금 달랐다. 시간이 멈춘 듯한 아빠의 장례식장에 앉아 있던 어린아이 같지 않았던 스즈의 표정은, 어느새 다시 평범한 중학생의 표정으로 돌아와 있었다. 마치 기적의 코이치가, '우리 네 가족 모두 함께가 아니라면 절대 삶은 계속될 수 없을 것 같다' 생각했던 코이치가, 어느새 다시 일상으로 돌아와, 평범한 표정으로 오늘 하루를 시작하듯.

어쩌면 기적은, 그런 걸지도 모른다.
그럼에도, 우리의 삶은 계속된다는 것.

영화는 끝났지만, 스즈는 또 어딘가에서 자신의 삶을 살고 있을 것이다. 영화는 끝났지만, 코이치 또한 어딘가에서 또 살아가고 있을 것이다. 그리고 우리 또한…. 그게 아니면 안 돼, 그것 없인 살 수 없어. 그런데 신기하게도 우리의 삶

은 계속된다. 또 살아지게 된다. 그리고 어쩌면 그것이야말로 진짜 '기적'일지도 모른다. 선문답 같았던 코이치 외할아버지의 말처럼. '분화는 살아 있다는 증거지. 살아 있으니까….' 그래서 감독은, 짐짓 여유로운 표정을 지으며 이렇게 말했는지도 모른다. 끝이라고 생각해도 그건 끝이 아니라고, 그러니 또 살아가 보라며…

진짜로 일어날지 몰라, 기적.

내 이름은, 강세형입니다

이 글에는 책 '이름 뒤에 숨은 사랑(The Namesake)'에 대한
스포일러가 일부 포함돼 있습니다.

어떤 소설가가 말했다. 우리는 누구나 책 '한 권'은 쓸 수 있다고. 두 권, 세 권은 또 다른 이야기지만, 우리는 누구나 책 '한 권'을 쓸 수 있는 이야기는 가지고 있다고. 그건 바로 나 자신에 대한 이야기.

그런데 여기,
이 소설의 주인공은,
그 책 한 권이 모두 자신의 '이름'에 대한 이야기다.

그의 이름은 '고골리'.

그는 미국에서 태어났고, 그의 부모님은 모두 인도에서 태어났다. 그런데 그에겐, 인도식 이름도 미국식 이름도 아닌, 러시아 작가 '니콜라이 고골리'의 이름도 아닌 성, '고골리'가 이름으로 주어졌다. 당연히 흔한 이름일 리 없었다. 그는 세상에 '자신과 이름이 같은 사람(Namesake)'은 없을 거라 생각한다. 그렇게 생각될 정도로 그는, 자신의 이름이 싫다. 국적 불명의 이름. 아이들은 기글(Giggle 낄낄거리다), 가글(Gargle 입안을 가시다)이라 놀려대고, 어른들은 고개를 갸웃거리며 호기심 찬 눈빛으로 바라본다. 인도에 있는 친척들에게도, 미국에 있는 친구들에게도 '고골리'란 그의 이름은 낯설기만 하다. 그 또한, 자신을 둘러싼 모든 세상이 낯설게만 느껴진다. 인도와 미국 그 사이 어딘가에서 사라져버린 그의 '본명'처럼, 그 또한 인도와 미국 그 사이 어딘가에서 하염없이 떠돌고 있는 것만 같다.

그렇다. 그의 '본명'은 인도와 미국 그 사이 어딘가에서 사라져버렸다. 고골리의 어머니 아시마. 아시마의 임신 소식이 처음 인도에 있는 친척들에게 알려졌을 때, 당연히 아이의 이름은 아시마 할머니의 몫이었다. 온 친척 아이들의 이름을 모두 지어 준 할머니는, 가족 중 첫 번째 미국 신사(혹은 숙녀)의 이름을 지을 생각에 들떠 하셨다. 우체국까지 지팡이를 짚고

가서 직접 편지를 부치셨는데, 이는 10년 만에 처음으로 하신 나들이였다. 편지에는 여자아이 이름 하나와 사내아이 이름 하나가 들어 있었고, 할머니는 이를 아무에게도 말씀하지 않으셨다. 하지만 그 편지는, 두 달 후 미국의 병원에서 아시마가 출산을 하고 퇴원을 할 때까지도, 도착하지 않았다.

"미국에선, 출생신고서 없이는 아이를 퇴원시킬 수 없습니다." 병원의 출생신고 담당자가 말했다. "그렇지만 선생님, 우리는 애 이름을 지을 수 없어요." 아시마가 답했다. "그렇군요. 이유는요?" 담당자가 되물었다. "편지가, 오지 않았습니다." 아시마의 남편, 고골리의 아버지, 아쇼크가 답했다.

아시마와 아쇼크는 편지가 도착할 때까지 이 아이를 부를 다른 이름, '애칭'이 필요하다는 사실을 받아들였다. 그때 아쇼크의 입에선 이런 이름이 흘러나왔다. "고골리…."

미국의 병원에서 자신의 아이와 처음 마주하던 그 신비로운 순간, 아쇼크는 '그 사고'를 떠올릴 수밖에 없었다. 자신을 미국까지 오게 했던 그 사고. 장남인 아쇼크에게, 가족을 두고 인도를 떠난다는 것은 상상할 수도 없는 일이었다. 그런데…

밤 기차에 오른 스물두 살의 아쇼크. 침대칸의 승객들은 모두 잠을 자고 있었고, 아쇼크는 작은 불빛에 의지해 책을 보고 있었다. '니콜라이 고골리의 단편 모음집' 그중에서도 자신이 가장 좋아하는 '외투'를 읽고 있었을 때, 그의 가슴 밑바닥이 덜컹. 꽝하는 폭발음 소리. 순간 의식을 잃은 아쇼크. 희미하게나마 정신을 차렸을 땐 움직일 수 없는 자신의 몸이 깜깜한 들판 어딘가에 널브러져 있었다. 기차가 철로를 탈선했고, 일부 객차는 서로 충돌하며 포개져 수많은 사람들의 목숨을 앗아갔고, 일부 객차는 충돌의 여파로 들판으로 날아가 전복되었단 사실은, 나중에야 알게 된 것. 살아 있는 사람 없냐는 구조요원의 목소리가 들려왔지만, 아쇼크는 몸을 움직일 수도 소리를 지를 수도 없었다. 그의 손에서 튕겨나간 책은 두 쪽으로 갈라져 나부끼고 있었다. "여긴 생존자가 없는데…." 아쇼크는 누군가 이렇게 말하는 것을 들었다. "그럼 계속 가." 그 순간 탐색 전등에서 나온 빛이 잠시 책장을 비추었고, 하얀 종이에 반사된 빛이 반짝, 구조요원의 주의를 끌었다. 그 빛을 붙잡기 위해 몸 안에 미미하게 남아 있던 생명의 기운을 모두 모아 간신히 팔을 조금 들어 올린 아쇼크. 그 순간 손가락 사이로 떨어지는 종이 한 장. 그때까지도 그의 손에 쥐여 있던 '외투'의 한 페이지였다. "잠깐만!" 하고 소리치는 목소리가 들려왔다. "저 책 옆에 있는 사람,

방금 움직였어."

그 후 아쇼크는 1년간을 반듯이 누워 지냈고, 자신이 그토록 좋아했던 러시아 소설은 물론 그 어떤 소설도 읽을 수 없었다. 그 책들은 아쇼크가 한 번도 가 본 적 없는 나라를 배경으로 하고 있었고, 그것은 그가 움직일 수 없는 몸이라는 사실만을 되새기게 할 뿐이었다. 대신 그는 수업에 뒤지지 않기 위해 밤새 공학책을 보고 방정식을 풀었다. 이듬해 지팡이를 짚고 걸을 수 있게 되자 복학을 했고, 졸업과 동시에 전액 장학금으로 미국 대학의 입학 허가서를 받았다.

그렇게 미국으로 와서, 아버지가 된 아쇼크. 그는 생명의 신비를 바라보며 '그 사고'를 떠올렸다. 뒤틀린 기차와 뒤집어진 거대한 바퀴. 일어나지 말아야 했던 일이지만, 사고는 일어났고, 그는 살아남았다. 그리고 아버지가 됐다. 그는 부모님과 부모님의 부모님, 또 그분들의 부모님께 감사드렸다. 신에게 감사하진 않았다. 대신 그의 목숨을 살려 준 러시아 작가 '고골리'에게 감사하였다.

고골리…. 하지만 그 이름은, 어디까지나 아이의 애칭일 뿐이었다. 그런데 고골리의 본명이 담긴 아시마 할머니의 편지

는 끝내 미국으로 오지 못했다. 몇 주 후 미국에 도착한 편지에는 고골리의 본명 대신, 아시마의 할머니가 쓰러지셨다는 것과 그로 인해 오른편이 영구 마비되었다는 것, 그리고 정신도 희미해지셨다는 내용이 담겨 있었다. '아직 우리 곁에 계시지만, 솔직히 이미 잃은 것과 마찬가지다.' 아시마의 아버지는 이렇게 편지를 보내왔다. 그렇게 '고골리의 본명'은 인도와 미국 사이 그 어딘가에서 사라져버리고 만 것이다.

나는, 사람은 열여덟 살이 되면 자신의 이름을 지을 수 있어야 한다고 생각해. 그때까지는 모두 대명사로 불려야 해.

언젠가 고골리가 했던 말. 그만큼이나 그는, 그의 이름이 싫었다. 하지만 그가 정말 싫었던 건, 자신이 선택할 수 없었던 '이름'처럼, 태어나자마자 그에게 그저 '주어진' 자신의 운명, 자신의 삶이었을지도 모른다. 인도식도 미국식도 아닌, 러시아 작가의 이름도 아닌 성, 고골리. 그것이 그에게 주어진 삶이었다. 인도와 미국 그 사이 어딘가에서 사라져버린 그의 본명처럼, 그 사이 어딘가에서 그 어디에도 정착하지 못한 채 하염없이 떠돌고 있는 자신의 삶.

그래서 그는 도망친다. 자신에게 주어진 삶으로부터 도망

치기 위해 미국식 이름인 '니킬'로 개명을 한다. 법원에 개명 신청서를 제출하고 판사의 도장을 받기까지 소요된 시간은 고작 십여 분 남짓. 법원을 나서며 그는 생각했다. 뚱뚱했던 사람이 갑자기 날씬해지거나, 감옥에서 금방 풀려나오면 이런 기분일까. 그는 지나가는 사람을 아무나 붙잡고, 이렇게 말하고 싶다. "내 이름은, 니킬입니다." 새 이름으로 운전면허증을 발급받고, 옛날 면허증은 가위로 싹둑싹둑 잘라버렸다. 또한 지금까지 자기 이름을 써 놓은 좋아하는 책 맨 앞장도 모두 찢어버렸다. 그리하여 그는, 자신에게 주어진 삶으로부터 자유로워졌을까?

나는 잘 모르겠다. 다만, 그 책의 표지 뒷면엔 이런 서평이 실려 있었다. '이 신 소설의 마지막 장을 덮고 나서도 주인공의 이름이 고골리인지 니킬인지, 그가 인도인인지 미국인인지 알 수 없었다.'

그 책을 처음 읽었던 것이, 벌써 몇 년 전 일이다. 마지막 페이지의 마지막 마침표까지 모두 다 읽고 난 다음에도, 나는 그 책의 주변을 한참이나 서성였던 것 같다. 아마 그때의 나 또한, 고골리와 비슷한 고민을 하고 있었기 때문이었을 것이다. 나 또한, 내가 선택한 삶을 살고 있다는 기분은 좀처

FEED THE
STARVIN
WRI TEE

럼 들지 않던 몇 년 전의 나.

그때 나는 내가 '작가'라 불리는 게 너무 이상했다. 10년 넘게 방송작가를 하면서도 내가 진짜 '작가'라곤 생각지 못했다. 지금에 와 돌아보면, 아마도 그건 내가 어려서부터 봐 왔던 글들과 그때 내가 쓰고 있던 글들이 달라서였던 것 같다. 나는 이야기를 좋아했다. 언제나 내 손엔 이야기책과 소설책이 들려 있었다. 그래서 내 머릿속의 작가는 '이야기 작가', '소설가'였던 것 같다. 하지만 내 어린 시절의 꿈은 소설가도, 작가도 아니었다. 다만 독자로서 이야기를 좋아했을 뿐. 그런데 어느 순간부터 나는 글을 써서 밥을 먹고 살고 있었다. 어린 시절의 꿈을 하나씩 포기하거나 좌절해 회피하는 사이 나는 그렇게 살고 있었고, 그래서 그동안 내가 살아온 삶은, 내가 선택한 것이 아닌 그저 '주어진 삶'처럼 느껴졌던 거다.

그러니 참 신기한 일이다. 나는 어느새 책을 세 권이나 냈고, 심지어 세 번째 책의 마지막 글에선 이렇게 말하고 있었다. '다음에, 다시 올게요.' 그 세 번째 책을 내고 나서, 나는 한 서점과의 서면 인터뷰에서 이런 질문을 받았다. '15년 넘게 글을 쓰고 있는데도 여전히 글쓰기에 대해서 쉽지 않다고 생각하시네요. 그래도 계속 글을 쓰는 이유가 무엇인가요?'

그 질문에 대한 답을 작성하고 나서, 나는 오랫동안 잊고 있었던 이 책의 존재를 다시 떠올리게 됐다. 그리고 다시, 펼쳐 보았다. 그 책의 맨 첫 페이지엔 이렇게 적혀 있었다.

그렇지 않았더라면
그 일은 일어나지 않았을 것이라는 사실을, 독자들은 알아야 한다.
그에게 다른 이름을 주는 것은,
절대 불가능한 일이었다는 점을 말이다.

- 니콜라이 고골리, 〈외투〉

세상에는 내가 절대 바꿀 수 없는 것들이 분명 존재한다. '니킬'이란 미국식 이름으로 개명을 한 고골리. 니킬이란 이름으로 미국 여자와 미국식 연애를 하고, 그녀의 부모님 집으로 들어가 완전한 뉴요커의 삶을 사는 동안에도, 이따금 고골리를 찾는 누군가의 전화가 걸려 왔다. 고골리가 다른 친구들과 있을 때는 꼭 '니킬'이라 부르는 그의 부모님조차 간혹 '고골리'란 단어를 입 밖으로 내는 실수를 저지르셨다. 세상에는 내가 절대 바꿀 수 없는, 내가 선택할 수 없는, 그저 내게 주어진 것들 또한 분명 존재한다. 나의 이름, 나의 국적, 나의 가족, 그리고 내가 꼭 해야만 하는 많은 일들. 우리는 어떠한

부분에선 반드시 '주어진 삶'을 살아가야 한다. 그런데…

"이제야 네 욕망이 조금씩 나오기 시작했구나." 한 선배가 나의 세 번째 책에 실린 글들을 보고 했던 말. 그때 내 입에선 나도 모르게 이런 말이 튀어나왔다. "이렇게 또 열심히 살다 보면, 저도 언젠가는 좋은 작가가 될 수 있겠죠." 그 말에 내가 더 놀랐던 것 같다. '어, 내가 계속 작가로 살 건가 보네….' 그동안 나는 늘 글로부터 도망갈 궁리만 하고 있었으니까. 그런데 참 신기한 것은, 요즘은 정말 그런 생각이 가끔 든다는 거다. 이왕 이렇게 된 거, 한 20년 후쯤 정말 좋은 작가가 한번 돼 볼까….

언제부터였을까. 이건 내가 선택한 삶이 아니야. 늘 그렇게만 생각해 왔던 내 안에 또 다른 꿈이 생겨나기 시작한 거다. 내게 주어진 삶, 그 안에도 '내가 선택할 수 있었던 것'들 또한 분명 있지 않았을까. 늘 주어진 것들에 불평하기 바빠서, 도망치고 싸우려고만 들다가, 내가 선택할 수 있었던 것들 또한 외면하고 있었던 건 아닐까. 주어졌다 불평하면서도 나는 사실, 그 주어진 삶 안에 그저 안주하고 있었던 건 아닐까. 그제야 나는, 안주가 아닌 조금 다른 카드를 집어 들게 됐던 것 같다. 그렇게 나는 조금 다른 글을 쓰기 시작했

고, 그 글의 마지막에선 또 이렇게 말하고 있었다. '다음에, 다시 올게요.'

3백여 페이지가 넘는 긴 시간 동안 고골리는, 자신에게 주어진 이름 고골리와 싸운다. 하지만 그는 마지막 페이지에 이르러서야, '니콜라이 고골리의 단편 모음집'을 펼쳐 보게 된다. 그 책은 그의 열네 번째 생일에 그의 아버지가 선물한 책이었고, 그 책의 맨 첫 페이지엔 이렇게 적혀 있었다. '너에게 이름을 준 사람이다. 너에게 너의 이름을 지어 준 사람으로부터.' 이제야 겨우, 자신의 이름과 정면으로 마주한 고골리. 아래층에선 그의 어머니와 가족들, 친척들의 말소리와 웃음소리가 들려오고, 그는 책을 열었다. 작가의 연대표가 눈에 들어왔다. 1852년 사망. 그의 마흔두 번째 생일의 한 달 전이었다. 언젠가는 고골리 또한 그 나이가 될 것이다. 그 나이를 지나 이미 세상을 떠난 그의 아버지도 떠올랐다. '우리는 모두 고골리의 외투 속에서 나왔다'는 도스토옙스키의 말과 함께 '고골리'와 '고골리의 외투'를 좋아했던 그의 아버지가 세상을 떠난 것처럼, 그 또한 언젠가는 사라지고, 이미 개명을 한 고골리란 이름 또한 저 아래층 '고골리를 아직 고골리라 부르는 사람들'과 함께 언젠가는 법적으로도 소멸된 채 결국 없어지고 말 것이다. 그럼에도 그는, 첫 번째 단

편소설을 읽어 나가기 시작한다. '외투'였다.

그렇게 다시 한 번 나는, 그 책의 마지막 페이지 마지막 마침표까지도 다 읽었다. 이번에도 역시 책을 덮고도 한참이나 그 책의 주변을 서성였다. 이번에는 조금 다른 궁금증 때문이었다. 그 후, 고골리는 어떻게 됐을까? 처음으로 자신에게 주어진 이름, 주어진 삶과 정면으로 마주한 고골리는 그 후, 그 주어진 삶 안에서 또 어떤 선택을 하고 어떤 삶을 살게 됐을까?

우리의 이름은, 단순히 '누군가에게서 불리기 위한 수단'만이 아니다. 우리의 이름 안에는, 많은 것이 담겨 있다. 아버시의 성, 가족의 역사, 나의 국적, 내가 선택할 수 없었던, 그저 내게 '주어진 삶'이 담겨 있다. 하지만 또 그 안에는 내가 선택할 수 있었고, 결국 내가 선택했던 삶 또한 담겨 있다. 누군가 나의 이름을 떠올릴 때, 그는 나와 관련된 많은 것들을 함께 떠올릴 것이다. 누군가는 내가 쓴 글이나 책을 떠올릴 것이고, 나와 가까운 누군가는 나와 함께한 추억들을 떠올릴 것이다. 그렇게 나의 이름은 누군가에겐 나의 직업일 것이고, 누군가에겐 친구일 것이고, 누군가에겐 원망일 수도 있고, 누군가에겐 사랑일 수도 있다. 나의 수많은 선택들이

지금의 나를 만들었듯, 나의 수많은 선택들이 또 '지금의 내 이름'을 만든 것일 테니까.

그래서 나는, 궁금해진 거다. 고골리, 그는 그 후 어떻게 됐을까? 자신에게도 선택할 수 있는 것들이 있었다는 것. 그리고 어쩌면 이미, 이 한 권의 책 안에서도 그는 여러 번의 선택과 시행착오를 반복했다는 것. 그래서 이 책의 이야기 또한 자신의 선택이 만들어낸 이야기라는 것. '주어진 이름'과 싸우고 있다 생각했지만, 실은 부정하고 외면하고 있었을 뿐. 이제야 겨우 자신의 '주어진 삶'과 정면으로 마주한, 그래서 내게 '주어진 삶'뿐 아니라, 내가 '선택할 수 있는 삶'의 존재 또한 알게 된 그는 또 앞으로 어떻게 살아가게 될지….

나 또한, 궁금해서 말이다.

내 이름은, 강세형입니다.

20년 후에도 나는 내 이름을, 이렇게 소개할 것이다. 하지만 그때의 내 이름은, 지금의 내 이름과는 또 조금 달라져 있을지도 모른다. 그래서 궁금해진 거다. 20년 후쯤, 나는 또 어떤 삶을 살고 있을지. 그동안 내 이름은 또 어떤 새로운 이야기들과 어떤 추억들을 만들어 가며, 어떤 사람들에게 어떤 의미로 기억되고 있을지. 나 또한, 궁금해서…. 이제야 겨우 나의 삶과 정면으로 마주한 나의 '선택'이 만들어 갈, 나의 20년 후가, 나 또한….

이야기와 나

책 연극하는 친구 _ '독고다이 獨 GO DIE' 중에서 _ 이기호 _ 2008, 랜덤하우스코리아

책 크리스토퍼 몰리의 '파르나소스 이동 서점' _ '스토리텔링 애니멀 The Storytelling Animal: How Stories Make Us Human' 중에서 _ 조너선 갓셜 Jonathan Gottschall _ 2014, 민음사, 노승영 옮김

당신의 엉뚱섬은 안녕하십니까?

영화 인사이드 아웃 Inside Out _ 2015, 피트 닥터 Pete Docter

영화 업 Up _ 2009, 피트 닥터 Pete Docter, 밥 피터슨 Bob Peterson

책 다른 꿈은 엄두조차 나지 않으니까 _ '나는 다만, 조금 느릴 뿐이다' 중에서 _ 2013

바닷마을 다이어리, 그리고 기적

만화 바닷마을 다이어리 海街 diary _ 요시다 아키미 吉田秋生

영화 바닷마을 다이어리 海街 diary _ 2015, 고레에다 히로카즈 是枝裕和

영화 진짜로 일어날지도 몰라, 기적 奇跡 _ 2011, 고레에다 히로카즈 是枝裕和

내 이름은, 강세형입니다

책 이름 뒤에 숨은 사랑 The Namesake _ 줌파 라히리 Jhumpa Lahiri _ 2004, 마음산책, 정은숙 옮김

책 외투 _ '뻬쩨르부르그 이야기' 중에서 _ 니꼴라이 고골 Nikolai Vasil'evich Gogol _ 2002, 민음사, 조주관 옮김

책 다음에, 다시 올게요 _ '나를, 의심한다' 중에서 _ 2015

나를, 의심한다

나를, 의심한다

1판 1쇄 발행 2015. 11. 1.
미니북 1쇄 발행 2016. 3. 28.

지은이 강세형

발행인 김강유
편집 임지숙 | 디자인 정지현
발행처 김영사
등록 1979년 5월 17일(제406-2003-036호)
주소 경기도 파주시 문발로 197(문발동) 우편번호 10881
전화 마케팅부 031)955-3100, 편집부 031)955-3250 | 팩스 031)955-3111

값은 케이스에 있습니다.
ISBN 978-89-349-7390-4 03810 세트 978-89-349-7392-8

독자 의견 전화 031)955-3200
홈페이지 www.gimmyoung.com 카페 cafe.naver.com/gimmyoung
페이스북 facebook.com/gybooks 이메일 bestbook@gimmyoung.com

좋은 독자가 좋은 책을 만듭니다.
김영사는 독자 여러분의 의견에 항상 귀 기울이고 있습니다.

나를, 의심한다

강세형

김영사

3

4

나를, 의심한다

'나는 아직, 어른이 되려면 멀었다'라는 제목으로 5년 전 첫 책을 냈다. 그래서인지 나는 지금까지도 이 질문을 참 많이 받는다. 아직도 어른이 되려면 멀었다고 생각하시나요?

'나는 다만, 조금 느릴 뿐이다'라는 제목으로 2년 전 두 번째 책을 냈다. 나는 그런 사람이라서, 생각하는 것도 말하는 것도 무언가를 결정하고 선택하는 것도 참 느린 사람이라서, 그 질문 또한 참 오랫동안 생각하고 곱씹었던 것 같다. 아직도 어른이 되려면 멀었다고 생각하시나요?

그런데도 나는 아직, 그 질문에 대한 명확한 답은 찾지 못한 것 같다. 물론 내 생물학적 나이를 생각하면 빼도 박도 못하는 어른인 게 맞

다. 각종 여론조사의 연령별 분석표를 보며 생각한다. 십 대, 이십 대, 삼십 대, 사십 대…. 나도 곧 사십 대로 분류되겠구나. 그럼 진짜 완전한 기성세대인 건데, 어른인 건데, 왜 나는 아직도 이 모양일까.

하지만 '어른'이란 개념이 꼭 생물학적 나이만을 말하는 게 아니라면, 나는 정말 잘 모르겠다. 첫 책을 내고 이런 얘길 들은 적이 있다. 나는 아직 어른이 되려면 멀었다고 말하고 있는 이 작가는 사실, 어른이 되고 싶지 않은 게 아닐까. 조금 뜨끔했던 기억이 난다. 그때 나는 정말 그랬던 것 같다. 첫 책에 실린 글들은 대부분 이십 대 중후반에서 이제 막 삼십 대로 접어들었을 때 썼던 글들인데, 그때 내 머릿속의 '어른'은 그다지 좋은 느낌이 아니었다. '좋은 어른'도 분명 있을 텐데, '좋은 어른이 되는 일'은 너무너무 어려운 것인지, 만나기가 참 어려웠다. 그렇지 못한 어른들을 더 많이 보며 살다 보니, 나에게 어른은 그다지 좋은 느낌이 아니었다.

그런데 나 또한 나이를 먹어 생물학적 나이로는 빼도 박도 못하는 어른이 되고 나니, 그렇지 못한 어른들이 조금씩 이해도 되기 시작했다. '좋은 어른'이 된다는 건, 스무 살의 내가 짐작했던 것보다도 훨씬 더 어려운 일이었다. 모든 것이 점점 쉬워지니까. 나이를 먹을수록, 먹고살기 바빠질수록, 사회적 지위가 한 단계 올라갈수록 혹은 경제적으로 조금씩 더 안정돼 갈수록, 뭐든 쉬워진다. 합리화도, 지금 내가 가진 것에 안주하는 것도, 크고 작은 불의를 모른 척하는 것도, 나보다 어린 사람들을 쉽게 대하는 것도 점점 쉬워져서, 조금만 경계를 게을리하면 금방 그렇게 되고 만다. 나는 절대 저런 어른은 되지 않을 거

야, 했던 어른의 모습으로.

그래서 언젠가부터 나는 '아직도 어른이 되려면 멀었다고 생각하시나요?'라는 질문에는 이렇게 답하기 시작했다. '좋은 어른이 되려면 멀었다고 생각합니다.'

그런데 도리어 그때부터가 더 어려웠다. 더 어려운 질문이 나를 기다리고 있었기 때문이다. 그렇다면 좋은 어른이 되기 위해선 어떡해야 하는 걸까. 그래서 나는, 이제 곧 나에게 찾아올 '불혹'이란 말을 꺼내 놓고 한참을 바라봤던 것 같다.

불혹不惑, 마흔을 이르는 말, 세상일에 정신을 빼앗겨 갈팡질팡하거나 판단을 흐리는 일이 없게 되었음을 뜻하는 말, 이라고 사전들은 설명하고 있었지만, 나는 자꾸만 혹惑 자에 눈이 갔다. 미혹할 혹, 의심할 혹.

마흔이 된다는 것은 혹, 더 이상 의심하지 않게 된다는 뜻은 아닐까. 40년을 살았으니, 이제 나에 대해서도 세상에 대해서도 어느 정도는 잘 알고 있다고 착각할 수 있는 나이. 그래서 더 이상 나에 대해서도 세상에 대해서도 의심하지 않게 되는 나이. 그러니 더, 조심해야 하는 나이.

나는 그런 어른들이 더 무서웠다. 나를 의심하지 않는 어른. 거짓이

나 틀린 말을 하는 어른들보다도, 내가 지금 거짓이나 틀린 말을 하고 있을 수도 있다는, 자신에 대한 의심이 조금도 없는 어른들이 백배는 더 무서웠다. 내가 알고 있는 내가 100% 진실이며, 내가 알고 있는 세상이 100% 옳은 것이라는 확신으로 더 이상 나에 대한 의심도, 세상에 대한 의심도 하지 않는 어른들이 나는 참 무섭고 또 신기했다.

어쩌면 세상엔 100%의 진실이란 없을지도 모르는데, 어떻게 그토록 확신할 수 있는 걸까. 단 하나의 사건에도 여러 개의 진실이 등장하곤 한다. A가 진실이라고 말하는 진실, B가 진실이라고 말하는 진실, C가 진실이라고 말하는 진실. 그것은 모두 진실일 수도 있고 거짓일 수도 있다. 어쩌면 그 모두가 어느 정도의 진실, 어느 정도의 거짓일 수도 있다.

나는 종종 나 자신에게도 의심이 든다. 내 지난 기억들을 끄집어내 이리저리 돌려 보면서도 이런 생각을 한다. 어디까지가 내가 정말 겪었던 사실이고, 어디까지가 조작되고 미화된 나의 거짓 기억일까. 누군가에게 나의 고민이나 생각들을 털어놓고 있는 순간에도 마음 한편엔 이런 의심이 싹튼다. 어디까지가 진짜 나의 이야기이고, 어디까지가 과장되고 합리화된 나의 거짓일까.

인간은, 인간의 기억은, 완벽할 수 없으니까.

나도 가끔, 내 지난 에세이책을 들춰 볼 때가 있다. 그리고 그때마다

조금 놀란다. 내가 정말 이런 일을 겪었던 걸까. 이 일들이 모두 사실이었을까. 그와 비슷한 독자들의 질문을 받을 때도 있다. 이게 정말다, 작가님의 실제 이야기인가요?

그러고 보면 나 또한 친구들의 일상에 대한 이야기를 듣다가도, 그러니까 이것이 친구들의 실제 경험담이라는 걸 알면서도, 이렇게 되물을 때가 많다. 진짜? 정말이야? 심지어 의심이 들 때도 있다. 네가 뭘 착각한 건 아니고? 너 지금 소설 쓰고 있는 건 아니지?

그런데 참 신기한 건, 나는 소설책을 보면서는 또 이런 생각을 한다는 거다. 어디까지가 실제 작가의 경험담이고, 어디까지가 작가의 상상일까. 이것이 100% 거짓일 거란 전제는 이미 없다. 내가 지금 읽고 있는 건 분명 소설이라는 것, 그러니까 작가의 상상력이 만들어낸 이야기, 거짓이라는 걸 알면서도 그런 생각을 한다. 그리고 그건, 나만의 이야기도 아니었다.

그런데, 실제로 일어났던 일입니까?
하고 묻는 독자들이 언제나 있다는 것은 나도 잘 알고 있다.

어떤 소설의 주인공인 '소설가'가 했던 말. 독자들의 그런 의심은 어쩌면 당연한 걸지도 모른다. 세상엔 100%란 없는 거니까. 100%의 거짓도, 100%의 진실도.

인간은, 인간의 기억은, 인간의 글은, 완벽할 수 없으니까.

그래서 사람들은 의심을 한다. 소설책을 보면서도 진짜가 아닐까 의심하고, 에세이책을 보면서도 거짓이 아닐까 의심한다. 그리고 그건 너무 당연한 일, 또 필요한 일일지도 모른다. 모든 것에 대한 의심을 멈추는 순간, 나는 그런 어른이 되어 있을지도 모르니까. 내가 본 것, 내가 아는 것, 내가 믿고 내가 기억하는 모든 것이 100%의 진실, 100%의 옳음이라고 확신하는 어른. 나를 조금도 의심하지 않는 어른이.

그래서 오늘도 나는
나를, 의심한다.

내 머릿속을 맴도는 수많은 기억들과 수많은 말들과 수많은 이야기들을 끄집어내 펼쳐 놓곤 한참을 바라보다 이런 생각을 한다.

어디까지가 사실이고, 어디까지가 거짓일까.

1

청춘

봄의 끝자락, 아니 어쩌면 여름의 초입이었는지도 모르겠다. 추위를 많이 타는 나는 아직 긴팔을 입고 있었고, 여름을 기다리던 친구는 벌써부터 반팔에 슬리퍼 차림이었다. 동네 벤치에 나란히 앉아 아이스크림이나 빨며 구름과 시간을 흘려보내고 있던 우리. "나 요즘 만나는 사람 생겼어." 친구가 말했다. "그래?" 내가 답했다. 그러고도 한동안 친구는 엄지와 검지 발가락 사이에 아슬아슬하게 걸려 있는 슬리퍼를 까딱거리며 아이스크림을 빨았고, 나도 친구의 아슬아슬한 슬리퍼가 왜 안 떨어지나 신기해하며 까딱까딱한 그 움직임만을 바라보며 아이스크림을 빨았다. 친구는, 아무 말도 하지 않았다. 나 역시, 아무것도 묻지 않았다.

한 달, 두 달이 흘렀다.

"그 사람이랑은? 잘 지내고 있고?" 지나가듯 물었다. "응." 친구 또한 지나가듯 답했다.

석 달, 넉 달이 흘렀다.

"그 사람이 그러는데…." 굳이 묻지 않아도 친구의 입에서 자연스레 그 사람의 이야기가 흘러나왔다.

다섯 달, 여섯 달… 그리고 일 년. 시간은 참 잘도 흘러갔다.

봄의 끝자락, 아니 어쩌면 여름의 초입이 다시 찾아왔다. 긴팔 차림의 나와 반팔에 슬리퍼 차림인 친구는 다시 동네 벤치에 앉아 아이스크림을 빨고 있었다. 여전히 까딱거리는 친구의 슬리퍼. 저 슬리퍼는 대체 왜 안 떨어질까, 여전히 신기해하는 나. 그런데 갑자기 툭, 슬리퍼가 조금 먼 바닥으로 날아가 떨어졌다. "어?" 외발로 깡충거리며 친구는 떨어진 슬리퍼에게로 갔다. 그리고 신발을 고쳐 신으며 무심한 듯 이렇게 말했다. "나 어제, 상견례 했다?"

*

세 번째 데이트를 마치고 집에 들어오자마자, 전화벨이 울렸다. "집이야?" 친구였다. "이제 막 들어왔는데, 어떻게 알고?", "내가 다 알지." 친구가 웃었다. 그래, 네가 다 알지. 나도 웃음이 났다. 오늘 내가 만나고 온 사람은 좋은 사람이었다. 착하고, 대화도 잘 통하고, 웃음의 포인트도 같아 나도 참 많이 웃고 돌아왔다. 그런데 어쩐지 집에 오는 길이, 설레진 않았다. 도리어 참 고요하고 평온하고, 다시 혼자가 된

이 시간이 지나칠 만큼 너무도 평안해서 나는 조금 슬픈 마음이 들기도 했다. "내가 얘기했나?" 친구가 말했다. "지금 내 남자친구….", "아, 곧 네 신랑 될 사람?" 놀리듯 내가 말을 끊었다. "그래! 내 신랑 될 사람." 전화기 너머로 친구가 눈을 흘기며 웃는 모습이 그려졌다. "이 사람 처음 만났을 때 너무 좋았는데, 두 번 세 번 만날수록 더 좋아져서 정말 너무 좋았는데…." 친구가 잠시 말을 끊었다. "나, 집에 올 때마다 지하철에서 울었다?"

갑자기 내 마음도 욱신, 눈물이 핑 돌았다. '나 요즘 만나는 사람 생겼어.' 친구에게서 그 말을 처음 들었을 때, 나는 아무것도 묻지 않았다. 한 달, 두 달이 지나고서야 겨우 '그 사람이랑은? 잘 지내고 있고?' 지나가듯 물을 수 있었다. 그건 아마도 내가 그녀의 봄, 그녀의 청춘을 다 지켜봐 왔기 때문이었을 것이다. 여러 번의 계절이 흘러가도록 내내 봄에만 머물러 있던 그녀. 나는 좀처럼 확신이 들지 않았다. 이것이 그녀에겐 아직도 봄의 끝자락인지, 여름의 초입인지 알 수가 없었다. 석 달, 넉 달이 흘러 '그 사람이 그러는데….' 굳이 묻지 않아도 그녀의 입에서 조금씩 그 사람의 이야기가 흘러나오기 시작했을 때야 비로소 나는, 어쩌면 그녀는 이제 봄을 벗고 여름으로 향하고 있는지도 모르겠다는 생각을 했던 것 같다. 그리고 다섯 달, 여섯 달… 어느새 일 년. '나 어제, 상견례 했다?' 아슬아슬했던 그녀의 슬리퍼가 툭 떨어지던 날, 정말 여름이구나, 나도 이제 반팔을 꺼내 입어야겠네. 나의 긴팔이 조금 거추장스럽게 느껴지며 내 마음이 참 기뻤던 기억. 그러면서도 조금 슬펐던 기억.

“이십 대로 돌아가고 싶지 않아. 너무 힘들었다고.” 언젠가 친구와 이런 얘길 주고받은 적이 있다. “그러게, 나는 가끔 내가 기특해. 지금까지 이만큼 잘 버티고 살아남아 준 게.”, “그러니까, 왜 돌아가냐. 지긋지긋하다, 청춘.” 진심이었다. 친구와 나는 청춘이 그립지도, 돌아가고 싶지도 않았다. 그런데, 슬프긴 한 거다. 그 긴 시간을 지나 지금에 와 있는 우리가, 가끔 슬프긴 한 거다.

참, 마음처럼 잘 안됐다. 지금보다 더 열심이었고 간절했으며 뜨겁고 아름다웠지만, 그래서 또 많이 울고 많이 아프고 많이 힘들어야 했던 청춘. 참, 마음처럼 되지 않던 청춘. 그래서 지긋지긋한데, 그래서 돌아가고 싶지 않은데, ‘이 사람을 만나서 너무 행복하고 좋은데, 나 집에 올 때마다 지하철에서 울었다?’ 어느새 또 우리를 슬프게 하는 청춘.

이제 와 생각해 보면,
참 쉬운 일도 쉽지 않았던 것 같다.
청춘의 우리에겐.

이제 와 돌아보면,
참 별거 아닌 일도 큰 기쁨이고 큰 아픔이었던 것 같다.
청춘의 우리에겐.

그래서 그립다 말할 수도, 돌아가고 싶다 말할 수도 없다.

청춘은 우리에게.

하지만 슬프긴 한 거다. 지금 내가 아무리 행복하고, 내 삶을 아무리 사랑한다 해도, 아니 그럴수록 더, 나를 슬프게 하는 청춘. 어쩌면 우리에게 청춘은 그런 걸지도 모르겠다는 생각이 드는 봄의 끝자락, 아니 어쩌면 여름의 초입에 서 있던 우리.

◆

나보다 늘 먼저 반팔과 슬리퍼를 꺼내 입던 친구가 역시나 먼저 여름 안으로 한 발짝 들어섰다. 이젠 나조차도 내 긴팔이 조금은 거추장스럽게 느껴지는 계절. 그런데도 나는 아직 봄의 끝자락에 서 있는 걸까.

'지금도 가끔 슬프지, 물론. 어떻게 다 잊었다고 말하겠니. 어떻게 이젠 생각이 안 난다고 말하겠니.' 그럼에도 용기 내 여름 안으로 먼저 한 발짝 들어선 친구가 말했다. '그저, 이제 정말 여름이 온 거지.'

친구의 아슬아슬했던 슬리퍼 한 짝이 떠올랐다. 까딱까딱 떨어질 듯 떨어지지 않던 친구의 청춘이 툭, 하고 떨어지던 날. 그래서 내 마음 또한 기쁘고 그래서 또 조금은 슬프기도 했던 봄의 끝자락, 아니 어쩌면 여름의 초입이었던 그날이, 자꾸만 머릿속을 맴돈다.

오늘

음악을 읽다

——— **글** 강세형 | **내레이션** 김동률 | **노래** 오늘 〈김동률 '동행' 앨범 중에서〉 | 2014

다행이다.

그 사람에게 좋은 사람이 생긴 것 같다.

내가 그러했듯 그 사람에게도

몇 번의 새로운 만남과 몇 번의 또 다른 이별이

있었던 것 같다.

부러 노력하지 않아도

종종 그 사람의 소식이 내게도 전해졌다.

아마 그 사람에게도 그랬을 것이다.

하지만 그뿐이었다.

그 후 우리는, 단 한 번도, 우연이라도, 마주하지 못했다.

그저, 전해 들을 뿐이었다.

잘 지내고 있구나.

혹은, 잘 지내지… 못하고 있구나.

그런데 어쩐지, 이번엔 조금 달랐다.

그 사람의 새로운 사랑 이야기가

어쩐지 이번엔, 조금 다르게 들렸다.

이유는 모르겠다.
하지만 시간이 흘러도
역시나 이번엔 들려오지 않았다.
그 사람의 이별 소식.

오늘.
친구를 만났다.
친구의 가방에서 툭 떨어진 봉투 하나.
서둘러 봉투를 집어 다시 가방 안으로 집어넣는 친구의 표정에서
나는 알 수 있었다.
봉투 안에, 그 사람의 이름이, 적혀 있겠구나.

감사한 일이다.
그 사람에게, 좋은 사람이 생겼다는 것.

그래서 나는 어쩐지 조금 기뻤던 것도 같은데
집에 오는 길, 자꾸만 친구의 말이 떠올랐다.

지금 그 사람 곁에 있는 사람과 그 사람이
처음 사랑을 시작할 무렵,
그 사람은 정말 행복해했단다.

그런데 그 사람,

데이트를 마치고 집에 돌아올 때마다

울었단다.

이제야 또 다른 사랑을 만난 것 같은데

그래서 정말 행복하고 좋은데

그래서 또 집에 오는 길,

매일… 울었단다.

그런 그 사람의 모습이 자꾸만 머릿속에 떠올랐다.

아마도 그때 그 사람은

지금의 나와, 같은 생각을 했던 걸지도 모르겠다.

우리가 이제 정말, 헤어지는구나.

우리의 이별은

오래전 그때가 아닌… 오늘이구나, 라고.

'음악을 읽다'는

2014년 김동률의 '동행' 앨범 수록곡에

에세이를 붙인 것으로

YouTube를 통해

음성 파일로 들을 수 있습니다.

잃어버린 내 야상

날이 풀리고 봄이 오는 듯하니, 나는 또 그리워졌다.

잃어버린 내 야상.

봄가을 내겐 교복과도 같은 옷이었다. 야상 스타일의 옷이 내게 꼭 그 한 벌뿐이었던 것도 아니고, 누가 봐도 칭찬할 만큼 멋진 옷도 아니었지만, 이상하게 내 손은 자꾸 그 야상에게로 향했다. 굳이 이유를 찾자면 적당함이랄까. 이미 몇 해를 입어 새 옷 마냥 빳빳하지도 않고, 그렇다고 너무 낡고 헤져 흐늘거리지도 않는, 그 적당함. 그리 짙지도 옅지도 않은 색감이며, 그리 꽉 끼지도 넉넉하지도 않은 품이며, 그리 짧지도 길지도 않은 길이까지, 모든 것이 내게 적당했다. 동네 슈퍼에 갈 때도, 차를 타고 친구를 만나러 갈 때도, 비행기를 타고 멀리 여행

을 갈 때도, 그 야상에겐 정말 '적당'하다는 말이 딱 맞았다.

그런데 잃어버렸다. 지난봄 여행지에서 늦잠을 자버린 어느 날. 그 날은 국경을 넘어 나라를 옮겨야 했기에 늦잠은 그 어느 때보다 나를 조급하게 했고, 그 조급함에 땀을 삐질삐질 흘리며 배낭을 싸다, 나가서 입어야지 침대 위에 걸쳐 놨던 야상. 그대로 나는 조급하게 챙긴 배낭만 들고, 나와버린 거다. 두고 온 침대 위의 야상이 떠오른 건, 이미 국경을 넘은 다음. 돌아갈 순 없었다. 사실 그 야상의 적당함에는 그리 비싼 옷이 아니라 아무렇게나 입고 아무렇게나 벗어 놔도 된다는, 그러니 잃어버려도 별로 부담이 없다는 것 또한 포함돼 있어서, 나는 그저 조금 아쉬워하고 말아야 했다. 그런데 어쩐지 나는 슬퍼하고 있었다. 마치 사랑이라도 잃은 양 풀이 죽어 슬퍼하던 나, 그런 나를 위로하려던 일행. 이 기회에 새 옷 사자, 낡을 만큼 낡았던데. 한국 가면 내가 사 줄게. 그런데 나는 그 말에 더 슬퍼지고 말았다. 없어, 그거랑 똑같은 옷은 없다고.

정말 없었다. 벌써 몇 해 전에 샀던 옷이라 똑같은 디자인의 야상은 당연히 없었고, 비슷한 디자인의 옷을 입어 봐도 이건 너무 끼는 듯하고, 저건 너무 요란하고, 이건 너무 무겁고, 저건 어쩐지 불편하고. 그 적당함은 어디에서도 찾을 수 없었다. 사실, 처음부터 불가능한 일이었다. 나는 알고 있었다. 그와 똑같은 야상은 어디서도 찾을 수 없으리라는 것. 내가 찾는 옷은 새 옷이 아니라 '그 옷'이었으니까. 똑같은 디자인의 새 야상이 아니라 몇 해를 입어 비로소 내게 적당해진 바로

'그 야상'이었으니까. 세월이 만들어 준 그 적당함은, 그 어떤 새것으로도 대신할 수 없다. 그런데 시간이 흘러 다시 봄이 오는 듯하니, 나는 또 일감이 한가득 쌓인 책상에 앉아 일 대신 검색을 하고 있었다. 똑같은 야상 어디 없나. 그와 똑같은 야상은 절대 찾을 수 없으리라는 걸, 잃어버린 순간부터 알고 있었으면서 또. 부질없는 짓이라는 걸 알면서 또.

그런데 나는 그 또한 알고 있었다.
내가 또, 찾으려 하리라는 걸.

세월이 만들어 준 그 적당함을 찾는 일은 불가능하다는 걸 알면서,
아니 알기에.

나는 늘 그랬으니까. 무언가가 가장 간절해지는 순간은 언제나 그때. 사람이 가장 그리워지는 순간 또한 언제나 그때. 이제 다시는 그와 같은 사람을 만날 수 없으리라는 걸 알게 되는 바로 그 순간, 그때였으니까.

단 30분

가끔은 나의 뇌가 변비에 걸린 것만 같다. 나는 직업이 작가인데도 왜 이렇게 매번 어려운지 모르겠다. 대단히 새로운 생각을 해내야 한다는 부담감도 아니다. 그저 지금 내 머릿속에 있는 생각이나 이야기들만이라도 잘 매만져 글로 뱉어내고 싶은데, 그마저도 어려울 때가 너무 많다. 작가라는 직업 때문에 무엇이든 일단 내 안으로 쑤셔 넣고 보는 게 나는 버릇이 됐다. 하지만 나오질 않는다. 생각은 넘치는데 하얀 모니터만 몇 시간째 째려보고 있자면, 나의 뇌가 마치 변비에 걸린 것만 같다. 뭐라도 뱉어내야 하는데, 쏟아내야 하는데…. 이러다 내 머릿속이 온통, 똥 덩어리로 변해버리면 어떡하지.

그래서 더 신기했던 것 같다. 저도 작가가 되고 싶은데요. 세상엔 작

가가 되고 싶어 하는 사람이 이렇게나 많다니. 내가 아직 라디오 작가이던 시절에도 메일이나 우편, 혹은 싸이월드 등을 통해 나는 종종 이런 메시지를 받았다.

"저도 라디오 작가가 되고 싶은데요."

실제로 이력서와 원고를 우편으로 보내오는 사람들도 있었다. 책을 낸 이후에는 그러한 메시지를 더 많이 받게 됐다. 저도 작가가 되고 싶은데요. 시대가 달라져 요즘엔 트위터나 페이스북을 통해 메시지를 받는다. 지금은 라디오 일을 그만둔 지 5년이 넘었는데도 종종 이런 메시지를 받는다. 저도 라디오 작가가 되고 싶은데요.

W도 나에게 그런 메시지를 보낸 사람 중 한 명이었다고 했다.

"언니, 저 혹시 기억하세요?"

꽤 오래전 내가 아직 방송국을 다니던 시절, 낯선 사람이 내게 다가와 인사를 했다.

"언니, 저 혹시 기억하세요? 몇 년 전에 싸이월드로 언니한테 쪽지 보낸 적이 있는데…."

W는 대학 시절, 자신이 즐겨 듣던 라디오 프로그램의 작가였던 나에게 메시지를 보냈다고 했다. 그때나 지금이나 나는 시간이 허락되면 이런 답장들을 보내곤 한다. 그 내용을 분류별로 간단하게 요약하면 다음과 같다.

Q. 라디오 작가가 되려면 어떡해야 하나요?

A. 최근에 새로 들어오는 후배들을 보면, 대부분 방송작가협회나 각

방송국에서 운영하는 아카데미 출신들인 것 같습니다.

Q. 막내 작가의 월급은 무척 적다고 하던데, 정말 그런가요?

A. 그런 걸로 알고 있습니다. 제가 처음 방송국에 들어왔던 것은 10년도 전인데, 그때나 지금이나 막내(셋째) 작가의 월급은 거의 비슷한 것으로 알고 있습니다.

Q. 라디오 작가를 계속 꿈꿔도 좋을까요?

A. 음…. 그건 절대적으로 본인의 선택이어야 하지 않을까요. 본인의 열정이나 재능은 본인이 가장 잘 알고 있을 테니까요. 다만 선택에 앞서, 이 직업의 장점만을 보고 결정하진 않았으면 합니다. 라디오란 매체가 없어지진 않겠지만, 그 영향력이 점점 줄고 있는 건 맞습니다. 저보다 10년 이상 먼저 들어온 선배들도 이런 얘길 합니다. 20년 전이나 지금이나 연봉이 거의 똑같다고요. 메인 작가들도 그런데, 라디오 방송국에서 가장 을은 막내 작가입니다. 하고 싶어 하는 사람들은 많아지는데 자리는 점점 줄어드니, 20년 전에도 을이었던 막내 작가들의 형편이나 처우가 더 좋아졌을 리 없죠. 몇 년을 막내로만 고생하다 그만두는 사람들도 적지 않습니다. 그래서 솔직히 제 친동생이 물어 온다면, 저는 다시 한 번 진지하게 고민해 보라고 말할 것 같습니다만……

하지만 늘 여기까지 쓰고 나면, 어쩐지 죄책감이 든다. 이런 문제가 다만 라디오 작가에만 해당되는 것일까. 부채감이 늘어 가는 나이다.

"그때 언니가 저한테 답장도 주셨는데."

W가 말했다. 해맑고 기운찬 청춘의 표정으로. 나는 어쩐지 기특하

기도 하고 미안하기도 했다. 그런 나의 다정치 못한 답장에도 라디오 작가가 됐구나.

그 후로도 가끔 방송국에서 W와 마주치곤 했다. 사연 가방을 어깨에 메고 노트북과 원고 뭉치를 가슴에 안은 채 낑낑거리며 녹음실로 이동하는 중에도 W는, 나와 마주칠 때면 늘 씩씩하게 웃어 보이곤 했다. 가끔은 멀리서 담당 PD나 같이 일하는 작가 언니들에게 혼나고 있는 모습이 보이기도 했다. 또 가끔은 양손 가득 커다란 비닐봉지를 들고 있는 W와 엘리베이터에서 마주할 때도 있었다.

"우리 팀 야식이요. 오늘 나오는 게스트 팬분들이 보내 주셨어요."

하얗고 씩씩했던 W의 웃음이 어쩐지 오래된 종이처럼 조금씩 누렇게 색이 바래 가는 느낌이 들기도 했지만, 이 일 하다 보면 다 그렇지 뭐, 나는 대수롭지 않게 여겼던 것 같다.

"언니네 팀 막내 어때요?"

W와 함께 일하던 선배 언니에게 슬쩍 물어본 적도 있다.

"내가 아주, 걔 때문에 요즘 미치겠다."

실수가 많다고 했다. 하지만 이 언니에게서 나는 후배 작가를 칭찬하는 말은 거의 들어 본 적이 없어서, 또 그러려니, 했던 것 같다.

"그 팀 언니랑 PD들이 아주 걔를 잡는 것 같던데…."

다른 작가 친구에게서 이런 얘기를 들은 적도 있었다.

"원래 그 언니가 유명하잖아. 막내 애들한테 자기 개인적인 심부름도 막 시키고 그런 걸로. 근데 거기 AD는 나이도 어린 것 같던데, 못된 건 빨리 배운다고 AD까지 걔를 그렇게 잡는다고 하더라."

이 바닥이 원래 복불복이다. 좋은 팀원들을 만나면 6개월이 한없이 즐겁고, 폭탄 팀원들을 만나면 6개월이 생지옥이 되기도 한다. 물론 폭탄이 한 명도 없는 팀을 만난다는 건, 쉬운 일이 아니다. 그래, 나는 운이 좋은 편이었어. 괜히 그런 생각만 하다 나는 또 W를 잊고 지냈다.

"아니, 그렇게 싫으면 자르든가 다른 팀으로 보내든가. 왜 계속 데리고 다니면서 괴롭혀."

한 번의 개편이 지난 뒤에도 W는 그 팀에 남았던 것 같다. 그러다 또 계절이 몇 번 바뀌었다. 나는 이런저런 고민 끝에 라디오 일을 그만두었다. 때마침 나는 함께 일할 수 없는 PD가 찾아와 주어 쉽게 결정할 수 있었다. 라디오 작가라는 게, 메인이 되고 경력이 쌓여도 을의 입장을 벗어날 수 없다. 아니, 갑질 PD를 만나면 그렇다는 얘기다. 물론 좋은 PD들도 많았다. 맞아, 나는 운이 좋은 편이었지.

그리고 그 사실에 나는 좀 신경질이 나기도 했다. 시스템이 아닌 운에 의해 결정되는 일상이라니, 뭔가 이상해. 하지만, 이런 생각을 하고 있으니 늘 골치가 아프지, 대부분은 이렇게 생각을 맺고 나는 또 내 일상을 살았다.

일을 그만두고 일여 년 만에, 아직 라디오 일을 하고 있는 작가 친구를 만났다. 오랜만에 듣는 방송국 얘기는 이제 나완 너무 먼 얘기 같기도 하고, 그곳은 참 여전하구나 싶기도 했다. PD며 작가며, 익숙한 이름들이 혹은 낯선 이름들이 여러 차례 지나갔다.

"맞다, W는? 아직도 일하고 있어?"

내 질문에 친구가 답했다.

"응. 밤 프로 막내라 고생이 많지."

"아직도 막내구나…."

"그렇지 뭐."

"……."

"근데, 걔 가끔 이상해."

친구가 말했다.

"저번에 내가 프린트하려고 막내들 있는 자리에 갔는데, 얘가 얼굴이 누렇게 떠서는 넋을 놓고 앉아 있는 거야. 그래서 내가 얘 뭐하니, 그랬더니 갑자기 나를 올려다보면서 이러는 거야. 언니, 화장실이 너무 가고 싶어요."

"응? 뭔 소리야. 가면 되지."

"나도 그렇게 말했지. 그럼 가. 그랬더니 얘가 갑자기 우는 거야."

"왜 울어?"

"모르지, 나도. 내가 무슨 말을 했다고. 나도 놀래서 너 왜 그러냐고 그랬더니, 아니에요, 죄송해요, 그러더니 나갔어."

"이상하다."

"그니까. 가끔 좀 이상해, 걔."

그러네, 좀 이상하네. 그렇게 또 시간이 흘러 나는 두 번째 책을 준비하기 시작하면서 바빠졌고, 그런 대화를 나눴다는 것 자체도 잊고 지냈다.

W의 얘기를 다시 듣게 된 건, 내 두 번째 책이 나오고 몇 달이 흐른

뒤였던 것 같다. 오랜만에 또 그 작가 친구를 만난 자리였다.

"갑자기 사라졌대."

"뭐?"

"W 말이야. 어느 날 갑자기 연락도 안 되고 출근도 안 하고. 그 같이 일하는 언니가 요즘 아주 죽을 맛인 것 같던데?"

"무슨 일 생긴 거 아니야? 집에는, 집에는 전화해 봤대?"

"걔가 혼자 서울 올라와서 고시원에 살았던 모양이더라. 아무도 다른 연락처를 모른대."

"아니, 어떻게 사람이 그렇게 어느 날 갑자기 사라져. 걱정해야 되는 일 아닌가."

"내 말이. 근데 그 팀 언니랑 PD들은 그렇게 생각 안 하는 것 같더라?"

요즘 애들은 책임감이 없다. 내 친구 회사에서도 신입사원이 어느 날 갑자기 연락도 없이 안 나오는 일이 꽤 있다더라. 며칠 뒤에 본인도 아니고 걔 아빠가 달랑 문자 한 통 보냈대. 우리 애 앞으로 못 나갑니다. 대학교수인 내 친구한테는 그렇게 학부모들이 전화를 한다더라. 우리 애 학점이 이상하다고. 왜 방송국 신입사원 뽑을 때도 봐. 고급 승용차들이 방송국 앞에 와서 쭉 서 있잖아. 우리 때는 입사 시험 보러 가는데 부모님이 따라온다는 게 말이 됐니? 토익 시험장 앞도 그렇다며. 아무튼 요즘 애들은 다 오냐오냐 커서 혼자 할 줄 아는 것도 없고, 책임감도 없어 큰일이야. 내가 걔도 그럴 줄 알았어. 딱 보기에도 책임감 없어 보이잖아. 하여튼 요즘 애들이란.

그 언니와 PD들의 대화가 눈에 그려지는 듯했다. 요즘 애들…. 나도, 그 언니도, 그 PD들도, 언젠가는 들었을 말.

"그래도 찾아봐야 하는 거 아닌가? 다른 팀 막내들이랑은 얘기해 봤어?"

W는 다른 팀 막내들과도 그리 친하게 지낸 것 같지 않았다. 하긴 너무 바쁘다, 막내의 삶은. 게다가 그렇게 꼬장꼬장한 언니와 PD들이 같은 팀이었다면, W의 하루는 잠자는 시간 빼고는 거의 다 일하는 시간이었을 게 뻔했다.

그날은 집에 돌아와서도 W의 생각이 머릿속을 떠나지 않았다. 도대체 어디로 사라진 걸까. 그러다 문득 라디오 작가 시절 내가 자주 꿨던 꿈이 생각났다.

알람이 울려댄다. 일어나야 한다. 새벽까지 원고를 쓰다 잤으니, 두 시간도 못 잤다. 하지만 일어나야 한다. 머리 안 감고 모자 쓰고 나간다 해도, 방송국까지 40분은 걸리니까…. 일어나야 하는데, 지금은 일어나야 하는데…. 그러다 깜빡 다시 잠이 들면, 이런 꿈을 꾸곤 했다.

몸이 돌덩이처럼 무거워 침대에서 일으킬 수가 없다. 일으키기는커녕, 내 몸이 점점 더 침대 속으로 빠져들어 가는 기분이 든다. 조금씩, 조금씩 더… 침대 안으로 내 몸이 빠져들어 간다. 그 순간 딱! 이 부딪히는 소리가 좁은 방 안으로 경쾌하게 울려 퍼진다. 우걱우걱. 침대가 입을 닫아버렸다. 우걱우걱. 내가 사라져버렸다. 잠시 후 후두두 두둑.

침대가 내 하얀 뼈를 뱉어낸다.

그 즘 나는 늘 놀라서 깨곤 했다. 일어나 보면 하얀 뼈 대신 밤새 내가 흘린 땀이 침대에 흥건했다. 그때 나는, 내가 사라져버릴까 봐 두려웠던 걸까. 내가 사라져버렸으면 좋겠다고 바랐던 걸까. W는 도대체 어떻게 된 걸까. 스스로 사라져버린 걸까. 사라짐을 당한 것일까.

그러다 문득 싸이월드 생각이 났다.

'언니, 저 기억하세요? 몇 년 전에 싸이월드로 언니한테 쪽지 보낸 적이 있는데…. 그때 언니가 저한테 답장도 주셨는데.'

그때 W는 나에게 어떤 메시지를 보냈을까. 그때 나는 또 어떤 답장을 했을까. 아직도 그 메시지들이 남아 있을까. 그런데 아직 싸이월드 홈페이지는 있나….

있었다. 하지만 로그인하기까지도 꽤나 씨름을 해야 했다. 마지막 접속이, 못해도 5년은 넘었을 테니 아이디도 비밀번호도 생각나지 않아 한참이나 씨름 끝에 로그인을 했다. 그리고 나는, 내 앞으로 도착해 있는 수많은 쪽지들과 마주했다. '받은 쪽지는 1개월 동안 저장됩니다.' 받은 쪽지함 위에 빨간색 글씨로 쓰인 친절한 안내 문구에 따라, 그 전에 나에게 보내졌을 쪽지들은 모두 사라져버렸고, 최근 한 달간의 쪽지들만이 남아 있었다. 보낸 이는 모두, W였다.

저도 참 바보 같죠. 언니가 이 쪽지들을 읽지 않을 걸 알면서도, 습관이 됐나 봐요. 이젠 여기가 제 일기장 같아요.

남겨진 한 달의 쪽지만으로도, W가 꽤 오래전부터 나에게 쪽지를 보내왔다는 것을 짐작할 수 있었다. 또한 언젠가부터 W는 이 쪽지들을 정말 자신의 일기장인 양 생각했던 것 같다. 아무도 보지 않을 걸 알면서 쓰는 것이 일기니까. 하지만 누군가는 봐줬으면 하는 마음에서 쓰는 것이 일기니까. 정말 그 누구에게도 말할 수 없는 비밀은, 일기로도 남길 수 없다. 일기는, 남는 것이다. 어떠한 형태로든 남겨진 것은, 영원한 비밀이 될 수 없다.

W의 쪽지들은 일기나 낙서처럼 어떤 날엔 간단한 몇 단어뿐이었고,

한 잔의 차가운 커피, 아무에게도 방해받지 않는 단 30분.

어떤 날은 알 수 없는 푸념들로 가득했고,

내가 원하는 건 정말 그것뿐인데, 그게 그렇게 어려운 걸까. 다른 사람들도 다 그럴까. 아니면 나만 이렇게 힘든 걸까.

또 어떤 날엔 마치 라디오 사연이나 콩트처럼 완결성 있는 이야기이기도 했다.

아픈 배를 부여잡고 끙끙거리는 절 엄마가 응급실로 데리고 갔는데, 의사 선생님이 갑자기 보호자분은 잠깐 밖에 계시라며 간이침대의 커튼을 치는 거예요. 그러고는 "임신 가능성 있나요?" 아니, 얇은 커튼 하나로 엄마한

테 그 얘기가 안 들리겠어요? 전 서둘러 부인했죠. "아니요! 그런 거 없어요!", "최근에 남자와 잠자리를 한 건 언젠가요?" 참다못해 전, 이렇게 소리치고 말았어요. "선생님, 전 모태솔로라고요!" 그런데 그보다 더 황당한 건 검사결과였어요. "맹장 자리는 아닌데, 임신 가능성도 없고. 아무래도 검사를 좀 더 해 봐야겠습니다." 그 복잡한 검사 끝에 제 복통의 원인은 이렇게 결론이 났거든요. "변비입니다." 네? 황당해하는 울 엄마에게 의사 선생님은 한 번 더 말씀해 주셨어요. "변비요. 똥 못 싼 지 얼마나 되셨죠? 대장에 아주 딱딱한 똥이 꽈악 찼는데요. 관장도 한 번엔 힘들겠어요."

W의 쪽지들은 또한 정말 자신의 일기장인 듯 어떤 날엔 반말의 독백이었고,

오늘도 언니에게 혼이 났다. 내가 고른 사연이 다른 방송에도 소개된 중복 사연이었다는 거였다. 중복 사연이 아닐 수도 있잖아요…. 나도 모르게 중얼거리고 말았다. 언니는 불같이 화를 내셨다. 아니 배에 똥 차서 응급실 실려 가는 사람이 그렇게 많니? 많아? 많을 수도 있는 거 아닌가요…. 라는 말은 차마 하지 못했다. 언니, 저도 화장실에 못 간 지 열흘이 넘었어요…. 라는 말 또한 나는 하지 못했다.

또 어떤 날엔 갑자기 내가 의식된 듯 존댓말이기도 했다.

언니, 정말 저는 이제 아무것도 바라는 게 없어요. 저에겐 딱 30분, 아무에게도 방해받지 않는, 고요한 정적의 시간, 나만의 시간이, 많이도 아니에

요. 딱 30분만 있었으면 좋겠어요.

하지만 W에겐, 그 30분은 허락되지 않았다. 그 날 아침 또한 W의 하루는 이렇게 시작됐다. 벌써 열흘이 넘었다. 새끼손톱만큼의 똥도 배출하지 못한 채 열흘이 지났다. W의 쾌변을 위한 최소보장시간 30분. 눈을 뜨면 W는 제일 먼저 차가운 커피를 마신다. 그리고 손바닥만 한 창밖 풍경을 보며 멍을 때린다. 이 손바닥만 한 창문 때문에 W는 한 달 고시원비를 3만 원이나 더 내고 있다. 차가운 커피와 함께한 15분. 그쯤이면 조금 묵직한 느낌이 아랫배에 느껴진다. 커피도 다 마셨다. 이제 찬물 한 컵을 마실 시간. 아니야, 조금 더 기다려야 돼. 한 모금 더 마시고 멍…. 그래, 이제 다 되어 간다. 한 모금 더 마시고 멍…. 그렇게 30분의 멍이 지나가면, 으윽, 왔다, 왔어! 신호가 온다. 화장실로 달려갈 시간이다. 화장실로 달려가기만 하면, 막상 그렇게 괴롭지도 않았다. 금방 쑥 해결할 수 있었다. 멍 때림의 시간, 온전히 나만을 위한 정적의 시간이 딱 30분만 있으면 되는 거였다. 하지만 W는, 화장실로 달려가지 못했다.

"ㄲㅇㅇㅇ윽 캬아악 퉤엣!"

오른방 아저씨의 아침은 오늘도 코를 잔뜩 먹은 가래를 토해내는 것으로 시작된다.

"ㄷㄷㄷㄷㄷㄷ, ㄷㄷㄷㄷㄷㄷ, ㄷㄷㄷㄷㄷㄷ."

왼방 대학생의 휴대폰은 오늘도 십여 분 넘게 진동 중이다. 언제나 제때 일어나지도 못하면서, 언제나 5분 간격으로 30분 내내 알람을

맞춰 놓는다.

"쾅!"

그 즘 앞방 고시생이 신경질적으로 문을 열었다 닫는다.

ㄲㅇㅇㅇ윽 캬아악 퉤엣, ㄷㄷㄷㄷㄷㄷ, 쾅! ㄲㅇㅇㅇ윽 캬아악 퉤엣, ㄷㄷㄷㄷㄷㄷ, 쾅! ㄲㅇㅇㅇ윽 캬아악 퉤엣, ㄷㄷㄷㄷㄷㄷ, 쾅! 쾅! 쾅! 그날도 W의 아침은, 얇디얇은 고시원의 베니어합판 너머로 펼쳐지는 오케스트라 협연으로 시작됐다.

그래도 운이 좋은 날엔 점심시간 후 또 한 번의 신호가 찾아오기도 했다. 12일째다. 손톱은커녕 눈곱만한 똥도 세상 구경 못 시켜 준 지 벌써 12일째.

"너는 젊은 애가 왜 맨날 속이 안 좋대."

PD님의 혀 차는 소리에도 오늘만은 기필코의 마음이었다. 속이 좋지 않다는 핑계로 W는 점심시간 혼자 사무실에 남았다. 출근길 편의점에서 산 1,800원짜리 샌드위치를 우걱우걱 입안으로 쑤셔 넣으며 사연을 봤다. 날씨 탓인가, 아니면 그냥 입이 텁텁해서 그런가. 싸구려 샌드위치의 흐물흐물한 양상추에서 비릿함이 올라오는 듯했다. 그래도 뭐라도 쑤셔 넣어야 밀려서라도 나오지. W는 우걱우걱 다시 샌드위치를 씹어 삼켰다. 12시 15분. 이제 남은 점심시간은 45분. 10분 전이면 사람들이 하나둘 들이닥칠 테니, 이제 슬슬 멍을 잡아 보자. 싸구려 믹스커피를 찬물에 억지로 개어, 찬 커피를 만들었다. 창밖이 보이는 담당 PD의 자리 쪽으로 가서 W는 멍을 때렸다. 으윽, 오래 묵어 딱딱해진 아랫배가 조금씩 요동치는 느낌. 으윽, 조금씩 움직임이 생겨

대장 사이에 공간이 만들어지는 느낌. 으윽, 올 것 같은데, 오늘은 올 것 같은데. W는 다시 찬물을 가져왔다. 찬물과 함께 15분가량만 더 멍을 때리면 성공할 수 있으리라. 아, 그래. 온다, 오고 있어. 조금만 더, 조금만 더…. 그때였다. ㄷㄷㄷㄷㄷㄷ, ㄷㄷㄷㄷㄷㄷ. 바지 주머니 속 휴대폰이 진동을 시작했다. "여보세요? 네, PD님." PD님은 분명 전화기 너머에 있는데도 '너 왜 내 자리에 앉아 있니?' W의 바로 앞에서 도끼눈을 뜨고 PD님이 서 있는 듯한 착각에 W는 자리에서 벌떡 일어났다. "예, 예. 아… 팩스요? 잠깐만요. 예…. 예…. 들어와 있네요. 예, 제가 잘 챙겨 놓을게요." 여행사에서 온 팩스였다. PD의 여름휴가 일정표. 이런 건 점심 먹고 들어와서 PD님이 직접 챙기셔도 되는 거 아닌가. 고춧가루 한 톨만 한 불만을 채 품어 보기도 전에 우욱, 중간에 멍 때림이 끊겼는데도 신호가 왔다. 다다다닥, W는 화장실로 달려갔다. ~~우욱~~… 우욱… ~~우우욱~~. 역시, 상한 것이었나. 화상실 변기 속에 둥둥 떠다니는 빵, 양상추, 얇디얇은 햄, 싸구려 샌드위치의 잔재들. 밑으로 토해내라 꾸역꾸역 밀어 넣었건만, 역류해 위로 다시 올라와 버린 잔재들을 바라보는 W의 아랫배가 욱신, 다시 딱딱하게 굳어 있었다. 쾌변을 위한 최소보장시간 30분. 점심시간에도 W에겐 그 시간이 허락되지 않았다.

17일째 되던 날 W는 마음을 굳게 먹었다. 한 손엔 캔커피, 한 손엔 생수병을 들고 오후 4시 45분 공개방송 홀이 있는 13층의 화장실을 찾았다. 공개방송이 없는 날엔, 이 시간 인적이 가장 드문 화장실이다. 이대로는 온몸이 딱딱하게 콘크리트 아니 똥 덩어리로 변해버릴 것

같아 과감한 결의 끝에 멍을 잡기로 결심한 것이었다. 변기 뚜껑을 내리고 그 위에 앉아, 역한 화장실 냄새를 참아 가며 차가운 캔커피를 조금씩 들이켰다. 아무리 시선을 다른 곳으로 돌려 보려 해도 W의 눈은, 자꾸만 쓰레기통 속 휴지들에 남은 누군가의 자국들로 향했다. W의 목구멍으로 넘어가다 말고 커피캔 입구에 남은 짙은 갈색 커피물이, 쓰레기통 속 오물들과 겹쳐져 속이 울렁거렸다. 하지만 오늘도 내보내지 않으면 안 된다는 마음에 W는 질끈 눈을 감고 꿀꺽꿀꺽 차가운 커피를 들이켰다. 후유. 차가운 커피가 식도를 타고 위로, 위를 넘어 십이지장, 대장으로 흘러가 딱딱하게 엉겨 붙은 그들 사이에 공간을 만들어 주길 멍…. 입을 벌린 채 W는 기다렸다. 그때였다.

똑똑똑똑, 똑똑똑똑.

"W 너, 여기 있니?"

똑똑똑똑, 똑똑똑똑.

어, 어떻게 된 거지. 언니 아직 출근하실 시간 안 됐는데. 아니, 내가 여기 있다는 건 어떻게 아셨지. 아니 그, 그보다…

"네, 언니."

반사적으로 W는 답을 하고 있었다.

"너 여기서 뭐하니?"

"아, 네. 소, 속이 좀 안 좋아서…."

"근데 왜 여기까지 올라와 있어? 앞 팀 막내가 너 여기 들어가는 거 봤다고 해서 혹시나 하고 와 봤더니. 전화도 자리에 놓고 가고, 너 대체 왜 그러니?"

"자, 잠깐만요. 언니."

W는 서둘러 일어나 커피캔과 생수통을 오물 자국 요란한 쓰레기통…에 버리고, 변기 물을 내렸다. 그리고 문을 열고 나왔다.

"내가 오늘 낮에 일 있다고, 회사 와서 원고 쓴다고 했니, 안 했니? 오늘 원고에 쓸 사연들 내 자리에 올려놓으라고 했잖아. 어딨니?"

"아, 그거… 제가 언니 메일로 보내 놨는데요."

"내가 언제 메일로 보내 놓으랬어. 프린트해서 내 자리에 올려놓으라고 했지. 너는 애가 이런 것도 하나 제대로 못하니? 내가 정말 미치겠다."

그러고도 한참이나 W는, 화장실 변기 앞에 서서 언니의 짜증을 받아냈다. 아무것도 나오지 못한 W의 안으로 계속해서 무언가는 들어온다. W의 아랫배는 이미, 아니 더욱, 딱딱하게 굳어 있었다.

생방 직전까지는 눈코 뜰 새 없이 바빴다. 두 시간의 생방송 진행 중에는, 너 바빴다. 방송이 끝나도 W는 쉴 수 없었다. 언니들과 PD들이 다 퇴근하고 나면, 선곡표와 함께 그날 찍은 방송 사진들을 정리해서 포토샵까지 마친 후 프로그램 홈페이지에 올려야 했다. 조금만 늦어져도 언니들과 PD들에게서 문자가 왔다. 그러고 나면 내일 방송에 쓸 사연들을 정리하고, 몇 페이지 되지 않는 W의 원고도 써야 했다. 고시원에선 키보드 치는 소리 때문에 몇 번이나 욕을 먹어 작업을 할 수 없었다. 사연 정리에 원고까지 마치고, 그날 방송에서 소개된 청취자들 사연에 줄 선물까지 데이터베이스에 입력하고 나면, 새벽 2시가 넘어간다. 백만 원 조금 넘는 월급으로 매일 택시를 탈 순 없다. 4시 반까지 의자에 쭈그리고 앉아 쪽잠을 자다 첫차를 타고 고시원으로 돌아

가 두 시간쯤 눈을 붙이고 일어나면, 찬 커피를 한 잔 채 마시기도 전에 오케스트라 협연이 시작된다.

ㄲㅇㅇㅇㅇ윽 캬아악 퉤엣, 오른방 아저씨의 코를 잔뜩 먹은 가래 토해내는 소리.

ㄷㄷㄷㄷㄷ, ㄷㄷㄷㄷㄷㄷㄷ, 왼방 대학생의 휴대폰 진동소리.

쾅! 앞방 고시생의 신경질적인 문 닫는 소리.

ㄲㅇㅇㅇㅇ윽 캬아악 퉤엣, ㄷㄷㄷㄷㄷㄷㄷ, 쾅! ㄲㅇㅇㅇㅇ윽 캬아악 퉤엣, ㄷㄷㄷㄷㄷㄷㄷ, 쾅! ㄲㅇㅇㅇㅇ윽 캬아악 퉤엣, ㄷㄷㄷㄷㄷㄷㄷ, 쾅! 쾅! 쾅!

그렇게 W는 몇 년의 시간을 살아온 걸까.

"이 코너에 있는 사연 콩트 한번 써 볼래? 기회 삼아 주말에 몇 편 써 와 봐."

주말에도 W는 아마 쉴 수 없었을 것이다. 글을 쓰고 싶어 작가가 됐지만 제대로 된 글은 써 볼 시간도, 기회도 없었던 W는 이게 기회일까 기를 쓰고 써 갔을지 모른다. 하지만 번번이 퇴짜를 맞았을지도 모른다. 퇴짜를 맞고 자학할 새도 없이 W는, "내가 너 때문에 머리가 다 아프다, 머리가. 나가서 두통약 좀 사다 줄래." 언니들과 PD들의 개인 심부름에 바빴을지도 모른다. "나 커피 한 잔만. 나 믹스커피 안 마시는 거 알지. 내려가서 좀 부탁해." 커피나 담배 심부름을 시키면서, 그 돈도 주지 않는 선배들 또한 더러 있다는 얘기를 들은 적이 있다. 나도 메인 작가가 되기 전, 저런 언니는 되지 말아야지, 했던 적이 많았다.

물론 밥을 먹을 때나 차를 마실 때나, 그 어디서도 내 지갑은 절대 열지 못하게 하는 좋은 선배들도 많았다. "막내들은 어디서든 돈 쓰는 거 아니야." 그 선배들은 지금까지도 내 지갑은 절대 열지 못하게 한다. 나는 역시, 운이 좋은 편이었다. 그리고 그 사실이 가끔은 좀 슬펐다. 왜 운으로 결정되는 걸까. 누군가의 매일이, 누군가의 일상이.

그렇다고 W의 쪽지가 늘 이런 우울한 얘기뿐이었느냐 하면, 그건 아니었다. 내가 읽지 않으리라는 걸 알면서도, W는 불현듯 내가 의식된 듯 이런 쪽지를 남기기도 했다.

그렇다고 전 제가 불행하다고 생각하진 않아요. 가끔 고향 친구들과 문자를 주고받을 때면 친구들이 저한테 그래요. 그래도 너는 행복한 사람이라고, 네가 하고 싶어 하는 일을 하고 있지 않냐고. 제 친구들 중엔 아직도 취업 못한 친구들도 있고, 취업한 친구들도 마냥 행복하고 좋다는 경우는 거의 없어요. 그래도 제가 그중 제일 행복한 사람인 거죠. 어쨌든 제가 하고 싶어 하는 일을 하고 있고, 언젠가는 저도 언니들처럼 될 수도 있잖아요. 저는, 운이 좋은 편인 거죠.

그런 W의 쪽지가 나는 더 슬펐던 것 같다. 모두가 이렇게 살고 있는 세상이야. 지금의 이 세상을, 이미 또 하나의 당연한 시스템으로 생각하게 돼버린 W. 그래서 나는 더 슬펐던 것 같다.

하지만 그래도 저는 30분만 있었으면 좋겠어요. 온전히 나만을 위한 시간

이, 하루에 딱 30분만.

하지만 그 30분은, W에게 허락되지 않았다. 그리고 그건 W에게만 허락되지 않은 건, 아닐지도 모른다. '제 친구들 중엔 아직도 취업 못 한 친구들도 있고, 취업한 친구들도 마냥 행복하고 좋다는 경우는 거의 없어요. 그래도 제가 그중 제일 행복한 사람인 거죠.' 지금보다 호시절이었다는 십여 년 전에도, 비교적 운이 좋았던 나조차도, 이십 대 내내 침대가 나를 잡아먹어 버리는 꿈을 꾸곤 했다. 그때 나는, 내가 사라져버릴까 봐 두려웠던 걸까. 내가 사라져버렸으면 좋겠다고 바랐던 걸까.

오늘로 21일째. 오늘도 손톱만큼은커녕 눈곱만한 똥도 보질 못했어요. 아, 저희 언니한테서 문자가 왔네요. 제가 올린 선곡표에 오타가 있었나 봐요. 빨리 수정해야겠어요.

이것이 W의 마지막 쪽지였다. 벌써 일주일 전 날짜다. 그리고 W는 사라졌다. W는 스스로 사라진 걸까. 사라짐을, 당한 것일까. 그날 밤 나는 꿈을 꾸었다.

몸이 돌덩이처럼 무거워 침대에서 일으킬 수가 없다. 그런데 침대에 누워 있는 사람이 내가 아니다. W다. 계속해서 알람이 울려댄다. 일어나야 하는데. 머리 안 감고 모자 쓰고 나간다 해도, 방송국까지 40분…. 지금은 일어나야 하는데…. 하지만 W는 몸을 일으킬 수 없다. 조금씩,

조금씩 더… 침대 안으로 W의 몸이 빨려 들어간다. 그 순간 딱! 이 부딪히는 소리가 좁은 W의 고시원방 안으로 경쾌하게 울려 퍼진다. 우걱우걱. 침대가 입을 닫아버렸다. 우걱우걱. W가 사라져버렸다. 잠시 후 퉤엣, 침대가 무언가를 뱉어냈다.

W가 사라진 하얀 침대 위에는 똥 덩어리 하나만이 남았다.

단 30분.
그것을 가지지 못해 조금씩 조금씩 내 안으로 똥을 쌓아 가다 끝내,

똥 덩어리 하나로 변해버린 W가
하얀 침대 위에,
덩그러니,
놓여 있다.

겨울이 싫었다

고백하건대 나는 겨울이 싫었다.

그것도 아주 많이, 정말 너무, 무척이나 싫었다.

희한할 만큼 더위를 안 타서 한여름에도 땀을 잘 안 흘리는 나는, 반대급부로 지나치다 싶을 만큼 추위를 탄다. "온몸이 아파." 겨울이면 내가 제일 많이 하는 말. 있는 대로 껴입은 탓에 옷 무게만도 상당한데, 하루 종일 온몸에 힘을 잔뜩 준 채 웅크리고 다니니, 어깨부터 시작해 손끝 발끝 하나하나까지 정말 온몸이 다 아픈 느낌이 든다. 게다가 눈 오면 차 막히지, 질척질척 신발 엉망 되지, 밖에 있다 실내로 들어오면 안경이 뿌예져서 아무것도 안 보이지, 내가 제일 좋아하는 과일 수박도 못 먹고! 겨울이 싫은 이유는 얼마든지 계속 얘기할 수 있

을 정도로 언제나 겨울은 내게, 끔찍한 존재였다.

그 날은 심지어 눈이 왔다. 첫눈, 좋아하시네. 아, 오늘은 꼭 재활용 버려야 하는데…. 첫눈이라 설레고 말고 할 것도 없이 나는 짜증부터 났다. 온몸에 힘을 주고 달려 나가 잽싸게 분리수거를 하고 돌아오는데, 막 닫히고 있던 엘리베이터 문이 다시 열렸다. 그리고 그 안에 초등학교 고학년쯤 돼 보이는 여자아이. "안녕하세요!" 추위에 발그레해진 볼로 환하게 웃고 있는 아이의 얼굴과 아이 너머 거울로 보이는 미간을 잔뜩 찌푸린 채 인상을 쓰고 있는 내 얼굴이, 묘한 대비를 이루는 엘리베이터 안으로 여자아이의 낭랑한 목소리가 다시 한 번 울려 퍼졌다.

"저는 겨울이 너어어무 좋아요!"

나는 잠시 멍해지고 말았다. 완전한 무방비 상태에서, 아이의 살갑고 밝은 목소리로 한 대 얻어맞은 기분이랄까. 하지만 그런 나는 아랑곳하지 않고 아이는 계속 방실방실 웃으며 말을 건네 왔다.

"왜냐면요, 겨울엔 눈도 오고, 방학도 있고, 엄마가 이번 방학엔 스키장도 데려가 주신다고 했거든요! 언니도 겨울 좋아하세요?"

"……."

똥그란 눈이 연신 방실방실.

"풉."

나는 결국 웃고 말았다. 그리고,

"네. 저도… 좋아해요, 겨울."

내 볼이 발그레해지는 것이 느껴졌다. 추위에 떨다 따뜻한 곳으로 들어왔을 때 발그레해지는 그 느낌. 실제로 엘리베이터 안이 실외보다 따뜻했기 때문인지도 모른다. 하지만 그보다 마음의 온도가 조금 올라간 느낌이랄까. 아이의 살갑고 해맑은 그 웃음에 대고 나는 차마, '아니? 나는 싫거든? 겨울 저어엉말 싫거든?' 그럴 수가 없었다.

아이와 헤어지고 집으로 들어와서도 괜히 피식피식 웃음이 났다. 내가, 내 입으로, 말했어. 좋아한다고, 겨울을…. 그 상황이 하도 어이가 없어 계속 피식피식 웃음이 났다. 그래서 생각해 보기로 했다. 나는 정말 겨울을 100% 완벽하게 싫어하는가? 겨울을 좋아할 만한 이유는 하나도 없어?

그런데, 꽤 있었다. 내가 겨울을 좋아해도 될 만한 이유 또한 제법 꼽을 수 있었다. 포장마차의 따뜻한 오뎅 국물! 그거 겨울 아니면 그 맛 안 나지. 붕어빵, 호빵, 호떡, 팥죽, 그래 겨울 별미가 얼마나 많아? 그리고 무엇보다 만화책과 귤! 생각해 보면 학창 시절의 내 겨울방학엔 언제나 만화책이 있었다. 발가락을 꼼지락거리며 따뜻한 이불 속에서 귤 까먹으며 보는 만화책. 맞아, 만화책은 겨울이야. 그래서 내가 소장하고 있는 만화책들 중에는 책장 귀퉁이에 노랗게 귤물이 들어 있는 것도 꽤 된다. 아, 신난다. 갑자기 기분이 좋아졌다. 나는 바로 만화전문가 친구에게 문자를 넣었다. '요즘 재밌는 만화책 뭐 있어?'

나는 조금, 겨울이 좋아졌다. 넌 내가 싫어하는 애! 단단히 찍어 놓고 두 번 생각해 볼 맘도 갖지 않았던 겨울이, 나는 이제 조금 좋아졌다. 어쩌면 세상엔 100% 나쁜 것, 100% 싫은 것, 100% 좋은 것은 없을지도 모른다. 다만 내가 그를 단단히 찍어 놓고 한쪽 면만을 바라보고 있을 뿐. 보지 않을 거야, 너의 장점 따윈 찾고 싶지 않아! 어쩌면 나는 내내 그렇게 살아왔는지도 모르겠다. 그래 봤자 내 마음만 미워질 뿐인데.

"저는 겨울이 너어어무 좋아요!"

아이의 해맑고 예쁜 웃음 너머, 엘리베이터 거울로 보이던 내 얼굴. 미간을 잔뜩 찌푸린 채 인상을 쓰고 있던 못난이 중의 못난이, 내 얼굴처럼 말이다.

젠장, 큰일이다

내 안의 어린아이, 라는 주제로 기고 청탁을 받은 적이 있다. 곤란했다. 내겐 너무 많았으니까. 나는 아직도 애구나, 철들려면 멀었구나. 그런 생각은 솔직히 지금도 하루가 멀다고 나를 찾아온다.

일본 지브리 미술관에 갔을 때였다. 한 방을 가득 채우고 있던 고양이 버스. 이웃집 토토로에 나오는 고양이 버스의 실사 크기 인형을 봤을 때, 나는 흥분했다. 내 무릎에도 오지 않는 작은 아이들이 고양이 버스를 오르락내리락 즐거워하고 있는데, 나는 정말 부러워 죽을 것만 같았다. 나는 탈 수 없었다. 토토로와 고양이 버스는 영화 속에서도 아이들의 눈에만 보이듯, 미술관에 설치된 고양이 버스 또한 작은 아이들에게만 허락됐다. 그럼에도 나는 그 방을 쉽게 떠날 수 없었다. 한

번만 타 보면 안 될까. 나도, 정말 딱 한 번만. 간절한 눈빛을 쏘아대며 그 자리에 한참을 서 있던 내가, 나조차도 우스웠다. 넌 정말 아직도 애구나. 하지만 그렇게 집에 돌아와서도 나는, 토토로를 또 봤다. 나는 지금까지 토토로를 백 번도 넘게 본 것 같다.

솔직히 그런 순간은 너무 많다. 일은 산더미처럼 밀려 있는데 신간 만화책에서 눈을 떼지 못하고 과자 봉지와 함께 침대 위를 뒹굴고 있을 때, 별것도 아닌 일로 엄마에게 짜증 내고 있는 나를 발견할 때, 또 어른이라면 응당 참고 견뎌낼 수 있어야 하는 사소한 문제 앞에서 사춘기 소녀처럼 파르르 씩씩거릴 때도, 나는 내가 한심하다. 너는 도대체 언제 철들래.

그런데 실은, 그 어느 때보다 내가 어른답지 못하다고 느낄 때는 따로 있다.

어린 시절 막연하게나마 추측해 보곤 했던 나의 삼십 대는, 적어도 지금의 내 모습은 아니었다. 안정된 직장, 안정된 삶. 이런저런 사소한 고민들은 있겠지만 적어도 '나는 도대체 무엇을 할 수 있는 아이일까. 나는 앞으로 도대체 어떻게 살아야 하는 걸까.' 이따위 사춘기 소녀에게나 어울릴 법한 정체성의 고민들과는 멀어질 거라 생각했다. 그 고민들이 너무 힘에 겨워 어서 빨리 삼십 대가 됐으면 좋겠다고 생각했던 적도 많았다. 그런데 삼십 대의 나는, 여전히 지금의 내 생활과는 요원한 꿈을 꾸고, 그 꿈을 내가 과연 이룰 수 있는 인간인가를 끊임없

이 고민하고, 그래서 여전히 불안하고 괴롭다. 나는 도대체 언제쯤이면 안정된 어른이 될까.

"나는 만족을 모르는 인간인가 봐요. 어쩌면 지금의 나를 부러워하는 사람들도 있을 텐데, 왜 나는 여전히 불안하고 자꾸만 다른 꿈을 꾸는 걸까요?"

한 선배에게 물었다. 나보다 열 살 이상 많은 선배였다. 나름 진지하게 물어본 거고, 뭔가 어른스러운 답을 얻고 싶었다. 그런데 돌아온 선배의 답은,

"나도 그런 걸, 뭐."

에에? 선배 나이가 돼도 그런 고민을 해야 한단 말이에요!? 나도 모르게 목소리가 커졌다. 곧 오십을 바라보는 선배의 나이. 그런데도 선배에겐 꿈이 있었다. 그것도 선배의 지금 현실과는 무척 다른 꿈. 그래서 선배 또한 여전히 불안하고 힘들다고 했다. 그 꿈을 이뤄 나갈 의지와 열정이 늘 모자란 것 같아 자책하고, 현실과 꿈속의 삶 사이에서 갈등하느라 괴롭고.

"우울해! 선배 나이가 돼도 그런 고민을 해야 한다니, 우울해, 우울해!"

정말 그랬다. 서른 넘어서는 물론, 마흔과 쉰을 넘어서까지 지금의

이 불안한 마음은 계속될 수 있다고 생각하니, 정말 생각만으로도 너무 우울했다. 그런데 문제는, 내가 그 선배를 좋아한다는 거다. 나는 선배에게서 한 번도 세대 차이를 느껴 본 적이 없다. 선배와의 대화는 언제나 즐겁다. 선배의 마음은 언제나 젊다. 혹시 그래서인가. 내가 선배를 좋아하는 이유 또한 그래서, 선배가 여전히 불안해서?

선배는 꼰대가 될 수 없었다. 지금 가진 것들을 지키려고만 하는 어른이 못 돼서. 언제나 다른 꿈을 꾸고 있으니 여전히 불안하고 휘청거려서 선배는 어른이 되지 못했다. 그리고 나는, 그런 선배가 좋다. 음… 다시 좀 우울해지려는 찰나, 오래전 읽은 코난 도일의 일화가 떠올랐다.

그는 전 세계에서 백 년 넘게 가장 많은 사랑을 받아 온 탐정 '셜록 홈즈'를 만들어냈다. 셜록 홈즈를 통해 한 단어당 가장 많은 원고료를 받은 작가이기도 했다. 그런데도 그는, 늘 다른 꿈을 꿨다. 셜록 홈즈 이상의 문학을 구현하기 위해 기차나 택시 안에서도, 인터뷰 촬영을 위해 포즈를 취하다가도, 파티에서 대화를 나누다가도 끊임없이 다른 글을 썼다. 심지어 그 다른 글에 집중하기 위해, 자신이 만들어낸 셜록 홈즈를 죽여버리기까지 했다. 그의 안에는, 다른 꿈이 있었으니까.

어쩌면 그래서 나는 선배의 얘기를 듣다 코난 도일을 떠올렸는지도 모르겠다. 선배는 늘 무언가를 하고 있다. 지금에 만족하지 못하고 그래서 여전히 불안한 대신 선배는 끊임없이 무언가를 하고 있다. 어쩌면 선배가 만족할 만한 결과는 끝내 찾아오지 않을지도 모른다. 코난

도일 역시 셜록 홈즈 이상의 작품은 끝내 쓰지 못했다. 하지만 그는 죽기 직전까지도 또 다른 꿈을 놓지 못했고, 끊임없이 쓰고 또 썼다. 그런 코난 도일의 삶이, 선배의 삶이, 나는 싫지 않다. 아무리 고민해 봐도 나는, 자꾸 그쪽으로만 마음이 기우니 말이다. 더 이상 아무것도 되고 싶은 게 없는 어른 쪽은, 아무리 기웃거려 봐도 영 재미가 없다. 내 마음은, 아무리 외면해 보려 해도 자꾸만 불안한 어른 쪽으로 기운다. 남들에겐 헛된 꿈이나 꾸는 몽상가로 비칠지라도, 여전히 다른 꿈 하나를 품고 사는 어른 쪽으로.

젠장,
큰일이다.

우울해. 선배 나이가 돼도 그런 고민을 해야 한다니. 우울해, 우울해!

선배를 향해 또다시 눈을 흘겨대면서도, 나 역시 틀렸다 싶다. 나 또한 선배 짝이 날 것만 같다. 마흔이 넘어서도 쉰이 넘어서도 그보다 더 나이를 먹어 파파 할머니가 되어서도 나 역시 여전히 불안한,

딱, 선배 짝이.

복숭아

내가 그녀를 처음 만난 것은, 대학 시절 심리학과의 한 연구실에서였다. 방송 일 때문에 휴학을 하곤 마지막 학기를 마치러 복학했을 때, 어쩐지 나는 좀 심심해졌고 그때 한 대자보가 내 흥미를 끌었다. '무료 심리상담 지원자 모집.' 외국 드라마나 영화에서 보던, 눕기만 해도 마음이 평안해지고 잠이 스르륵 올 것 같은 긴 소파가 있는 쾌적하고 편안한 분위기, 는 역시 나의 지나친 환상이었을까. 그곳의 문을 열기가 무섭게 나는 실망부터 하고 있었다. 우리 과 과방만큼이나 너저분하고 어수선한 그곳의 분위기는 어쩐지 심란心亂하기 짝이 없어서, 내 마음의 병이 치료되기는커녕 더 심란해질 것만 같았다. 알고 보니 그곳은 임상심리를 전공한 학부생이나 대학원생들이 실제 환자들과 만나기 전 학생들을 상대로 실습을 하는 곳이었다. 역시 세상엔 공짜가 없다.

나의 담당자가 어쩐지 어설프고 어리바리한 모습을 보일 때면, 상담을 받으러 간 내가 도리어 그에게 도움을 줘야 할 것만 같은 기분이 들었다.

그 날은 내 담당자가 지각을 해 대기 장소에 앉아 책이나 뒤적이고 있었는데, 나보다 먼저 와 복숭아를 먹으며 기다리고 있던 그녀가 내게 말을 걸어왔다.

"언니는 근데, 여기 왜 오셨어요?"

낯선 사람과 쉽게 친해지지 못하는 나완 달리, 그녀의 사교적이고 밝은 목소리는 이곳의 심란한 분위기완 전혀 어울리지 않을 정도로 맑고 쾌적했으며 당돌했다.

"근데 언니 맞죠? 전 00학번인데, 언니는 몇 학번이세요?"

"아, 저는 97학번…."

"언니 맞네. 말 놓으세요. 근데 언니 복숭아 좋아하세요? 저 여기 더 있는데, 이것 좀 드실래요?"

옆에 놓여 있던 검은 비닐봉지를 바스락거리며 그녀가 말했다.

"아니요, 저는 괜찮아요."

"에이, 말 놓으시라니까. 제가 한참 후배잖아요."

그때나 지금이나 나는, 나보다 한참 어린 사람들에게도 쉽게 말을 놓지 못한다. 만나자마자 나이 까자, 말 놓자, 하는 사람들도 별로 좋아하지 않는다. 또한 사회생활을 잘 못하는 사람들이 대부분 그렇듯 내 얼굴은 감정을 숨기지 못한다. 그러니 그녀에게도 내 불편하고 싫은 기색이 고스란히 전해졌을 법도 한데, 그녀는 전혀 아랑곳하지 않

왔다.

"근데, 언니는 여기 왜 오셨어요?"

"네?"

"아니, 뭔가 이유가 있으니까 상담받으러 오셨을 것 아니에요. 저는 불면증 때문에 왔는데. 잠을 진짜 못 자거든요."

만나자마자, 그러니까 나는 전혀 준비되지 않았는데, 자기 패를 먼저 막 까서 보여 주며, 자 이제 네 패도 보자, 하는 사람들 또한 나는 불편하다. 그러니 그녀를 향한 내 마음에도 경계경보가 울리고 있었는데, 그녀는 역시 나의 표정에는 관심이 없었다.

"언니는 그래도 꽤 깨어 있는 사람인가 봐요?"

"네?"

"점 보러 안 가고 여기 상담받으러 왔잖아요."

그녀가 말했다. 그녀가 계속, 말했다. 언니는 그런 생각 안 해 보셨어요? 이상하잖아요. 자살하는 사람이 이렇게 많은 나라에서 정신상담이나 심리상담이 보편적이지 않은 거. 이 정도 자살률이면 한 집 걸러 한 집씩은 정신과여야 할 것 같은데, 우리나라의 한 집 걸러 한 집은 교회나 점집이잖아요. 저도 한때는 점 보러 진짜 많이 다녔거든요. 근데 가 보니까 알겠더라고요. 왜 사람들이 병원 안 가고 점집 오는지. 한번은 내 앞에 아줌마가 방문을 닫고 점을 보는데도, 어찌나 큰 소리로 펑펑 울어대며 말을 하는지 밖에 있는 저한테까지 다 들리는 거예요. 한 시간을 넘게 울며불며 얘기를 해대는데, 저러다 저 아줌마 실신하는 거 아냐, 했거든요? 근데 방문을 열고 나오는 아줌마의 표정은

뭔가 개운해 보였달까. 사우나 같은 데서 나오며, 아 시원하다, 며칠 묵은 스트레스 확 풀고 나온 사람 같은 거예요. 언제 울었냐는 듯 너무 싹싹하게 웃으면서 '선생님, 그럼 다음 주에 또 올게요.'하는데, 아 이 아줌마는 여기 스트레스 풀러 오는 거구나. 왜, 정신상담이 그런 거잖아요. 마음의 병 치료하는 거, 스트레스 맺힌 거 풀어 주는 거. 근데 정신병원이라고 하면 어쩐지 사람들 이목도 신경 쓰이고, 꾸준히 다니려면 돈도 많이 들고, 또 제가 여기 다녀 보고서 알게 됐는데, 상담소에선 절대 함부로 막 다 잘될 거다 이런 얘긴 안 해 주더라고요? 근데 점 보러 가면 내 얘기도 다 들어주지, 내 미래도 막 예언인 양 확신에 차서 좋게 얘기해 주지, 그러니 사람들이 왜 상담받으러 가겠어요. 점 보러 가지. 요즘은 점집도 경쟁률이 치열해져서 오천 원, 만 원, 싼 데도 많거든요. 내가 볼 때 우리나라는, 앞으로도 점집 때문에 정신과는 힘들….

"아, 강세형 님. 늦어서 죄송합니다. 들어오시죠."

그때 도착한 내 담당자가 아니었으면, 내 표정과 반응에는 전혀 관심이 없는 그녀의 얘기를 나는 그러고도 한참이나 더 들어야 했을 것이다. 하지만 나는 내 담당자로 인해 구원받았고 (아마 그것이 그가 나에게 도움을 준 처음이자 마지막 사례였던 것 같다) 나는 잽싸게 일어나 그를 따라 골방 같은 상담실로 들어가려 하는데, 등 뒤로 그녀의 목소리가 다시 들려왔다.

"언니 이름이 세형이구나. 세형 언니 그럼 다음에 또 만나요. 오늘도 스트레스 많이 푸시고요, 안녀어어엉."

너무 해맑은 웃음으로 복숭아를 베어 물며, 나를 향해 연신 손을 흔들어대는 그녀가, 솔직히 나는 그때 살짝 무섭기까지 했다.

그러니 사람 일은 참 모를 일이다.

“여보세요? 언니! 역시 언니는 안 자고 있었구나. 언니. 나 어제도 거의 못 잤는데, 오늘도 잠이 안 와. 어떡해?”

그로부터 십몇 년이 지난 어젯밤에도 나는, 그녀의 전화를 받았으니 말이다.

다음에 또 만날 일은 절대 없을 것 같았던 그녀와 나의 두 번째 만남은, 학교 캠퍼스도 아닌 극장에서였다. 나는 그때도 평일 오후 시간이 빌 때면 종종 혼자 영화를 보러 갔다. 누구의 방해도 없이 내 맘대로 영화를 고르고 볼 수 있는 그 시간을 나는 좋아한다. 그날도 혼자 극장을 찾아 매표소에서 막 표를 끊어 돌아서려 했을 때,

“어머, 세형 언니!”

그 목소리와 톤은, 적어도 몇 년 이상은 나와 아주 친밀한 관계였을 누군가에게서만 가능한 것이었다. 나는 돌아서서도 한참을 두리번거렸다. 그런데 내 눈앞으로 바짝 다가와 해맑게 웃고 있는 사람은 다름 아닌 그녀였다. 솔직히 나는 그녀가 ‘심리학과 연구실의 그녀’라는 걸 알아채는 데도 한참이 걸렸다. 하지만 그녀는 역시, 내 얼굴에도 고스란히 드러났을 당황스러운 내 감정에는 관심이 없었다. 내 영화표를 기웃거리던 그녀는,

“언니는 이 영화 보러 왔구나. 우리는 다른 영화 보러 왔는데. 아, 맞

다. 언니, 제 남자친구예요."

그녀도 아직 낯선 나에게, 자신의 남자친구까지 소개하고 있었다. 그 순간, 그래 다른 영화라 천만다행이다, 나는 혼자 생각했지만,

"숭이야, 우리도 이 영화 보자."

그러곤 매표소 직원을 향해 그녀가 말했다. '언니, 우리 다 같은 일행이에요. 이 언니 옆 좌석으로 주세요.' 끔찍했던 두 시간이었다. 그녀는 영화를 보는 내내, 내 옆쪽으로 바짝 붙어 쉴 새 없이 내 귀에 대고 떠들어댔다. 심지어 영화가 끝났을 때는,

"숭이야, 나 세형 언니 너무 오랜만이라서 같이 차라도 한잔 마시고 가고 싶은데, 오늘은 좀 일찍 헤어지면 안 돼?"

그렇게 그날 나는 그녀의 이름을 알게 됐고, 무언가에 홀린 듯 내 전화번호까지 그녀의 손에 쥐여 주게 됐으며, 그날부터 십몇 년이 지난 지금까지도 늦은 밤 종종 그녀의 전화를 받고 있다.

"요즘도 통 못 자는구나?"

내가 말했다.

"응. 상상이 안 돼. 상상이 안 돼서 잠이 안 와."

그녀가 말했다.

그녀의 불면증이 언제부터 시작됐는지는, 그때나 지금이나 그녀도 잘 모르는 것 같다. 하지만 그때나 지금이나 그녀가 분명 알고 있는 것도 하나 있다.

"상상이 필요해요. 저는 상상을 해야 잠을 잘 수 있어요. 그래서 남

자가 필요해요."

그녀와 네 번째가 다섯 번째 만났을 때 그녀가 말했다.

"중학교 1학년 땐가, 그때도 저는 잘 못 잤거든요?"

자려고 누우면 머릿속이 온통 하얘지면서 그녀는 아무 생각도 나지 않았다. 모든 생각이 달아나버리면 잠도 달아나버렸다. 백지상태의 머릿속은 분명 깨어 있는 상태도 아닌 것 같은데, 머리를 제외한 모든 감각은 더 예민하게 살아 움직였다. 옆방에서 고르릉고르릉 낮게 코를 고는 오빠의 잠든 숨소리도, 거실 시계의 초침 소리도, 멀리 건넛방에서 뒤척이는 부모님의 작은 몸짓 소리 하나까지도 생생하게 들려왔다. 저녁으로 먹다 남은 부엌의 김치찌개 냄새와 화장실에서 풍겨 오는 퀴퀴한 냄새까지도 그녀의 코를 자극했다. 눈을 감고는 있지만 그렇다고 자고 있는 것도 아니오, 깨어 있는 것도 아닌 상태에 지쳐 눈을 뜨면, 깜깜한 어둠에 적응된 그녀의 눈에 천장의 무늬가 들어왔다. 언니, 저는 지금껏 살아오며 잠들었던 모든 방의 천장이 다 기억나요. 밤새 몇 시간이고 그 천장만 보고 있었으니까요.

양 한 마리, 양 두 마리… 아무리 정신을 집중하고 양을 세어 보려 해도, 양들은 어느새 뿔뿔이 흩어져 달아나버렸다. 어떤 생각에도 집중할 수 없었고, 흩어져버린 생각들을 따라 그녀의 잠도 달아나버렸다. 그러니 그녀가 집중할 수 있는 단 하나의 생각을 발견했을 때의 그 기쁨은, 차마 말로 표현할 수 없을 정도였다.

"남자였어요. 내가 집중할 수 있는 단 하나의 생각은, 남자. 그것도

내 마음을 빼앗은 남자요."

그녀의 첫 남자는 유덕화였다. 오빠가 빌려 온 비디오테이프를 통해 그녀는 유덕화를 만났다. 하얀 웨딩드레스를 입은 오천련을 뒤에 태우고, 하얀 턱시도의 유덕화가 피를 흘리며 오토바이를 모는 장면에 그녀는 압도당했다. 천장지구였다. 그 영화 이후 그녀는 유덕화의 모든 영화를 섭렵해 나갔고, 그녀의 방은 유덕화의 사진으로 도배됐으며, 자려고 누워서도 그녀는 유덕화 생각만 했다. 그리고 잠이 들었다. 잘 수, 있었다.

광고 촬영을 위해 한국에 온 유덕화는, 바쁜 스케줄과 갇힌 생활에 염증을 느껴 밤늦은 시간 매니저 몰래 호텔을 빠져나온다. 모자를 푹 눌러쓴 채 서울 시내를 자유롭게 활보하는 유덕화. 그러다 목이 말라 들어간 편의점에서 누군가 그를 알아본다. 사람들이 몰린다. 당황한 유덕화는 편의점을 나와 뛰기 시작한다. 액션 히어로인 그가 뜀박질로 누구한테 지겠는가. 그가 한적한 주택가로 들어섰을 땐 이미 모두를 멋지게 따돌린 후였고, 숨을 고르며 잠시 멈춰 서 있던 그의 눈에 한 소녀가 들어온다. 놀이터 그네에 앉아 울고 있는 소녀. 알 수 없는 무언가의 힘에 지배당한 듯 그는 소녀에게서 눈을 뗄 수 없다. 자신도 모르게 그는, 소녀를 향해 한 발 한 발 다가가고 있었다. 그것은 거부할 수 없는 힘이었다. 운명이란 힘. 어쩌면 그는 이미, 소녀를 사랑하고 있는지도 몰랐다. 그가 살아온 아홉 번의 전생을 통해 그는 이미, 소녀를 알고 있는 기분이었다.

"좀 유치한 것 같은데. 운명, 전생…."

그녀의 얘기를 듣다 나도 모르게 혼잣말이 흘러나왔다.

"어머, 언니! 사랑은 원래 유치한 거예요. 언니, 사랑 안 해 봤구나?"

그녀는 정색하며 나를 몰아세웠다. 하지만 그것도 잠시, 언제나 그렇듯 그녀는 다시 자신의 이야기로 돌아갔다. 꿈꾸는 듯한 그 아련한 표정으로.

불을 끄고 누워 유덕화를, 아니 유덕화와의 사랑을 상상하는 동안 그녀는 자신도 모르게 스르륵 잠이 들었다. 아침에 일어나면, 지난밤 꿈에서 그와 나눈 사랑의 시간들이 떠올라 절로 미소가 지어졌다. 남들의 시선을 피해 모자를 푹 눌러쓴 유덕화와 놀이공원 데이트도 하고, 어떤 날엔 그의 광고 촬영 현장에 그녀가 몰래 찾아가기도 했다. 사람들의 시선을 피해, 두 사람은 멀리서 둘만의 눈짓으로 사랑을 속삭였다. 그가 홍콩으로 돌아간 다음에도 그들은 편지를 주고받으며 애틋한 마음을 키워 갔고, 보고 싶은 마음을 참지 못하고 불현듯 아무도 모르게 유덕화가 그녀를 찾아오기도 했다. 다음 비행기로 다시 홍콩으로 돌아가야 하는 그는, 단 한 시간의 만남을 위해 한국에 온 것이다. 놀이터 그네에 나란히 앉아 흔들흔들 이제 곧 다시 헤어져야 한다는 슬픈 마음으로 흔들거리고만 있을 때, 그가 조심스럽게 팔을 뻗어 그넷줄을 꼭 잡고 있던 그녀의 손 위로 자신의 손을 포갰다. 그가, 자신의 그네에서 일어나 그녀 앞에 섰다. 그녀의 눈앞으로 조금씩 다가오는 그의 얼굴.

"근데요, 거기서부터가 문제였어요."

그녀가 말했다.

"아무리 생각해도 나이 차이가 너무 많이 나는 거예요. 유덕화랑 나랑. 스무 살 차이 나는 아저씨랑 뽀뽀하는 건 좀 그렇잖아요?"

어차피 상상일 뿐인데, 난 대체 그게 무슨 상관인가 싶었지만, 그녀는 진지했다. 열네 살의 그녀는 더 진지했을 것이다. 그때 유덕화는 이미 서른이 넘은 나이였다. 지금 생각해도 스무 살 차이는 큰데, 열네 살의 그녀에게 그것은 세상이 무너질 것 같은 큰 슬픔이요, 절대 넘어설 수 없을 것만 같은 큰 장벽이었다. 그때부터 그녀의 꿈은 눈물바다가 됐다. 부모님의 반대, 세상 사람들의 곱지 않은 시선, 그럼에도 헤어질 수 없는 두 사람. 이야기가 점점 막장으로 가는 것 같은데, 나는 생각했지만 잔뜩 풀이 죽어 있던 그녀의 표정이 갑자기 활짝 당돌하게 다시 피어났다.

"그래서 제가 해결해버렸어요. 꿈에서 나이 차이를 멋지게 극복해 버렸죠."

어느 날, 김 박사가 그녀를 찾아왔다. 전 세계에 흩어져 있는 핵폭탄들의 타이머가 악당들로 인해 작동하기 시작했으니, 앞으로 일곱 시간 후 지구는 종말을 맞을 거라고 했다. 하지만 이 지구를 구해낼 단 한 가지의 방법이 있으니, 그건 김 박사가 이런 날을 대비해 만들어 놓은 냉동폭탄을 터뜨리면 된다는 거였다. 지구 전체를 얼려버릴 강력한 냉동폭탄. 그럼 모든 사람들은 그대로 얼어버린다. 모든 사람들의 시간은 그대로 멈춰버린다. 단 이 지구를 구해낼 다섯 명의 용사들만이 깨

어 있을 것이다. 김 박사가 냉동폭탄을 터뜨리기 전 안전캡슐 속에 몸을 숨긴 다섯 명의 용사들은, 세상이 모두 얼어붙은 후 캡슐 밖으로 나와 전 세계를 돌아다니며 핵폭탄을 제거하면 된다. 허나 그 안전캡슐을 견딜 수 있는 신체구조는 몹시 특이한 것이어서, 전 세계에 다섯 명밖에 없는데 그중 하나가 그녀라는 것이었다. 이 무슨 말도 안 되는 공상 과학 만화 같은 소리인가 싶었지만, 당돌하고 진지한 표정의 그녀를 나는 끊을 수 없었다. 그래, 어차피 꿈인데 어때. 나중엔 나조차도 될 대로 되라는 마음이 들 정도로, 그녀는 쉼 없이 자신의 이야기를 천연덕스럽게 해 나갔다.

"그 핵폭탄들을 제거하는 데 꼬박 15년이 걸린 거예요. 그것들을 모두 제거하고 다시 해동폭탄을 터뜨렸을 때, 우리만 열다섯 살을 더 먹어 있었죠. 우리 엄마 아빠도, 오빠도, 내 친구들도, 세상 사람들 모두가 다 15년 전 나이 그대로인데, 우리 다섯 사람만 열다섯 살을 더 먹은 거예요."

그래서 해피엔딩이 됐단다. 그녀는 이제 스물아홉이나 되었으니, 유덕화와의 나이 차이는 모두 극복. 두 사람의 결혼식이 꿈의 마지막 장면이었다.

"합동결혼식이었어요. 함께 용사로 선발됐던 내 친구는, 알란 탐이랑 결혼했죠."

대체 이게 뭐야, 싶으면서도 나는 점점 그녀에게 중독돼 가고 있었다. 너무 천연덕스러운 그녀의 표정과 말투, 너무 당돌하다 못해 허무맹랑하기까지 한 그녀의 이야기에 나는 어느새 조금씩 익숙해지고 있

었고, 그러다 중독이 됐다. 나는 이제 그녀의 이야기를 비웃지 않는다.

"언니. 근데 참 이상한 건요, 그럼 끝나요. 그렇게 모든 난관을 극복하고 해피엔딩을 맞으면, 내 사랑도 끝나요."

그러면 다시 그녀에게 불면증이 찾아왔다. 사랑이 끝나면 상상도 끝났고, 그럼 또 그녀는 그 무엇에도 집중할 수 없는, 잠든 것도 그렇다고 깨어 있는 것도 아닌 가수면 상태에서 멀뚱멀뚱 천장만 보며 불면의 시간을 보내야 했다. 그 시간이 너무 괴로워, 하나의 사랑이 끝날 때마다 그녀는 다른 사랑을 찾아 헤맸다. 그렇게 수많은 상상 속 남자들이 지나갔다. 중학교 때는 유덕화를 시작으로, 야구선수 이종범, 만화 슬램덩크 속 정대만 등을 사랑했고, 고등학교 때는 조금 현실로 돌아와 교회 청년부 오빠와 학원 선생님 등을 사랑하기도 했지만, 여전히 그녀의 리스트에는 아이돌 가수와 젊은 배우들 또한 존재했다. 차라리 그쪽이 나아서였다.

"제가 수능 치고 다음 해 여름, 그 제가 좋아했던 교회 청년부 오빠가 저한테 고백을 한 거예요."

상상 속의 남자가 그녀의 현실로 들어왔다. 처음에는 이게 현실이 맞나 어리둥절했지만, 어쨌든 상상이 현실이 됐으니 좋은 거 아냐? 그녀는 오빠의 고백을 덥석 받아물었다. 그렇게 그녀의 첫 현실에서의 연애가 시작됐다. 하지만 현실에서의 연애는, 너무나 당연하게도 실망투성이였다.

그녀의 상상 속에서 두 사람의 첫 키스는, 곧 복숭아였다. 복숭아를 너무 사랑해서, 일 년 내내 여름이었으면 좋겠다고 입버릇처럼 말해대는 그녀에게 첫 키스는 당연히, 꼭, 복숭아여야만 했다. 울창한 나무들이 마음껏 짙은 녹음을 뽐내대는 한여름의 공원, 반 보 떨어져 걷고 있는 젊은 연인의 뇌 안에서도 짙은 사랑의 호르몬들이 양껏 뿜어져 나와 두 사람의 손이 스칠 듯 말 듯, 닿을 듯 말 듯, 아찔한 마음이 극에 닿았을 때 갑자기 쏟아져 내리는 소낙비. 이것저것 생각할 겨를도 없이, 누가 먼저랄 것도 없이, 두 사람은 어느덧 손을 잡고 뛰고 있었다. 작은 정자에서 비를 피하는 두 사람. 굵은 빗소리에 갇혀, 두 사람은 오로지 두 사람만이 존재하는 밀폐된 공간에 놓이게 됐다. 푸른 녹음, 요란한 빗소리, 터져 나오는 젊음의 호르몬. 숨이 막혀 오는 그 순간, 바스락. 그녀가 소리를 냈다. 그녀의 손에 들려 있던 검은 비닐봉지. 그녀는 오빠에게 복숭아를 내밀었다. 잠시 두 사람의 낮은 웃음소리가 두 사람만의 공간에 울려 퍼졌다. 먼저 자리에 앉아 복숭아를 한입 크게 베어 물은 건 그녀였다. 빗소리로 밀폐된 공간 안이 진한 여름의 복숭아 향으로 가득 찼다. 그때 그녀의 한쪽 입가로 잘 익은 복숭아의 과즙이 조금 흘러내렸다. 오빠는 더 이상 참을 수 없었다. 여름에 취해, 빗소리에 취해, 복숭아 향기에 취해, 오빠는 그녀의 첫 입술을 취取했다. 그녀가 꿈꿔 왔던 완벽한 첫 키스였다. 영원히 복숭아 향기로 기억될 그녀의 첫 키스.

"일단 공원도 아니었고, 복숭아는 더더군다나 아니었어요."

조금 전까지만 해도 아련함이 가득했던 그녀의 표정이, 순식간에 일

그러졌다. 그녀의 말투 또한 순식간에 빠르고 까칠해졌다. 그날따라 이 오빠가 엄청 술을 먹는 거예요. 교회 청년부 엠티였는데, 이 오빠가 작정한 듯 술을 마셔대더니, 갑자기 제 손을 잡고 잠깐 나가자는 거예요. 그때 느낌이 팍 왔죠. 이 오빠가 오늘 사고 치려고 하는구나. 뭐, 한적한 공원은 아니어도 엠티에서 사람들 눈을 피해 몰래…. 그래, 이쪽도 아찔한 면에선 나쁘지 않아. 근데, 복숭아는 또 포기가 안 되더라고요. 언니, 저 알잖아요. 왜 저번에 언니가 너는 왜 그렇게 기를 쓰고 아르바이트를 몇 개씩 하냐고 물었을 때, 제가 그랬잖아요. 여름에 복숭아 엄청 사 먹으려고 그런다고. 그거 농담 아니었거든요. 대체 요즘 복숭아 값은 왜 이렇게 비싼지. 아무튼 그건 나중에 얘기하고. 아 언니, 제가 어디까지 얘기했죠? 맞다, 복숭아. 아무튼 복숭아는 도저히 포기할 수가 없어서, 제가 오빠 몰래 복숭아 두 알을 주머니에 넣고 못 이기는 척 오빠 손에 끌려 밖으로 나갔거든요? 근데 이 오빠가 취한 척 제 허리에 오른팔을 두르면서 엄청 제 쪽으로 치근덕거리며 기대 오더니, 하염없이 저를 끌고 어딘가로 걸어가는 거예요. 그러다가 엄청 깜깜하고 사람들도 없는 길로 접어드니까, 제 허리에 있던 오빠의 오른손이 슬금슬금 올라오더니 막 제 오른쪽 가슴을, 아 오빠 왜 이래요, 제가 밀쳐내려고 했더니, 막 못 들은 척 더 취한 척 이번엔 왼손까지 제 티셔츠 아래로 집어넣더니, 막 브래지어 속으로 그 손이 들어오는 거예요! 이게 보니까, 한두 번 해 본 솜씨가 아니야. 근데 언니, 내가 누구야. 첫 키스는 못해 봤어도, 이미 꿈속에선 안 해 본 게 없고, 결혼도 열두 번도 더 한 여자 아니야. 그래, 그래. 알았다, 알았어. 내가 너무 예뻐서 네가 아주 미쳐 가는구나. 그냥 귀엽게 봐주려고 했다고요.

그래서 안 되겠다 일단 키스하기 전에 복숭아부터 먹여야겠다, 살짝 밀치면서 주머니로 손을 가져가려고 하는데, 이 새끼가 밀쳐나기는커녕 지 얼굴을 막 내 목덜미에 비벼대면서 날 벽 쪽으로 밀치더니 이번엔 내 청바지 후크를 풀려고 하는 거야. 이건 아니잖아. 나 그때 아직 만 스무 살도 안 된 나이였다고. 물론 할 수 있지. 맘 맞고 몸 맞으면 할 수도 있지. 근데 그래도 술에 떡이 된 남자랑 노상에서 첫 경험을 이런 식으로는 아니잖아. 그래서 오빠 이러지 마세요, 힘을 팍 주고 밀쳐내려 하는데, 이 새끼가 또 안 밀쳐나는 거야. 막 더 비비대. 근데 언니, 내가 또 누구야. 아니, 내 이름 말고 내 첫 남편이 누구냐고. 그래, 유덕화! 나 유덕화랑 결혼했던 여자잖아. 고등학교 1학년 때 주성치한테 살짝 맘이 흔들리긴 했지만, 유덕화랑도 친한 사이일 텐데 이건 아니지 하면서 의리 지킨 유덕화 와이프였다고. 유덕화한테 배운 온갖 액션 기술까지도 필요 없었어. 딱 하나의 비법이면 됐지. 그냥 오른쪽 무릎을 위로 팍! 그 새끼 거기를 올려친 거지. 그랬더니 이 새끼가 엄마야, 이러면서 뒤로 폴짝폴짝 뛰어가는데, 그래도 언니, 나 그때까지만 해도 그 오빠랑 헤어질 생각까지는 없었어. 술 취해 실수할 수도 있지. 내가 너무 예뻐서 오빠 몸이 그렇게 된 거라고 생각하면 되니까. 근데, 복숭아. 복숭아는 먹인 다음에 뽀뽀를 하든 뭐를 하든 해야겠다 싶어서, 내가 주머니에서 복숭아를 꺼내 가지고, '일단 오빠 복숭아부터 먹을래요?'하고 내밀었거든? 근데 이 새끼가 갑자기 너무 멀쩡한 목소리로 이러는 거야. '너 똘아이냐?' 아니, 복숭아 먹으라는 게 왜 똘아이냐고, 일단 먹어 보라고, 되게 달다고, 그러면서 나도 한입 베어 물고 건네줬는데, 이 새끼가 내 손을 확 내려치더니 소리를 버럭 지르

면서 막 욕을 하는 거야. 그러곤 올 때랑은 너무 다르게 지 혼자도 멀쩡하게 잘만 걸어가더라? 물론 어기적거리긴 했지. 아프긴 했을 거 아냐, 지도 남잔데. 응? 아, 그때 그 새끼가 뭐라고 욕했냐고? '야, 이 미친년아. 나 복숭아 알레르기 있어!'

오빠가 내친 복숭아가 바닥에 떨어져 구르고 있는 모습을 보며, 그녀는 생각했단다. 나쁜 새끼네. 복숭아 소중한 줄도 모르고. 헤어져야겠다. 그 뒤로 그녀는 더 이상 교회도 나가지 않았다. 목사님들이 그 새끼를 졸라 예뻐하잖아. 신실하고 착하다며, 청년부의 자랑이라며. 자랑은 무슨, 복숭아 소중한 줄도 모르는 새낀데. 아무리 알레르기가 있어도, 지는 안 먹는다고 해도, 복숭아를 그렇게 취급하면 안 되지. 그리고 그렇게 그녀는, 너무도 자연스럽게 나에게 말을 놓는 사이가 됐다.

그녀의 다음 남자친구는, 딱 하나의 조건만 충족하면 됐다. 복숭아 알레르기가 없을 것. 그녀가 '숭이'라고 부르던 그녀의 두 번째 남자친구는, 복숭아 알레르기가 없는 것은 물론 무척 착하고 자상하며 배려심 넘치는 좋은 남자였다. "복숭아의 숭이이기도 하고, 우리 숭이가 워낙 순둥이라서. 순둥이, 순둥이, 순둥이, 순둥이, 빨리 발음해 봐. 숭이 돼." 나는 뭔가 굉장히 유치하고 억지스럽다고 생각됐지만 "언니, 원래 사랑은 유치한 거라니까. 내가 몇 번을 말해." 나는 또 그녀에게 핀잔만 들어야 했다.

내가 아는 한 숭이는, 그녀가 지금까지 중 가장 오래 만난 남자친구였다. 내가 그녀를 처음 만났을 때부터 이미 만나고 있던 두 사람은, 그 후로도 몇 년을 더 만났으니 나도 그를 꽤 여러 번 봤다. 하지만 그와 내가 나눈 대화라곤, 안녕하세요, 아 안녕하세요. 거의 그게 다였다. 숭이는 언제나 그녀를, 나와 만나는 자리까지만 데려다주곤 그냥 갔다. 한번은 내가 괜히 미안한 마음이 들어서 밥이라도 같이 먹고 가라고 했지만, "난 언니랑 단둘이 수다 떠는 게 좋아서 언니 만나는 건데?" 그녀는 내 팔짱을 껴 오며 말했고, 숭이는 그 특유의 사람 좋은 웃음을 지으며 "전 괜찮습니다. 그럼 즐겁게 잘 노세요."하더니 그녀를 향해 "그럼 이따 헤어질 때 전화해. 데리러 올게."하곤 두말도 없이 물러갔다. 숭이는 그런 남자였다. 너무, 착한 남자.

어쩌면 그래서였을까. "잠이 안 와." 그녀는 숭이를 만나면서도 불면에 시달렸다. "상상이 안 돼." 그녀는 숭이와의 연애에서는 아무것도 상상이 되지 않았다. 상상하면 뭐해. 다음 날 일어나면 숭이가 그 상상을 다 엉망으로 만들어버리는데. 첫 키스? 물론 복숭아로 했지. 언니, 근데 내가 덮쳤어. 공원에 데려가도, 심지어 비디오방에 데려가도, 얘는 벌벌 떨기만 하지, 내가 아무리 복숭아를 베어 물고 과즙을 질질 흘려대도, 침을 꼴깍꼴깍 삼키다가 딴소리만 하는 거야. 내 눈은 똑바로 쳐다보지도 못하고. 이러다 뽀뽀도 한번 못 해 보고 처녀 귀신으로 늙어 죽겠네 싶어서 그냥 내가 덮쳤어. 뭐, 나쁘진 않았지. 근데 복숭아 키스는 나중에 좀 찐득거리더라. 역시, 상상과 현실은 달라. 다음엔 과즙 좀 덜 나오는 천도복숭아로 해 봐야겠어.

그 즈음부터 나는 그녀의 연애를 현재진행형으로 지켜보게, 아니 전해 듣게 되었다. 물론 그녀에게서. 아마도 그래서인 것 같다. 그녀의 불면을 해결해 줄 수 있는 남자는, 현실에 존재할 수 없다는 것이 증명된 지금에 와 다시 숭이를 떠올려 보면, 나는 늘 조금 짠한 마음이 든다. 숭이는 적어도 최선을 다한 남자였으니까. 조금, 눈치가 없었을 수는 있지만.

나도 알지, 숭이처럼 착하고 따뜻한 남자도 세상에 없다는 거. 근데 언니, 그런 거 있잖아. 왜 다정한 남자도 어느 순간 확 터프한 남자로 변했으면 하는 그런 거. 연인끼린데, 어느 날은 좀 음탕한 얘기도 하고, 그럼 나는 막 부끄러워하면서 배시시 웃고. 어느 날은 갑자기 확 덮쳐 줬으면 좋겠고, 그럼 난 '이러면 안 돼, 여기서 이러지 마.' 그러면서도 뭔가 뜨겁게 달아오르는 그런 기분, 왜 가끔 느끼고 싶지 않아? 한번은 내가 숭이 팔짱을 끼면서, 왜 이렇게 가슴을 숭이 팔뚝 쪽으로 붙이면서, 아우 진짜 언니! 여자끼린데 뭐 어때, 가만있어 봐. 내가 지금 설명하려고 하는 거잖아. '어제 자기가 나 너무 괴롭혔나 봐. 오늘 나, 너무 피곤하네.' 이랬단 말이야. 그럼 숭이는 뭔가 더 음흉한 눈빛을 지으면서, 내 귀에 이렇게 속삭이는 거지. '큰일이네, 오늘 밤은 더 괴롭혀 줄 예정인데.' 그럼 난 이런 대사도 막 해 보고, '아 몰라, 이 짐승!' 크크크크. 근데… 우리 숭이는 안 그래. 막 어쩔 줄 몰라 하면서 진심으로 미안해해. '어떡하지. 괜히 오늘도 만나자고 했나 보다. 일찍 들어갈까? 내가 데려다줄게.' 그럼 또 나는 한숨이 푹푹 나오는 거지. 그게 아니야, 그게 아니라고. 왜 언니, 관계를 가질 때도 그렇잖아. 내

가 꼭 여기, 저기, 다 말해 줘야 하는 거 아니잖아. 언니, 나는 이렇게 내가 뒤돌아 앉은 것도 아니요, 누운 것도 아닌 상태에서 숭이가 뒤에서 팔을 이렇게…. 아 언니, 왜 눈을 감고 난리야. 고개 돌릴 필요까진 없잖아. 알았어, 알았어. 모션은 안 할게. 언니, 나 창피해? 이 체위 괜찮은데, 언니도 나중에…. 알았어, 알았어. 그냥 내 얘기만 할게. 암튼 그 순간이 나는 너무 좋거든. 그래서 내가 막 유도를 해. 유도를 해서 숭이가 그곳을 딱 짚어 줄 때, 아… 나도 모르게 큰 신음이 날 거 아니야. 그럼 내 상상 속에서는 숭이가 막 더 짐승이 돼야 하거든? 근데 우리 숭이는… 우리 순둥이 순둥이 우리 숭이는… 놀란다. '괜찮아? 아파?' 이러면서 당황한다. 그럼 난 또 푹 식어버리는 거지. 아니야, 이게 아니라고.

그래서 그녀에겐 또 불면의 시간이 찾아왔다. '숭이 생각엔 집중이 안 돼. 어차피 내 맘대로 안 될 게 뻔하니까.' 그래서 또 천장만 보며 뒤척뒤척, 그러다 보면 어느새 창문 밖으로 날이 밝아 왔다. '언니, 내가 솔직히 다른 남자 상상이라도 해 볼까, 생각 안 해 본 게 아니야. 안 그래도 요즘 자꾸 눈에 밟히는 아이돌 가수도 한 명 있고. 근데 언니, 나 진짜 숭이 좋아해. 언니도 알잖아. 그래서 어쩐지 바람피우는 기분도 들고 찝찝해서 또 집중이 안 되는 거야.' 하지만 내가 그녀에게 특별히 무언가를 조언해 줄 필요는 없었다. 그녀는 이미, 모든 정답을 알고 있었으니까.

그놈의 기대가 문제지, 낙관이 문제지. 나도 안다고. 기대하지 않으

면 실망할 일도 없다는 거 내가 왜 모르겠어. 세상의 모든 비극은 지나친 낙관에서 시작되는 거잖아. 내가 이렇게 말하면, 상대가 이렇게 말해 주겠지. 내가 이렇게 하면, 저걸 가질 수 있겠지. 내가 좀 거짓말을 해도 저들은 눈치 못 챌 거야. 내가 이런 편법 좀 썼다 한들, 니들이 어떻게 알겠어. 내가 이런 마음이니까, 세상도 다 내 맘대로 풀려야 하는 거 아니야? 모든 비극은, 그렇게 시작되는 거잖아. 다, 잘될 거야. 내 뜻대로, 내 상상대로, 내 마음대로. 미친, 세상에 그런 게 어딨어. 나도 알지. 지나친 긍정이 세상을 이렇게 혼돈의 구렁텅이로 몰아넣고 있다는 거. 근데 언니, 그럼 잠이 안 오잖아. 내 맘처럼 안 되는 세상, 재미없어서 또 잠이 안 오잖아. 언니, 나 어떡해?

하지만 그 질문에도 나는 답할 필요가 없었다. '언니. 그래서 내가, 이건 아직 숭이한테는 비밀인데….' 그녀답지 않게 주춤하며 말을 잇지 못하는 모습에, 나는 조금 겁이 났다. '너 혹시 바….' 나답지 않게 그녀의 얘기에 끼어들 뻔했다. '아니야, 언니! 바람 안 펴! 나 숭이 진짜 사랑하는 거 언니 몰라서 그래? 바람은 무슨….' 하지만 그러고도 한참이나 뜸을 들이던 그녀는, 진짜 무슨 대단한 비밀이라도 말하는 듯 내 쪽으로 몸을 기울이며 아주 낮은 목소리로 이렇게 속삭였다. '언니, 그래서 나 요즘… 글 써.'

처음엔 가벼운 팬픽이었다. 왜 내가 전에, 요즘 자꾸 눈에 밟히는 아이돌 가수 한 명 있다고 했잖아? 아니, 나도 처음엔 아무리 상상이라지만 숭이한테 미안해서 좀 그랬는데…. 언니도 며칠씩 잠을 못 자 봐!

사람 아주 미친다니까. 그래서 그냥 누워서 쪼끔, 아주 쪼끔, 그냥 풋풋한 상상 정도를 했는데, 그날 밤 꿈이 아주…. 언니, 너무 좋은 거야. 아침에 일어나서도 너무 개운한 거야. 왜 예전에 내가 점 보러 온 아줌마 얘기했지? 점쟁이한테 한 시간을 그냥 펑펑 울고불고 하소연하고 나서, 사우나라도 갔다 온 양 완전 개운한 표정으로 나왔다는 아줌마. 뭔가, 그 아줌마의 마음을 알 것 같은 기분이었달까. 그러다 보니까 자꾸 누워서도 휴대폰으로 그 가수 사진을 찾아보게 되고, 그러다 팬픽이라는 것도 읽어 보게 되고, 읽다 보니 또 이런 생각이 드는 거야. 어머, 얘들아. 상상은 이렇게 하는 게 아니란다. 상상으로 살아온 이 언니가 제대로 한 수 보여 줄게. 또 그렇게 쓰다 보니 너무 재밌는 거야. 애들 반응도 너무 좋고. 그러니까 나는 또 신이 나서 쓰고. 그렇게 밤에 몇 페이지라도 써서 게시판에 올려놓고 누우면, 또 잠이 아주 솔솔 꿀잠인 거야. 물론, 다음 날 숭이 얼굴 보면 좀 미안하기도 했지. 근데 나중엔 이런 생각이 들더라. 상상인데 뭐 어때. 내가 이렇게 욕구불만에 시달리다가 진짜 다른 남자랑 바람피우는 것보단 낫잖아? 그리고 잠을 잘 자니까, 내 욕구는 또 내 욕구대로 다른 데서 푸니까, 나도 뭔가 마음이 너그러워지면서 숭이한테도 더 잘하게 되고. 언니, 우리 사이 요즘 너무 좋아.

어쩌면 그땐 나도, 차라리 그게 나을지도 모른다는 생각을 했던 것 같다. 숭이를 만나는 동안에도 늘 잠을 못 자 눈자위가 푹 꺼진 시들시들한 모습의 그녀였는데, 어느 순간부터 그녀의 얼굴이 활짝 다시 피어났다. '안녕하세요.' 내게 인사를 건네 오는, 웃고 있으면서도 뭔가

눈치 보듯 늘 주눅이 들어 있던 숭이의 표정도, 어느 순간부터 안정되고 평안해 보였다. 뭐, 다 행복하다면 좋은 거지. 그녀의 삶에, 낙관의 빛이 들어와 있는 것만 같았다. 나 또한 그녀와 숭이의 관계를 낙관하게 됐다. 낙관樂觀, 인생이나 사물을 밝고 희망적인 것으로 봄. 앞으로의 일 따위가 잘되어 갈 것으로 여김. 그 시절 우리는, 우리가 그토록 우려했던 낙관의 늪에 빠져 있었던 거다.

얼마 지나지 않아 그녀는 데뷔를 하게 됐다. 그녀의 팬픽을 눈여겨봐 온 한 출판사의 연락으로 그녀는 로맨스 소설계에 데뷔했다. '나도 몰랐는데 언니, 우리나라에도 이 시장이 있었더라고. 언니, 나 이제 돈 걱정 없이 복숭아 실컷 사 먹을 수 있겠어. 너무 신나. 상상도 하고, 잠도 자고, 돈도 벌고.' 신이 난 그녀는, 여러 개의 필명으로 동시에 여러 개의 소설을 연재하기도 했다. '너, 너무 다작하는 거 아니니?' 나의 우려에도 그녀는 '언니, 나 이제야 알 것 같아. 난 이 일을 하기 위해 태어난 사람이야. 너무 신나. 써도 써도 계속 생각나. 나의 판타지가 모두 실현되는 이 세계가 나 너무 좋아.' 그리고 당연하게도 그녀에겐, 시간이 모자라졌다. 현실의 삶에 발을 디딜 시간이.

그 즘 나에게도 그녀의 연락이 뜸해졌다. 가끔 걱정이 돼 찾아가 보면, 그녀는 복숭아 상자가 가득 쌓여 있는 작업실에서 글을 쓰고 있었다. 겨울이 오면, 복숭아 상자가 복숭아 통조림 상자로 바뀌어 있을 뿐이었다. 몇 번의 계절이 빠르게 지나갔다. '숭이는 잘 지내?', '숭이? 아 맞다. 숭이. 그럼, 지난주에도 만났어. 아닌가, 지지난 준가? 아 맞다,

언니. 내가 요즘 쓰고 있는 게 있는데, 이거 한번 봐 볼래? 내가 봐도 완전 죽음이야.' 그때 그녀의 눈빛은 생기가 넘쳐흐르다 못해, 조금씩 광기로 변해 가고 있는 것만 같았다. 그녀의 작품들도 마찬가지였다. 한번 열린 상상의 문은 더 큰, 더 화려한, 더 자극적인 상상으로 그녀를 이끌었다. '조심해. 너 그러다 네가 만들어낸 이야기에 네가 먹힌다.' 그녀는 잠깐 고개를 갸웃할 뿐, 이내 조금 전 눈빛으로 돌아와 다시 자신의 이야기를 해댔다. '언니, 이번 거는 배경이 미래야. 우주선 무중력 상태에서의 정사 장면, 이 부분이 정말 장난 아니거든?' 그리고 그 즘부터 그녀의 글 또한, 조금씩 조회 수가 떨어지고 있었다.

"여보세요? 언니! 역시 언니는 안 자고 있었구나."

그녀의 전화가 걸려 온 건, 거의 1년 만의 일이었다. 우리는 가끔 문자메시지로 안부를 주고받을 뿐 (그것도 그녀의 답은 너무 늦고 짧았다) 한동안은 전화통화는 물론 만나지도 못했다.

"언니. 나 어제도 거의 못 잤는데, 오늘도 잠이 안 와. 어떡해?"

그녀에게 다시, 불면의 시간이 찾아온 것이었다.

출판사에선 비슷해도 괜찮다고, 그냥 예전 거랑 비슷한 톤으로 쓰면 안 되냐고 하지. 이 바닥엔 그런 작가들도 많다고. 근데 내가 재미가 없어. 언니 알잖아. 나는 한번 해피엔딩으로 끝나면, 그 사랑도 끝나는 거. 지나간 남자들은 다 재미없어. 새로운 남자가 필요한데, 어디 눈에 밟히는 남자가 있어야지. 응? 누구? 숭이? 숭이는 잘 지내냐고? 무슨 소리 하는 거야, 언니. 어머 언니, 내가 말 안 했어? 우리 헤어진 지 꽤

됐는데. 언니는 왜 이렇게 아직도 남자를 몰라. 숭이는 딱 봐도 일찍 결혼해서 토끼 같은 자식들 순풍 순풍 낳고 전원주택 같은 데서 사는, 열라 가정적인 남편. 딱 그런 스타일이잖아. 나는 못하겠다고 했지. 결혼은 무슨. 내가 지금 결혼할 때야. 잠도 못 자 죽겠는데. 그래서 그냥 헤어지자고 했어. 나? 나야 당연히 괜찮지. 그러고 나니까 이번엔 완전 슬픈 로맨스가 생각나서, 또 몇 편 썼거든? 내가 울며불며 걔들을 완성했던 시간을 생각하면…. 그래도 행복했지. 잠도 잘 자고. 응, 복숭아도 잘 먹고 그땐 괜찮았는데…. 언니, 어디 괜찮은 남자 없어? 내 상상력을 막 끝도 없이 자극해 줄 그런 남자. 알지, 나도. 그런 남자가 현실에 어떻게 있겠어. 안 만나도 돼. 그냥 꽂히는 배우나 가수라도 있었으면 좋겠는데. 그럼 또 나, 막 상상하면서 잘 잘 수 있을 것 같은데. 언니, 누구 떠오르는 사람 없어?

그녀의 상상이 극을 치고 조금씩 하향세로 돌아서 추락하다, 마침내 그녀를 다시 현실의 세계로 돌려놓았을 땐, 이미 그녀의 글은 더 이상 팔리고 있지 않았다. 그녀의 곁엔 숭이도 없었다. 그녀의 나이 또한 어느덧 삼십 대 중반 가까이로 다가가고 있었다. '안 되겠어, 언니. 나 다시 초심으로 돌아갈래.' 그녀가 말했다. '현실의 남자들을 만나 봐야겠어. 그래야 뭐라도 상상이 되고 글도 써질 것 같아.' 그녀는 소개팅도 하고 선도 봤다. 대부분은 몇 번의 만남으로 끝났지만, 누군가와 몇 달을 만나기도 했고, 누군가와 반년 가까이도 함께했다. 하지만 그럼에도 그녀의 불면은 지금까지도 계속되고 있다.

언니, 참 희한해. 예전에는 남자들 만날 때, 아니 상상 속에서 말고 현실의 남자들 만날 때 말이야. 그게 참 재미가 없었거든. 내 맘대로 안 되는 거. 내 상상과는 다른 거. 내가 이렇게 말했을 때, 네가 이렇게 말하지 않고 나는 상상도 못한 엉뚱한 답을 내놓는 게 참 재미없고 싫었거든. 근데 지금은 반대다? 너무 알겠어. 몇 번 만나고 나면, 그들의 답을 너무 다 알겠는데, 그러니 내가 이렇게 말했을 때 그는 분명 내 머릿속에 떠오른 그의 답을 하고 있는데, 그게 너무 시시해. 여자친구 없는 우리 또래 남자들, 다 비슷하게 살더라고. 아침에 일어나면 회사 가고, 저녁엔 친구들 만나 술 마시고, 그것도 친구들 다 장가가고 나면 매일은 힘들 거 아냐? 그럼 그냥 집에 와서 TV나 보면서 자는 거지. 주말? 남자들 참 신기해. 혼자 영화 보러도 안 가. 그렇다고 남자들끼리는 더더욱 안 가지. 여자가 꼭 끼어야 해. 휴가면 뭐해. 혼자 여행 다니는 남자, 진짜 드물어. 뭔가 다른 혼자만의 재밌는 취미를 가진 남자도 거의 없지. 맛집이든 드라이브든, 뭘 하든 여자가 있어야 돼. 그래서 나는 가끔 이런 생각도 든다? 신데렐라 콤플렉스는, 이 남자들이 갖고 있구나. 모든 걸 다, 여자친구 생기면, 그 뒤로 미루더라고. 자신이 먼저 자신의 삶을 재미있게 만들 생각은 왜 못 할까. 그래야 나도 그의 재밌는 삶으로 들어가고 싶은 마음이 들 텐데. 그들의 삶은 모두 텅 비어 있고 재미가 없어. 그냥 어느 날 찾아온 여자친구가 자신의 삶을 구원해 주길 바라는 것 같아. 그게 신데렐라잖아. 나는 가만있는데, 왕자님이 구두 한 짝 들고 찾아와 주길 바라는 신데렐라….

그렇다고 그녀가 지금, 예전에 비해 더 불행하다거나 더 우울한 삶

을 살고 있는 건 아니다. 오히려 더 좋아 보일 때도 있다. 그녀는 지금도, 복숭아 상자와 함께 그녀의 상상이 만들어낸 그녀의 책들로 가득한 그녀의 작업실에서 글을 쓰고 있다. 이제는 노하우가 생겨 예전처럼 끝 간데없는 상상으로 조회 수를 떨어뜨리지도 않고, 다작도 하지 않으며, 안정적인 상상과 안정적인 수입을 유지하며 안정적으로 복숭아를 사 먹고 있다. 다만 지금도 가끔 그녀는 불면에 시달리는 아주 늦은 밤, 내게 전화를 걸어올 뿐이다.

"여보세요? 언니! 역시 언니는 안 자고 있었구나."

"아니야. 자다 깬 거야. 벨 소리에 놀라서…."

"언니, 그러지 말고 일어나서 내 말 좀 들어 봐."

"응. 듣고 있어…."

"언니. 나 어제도 거의 못 잤는데, 오늘도 잠이 안 와. 어떡해?"

하지만 언제나 그랬듯 그녀는 오늘도 이미 정답을 알고 있다.

'나도 알지, 나 역시 신데렐라 콤플렉스라는 거. 나도 평생 기다리고만 있는 건 마찬가지잖아. 예전엔 내 예측대로만 움직이는 남자, 지금은 내가 전혀 예측할 수 없는 남자.'

그러니 나의 답은 처음부터 필요가 없었고,

'그래서 나 요즘 또 슬픈가 봐, 그리워서. 뭐가 그립겠어. 당연히 숭이지. 그치, 물론 그때는 한숨이 푹푹 나왔지. 내 상상과는 전혀 다른 숭이가 너무 답답했지. 자려고 누워서도 이불을 발로 차며 뒤척거린 날이 어디 하루 이틀이었어? 근데 언니, 그래도 그때는 내가 살아 있

었던 것 같아. 답답해도 하고, 화도 내고, 짜증도 내고, 울며불며 싸움도 하면서 그런 게 사랑… 그런 게 사는……'

그러니 나는 가끔 그녀의 얘기를 듣다 잠이 들기도 했다.

"언니! 언니, 자? 지금까지 내가 한 얘기 다 듣긴 들었어?"

그럼 또 나는 잠깐 잠에서 깨 비몽사몽간에 답을 했다.

"으, 응. 그럼…."

그녀의 말을 어디까지 들었는지도 잘 모르면서,

"그럼, 그럼. 다 들었지, 들었다니까…."

그러곤 나는 다시 졸기 시작했고, 그녀는 말했다.

언제나 그래 왔듯

그녀는 또, 계속, 말했다.

참 재미없다. 모든 게 다 내 맘대로만 되는, 그래서 또 잠이 안 오는, 오늘 밤 내 상상의 세… 근데 언니, 우리 숭이 말이야… 순둥이 순둥이 우리 숭이는… 잘 살…… 언니? 언니! 지금 내 말 듣고 있는 거 맞아? 언니!!!

2

내 생애 최고의 여행

언제나 참 곤란하다.

"A와 B 중에 뭐가 더 좋아?"

고민 고민 끝에 어렵사리 "음… B?" 것도 퍽이나 자신 없는 말투로 답하면,

"그럼 B와 C 중엔? C랑 D 중엔? 정말 A는 별로였어? 이 중에 뭐가 제일 좋냐고?"

"……."

아무래도 나에겐 선택장애가 있나 보다. 혼자 쇼핑을 가면, 나는 종종 진열장 앞에 한참을 멍하니 서 있는다. 비슷비슷한 디자인의 수많은 물건 중 내 것 하나 고르기가 언제나 나는 힘겹다. '너 그냥 이거

사.' 단호한 친구를 데려왔어야 해. 그러니 나는 이런 질문을 받을 때면 언제나 참 곤란하다.

"뭘 **가장** 좋아하세요?"

가장 좋아하는 책, 가장 좋아하는 영화, 가장 좋아하는 음식, 가장 좋아하는 사람은? 가장 행복했던 기억은? 가장 힘들었던 추억은? 가장 즐거운 순간은? 가장, 가장, 가장, 가장…. 이 말만 들을 때면 자꾸 어질, 어질, 어질, 어지러워서 나는 어쩌면 죄 없는 '가장'이란 말까지 싫어하게 됐는지도 모른다. 그런데 내가 이걸 왜 하겠다고 했을까. '내 생애 **최고**의 여행'이란 제목으로 기고 청탁을 받았다. '가장'이나 '최고'나. 이를 어쩐담.

며칠을 끙끙거렸다. 밥을 먹다가도 TV를 보다가도 청소를 하다가도 샤워를 하다가도 사람들과 시간을 보내다가도, 자꾸만 지난 여행들을 반추해 보며 내 생애 '최고'의 여행을 찾아 헤매고 있는 내 자신을 발견할 때마다, 솔직히 좀 신경질이 났다. 다른 사람들에겐 정말 있을까. 내 생애 '최고'의 ○○○이란 것이 정말 있을까.

난 누군가에게서 이런 말을 들을 때면 고개가 좀 갸웃해진다. "내가 **가장** 사랑했던 사람은 ○○○이었지." 아니 그럼, 다른 사람들은 덜 사랑했단 얘긴가. 사랑에도 더 사랑하고 덜 사랑하고가 있어서, 너에겐 내 사랑의 27%만 주겠어, 너에겐 73%, 인심 썼다 넌 89%! 그렇게 내 맘대로 더 주고 덜 줄 수 있는 게 정말 사랑일까. 그 만남이 길었든 짧

았든, 어떻게 시작됐고 어떻게 끝이 났든, 적어도 어떤 한 순간에라도 '내 마음을 다해' 사랑은 그런 게 아닐까. 어쩌면 나는 '내 마음을 다해' 그런 게 사랑이라고 생각하기 때문인지도 모른다. 아니면 그저 내 선택장애 때문인지도 모른다. 나는 그게 잘 안 되는 사람이다. 내가 **가장** 사랑했던 사람을 꼽는 일도, 내가 **가장** 좋아하는 것을 고르는 일도. 그러니 내 생애 **최고**의 여행을 선정하는 일도 어려운 사람인 거다.

그런데, 그럼에도 머릿속에선 제멋대로 자꾸만 떠올라대는 지난 여행들에 끌려다니다 보니 희한한 일이 일어났다. 분명 다른 시간, 다른 장소, 다른 사람과 함께였던 추억들이 한 폴더 안으로 스르륵 담겨 들어가, 마치 하나의 똑같은 기억인 양 서로를 꽉 감싸 안고 나를 혼란스럽게 하는 것이었다. 어, 그건 치앙마이의 밤이었는데. 아니 아니, 그런던 교외의 작은 마을. 그래, 길을 잃어버렸다가 만난 그 마을. 추운 겨울의 오후였다고. 바닷가 아니었어? 저 멀리서 조금씩 붉어지던 하늘, 프랑스 남부 해변이었잖아. 시간이 멈춘 듯 한여름의 더디기만 했던 석양, 기억 안 나? 놀라운 일이었다. 분명 다른 시간, 다른 장소, 다른 사람과 함께였던 추억들인데, 그 모든 추억들 안에는 똑같은 감정과 똑같은 표정의 내가 앉아 있었다. 다른 시간, 다른 계절이었으니, 내 얼굴의 나이와 옷차림 등은 조금씩 달라져 있었지만 나는 그것들을 모두 똑같은 기억인 양 간직하고 있었다. 그래서 자꾸만 뒤엉켜 똑같은 내 모습이 반복되고 있었다. 한참을 멍하니, 그 자리에 가만히, 아무 말도 하지 않은 채 앉아 있는 내 모습. 그 모습이 하나의 폴더로 모인 후, 다른 여행의 추억들은 모두 스르륵 사라지고 어느새 내 마

음에는 하나의 여행만이 남았다. 그래서 나는 이런 생각을 하게 됐던 것 같다. 내 생애 '최고'의 여행이란 것이 어쩌면 이런 것일 수도 있겠구나.

알고 간 것도 계획한 것도 아닌데, 그 날은 치앙마이의 어떤 축제일이었다. 작은 불빛을 담은 연등이 밤하늘에 가득하고, 멀리선 관광객들의 환호성이 그치지 않고. 우리는 그 번잡함을 피해 조용한 공원 벤치에 앉아 있었다. 아무 말도 하지 않고 우리는, 한참이나 연등이 가득한 밤하늘만 바라보고 있었다.

길을 잃어 만난, 우리가 들고 간 관광 책에는 그 이름도 나오지 않는 런던 교외의 작은 마을에서도 우리는 가만히 앉아 있었다. 한겨울인데도 이상하게 춥지 않았던, 오후 햇살이 가득했던 작은 광장. 이 작은 마을까지 찾아온 어린 유색인종이 신기한 듯 흘긋흘긋 우리를 훔쳐보던 동네 사람들. 그들 모두는 서로를 알고 있지만, 우리만은 완전한 이방인이었던 그곳에서도 우리는, 도리어 그들을 관찰하며 한겨울의 따뜻한 햇살 아래 한참을 앉아 있었다.

긴 여행의 종착역이었던 프랑스 남부의 작은 해변 마을에서도 우리는 가만히 앉아 있었다. 저 멀리 바다 끝 하늘부터 조금씩 붉어져 오는 한여름의 더딘 석양 아래, 개를 끌고 산책을 나온 부인, 바닷가에 누워 책을 보는 청년, 막바지 물놀이에 신이 난 아이들까지. 너무도 평화로워 조금은 슬픈 마음마저 들었던 그 해변의 풍경 속에서도 우리는, 가

만히 앉아 있었다.

한 친구와는 이런 대화를 나누었던 것 같다. “지금 몇 시지? 기억하고 싶다. ○○년 ○○월 ○○일, 9시 47분. 이 순간을 기억하고 싶다. 아주 오랫동안.”, “너 아비정전 흉내 내는 거니, 유치하게?”, “야, 이런 데서는 원래 좀 유치해 줘야 돼.” 그리고 함께 웃었던 것 같다.

또 다른 친구는 말했다. “돌아가면 제일 많이 떠오를 것 같아. 길을 잃어, 우연히 만난 이 마을.”, “그러게.” 그리고 또 우린 웃었다.

“참 좋다.”, “그러네.”, “근데, 왜 나 좀 슬프니?”, “하여튼 성격하고는. 좋은 걸 보고도 슬프대. 짜증 난다, 야. 어쩜 우린 이 지랄 맞은 성격까지도 똑같니?” 그리고 또 우린 웃었다.

그리고 한참을,
우린 또 멍하니,
앉아 있었다.

그렇게 한참이나 하나인 듯 여럿인 듯, 내 생애 최고의 여행이란 게 어쩌면 이런 것이 아닐까 생각하고 있자니, 어떤 영화의 한 장면이 떠올랐다. 혼자만의 여행을 만끽하고 있던 여인은 높은 언덕에서 파리 시내를 내려다보며 생각한다. 참 아름답다…. 하지만 잠시 후 그녀는 쓸쓸해지고 만다. “참 좋다, 그지?” 내가 이렇게 말했을 때 “그러게, 정

말 좋다." 이렇게 대답해 줄 누군가가 있다면 더 좋을 텐데.

어쩌면 나는, 운이 좋은 사람이었나 보다. 내 곁엔 그런 친구가 있었다. "참 좋다, 그지?", "그러게, 정말 좋다." 그리고 또 서로 아무 말 하지 않고 한참을 앉아 있기. 너무 가깝지도 너무 멀지도 않은 거리에 가만히 앉아, 너무 외롭지도 너무 복잡하지도 않은 간단한 대화와 침묵으로, 어쩌면 이 여행에서 가장 오래 기억될 순간을 함께하고 있었던 친구.

새삼 그들의 모습이 하나하나 머릿속을 스친다.
그리고 이어 내 머릿속을 스치는 생각.

내 생애 최고의 여행이라….
가장이나 최고나 여전히 나는 선택은 어려운 사람이지만,
그런 게 정말로 있다면,
내 생애 최고의 여행이란 것이 정말로 있다면,

어쩌면 그건,
'사람'일지도 모르겠다는 생각.

외톨이

내 친구들은 나를 종종 이렇게 부른다. "이런, 히키코모리." 특별한 일이 없으면 집에서 잘 안 나가고 낯선 사람들과의 만남을 몹시 저어하며 혼자서도 무척 잘 노는 사람을 히키코모리, 은둔형 외톨이라고 부른다면 딱히 변명하긴 어렵지만 '내가 정말 그 정도인가'하는 생각은 가끔 든다. 나도 친구는 있는데. 니들이 지금 나랑 놀아 주고 있잖아.

그렇다. 나에게도 친구들이 있다. 나는 이 점이 늘 신기하다. 내 친구들 또한 정도의 차이만 있을 뿐 대부분 나와 비슷하다. 낯가림이 심하고 혼자 잘 놀며 넓은 대인관계를 극도로 기피한다. 나와 마찬가지로 트위터와 페이스북은 대부분 아이디만 있을 뿐 거의 하지 않는다. 팔로워 숫자가 곧 대인관계 좋은 성공한 삶을 의미한다면 우리는 모

두 낙오자다. 팔로워 천 명을 얼마에 산다더라, 따위의 뉴스는 우리와는 너무 다른 세계의 이야기다. 그걸 굳이 왜…. 요즘은 취업할 때 회사에서 트위터 팔로워 수도 본다던데? 요즘 같아선 우리 같은 애들은 취업도 못 했겠구나. 그러니까 말이야.

그래서 신기하다. 이런 성향의 우리들이 서로 만나게 됐다는 게 말이다. 어울림을 좋아하는 사람들이야 새로운 사람을 만나 친해질 기회도 많겠지만, 생각해 보라. 혼자 놀기 좋아하는 사람이 그래서 대부분 집에 혼자 있는 사람이 어쩌다 방문을 열고 나갔다. 그런데 마침 그 시간에 혼자 있기를 좋아하는 또 다른 한 사람이 방문을 열고 나올 확률. 그리고 방문을 나서서도 좀처럼 남들과 말을 섞지 않는 그 둘이 우연히 만나, 우연히 말을 섞고, 우연히 더 친밀한 관계로 발전될 확률. 그런데 확률통계란 역시나 그다지 믿을 만한 게 못 되는지, 그 희박한 확률에도 종종 만남은 이뤄진다. 그것도 꽤 자주, 꽤 의외의 장소에서도, 혼자를 좋아하는 사람이 혼자를 좋아하는 또 다른 한 사람과 만나는 기적 같은 일은 일어나곤 한다.

Y와의 만남 또한 그렇게 이뤄졌다. 내가 서른을 갓 넘긴 여름이었다. 나는 그해 여름 몇 달 동안 일본 교토에 머물렀다. 그곳에서 Y와 나는, 첫눈에 우리 두 사람 모두 이 도시의 이방인임을 알아봤고, 첫눈에 서로가 짧은 여행객은 아님을 알아봤으며, 첫눈에 서로의 '혼자에 대한 각별한 애정' 또한 간파했기에, 우리는 친구가 됐다. 하지만 그뿐이었다. 서로를 알아봄. 그럼 오늘부터 우리 친구 할까, 따위의 대화가

없었음은 물론 이제부터 종종 만나 밥을 먹자든가, 산책을 하자든가, 함께 시간을 보내자 따위의 친밀함을 쌓아 가는 보편적인 의식 또한 없었다. 다만 우리는 서로의 휴대폰 문자 주소를 교환했고, 이 낯선 도시 어딘가에 '친구'가 살고 있다는 것만으로 든든함을 느끼며 서로, 각자, 혼자, 잘 놀았다.

그런데 우리 같은 사람들에게도 당연히 그런 날 또한 가끔은 찾아온다. 혼자 놀고 싶지 않은 날. 그래서 우리 같은 사람들에게도 친구가 필요한 것이고, 혼자를 좋아하는 사람들에게 혼자 놀고 싶지 않은 날이 찾아오는 주기 또한 엇비슷한지 그런 느낌이 드는 날이면 어김없이 혼자를 좋아하는 또 다른 친구에게서 연락이 오거나 내가 먼저 연락했을 때도 거절당하는 일이 별로 없다.

'오늘 시간 어때? 한가하면 나랑 놀아 줄래?'

한글 따윈 먹히지도 않는 낯선 땅의 낯선 휴대폰을 들고 낯선 언어를 더듬더듬 적어 Y에게 문자를 보냈다. 잠시 후 도착한 답문.

'저는 언제나 한가합니다.'

혼자를 좋아하는 사람이 혼자를 좋아하는 사람에게 보일 수 있는 가장 친밀한 표현을 Y에게서 받아 든 나는, 기쁜 마음으로 그를 만나기 위해 방을 나섰다.

그렇다고 우리가 만나서 대단히 특별한 일을 한 건 아니었다. 자전거를 타고 좀 돌아다니며 레코드점에 갔다가, 서점에 갔다가, 가모가와 강변에 앉아 각자 멍 좀 때리다가, 배고픈데 밥이나 먹고 헤어질까 하던 차였다.

"얼마 전에 나박김치 담갔는데, 누나 우리집에 가서 국수나 말아 먹을까요?"

"너 집에서 그런 것도 하니?"

친구라곤 하지만 그때 Y의 나이가 많아야 스물네댓이었을 테니 나와는 나이 터울이 꽤 있었다. 그런데 혼자 살면서 집에서 나박김치를 담가 먹다니. 심지어 맛있었다. 요리도 귀찮아하는 나에겐 오랜만에 먹어 보는 한국 맛이라 더 그랬는지도 모르겠고, 더운 여름이라 땀을 많이 흘려서 나박김치의 짠내가 더 달콤하게 느껴졌는지도 모르겠지만, 어쨌지 그날 나는 기분이 좋아져서 말이 좀 많아졌던 것 같다. Y도 기분이 썩 나쁘진 않았는지, 우리는 서로 좋아하는 음악이나 책 이야기를 시작으로 밤늦게까지 수다를 떨었고, 그러다 보니 이런저런 이야기 끝에 어쩌다 서로가 여기 교토에까지 흘러오게 됐는지, 또 앞으로 우리는 어떻게 살아야 하려나 따위의 제법 무거운 얘기까지 나누게 되었다.

"그냥 너무, 즐거울 게 없어 보였어요."

Y가 말했다. 이십 대를 한국에서 보내고 싶지 않았다고. 하긴 가장 반짝거려야 할 나이에, 나 또한 가장 치열하게 살았던 것 같다. 돌아보니 내 나이의 앞자리는 이미 바뀌었는데, 나의 반짝이는 이십 대를 나는 대체 어디에 소모해버린 걸까. 어쩌면 그래서 나 또한 이곳으로 훌쩍 떠나와, 아니 도망 와 있었던 걸지도 몰랐다.

"어쩌면 저의 서른은, 안 올지도 모르고요."

Y가 다시 말했다. 야, 나도 안 올 줄 알았어. 근데 눈 한번 질끈 감았다 뜨면 금방 서른이야. 나도 네 나이 땐 서른이면 인생 끝나는 줄 알았어. 근데 서른도 별거 없다. 어제 잠잤다 오늘 일어나면 서른인 거지, 똑같아. 나의 발끈에 Y가 웃었다. 그리고 말했다.

"나 지금 진지한데?"

나도 진지하다고. 서른이 그리 먼 나이가 아니라니까. 너도 서른 돼보면, 아 그때 그 누나가 했던 말들이 다 진짜였구나 싶을걸? 여전히 농담 반 진담 반 발끈해 하는 나의 말을 자르며 Y가 다시 입을 열었다.

"누나, 저는 스물아홉 여름에 결혼을 해요."

응? 이건 또 무슨 얘기지. 갑작스러운 장면 전환에 나의 뇌가 멈칫하는 것이 느껴졌는지, 서둘러 Y는 다시 이야기를 이어 갔다.

"저도 아닐 줄 알았거든요. 그냥 꿈이겠거니 했거든요. 그런데 여기 와서 저도 깜짝 놀랐어요. 내가 정말, 스물아홉 여름에 결혼을 하는구나. 기분이 진짜 이상하더라고요."

이쯤 되니 나는, Y가 지금 무슨 얘기를 하는지 전혀 모르겠는데도 듣고 싶어졌다. 알 수 없는 호기심이 일어 귀가 열리는 기분이 들었다.

한국에 있는 대부분의 스무 살이 그러하듯 Y는 스무 살 되던 해, 대학에 입학했다. 하지만 한국에 있는 대부분의 스무 살이 그러하듯 Y가 스무 해를 사는 동안 배운 것은, 대학에 가야 한다, 그것이 전부였다. 5, 6월이 되면 새내기들은 방황을 시작한다. Y도 그랬다. 그리고 그즘, 그 꿈도 시작됐다.

"항상 시작은 큰 성당에서의 제 결혼식이에요."

성당 종소리와 함께 시작되는 Y의 꿈은, 처음엔 모든 게 희뿌옇고 잘 들리지도 않아 그저 지금 내가 결혼을 하는구나, 정도만 알 수 있었다. 하지만 그 꿈은 한 번으로 끝나지 않았고, 되풀이될 때마다 조금씩 선명해지고 길어졌다. 그곳의 공기와 냄새, 자신의 기분까지도 조금씩 더 선명해졌다.

"너무 더웠어요. 자꾸 땀이 나고 넥타이가 목을 죄어 오는 것 같아서, 결혼식 내내 어서 넥타이를 풀어헤치고 여기서 나가고 싶다는 생

각만 들었어요."

그리고 잠에서 깨면 Y도 땀에 흠뻑 젖어 있었다. 하지만 꿈이 되풀이될수록 Y는 궁금해지기 시작했다. 신부의 얼굴이나 그 뒤의 이야기들이 궁금해 잠을 청하면, 어떤 날엔 꿈이 아예 찾아오지 않기도 했고, 며칠 만에 찾아온 꿈은 야속하게도 이어지는 것이 아니라 다시 처음부터, 성당 종소리부터 시작됐다.

"그래서 신부 얼굴은? 결국 봤어?"
"봤죠. 꽤 오래 걸리긴 했지만…."

성당 종소리로 시작되는 꿈속의 결혼식은, 덥고 지루했다. 그래서 Y는 그때가 여름이란 걸 알았고, 결혼식을 주관하는 신부님의 말에서 그때 자신의 나이가 스물아홉이란 것도 알게 됐다. 하지만 꿈속에서의 Y는, 현실의 Y가 움직일 수 없었다. 조금만 고개를 돌려, 아니 살짝 옆 눈짓만 해서라도 신부의 얼굴을 보고 싶었지만, 꿈속에서의 Y는 어서 빨리 결혼식이 끝나 넥타이를 풀어헤치고 싶다는 마음뿐이었다. 신부와 얼굴을 마주하고, 고개 숙인 신부의 면사포를 들어 올리는 순간은, 꿈이 시작되고 석 달이 넘어서야 찾아왔다.

"너무, 아름다웠어요. 지금도 매번 놀라요. 내가 신부의 면사포를 들어 올리고, 그녀가 고개를 들어 나를 보는 그 순간은, 지금도 매번…. 너무 아름다워서요."

"그 꿈을 지금도 꾸고 있어?"

"그럼요. 그녀를 만나기까지 했는걸요, 여기 교토에서."

"뭐? 꿈속의 신부를 현실에서 만났다고?"

어쩌면 그래서 Y는 그토록 자신 있게 말했는지도 모르겠다. 누나, 저는 스물아홉 여름에 결혼을 해요. Y가 꿈속이 아닌 현실에서 그녀를 처음 만난 건, 지난해 여름이었다. 음악을 좋아하고, 실제로 혼자 집에서 자작곡을 만들어 레코딩까지 하고 있는 Y는, 그날도 시내 레코드 가게를 찾아 이런저런 음악을 들어 보고 있었다. 헤드폰을 쓰고 있는 Y에게까지 들려올 정도로 왁자지껄한 여학생들의 소리에 Y는 무의식적으로 고개를 들어 입구를 봤다. 그리고 그 순간, Y는 너무 놀라 주저앉을 뻔했다. 간신히 진열장을 붙잡고 서서 한참이나 그녀들을, 아니 그녀를 보았다. 쉴 새 없이 떠들며 웃고 있는 여학생들 사이에 그녀가 있었다. Y의 신부. 매일 밤 꿈속에서 만나 온 Y의 신부.

"그래서? 말은 걸었어? 아니, 뭐라고 말을 걸어야 하냐. 매일 당신을 꿈속에서 만나고 있어요. 이것도 이상하잖아. 말 같지도 않은 수작질 같고."

나의 말에 Y가 웃었다.

"그죠. 그럴 순 없죠."

"그래서 넌 어떻게 했는데? 말을 걸긴 했어?"

"아뇨. 안 걸었어요."

"왜?"

"음…. 잘 모르겠더라고요. 그게 옳은 일인지."

그 후로도 Y는 몇 번 더 그녀와 마주쳤다. 교토는 좁은 도시다. 그녀가 현실에 존재한다는 사실을 한번 인지한 뒤론, 몇 개월에 한 번씩은 꼭 그녀를 보게 됐다. 자전거를 타고 가는 길 마주 오는 자전거에 앉은 그녀를 보게 되는 일도 있었고, 도서관에 들렀을 때도, 처음 만났던 레코드 가게에서도 그녀를 다시 만났다. 한번은 Y가 아르바이트를 하는 식당에 그녀가 손님으로 온 적도 있었다. "그 정도면 운명인 거 아니니? 무슨 말이라도 걸어 보지." 하지만 Y는 그럴 수 없었다. 아니 오히려 그녀를 마주치는 일이 점점 더 무섭고 괴로워졌다. 이것이 정말 운명일까 봐. 그녀의 실존을 확인할 때마다, 자신의 꿈 또한 정말 자신의 운명이 돼버릴까 봐 Y는 점점 더 두려워졌다. 그녀는 너무 아름다웠고, 그래서 내가 벌써 그녀를 사랑하고 있는 게 아닐까 운명 같은 착각이 들 때도 있었지만, 그럴수록 Y는 점점 더 그녀에게 말을 걸 수 없었다.

"우리는 죽어요."
"뭐?"
"아니, 적어도 저는 죽어요. 스물아홉 여름에."

언제나 성당 종소리로 시작됐던 Y의 꿈은 조금씩 선명해지고 조금씩 길어져, 언젠가부터는 항상 이렇게 끝이 났다. 결혼식이 끝나고 성당 문을 열고 나오는 두 사람. 강렬한 햇살에 눈이 부셔, Y는 오른손을 들어 해를 막으면서도 맑은 하늘을 본다. 구름 한 점 없는 유난히 푸른

여름 하늘. 두 사람은 곧 신혼여행을 떠나기 위해 차에 오른다. 신혼여행에 걸맞은 오픈카. 바람을 맞으며 두 사람은 달린다. 그리고 그 사거리. 빨간불 앞에 정차해 파란불을 기다리며 Y는 잠시 신부를 본다. 신부가 웃는다. Y도 웃는다. 그 순간 신부가 앞을 흘깃 보곤 신호가 바뀌었다는 눈짓을 한다. Y는 천천히 고개를 앞으로 돌리며 액셀러레이터를 밟는다. 그리고 바로 그 순간,

"양배추를 잔뜩 실은 트럭이었어요. 저는 피를 흘리며 바닥에 누워 있고, 야채망 밖으로 아무렇게나 튀어나온 양배추들이 거리엔 가득하고, 조금만 손을 뻗으면 닿을 곳에 신부가 보였지만 제 팔은 움직여지지 않았어요. 조금씩 의식이 흐릿해졌어요. 그리고 깜깜해졌어요. 저는, 죽었어요. 죽었다는 걸 온몸으로 느낄 수 있었어요. 스물아홉 여름에, 저는 그렇게 죽어요."

에이, 말도 안 돼. 한참 만에 내가 말했다. 한참이나 아무 생각도 할 수 없었지만, 막상 입이 열리니 제멋대로 말들이 튀어나왔다. 꿈은 꿈일 뿐인 거지. 에이, 아니야 아니야. 말도 안 돼.

"저도 처음엔 그렇게 생각했어요."

Y가 그 꿈의 마지막 장면을 처음 본 것은, 그 꿈이 시작되고 6개월이 조금 넘었을 때였다. 이미 대학에서의 짧았던 새내기 시절도 모두 끝이 나고, 겨울방학을 앞두고 있었을 때였다. 처음엔 Y도 꿈은 꿈일

뿐이지, 그래도 유쾌한 꿈은 아니었어. 그뿐이었다. 하지만 겨울방학이 시작되고 매일 밤 Y는 그 꿈을 처음부터 끝까지, 성당의 종소리부터 마지막 자신의 죽음까지를 반복해서 꾸고 또 꾸었다. 매일매일 죽고 있는 기분이었어요. Y가 말했다. 낮에는 매일매일 죽어 가는 기분이 들었고, 밤에는 매일매일 죽고 있는 기분이 들었어요.

"그냥 너무, 즐거울 게 없어 보였어요."

Y는 긴 겨울방학이 끝나 갈 무렵 학교에 자퇴서를 냈다. 한국에서 이렇게 매일매일 죽어 가는 기분으로 이십 대를 흘려보내고 싶지 않았다. 스무 해 동안 배워 온 모든 것, 대학에 가야 한다. 또 대학에 들어와 배운 모든 것, 취업을 해야 한다. 그 두 가지밖에 모른 채, 내 이십 대가 죽어 가는 게 너무 억울했어요. Y는 그렇게 교토에 왔다.

낮에는 아르바이트를 하고, 밤에는 음악 공부를 했다. 일이 년 사이에 조금씩 혼자서도 음악을 만들 수 있게 됐다. 아르바이트를 하며 음악 하는 친구들도 몇 만났다. 밴드를 만들어 아주 가끔은 공연도 했다. 교토에 와 처음엔 그 꿈도 꾸질 않게 됐다. 역시 꿈은 꿈일 뿐이지. 유쾌한 꿈은 아니었지만. 하지만 1년이 흐르고, 2년이 흐르고, 그사이 언젠가부터 Y는 다시 그 꿈을 꾸기 시작했다.

"한국은? 한국은 안 가?"

"비자 때문에 왔다 갔다 해야 하긴 해요. 학교를 가든, 취업을 하든

해야, 여기서도 비자 걱정 없이 지낼 텐데. 군대도 가야 하고. 그런데 아직 다 잘 모르겠어요."

한국에 있는 친구들은 어느덧 군대를 다녀와 본격적인 취업 전쟁에 들어갔다. 막연히 떠나와 막연히 좋아하는 음악을 하고 있지만, 여전히 불안한 Y는 또다시 그 꿈을 꾸기 시작했다. 꿈이 되풀이될수록, 목을 죄어 오는 넥타이의 느낌은 더욱 뚜렷해졌고 더욱 더워졌으며 더욱더 많은 땀을 흘리게 됐다. 우연히 그녀라도 만나는 날엔, 꿈속이 아닌데도 하루 종일 숨이 막힐 듯 더웠다. 여름이 아닌 때에도 하루 종일 식은땀이 났다. 뜨거운 여름이 찾아오는 것이 두려웠지만, 여름은 또 찾아왔다. 그리고 그 꿈 또한 더욱 선명해졌다.

"그러다, 그 사거리를 만난 거죠."

그날도 오전 아르바이트를 끝내고 집에 와 점심을 먹고, 다시 자전거를 타고 오후 아르바이트를 가는 길이었다. 구름 한 점 없는 유난히 푸른 여름 하늘. 교토의 여름은 유난히 덥다. 그 더위에 지쳐 잠시 정신을 잃었는지, 매일 다니던 길인데도 Y는 순간 길을 잃었다. 정신을 차려 보니 Y는 자신도 모르는 길을 달리고 있었다. 그러다 빨간 신호등에 걸려 잠시 숨을 고르며 주위를 둘러봤다. 여기가 어디지…. 그 순간 Y는, 아찔한 기분이 들었다. 매일 본 그 사거리였다. 매일 밤 꿈에서 본 그 사거리. 나는 스물아홉 여름, 이 길에서 죽는다. Y는 그대로 인도 쪽으로 자전거를 쓰러뜨린 채 주저앉아 한참을 울었다. 아무리

울어도 이유를 알 수 없었다. 내가 지금 왜 울고 있는지 그 이유조차 알 수 없어 Y는 또 울었다. 구름 한 점 없는 유난히 푸른 여름 하늘. 그 뜨거운 열기가 너무 아찔해 Y는 그렇게 또 한참을 앉아 땀인지 눈물인지 모를 것을 흘려내고 또 흘려냈다.

2007년의 여름밤이었다. 내가 Y의 그 이야기를 들었을 때가. 그때 나는 이제 서른을 갓 넘긴 나이였다. 그때의 나는 Y의 그 모든 이야기를 믿었을까, 믿지 않았을까. 잘 기억나지 않는다. 다만 몇 년 후 나는, 한 영화를 보며 Y를 다시 떠올렸다. 낮에도 꿈을 꾸는 한 남자의 이야기였다. 그는 사람들과 대화를 나누다가도, 회사에서 회의를 하다가도, 혼자 길을 걷다가도 꿈을 꾼다. 그런 그를 보고 사람들이 묻는다. '너 또 멍 때리는 거니? 너 또 혼자 공상하는 거니? 너 또 혼자 상상의 세계에 빠져 있는 거니?' 영어권 영화였다. 멍, 공상, 상상. 번역된 그 모든 말의 원어는 Daydream이었다. 낮에 꾸는 꿈. 백일몽. Y가 떠올랐다. 혹 Y의 그 꿈 역시, Daydream은 아니었을까. 물론 Y의 꿈은 정말 밤에 꾸는 꿈, Night dream이었을지도 모른다. 아니면 그저 Nightmare, 악몽일 뿐이었을지도 모른다. 다만, 나의 그 생각의 끝에는 내 스무 살의 기억이 기다리고 있었다.

97년의 여름밤도 참 더웠다. 그 더운 밤에도 우리는 학교 잔디밭에 모여 앉아 술을 마셨다. 더워서 술을 마셨고, 술을 마셔 더 더웠다. 그래서 또 마셨다. 그 자리에 앉아 있는 아이들의 주머니가 모두 텅 빌 때까지, 아이들은 돌아가며 술을 사 왔다. 안주는 생라면이나 새우깡

정도가 다였다. 모두가 취했고, 그중엔 꼭 우는 아이들도 있었다. 스무 살이 됐다는 것이 두려웠고, 서른이 된다는 것은 더 두려웠던 시절. 요절한 천재 작가와 천재 뮤지션의 이름이 오르내리고, 누군가는 죽음을 꿈꿨다. 그 아이들은 이제 모두 서른을 넘겼고, 곧 마흔이 된다. 누구도 요절하지 않았고, 누구도 천재 작가나 뮤지션이 되지도 못했다. 우리는 모두, 그저 그런 어른이 됐다.

나도 어느새 마흔 가까이까지 왔다. 그런 내가 돌아보는 그날 밤, 2007년의 여름밤도 참 더웠다. Y의 좁은 자취방에는 몇 시간 전 저녁으로 먹은 나박김치의 짠내가 그대로 남아, 어쩐지 더 후텁지근하게 느껴졌다. 아니 어쩌면 2007년의 여름은, 정말 더 더웠는지도 모르겠다. 내 스무 살, 97년의 여름보다 훨씬 더. 몇 해 전 여름보다 올해 여름은 언제나 더 덥게 느껴진다. 그리고 그건 정말일지도 모른다. 우리의 여름은 매해 조금씩 더, 뜨거워지고 있는지도 모른다. 스무 살의 땀 또한 조금씩 더, 짠내가 짙어진다. 끈적해질 대로 끈적해진 스무 살의 땀들이, 뜨거운 아스팔트에 스포이트로 한 방울 한 방울씩 떨어뜨려 놓은 듯 여기저기 얼룩을 만든다. 나의 끈적임만으로도 벅차 서로 부대낄 수조차 없다. 까만 아스팔트 위에 드문드문 모두 다 외톨이인 양 흩어져 있는 스무 살의 땀들. 까만 바다 위의 외로운 섬들처럼 그들은 서로 다가갈 수도 멀어질 수도 없다. 끈적해질 대로 끈적해진 스무 살의 땀들이 그렇게 뜨거운 아스팔트 위로, 모두 다 제각각, 흩날려 떨어진다.

몇 달 후 나는 한국으로 돌아왔다. 몇 해 더 방송국을 다녔고, 여전히 나는 매일매일이 전쟁인 그 일에 잘 적응하지 못했고, 몇 해 후 끝내 일을 그만뒀다. 그 후 나는 친구들에게서 이런 얘기를 더 자주 듣게 됐다. '이런, 히키코모리.' 그런데 나는 이제 그 말이 싫지 않다. 나는 결국 이 삶을 선택했다. 나에게는 아직 선택권이 있었다. 물론 여전히 불안하고, 매일매일이 내일에 대한 걱정이지만, 그래도 나는 이 삶을 선택했다. 선택할 수, 있었다.

가끔 궁금하다. Y는 선택한 걸까, 도망친 걸까, 아니면 그 길밖에 없었던 걸까. 지금은 2015년이다. 이미 Y의 서른 또한 지나가고도 남았을 만큼, 또 시간이 흘렀다. 스물아홉 여름에, 저는 죽어요. 스물아홉 그 후… Y는 어떻게 됐을까. 나는 잘 모르겠다.

가끔 페이스북을 열면 '알 수도 있는 사람'에 Y의 얼굴이 뜬다. 그때마다 나는 생각한다. 이 Y가 2007년의 내가 알던 그 Y일까. 아니면 그 Y는 이미 몇 해 전 스물아홉에 죽었고, 2015년 서른을 넘긴 이 Y는 전혀 다른 사람일까. 나도 잘, 모르겠다.

나는 2015년의 Y에겐, 말을 걸지 않는다.

나는 당신에게 반하고 싶다

해가 바뀐다는 것은 이런 걸까. 요즘은 선배들을 만나도 친구들을 만나도 심지어 후배들을 만나도 언제나 빠지지 않는 이야기가 있다.

난 요즘 '이럴 때' 늙었구나 싶어.

'이럴 때'는 너무 많았다. 한참 걸으면서 이야기를 나누던 중 친구가 말했다. "우리 수다는 좀 이따 앉아서 하는 걸로 하자. 숨차. 늙었나 봐." 한 술자리에서 후배는 말했다. "전 그만 마실래요. 요즘은 술 마시면 다음 날 출근하는 게 너무 힘들어요. 저도 늙었나 봐요." 전화기 너머로 잠이 덜 깬 선배의 목소리가 들려왔다. "나 여행 갔다 그저께 왔잖아. 그리고 2박 3일 잠만 잤다. 이제 늙어서 여행도 힘들어."

또한 '이럴 때'는 몸이 늙음을 느낄 때만도 아니었다. "젊음이 추위도 이기더라. 얼마 전에 가로수길에 갔더니 젊은 아가씨들이 어찌나 짧게 짧게 입고 다니시는지. 근데 나 예전엔 그런 여자들 보면, 와 예쁘다, 했거든? 그런데 지금은 그냥, 와 어리다, 싶은 게 나도 늙었나 봐." 친구의 말에 나도 고개가 끄덕여졌다. 난 요즘 TV 보면서 느껴. 웬만해선 반해지지가 않아. 드라마 속 남자주인공들 다 멋있고 잘생겼는데, 이상하게 반해지지가 않아.

"그 영화? 봤지…." 선배는 큰 한숨을 내쉬며 잠시 말을 멈췄다. 흥행 성적도, 관객 평도 모두 나쁘지 않은 영화. 그런데 선배는 맘에 들지 않았단다. 그래서 한참을 이래서 별로, 저래서 별로, 혼자 투덜대다 조금 우울해졌단다. "뭔가 내가 고약한 노인네가 된 것 같은 기분이었어. 뭐든 꼬투리만 잡혀라, 세상만사 삐딱하게만 보는, 그런 고약한 노인네." 그런데 어쩐지 나도 선배의 마음이 조금은 이해가 됐다. 어쩐지 나도 요즘 재밌는 영화나 책이 통 없어서 말이다. 아니 정확히 말하자면 나를 열광하게 만드는, 밤을 꼴딱 새게 만드는, 다 보고 난 다음에도 누굴 만나든 그 얘기만 하게 되는, 그러니까 나로 하여금 반하게 만든 책이나 영화가 요즘 통 없었기 때문이었다.

그저, 요즘 좀 없나 보다 했다. 내가 반할 만한 것들이 그저 요즘 좀 없나 보다. 그런데 문득, 얼마 전 보고 온 '청춘'을 담은 한 사진전이 떠올랐다. 뭐가 그리 즐겁고 뭐가 그리 아픈지, 온몸으로 웃고 온몸으로 울고 있는 사진 속 인물들을 보며, 나는 그저 '그렇구나, 너희는 지

금 기쁘구나, 슬프구나.' 이상할 만큼 감정이입이 되지 않아 전시를 보는 내내 무덤덤해했다. 그리고 그런 나를 깨닫자, 갑자기 조금 두려워졌다. 내가 혹시, 늙은 게 아닐까. 몸의 늙음은 어쩔 수 없는 문제지만, 마음조차 너무 많이 늙어버린 게 아닐까.

언젠가 이런 얘길 한 적이 있다. 만약 내가 무언가를 계속 쓰면서 살게 된다면, 죽을 때까지 '젊은 글'만 쓰고 싶다고. 그때 나는, 어른이 되고 싶지 않았다. 몸이 늙은 어른이 아니라, 마음이 늙은 어른이. 그래서 웬만한 일엔 흥분하지도, 분노하지도, 싸우려 하지도 않는. 좋은 말로 하면 타협을 아는, 나쁜 말로 하면 체념이 빠른, 마음이 좀처럼 뜨거워지지 않는 어른이 되고 싶지 않았다. 그런데 어느새 내 마음이 조금씩 딱딱하게, 차갑게, 굳어 가고 있었던 건 아닐까.

또 한 번, 해가 바뀌었다. 해가 바뀐다는 게 무슨 대수라고, 그저 편의상 만들어 놓은 수 체계에 불과한걸. 그래서 나이 먹는 것도 잘 모르고, 새해 다짐이나 소원 같은 것도 좀처럼 가져 본 적 없었는데, 이렇게 방심하다 내 마음이 폭삭 늙어버리면 어떡하지. 갑자기 나는 조금, 두려워졌다. 그래서 난생처음으로 올해에는 간절히 바라는 것이 하나 생겼다.

당신이 누구이든, 무엇이든, 나는 당신에게 반하고 싶다.

에스컬레이터

언젠가부터 이상하긴 했다. 그런데 오늘도 같이 밥을 먹는 한 시간 남짓 동안, E의 휴대폰은 꽤 여러 번 불빛을 반짝였다. "확인해 봐. 급한 연락일 수도 있잖아.", "아니야, 됐어…."

"너 혹시, 연애하니?"

나의 물음에 E는 눈을 동그랗게 뜨고 나를 바라봤다. 뭐라도 변명을 하거나 거짓말을 하고 싶은 눈치다. 하지만 이미 틀렸다. 거짓말도 잘 못하는 주제에, 20년 지기인 나를 어떻게 속이려고. 애쓴다. 애쓰니까 봐줄게.

"아니면 됐고. 커피 마시러 갈까?"

자리를 옮겨서도 나는 부러 다른 얘기만 화제에 올렸다. 그런데도 E는 계속 내 눈치를 살피는 기색이다. 하지만 나는 끝내 모른 척하기로 마음을 정했다. 우리는 내내 다른 얘기만 했다. 머릿속은 둘 다, 온통, 그 생각뿐이었으면서. 너 혹시, 연애하니?

나는 사실, 바랐다. E가, 연애 좀 했으면…. 고등학교 때부터 E는 어디서나 눈에 띌 정도로 예뻤다. 독서실 책상에도 언제나 음료수 하나쯤은 올라와 있었고, 학원 앞에서 기다리는 남학생들도 더러 있었다. 심지어 E는 운도 좋은 편이어서, 나는 지금껏 E가 어떤 시험에서도 떨어지는 걸 본 적이 없다. 대학도 물론 E는 한 번에 합격했다. 특차 합격이라 자신 없던 논술은 치르지도 않았다. 특차는커녕 수능에 본고사까지 있던 시절, 세 대학을 돌아다니며 본고사를 치르고도 재수를 해야 했던 나와는 달랐다. 노량진에 있던 나를 E가 찾아와 함께 차라도 마시러 가면, E의 찻잔 아래에는 알바생의 삐삐번호가 적힌 쪽지가 놓여 있었다. 다음 해 나는 다른 과이긴 하지만 E의 대학 후배가 됐다. 함께 캠퍼스를 걸을 때면 남학생들의 시선이 느껴졌다. 처음 보는 남자애들이 쫓아와 각종 선물을 E의 손에 쥐여 주곤 도망가는 일도 꽤 있었고, E의 팬클럽 같은 게 있다는 소문이 들려오기도 했다. 그만큼이나 스무 살의 E는 반짝거리고 예뻤다. 정오의 태양 같은 느낌이었다. 떨어져 본 적이 없는, 실패해 본 적이 없는, 하늘 가장 높은 곳에서 세상을 바라보는 정오의 시간. E는 마치 정오의 시간을 살고 있는 것 같았다.

E의 남자친구를 처음 소개받던 날, 어쩐지 내가 다 억울한 마음이

들었다. 아니, 내가 너만큼만 예뻤어도…. 하지만 다음 말은 꾹꾹 씹어 삼켜야 했다. 평범하기 짝이 없는 외모에, 군 입대까지 앞둔 동갑내기 남자애. 성격이 좋은가, 말도 어리벙벙한 게 웃기지도 않고. 착한 것 같긴 한데, 우리가 벌써 착한 남자 만날 나이인가. 하지만 E는, 그 매력 하나 없어 보이던 D를 군대까지 기다린 건 물론 9년을 만났다.

나의 우려와는 달리 그 9년의 시간 동안에도 E는 계속해서 정오의 태양 같은 삶을 살았다. IMF 속에서 대학을 졸업했지만, E는 취업에도 한 번에 성공했다. E의 신입 연봉은 모두가 부러워할 만한 수준이었다. D에게도 무척 사랑받았던 것 같다. D는 어디든 E를 데려가고 싶어 했고, 누구에게나 E를 자랑하고 싶어 했다. D의 친구들도 가족들도 모두 E를 사랑했다.

아마도 그 즈음 언제였던 것 같다. E와 함께 지하철 역사에서 지상으로 올라가는 에스컬레이터를 탔을 때였다. 해가 쨍한 정오 무렵이라, 지상으로 다가갈수록 눈이 부셔 왔다. 아, 눈부셔… 하곤 E를 보니, E는 자기 발을 내려다보고 있었다.

"뭐해?"
"나는 이 순간이 참 좋더라…."
"응?"
"이렇게 해 좋은 날 지상으로 올라가는 에스컬레이터를 타고 있으면, 나는 가만있는데 빛이 점점 내게로 다가오는 기분이 들잖아."

그제야 나도 고개를 숙여 아래를 봤다. 올라가고 있는 건 분명 우리인데도, 새까만 에스컬레이터 바닥만 내려다보고 있으니 정말 그런 기분이 들었다. 우리는 가만히 서 있는데도, 빛이 우리에게로 한 칸 한 칸 다가오고 있는 것 같았다. 어느덧 지상에 도착했다. 빛의 세계, 우리의 머리 위에선 정오의 태양이 눈부시게 빛나고 있었다. 그 태양만큼이나 E 또한 눈부셨던 것 같다. E의 삶은 지금 정오의 시간인 거다. 가만히 서 있는데도, 빛이 내게로 한 칸 한 칸 다가오는 정오의 시간.

어쩌면 그래서 나는 더 속이 상했던 걸까. E의 이별 소식을 처음 들었을 때, 내 입에서 제일 먼저 튀어나온 말은 이거였다.

"D, 걔. 미친 거 아니니?"

정오의 시간을 살고 있는 E를 보는 게 좋았다. 빛의 세계에서 누구 못지않게 사랑받으며 반짝거리는 E를 보는 게 좋았다. E의 시간은 언제까지나 그렇게 계속될 줄만 알았다. E에게마저 대부분의 캠퍼스 커플이 경험하는 그런 빤한 이별이 찾아올 거라곤 짐작지 못했다. 너무 빤하고 식상해서 구구절절 설명하기도 귀찮은 그 진부한 레퍼토리. 동갑내기 캠퍼스 커플이 스무 살의 사랑을 지켜내고 결혼에 성공하기까지는 꽤 여러 번의 위기가 등장한다. 남자의 군대, 남자의 제대 후 여자 후배들과의 학교생활, 여자의 취업 후 직장인 남자들과의 사회생활, 남자의 취업 실패, 여자의 나이 들어감, 남자의 부담, 여자의 실망, 남자의 자격지심, 여자의 초조함. 여자는 더 이상 김밥집 데이트를 하지 않아도 되는 남자에게 마음이 간다. 남자는 자신을 대단한 어른으로 봐주는 어린 여자에게 눈이 간다.

그럼에도 나는 이 모든 난국을 극복해내고 스무 살의 사랑을 지켜낼 사람이 우리 가운데 있다면, 그건 단연 E일 거라 생각했다. 정오의 태양처럼 눈부신 E에겐 시시하고 흔해 빠진 이별의 공식은 통하지 않을 거라 생각했다. 하지만 E 또한 마지막 단계를 넘어서진 못했다. 9년의 사랑이 끝났다.

E는 조금씩 말수가 줄어 갔다. 'D가 그러는데…. 왜 D 친구 중에 걔 있잖아…. 저번 내 생일에 D 어머님이…. 거기 D랑 한번 가 본 적이 있는데….' D가 들어가지 않은 문장을 좀처럼 완성할 수 없었기 때문이었다. 누군가와 9년이란 시간을 가장 친밀한 관계로 공유한다는 것은 그런 거다. 나의 삶이 곧 그의 삶이 되는 것. 나의 친구들이 곧 그의 친구들, 나의 가족들이 곧 그의 가족들, 나의 기억들이 곧 그의 기억들이 되는 것. 스무 살부터 서른까지, 나의 자의식이 성장하고 완성되던 그 청춘의 시기를 E는 온전히 D와 함께했다. 그런 E에게 D가 빠져나가 버린 빈자리는 아무것도 남지 않은, 공기마저 다 사라져버린 진공의 상태처럼 느껴졌을 것이다.

E와 함께 지하철을 타러 지상에서 에스컬레이터를 타고 내려가던 길. E가 한없이 자신의 발만 내려다보고 있던 모습이 떠오른다. 이번에는 빛이 점점 내 뒤로 멀어져 간다. 나는 가만히 서 있는데도, 빛은 점점 내 뒤로 멀어져 간다. 내 앞에는 이제 온통, 까만 에스컬레이터 바닥뿐이다. 그 바닥을 한없이 내려다보고 있던 E의 모습은, 입김이라도 훅 불면 날아가 버릴 듯 한없이 가벼워 보였다.

그 후 나는, 한 번도 E의 남자친구 얘길 듣지 못했다. 주말에도 약속이 있다는 것이 종종 데이트도 하는 것 같고, 어떤 때는 여러 달 연락이 뜸한 걸 봐선 만나는 남자가 전혀 없었던 건 아닌 것 같은데, E는 더 이상 나에게도 그 누구에게도 남자친구 얘긴 하지 않았다.

언젠가 심야영화를 보러 갔다 E와 마주친 적이 있다. E는 나를 보자마자, 마주 잡고 있던 일행의 손을 황급히 뿌리치며 한 발짝 옆으로 비켜섰다.

"영화 보고 나오는 길이야?"

나의 물음에 E가 답했다.

"응…. 넌 지금 보러 가는 거야?"

E의 뒤로, E의 일행이 나에게 인사를 하고 싶지만 선뜻 나서지 못한 채 멋쩍어하는 게 보였다. 하지만 E는 서둘러 나와 작별하고 싶어 했다.

"그럼 잘 보고 가. 나중에 전화할게."

그러곤 마치 혼자 온 사람인 양 내 시야에서 사라질 때까지도 E는, 자신의 일행은 한 번도 돌아보지 않은 채 빠른 걸음으로 멀어져 갔다.

"그 남자 좀 섭섭했겠더라."

며칠 후 E와 단둘이 만났을 때 내가 말했다.

"섭섭하긴 뭘…."

"그래도 나한테 인사하고 싶어 하는 것 같던데. 그러고 안 싸웠어?"

"싸우고 뭐하고 할 게 뭐 있어. 어차피 지금은 안 만나. 네가 알 필요도 없는 사람이었어. 그냥 몇 번 만난…."

어쩌면 그렇게 E는 잦은 이별을 해 왔는지도 모르겠다. 한 사람이 다른 한 사람을 만나 사랑을 한다는 것은, 함께하고 싶은 거다. 그와 함께 밥을 먹고, 차를 마시고, 영화를 보고, 손을 잡고, 그 무엇이든 함께하고 싶은 것. 그와 함께 친구들을 만나고, 가족들을 만나고, 그렇게 조금씩 그의 삶과 나의 삶을 겹쳐 가는 것. 하지만 E는, 더 이상 그 누구와도 자신의 삶이 겹쳐지는 걸 원치 않았다. 아마도 상대들은 번번이 섭섭했을 것이다. 상처가 됐을지도 모른다. 하지만 E는 그런 순간이 찾아올 때마다, 번번이 돌아서 버렸는지도 모르겠다.

언젠가 E와 내가 둘이서만 여행을 간 적이 있다. 낯선 나라의 한국 식당을 찾았을 때, 무척 오래된 한국 노래들이 계속해서 흘러나왔다.

"이 노래 진짜 오랜만이다."

"그러게. 여기 주인분이 이 시절에 한국을 떠나오셨나 보다."

그렇게 한참 밥을 먹고 있었는데, 갑자기 E가 숟가락을 내려놨다.

"나, 이 노래 너무 싫어."

이 노래가 뭐였지…. 나는 기억이 가물가물해선 잠시 노래에 집중했다. '여기 나의 친구들 모두 너를 좋아해. 내 여자친구라는 사실 하나만으로.' 그래, 이런 노래가 있었지. 나도 이십 대 연애 시절 이 노래를 들어 본 적이 있다. 남자친구의 친구들과 노래방에 가면, 그 친구들이 꼭 나에게 이 노래를 떼창으로 불러 주곤 했다. 그때나 지금이나 노래방 문화를 별로 좋아하지 않는 나는, 그때도 '이건 나를 위해서가 아니라 지들이 좋아서 부르는 거.' 빨리 이 자리가 끝나기만을 기다렸던 기억.

"너무 싫어."

E가 다시 말했다. '여기 나의 친구들 모두 너를 좋아해.' E는 누구에게나 사랑받았다. D의 친구들도 가족들도 모두 E를 사랑했다. 하지만 9년의 시간이 지나고 E는 알게 됐다. 여기 나의 친구들 모두 너를 좋아해. D의 여자친구라는 사실 하나만으로. E를 사랑했던 D의 친구들과 가족들 역시 모두 떠나갔다. 9년의 사랑이 끝난다는 것은 그런 거니까. 9년 동안 함께했던 그래서 언젠가부터는 '나'의 친구, '나'의 가족이 되어버린, 하지만 처음부터 끝까지 '그'의 친구, '그'의 가족이었던 사람들과도 끝난다는 것.

나는 가만히 서 있는데도, 빛이 내게서 한 칸 한 칸 멀어져 간다.

나는 처음부터 끝까지 똑같은 나였는데도, 사람들이 내게서 한 칸 한 칸 멀어져 간다.

함께했던 시간이 끝나면, 겹쳐졌던 삶 또한 모두 제자리로 돌아간다. 어쩌면 그래서 E는 원치 않았는지도 모르겠다. 누군가와 자신의 삶이 겹쳐지는 것. 그렇게 벌써 꽤 많은 시간이 흘렀다. 어느덧 우리의 나이도 삼십 대 중반을 넘어섰다.

"너 혹시, 연애하니?"

나는 사실, 바랐다. "확인해 봐. 급한 연락일 수도 있잖아." E의 휴대폰이 이렇게 눈에 띄는 곳에 있었던 적은 없었다. E는 원래 휴대폰에 무심한 사람이다. 문자나 전화를 해도 바로바로 연결되는 일이 거의

없다. 그런데 지금 E의 휴대폰은 바로 내 눈앞에 있다. 탁자 위에 올라와 있는 E의 휴대폰에선 연신 불빛이 반짝였다.

"아니야, 됐어…."

아무리 아닌 척해도, 그 불빛이 계속 E의 신경을 건드리고 있는 게 틀림없다. 거짓말도 잘 못하는 게, 20년 지기인 나를 어떻게 속이려고. 하지만 나는 일단 모른 척해 주기로 했다. 어쩌면 E는 지금 지상으로 올라가는 또 다른 에스컬레이터 앞에서 주저하고 있는지도 모른다.

"이따가 애들 모여 있다는데 잠깐 들를까 싶은데, 같이 갈래?"

내가 말했다.

"거기 T도 온다고 하지 않았어?"

"응. 여자친구도 데려올 모양이던데."

"흐음…."

E는 또 주저하고 있는 것 같았다.

"너는 T 여자친구 한 번 봤다고 했지?"

E가 물어 왔다.

"응, 저번에. 같이 우리집 앞으로 왔더라고."

"그랬구나…."

그리고 E는 또 잠시 말이 없었다.

우리는 결국 그 자리에 함께 갔다. 10년도 넘은 모임이라 이젠 모두 가족 같은 사람들. 그중 낯선 사람이 하나 섞여 있다. T의 새 여자친구다. 새로운 그녀는 좋은 사람이었다. 싹싹하고 밝고, 모진 구석이 별로

없어 보였다. 그렇다고 이 낯선 사람들에게 잘 보이고 말겠다, 부러 애쓰는 것 같지도 않았다. 내 남자친구와 나보다 더 친해 보이는 사람들을 괜히 의식하는 것 같지도 않았다. 예의 바름과 친밀함의 선을 잘 지키는, 그러면서도 적당히 분위기에 맞춰 잘 웃을 줄도 아는, 그러니까 T의 새로운 그녀는 '좋은 사람'이었다. 우리는 모두 즐겁게 웃고 마시고 떠들었다. 여느 멤버가 새로운 연인을 데려오든 갖게 되는 적당한 호기심과 낯섦을 즐기며 웃고, 마시고, 떠들고… 유쾌한 자리였다.

자리를 파하고 집에 가는 길 E가 말했다.

"좋은 사람 같더라…."

"그지. 악역에는 전혀 어울리지가 않지?"

조금 웃으며 내가 말했다.

"그러게, 참…."

E는 자신의 마음을 잘 설명할 수 없는 것 같았다. 그리고 그런 E의 마음을, 나는 너무 알 것 같았다. T에게 새 여자친구가 생겼다는 얘길 처음 들었을 때, 우리 모임에 있던 모든 사람들이 놀랐다. T에게는 오랜 여자친구가 있었기 때문이었다. T와 그녀만큼, 그녀와 우리 또한 이미 오래된 관계였다. 우리는 모두 그녀를 좋아했다. 어떨 때는 T 없이 그녀를 만나기도 했다. 그런데 T와 그녀의 관계가 끝났다. T의 '새로운 그녀' 때문이었다. 우리 모임의 몇몇은 T의 오래된 그녀에게서 전화를 받기도 했다. 부서질 듯 울고 있는 그녀의 전화에, 우리는 아무 말도 할 수 없었다. 몇몇은 T의 새로운 그녀를 만나고 싶어 하지 않았다. 그중 E도 한 명이었다. 나는 E를 이해할 수 있었다. T와 새로운 그

녀가 우리 모임에 오기까지는 6개월이 넘는 시간이 걸렸다. 새로운 그녀는, 좋은 사람이었다. 악역엔, 어울리지 않는. 우리는 모두 새로운 그녀를 욕할 수 없었다. T 또한 욕할 수 없었다. 유쾌한 시간을 보내고 우리는 헤어졌다. 우리는 모두, T의 친구였던 거다.

며칠 후 주말 오후 E를 다시 만났다. 전시회를 하나 보고 저녁을 먹기 위해 우리는 지하철을 타고 이동했다. 지하철에서도 E의 휴대폰은 가방 안이 아닌, E의 손안에 꼭 쥐여 있었다.

"어제 T한테 문자 왔더라."

E가 말했다.

"뭐래?"

"그냥… 그날 잘 들어갔냐고."

"여자친구 처음 데려온 자리라 신경 쓰였나 보네."

"그러게…."

어쩐지 E의 표정은 조금 복잡해 보였다. 다시 입을 연 건 나였다.

"그래도 뭐, 재밌게 잘 놀았잖아."

"그러게…."

같은 말만 되풀이하던 E는 또 말이 없었다.

아주 한참 만에 다시 입을 연 건 E였다.

"아마도, 그랬겠지…."

"응?"

"내가 빠진 자리도 아마, 그랬겠지?"

나도 잠시 말을 잃었다. 아마도, 그랬을 테니까. T의 새로운 연인과 함께인 자리에서 우리는 모두 유쾌했다. E가 빠진 자리 또한 그랬을 거다. E가 아파하고 그리워하고 원망하고 그를 다시 애타게 원하던 그 순간, 그의 세계에서도, 아마 똑같은 일이 일어났을 것이다. 드라마완 달리 세상엔 악역이 그리 많지 않다. 각각의 상황에 맞는 주인공과 주인공이 아닌 사람만 있을 뿐. E와 그가 주인공이었던 드라마에서 E는 하차했을 뿐이다. 하차하지 못하겠다고 버티면 지질한 조연으로 남게 된다. 아니 오히려 새로운 두 사람의 사랑을 가로막는 E가, 악역이 돼 버릴지도 모른다.

나는 가만히 서 있는데도, 내 앞으로 한 칸 한 칸 다가오던 빛.
그 에스컬레이터는 이미 끝났다.
뒤돌아 다시 내려가는 순간, 내 뒤로 한 칸 한 칸 빛은 멀어질 뿐이다.

한참이나 우리는 각자의 생각, 아니 어쩌면 같은 생각에 빠져 있었는지도 모르겠다. 그 생각에서 빠져나와 먼저 입을 연 건 나였다.

“너 혹시, 연애하니?”

E의 손안에서 휴대폰 불빛이 다시 한 번 반짝이던 순간이었다.
“확인해 봐. 그래도 주말인데 연락도 안 되는 여자친구, 별로다.”
지하철을 빠져나와 에스컬레이터에 올라서며 E는 자신의 휴대폰을 확인했다. 나는 고개를 숙여 E의 발을 보았다. 물론 정오의 태양만큼

쨍한 빛은 아니었다. 하지만 저물녘의 태양 빛은 아직 남아 있었다. 그 빛이 E에게로 한 칸 한 칸 다가오고 있었다. 잠시 후 휴대폰을 닫으며 E가 말했다.

"내일 뭐해? 같이 점심 먹을래? 보여 주고 싶은 사람이 있는데…."

웃으며 내가 답했다.
"그래."
그리고 다시, 내가 말했다.
"좋다…."

고개를 약간 기웃하며 E가 나를 바라본다.
"난 요즘, 이 시간의 빛이 참 좋더라."
내가 말했다.
"정오는 너무, 더웠잖아."

나는 다시 고개를 숙여 우리의 발을 내려다보았다. E도 나를 따라 고개를 숙였다. 정오만큼 쨍하지도 강하지도 않지만, 저물녘의 태양 빛은 제법 따뜻해 보였다. 그 따뜻한 붉은 빛이 한 칸 한 칸, 우리를 향해, E를 향해, 다가오고 있었다.

내 마음은

글 강세형 | 내레이션 조원선 | 노래 내 마음은 〈김동률 '동행' 앨범 중에서〉 | 2014

이 사람을 사랑하고 싶다.
몇 번이나 마음속으로 말했다.
이 사람을, 사랑하고 싶다.

소탈하고 정이 많은 사람.
따뜻하고 웃음이 많은 사람.

이 사람을 사랑하고 싶다.
이 사람에게 사랑받고 싶다.
몇 번이나, 마음속으로 말했다.

오늘도 이 사람은
우리집 앞을 다녀갔다.
현관문 앞에 걸려 있는 과일 봉지.

내가 이런 사랑을 받아도 되는 걸까.
내게 그럴 만한 자격이 있는 걸까.

그럼에도 몇 번이나 마음속으로 말했다.

이 사람을

사랑하고 싶다고.

하지만 그때마다

오래전 읽은 소설 속 한 장면이

떠오른다.

그녀는 안경을 벗고 손수건으로 눈가를 눌렀다.

"늘 머릿속으로 당신에게 말해요."

그녀가 말했다. 그리고 다시 안경을 썼다.

"죄송해요."

그녀가 속삭였다.

"뭐가?"

"늘 머릿속으로, 당신에게 말해서요."

나는 오늘도 몇 번이나 마음속으로 말했다.

이 사람을 사랑하고 싶다고.

이 사람에게 사랑받고 싶다고.

그런데 나 또한 소설 속 그녀처럼

결국 사과를 하고 만다.

죄송해요.

늘 머릿속으로, 당신에게 말해서요.

이 사람이 아닌, 당신에게.

이 사람을 사랑하고 싶다는 말조차

이 사람이 아닌, 너에게.

내 마음은,

오늘도,

너에게 말을 하고 있다.

어른의 영화

영화를 봤다. 이제 몇 안 남은, 내가 무척 아끼고 사랑하는 감독의 신작이었기에 나는 손가락을 꼽아 가며 개봉 일을 기다렸다. 그리고 오늘, 그 영화를 봤다.

"재밌네. 그치?"

극장을 나서며 일행이 말했다.

"응, 재밌네."

내가 답했다. 그런데 나의 그 말에는, 내가 생각해도 어쩐지 슬픈 꼬리가 달려 있었다. 일행이 갸우뚱하는 게 느껴졌다.

"그냥, 어쩐지 좀 슬프네."

슬퍼? 이 영화가 슬프다고? 슬픔과는 너무도 거리가 먼 장르의 영화

였기에, 일행의 고개는 한층 더 갸우뚱해졌다.

"나도 잘 모르겠어. 근데, 이 감독도 늙는구나…. 갑자기 그런 생각이 들어서. 너무 어른의 영화 같아서."

일행은 더 이상 고개를 갸우뚱하는 것만으론 모자라다 느껴졌는지, 이번엔 미간으로 주름을 잔뜩 모으며 이렇게 말했다.

"이 감독 어른이야. 너도 어른이고."

맞다. 나는 어른이다. 나보다 몇 살 더 많은 이 감독 역시 어른이다. 나도 안다. 그런데,

내가 그를 처음 만난 것은 스무 살을 갓 넘겼을 때였다. 나는 그에게 첫눈에 반했다. 그의 데뷔작이 대단한 흥행작이었던 건 아니었다. 하지만 나는 그의 똘기 충만한 젊음이 좋았다. 자신만의 세계와 개성이 확실한 오타쿠 감독이 등장했구나. 어쩐지 두근거리는 마음까지 들어 친구와 나는 한동안 만나기만 하면 그 감독에 대한 이야기를 했다. 우리는 그와 관련된 기사나 인터뷰는 모두 찾아보았고, 침을 튀겨 가며 그에 대한 이야기를 나눴고, 그의 다음 작품을 손꼽아 기다렸으며, 그의 신작이 발표될 때마다 함께 극장을 찾았다. 내가 방송 일을 시작한 후, 사심을 담아 초대 손님을 부른 건 그가 처음이자 마지막이었다. 당시 교양프로를 하고 있던 나는, 이 감독 앞으로 크게 될 거라고, 앞으론 부르고 싶어도 못 부르는 날이 올 거라고, 회의 중 바득바득 우겨 그를 초대했다. 초대 손님에게 내가 먼저 사인을 부탁한 것도, 방송 일을 하는 10년 동안 그때가 처음이자 마지막이었다. 그 사인을 받아 들고 와서 내가 친구에게 얼마나 자랑을 해댔는지 모른다. 그리고 친구

는 또 얼마나 부러워했는지 모른다.

그러한 우리의 열렬한 팬심에도 불구하고, 그가 흥행감독이 되는 데는 꼬박 10년이 걸렸다. 하지만 통쾌했다. 그 긴 세월에도 불구하고, 아니 어쩌면 그 긴 세월 때문에, 700만 관객을 불러들여 그를 흥행감독으로 만들어 준 그의 전작을 보고 나왔을 때, 나는 통쾌한 마음까지 들었다. 그는 조금도 변해 있지 않았다. 물론 더 세련돼졌고 노련해졌지만, 여전히 그의 영화에는 똘기 충만한 그만의 색깔이 고스란히 담겨 있었고, 그 똘기를 버리지 않고도 흥행감독이 됐다는 게 어쩐지 나는 너무 통쾌해서 누구든 붙잡고 자랑하고 싶은 마음까지 들었다. 또한 그 기쁨을 내가 누구보다 가장 먼저 열렬히 나누고 싶었던 사람은 물론, 친구였다.

하지만 우리는 이제, 만나지 않는다. 우리 두 사람 중 누구 하나가 대단히 큰 잘못을 해서도 아니었고, 우리 두 사람이 이제 너무 멀리 살게 돼서도 아니었다. 우리는 그저, 각자 어른이 됐을 뿐이었다. 각자, 다른 어른이. 그것도 내가 아직 어른인지 아닌지도 잘 모르는 어설프기 짝이 없는, 각자, 다른 어른이.

그때도 마냥 쉬웠던 건 아니었지만 그래도 학창 시절엔, 지금보단 조금 더 쉬웠던 것 같다. 친구를 사귄다는 것. 적어도 나에겐 그랬던 것 같다. 그냥 학교에 가면 됐다. 굳이 따로 전화해 약속을 잡을 필요도, 어디서 만나야 할지, 만나면 뭘 해야 할지, 무슨 얘길 나눠야 할지,

고민할 필요도 잴 필요도 없었다. 학교에 가면 친구가 있었고, 똑같은 일상을 살고 있던 우리에겐 언제나 할 이야기가 넘쳤고, 굳이 서로에게 비밀을 만들거나 거짓말을 할 필요도 없었다. 너도, 나도, 아직 아무것도 아니었던 시절에는.

나이를 한 살 한 살 먹어 갈수록, 우리는 조금씩 무언가가 되어 갔다. 누군가의 여자친구 혹은 남자친구가 되었고, 누군가의 종업원이 되었고, 누군가의 손님이 되었고, 누군가의 갑이 되었고, 누군가의 을이 되었고, 어떤 이는 또 누군가의 엄마 혹은 아빠가 되었다. 어렸을 땐 누군가의 딸 혹은 아들, 그리고 누군가의 학생, 이 두 가지 역할놀이만 잘하면 됐는데, 나이를 먹어 갈수록 우리의 배역은 점점 늘어났고, 우리의 시간은 점점 모자라졌고, 우리의 어깨 또한 조금씩 더 무거워져 갔다. 너에게 배역을 준 누군가들을 나도 모두 알고 있던 어린 시절이 끝나고, 나는 이제 더 이상 너의 누군가들을 모두 알 수도 없을뿐더러 알아갈 시간조차 모자라 알아갈 마음조차 생기지 않는 어른의 세계로, 우리는 넘어가고 있었다.

넘어가고 있었다. 어쩌면 그래서였는지도 모르겠다. 마음은 아직 학창 시절 그 어딘가에 머물러 있는데 우리의 시간은, 우리의 현실과 삶은, 어른의 세계로 넘어가고 있었다. 그걸 빠르게 인지하지 못한, 잘 받아들이지 못한 사람들은 실수를 저지를 수밖에 없었다. 달라진 너의 일상과 삶을, 아직도 내가 다 알고 있다는 착각. 달라진 너를, 아직도 세상 누구보다 내가 가장 잘 알고 있다는 착각. 그러니 너도 아직, 나

와 같은 마음일 거라는 착각. 그 착각을 기반으로 실수를 하고 또 실망을 했다. 달라진 나는 이해받길 원하며 달라진 너는 이해하지 못하는 사이 실수와 실망은 쌓여 갔고, 우리는 어른이 되어 갔고, 더 이상 만나지 않게 되는 어린 시절의 친구들이 늘어 갔다.

언젠가 아직도 만나고 있는 오랜 친구가 불쑥 이런 말을 한 적이 있다.

"고마워."

며칠 전 잠을 자다 갑자기 그런 생각이 들었단다. 아직도 나랑 놀아 주고 있는 몇 안 되는 내 친구들이 너무 고맙다는 생각. 그렇잖아. 내가 생각해도 나는 이기적이고 모난 데도 많은데, 그런 나를 참아 주고 아직도 놀아 주는 친구들이 고맙잖아. 그때 나는, 뭐라고 답했더라. 아마도 오글거리는 건 못 견뎌 하는 나는 농담처럼 그 말을 받았을 것이다. 나만 하겠니. 너도 알잖아, 나 친구 몇 명 없는 거. 너까지 나랑 안 놀아 주면 나 외로워서 큰일 나. 그래서 너한테 잘하는 거야. 나도 이기적이라서.

농담 같았던 나의 그 말들은, 진심이기도 했다. 어른이 된다는 건, 아무리 친한 친구에게라도 비밀과 거짓말을 가져야 한다는 것이기도 했다. 우리에겐 각자의 다른 삶과 다른 사정이 생겼고, 그사이 우리에겐 각자의 비밀과 자격지심과 허세와 거짓말이 생겼다. 아무리 친한 관계라 해도 절대 넘어서는 안 되는 경계선이 생겼다. 눈에 보이는 선명한 경계선이 아닌, 보일 듯 말 듯 어렴풋한 경계선 위의 그 아슬아슬

한 줄타기에서 우리는 종종 미끄러져 떨어지기도 했다. 우리 또한 선명하지 않은, 어렴풋하고 어설픈 어른이라서. 어쩌면 우리가 아직 만나고 있다는 건, 그 아슬아슬한 줄타기에서 번번이 균형을 잃고 비틀거릴 때, 네가 나의 손을 잡아 줬다는 것, 내가 너의 손을 잡아 줬다는 것을 의미하는지도 모른다. 그래서 고마운 마음. 나의 손을 놓아버리지 않은 너에게, 너의 손을 놓아버리지 않은 나에게.

어쩌면 그래서였나 보다.

"그냥, 어쩐지 좀 슬프네. 이 감독도 늙는구나…. 갑자기 그런 생각이 들어서. 너무 어른의 영화 같아서."

극장을 나서며, 나는 정말 그런 마음이 들었다. 영화는 좋았다. 재밌었다. 여전히 그는 젊은 날의 똘기와 오타쿠 근성을 잃지 않았고, 나 또한 여러 번 웃고 여러 번 놀라며 영화를 봤다. 어쩌면 이 영화는 그의 전작인 700만 기록을 넘어 천만도 가능하겠구나. 그래서 뿌듯하고 통쾌한 마음 또한 여전했지만, 그럼에도 나는 조금 슬펐다. 그는 어른이 되어 있었다. 젊은 날의 그였다면 절대 하지 않았을 대사, 젊은 날의 그였다면 절대 하지 않았을 배려. 젊은 날의 그였다면 한 발 더 나갔을 것 같은데 멈칫, 젊은 날의 그였다면 참지 않았을 것 같은데 멈칫. 어른으로 가는 그 아슬아슬한 줄타기에 멋지게 성공한 그의 영화가, 어쩐지 뿌듯하면서도 슬펐다.

이 감독 어른이야. 너도 어른이고.

당연한 말이었다. 아슬아슬한 줄타기의 연속인 어른의 삶은, 그에게도 예외가 아니었다. 물론 나에게도. 또한 내 친구에게도. 이것저것 배려하고 잴 필요도 없이 아무 때고 전화를 걸어 '봤어? 이번 영화도 죽이지?' 이제는 더 이상 그럴 수 없는, 너와 나에게도.

그래서 나는 조금, 슬펐나 보다. 우리는 모두 줄 위에 올라야 했다. 아슬아슬한 줄타기에 균형을 잃지 않으려 안간힘을 써야 했다. 아무리 우리의 마음은 아직 어린 날의 어디쯤에 머물러 있다 해도, 우리의 시간은 이미 '어른의 영화' 속으로 넘어와 있었으니까.

저절로 그려지는 그림

J에겐 요즘 꽂혀 있는 작가가 있다. 몇 달째 그 작가 이야기만 해대서, 나도 J가 추천한 그 작가의 책을 한 권 읽었다.

"너무, 아름답더라."

내가 말했다. J의 눈빛이 순간 반짝했다.

"그지? 역시 너도 느꼈구나. 도대체 어떻게 그런 글을 쓰는지 모르겠어."

마치 본인이 인정받기라도 한 듯 J는 반짝이는 눈빛으로 한참이나 또 그 작가에 대한 이야기를 해댔다. 그런데 어쩐지 J의 눈빛이 조금씩 아련해졌다. 그리고,

"그 정도면 그냥 타고난 거야. 너는, 아름다운 글을 쓰기 위해 태어난 사람."

“에이, 그래도 처음부터 그렇게 잘 쓰진 않았겠지.”

한없이 아련해진 J의 표정이 어쩐지 마음에 걸려 내가 농담처럼 말을 받았다. 하지만,

“잘 썼어. 처음부터.”

J는 단호했다. 그의 첫 작품부터 하나도 빼놓지 않고 모두 다 찾아봤다는 J.

“어떤 기분일까. 그렇게 태어난다는 건…. 너는, 아름다운 글을 쓰기 위해 태어난 사람.”

그리고 잠시 말이 없던 J가 긴 한숨과 함께 입을 열었다.

“어쩐지, 부럽다.”

국문과를 나와 방송작가를 10년 넘게 했으니, 아무래도 내 주변엔 글과 관련된 사람이 많다. 전업작가부터 출판계 종사자, 직업은 따로 있지만 글을 완전히 놓지는 못한 사람, 또 지금 당장은 글을 쓰고 있지 않지만 독서량이 상당하고 언제나 이 세계에 관심을 두고 있는 잠재적 작가군까지. J도 그중 하나다. 그런 우리들 사이에 좋은 작가가 화제에 오르면 늘 이렇게 된다. 처음엔 독자의 한 사람으로 그 기쁨을 표현하느라 정신없지만, 그 마지막은 언제나…

부럽다.

그날도 한바탕 부러워 타령을 마치고 집에 가는 길, 나는 J와 함께 지하철에 올랐다. 일요일이고 막차에 가까운 시간이라 지하철 안은 고

적했다. 덜컹이는 지하철에 맞춰 고개를 갸울거리며 조각 잠을 자고 있는 사람들. 우리 맞은편에는 아예 좌석 위로 두 다리를 모두 올린 채, 대여섯 살쯤 돼 보이는 아이가 엄마 무릎 위에서 깊은 잠에 빠져 있었다.

"너도 혹시 저 나이쯤에 꿨던 꿈, 기억나?"

고적함을 깨고 J가 말했다.

"아니? 그럴 리가 없잖아. 왜, 너는 기억나?"

J가 말했다. 자신은 잠이 많은 아이였다고. 엄마 손을 잡고 걸으면서도 간혹 꾸벅꾸벅 졸다 턱에 걸려 넘어질 뻔하곤 했는데, '그때마다 엄마와 내가 동시에 힘을 줘 손을 꽉 잡게 되는데, 그 힘에 놀라 깨곤 했어.' 그런데 그 짧은 순간에도 J는 꿈을 꿨다.

"엄마, 아까 할머니가 뭐래?"

"무슨 할머니?"

"왜, 아까 오다가 만난 할머니. 나는 들으면 안 되는 말이라고, 엄마만 저리로 데리고 가서 얘기했잖아."

"얘가 지금 무슨 소리 하는 거야, 무슨 할머니를 만나. 너 또 걸으면서 꿈꿨니?"

J는 꿈도 많은 아이였다. 그리고 그 꿈은 언제나 너무 생생해서 가끔은 꿈과 현실이 마구 헛갈리기도 했다.

"나 초등학교 때, 푸세식 화장실을 덮어 만든 사루비아 꽃밭이 학교에 있었거든? 그 사루비아 꽃밭에 벌이 진짜 많았어."

새빨간 사루비아와 샛노란 꿀벌. 자연스레 아이들은 그 강렬한 원색의 즐거움에 이끌리기 시작했다. 누가 시작이었는지도 모르게 벌을 잡는 위험한 놀이 또한 시작됐다. 새빨간 꽃잎에 앉은 노란 벌에게 조심조심 다가간다. 엄지와 검지 두 손가락으로 날개부터 몸통까지를 단번에 제압한다. 바닥에 벌을 내려놓고 누르면서 나뭇가지로 벌의 꼬리 부분을 살살 긁어 벌침을 빼내는 놀이. J는 두려웠다. 벌침에 쏘일까 두려워 처음엔 사루비아 가까이에도 가지 못했다. 하지만 위험한 놀이는 언제나 더 짜릿한 법이어서, 한번 시작해버린 이후에는 J 또한 멈출 수 없었다.

"벌들은 침 빠지면 죽어. 너희들 몰랐니?"

한 선생님이 아이들의 놀이를 눈치챘다.

"벌은 일생에 딱 한 번만 침을 쏠 수 있고, 그 침을 쏘고 나면 바로 죽어. 너희들 도대체 무슨 짓을 하고 있었던 거니?"

어쩌면 선생님은 아이들의 위험한 놀이를 멈추려 했던 말씀이었겠지만, 그날부터 어린 J는 죄책감에 시달렸다.

잠도 많고 꿈도 많은 J에게 찾아온 형벌은, 역시 꿈이었다. 킹콩만큼 엄청나게 큰 벌들이 도시를 습격했다. 3층 건물 길이의 날카롭고 기다란 벌들의 다리가, 바늘이 되어 도로에 주차된 차들을 공격했다. 고함을 지르며 도망가는 사람들. 벌들의 날갯짓은 캔자스 외딴 시골집을 날려버린 무서운 회오리바람처럼 도시를 휩쓸었다. J는 큰 빌딩 안 책상 아래 숨어, 벌들의 복수가 시작된 건 모두 다 자기 탓이라는 자책감에 몸서리치며 떨고 있었다. 그런데 잠시 후, 사방이 고요해졌다. 그들

은 이제 떠난 것일까. 책상 아래서 조심스레 고개를 빼 창밖을 바라보던 J는…… 으악!!! 비명을 지르며 꿈에서 깼다.

"커다란 빌딩 유리창을 가득 메운 벌의 눈. 그 엄청난 크기의 벌의 눈이 나를 바라보던 그때의 그 느낌은, 으으으. 지금도 너무 생생해."

어린 J는 잠에서 깨 울면서 엄마에게 달려갔다. 무서운 꿈을 꿨어요. 엄마 품에 안겨 한참을 울다 고개를 들었는데, 다시 한 번…… 으악!!! 엄마의 뒤로, 커다란 유리창 밖에서, 커다란 벌의 눈이, 또다시 J를 바라보고 있었다.

"액자식 구성이라고 하지. 난 그런 꿈도 참 많이 꾼다. 분명 꿈에서 깼는데, 알고 보면 그게 또 꿈, 그게 또 꿈. 어떤 날엔 그렇게 백번씩 깨기도 해."

"생각만 해도 피곤하다. 완전 악몽이네."

내가 말했다.

"응. 그런 꿈은 꼭 악몽이지."

그러곤 또 한참을 골똘히 생각하는 것 같던 J가 다시 입을 열었다.

"그런데 신기한 건, 그런 악몽은 꼭 똑바로 누워서 잘 때만 꾼다?"

J는 옆으로 누워 자야 숙면을 취할 수 있는데, 어쩌다 책이나 TV를 보다 자신도 모르게 잠든 날, 똑바로 누워 잠든 날에는 꼭 그런 악몽을 꾼다고 했다.

"그래서 가끔은 이런 생각도 들어. 세상은 똑바로 살면 안 되는 게 아닌가. 그럼 악몽이 되는 거 아닌가…. 어, 나 다음에 내려야 한다."

"잠깐만. 근데 네가 아까 하려던 꿈 이야기, 아직도 기억난다는 어렸

을 때 꿈 이야기. 그게 그 벌에 대한 꿈이야?"

"아니? 그 이야기는 아직 시작도 안 했는데?"

'다음 내리실 역은 ○○역, ○○역입니다. 내리실 문은…'

나는 결국 J를 따라 내렸다. 너도 혹시 저 나이쯤에 꿨던 꿈, 기억나? 왜, 너는 기억나? 나도 정확히 언제부터였는지는 잘 모르겠는데, 아주 어렸을 때부터 반복해서 꾸던 꿈이 하나 있어. J의 '그 꿈'에 대한 이야기도 듣고 싶어졌기 때문이었다.

그 날 아침 역시, 가장 먼저 깨어난 건 소녀의 손이었다. 파르르. 오른손 세 번째 손가락 끝에서부터 시작된 작은 움직임이 두 번째, 네 번째 손가락을 깨우고 새끼와 엄지로까지 번지면 손등이 손목을 깨웠다.

또, 시작된 건가….

서로 착 달라붙어 좀처럼 떨어지지 않는 눈꺼풀. 침대에 폭 파묻혀 좀처럼 일으킬 수 없는 몸. 더, 자고 싶어. 하지만 이미 태동을 시작한 손에게는 아무리 애원해 봐도 소용없었다. 이불을 끌어올려 그 속으로 더 깊게 파고들려 하면 할수록 점점 더 격렬해지는 손. 결국 소녀는 몸을 일으켰다. 어린 소녀에겐 어울리지 않는 체념이 소녀의 얼굴에 드리워졌지만, 소녀의 손만은 그런 것 따윈 아랑곳하지 않았다. 손의 움직임은 오히려 더 격렬해졌다. 마침내 소녀의 무릎 앞에 하얀 종이가 놓인 순간 부르르, 손의 흥분이 소녀의 몸 전체로 퍼져 갔다. 소녀는 알고 있다. 이제 막을 수 없다는 걸. 자신의 이야기가 끝나지 않는 한, 손은 결코 멈추지 않을 것이다. 이제 한동안은 잠자코 들어주는 수밖에 없다. 파르르, 파르르, 점점 더 빨라지는 손. 파르르, 파르르, 점점 더 흥분해 떠들어대는 손. 그날 아침에도 또

한 장의 그림이 그려졌다. 저절로 그려지는 그림.

"그 소녀가 너였어?"

J의 집 거실에서 쿠션을 껴안은 채 이야기를 듣고 있던 내가 물었다.

"아니, 모르는 애였어. 대여섯 살쯤 돼 보이는 여자아이였는데, 꿈에서 내가 전지적 작가 시점으로 그 소녀를 보고 있는 거야. 분명 그 소녀는 내가 아닌데, 그 소녀의 생각이나 기분을 내가 다 알고 있는?"

정확히 언제부터였는지는 기억나지 않지만, J는 아주 어렸을 때부터 그 꿈을 꿨다고 했다. 일어나면 저절로 그려지는 그림이라는 게 어린 J가 생각해도 무척 신기하고 재밌어서, 자신도 소녀와 같은 손을 가지고 싶다고 생각했다. 하지만 이해가 안 되는 지점이 있었다. 그런 신기한 일을 겪으면서도 늘 체념한 듯 피곤해하는 소녀. 어린아이답지 않은 소녀의 그 표정이 J는 궁금했다. 그리고 그런 J의 마음을 읽기라도 한 듯, 언젠가부터는 소녀의 지난 이야기들도 J의 꿈에 나타나기 시작했다.

물론 소녀도 처음엔 이 모든 것이 신기하고 즐거웠다. 매일 아침 한 장씩 저절로 그려지는 그림, 도대체 뭘까? 이 모든 것이 꿈인 것만 같았다. 왜 나한테 이런 일이 일어나는 거지? 마치 지난밤 꿈이 손으로 나오는 것만 같았다. 내일 아침엔 또 어떤 그림이 그려질까? 빨리 아침을 맞고 싶어 빨리 잠들고 싶고 빨리 꿈꾸고 싶었다. 저절로 그려진 그림들은 한 장 한 장 쌓여 갔고 어느 날 그림들을 바닥에 깔아 놓고 물끄러미 바라보던 소녀는, 뭐라고? 너희들 방금 뭐라고 한 거야? 어떤 소리가 들려오는 것만 같았다. 잘 모르겠어. 나는 아직 너희들이 무슨 이야기를 하고 있는지 잘 모르

겠어. 그림들이 웃고 있는 것만 같았다. 조금만 더 귀를 기울여 봐. 네가 고개를 까딱하기만 하면 나는 더 신이 나서 떠들어댈 수 있어. 네가 조금만 추임새를 넣어 주면 그림은 말이 되고, 말은 말을 낳아. 이야기가 펼쳐질 거야. 소녀의 입가에도 웃음이 그려졌다. 그렇구나. 뭔가 굉장한 일이 일어날 것만 같아!

"하지만 굉장한 일은 일어나지 않았어."

J가 말했다. 글의 언저리에 있는 사람들은 늘 이야기에 굶주려 있다. 새로운 이야기를 만나면, 그다음 그다음이 궁금해 마음이 다급해진다.

"왜? 도대체 그 뒤가 어떻게 되는데?"

다급해진 내가 물었다. J의 표정은 조금 어두워졌다.

"언제든 할 수 있을 것만 같은 일들은, 언제든 미뤄 둘 수도 있잖아. 소녀가, 그렇게 해버렸거든."

언제든 할 수 있을 것만 같았다. 조금 더 귀를 기울이고, 그림들을 향해 고개를 까딱하고 추임새를 넣어 주는 일은 언제든 할 수 있을 것만 같았다. 그리고 소녀의 오늘엔 언제나 오늘의 일들, 꼭 오늘 지금이어야만 할 것 같은 일들이 기다리고 있었다. 내일에도, 내일의 내일에도. 하루하루가 지나갔다. 한 장 한 장 그림들이 쌓여 갔다. 그림이 쌓여 갈수록 소녀는 오늘의 일들에 더 의미를 두기 시작했다. 쌓여 가는 그림 뭉치는 점점 더 보이지 않는 곳으로 밀어 넣어버렸다. 그림 뭉치를 보고만 있어도 숨이 턱턱 막혀 오는 기분이 들었다. 누구도 뭐라 하지 않는데도 자꾸만 혼나고 있는 기분이 들었다. 아무도 쫓아오지 않는데도 자꾸만 쫓기고 있는 기분이 들

었다. 소녀는 그만, 모든 게 다 싫어지고 말았다. 아침이면 어김없이 소녀의 단잠을 깨우며 찾아오는 손의 움직임에도 화가 나기 시작했다. 또 시작이니? 제발 좀 날 그냥 내버려 둬. 그냥 자게 좀 해 줘. 더 자고 싶어. 너희들의 이야기는 더 이상 듣고 싶지 않다고!

"아마도 내가 처음 그 꿈을 꾸기 시작했을 때, 체념한 듯 그림을 그리던 소녀의 표정이 그런 의미가 아니었을까."

어쩐지 J의 표정도 소녀처럼 피곤해 보였다. 고개를 들어 시계를 보니 벌써 새벽 1시가 넘었다. 하지만 여기서 J가 이야기를 멈추고 잠들어버리면, 정작 나는 잠을 이룰 수 없을 것만 같았다. 혹여 잠이 들어도, 그 뒷이야기가 궁금해 소녀의 꿈을 꿀 것만 같았다. 이미 이 이야기는 나에게 단순한 J의 꿈이 아니었다. 새로운 이야기였다. 마치 먼 옛날 시장통 바닥에 앉아 전기수傳奇叟가 들려주는 새로운 이야기에 홀린 아이처럼, 나는 J를 채근할 수밖에 없었다.

"그래도 계속 그림을 그린 거 아니야? 아니지, 어차피 처음부터 소녀의 의지대로 되는 일이 아니었잖아. 손이 제멋대로 움직여 저절로 그려지는 그림이었잖아. 그 후에도 계속 그려졌을 거 아냐. 그래서 그 다음엔, 그다음엔 어떻게 되는데?"

피곤한 듯 고개를 어깨 쪽으로 살짝 뉘이며 J가 말했다.

"너라면, 어떡했을 것 같아?"

들을 준비만 되어 있던 나는 갑작스러운 J의 질문에 말문이 막혔고, 당황한 내 마음을 다 알겠다는 듯 J는 가볍게 웃으며 다음 말을 이어갔다.

"나는 진짜 그런 생각 많이 했거든. 나는 이 꿈을 하룻밤 동안 꾼 게 아니잖아. 몇 년에 걸쳐 계속 소녀를 만났고, 그때마다 지쳐 있는 소녀의 표정을 봤고…. 그래서 어떤 날엔 어서 빨리 이야기를 완성해버리면 되잖아 싶다가도, 어떤 날엔 이런 상황 자체에서 도망가고 싶은 소녀의 마음이 이해되기도 하고. 그래서 계속 그런 생각이 들었어. 나라면 어떡했을까. 내가 그 소녀였다면 어떡했을까. 그리고 어느 날, 이런 꿈을 꿨어."

그 날 아침에도 어김없이 찾아온 손의 파닥거림. 소녀는 온 힘을 다해 주먹을 꼭 쥐었다. 파닥파닥, 주먹 안에서 꿈틀거리는 그림을 좀 더 힘을 주어 가두었다. 차라리 가버려. 너희 그림 따위, 너희 이야기 따위, 이젠 궁금하지도 않아. 힘을 줄수록 더 거세게 파닥이는 그림에게 이번만큼은 소녀도 지고 싶지 않았다. 이대로는 쌓여 가는 그림들이 소녀를 먹어 치워버릴 것만 같았다. 이대로는 파닥이는 그림들이 소녀를 산산조각내버릴 것만 같았다. 이를 악물고 주먹을 쥐었다. 파닥파닥, 온 힘을 다해 주먹 안에서 날뛰는 그림을 가뒀다. 파닥파닥, 파닥파닥, 제발 가버려, 차라리 다른 사람한테 가버려. 파닥파닥, 파닥파닥, 파닥파닥, 제발, 제발 그냥 가버리라고! 파닥파닥, 파닥파닥, 파닥, 파닥, 파닥!

하루, 이틀… 사흘, 나흘…
파닥파닥, 파닥파닥… 파닥파닥… 파닥파닥…
파닥파…파닥…파…………닥……다……다………………파…………다…
아…………악………….

그림은, 사라졌다.

꿈은, 사라졌다.

"끝?"

설마, 하는 마음으로 내가 물었다.

"응. 끝."

J가 답했다. 이대로 정말 끝이라고?

"응. 그게 마지막이었어. 마지막으로 그 꿈을 꾼 게, 벌써 10년도 전인 것 같은데…. 어쨌든 그 꿈은 그 후론 다시는 찾아오지 않았어."

어쩐지 나는 조금 억울한 마음이 들었다. 아직 끝나지 않은 이야기 같은데, 끝나면 안 되는 이야기 같은데. 이렇게 끝이라는 걸 받아들이기 힘들었다. 하지만 J는,

"그만 자자. 벌써 2시야. 나 내일 출근해야 돼."

현실로 돌아온 듯 이렇게 말했다. 나 내일 적어도 7시엔 일어나야 해. 내가 먼저 일어나서 준비하고 너 깨울 테니까 같이 나가자. J는 침실로 들어갔고, 나는 거실 소파에 담요를 덮고 누웠다. 우리집 침대가 아닌 J의 좁은 소파에선 몸을 어떻게 움직여 봐도 어쩐지 불편해 좀처럼 잠이 오지 않았다. 나 또한 J처럼 옆으로 몸을 뉘여 다리 하나를 가슴 쪽으로 끌어올려야 잠을 푹 자는데, 이 좁은 소파에선 도저히 그 각이 나오지 않았다. 똑바로 천장을 보고 누울 수밖에 없었다. J는 이렇게 자면 악몽 꾼다고 했는데…. 그래서인지 반복되는 악몽처럼 소녀의 이야기가 자꾸만 떠올라 잠이 오지 않았다. 뭔가 더 있을 것 같은데…. 정말 J는 그 뒤론 한 번도 소녀의 꿈을 꾸지 않은 걸까. 뭔가 나에게만

숨기고 있는 뒷이야기가 더 있는 건 아닐까. 그래서 소녀는 어떻게 됐을까. 소녀도 어른이 됐을까. 어른이 됐다면 어떤 어른이 됐을까…. 천장을 향해 똑바로 누워, 그렇게 얼마나 더 시간이 흘렀는지는 모르겠다. 다만, 침실을 열고 나온 J가 습관처럼 TV를 켜는 모습이 비몽사몽간에 눈에 들어왔다.

자고 일어나면 언제나 이렇게 똑같은 아침을 보내는 것 같았다. J는, 소파에 누워 자고 있는 나를 마치 잊어버린 듯 행동했다. 습관처럼 TV를 켜 둔 채 샤워를 하고, 화장을 하고, 오늘도 잘 그려지지 않는 아이라인에 오늘도 무딘 자신의 손에게 짜증을 냈다. 오늘도 맘에 들지 않는 아이라인으로 J는, 쉴 새 없이 혼잣말을 떠들어대는 TV 소음 속에서 아침을 차렸다. 간단한 아침상은 TV 앞에 놓였다. J는 TV를 보며 밥을 먹었다. 나도 J의 시선을 따라 TV를 향해 초점을 맞췄다. TV 속에선 신이 난 표정의 어떤 소년이 그림을 그리고 있었다.

자고 일어난 소년이 종이를 찾았다. 달라붙은 눈곱 때문에 눈도 제대로 뜨지 못하는 소년이 하얀 종이에 그림을 그려 갔다. 아직도 꿈결인 듯 왼손으로 눈을 비비는 사이에도 소년의 오른손은 바삐 움직이고 있었다.

"그림을 그리는 건, 네가 아니라 손인 것만 같구나."

"꿈을 꿨어요."

즐거움을 참을 수 없다는 듯 소년이 답했다.

"무슨 꿈을 꿨니?"

소년이 그림을 가리킨다.

"꿈이 자꾸 손으로 나와요. 그게 너무 재밌어요."

서서히 클로즈업되어 소년의 그림이 TV 화면을 가득 채운다.

식어 빠진 국그릇에 숟가락을 담근 채 J는 시계를 봤다. 늦었다. 리모컨을 찾아 TV를 끄고, 그대로 일어나 대충 이를 닦고 옷장으로 달려갔다. 아얏. 엄지손가락이 채 빠져나오지 못한 상태로 옷장 문을 닫았다. 빨갛게 부푼 엄지손가락을 연신 입으로 빨아대며 옷을 입는데, 소매가 찾아지지 않는다. 에잇. J는 잔뜩 짜증이 난 얼굴이었지만, J에겐 짜증 낼 시간조차 없어 보였다. 눈을 감고 화를 달랜다. 징징거릴 시간이 없다. 화를 달래는 그 잠깐의 시간에도 초침은 움직이고, 엘리베이터가 내려가고, 지하철은 떠난다. J는 서둘러 짐을 챙겨 현관문을 빠져나갔다. J야. 나도 데려가야지. 우리 같이 나가기로 했잖아.

나도 모르게 황급히 일어나 J를 뒤쫓아 나갔다. 오늘도 J의 하루는 여느 때와 다름없이 지루하지만, 여느 때와 다름없이 무척 바빠 보였다. 그래서 J는 나의 존재 또한 잊어버린 걸까. 여느 때와 다름없이 바쁘지만, 여느 때와 마찬가지로 뭔가 제대로 된 하루를 보내고 있다는 느낌 따윈 J에게 찾아오지 않는다. 몇 잔의 커피와 상사로부터의 몇 번의 잔소리. 한 번의 점심시간, 별 내용 없는 몇 개의 문자메시지. 다른 이를 향한 몇 번의 자격지심과 누군가를 향한 이유조차 분명치 않은 적개심과 짜증 속에 다가오는 퇴근 시간. 오늘도 여느 때와 다름없는 하루를 보낸 J. 하지만 오늘따라 J의 미간에 잡히는 주름은 잦다.

'꿈이 자꾸 손으로 나와요. 그게 너무 재밌어요.'

신이 난 듯 해맑게 웃던 TV 속 소년에겐 어울리지 않는 표정, 일그러진 미간이 J의 얼굴에 하루 종일 나타난다. 오늘도 여느 때와 다름없는 하루를 보낸 J. 하지만 오늘따라 J는 조금, 슬퍼 보였다.

퇴근 후 J는 서점을 찾았다. 이름도 처음 듣는 저자와 제목들이 책장마다 빼곡하다. 더 이상 이곳 또한 J에게 안식이 되어 주지 못한다. 아무도 시키지 않은 숙제가 차곡차곡 쌓여 하나의 책장을 이루고, 그 책장들이 점점 늘어나 벽이 되고, 그 벽들이 점점 다가오며 J를 죄여 오는 것만 같다. 한 권 한 권 내 것으로 만들어 가는 즐거움 따윈 숨이 턱턱 막힐 정도로 많은, 낯선 것들 앞에서 무너져버렸다. 책 따위, 이젠 다 귀찮아. 지하철 방향 출구를 찾아 J는 홱, 몸을 돌렸다. 그 순간, 와르르르.

J의 가방을 붙잡은 책들이 와르르르 바닥으로, 가판 하나를 다 차지하고 있던 그림책들이 바닥으로 무너져 내렸다. 사방에 아무렇게나 펼쳐진 그림책들이 나뒹군다. 그 책들 위로 그림들이 날아오른다. 이야기들이 날아오른다. J는 어지럽다. J의 눈엔 다 담을 수도 없을 정도로 많은 그림들이, 이야기들이, J의 앞으로 날아오르고 J는 어지럽다.

"꿈이 자꾸 손으로 나와요."

그림을 가리키던 TV 속 소년이, 날아오르는 이야기책의 그림들과 겹쳐져 J를 휘감으며 맴돈다. 점점 빠르게.

"너무 신이 나요."

점점 더 빠르게 소년의 웃음이,

"꿈을 꾸는 것도, 꿈을 그리는 것도."

점점 더 빠르게 소년의 그림이,

"그다음은 그냥, 툭 건드려 주기만 하면 되니까요. 그럼 이야기가 나오니까요. 그림들이 들려주는 이야기가 이렇게 세상 밖으로 튀어나오니까요."

점점 더 빠르게 소년의 이야기가 J를 휘감으며 몰아친다.

"꼭, 나에게만 찾아와 주는 이 이야기들이요!"

와르르르, J는 털썩 무너져버렸다. 그 모습이 너무 슬퍼 나는 질끈, 눈을 감아버렸다.

질끈, 감았던 눈을 뜨자 J가 보였다.

"J야! 너 괜찮아?"

"무슨 소리 하는 거야, 꿈꿨어?"

그제야 J의 얼굴 뒤로 J의 집 거실이 눈에 들어왔다.

"소파가 좁아서 불편했지? 나도 이 소파에선 차렷 자세로밖에 안 누워져서, 여기서 졸면 꼭 악몽을 꾼다?"

악몽…. 나는 정말 악몽을 꾼 걸까. 그렇다면 어디서부터가 꿈이었던 걸까.

"얼른 일어나서 씻어. 나 30분 안에 나가야 돼."

J는 분주하게 출근 준비를 했다. TV는 켜 두지 않았다.

"TV 볼 시간이 어딨어, 아침 출근 시간엔 1분도 아까운데."

회사원 차림의 J를 따라 집을 나섰다. 월요일 아침, 정장 차림으로 지하철역을 향해 빠른 걸음을 재촉하는 J의 뒷모습은, 어제저녁 한없

이 아련해진 표정으로 한 작가에 대한 이야기를 쏟아내던 J와는 어쩐지 다른 사람 같았다. 그 정도면 그냥 타고난 거야. 너는, 아름다운 글을 쓰기 위해 태어난 사람. 부럽다.

"J 너, 아직도 글 쓰고 있어?"

앞서 가는 J를 간신히 따라잡으며 내가 물었다.

"응?"

"너 우리 과 문예 특기생이었잖아. 난 네가 소설가가 될 줄 알았어."

상대가 무슨 얘길 하려는지 전혀 감이 안 잡힌다는 표정으로 J가 날 바라봤다.

"그 소녀 말이야."

내가 다시 입을 열었다.

"무슨 소녀?"

"어렸을 때부터 네 꿈에 나왔다는 그 소녀…."

아직도 꿈속을 헤매는 잠이 덜 갠 아이라도 바라보듯, J는 의아하단 눈빛으로 이렇게 말했다.

"너, 아직도 잠 덜 깼어?"

그 순간,

"어, 버스 왔다. 나 지하철역까지 저거 타야 되겠다. 늦었어. 조심해서 가. 나중에 연락할게."

또각거리는 빠른 구두 소리와 함께 J는 버스를 타고 사라졌다.

'너, 아직도 잠 덜 깼어?' J가 남긴 말이 자꾸만 머릿속을 맴돌았다.

'똑바로 누워 잠든 날에는 꼭 악몽을 꿔.' 나는 정말 악몽을 꾼 걸까. 그렇다면 어디서부터가 꿈이었던 걸까. '내가 전지적 작가 시점으로 그 소녀를 보고 있는 거야. 분명 그 소녀는 내가 아닌데, 그 소녀의 생각이나 기분을 내가 다 알고 있는?' 어쩌면 그 소녀 또한 J의 꿈이 아닌 나의 꿈이었던 걸까. '언제든 할 수 있을 것만 같은 일들은, 언제든 미뤄 둘 수도 있잖아.' 모든 걸 미뤄버린 소녀는, 소녀였을까, J였을까, 나였을까. '꿈이 자꾸 손으로 나와요. 그게 너무 재밌어요.' 우리가 아니었던 TV 속 소년은 또 누구였을까. '와르르르, J는 털썩 무너져버렸다. 그 모습이 너무 슬퍼 나는 질끈, 눈을 감아버렸다.' 그렇다면 무너져버린 그 슬픔은 또, 누구의 것이었을까.

너는, 아름다운 글을 쓰기 위해 태어난 사람. 부럽다.

지난밤 J와의 수다, 지난밤 J의 꿈 이야기, 그리고 지난밤 나의 꿈까지도 모두 뒤엉켜 어디까지가 현실이고 어디까지가 꿈인지, 지금 나는 현실에 앉아 있는 게 맞는지, 모든 것이 혼란스러워 J가 떠난 버스정류장에 우두커니 한참을 앉아 있었다. 그사이 수많은 사람들이 J와 같은 어른의 표정으로 버스를 타고 떠나갔다. 이 수많은 어른들은 또 지난밤 무슨 꿈을 꿨을까. 이 수많은 어른들은 또 지난밤 어떤 아이였을까. 이 수많은 어른들은 또 어떤 아이로 태어났던 걸까. 어쩌면 나는 아직도 꿈속에 있는 걸지도 모르겠다.

너는, 아름다운 글을 쓰기 위해 태어난 사람. 너는, 아름다운 그림을

그리기 위해 태어난 사람. 너는, 아름다운 음악을 하기 위해 태어난 사람. 너는, 아름다운 세상을 만들기 위해 태어난 사람….

어쩌면 이 모든 어른들도 언젠가는 그런 아이였던 건 아닐까, 버스 정류장에 앉아 이런 생각을 하고 있는 나는 아직도 꿈속에 있는 걸지도 모르겠다. 하지만 그래서 또 나는, 조금 슬퍼졌다. 꿈에서 깨어난 어른들은 버스를 타고, 지하철을 타고, J와 같이 일상으로 사라져 갔다. 어쩌면 당신 또한 그 소녀였을지 모르는데. 어쩌면 당신도, 지난밤 소녀의 꿈을 꾸었을지 모르는데. 꿈에서 깨어난 어른은 기억이 없다. 소녀였던 자신, 소녀였던 자신의 손안에서 파닥이던 그림, 끝내 이야기가 되지 못한 채 사라져버린 그렇게 다른 소년에게로 옮겨 가버린 그림을, 어른은 모른다.

그림은 사라졌으니까.
이야기는 끝이 났으니까.
꿈에서, 깨어나버렸으니까.

그리하여 꿈에서 깨어난 어른은, 모든 기억을 잊고 오늘도 자신이 아닌 타인을 향해 이렇게 읊조린다.

너는, 아름다운 글을 쓰기 위해 태어난 사람.

3

아름답다

책을 보다 무심코 고개를 들었다. 그리고 한동안 나는 책으로 다시 돌아가지 못했다. 과하지도 부족하지도 않게, 빠르지도 느리지도 않게, 무심한 듯 조용한 듯, 차갑고도 따뜻하게 내리는 눈. 언제부터였을까. 내 창 가까이에 다가와 있던 눈을, 나는 일찍 알아채진 못했지만 한번 알아챈 후부턴 좀처럼 눈을 뗄 수 없었다. 그렇게 얼마나 멍하니 창밖만 바라보고 있었을까. 어쩐지 조금 슬퍼진 마음에 나도 모르게 흘러나온 말, 아름답다…. 그 말에 나는 적잖이 당황하고 말았다. 내 입에서 나온 그 말이, 너무 낯설고 어색하게 느껴져서.

나는 사실 예쁜 걸 좋아하고 예쁨에 참 후한 사람이다. 그래서 사람을 보고도 물건을 보고도 자연을 보고도 예쁘다는 말을 참 자주 하는

사람. 그런데 어쩐지 '아름답다'는 말엔 후하지 못했다. 이유는 알 수 없었다. 예쁜 걸 보면, 그저 자연스럽게 내 입에서 '참 예쁘다'라는 말이 흘러나왔다. 하지만 좀처럼 '아름답다'는 말은 흘러나오지 않았다. 대체 내 안에서 '예쁘다'와 '아름답다'를 어떻게 구분하고 있기에 그러한 것인지, 사실 한 번도 진지하게 생각해 본 적 없었는데, 갑자기 궁금해졌다. 내 입에서 흘러나온 '아름답다'는 말이, 어쩐지 너무도 낯설고 당황스럽게만 느껴져서.

예쁘다, 는 말에 가장 잘 어울리는 사람을 먼저 떠올려 봤다. 역시 후배 C였다. C처럼 해맑고 예쁘게 웃는 사람을 나는 지금껏 만나 본 적이 없다. C는 '구김살 하나 없는'이란 말이 정말 잘 어울리는 사람. 양지바른 곳에서 햇빛 듬뿍 받고 자란 나무처럼, 언제나 세상 모든 빛과 함께하고 있는 듯 보이던 C. 하지만 누구도 C를 시기하거나 미워하진 못했다. C의 그 해맑고 예쁜 웃음 앞에선, 그 누구도 무장해제되지 않을 수 없었기 때문이었다. 나 또한 그랬다. 우는 모습마저 밝고 예쁜 C를 보면, 저 아이에겐 대체 어떤 슬픔이 있을까, 과연 저 아이도 슬프고 아프다는 말을 겪어 본 적이 있을까, 부러운 마음마저 들었다. 하지만 이미 삐딱해져버린 내 마음은 절대 C가 될 수 없었다. 그저 C를 바라보며 참 예쁘다, 라고 말하는 게 좋았다. 그러는 동안은 잠시나마 나도, 예쁜 동화 속 세상에 들어와 있는 기분이 들었기 때문이었다.

그런데 나는 그 예쁜 C에게, 왜 단 한 번도 '아름답다'는 말은 해 본

적도 품어 본 적도 없을까. 그게 또 이상해서 한참이나 창밖을 바라봤다. 겨울의 끝자락에 내리는 눈. 과하지도 부족하지도 않게, 차갑고도 따뜻하게 내리는 눈. 땅에 닿는 순간 사라져버릴지 모르지만, 지금 이 순간만은 겨울의 대기를 가득 채우고 있는 눈. 그 눈을 또 한참이나 바라봤다. 이내 슬퍼지는 마음. 그리고 다시 한 번…

참, 아름답다.

그 순간이었던 것 같다. 슬픔이 아니었을까, 싶었던 것. 내 안에서 예쁘다와 아름답다를 구분하는 기준은 슬픔이 아니었을까. 어쩌면 세상 모든 아름다움 안에는 슬픔이 있는 게 아닐까. 찬찬히 떠올려 보았다. 아름다운 것. 아름다운 사람. 아름다운 삶. 어쩐지 그런 것만 같았다. 그저 예쁘기만 한 게 아니라 아름답기 위해서는 슬픔이. 그 사실이 또 조금 슬프기도 하고 그래서 또 아름답기도 하지만, 적어도 내 마음의 사전에서는, 그렇게 말하고 있는 것만 같았다.

동시대 예술가

"그 작가, 이번 책은 너무 별로더라."

친구가 말했다. 그랬을 수 있다. 별로였을 수 있다. 또 가까운 친구 앞에서 어떤 책에 대한 자신의 솔직한 감상평을 얘기하는 것이 무슨 죄가 되겠는가. 앞에 앉아 있는 내가, 그 책의 작가도 아니고. 그런데 말도 안 되게 나는, 친구의 이 말에는 욱하고 말았다.

"현대소설 못 보겠어. 난 다시 고전으로 돌아가서, 요즘 톨스토이를 보고 있는데…."

"야, 톨스토이가 전쟁과 평화랑 안나 카레니나만 쓴 줄 아니?"

고전, 물론 나도 좋아한다. 고전, 말 그대로 오랜 시간 많은 사람들

에게 사랑받으며 지금까지 살아남은 데는 다 이유가 있다는 것, 나도 인정한다. 하지만 어쩌면 그래서 더, 과거의 작가들은 현시점에서 (자신이 살았던 시대에서보다 더) 영광의 삶을 살고 있는지도 모른다. 아무래도 우리는, 그가 평생 동안 쓴 수많은 작품들 중에서 지금까지 살아남은 그의 대표작들만을 더 쉽게 만나고 있으니까. 그에게도 슬럼프는 있었을 수 있고, 그의 작품 세계에도 오르막과 내리막은 있었을 수 있다. 심지어 자신의 살아생전에는 단 한 번도 인정받지 못했으나, 이제와 고전으로 기억되는 작가들도 얼마나 많은가. 만약 우리가 그와 같은 시대를 살고 있었다면, 그의 신작을 바로바로 읽어 보며 가타부타 입을 놀려댈 수 있는 시대를 살고 있었다면, 어쩌면 그에 대해서도 우리는 이렇게 말했을지도 모른다. '그 작가, 이번 책은 너무 별로더라. 현대소설 못 보겠어. 난 요즘 다시 고전들을 보고 있는데….'

"우리는 동시대 예술가들에게 너무 가혹한 것 같아." 나는 결국, 여기까지 와버렸다. 친구는 그저, 최근에 본 현대소설 하나가 별로였다는 자신의 감상평을 얘기했을 뿐인데. 그러니 황당하다는 듯 날 바라보는 친구의 눈빛도 이해가 된다. 어쩌면 내가 그 작가의 오랜 팬이었기 때문에 더 예민했을 수 있고, 어쩌면 나 또한 그의 이번 작품에 조금은 실망했기 때문에 더 민감했을 수도 있다. 나도 애써 외면하며, 실망하지 않으려 스스로를 다독이며 다음 작품을 기다리고 있었는데, 친구의 툭 찌름에 내가 괜히 내 발 저려 변명하듯 궤변을 늘어놨는지도 모른다.

하지만 조금은, 진심이었다. 나는 참 별로라서 말이다. 과거'만' 사랑하는 사람들. 그때가 좋았지, 그 시절엔 적어도, 왕년엔 나도…. 과거의 영광'만'을 기억하고, 과거의 작가'만'을 사랑하며, 젊은 날 혹은 지난 날의 나'만'을 곱씹는 사람들.

내 나이 스무 살에는, 내 나이 서른 살에는…. 나도 물론, 좋았던 것 같다. 한번은 어떤 후배가 내게 이런 말을 한 적이 있다. "언니 글을 보고 있으면 진짜 그런 생각이 들어요. 이 언니는 대학 시절에 참 행복했나 보다. 맨날 친구들이랑 잔디밭에서 놀고 있잖아요." 나는 잠시 고개를 갸웃할 수밖에 없었다. 아닌데, 나 대학 시절에 우울하다고 차인 적도 있는데. 심지어 군대 있는 남자애한테. 내 편지는 맨날 우울하다고. 그런데 이제 와 그 시절을 추억하며 써 내려간 내 글들을 보고 있으면, 나조차도 그런 생각이 든다. 나, 그 시절엔 행복했나? 하지만 역시 기억은 조작되고 과거는 미화되기 마련이어서, 그 시절이라고 힘든 일이 없었고 고민거리가 없었을 리 없다. 다만 그것은 이미 지나쳐 왔을 뿐. 지금의 힘듦이나 고민 또한 언젠가는 또 지나갈 것처럼. 언젠가는 지나가기 마련이니까. 영원할 것만 같았던 많은 것들이 결국은, 언젠가는, 지나가는 것을 봐 왔다. 내 맘처럼 완전한 해결은 아닐지 몰라도 결국은, 언젠가는.

그래서 나는 조금 더, 현재에 관대해지고 싶다. 과거의 나를 미화하고 추억하며 그리워하는 것도 좋지만, 현재의 내 삶에만 너무 엄격한 잣대를 부여하지 않기를. 그렇게 현재의 내 기쁨마저 내 스스로 망쳐

놓지 않기를.

그리하여 나는 조금 더, 기다려 보기로 했다. 내가 좋아하는, 이번엔 조금 실망스러운 작품을 내놓았지만 여전히 그의 행보가 궁금한, 그 작가의 다음 작품을. 나는 그와 동시대를 살고 있기에 그의 작품 베스트, 그의 좋은 점만을 보고 기억할 수는 없을 것이다. 하지만 대신 그가 어떻게 슬럼프를 극복해내고, 그가 또 어떻게 멋진 변신을 거듭해 가며 성장해 가는지는 지켜볼 수 있을 것이다. 그것이 또, 동시대 예술가들을 사랑하는 재미일 수 있을 테니까.

W 617

책상 의자에 앉은 채 두 팔을 올리고 허리를 꺾어 길게 기지개를 켜다 발견했다.

W 617

열어 둔 창문 위쪽 창틀에, 빨간 색연필 자국. 불편한 자세로 고개를 이리저리 뒤집어 가며 한참을 바라봤다. 'W 617? 언제부터 저기 저런 게 쓰여 있었지?' 참으로 할 일이 없었든지 하기가 싫었든지, 나는 인터넷 검색창에 'W 617'을 치고 있었다. 이런 검색 결과가 나올 리 없지. 하지만 떴다. 운동화부터 롱 카디건에 배드민턴 5부 바지 모델명까지 각종 쇼핑몰 정보가 떴다. 역시 인터넷은 놀랍다. 웬만해선 '검색

결과가 없습니다'라는 말은 뱉어내지 않는다. 하지만 창틀에 적힌 'W 617'이 운동화나 롱 카디건, 배드민턴 5부 바지의 모델명일 리는 없을 테고 도대체 무슨 의미일까. 무슨 의미를 담아, 도대체 누가, 왜, 저곳에 'W 617'이라 적어 놓은 걸까.

"단성사 옆 골목의 첫 번째 쓰레기통에는 초콜릿 포장지가 두 장 있습니다. 지난 십사일 저녁 아홉 시 현재입니다.", "적십자병원 정문 앞에 있는 호두나무의 가지 하나는 부러져 있습니다.", "종로 이가 영보빌딩 안에 있는 변소문의 손잡이 조금 밑에는 약 이 센티미터가량의 손톱자국이 있습니다." 하하하하 하고 그는 소리 내어 웃었다. "그건 김형이 만들어 놓은 자국이겠지요?" 나는 무안했지만 고개를 끄덕이지 않을 수 없었다. 그건 사실이었다. "안형이 어떻게 아세요?"하고 나는 그에게 물었다. "나도 그런 경험이 있으니까요."

김승옥 단편소설 '서울 1964년 겨울'에 등장하는 이 장면을 두고, 친구들과 한나절 넘게 떠들어댔던 적이 있다. 대학 시절 국문학도라는 겉멋에 취해, 매일 수업은 안 들어가고 캠퍼스 잔디밭에 퍼질러 앉아 술만 마셔대며 그게 뭐 자랑이라고 각자의 감수성과 예민함을 경쟁하듯 뿜어대던 스무 살 무렵. 우리는 소설 속 김형과 안형처럼 '나만이 알고 있는 흔적'에 대한 이야기를 해댔다. 그때 이 얘기를 했으면 좋았을걸. 여의도 ○○오피스텔 13층 ○호실 창틀 위쪽엔 빨간색 색연필로 'W 617'이라고 적혀 있어. 그럼 또 우리는 'W 617'에 대한 소설을 써 내려갔을지도 모른다.

"하얀 창틀 아냐? W는 화이트White, 617은 호실 번호."

"13층이라잖아. 호실 번호는 아니지."

"그럼 617은 그냥 창틀 모델 번호 아닐까?"

"그건 너무 현실적이다. 재미없어. 이건 어때? W는 우먼Woman, 617번째 여자의 집을 방문한 어느 바람둥이의 기록."

"617번째 여자라, 완전 부러운데?"

"네가 그렇지 뭐."

"그럼 이건? W는 웨스트West, 여기서부터 서쪽으로 617걸음 가면 보물이 있다. 보물 지도 같은 거지."

"13층에서 공중부양해서 걸어가? 말이 안 되잖아. 그런 게 땅에 쓰여 있다면 또 모를까. 혹시 6월 17일, 날짜 아닐까? 뭔가 기억하고 싶은 날짜였을 수도 있잖아."

"W는 사랑하는 사람의 이니셜 첫 글자?"

"빨간 글씨잖아. 어쩌면 죽여버리고 싶을 정도로 미운 사람의 이니셜이었을지도. 하하."

하지만 우리가 아무리 떠들어대 봤자 그건 모두 추측이고, 픽션일 뿐이다. 'W 617'에 대한 진실은 '이곳'에 '이 흔적'을 남긴 바로 그 사람만이 알고 있을 테니까. 그런데 그는 기억하고 있을까. 지금은 다른 이가 살고 있는 이곳에 자신의 흔적이 남아 있다는 것을.

나는 가끔 그런 게 궁금하다. 담양 대나무 숲에 갔을 때, 사람 손이 닿는 대나무에는 모두 누군가의 흔적들로 빼곡했다. 하트를 가운데 둔

연인들의 이름부터, '누구누구 다녀가다' 등의 식상한 멘트, '○○ 대학 합격 기원!' 소원을 적은 글귀까지 사방이 온통 흔적, 흔적, 누군가의 흔적들로 가득했다. 그런데 그들 중 이곳에 남긴 자신의 흔적을 기억하는 사람은 몇이나 될까. 남산 자물쇠에 새겨진 수많은 연인들의 이름, 허름한 호프집 벽을 가득 메운 취중 낙서들, 세차한 지 백만 년은 돼 보이는 먼지투성이 차에 누군가 손가락으로 남긴 낙서. 바보, 똥차, 메롱. 그뿐인가. 마르지 않은 콘크리트를 밟은 신발 자국, 쓰레기통 바닥에 몇 년째 붙어 있는 껌, 호텔 침대 밑 머리카락, 바닷가 모래사장 구석의 슬리퍼 한 짝, 깨끗이 닦이지 못한 채 다시 나온 식당 유리컵의 립스틱 자국. 어딜 가든 발견되는 수많은 누군가의 '흔적'들을 볼 때마다 나는 궁금하다. 그들은 기억할까. 이곳에 아직, 자신의 흔적이 남아 있음을.

그리고 이어지는 또 다른 궁금증 하나. 인간은 왜 그토록 흔적을 남겨대는 걸까. 인간은, 자신이 지나쳐 온 모든 길에 흔적을 남긴다. 의식적으로든 무의식적으로든, 크든 작든, 대단한 의미이든 그렇지 않든, 인간은 흔적을 남기고 또 다른 인간은 그 흔적을 바라보며 생각한다. 도대체 무슨 의미일까. 누가, 왜, 이런 곳에 흔적을 남겼을까.

w91⅂

1년 넘게 이 오피스텔에 살면서도 나는 이 흔적을 모르고 살았다. 하지만 한번 발견한 후로는 자꾸만 그 흔적에 눈이 갔다. 머릿속이 온통

그 생각뿐이니, 사람들을 만나도 자꾸만 그 얘기를 하게 됐다. 그리고…

*

"With 아닐까?"

친구가 말했다. 그럼 617은? 내가 물었다. 너와 함께한 617일째 밤? 친구가 답했다.

남자가 여자와 처음 함께 밤을 보낸 곳은, 허름한 싸구려 여인숙이었다. 두 사람은 서로 사랑했고, 하나 된 마음을 너머 하나 된 몸을 갖고 싶었다. 가로등이 고장 난 으슥한 골목길과 인적 드문 공원 벤치, 담배 냄새에 전 호프집 구석 자리와 싸구려 방향제 냄새로 매캐한 지하 노래방에서의 그들의 몸짓은, 온전히 하나가 되고 싶다는 그들의 갈급함만을 키워 줄 뿐이었다. 하나가 될 수도 없지만 떨어질 수도 없었던 가난한 연인은 매일 밤, 거리를 방황했다. 그리고 어느 구석진 골목길에서, 1박에 만오천 원이라는 문구를 내건 싸구려 여인숙을 발견했다. 그 발견 이후에도 두 사람은 한참이나 여인숙 주변을 맴돌기만 했다. 밀착된 두 사람의 몸은, 여인숙 앞을 지나칠 때마다 조금씩 '만오천 원'이란 문구 쪽으로 기울어졌다. 먼저 용기를 낸 건 여자였다. 남자의 손을 강하게 쥐었다. 남자는 신호를 알아챘다. 두 사람은 값을 치르고 싸구려 여인숙의 방 한 칸으로 스며들어 갔다. 그리고 그 방의 문이 닫히자마자, 두 사람의 몸은 온전히 하나가 됐다. 두 사람은 그 방의 이것저것을 살펴볼 겨를도 없이, 오로지 서로에게만 빠져들었다.

더러운 이불보에서 올라오는 퀴퀴한 냄새와 더러운 벽지, 더러운 장판에 남겨진 수많은 타인들의 흔적을 두 사람이 알아챘을 땐, 이미 손바닥만 한 창문 밖이 조금씩 밝아 오고 있었다. 곧 이곳을 떠나야 할 두 사람은 어쩐지 쉬이 몸을 일으킬 수 없었다. 오늘을, 이곳을, 기억하고 싶었다. 흔적을 남기고 싶다, 는 것은 여자의 바람이었다. 하지만 자신의 이름을 남기기엔 부끄러웠다. W, 를 생각해낸 건 남자였다. 우리가 함께한 첫 번째 밤, W 1. 구석구석 타인들의 흔적이 남아 있는 더러운 벽지에, 그들의 오늘이 함께 기록되는 건 싫었다. 타인들이 쉽게 알아챌 수 없는 창틀 위쪽을 생각해낸 건 여자였다. TV 장을 밟고 낑낑거리며 창틀로 올라가 W 1을 적어 넣은 것은 남자였다.

그 후 두 사람은 수많은 장소에 W의 기록을 적어 갔다. 부모님이 집을 비운 사이 여자의 집 창틀에도, 친구의 자취방 창틀에도, 남자가 빌려 온 선배의 똥차 뒷창문 창틀에도, 인적 드문 공원 화장실 창틀에도, 온 가족이 한방을 쓰는 남자의 반지하집 창틀에도, 두 사람은 W의 기록을 새겨 갔다. 어느 싸구려 모텔방 창틀에 W를 적어 넣으려 했을 땐, 이미 적혀 있는 W에 두 사람은 동시에 웃음을 터뜨리기도 했다. 남자는 그 옆에 한 번 더 W를 적었다. W 89와 W 231이 동시에 적혀 있는 창틀을 보며, 두 사람은 다시 한 번 웃음을 터뜨렸다.

W의 기록이 300대가 넘어섰을 때부턴, 카운팅이 더뎌지기 시작했다. 여자는 그들만의 방을 원했다. 남자에겐 시간이 더 필요했고, 여자는 그 시간이 무서웠다. 언제나 흔적을 남기고 싶어 했던 여자에겐, 이

제 인간의 가장 본능적이고 보편적인 흔적에 대한 욕망이 싹트고 있었다. 아이를 가지고 싶어. W의 기록이 400대를 넘어섰을 때 여자가 말했다. 하지만 남자는 준비돼 있지 않았다. W가 500대를 넘어섰을 땐, 이미 여자의 나이 앞자리가 바뀌어 있었다. 조금만 더, 남자에겐 아직 시간이 더 필요했고, 이미 늦었을지도 몰라, 여자의 초조함은 극을 향해 치닫고 있었다. W가 600대에 이르렀을 때야 남자는 달라진 여자를 알아챘다. 이제 거의 다 됐어, 남자가 말했다. 이미 늦었어, 여자가 답했다. 다른 식구들이 모두 외출한 일요일 오후 남자의 단칸방에서, 여자가 옷을 입으며 말했다. 이미 늦었어. 여자가 돌아간 후 남자는, 수많은 W의 기록들로 빽빽한 단칸방 창틀 위에 또 하나의 W를 끼워 넣었다. W 617.

그것이 두 사람의 마지막 기록이었다. 그 후 남자가, 다른 여자들과의 밤을 마다한 건 아니었다. 다만 여자들이 잠든 사이, 창틀 위쪽에 같은 글자를 적어 넣을 뿐이었다. W 617. 머지않아 남자에게도 자신만의 방이 생겼다. 그 방에도 많은 여자들이 다녀갔다. 하지만 그 방 창틀 위쪽엔 딱 하나의 W만이 적혀 있었다. W 617. 그곳에서 남자는 기다릴 뿐이었다. 저 옆에 W 618이라 적어 넣을 수 있는, 그 날을.

*

"어쩐지 좀 스산하다. 좀 찜찜하기도 하고."

친구의 이야기가 끝이 났을 때 내가 말했다. 왠지 그 남자가 진짜 살았던 방 같잖아. 어느 날 그 여자가 진짜 찾아올 것 같기도 하고. 내 말

에 친구가 웃었다.

"아니면 그냥 날짜일 수도 있지. 6월 17일 수요일, Wednesday. 어, 오늘이네. 오늘 수요일이잖아."

그렇다. 오늘은 수요일이다. 이 친구가 우리집에 오는 날은 대개 수요일이다.

"6월 17일이 수요일인 해가 별로 없을 텐데, 딱 오늘이네."

휴대폰으로 달력을 보며 친구가 말했다. 2009년에 한 번 있었고, 1998년에 한 번 있었고, 그리고 오늘이네. 신기하다.

"오늘 밤에 진짜 누가 찾아오는 거 아냐?"

진짜 좀 으스스해질 것 같으니 그만하라며 친구를 향해 눈을 흘기는 사이 딩동, 초인종이 울렸다. 깜짝 놀랄 새도 없이 친구가 말했다.

"G 왔나 보다. 저녁 뭐 먹지?"

우리 셋은 요즘, 수요일 저녁이면 모이곤 한다. 내가 여의도에 살고 있는데, 친구가 수요일마다 드라마 작가 수업을 들으러 여의도에 오면서부터다. 우리 둘이 모여 있으니, 삼총사 중 또 다른 한 명인 G가 퇴근 후 여의도로 온다. 오늘 우리의 저녁 식탁엔, 당연히 W 617에 대한 이야기가 화제에 올랐다.

"나는 정말 이해가 안 돼. 왜 사람들은 흔적을 남기는 걸까?"

내가 조금 볼멘소리를 했다. 아직도 친구가 했던 얘기가 찜찜해서였다. 왜 그 남자는 내 방에 흔적을 남긴 거야.

"그러니까. 아무리 사랑해도 그렇지. 남들이 볼 수도 있는 곳에 이름

하트 이름, 이런 거 어쩐지 창피하지 않냐?"

친구의 맞장구에 신이 나서, 그러고도 한참을 나는 친구와 함께 '흔적을 남기는 사람들'을 도무지 이해할 수 없단 얘기를 해댔던 것 같은데, 갑자기 G가 불쑥 끼어들었다.

"근데 이런 얘기, 니들이 할 얘기는 아니지 않니?"

G가 말했다. 니들 작가잖아. 흔적 남기는 걸로 치면, 작가들이 1등 아니야?

친구와 나는, 둘 다 말을 잃었다. 일주일 전, 지난주 수요일 G 앞에서 우리가 해댔던 우는소리가 고스란히 떠올랐기 때문이었다.

"독한 년, 너는 어떻게 이 일을 10년 넘게 한 거니?"

지난주 친구가 말했다. 삼십 대 후반에 접어들어 직장까지 그만둔 채 드라마를 쓰고 있는 친구. 친구의 요즘은 하루하루가 지옥이었다. 잠 또한 거의 못 자고 있었다. 노트북 앞에서 몇 시간을 괴로워하다 오늘은 도저히 안 되나 보다 누우면, 갑자기 또 떠오르는 생각에 다시 불을 켜고 책상 앞에 앉는다. 하지만 막상 노트북의 하얀 창과 마주하면 한 단어, 한 문장도 완성하기 쉽지 않다. 어떤 날엔 이 정도 쓰면 됐잖아 싶다가도, 어떤 날엔 또 내가 써 놓은 모든 글들이 다 쓰레기 같아 한없이 자학의 늪을 헤매고, 그런데도 다가오는 발표 날. 도망갈까, 여기서 또 도망가면 어떡할 건데. 그래서 또 머리를 쥐어뜯으며 책상 앞에 앉는다. 매일매일 반복되는 친구의 그 지옥 같은 시간을, 보지 않아도 나는 다 알 것 같았다.

"이게 위로가 될지 악담이 될지 모르겠지만, 나도 그래. 15년을 작가로 살아도 똑같아."

내가 말했다. 사실이었다. 지금도 나는, 더 이상 아무것도 못 쓰는 게 아닐까, 자학의 날이 거듭되면 무언가에 쫓기는 꿈을 꾸며 울고 있다.

친구는 이제야 내 마음을 알겠다며 계속해서 자신의 우는소리를 늘어놨고, 나 또한 친구의 마음을 너무 알겠다며 나의 우는소리를 한참이나 해댔던 것 같다. 그리고 우리의 이 모든 대화를 지켜보고 있던 G, G가 말했다.

"야, 그냥 니들 둘 다 작가 안 하면 안 돼? 우리 그냥 행복하게 살자!"

그때 친구와 내가 뭐라고 답했더라. 노느니 쓰는 거지. 아니, 뭐 이제 와서 달리 할 일도 없고…. 뭐라고 답했든, 그건 모두 변명이었을 것이다. 나도 잘 모르겠으니까. 친구도 아마, 모를 테니까. 그렇게 우는소리를 해대면서 우리는 또, 왜 쓰고 있는 걸까.

흔적 남기는 거 싫다는 얘기, 니들이 할 말은 아니지. 니들 작가잖아. 모든 걸 다 흔적으로, 그것도 남들이 봐줬으면 하는 흔적으로 남기는 사람들.

•

친구들이 모두 돌아가고, 다시 온전히 혼자가 된 나는 쉬이 잠이 오

지 않았다. 다시 창가 옆 내 책상에 앉았다. 그리고 고개를 꺾어 한참이나 내 창틀 위에 적혀 있는 W 617을 바라봤다. 무슨 의미일까. W, White, Woman, West, With, Wednesday…. 짧은 영어 실력을 쥐어짜 한참이나 또 W의 의미를 찾아 헤맸다. Wolf, Wife, Wales, Water, Way, Writer…. Writer. 그 단어를 떠올렸을 땐, 다시 조금 어지러웠다. '그냥 니들 작가 안 하면 안 돼?' G의 질문에 똑바로 대답하지 못했던 나. '니들 작가잖아. 모든 걸 다 흔적으로 남기는 사람들.' 흔적이 싫다면서 또 흔적을 남기겠다며 쉬이 잠들지 못하고 책상 앞에 앉아 있는 나.

어떤 책은 말했다. '인간은 살아 있기 때문에 집을 짓는다. 그러나 죽을 것을 알고 있기에 글을 쓴다.' 하지만 나는 잘 모르겠다. 나는 나의 죽음을 적어도 며칠 전에는 알았으면 좋겠다. 여기저기 흘려 놓은 나의 흔적들을 지울 시간이 필요하다. 어떤 노소설가는 이렇게 말했다. '나도 사는 일엔 어지간히 진력이 난 것 같다. 그러나 이 짓이라도 안 하면 이 지루한 일상을 어찌 견디랴. 웃을 일이 없어서 내가 나를 웃기려고 쓴 것들이 대부분이다.' 이 또한 나는 잘 모르겠다. 나는 남의 글을 읽을 때가 훨씬 즐겁다. 어떤 소설은 또 이렇게 말했다. '세상에서 제일 뻔뻔한 직업이 바로 작가라는 직업이오. 작가가 이야기하고자 하는 건 오로지 작가 자신이니까.' 그 또한 나는 잘 모르겠다. 나의 진짜 이야기는 언제나 좀 창피하다. 그래서 난 블로그나 SNS도 잘 하지 않는다.

하지만 직업이 작가인 나는, 지금도 글을 쓰고 있다. 직업이 작가일

필요까지도 없다. 2015년 6월 17일 수요일 밤 11시 32분, 작가가 아닌 많은 사람들이 지금 이 시간에도 무언가를 쓰고 있을 것이다. 자신의 일기장에, 자신의 블로그와 SNS에, 휴대폰을 열어 누군가에게 문자메시지를. 누군가는 어두운 골목길 담벼락에 몰래 그림을 그리고 있을지도 모른다. 누군가는 어떤 빌딩 안에 있는 변소문의 손잡이 조금 밑에 약 이 센티미터가량의 손톱자국을 내고 있을지도 모른다. 이제 막 사랑을 나눈 어떤 연인은 싸구려 여인숙 창틀 위쪽에 W의 기록을 새기고 있을지도 모른다. 인간은, 자신이 지나쳐 온 모든 길에 흔적을 남긴다. 그리고,

철컥, 띠, 띠, 띠, 띠, 띠리링, 삐삐삐삐- 철컥.

현관문 밖에서 이상한 소리가 들려왔다. 이게 무슨 소리지, 생각을 마치기도 전에 다시 그 소리가 들려왔다. 철컥, 띠, 띠, 띠, 띠, 띠리링, 삐삐삐삐- 철컥. 이것이 누군가 우리집 현관문의 비밀번호를 누르고 있는 소리라는 것을 깨달았을 때는, 이미 그 소리가 몇 번이나 되풀이 되고 난 후였다. 휴대폰을 열어 시간을 확인했다. 2015년 6월 17일 수요일 밤 11시 54분. 다시 한 번 소리가 들려왔다.

철컥, 띠, 띠, 띠, 띠, 띠리링, 삐삐삐삐- 철컥.

우리집 비밀번호를 알고 있는 사람은 나밖에 없다. 그런데 이 늦은 시간, 누군가 우리집 현관문 밖에서 끊임없이 틀린 비밀번호를 입력하

고 있었다. 도어뷰어 쪽으로 다가가 모니터를 보았다. 어떤, 여자였다.

'오늘 밤에 진짜 누가 찾아오는 거 아냐?'

친구의 말이 떠올라, 나는 한참이나 멍하니 모니터를 바라보고 있었다. 어쩌면 윗집이나 아랫집에 사는 여자가 엘리베이터에서 잘못 내렸는지도 모른다. 어쩌면 여자는 내가 이사 오기 전 이 집에 살았던 여자인지도 모른다. 술에 취해 택시 아저씨에게 주소를 잘못 말했는지도 모른다. 하지만 어쩌면 여자는, 정말 그녀일지도 모른다. 남자가 남기고 간 'W 617'의 흔적을 찾아온 그녀.

인간은, 자신이 지나온 모든 길에 흔적을 남긴다. 그 이유는 나도 잘 모르겠다. 하지만 흔적을 남기기에, 누군가는 그 흔적을 찾아온다. 누군가는 그 흔적을 바라보며 궁금해하고, 누군가는 그 흔적을 통해 자신만의 상상을 펼치며 또 다른 흔적을 남긴다. 이미 남겨진 흔적은, 외로울 수 없다. 누군가는 반드시 그것을 보게 되니까.

오늘은 그녀가, 우리집 현관문에 자신의 지문을 남기고 있다. 이제 이곳엔 그는 없다. 하지만 내가 있다. 나는, 바라본다.

철컥, 띠, 띠, 띠, 띠, 띠리링, 삐삐삐삐- 철컥.

그녀는 계속 누르고, 나는 계속 바라본다.

여전히 참, 너답다

점심 먹은 상을 치우지도 않고 그대로 드러누워 한나절 책만 봤는데, 벌써 해가 질 기세다. 아, 저녁 먹으려면 설거지해야 하는데…. 벌써 며칠째 맘처럼 글이 써지지 않아 내 몸에까지 찌뿌듯함이 달라붙었다. S에게 전화가 걸려 온 것은, 간신히 자리를 털고 일어나 겨우겨우 며칠 묵은 설거지를 마쳤을 때였다.

"뭐하냐?"
"설거지했어."

근 1년 만에 하는 통화인 것 같은데도, 우리는 다짜고짜 이 모양이었다. 하지만 다음 S의 말 또한 마찬가지였다.

"설거지 다 했으면 나와라, 지금."

마치 어제도 만난 사람인 양 S가 말했다.

"H 만나기로 했어."

그런데 나는 나갔다. 마치 어제도 만나고 오늘도 별일 없으면 당연히 만나는 사이인 양, 앞치마를 벗곤 바로 집을 나섰다. 30분 넘게 지하철을 타고 '5번 출구로 나와'라는 문자지령에 따라 지하철역을 빠져나왔을 땐, 비가 왔다. '난 도착. 그런데 비 온다. 젠장.'

우리가 마지막으로 만난 것이 벌써 5년도 전인가 보다. '나 곧, 책이 나올 것 같아.' 그때 내가 몹시 멋쩍어하며 이런 말을 했던 것이 기억났다. 그날도 비가 오고 있었고 셋 다 조금 취해 헤어질 무렵, 어차피 알게 될 일 녀석들한테는 내 입으로 말해야겠다 싶어서였다. 그해 여름 내 첫 책이 나왔고, 그 즘 S가 회사에서 발령이 나 미국으로 떠났고, 그 이듬해 H 또한 연구원 신분으로 일본으로 떠났다. 그래도 S는 넉살 좋고 정도 많은 편이라 이따금 페이스북이나 문자메시지 등을 통해 안부를 먼저 전해 오기도 했지만, H와 나는 워낙에 둘 다 성격이 다정치 못하고 만사 내 귀찮음이 모든 걸 이겨버리는 한량 체질이라 그 5년 동안 우리는 단 한 번도 서로 연락한 적이 없었다. 그저 건너 건너로만 소식을 전해 들으며 잘 살고 있구나 했으며, 그렇게 전해 들은 소식으로 S에 이어 H도 한국에 돌아왔다는 것을 알게 된 지도 벌써 1년이 다 되어 가는 듯했지만… 그사이에도 우리는 참, 무심했다.

"아, 왜 비가 오냐."

"그러니까."

"여기서 좀 걸어가야 하는데, 어떡하지."

"편의점에서 우산이라도 살까?"

그런 우리가 5년 만에 만나서 처음 나눈 대화라는 게 고작 이런 거였다. 비 내리는 모양과 소리까지도 다 전해지는 슬레이트 지붕의 허름한 횟집에 앉아 우리 셋은 술을 마셨다. 오래된 친구들이 오랜만에 만나면 늘 하게 되는 얘기. 20년 묵은 추억 되씹기와 이 자리에 없는 20년 된 친구들 뒷담화. 누구와는 아직 연락하냐, 걔는 변했더라, 걔는 20년 전에도 그런 애였다. 누구는 정말 안 변할 줄 알았는데, 우리도 곧 마흔인데 그럴 수 있지. 그래도 참 다행이다, 너희들은 참 여전하구나. 모르겠다, 그게 다행인 건지 우리만 마냥 지질한 건지. 그렇게 별 특별할 것도 없는 얘기를 별 특별할 것도 없는 기분으로 나누는 새 우리는 어느덧 싸구려 호프집으로 자리를 옮겼고, 그때는 이미 S도 H도 조금 취해 있었다.

"오늘 갑자기 H가 전화를 했더라고. 술이나 한잔하자고. 고맙더라."

S가 말했다.

"그래서 번뜩 네 생각이 났지. 이럴 때 봐야 하거든. 아니면 또 5년 금방 지나가니까."

역시 우리 중 제일 다정한 성격이라 S가 좀 말이 많아졌다. 어쩌면 술도 좀 됐고 밤도 좀 돼서, 이제 곧 우리는 또 각자의 집으로 각자의

일상으로 돌아가야 한다는 것이 조금 아쉬워졌던 걸지도 모르겠다.

"우리가 또 다음에 만날 때면, 5년이 지나 있을지도 모르잖아."

계속되는 S의 얘기에, 어쩐지 심각해지는 건 딱 질색인 내가 농담처럼 말을 끊었다.

"모를 일이지. 내일 또 오다가다 만날 수도 있는 거고…."

하지만 나는 그럴 수 없으리라는 걸 알고 있었다. 물론 우리에게도, 어제도 만나고 오늘도 별일 없으니 또 만나던 시절이 있었다. 같은 학교에 다니며 같은 수업을 듣고 같이 밥을 먹으며 같은 일상을 살던 시절이 있었다. 하지만 시간이 흘렀다. 우리에게는 각자의 다른 일상이 생겨났고 S와 H는 누군가의 남편, 누군가의 아버지가 됐다. 우리는 그저 하루하루의 일상을 살아가고 있을 뿐인데, 이제는 1년 2년이 어제와 오늘만큼이나 빠르게 지나간다.

스무 살 무렵 우리가 가장 쉽게 하게 되는 착각 중 하나는
지금 만나고 있는 사람들과 영원히 함께일 거라 생각하는 것이다.

지난 책에서 나는 이에 대한 글을 쓴 적이 있다. 그때 나는 무슨 이야기가 하고 싶어 그 글을 썼더라….

싸구려 호프집을 나와서도 우리는 어쩐지 쉬이 헤어지지 못하고 잠시 걸었다. 편의점에서 산 각자의 싸구려 우산을 들고, 노래방 갈까, 나 노래방 싫어해, 3차 갈까, 너 내일 출근 안 하냐, 따위의 얘기를 나

누며 빗속을 걸었다. 3차 어디 가지, 술집을 찾아 S가 몇 발짝을 앞서 걸으며 H와 나는 조금 뒤처졌다.

"나 갑자기 생각났는데, 너 기억나냐?"

H가 말했다.

"뭐?"

"아니야, 아니다. 말하면 지금도 울… 아니다."

"아, 뭔데! 빨리 말해 봐."

"아 왜, 나 의정부에서 잠깐 외출 나와서 너한테 전화했을 때."

기억났다. 바로 기억이 났다. H가 군대에 있었을 때의 일.

"그때 네가 내 전화 받자마자 뭐라고 했는지 기억나냐?"

기억났다. 그때 내가 뭐라고 했는지도 기억나고, 전화기 너머로 들려오던 빗소리도, 그때 왜 H가 말을 잘 잇지 못했는지도, 그때 왜 H가 그렇게 힘들었는지도, 다 기억났다. 서로의 일상도 서로의 고민과 생각도 누구보다 잘 알던, 우리가 같은 일상을 살아가던 시절의 이야기.

"아니다. 나 그만 얘기할래…."

하지만 한참 만에 다시 입을 연 건, 또 H였다.

"나 일본에 있을 때, 잠깐 한국 들어온 적이 있었어."

길어지는 외국 생활에 H는 지쳐 갔다. 아이와 함께하는 일본 생활이 힘겨워져 H의 아내는 1년 먼저 한국에 들어왔다. 홀로 남겨진 H는, 몸도 마음도 어찌할 바를 모를 만큼 더 힘겨워져만 갔다.

"그래서 무작정 비행기 표를 끊어 제주로 갔어."

아이와 아내가, 처가인 제주에 있어서였다. 그때 H는 서점에 갔다고 했다. 그리고 아무 생각 없이 어떤 책 하나를 집어 들었고, 아무 생각 없이 아무 페이지나 열었단다. 그런데 보게 된 거다. 나는 지난 책에서 H에 대한 글을 쓴 적이 있다. 그 글은 이렇게 시작한다. '결혼식에 갔다 딱 한 번 울컥했던 적이 있다.'

H가 말했다.

"아 왜 썼냐고, 그런 글을…."

워낙 다정치 못한 성격이라, 녀석은 자신의 마음을 그렇게 표현했다. 역시 다정치 못한 성격이라, 나 또한 이렇게 답할 수밖에 없었다.

"뭘 왜 써. 돈 벌라고 썼나 보지. 나도 먹고살아야 되니까…."

어이가 없다는 듯 H가 피식 웃었다. 나도 피식 웃음이 났다. 그러고도 연락 한번 안 한 H 너도, 참 너답다 싶어서였다. 그런 글을 쓰고도 나 또한 녀석에게 연락 한번 안 한 것 역시, 너무 나답다 싶어서였다. 저 앞에서 술에 취한 S가 소리쳤다.

"골뱅이! 골뱅이 어때, 3차! H 너, 제수씨한테 전화했냐? 내가 해줄까?"

우리는 어쩌면 이대로 헤어지는 것이 못내 아쉬웠나 보다.

"우리가 또 다음에 만날 때면, 5년이 지나 있을지도 모르잖아."

정말 그럴지도 모른다. 어쩌면 내일 또 오다가다 만날지도 모르지만, 어쩌면 5년은 정말 또 금세 지나가 있을지도 모른다.

결혼식에 갔다 딱 한 번 울컥했던 적이 있다.

나는 지난 책에서 이렇게 시작되는 H에 대한 글을 썼다. 그리고 이런 글을 인용했다.

스무 살 무렵 우리가 가장 쉽게 하게 되는 착각 중 하나는
지금 만나고 있는 사람들과 영원히 함께일 거라 생각하는 것이다.

그리고 나는 이렇게 말했다.

지금 만나고 있는 사람들과 영원히 함께일 거라는 생각은
착각일 수도 있고 아닐 수도 있다.
지금 만나고 있는 사람들과 영원히 연락하며 지낼 거라는 생각은
이뤄질 수 있다. 하지만,

지금 만나고 있는 사람들과
영원히 지금과 같은 관계로 함께일 거라는 생각은
착각이 맞다.

어제도 만나고 오늘도 별일 없으니 또 만나던 시절, 같은 일상을 살아가던 시절이, 우리에게도 있었다. 하지만 너무나 당연하게도 시간은 언제나 흐르고 있어, 우리는 달라졌다. 각자의 일상이 생겼고, 각자의 가족이 생겼고, 각자의 바쁨이 생겼고, 그렇게 각자의 삶을 살아가는

동안 5년이 흘렀다.

어쩌면 우리가 다시 만나게 되는 일은, 정말 또 5년이 지나서일지도 모른다. 하지만 그 5년이 지나서도, 우린 또 이렇게 첫 대화를 시작할지도 모른다.

"뭐하냐?"
"설거지했어."
"설거지 다 했으면 나와라, 지금."

마치 어제도 만나고 오늘도 별일 없으니 또 만나는 사이인 양. 그러다 조금 취하면 다정치 못한 성격의 H는, 또 지금의 이 글에 대해 이렇게 말할지도 모른다.

"아 왜 썼냐고, 그런 글을…."

그럼 또 나는 웃으며 이렇게 말할지도 모른다.

"뭘 왜 써. 돈 벌라고 썼나 보지."

나 또한 조금이라도 낯간지러운 말은, 입 밖으로 못 내놓는 사람이니 말이다.

그럼 또 우린 웃고 말지 않을까.

여전히 참, 너답다 싶어서.

시간은 흐르고 있고, 우리는 분명 달라지고 있고, 그래서 또 무심한

우리들은 몇 년에 한 번이나 겨우 얼굴을 마주하게 될지도 모르지만, 여전히 참 너답다. 그것이 어쩐지 안심이 되어 우리는 또 그렇게 웃고 말지 않을까. 그럴 수 있었으면 좋겠다. 5년이 또 금세 흐른다 해도, 우리는 또 이런 생각으로 안심할 수 있었으면 좋겠다.

여전히 참, 너답다.

그 노래

글 강세형 | **내레이션** 엄정화 | **노래** 그 노래 〈김동률 '동행' 앨범 중에서〉 | 2014

꽉 막힌 도로에 갇힌 친구와 나.

답답한 차 안 공기에

경쾌했던 우리의 수다마저 끊겼다.

자연스레 친구는 오디오 볼륨을 조금 높였다.

그리고. 그 노래.

그 노래가 흘러나오자 친구는 조금 더 볼륨을 높였다.

난 준비했다.

'아, 이제 시작되겠구나.'

자기가 아는 노래만 나오면

옆 사람이 괴로울 정도로 목청껏 따라 부르는 친구.

그런데 어쩐지. 친구가 조용했다.

나는 다시 그때 그 날로.

너로 설레고 온통 흔들리던 그 날로.

노래의 클라이맥스가 지나

후주의 마지막 한 음이 끝나던 순간까지도

친구는 내내 진지한 표정으로 침묵했다.

그리고 마침내 입을 연 친구.

"나도…."

"응?"

"나도 온통, 흔들리고 싶다."

웃음이 터졌다.

친구의 목소리에 담긴 애절함.

농담이 아닌 진심이라는 거 너무 알겠는데

그래서 더 웃음이 터졌다.

너로 설레고

온통 흔들리던 그 날.

있었다.

나에게도 있었다.

친구에게도 있었을 것이다.

너로 설레고 온통 흔들리던 그 날.

그래서 더 아프고 힘들었던 그 날.

하지만 그렇게 아프고 힘들어도
절대 놓고 싶지 않았던.
그 날.

그 날이 지났다.
아무리 떨쳐내려 해도 떨쳐낼 수 없던 1년.
잊은 듯싶다가도 문득 떠오르던 2년.
가슴 욱신하는 순간이
어느새 조금씩, 드문드문, 잦아져 가던 긴 시간을 지나 나는,
지금을 산다.

그런데 참 이상하다.
그렇게 아팠던 기억이라면, 힘들었던 날들이라면,
되새기지 않으면 그만일 텐데.

"우리, 이 노래 한 번 더 들을까?"

온통 흔들리고 싶다 울부짖던 친구가
그 노래를 다시 플레이한다.
그리고 나는 그게, 싫지 않다.

어떤 영화였더라.

사랑에 빠진, 그래서 상처받아야 했던 주인공이

이렇게 말했다.

우리는 누구나 나에게 상처 줄 사람을 고를 수 있어요.

그리고 저는, 제 선택이 마음에 들어요.

어쩌면 그래서였는지도 모르겠다.

참 아팠던 기억인데,

참 힘들었던 날들인데,

그 기억을, 그 날들을,

다시 지금으로 만드는 그 노래를 다시 한 번.

또 다시 한 번.

계속 들을 수밖에 없는 이유.

그게, 너였으니까.

나를 온통 흔들리게 했던 사람.

나를 아프게 했던 사람.

내게 상처 줬던 사람이 바로 너였기에.

나는 오늘도

그 노래를 핑계 삼아

그 날로, 돌아간다.

이사를 했다

이사를 했다. 내 집 마련도 아닌 전세에, 그다지 비싼 동네도 큰 평수도 아니지만, 나는 독립 후 처음으로 '방'이 있는 아파트에 살게 됐다. 무엇보다 그것이 좋았다. 침실과 거실 겸 서재, 그리고 부엌이 분리된 공간! 지금까지 나는 작은 원룸에서만 살아왔다. 방송국을 그만두고 혼자 작업을 시작하면서부터는, 그 원룸에서 원룸으로 출근해 다시 원룸으로 퇴근하는 생활을 해 왔다. 한번은 급작스럽게 방문한 선배가 있음에도 그날까지 마감해야 하는 원고가 있어, "언니, 나 출근했다가 이따 저녁 먹으러 올게. 혼자 놀고 있어." 그러곤 식탁에서 일어나 두 걸음 옮겨 창가 책상으로 출근을 했다. 그런 내 모습을 보고 선배는 한참을 깔깔거렸다. "출근길 짧아서 너 참 좋겠다!"

그러니 이 작은 아파트로의 이사가 얼마나 좋았던지. 거실 겸 서재에 특히 공을 들였다. 책장도 사고, 긴 책상도 사고, 꿈에 그리던 큰 화분도 샀다. 그리고 어느 날 거실 책상에 앉아 책을 보는데, 살짝 열어 둔 창문으로 바람이 불어 큰 화분의 나뭇잎들이 살랑살랑. 아, 아파트는 맞바람이 부는구나. 한쪽 벽에만 조그맣게 나 있던 원룸의 작은 창문과는 비교할 수가 없었다. 행복했다. 책에서 눈을 떼 살랑이는 나뭇잎만 바라보고 있는데도 시간은 잘만 흘러갔다. 언제나 행복한 순간의 시간은 몇 배나 더 빨리 잘만 흘러간다.

그런데 참, 이상했다. 나의 이사에 대한 주변인들의 반응이 말이다. 이제 차만 바꾸면 되겠네. (내 차는 15년 된 남들이 보기엔 똥차, 내가 보기엔 멀쩡하기만 한 차.) 이제 돈 더 모아서 내 집 사야지. (응? 꼭 집을 사야 돼?) 이제 신랑만 구하면 되겠네. (아니, 혼자 사는 여자는 아파트에 살면 안 돼?) 그 외에도 에어컨이 없네, 침대도 낡았으니 바꾸는 게 좋겠네. 그릇들이 이게 뭐니, 이젠 제대로 좀 갖춰야지. 심지어 방석 없니, 너희 집에? 사람들은 나에게 혹은 나의 집에 없는 것들만 어찌나 쏙쏙 잘들 찾아내는지, 이상하게 나는 지금 몹시 행복한데도 행복해하면 안 될 것만 같은 기분이 들었다. 그러니, "야, 이제 너 출근할 맛 나겠다. 서재도 따로 생기고." 이렇게 말해 준 선배의 방문이 어찌나 반가웠던지. 나는 선배를 앉혀 두고 한참이나 내가 지금 얼마나 행복한가를 나 혼자, 떠들어댔다.

조금, 분해서였던 것 같다. 나는 지금도 충분히 행복한데, '아니야 아

니야, 너 아직 행복한 거 아니거든?' 나의 행복을 부정당하고 있는 것만 같아서. 나는 지금 잠시라도 이곳에 앉아 숨을 고르며 이 순간의 행복을 만끽하고 싶은데, '그러다 너 뒤처진다. 넋 놓고 있지 마. 더 분발하라고. 너한테 모자란 게 지금 얼마나 많은 줄 알아?' 자꾸만 더 더 앞으로 가라고 등을 떠밀리고 있는 것만 같아서.

그러다 문득 이런 생각이 들었다. 사람들은 정말, 그렇게 살고 있는 걸까. 하나를 얻으면, 그 하나의 기쁨을 만끽하기도 전에 둘을 생각하고, 그 둘을 위해서 쉼 없이 달리고, 그다음엔 또 셋, 넷, 다섯…. 정말 그렇게 살고 있는 걸까. 그래서 차를 사면 집을, 집을 사면 더 큰 집을, 결혼을 하면 그다음엔 아이, 아이를 낳으면 또 그 아이를 좋은 대학에 보내기 위해…. 아이고, 머리가 아파 온다. 그냥 서재 바닥에 벌렁 누워버렸다. 그리고 또 한참이나 바람에 살랑이는 나뭇잎만 바라봤다.

그러다 궁금해져버렸다. 그럼 사람들은 도대체 언제 느끼는 걸까. 그렇게 앞으로 앞으로 쉼 없이 계속 더 나가기만 해야 하는 사람들은 도대체 언제, 이렇게 누워 아무것도 하지 않고 살랑살랑 바람의 움직임만 바라보며… 아 행복하다, 느끼는 걸까.

정말, 정(正)말입니다

내가 L에게서 처음 메일을 받은 것은, 내 두 번째 책 '나는 다만, 조금 느릴 뿐이다'를 내고 반년 정도가 흐른 어느 날이었다. '강세형 작가님에게'로 시작하는 L의 첫 번째 메일은 다음과 같았다.

당신의 책에는 수많은 말들이 등장하더군요. 친구의 말, 선배의 말, 영화나 책에 나오는 말, 심지어 노랫말까지. 그래서 나는 이런 생각이 들었습니다. 당신이라면 이 문장을 이해할 수도 있지 않을까.

그리고 덧붙여진 짧은 글귀.

나는 그 말들을 머리맡 빈 커피 잔에 넣어 받침 접시로 눌러놓은 다음에야

잠을 잘 수 있었다.

그게 다였다. 어떠한 인사말이나 마무리 말도 없이 L의 메일은 그게 다였다. 그럼에도 나는 L의 메일을 흘려버릴 수 없었다. 그 문장을, 알고 있었기 때문이었다.

미술가가 꿈속에서 빛깔을 본다는 것은 잘 알려진 이야기이다. 작가는 꿈속에서 별처럼 반짝이는 많은 말들과 만난다. 그해에는 잠을 자는 동안에도 내가 써야 할 말들이 끝없이 이어져 나와 정말 때에 어울리는 나의 말들아 너희도 이제 잠을 좀 자고 내가 깨어나 일할 때 차례로 일어나 나와라 부탁할 정도였다. 나는 말할 수 없이 피곤했지만 깊이 잠들 수 없었다. 어떤 말들은 끝내 잠자지 않고 다가와 나를 잡아 흔들었다. 나는 빨리 써 달라고 보채는 그 말들을 머리맡 빈 커피 잔에 넣어 받침 접시로 눌러놓은 다음에야 잠을 잘 수 있었다.

조세희의 '침묵의 뿌리'였다. 나는 그 책을 알고 있었고, 그 문장을 알고 있었다. 그 문장을 처음 만났던 날, 어쩐지 안심이 되고 반가운 마음이 들면서도 한없이 슬퍼지고 또 슬퍼져 쉽게 잠들지 못했던 오래전의 나를, 나는 기억하고 있었다. 나는 L에게 답장을 썼다.

RE: 그 문장을 알고 있습니다.

L에게서 다시 답장이 왔다.

RE:RE: 그 문장을 알고 있습니까, 이해하고 있습니까?

RE:RE:RE: 그 문장을 알고 있고, 이해하고 있는 것 같습니다.

그제야 L은 나에게 조금 더 긴 메일을 보내오기 시작했다.

RE:RE:RE:RE: 어쩌면 그럴 수도 있지 않을까 생각했습니다. 당신이라면 내 이야기를 믿어 줄지도 모른다, 당신이라면 나를 이해해 줄지도 모른다고요.

솔직히 말하면 나는, L의 이야기를 이해할 순 없었다. L의 메일은, 한 번 읽어서는 도무지 무슨 말인지 알 수 없는 글, 아니 글이라고도 할 수 없는 그냥 말들의 향연이었다. 두서없이 아무렇게나 흐트러져 있는 말들. 하지만 나는 L의 이야기를, 믿을 수는 있었다.

밤이 깊어도 찾아오는 말들에 잠을 이룰 수 없었다는 그는, 작가였지요. 불행하게도 나는 작가가 될 수 없습니다. 거짓을 꾸며낼 수 없기 때문입니다. 적당한 진실과 적당한 거짓이 적당히 뒤섞여야만 글이 되지요. 불행히도 나의 뇌는, 넘쳐나는 진실에 지배당해 거짓을 생산해낼 공간이 없습니다.

L의 말처럼 글은, 적당한 진실과 적당한 거짓의 배합이다. 거짓이 하나도 없는 글은 한 페이지는커녕 한 단락도 못 읽고 던져버리게 된다. 나 또한 L의 메일을 몹시 읽기 힘들었다. 하지만 그래서 더 L의 메일이 진실처럼 느껴졌다. 첫 번째부터 마지막까지 나는 L의 메일들을 읽고 또 읽었다. 그리고 마침내, 이 이야기를 써야겠다고 결심했다. 알 수 없는 말들의 향연이었던 L의 메일을, 사람들이 읽을 수 있도록 재배열해 보자. 어쩌면 그것이 나에게 그가 메일을 보내온 까닭일지도

모른다는 생각이 들었다. 위에 언급한 '읽을 수' 있었던 L의 메일은 모두 그 재배열의 결과이다. 앞으로의 이야기 또한 마찬가지다.

어린 시절 나는 만화 '은하철도 999'의 철이가 여자아이라고 생각했습니다.

L은 생각했다. 가발을 쓰고 모자를 푹 눌러써 남자아이인 척해 봤자 나를 속일 순 없다고. 옆집 영희가 L을 바보 멍청이라고 부르기 전까지 L은, 철이가 틀림없는 여자아이라고 생각했다.

"엄마, 철이가 남자예요? 아니죠? 여자죠? 영희가 바보 멍청이인 거죠?"

언제나 지나치다 싶을 정도로 거짓말을 못했던 L의 어머니는, L을 향해 다음과 같은 표정을 숨길 수 없었다. '내 아들이 바보 멍청이인 건가? 어떻게 철이를 여자라고 생각할 수 있는 거지?'

하지만 L에게 철이는 분명, 영심이었다. 1993년 '산은 산이요, 물은 물이로다'라는 말을 남기고 타계한 성철스님보다도 몇 해 전 '하나면 하나지 둘이겠느냐, 둘이면 둘이지 셋이겠느냐.' 만고불변의 진리를 담아 이 노래를 불러대던 안경태의 영원한 첫사랑 영심이. 분명 은하철도 999의 철이는 영심이었다. 그러니 철이는 당연히 여자인 거 아닌가? 영심이가 크면 달려라 하니의 나애리가 되는 거고. 그런데 왜 영심이는 갑자기 나애리로 개명을 한 걸까? 사람들은 영심이와 나애리의 얼굴이 다르다고 하던데, 성형수술한 과거를 숨기기 위해 개명을 한 걸까?

어린 L은 혼란스러웠다. 하지만 철이가 여자아이냐고 묻는 L의 질문에, L보다 더 혼란스러운 표정을 짓는 엄마를 향해 더 이상의 질문은 던질 수 없었다. 다만 TV 속 사람들의 변신을 나는 다 알고 있다고, 다른 사람들은 다 속여도 나는 속일 수 없다고, L은 생각했다. 니들, 목소리가 똑같잖아! 그래서 L은 이런 결론에 도달했다. 목소리는 성형수술이 안 되는 유일한 것인가 보다, 는 결론.

오렌지빛 머리색을 가진 이상한 나라의 폴이, 머리카락을 노랗게 염색하고 플란다스의 개 네로가 되고, 좀 크더니 이번엔 머리를 까맣게 염색하고 달려라 하니의 남자친구 창수가 됐다. 하지만 목소리는 바꾸지 못했다.

미래소년 코난은 탈 중독이다. 개구리 탈을 쓰면 개구리 왕눈이, 사자 탈을 쓰면 밀림의 왕자 레오, 원숭이 탈을 쓰면 날아라 슈퍼보드의 손오공, 공룡 탈을 쓰면 아기공룡 둘리, 로봇 탈을 쓰면 우주소년 아톰이 된다. 하지만 L은 다 알고 있었다. 왕눈이도, 레오도, 손오공도, 둘리와 아톰도 실은 다, 미래소년 코난이라는 것을.

염색으로도 탈로도 성형수술로도 어쩔 수 없는 것이 목소리였으니까.

실은 그들 모두가 같은 '성우'였을 뿐이란 걸 알게 된 건, 그로부터도 한참 후의 일이었습니다. 그들의 얼굴엔, 인중이 없다는 걸 알아채기 시작하면서부터였죠. 살아 있는 진짜 사람의 얼굴엔 눈, 코, 입, 그리고 인중이 있지요. 하지만 만화 속 캐릭터들에겐 인중이 없었습니다. 아, 저것들은 모두 살아 있는 '진짜'가 아니구나. 이 목소리는 모두, 화면 너머 인중을 가진

'진짜 살아 있는 사람'이 내는 거구나.

L은 그 시기를 아주 혼란스러웠던 시기로 회상했다. 자신의 정체성을 깨달아 가는 사춘기는 누구에게나 질풍노도의 시기지만, L에게 있어 사춘기는 다른 '사람'들에 비해 더 가혹하게 느껴질 수밖에 없었다. L은 자신과 같은 '사람'을 단 한 번도 마주하지 못했기 때문이었다. 나와 같은 '사람'이 없다는 건, 내가 '사람'이 아닐 수도 있다는 얘기 아닐까.

나에게는 이상한 능력이 있었던 겁니다. 나는 목소리를 잊지 못합니다. 며칠 전에 들은 살아 있는 사람의 목소리도, 몇십 년 전에 들은 이미 죽은 사람의 목소리도, 심지어 언젠가 딱 한 번 나를 스쳐 지나갔을 어느 이름 모를 행인의 목소리도, 나는 모두 기억합니다. 그것이 내가 사람들을 알아보는 방법입니다.

어린 시절 보았던 이상한 나라의 폴이 십여 년 후 다른 목소리로 나타났을 때, L은 몹시 당황했다. 드디어 목소리 성형도 가능해진 것일까? 하지만 그때는 이미 L도, 인중이 없는 만화 속 캐릭터들은 모두 가짜라는 걸 알고 있었기에 바로 알아챌 수 있었다. 아, 십여 년 전 KBS에서 방영했던 때랑은 다른 성우를 쓰는구나, SBS에선…. 그래도 L은 어쩐지 이상할 정도로 슬픈 기분이 들었다. 정말로 목소리 성형도 가능해진다면, 나는 이제 어떻게 사람들을 알아봐야 하는 걸까. 조물주는 '목소리를 잊지 못하'는 능력을 L에게 주신 대신, 누구에게나 주신

당연한 능력 하나는 L에게 허락하지 않으셨다.

나는 타인의 얼굴은 기억하지 못합니다.

하지만 그것이 L의 삶을 크게 불편하게 만든 건 아니었다. 전 세계 70억 인구가 모두 다른 얼굴과 다른 지문을 가지고 있듯, 목소리 또한 모두 제각각이라 L은 목소리를 통해 사람을 알아보면 됐다. 누군가 자신에게 다가오면 미소를 지었다. 그리고 상대가 먼저 입을 열기를 기다렸다. 물론 때때로는 이런 일도 있었다.

"너 이 새끼, 왜 인사 안 해. 건방진 놈의 새끼."

그리고 날아오는 주먹세례. 남중 남고의 시간은 무척 길었다. 하지만 그 정도의 불편함은 L에게 있어 어린 날의 시시한 일화에 불과했다.

내가 가진 다름이 그저, 타인의 얼굴은 기억하지 못하고 목소리만 기억하는 것, 그것뿐이었다면 얼마나 좋았을까요. 그렇다면 나는 많은 것을 잃지 않아도 됐을 텐데 말이죠.

"버섯, 두부, 애호박… 그리고 또 뭐였더라."

엄마 손을 잡고 시장에 갈 때면, L은 엄마에게 꽤 도움이 됐다.

"버섯, 두부, 애호박, 그리고 너희 아빠 좋아하시는 바지락! 너희 아빠는 바지락 없는 된장찌개는 심심하다고 하시니 꼭 사야 한다."

이것은 L의 입에서 나온 말이었다.

"그래, 바지락! 어쩜 우리 L은 이렇게 엄마 말을 토씨 하나 안 틀리

고 똑똑히 기억할까."

엄마의 말을 곧잘 기억하던 어린 L은, 그때마다 자신의 머리를 쓰다듬던 엄마의 따뜻한 손이 좋았다. 하지만 그 손은, 결국 L에 의해 L에게서 떠나갔다.

아빠는 L의 말을 잠자코 듣고만 계셨다. 몇 번이나 엄마는 L의 말을 멈추게 하려 했지만, 그때마다 아빠는 아무 감정 없는 목소리로 L이 아닌 엄마의 말을 멈추게 했다. L은 그저 말했을 뿐이었다. 자신이 들은 목소리를 말했다. 기억할 수 없는 얼굴의 어떤 사람과 엄마의 목소리, 그 두 사람의 목소리에 담겨 흘러나왔던 수많은 말들은 L 안에 고스란히 고여 있었다. 괜찮다, 기억나는 대로 그냥 말하면 된다. 그 어떤 때보다 차분한 말투로 L을 달래며 L 안의 말들을 꺼내 놓게 했던 아빠의 목소리와 엄마의 숨죽인 흐느낌. 그 소리 또한 지금까지도 L 안에 고여 있다. 엄마의 따뜻한 손은 더 이상 L의 머리를 쓰다듬어 주지 않았다. 그 일이 있고 몇 개월 후, 끝내 L을 떠나간 엄마의 마지막 목소리 또한, 지금까지도 L 안에 고여 있다. 나는 네가, 무섭다.

내가 잊지 못하는 것은 다만 목소리만이 아니었습니다. 말, 누군가의 목소리에 담겨 흘러나온 말, 그 수많은 말들은 하나도 사라지지 않고 지금까지도 제 안에 고여 있습니다.

한 번쯤은 멀리서라도 엄마가 나를 보고 가시지 않을까, L은 몇 번이나 혼자 공상했다. 하지만 L은 알 길이 없었다. 타인의 얼굴을 기억하

지 못하는 L은, 길을 걷다 마주쳐도 엄마를 알아보지 못할 것이다. 다만 엄마의 마지막 목소리만이 L의 주위를 맴돌았다. 나는 네가, 무섭다.

그것이 L이 기억하는 L의 첫 번째 상실이었다. 목소리, 아니 목소리에 담긴 말을 잊지 못하는 대신 L은 사랑하는 사람을 잃어야 했다. 사람들은 진실을 원하지 않아. 첫 번째 상실 이후 L은 진실을 삼키려 노력했다. 당신이 했던 모든 말들을 당신 앞에 쏟아 놓으면, 당신은 떠날 테니까.

말을 삼키는 일, 진실을 삼키는 일이 처음에는 그다지 어렵지 않았습니다. 하지만 역시나 모든 저장 장치에는 용량 제한이라는 게 있었던 걸까요? 아무리 꾹꾹 눌러 담아도 어느 순간부턴 쓰레기통 밖으로 흘러넘치는 오물들처럼, 나의 말들도 어느 순간부턴 내 의지와 상관없이 쓰레기통의 오물들처럼 내 입 밖으로 흘러넘치곤 했습니다.

"내 여자친구가 정말 너한테 그렇게 말했니?"

떠나보내고 싶지 않았던 친구에게, L은 거짓말이 하고 싶었다.

"맞다. 너 거짓말 못하는 애지…."

떠나보내고 싶지 않았던 친구였던 만큼, 친구는 L을 믿고 있었다.

"그랬구나. 한 번만 못 본 척해 달라고. 내 여자친구가 너한테, 그랬구나. 역시 그랬던 거구나…."

그 후 친구가 그 여자와 헤어졌는지 그렇지 않았는지, L은 알지 못한다. 친구가 L을, 떠났기 때문이었다.

사람들은 진실을 마주하는 순간, 그 진실을 알고 있는 사람으로부터 떠나갑니다. 사람들은 진실을 못 견뎌 합니다. 그중에서도 가장 진저리치게 못 견뎌 하는 진실은 바로, 나 자신에 대한 진실이죠.

언제나 자신을 A라고 말하는 사람은 없었다. 자신이 기억하든 기억하지 못하든 어떤 날엔 자신을 A라고 말하고, 어떤 날엔 자신을 B라고 말하는 것이 사람이었다. 적어도 L에게 있어 사람은 그런 존재였다. 자신을 A라고 굳게 믿고 있는 사람조차도 어떤 날엔 자신을 B라고 말했다. 그런 사람일수록 L의 곁에서 빠르게 떠나갈 뿐이었다. 당신은 전에, 당신을 B라고 말한 적이 있지요. 자신을 A라고 굳게 믿고 있는 사람일수록, 견딜 수 없어 했다. 당신은 사실 A도 B도 아니라는, 자신에 대한 진실과 마주하는 순간을.

도리어 여자와의 연애, 그 시작은 저에게 어렵지 않았던 것 같습니다.

여자들은 자신들의 입에서 나온 사소한 말 한마디도 잊지 않고 기억해 주는 남자를 좋아했고, L은 어떤 여자의 얼굴도 구분할 수 없었기 때문이었다.

"내가 이 작가 좋아한다고 했던 말, 기억하고 있었던 거야?"

L의 선물은 실패할 수 없었고,

"오빠가 뭘 잘못했는지 모르겠어? 그때 내가 오빠한테 뭐라고 했는지 기억 안 나?"

여자들의 시비는 시작될 수 없었다. L은 모두 기억하고 있었기 때문

이었다. 여자들의 모든 말을 기억하고 있다는 것. 하지만 결국엔 그것이 곧 여자들로 하여금 L을 떠나가게 했다.

"내가 언제, 언제 그렇게 말했는데?" 어떤 여자는 화를 냈고, "오빠 나한테 이러면 안 돼, 이러면 진짜 안 되는 거야." 어떤 여자는 눈물을 글썽였고, "그냥 말실수한 거잖아. 그런 것까지 다 기억하고 마음에 담아 두는 사람…." 어떤 여자는 끝내 이 말을 뱉어내고 나서야, L에게서 떠나갔다. "나 진짜, 이제 네가 무서워."

수없이 많은 이별을 겪어야 했고, 그때마다 오물처럼 흘러넘치는 나의 말들을 삼켜내려 노력했지만, 그건 쉬운 일이 아니었습니다. 어떤 말들은 끝내 잠자지 않고 나를 잡아 흔들었다는 어떤 작가의 말처럼, 어떤 말들은 까만 밤이 모두 지나고 하얀 새벽이 올 때까지도 내 주위를 맴돌았습니다. 그러다 그 말의 주인을 만나면 이때다 하곤 내 입 밖으로 튀어나왔지요. 그 말을 들은, 그 말의 주인들은 모두, 내 곁을 떠났습니다. 내 안에는, 수없이 많은 목소리로 이 말이 쌓여 갔습니다. 나는 네가, 무섭다.

하지만 L은 누구도 원망할 수 없었다. 이것은 그들의 잘못이 아니었다. 오로지 내가, 남들과 다른 괴물이기 때문이었다. L은 점점 새로운 사람을 만난다는 것이 두려워졌다. 새로운 사람을 만난다는 것은 또 다른 목소리 하나가 L 안에 쌓인다는 것. 나는 네가, 무섭다.

중첩되어 가는 수많은 목소리의 무게를, 이제는 더 이상 감당할 수 없어 휘청이던 L. 어쩌면 그래서 더, 그녀가 L에게는 소중했는지도 모

른다. 수많은 목소리와 함께 살고 있지만 철저히 혼자였던 L에게 있어 그녀는, 마지막 기회처럼 느껴졌다. L 안에 고여 있는 숨결이 사라져버린 죽은 목소리들과가 아닌, 진짜 살아 있는 사람의 숨결과 함께할 수 있는 마지막 기회. 그녀는, 되돌아온 자신의 말을 듣고도 L을 떠나지 않은 유일한 사람이었다. 그녀는 화를 내지도 않았고, 울지도 않았고, 떠나가지도 않았다. 다만 궁금해했다. 어째서 당신은, 그 모든 말들을 기억하고 있는 거죠? 그녀는 무척, 현명한 사람이었다.

아마도 그래서였던 것 같습니다. 나는 처음으로 타인에게 내 모습을 보여주었습니다. 언제나 나의 입 밖으로 튀어나오는 오물들에 입을 닫고 살려 애써 왔던 저는, 그녀이기에 입을 열 수 있었습니다. 어쩌면 그녀가 유일한 사람인 건 아닐까, 그렇다면 좋겠다. 괴물인 나를 있는 그대로 사랑해줄 수 있는 유일한 사람이 그녀이기를. 그렇게 한번 입을 열자 이번엔, 내 안에 쌓여 있던 수많은 나의 이야기들이 내 스스로는 어떻게 통제할 수도 없이 제멋대로 쏟아져 나오기 시작했습니다. 인간이 가진 모든 배설의 쾌락 중, 말이 주는 쾌락이 이토록 크다는 것을 저는 그때 처음 깨달았습니다. 그래서 두려웠습니다. 하지만 또 바랐습니다. 나의 이 모든 이야기에 그녀가 무서워하지 않기를, 떠나가지 않기를. 그리고…

그녀는 떠나지 않았다. 처음부터 끝까지 L이 들려준 모든 말들을 꼭꼭 씹어 그녀의 가슴 안에 담았다. 한 번도 L의 말을 멈추게 하지 않았고, 무서워하지도 않았으며, 다만 들었다. 그녀가 입을 연 건 L의 모든 이야기가 끝이 난 후였다.

"나에게는 시간이 필요합니다. 조금만 기다려 주겠어요? 내가 꼭 다시 찾아올게요."

그녀는 약속을 지켰다. 며칠 후 그녀가 다시 L을 찾아왔다. L은 그 순간을 이렇게 설명했다.

지금도 그 순간이, 마치 조금 전 일어난 일처럼 선명하게 기억납니다.

그녀는 작은 수첩과 연필을 들고 L을 찾아왔다. 그리고 그녀의 가방 안에서 작은 양철 컵과 성냥을 꺼냈다.

"나는 앞으로 당신이 기억하지 않았으면 하는 나의 말들은, 이 수첩에 적겠습니다."

작은 수첩에 그녀는 글을 적어 갔다. 그리고 그 글을 L에게 보여 주었다. 그다음, 글이 적힌 페이지를 수첩에서 찢어내 작은 양철 컵 안에 담았다. 그리고 성냥을 그어 종이에 불을 붙이려는 순간, L이 그녀의 손목을 잡았다.

"나는 지금 이 수첩에 적힌 말을, 그리고 이 순간을, 오랫동안 기억하고 싶습니다. 이 글을 당신의 목소리로 한 번 읽어 주시겠어요?"

그녀는 L이 시키는 대로 그 글을 소리 내 읽었다.

"어쩌면 나도 언젠가는 당신이 무섭게 느껴질지도 모릅니다. 당신을 떠나고 싶은 날이 찾아올지도 모르죠. 하지만 가능하다면 그 날을 멀리, 더 멀리로, 미루고 싶습니다."

그리고 그녀는 수첩에는 적혀 있지 않던 이 말 또한, 천천히, 또박또박, L의 귓가에 속삭여 주었다.

"나는, 당신 곁에, 아주아주 오랜 시간, 머물고 싶으니까요."

지금도 그녀의 그 말들은, 마치 조금 전 들은 말처럼 너무도 선명하게, 제 안에서 맴돌고 있습니다.

그녀와 L은, 이내 함께 살게 되었다. 두 사람은 같은 집에서 일어나, 같은 식탁에 앉아 밥을 먹고, 같은 자리에 누워 잠이 들었다. 서로가 오래오래 기억했으면 하는 말들은, 자신의 목소리에 담아 상대의 귀에 속삭였다. 서로가 곧 잊었으면 하는 말들은, 작은 수첩에 적어 상대에게 보여 주곤 양철 컵에 담아 불태웠다. 이것은 곧 두 사람만의 의식이 되었다. 그녀뿐 아니라 L 또한 수첩에 말을 적었다. 서로에게 조금이라도 상처가 될 것 같으면, 아주 사소한 말 한마디까지도 두 사람은 수첩에 적었다. '오늘 국이 너무 짜요.', '양말은 뒤집어서 벗어 놓지 말라고 어제도 내가 말, 아니 썼잖아요.', '책 볼 때는 뭘 좀 안 먹었으면 좋겠어요. 책 사이에서 나오는 음식물 흔적, 나는 싫다고요.'

우리는 해가 가장 잘 드는 거실 창가에 작은 테이블을 놓았습니다. 그 테이블엔 언제나 수첩과 연필이 각각 두 개씩 올려져 있었지요. 그 아래에는 작은 양철 컵과 성냥이 놓여 있었습니다.

그들의 수첩은, 어떤 날엔 몹시도 진지한 이야기들로 가득했다. 그녀는 그녀 안의 상처와 아픔을 수첩에 적어 L에게 보여 주었다. '나는 당신이 나의 아픔까지도 당신 안에 오래오래 쌓아 두고 슬퍼하는 건

싫어요.' 또한 그들의 수첩은 이제, 두 사람만의 사랑을 확인하는 간지러운 장난이기도 했다. 태워버리기 아까울 정도로 간지러운 종이는, 두 사람 사이에 작은 실랑이를 가져오기도 했다. 쓴 사람은 창피해하며 태워버리고 싶어 했고, 읽은 사람은 영원히 간직하고 싶어 했다. 그렇게 종이 한 장을 두고 두 사람이 실랑이를 하다 보면, 테이블 아래의 양철 컵이 날카로운 소리를 내며 쓰러지기도 했다. 그럴 때면 그녀는 까르르 웃음을 터뜨렸고, 그 웃음소리 또한 지금까지도 L 안에 고여 있다.

물론 그녀와 함께 사는 동안에도 저는 종종 쉽게 잠들지 못했습니다.

그녀와 함께 나란히 누워도, L 안의 말들은 어김없이 L을 깨워댔다. 그 말들을 다시 삼켜 보려 아무리 애써 봐도, 어떤 날엔 L의 힘으로도 어찌할 수 없이 입 밖으로 그것들이 흘러넘쳤다. 한밤중에도 L은 자리를 박차고 일어나 밖으로 뛰쳐나갔다. 한참의 씨름 끝에 튀어나오는 말들은 대부분, 그녀에겐 들려주고 싶지 않은 말들이었다. 그날도 L은 쏟아져 나오는 말들에, 양손으로 제 입을 틀어막곤 자리에서 벌떡 일어났다. 뛰쳐나가려는 L의 옷깃을 잡은 건 그녀였다. 그녀는 L의 두 손을 잡아끌어 자신의 두 귀로 가져갔다.

"내가, 이렇게 하고 있으면 돼요."

그리고 L의 가슴 깊이 자신의 얼굴을 묻었다.

"당신의 목소리도 들리지 않고, 당신의 슬픈 얼굴도 나는 보이지 않아요. 하지만 이렇게 하고 있으면, 나는 당신이 내 곁에 살아 있다는

걸 느낄 수 있어요. 나는 우리 두 사람이 이렇게 오래오래 서로의 살아 있음을 느낄 수 있었으면 좋겠어요."

L의 가슴에도 그녀의 살아 있는 숨결이 느껴졌다. 그날 밤 L은 그렇게, 자신의 입 밖으로 쏟아져 나오는 수많은 말들을… 그대로 쏟아냈다. L의 삶이, 가장 높은 곳을 향해 치닫고 있었다. 낮에는 수첩에 적어 나의 말들을 쏟아내고, 밤에는 그녀의 귀를 막고 타인의 말들을 쏟아냈다. L의 삶은 절정을 향해 치닫고 있었다. 배설의 쾌락이 주는, 그 절정을 향해.

절정의 시간들은 빠르게 흘러갔습니다. 한 달, 두 달, 한 해, 두 해… 그 많은 시간을 함께하는 동안 우리는 내내, 서로를 아끼고 배려하고 사랑하며 언제까지나 그렇게 행복한 시간을…… 보냈을까요?

결론부터 얘기하면, L과 그녀의 이야기는 해피엔딩이 아니다. 그렇다면 두 사람 사이에 무슨 일이 일어난 걸까. 그녀 또한 다른 많은 사람들과 같은 이유로, 괴물인 L을 떠난 것일까. 차라리 그랬다면 좋았을 텐데, 아니다. 그렇다면 이번엔 그녀의 아픔과 상처가 헤어짐의 이유가 됐을까. 그 또한 아니다. 그렇다면 두 사람 중 한 명이 몹쓸 병에라도 걸렸던 걸까. 사고라도 당했던 걸까. 혹은 두 사람의 사랑만으로는 도저히 어찌할 수 없는 재난과도 같은 어떤 걸림돌이 나타난 걸까. 모두, 아니다. 현실에는, 그렇게 소설 같은 헤어짐은 많지 않다. 그저, 절정이 끝났을 뿐이었다. 익숙함이 찾아왔다. 모든 것은 당연해졌다. 그리고 그 순간, 다른 모든 보통의 연인들과 마찬가지로, 그들에게도

내리막이 시작됐다. 너를 사랑하게 만든 바로 그 이유가, 너를 사랑하지 않게 되는 이유로 변해 가는 그 당연한 내리막이.

우리 두 사람만의 의식이자 장난이었던 수첩. 그런데 바로 그 수첩이 언젠가부터는 우리를, 다투게 만들었습니다.

사소한 일로 감정이 상해 수첩 의식을 시작했지만, 어느새 두 사람의 감정이 격해지면 쓰는 속도는 도저히 생각의 속도를 따라올 수 없기에 L은 답답해졌다.

"우리 그냥 말로 해요."

하지만 그녀는 입을 열지 않았다. 그녀는 쓰고, L은 말했다. 고집스럽게 입을 꾹 다문 채 쓰기만 하는 그녀가 L은 답답했고, 참지 못하고 말을 쏟아내는 L이 그녀는 두 사람만의 의식을 망쳐버린 것 같아 원망스러웠다.

그런 일이 몇 번이나 반복되던 어느 날 밤, 그녀가 울었다. 처음으로 그녀가 울었다. L은 자신의 목소리로 흘러나온 말 또한 자신의 귀로 흘러들어 자신 안에 고인다는 것을 그날 밤에야 깨달았다. 배설의 기쁨에 취해 그녀를 향해 쏟아냈던 L의 아픈 말들이 다시금 L을 찾아와 잠 못 들게 하던 그 밤. 그녀가 썼던 말들은 모두 사라지고, 자신이 뱉었던 말들만이 쏟아져 나와 L은 더욱 큰 자괴감에 사로잡혔다. L은 뛰쳐나가고 싶었지만, 그날 밤에도 그녀는 L의 옷깃을 잡았다. L의 두 손을 자신의 귀에 가져다대곤 L의 가슴 깊이 고개를 묻은 채, 그녀는

울었다. L의 입에서 흘러나오는 말이 아프면 아플수록 그녀는 더욱 손에 힘을 줘 자신의 귀를 틀어막으려 했고, 그제야 L은 알게 됐다. 내 두 손이 아무리 그녀의 귀를 틀어막아도, 내 입에서 오물처럼 흘러나오는 이 말들이 다 막히진 않는다는 걸. 귀를 틀어막고 그의 가슴에 고개를 묻은 채 흐느끼던 그녀의 울음소리 또한, 지금까지도 L 안에 고여 있다.

그날 이후 L은 자신의 목소리까지도 두려워졌다. 나는 내가, 무섭다…. 하지만 그 말만은 차마 입 밖으로 내뱉을 수 없었다. 그 말 또한 영원히 사라지지 않고 자신 안에 고이게 되리라는 걸 알고 있었기 때문이었다. 두 사람은 서로가 곧 잊었으면 하는 말들은 수첩에 적어 왔지만, 서로가 오래오래 기억했으면 하는 말들은 자신의 목소리에 담아 상대의 귀에 속삭여 왔다. 그런데 이제 L은 그 속삭임마저 두려워졌다. 그녀의 귀에 사랑을 속삭이다가도 불현듯 아픈 말들이 튀어나올까 두려웠다. L의 말수는 점점 줄어 갔다. 그에 따라 그녀의 말수도 줄어갔다. 수첩은 점점 더 빠르게 얇아져 갔다. 태워야 하는 종이의 양은 점점 늘어났다. 작은 양철 컵은 어느새 커다란 양철 통으로 바뀌었다. 두 사람이 함께 사는 집은 조금씩 조용해져 갔다. 어느 날부턴 환한 대낮의 그 집에선, 단 한마디의 사람 목소리도 들려오지 않았다. 밤이 돼야 비로소 시끄러워졌다. 남자의 목소리가 쉴 새 없이 들려오고, 여자의 흐느낌이 끊임없이 들려왔다.

우리의 침묵은 곧 일상이 되어버렸습니다. 왜 침묵해야 하는지 그 이유조

차 잃어버린 사람들처럼 우리는, 그 침묵을 당연한 일상으로 받아들인 채 수첩에만 매달리기 시작했습니다.

대화는 사라졌고 다툼은 많아졌다. 창가 테이블에 앉아 환한 햇살을 받으며, 두 사람은 쉴 새 없이 수첩에 무언가를 적었다. 적고, 찢어서 보여 주고, 상대의 글을 다 읽기도 전에 또 적고. 그 짓을 창밖이 깜깜해져 오도록 반복했다. 불현듯 정신을 차리고 바닥을 보면, 큰 눈이 온 것처럼 수북이 종이가 쌓여 있었다. 한 번에 태울 수도 없을 만큼 수북한 종이에 질려 두 사람은 그대로 종이 밭에 쓰러져 잠이 들었다. 다음 날 일어나면 또다시 두 사람은 적고, 찢어서 보여 주고, 상대의 글을 다 읽기도 전에 또 적는 일을 반복했다. 어느새 헤치고 걸어가기도 힘들 만큼 종이는 두 사람의 다리가 다 파묻힐 정도로 쌓여 갔다.

어쩌면 그토록 전쟁같이 서로를 할퀴며 싸워댔던 그 시간들이 우리 두 사람에게는 도리어, 행복했던 걸지도 모르겠습니다. 이후에 찾아올 더 큰, 더 긴… 침묵의 시간들에 비하면요.

어느 날 아침, 잠에서 깨어난 L은 무척 놀랐다. 지난밤 자신의 가슴 높이까지 쌓여 있던 그 수많았던 종이들이 모두 사라졌기 때문이었다. 지난 몇 달간 마치 아무 일도 없었다는 듯 그녀가 환한 햇살을 받은 채 창가 테이블에 고요히 앉아 있었다. 고요히…. 그녀는 고요했다. 입을 열지도 않았고, 수첩에 무언가를 적지도 않았다. L은 지금 이 순간이 나쁘지 않다고 생각했다. L 또한 지쳐 있었기 때문이었다. 두 사람

은 그날 단 한마디도 하지 않았다. 적지도 않았다. 그날 밤 잠자리에 들어서야, 그녀가 처음으로 입을 열었다.

"나는 아직도, 당신을 사랑해요."

그때 L은 무엇이라 답했을까. L은, 기억하지 못했다. L이 기억하지 못한다는 것은, 자신의 목소리로는 아무 말도 하지 않았다는 것. 그렇다면 L은 그때, 자리에서 일어나 거실 테이블로 가 수첩에 무언가를 적어 온 다음 그녀에게 보여 줬을까. 아니면 모처럼 고요한 하루를 보냈기에, 갑자기 몰려든 지난 몇 달간의 피로에 짓눌려 그대로 잠들어 버렸을까. 나는, 모르겠다. L은 그 순간 자신의 행동은, 기억해내지 못했다.

다음 날부터 그녀는, 수첩을 쓰지 않았다. L이 무언가를 수첩에 적어 보여 주어도, 그녀는 아무 글도 적지 않았다. 부러 못된 말로 그녀를 자극해 보아도, 그녀는 답하지 않았다. 그녀의 그런 고집스러운 모습은, L로 하여금 지난 어떤 날의 이와 똑같았던 그녀의 모습을 떠올리게 했다.

"우리 그냥 말로 해요."

그 어떤 날에도 그녀는 고집스러울 만큼 아무 말도 하지 않았다. 쉴 새 없이 모진 말들을 쏟아냈던 건, L 혼자뿐이었다. 그 목소리가, 자신의 목소리에 담긴 그 말들이, 어느 날 밤 또다시 L을 찾아왔다. L은 자신의 입을 틀어막고 밖으로 뛰쳐나갔다. 그녀는 L의 옷깃을, 잡지 않았다.

그날 이후 두 사람은 또 다른 침묵을 일상으로 받아들이게 됐다. 두

사람은 이제 아무 말도 하지 않았다. 아무것도 적지 않았다. 같은 집에 살며 같이 밥을 먹고 같이 잠을 자고 같은 잠자리에서 일어나 하루를 시작했지만, 두 사람은 더 이상 서로에게 살아 있는 말은 들려주지 않았다. 목소리로도, 글로도. 환한 햇살 아래의 테이블엔 먼지가 쌓여갔다. 조용한 낮이 지나고 나면, 깜깜한 밤이 찾아왔다. 깜깜한 밤 L은 종종 자신의 두 손으로 입을 틀어막곤 밖으로 뛰쳐나갔다. 밤새 거리를 방황하며 혼잣말을 쏟아내다 새벽녘에나 집으로 돌아왔다. 그럴 때면 돌아누운 그녀의 등이 어슴푸레한 새벽빛 사이로 L의 눈에 들어왔다.

그런 새벽이 몇 번이나 반복됐다. 그 날도 L은 밤새 걷고 밤새 떠들어 지쳐버린 몸을 이끌고 집으로 돌아왔다. 어슴푸레한 새벽빛 사이로 보이는 침대에 누워, 그대로 잠이 들었다. 잠에서 깨어난 L은 여느 때와 마찬가지로 정적 속에서 몸을 일으켜 정적 속에서 세수를 하고 정적 속에서 밥을 먹었다. 어제와 똑같은 정적 속에서 미묘하게 달라진 공기의 흐름을 알아챈 건, 그날 밤 다시 그 정적 속에서 잠자리에 들었을 때였다. 그녀의 등이 보이지 않았다. 아무도, 없다. 정적으로 가득 찬 이 집 안에, 살아 있는 존재라곤 L뿐이었다. 정적에 짓눌린 듯, 수개월 아니 수년에 걸친 정적의 피로에 짓눌린 듯, L은 혼잣말을 중얼거리며 그대로 잠이 들었다. 어쩌면 이 집에는, 아무것도 없을지 몰라. 살아 있는 존재라곤 아무것도….

그렇게 저는 얼마나 오랜 시간 잠들어 있었던 걸까요. 낮과 밤이 바뀌는

줄도 모른 채, 계절이 흐르고 날씨가 변해 가는 줄도 모른 채. 아무리 자고 또 자도 피로함이 가시지 않아 눈을 뜨기가 무섭게 저는 또다시 잠으로 빠져들어 갔습니다. 그 긴 잠에서 저를 다시 일으켜 세운 건 역시, 다시금… 그 말이었습니다.

'나는 아직도, 당신을 사랑해요.'

그녀가 L의 귓가에 속삭였다. 두 눈이 번쩍 뜨여 L은 자리를 박차고 일어났다. 온 집 안을 샅샅이 뒤졌다. 먼지 쌓인 테이블이 보이는 거실, 매일 그녀와 함께 밥을 먹던 부엌, 이를 닦으면서도 노래하듯 종알거리듯 알 수 없는 그녀의 소리가 쉼 없이 새어 나오던 욕실과, 뒤돌아 흐느끼던 그녀의 울음소리로 가득 찬 다시 그 침대방까지. 온 집 안을 미친 사람처럼 샅샅이 돌아다녀도, 아무것도 없었다. 그 집에는 살아 있는 그 어떤 존재도, 존재하지 않았다. 다만, 목소리뿐이었다. 그녀의 목소리. 지금껏 살아오며 L이 만나 온 수많은 목소리. 아무 감정도 실리지 않은 오래전 아빠의 목소리. 그보다 더 오래전 자신의 머리를 쓰다듬던 엄마의 따뜻한 목소리. 수많은 목소리만이 온 집 안을 가득 채우고 있었다. 살아 있는 목소리는 없었다. 모두 죽어 있는 목소리. 그 중 가장 견딜 수 없었던 죽어버린 목소리는 역시, 그녀의 것이었다.

아무리 헤집고 뒤져 보아도 그녀의 목소리는 없었다. 나는 네가, 무섭다. 중첩된 수많은 목소리가 메아리쳤지만 그녀의 것만은 없었다. 그녀는, 현명한 사람이었다. 단 한 번도 그녀는 L에게 그 말을 들려주지 않았다.

실오라기 같은 미움의 말이라도 찾고 싶었다. 그것에 의지해서라도 L은 그녀를 미워하고 싶었다. 자신을 떠나버린 그녀를 원망하고 싶었다. 하지만 돌아오는 그녀의 목소리는,

'나는 아직도, 당신을 사랑해요.'

그뿐이었다. 미움의 말은 자신의 목소리로만 들려왔다. 그녀의 목소리를 찾아 헤매면 헤맬수록, L 안에는 자신에 대한 원망만이 쌓여 갔다. 밤새 L을 잡아 흔들어 깨우던 수없이 많은 그녀의 달콤한 말들이, 언젠가부터는 환한 대낮에도 L을 찾아왔다. 창가 테이블에 앉아 수첩을 끼적이던 그녀의 장난스러운 웃음소리가 들려왔다. L의 두 손을 자신의 귓가로 끌어당겨 그의 품 안에서 그녀가 속삭였던 말. '나는 우리 두 사람이 이렇게 오래오래 서로의 살아 있음을 느낄 수 있었으면 좋겠어요.' L의 지난 이야기들에 그녀가 들려줬던 그 현명한 목소리. '나는 앞으로 당신이 기억하지 않았으면 하는 나의 말들은, 이 수첩에 적겠습니다.' 그리고 깊은 사랑을 담아 L의 귓가에 속삭여 줬던 바로 이 말까지도, '나는, 당신 곁에, 아주아주 오랜 시간, 머물고 싶으니까요.' 그 모든 그녀의 말들이, 하루 종일, L의 곁을 떠나지 않았다.

그제야 저는, 제가 잃어버린 것이 무엇인지를 깨달았습니다. 나는 네가, 무섭다. 많은 사람들이 제게 이 말을 남기고 떠났습니다. 그때마다 나는 그들을 원망하지 않는다, 생각했습니다. '괴물'은 나이기에 그들을 원망할 순 없다, 나는 그렇게 생각해 왔다 믿었습니다. 하지만 아니었습니다. 나는 그들을 원망하고 있었습니다. 나를 괴물로 보는 그들을 도리어 탓하고 있었습니다. 그래야 제가 살 수 있었으니까요. 내가 살기 위해 나는 다시,

내 곁을 맴도는 목소리들을 샅샅이 뒤져 나갔습니다. 그녀를 원망하기 위해, 내가 다시 살기 위해, 나는 뒤지고 또 뒤졌습니다. 하지만 나는, 아무것도 찾을 수 없었습니다. 그때마다 수없이 되돌아오는 나의 말들이, 흐느끼는 그녀의 목소리가, 내게 가르쳐 줍니다. 그녀는 나를 떠나가지 않았습니다. 내가 그녀를, 떠나보낸 것입니다. 그녀를 떠나보낸 것은, 나의 말들이었습니다.

수많은 말들이 찾아와 잠들 수 없는 L의 밤은 지금도 계속되고 있다. 한때는 몇 날 며칠을 길에서 보내기도 했다. 그녀를 찾고 싶었기 때문이었다. 하지만 L은 그녀를 찾을 수 없었다. 길을 지나는 수많은 타인들의 얼굴을, L은 하나도 구분할 수 없었기 때문이었다. 그들은 그저 눈, 코, 입, 그리고 인중을 가진 모두 똑같은 얼굴이었다. 지나가는 여인들을 붙잡고 당신이 혹시 그녀가 아니냐고 미친 사람처럼 묻기도 했다. 그 수많은 여인들 중 그녀가 있었는지는 알 수 없다. 그녀는, 현명한 사람이었다. 그녀는, 대답하지 않았다. 언젠가부터 L은 집 밖으로 나가지 않았다. 언제라도 불쑥 그녀가 찾아와 주지 않을까, L은 기다렸고 또 바랐다. 다시 한 번 그녀의 따뜻한 두 손이 나의 두 손을 잡아끌어 그녀의 두 귓가에 놓아 주기를. 그럴 수 없다면 이 말만이라도, 나를 위한 마지막 배려로 나를 찾아와 이 말만이라도, 나의 귓가에 속삭여 주기를. 나는 당신이, 무섭습니다.

하지만 그녀는, 현명한 사람이었다.
그녀는 L을, 찾아오지 않았다.

한 시인이 말했습니다.

내가 아직 태어나지 않았을 때,
천사가 엄마 배 속의 나를 방문하고는 말했다.
네가 거쳐 온 모든 전생에 들었던
뱃사람의 울음과 이방인의 탄식일랑 잊으렴.
너의 인생은 아주 보잘것없는 존재부터 시작해야 해.
말을 끝낸 천사는 쉿, 하고 내 입술을 지그시 눌렀고
그때 내 입술 위에 인중이 생겼다.

탈무드에 따르면, 천사들은 자궁 속의 아기를 방문해 지혜를 가르치고 아기가 태어나기 직전 그 모든 것을 잊게 하도록 쉿, 하고 손가락을 아기의 윗입술과 코 사이에 얹는데, 그로 인해 사람에게는 인중이 생겨난다고 합니다. 그리하여 시인은, '가끔 인중이 간지러운 것은 천사가 차가운 손가락을 입술로부터 거두기 때문'이라 말했지요.

나는 그 시를 보며, 사람들의 '인중'이라는 것이 너무도 부러웠습니다. 인중은 망각의 상징이었으니까요. 망각을 위해 존재하는 인중. 전생의 기억도, 엄마 자궁 속에서 들었던 천사의 목소리도, 그리고 한 사람이 평생을 살아오며 듣게 되는 수많은 말들도, 언젠가는 잊혀야만 합니다. 그래야 사람은 살아갈 수 있습니다.

그런데 나에게는 인중이 없습니다. 언제부터였는지도 모르겠습니다. 태

어날 때부터였는지, 아니면 살아오며 점점 희미해진 것인지, 나에게는 인중이 없습니다. 인중이 없어 그 어떤 목소리도, 그 어떤 말도, 잊지 못합니다. 오늘도 나는 한참이나 거울을 들여다봅니다. 나는 타인의 얼굴을 기억하지 못합니다. 나의 얼굴 또한 기억하지 못합니다. 다만 내 얼굴을 알아보는 단 하나의 방법이 있으니, 그것은 인중입니다. 나에게는 인중이 없습니다. 그리하여 나는, 살아 있는 사람이 아닐지도 모르겠습니다.

오늘 나는 당신에게 마지막 메일을 보냅니다. 오늘 나는 평생 단 한 번도, 내 목소리에 담아 입 밖으로 내뱉지 않은, 아니 내뱉지 못한 이 말을 나에게 들려주려 합니다. 후회하진 않을 겁니다. 이것은 나에게 주는 벌입니다. 나는 평생 모두를 원망해 왔습니다. 이제는 나를 원망해야 할 시간입니다. 그러니 이제 나는, 거울 속 인중이 없는 나를 향해, 나의 목소리로 이 말을 들려줍니다. 남은 내 평생을 나는 이제, 이 목소리와도 함께 살아가게 되겠지요. 나는 네가, 무섭다.

그것이 L의 마지막 메일이었다. L은 자신이 말했던 대로, 그 후 다시는 내게 메일을 보내오지 않았다. 그럼에도 나는 L의 메일을 기다렸다. 잠을 자려고 누워도 L의 말들은 끝내 잠자지 않고 다가와 나를 잡아 흔들었기 때문이었다. 나는 그 말들을 어떤 소설가의 말처럼 '머리말 빈 커피 잔에 넣어 받침 접시로 눌러놓은 다음에야 잠을 잘 수 있었다.' 나는 그의 메일들을 읽고 또 읽었다. 한 번 읽어서는 도무지 무슨 말인지 이해할 수 없었던, 진실로 넘쳐나던 그의 메일들을 그렇게 수차례에 걸쳐 읽고 또 읽고 난 후에야 나는, 더 이상 그의 메일을 기

다리지 않게 되었다. 알 것 같았기 때문이었다. 그가 나에게 메일을 보내온 이유를….

나는 이 이야기를 써야겠다고 결심했다.
이 이야기가 누군가에게 가닿을 수 있기를.

이야기는 끝났다.
지금부터는 오직 단 한 사람을 위한 이야기다.

이것은 남들과 조금 다른, 한 남자의 이야기입니다. 남들과 아주 조금 달랐을 뿐인데, 남들과 아주 많이 다른 삶을 살아야 했던 한 '사람'에 대한 이야기입니다. 그 사람은 아직도 그 집에서 그녀와 함께 살고 있습니다. 그 사람은 이제 그 집에서 그녀와 함께 살고 있지 않습니다. 그의 집엔 지금 만삼천칠백사십팔 명의 사람들이 들어차 각자의 목소리로 쉴 새 없이 떠들어대고 있습니다. 그의 집엔 지금 아무도 없습니다. 그의 집은 하루 종일 시끄럽습니다. 그의 집은 하루 종일 고요합니다. 그에게는 혼자만의 시간이 절실합니다. 그는 지금, 철저히 혼자입니다.

그리고…

이 말 같기도 하고 말 같지 않기도 한 이 말들은 모두, 믿을 수 있을 것 같기도 하고 믿을 수 없을 것 같기도 한 이 말들은 모두, 정말 말 같

지도 않고 믿을 수 없을 것 같기도 한 이 말들은 모두, 정말, 정正말입니다.

4

안녕, 똥차

최근 몇 년간, 우리 엄마와 가족들은 물론 친구들, 선배들, 후배들, 심지어 오다가다 몇 번 만난 아직 서로 잘 모르는 사람들까지도 하나같이 입을 모아 내게, 가장 많이 했던 말이 있다.

차 좀 바꾸시죠.

처음부터 중고였던 차를 10년 넘게 탔고, 관리라곤 전혀 모르는 주인 만나 외관 또한 너무 낡았으니, 이젠 제발 차 좀 바꿔라! 왜, 아직 탈 만한데…. 그래도 나는 버틴다고 버텨 보았지만, 이 아이는 결국 퍼져버렸다. 수리비가 찻값보다 더 나올 것 같은데요. 정비소 아저씨가 내린 사망 판정. 결국 나는 고민 끝에 새 차를 샀다. 운전은 15년 넘게

했지만, 새 차는 평생 처음 가져 보는 거라 너무 좋았다. 반짝반짝하는 새 차를 인도받았을 땐, '내 예쁜이!'라는 말이 절로 튀어나올 정도로 기뻐서, 새 차가 주는 기쁨이 이토록 클 줄 알았다면 진작 바꿀걸, 싶었던 것도 사실이다.

똥차는 이제 안녕! 나는 신이 나서 중고차매매센터를 찾았다. 그런데, "60 정도 드릴 수 있겠네요. 폐차하면 40만 원이고요." 그때부터 내 기분이 이상했다. 그렇게 똥차는 아닌데…. 값을 너무 적게 쳐주는 것부터 마치 내 아이가 괄시당한 양 못마땅해지기 시작했는데, 이제 다 됐나요? 저는 이제 가도 되나요? 센터를 떠날 시간이 왔을 땐, 어쩐지 쉽사리 발길이 떨어지지 않았다. 똥차를 거기 두고, 버스를 타러 가는 길. 이어폰에서 흘러나오는 옛 노래들 때문이었을까. 아니면 뉘엿뉘엿 해가 지고 있었기 때문이었을까. 나는 가까운 몇 친구들에게 문자를 보냈다. '사람 마음 참 간사해. 똥차 팔고 나오는데 왜 섭섭하냐.' 솔직히 나는 이런 답들이 올 거라 예상했다. '섭섭하긴! 그깟 똥차! 진작 팔았어야지!' 제발 차 좀 바꿔라, 그렇게 잔소리를 해대던 친구들이었으니까. 그런데…

'그러고 보면 나도 그 차 엄청 얻어 탔는데. 나 결혼할 때도, 그 차 타고 공항 갔잖아. 나도 섭섭한데 너는 오죽할까. 사진은 찍어 놨어?'

'속 안 썩이고 기특한 녀석이었지. 우리 그 차 타고 부산도 가고, 경주도 가고, 여행 많이 다녔는데.'

'그 차 타면서 좋은 일도 많았으니 조강지처잖아. 그래, 우리의 조강

지처 얼마에 팔아넘김?'

나만큼이나,
아니 나보다 더 섭섭해하며 그 차와의 추억들을 쏟아내는 친구들.
이별이, 쉽지 않은 나이가 된 걸까. 우리들도.

엄마 생각이 났다. 엄마집 베란다에는 TV 장만 세 대가 있다. 언니네가 이사했을 때, 오빠네가 이사했을 때, 또 엄마네 TV 장이 너무 낡아서 내가 바꿔 드렸을 때도, 엄마는 낡은 TV 장들을 버리지 못하셨다. 좀 버려! 내가 늘 하던 말. 엄마집 옷장에는 우리 삼 남매가 독립하기 전에 입던 몇십 년 전 옷들까지도 가득하다. 좀 버려! 내 친구들도 각자의 엄마들과 비슷한 대화를 나눈다고 했다. 잘 버리지 못한다는 것, 우리는 그저 힘든 시절을 살아온 엄마 세대의 궁상이라고만 생각했다. 그런데 실은, 우리의 엄마들도 지금 우리의 마음과 같았던 건 아닐까.

나이를 먹는다, 시간이 흐른다, 추억이 쌓인다. 헤어짐이, 어려워진다. 어른이 되면 무엇이든 조금씩은 더, 능숙해질 줄 알았다. 그런데 딱 하나, 도리어 미숙해지는 것도 있었다. 헤어짐. 조금 더 어렸을 땐, 조금 더 헤어짐이 쉬웠던 것도 같다. 또 새것 사면 되는데 뭐. 또 새로운 사람 만나면 되는데 뭐. 그리고 나이를 먹었다. 시간이 흘렀다. 추억이 깊은 물건들이, 추억이 깊은 사람들이 쌓여 갔다. 시간의 누적은 그 어떤 새것으로도 이길 수가 없다. '이제는 결혼식은 안 가도, 문상

은 꼭 가게 돼.' 언젠가 친구들과 나눴던 이야기.

우리는 점점 이별이 어려운 나이로 다가가고 있는지도 모르겠다. 그건 어쩌면 기쁜 일인지도 모른다. 지키고 싶은 추억이 많아졌다는 것. 하지만 그건 또 어쩌면, 조금 슬픈 일인지도 모른다. 우리는 모두, 헤어지게 되어 있으니까.

그래서 어쩐지 내 마음이 마냥 기쁘지만은 않았나 보다. 찻값보다 수리비가 더 나올 똥차, 그 낡디낡은 똥차를 버리고 돌아오는 길. 마냥 홀가분하기만 할 줄 알았던, 그 길이.

애증의 관계

"작업하고 있어?"

선배에게서 걸려 온 전화. 전화를 받자마자 들려온 선배의 그 말은, 그저 안부 인사나 지금 통화가 가능하냐는 배려 차원의 말이었을 거다. 하지만 나는 순간 뜨끔해서는, "아니요. 작업을 하긴 해야 하는데, 그 전에 잠깐 뭘 좀 하느라고…." 나도 모르게 변명부터 하고 있었다. 마치 공부해야 할 시간에 딴짓하다 선생님이나 엄마에게 딱 걸린 학생처럼. 그러자 선배가 깔깔깔 웃으며 말했다. "너 요즘 작업 많이 못 했구나?" 그래서였나 보다. 자책감. 요즘 통 일에 집중하지 못하고 있던 내가, 나 스스로도 불안해서. 내친김에 나는 선배에게 어린양을 좀 피워댔다. "선배, 난 요즘 글 쓰는 거 빼고 다 재밌어요. 어떡하죠?" 그

랬더니 선배는 또 깔깔깔 웃으며 이렇게 말했다. "작가, 맞네."

일은 원래 그런 거란다. 그거 빼고 다 재밌게 느껴지면, 그게 일 맞단다. 그래서 일이 많을 때면 평소엔 잘 보지도 않던 TV가 그렇게 재밌고, 시험 기간 책상에 앉으면 평소엔 잘 하지도 않던 책상 정리가 그렇게 하고 싶어지는 거란다. 그래서 혹자는 이런 말도 한다. 제일 좋아하는 것을 직업으로 삼으면 안 된다고. 정말 그런 걸까. 직업이 되는 순간 '재밌는 것도 재미없어지는 것' 그게 일인 걸까. 하지만 이런 말도 있다. 재능 있는 자는 노력하는 자를 이길 수 없고, 노력하는 자는 즐기는 자를 이길 수 없다. 그럼 혹시 이 말은, 일은 원래 재미없는 거지만 계속 재미없어만 하면 너무 힘드니까 우리 재밌는 척이라도 하자, 서로를 위무하기 위해 생겨난 말인 걸까. 그런데 정말 그런 사람도 있긴 할까. 정말 즐기면서만 일하는 사람.

물론 나 역시 즐거운 순간이 하나도 없는 건 아니다. 머릿속에서만 맴맴 돌던 이야기가, 어느새 완성된 글이 되어 마지막 마침표가 찍히는 순간. 그리고 그런 내 글을 누군가 보고 마음에 남았다는 얘길 들려주면, 나도 참 좋다. 가끔은 결과와 상관없이, 글을 쓰고 있는 그 시간 자체가 좋을 때 또한 분명 내게도 있다. 하지만 '즐기는 자'라 말하기엔 괴로울 때 또한, 아니 어쩌면 괴로울 때가 '더' 많으니, 나는 즐기는 자도 아니요 그렇다고 즐기지 않는 자도 아니요, 글과 나는 꼭 애증의 관계인 것만 같다.

그러다 문득 이런 생각이 들었다. 혹 세상의 모든 관계가 결국 애증의 관계인 건 아닐까. (역시 나는 지금 글 쓰는 것 빼곤 다 재밌는 게 틀림없다. 딴생각이 뭉게뭉게 꼬리에 꼬리를 물고 피어나고 있는 걸 보니.) 관계란 '둘 이상의 사람, 사물, 현상 따위가 서로 관련을 맺거나 관련이 있음'을 뜻한다. 너무너무 좋기만 한 관계, 세상에 있을까. 서로에 대한 불만이나 서운함이 하나도 없어 싸워 본 적도, 싸울 이유도 없는 관계가 세상에 있을까. 동화 속 주인공들조차 해피엔딩을 맞기까지는 이런저런 엄청난 고난과 갈등을 거쳐야 하는데?

좋은 게 하나도 없고 밉기만 하면, 결국 헤어지게 된다. 관계는 끝난다. 사실 미워할 필요조차 없다. 나랑 무슨 상관이라고 미워해, 아무 관계도 아닌데. 하지만 아직도 너와 내가 관계를 맺고 있다면, 그건 단 하나의 좋은 점이라도 분명 존재한다는 것. 아직 널 좋아하니까, 너에 대한 기대가 남아 있으니까, 헤어지지 못하고 있는 것. 마음 저 깊은 곳 이제 실오라기로만 연결된 아슬아슬한 너와 나의 관계라 할지라도, 끝내 끊어내지 못하고 있다면, 그 이유는 결국 하나다. 아직 너를, 좋아하고 있는 것. 그러니 세상의 모든 관계는 결국 '애증의 관계'인 거 아닐까. 오롯이 좋은 것만도, 오롯이 싫은 것만도 아닌, 애증의 관계.

너와 나의 관계, 삶과 나의 관계, 글과 나의 관계 또한 모두 애증의 관계. 그래서 글 쓰는 거 빼고 다 재밌다는 내게 선배는 이렇게 말했는지도 모른다. '작가, 맞네.' 그래도 또 쓸 거잖아. 쉽게 헤어지긴 힘들 거다. 애증의 관계란 그런 거니까. 글과 나의 관계. 너와 나의 관계. 삶

과 나의 관계. 미워도 쉽게 헤어질 수 없는, 불만투성이인 것 같지만 그래도 조금은 좋아하고 있는, 관계란 모두 그런 거니까.

언제나 이렇듯, 어느 날 갑자기

티켓파워를 가진 배우는 누가 있을까.

언젠가 곰곰이 생각해 본 적이 있다. 대학 시절 교양수업 숙제였다. 그런데 생각보다 어려웠다. 한 배우가 티켓파워를 지녔다는 것은, 그 배우가 나온다는 이유만으로 관객들이 그 영화를 본다는 것. 감독이 누구든, 어떤 장르이든, 무슨 내용이든, 평론가나 세간의 평이 어떠하든, '○○○이 나온다고? 그럼 난 볼래.' 이렇게 돼야 한다는 것. 하지만 아무리 유명한 배우라 해도, 그의 필모그래피가 모두 흥행작인 경우는 드물었다. 그래서 나는 금세 포기했다. 공식적으로 누구나 인정할 수 밖에 없는 티켓파워의 소유자를 찾는 일은 바로 포기하고, 대신 나만의 그를 찾기 위한 공상에 빠져들었다. 하지만 그 또한 쉽지 않았다.

꼭 배우만도 아니었다. 감독, 작가, 가수…. 그 사람의 작품이라면, 나만은 기꺼이. 적어도 나에게만은 티켓파워를 지닌 사람을 찾는 일 또한 생각보다 어려웠다.

빠심은 DNA에 붙어 있다던데…. 십 대 시절부터 지금까지도 쭉 운동선수, 가수, 배우에 이르기까지 다양한 부문에서 팬클럽 활동을 해온 한 선배가 그랬다. 빠심은 DNA에 달려 있는 거라서, 팬클럽 활동도 하는 사람이 계속하는 거란다. 유전자에 빠심이 없는 사람은 태어날 때부터 그렇게 옷깃 한번 스쳐 본 적 없는 누군가에게 무한 애정을 주는 일은 불가능하단다. 그래서였을까. 나는 빠심을 타고나지 않아서, 나만은 기꺼이, 적어도 나에게만은 티켓파워를 가진 사람을 찾는 일 또한 그렇게 어려웠던 걸까.

하지만 나에게도, 유난히 마음 가는 배우가 전혀 없었던 건 아니었다. 그가 나오지 않았다면 결코 용서할 수 없었던 영화도 그로 인해 조금은 용서하게 되는 일도 있었고, 극장 매표소 앞에서 두 영화를 두고 고민할 때 마음 가는 배우 쪽의 영화를 선택하는 일도 종종 있었다. 하지만 그렇다고, 그가 나온다고? 그럼 무조건 봐야지. 언제 개봉해? 이렇게 무조건 기다리게 되는 일은 드물었다.

단돈 만 원도 늘 아쉬웠던 이십 대였기에 '내 주머니를 털어 기꺼이'가 힘들었던 건 아니었을까, 하는 생각도 해 보았지만, 삼십 대의 나 역시 쉽지 않았다. 아니 오히려 더 어려웠다. 이제는 시간이 아까워졌기 때문이었다. 돈은 없다가도 다시 생길 수 있지만, 시간은 되돌릴 수

있기는커녕 나이를 먹을수록 더욱 빠른 속도로 사라져 가기만 하니, 그 가치를 비교한다는 것 자체가 처음부터 불가능했다. 그래서 더 어려웠다. 재미없는 영화를 보고 있을 때면, 이 시간에 집에 가서 책이나 볼걸. 재미없는 책과 마주하고 있을 때면, 나 지금 뭐하니, 차라리 일이나 하자. 사람과의 만남도 마찬가지였다. 오늘은 이상하게 즐겁지가 않네. 괜히 만났나 봐. 차라리 집에서 쉴걸.

참 어려운 일이었다. 매번 최고의 시간까지는 아니어도, 언제나 평균 이상의 만족감을 주는 시간. 적어도 나를 실망시킬 일은 없을 사람. 그 사람과의 만남은 상상만 해도 벌써 마음이 흡족한, 적어도 나 한 사람에게만은 무조건적인 타임파워를 지닌 사람을 갖는다는 것은 참 쉽지 않은 일이었다. 그렇다고 상대에게 화를 낼 수도 없었다. 나 또한 누군가에게, 적어도 단 한 명에게라도 언제나 평균 이상의 만족감을 줄 수 있는 사람이었나 생각해 보면, 자신이 없었기 때문이었다. 그만큼 어려운 일인 거다. 언제나 그를 만나는 시간은 즐겁고, 그 또한 나를 만나는 시간은 즐거운, 서로가 서로에게 타임파워를 가진 사람이 될 수 있다는 건, 그런 인연을 만난다는 건, 어려운 일일 수밖에 없는 것.

어쩌면 그래서였는지도 모르겠다. 아침에 일어나 커피를 내리고, 졸린 눈을 비비며 아직 커피를 채 한 모금도 마시기 전에 도착한 문자메시지. '뉴스 봤어? 너 좋아하는 그 필립 어쩌고 이름 어려운 배우.' 그 문자를 받고부터, 나는 하루 종일 아무것도 할 수 없었다.

조지 클루니만큼 잘 생긴 배우도, 톰 행크스만큼 유명한 배우도 아니었다. 그러니 누구나 인정할 수밖에 없는 티켓파워의 소유자라곤 말할 수 없었다. 또한 나와는 옷깃 한번 스쳐 본 적 없을 저 먼 나라에 살고 있던 배우. 그런데 적어도 나에게만은, 서로는 아닐지라도 적어도 나에게 그는…. 언제부터였을까. 그가 선택한 영화라면 나는 믿을 수 있었고, 그의 이름이 보이면 아무 다른 정보 없이도 나는 기꺼이 내 시간을 내어 주고 있었다. 아직 쉰도 되지 않은 그의 나이를 생각하며, 앞으로 또한 더욱 깊어진 연기로 나의 시간을 마구 앗아가 주기를 나는 또한 바라고 있었다. 그런데 이제 더는…. 그의 필모그래피를 머릿속으로 되짚어 본다. 이제 더는, 추가될 목록이 없을 그의 필모그래피를.

참, 어려운 일이다. 내 시간이 하나도 아깝지 않은, 언제나 그와 함께하는 시간은 즐거운, 적어도 나에게만은 타임파워를 가진 누군가를 만난다는 것은 참 어려운 일이다.

그런데 또 갑자기 찾아와 버렸다.
그를 잃는 일은 또 언제나 이렇듯, 어느 날 갑자기.

아무래도 오늘은, 아무것도 할 수 없을 것 같다.

석류

내가 태어나던 날, 할머니는 병원 복도에서 소주를 까셨다.

이건 나름 우리집에선 유명한 일화다. 엄마는 서른셋에 나를 낳으셨는데, 그 시절치고는 노산이었다. 엄마는 사실 나를 낳고 싶지 않았다. 스물일곱에 언니를 낳고 이듬해 바로 또 임신이 돼 오빠까지 낳은 후, 엄마의 건강은 급격히 나빠졌다. 아빠는 정관수술을 했다.

"아들 딱 하나만 더 낳으면, 산후 조리도 부잣집 못지않게 시켜 주고, 평생 호강시켜 주마."

할머니의 몇 년에 걸친 로비 활동에 엄마가 넘어갔다. 아빠는 다시 수술대에 올랐다. 내가 아직 엄마 안에 있을 때, 엄마의 배는 유난히 크고 옆으로 퍽 퍼져서 모두들 이렇게 말했다고 한다.

"쌍둥이네. 아들 쌍둥이!"

할머니는 신이 나셨고, 임신부에게 좋다는 (혹은 아들을 낳게 해 준다는) 온갖 산해진미와 보양식을 다 구해 오셨다. 그런데 나는, 딸이었다. 것도 2kg을 겨우 살짝 넘는 미숙아.

할머니는, 엄마에게 약속했던 산후 조리는커녕 병원 복도에서 바로 소주를 까셨고, 이튿날 날이 밝자마자 친구분들과 여행을 가버리셨다. 엄마는 그때 일이 두고두고 서러웠던 모양이다. 잊어버릴 만하면 그 얘기를 하고 또 하셨다.

어려서부터 나의 신체구조와 성격은 우리집 사람들과 무척 달랐다. 할머니를 비롯해 엄마, 아빠는 물론 언니, 오빠까지도 우리집 사람들은 모두 키가 크고 체격이 좋은 편이다. 나는 초등학교 2학년 때까지도 학교에서 영양실조 진단서를 받았다. 그때만 해도 아직 통통한 애들이 귀염받던 시절이었다.

"누굴 닮아서 이렇게 쪼그맣고 살이 안 쪄. 누가 보면 내가 너만 굶겨 키우는 줄 알겠다."

엄마는 삐쩍 마른 나를 빨간 대야에 집어넣고 씻길 때면, 종종 이런 말씀을 하셨다. 할머니 눈치 때문에 더 그러셨다. 딸인 것도 못마땅해 죽겠는데, 어디서 저런 미숙아를 낳아 가지고….

또한 우리집 사람들은 모두 음주 가무를 좋아하고 무척 외향적이며 호방한 성격이다. 일단 목소리부터 크다. 이제는 목소리 큰 조카들까지 넷이나 생겨, 가족 모임에 다녀온 날이면 고요한 내 집으로 돌아와

서까지도 한참이나 나는 귀가 먹먹하다. 언젠가 그 시끄러운 가족 모임에서 새언니가 나에게 이런 말을 한 적이 있다.

"아가씨만 다른 집 사람 같아요."

나만 유독 달랐다. 음주 가무는커녕 술도 잘 못하고, 어려서부터도 나는 말이 없었고 집에 누워 책이나 보는 걸 좋아했다. 밖에서 좀 놀다 오면 그 어린 나이에도 왜 그렇게 피곤한지 종일 잠만 잤다. 지금도 좀 말을 많이 한 날에는, 금세 입안이 헐고 정신이 멍해져 다음 날은 꼬박 잠만 잔다.

그러니 할머니는, 아들도 아닌 딸로 태어나 몸까지 허약한 데다 가족들과의 닮음 새도 별로 없는 내가 못마땅했을 법도 한데, 도리어 아들딸 차별은 엄마의 몫이었다. 언젠가부터 할머니는 오빠보다 나를 더 감싸고도셨다. 엄마가 맛있는 간식을 오빠 몫으로만 남겨 놓아도, 할머니가 나를 따로 불러내 맛있는 걸 챙겨 주셨다. 우리 삼 남매가 엄마에게 혼이 날 때도, 언니 오빠 때와는 달리 내 차례가 오면 할머니가 먼저 나를 감싸 주셨다. 확연히 나는 언니 오빠에 비해 덜 맞고 자랐다. 언젠가부터 나는 그게 혹시 할머니의 죄책감 때문은 아닐까 혼자 짐작해 보곤 했다. 내가 태어나던 날, 병원 복도에서 소주를 까셨던 할머니는 그게 내내 마음에 걸리셨던 게 아닐까. 이유가 어찌 됐든 나도 어느새, 할머니를 가장 좋아하게 되었다.

우리집 특유의 체격 좋은 품새에 호방한 성격, 그 꼭짓점에는 할머니가 있었다. 지금이라도 우리 엄마가 알게 되면 큰일 날 얘기지만,

내가 담배 맛을 처음 본 것은 아직 초등학교도 가기 전 할머니집에서였다.

"거기 한 대 뽑아서 불 좀 붙여 다오."

할머니가 나물을 다듬다 말씀하셨다.

"그렇게 해선 안 붙는다. 성냥을 갖다대고 입으로 쭉 빨아야지 붙어."

내가 술맛을 처음 본 것도 할머니집에서였다. 지난해 담근 포도주를 정제하기 위해, 포도만 다 건져 놓고 할머니는 술을 체로 거르고 계셨는데,

"할머니 나 이거 먹어도 돼?"

건져 놓은 포도를 가리키며 내가 물었을 때, 할머니가 말했다.

"그럼, 달짝지근한 게 아주 맛있을 거다."

나는 그날 취해서, 몇 시간이나 헛소리를 하며 울어대다 결국은 토하고 잠이 들었다. 그러고 보니 내가 야한 영화를 처음 본 것도 할머니 탓이었다.

자유로운 여장부였던 할머니는, 며느리 눈치 보며 살기 싫다며 내가 예닐곱 살쯤 됐을 때 독립을 하셨다. 할머니집은, 아직 꼬마였던 내가 걸어서 30분은 족히 되는 거리였다. 그래도 나는 그 길을 걷곤 했다. 해가 좋은 날이면, 할머니는 한 손엔 멋쟁이 양산을 들고, 다른 한 손으론 내 손을 꼭 쥔 채 계림극장으로 향하셨다. 호남시장 근처에 있던 동시개봉관. 할머니가 '언니'라 부르던 더 더 할머니가 그곳 주인이셨다. 극장 뒷방에 모인 할머니, 더 더 할머니, 덜 덜 할머니들이 화투판

을 시작하시면, 나는 그 옆에 앉아 고구마도 먹고 과자도 먹고, 그러다 지루해지면 극장에 가 영화를 봤다. 물론 시네마 천국 같은 일반 영화도 있었지만 더티 댄싱, 열정의 람바다, 그리고 제목은 기억나지 않는 제법 야한 한국 영화들도 나는 모두 그곳에서 봤다. 지금 생각해 보면, 남자가 여자를 풀숲으로 쓰러뜨리고 다음 장면은 풀을 움켜쥐는 여자의 손… 그다지 야하지도 않았다. 하지만 그때는 침이 꼴깍꼴깍, 내가 지금 보면 안 되는 걸 보고 있구나, 했던 것 같다. 돌아오는 길 할머니는 내게, 계림극장 갔던 일은 엄마에겐 비밀이라고 매번 입단속을 하셨다. 내가 그런 영화를 봤다는 걸 엄마가 알게 될까 봐 보다는 (그건 할머니도 몰랐을 수 있다) 할머니의 화투판에 손녀를 데려간 걸 엄마가 알게 될까 봐, 였던 것 같다. 할머니는 언제나 그게 제일 걱정이셨으니까. 할머니 탓이 생겨 혹여나 내가 할머니네 자주 못 오게 될까 봐 언제나 걱정.

내 어린 날, 나와 할머니에겐 이렇게나 많은 추억이 있었다. 그런데 지금까지도 나에게 할머니 하면 제일 먼저 떠오르는 것은 역시, 석류다.

할머니집에는 석류나무가 있었다. 아니 정확히 말하면 그건 할머니네 나무는 아니었고, 담장을 맞대고 붙어 있던 할머니네 옆집의 나무였다. 얼마나 오래된 나무인지, 그 석류나무는 무성하다 못해 담을 넘어 단층주택이었던 할머니네 옥상으로까지 드리워져 있었다.

"남의 집 걸 이렇게 막 따도 돼?"

가을이면 할머니네 옥상에도 울긋불긋한 석류열매가 주렁주렁 열렸다.

"돼. 할머니가 다 돈 줬어, 이미."

그 말이 사실이었는지 아니었는지는 모르겠지만, 그래도 재밌으니까 나는 할머니를 따라 석류를 땄다. 하지만 먹는 건 싫었다.

"너무 셔."

"뭐가 셔. 이렇게 옆이 툭 터진 입 벌린 애들은, 못생겼어도 잘 익은 거라 다디달아."

"석류는 귀찮아."

"뭐가 귀찮아."

"아무리 열심히 돌려 빨아도, 목구멍으로 넘어가는 건 쪼금이고 다 씨잖아."

그 어린 나이에도 나는 그게 그렇게 귀찮았다. 목구멍으로 넘어가는 그 쪼금의 석류즙을 위해 연신 빨아대고 씨를 뱉어내고, 이게 대체 뭐 하자는 건지 피곤하기만 했다.

"하여튼 지 할아버지를 쏙 빼닮아 가지고. 뭐가 귀찮아. 얼른 먹어."

할아버지…. 나에겐 너무 낯선 단어다. 나는 '할아버지'라고 불러 본 적이 없다. 외할머니와 외할아버지도 내가 태어나기 전 모두 돌아가셨고, 나에겐 할아버지도 없었다. 나는 한 번도 할아버지 얼굴을 본 적이 없다. 그건 우리 아빠도 마찬가지다. 할머니의 외아들인 우리 아빠 역시, 할아버지의 얼굴은 본 적이 없다. 우리 아빠는 유복자다. 할머니는

언제나 그게 불안하셨던 걸까. 하나뿐인 아들. 세상에 하나뿐인 내 핏줄. '아들 딱 하나만 더 낳으면, 평생 호강시켜 주마.' 그래서 할머니는 더 많은 손자를 원하셨던 걸까. 하지만 언젠가부터 할머니는, 오빠보다 나를 더 예뻐하셨다.

초등학교 고학년이 되고 중학생이 되면서, 나는 점점 할머니와 멀어졌다. 학교에 머물러야 하는 시간이 늘어나면서 몸도 약하고 잠도 많고 소란한 걸 못 견뎌 하던 나는, 학교에서 돌아오면 점점 더 잠만 자거나 책만 봤다. 이제는 제법 자라 다리도 길어져 할머니네까지는 걸어서 15분이면 충분했지만, 할머니네에 가는 일도 점점 귀찮아졌다.

내가 중학교 3학년 때, 할머니와 단둘이 살게 됐을 때는 이미, 내 마음은 할머니에게 어색함을 느끼고 있었다. 그때 우리집은 세 집 살림이 됐다. 아버지가 갑자기 전주로 발령을 받아 떠나셨고, 엄마는 서울에서 대학을 다니는 언니와 재수를 시작한 오빠와 합류, 나만 할머니와 함께 광주에 남았다. 명목은 중학교 졸업까지는 광주에서 했으면 좋겠다는 어른들의 결정이었지만, 실은 집안 살림이 어려워졌기 때문이었다. 세 집 살림이 됐고, 언니와 오빠의 학비는 늘었고, 서울 집값은 너무 비싸고, 그 좁은 서울 월세방에 나까지 합류하기란 빠듯했을 터였다. 그 후 엄마 쪽이 서울 노량진 좁은 골목길에 방 세 개짜리 전셋집을 구할 때까지 1년 반, 나는 광주에서 할머니와 단둘이 지냈다.

그 1년 반 동안 나는, 매일매일 하루라도 빨리 서울로 가고 싶다는

마음뿐이었다. 서울에 올라간 이후 멋쟁이가 된 언니가 너무 예뻐서. 방학 때 처음 가 본 서울 명동에서 언니가 사 준 KFC 치킨과 코울슬로가 너무 맛있어서. 온 가족이 국회의원 개표방송을 보는데 언니가 '역시, 서울 멋쟁이들!' 외쳐대는 걸 보며 나는 서울엔 멋쟁이들만 사는 줄 알았다. 나도 빨리 그 멋쟁이 대열에 합류하고 싶었다. 하지만 고등학교 또한 나는 광주에서 입학했다. 엄마, 나는 언제 올라가? 매일매일 전화를 해서 물었다. 곧 서울로 전학 갈 거라, 광주의 고등학교에선 교복도 맞추지 않았다. 나 홀로 사복을 입고 등교했던 3개월, 할머니와 단둘이 광주에 남겨진 1년 반, 내게는 무척 긴 시간이었다.

그러니 드디어 서울로 올라가던 날, 나는 설레고 있었다. 전주에서 아빠가 나를 데리러 오셨다. 아빠 차에 짐을 싣는 내내, 할머니는 대문 앞에 쪼그리고 앉아 담배를 태우셨다. 마침내 내가 차에 오르려던 순간, 할머니는 내 손에 꾸깃꾸깃한 만 원짜리 지폐 몇 장을 쥐여 주셨다. 그리고 다시 쪼그리고 앉아 담배를 태우시며, 우셨다. 차가 출발했다. 자동차 백미러로 할머니의 모습이 보였다. 할머니는, 이쪽은 쳐다보지도 않으셨다. 그 자리에 그대로 쪼그려 앉아 한 손엔 홀로 타들어 가는 담배를 쥔 채, 다른 한 손으론 치맛자락을 걷어 올려 연신 눈물을 찍어내고 계셨다.

여장부란 말이 그렇게 잘 어울릴 수 없던 우리 할머니가 우는 모습을 본 건, 그날이 처음이자 마지막이었다. 그날 나는, 울지 않았다.

그 후 내가 다시 광주에 내려간 건, 그로부터 몇 개월 후 그해 가을이었다. 할머니의 장례식이었다. 그제야 나는 눈물이 터졌다. 삼일장을 지내는 내내, 나는 너무 많이 울어 몇 번이나 정신을 잃었다.

할머니의 장지는 할머니의 고향으로 정해졌다. 우리에게 할머니의 죽음은 너무나 갑작스러웠지만, 할머니는 이미 준비가 되어 있었다. 수의도, 영정사진도 이미 있었다. 장지도 이미 결정돼 있었다. 그게 너무 할머니다워 나는 또 눈물이 났다. 유복자인 아들을 홀로 키우면서도, 누구에게든 폐 끼치는 건 싫어 평생을 호방하고 억센 모습으로 살아온 할머니.

할머니의 고향집에 내가 마지막으로 갔던 건, 나는 잘 기억도 나지 않을 만큼 내가 아주 어렸을 때였다. 그래서 나는 그날, 마치 할머니의 고향집을 처음 보는 것 같은 기분이었다. 그날 내가 할머니의 고향집에 들어섰을 때, 내 눈에 가장 먼저 들어온 건 석류나무였다.

할머니의 고향집에는 석류나무가 있었다. 아니 정확히 말하면 할머니의 고향집 낮은 담벼락 건너에 석류나무가 있었다. 무성한 가지에 울긋불긋 뭉툭하고 못생긴 석류열매들이 주렁주렁 할머니네 마당으로까지 넘어와 있었다. 석류나무가 심어져 있는 그 낮은 담벼락 건너편은, 할아버지의 집이었다.

"할머니, 석류나무가 그렇게 좋으면 저 집으로 이사 가지, 왜 이 집

으로 이사 왔어?"

할머니가 우리집에서 독립해 나간 후, 내가 할머니집에 처음 갔을 때 할머니가 그랬다.

"이 석류나무를 보자마자, 꼭 이 집으로 이사 와야지 했다."

"그럼 저 집으로 가지, 왜 이 집으로 왔어?"

"왜긴 왜냐. 저 집엔 이미 다른 사람들이 살고 있으니까 그랬지."

할머니에게도 열일곱 처녀 시절이 있었다. 할머니에게도 아홉 살 소녀 시절이 있었다. 할머니에게도 아장아장 이제 막 걸음마를 뗀 두 살배기 아가 시절이 있었다. 그때부터도 아가의 집 마당엔 석류가 열렸다. 건넛집에서 넘어온 석류였다. 그 건넛집에는 오빠 아가가 있었다. 이 마당의 아가보다 고작 한 살 많은 아가였지만, 그래도 오빠 아가였다.

아홉 살 꼬마 소녀는, 열 살 꼬마 오빠를 졸졸 쫓아다녔다. 열 살 오빠는 어려서부터 몸이 약했다. 아홉 살 소녀는 그때부터도 이미 동네 골목대장이었다. 오늘도 오빠는 아픈가. 종일 오빠가 골목에서 안 보이는 날이면 소녀는 오빠네 집 마당을 기웃거렸다. 그러다 대청마루에 누워 책을 보고 있던 오빠와 눈이 마주치면, 소녀는 쪼르르 달려가 자신도 대청마루에 폴짝 올라앉았다. 소녀의 손에는 입을 활짝 벌린 석류열매 두 알이 들려 있었다. 소녀는 열 손가락에 다 발간 석류물이 들 때까지 연신 석류알을 까서 오빠에게 내밀었다. 하지만 씨를 뱉어내는 건 소녀뿐이었다. 석류는 귀찮다…. 오물오물 계속 입을 놀려대야 하는 것도 몸을 일으켜 씨를 뱉어내야 하는 것도 오빠에겐 귀찮은 일이

었다. 오빠는 누워 계속 책을 봤다. 그 옆에 앉아 소녀는 두 다리를 앞뒤로 흔들거리며 마당을 향해 연신 후 후 석류씨를 뱉어냈다.

소녀는 어느덧 열일곱 처녀가 됐다. 소년도 어느새 열여덟 총각이 됐다. 두 사람은 그해 가을, 빨간 석류열매가 주렁주렁한 그 마당에서 혼례를 올렸다.

"할머니는 할아버지가 왜 그렇게 좋았어? 말도 별로 없고 맨날 책만 봤다며."

언젠가 내가 물었다.

"모르겠다. 내가 그때 미쳤지, 미쳤어."

어린 신랑은 혼례를 올리고 곧 도시로 대학을 갔다. 어린 신부는 이제 담벼락을 건너와 석류나무가 심어져 있는 그 마당에서 신랑을 기다렸다. 석류나무의 잎들이 어느새 다 떨어졌다. 겨울이 왔다. 방학을 맞아 집에 돌아온 신랑은, 겨우내 기침을 하며 누워 지냈다. 그리고 석류나무에 파릇한 새잎이 다시 다 나기도 전에 신랑은, 어린 신부만 남겨 둔 채 홀로 먼 길을 떠났다. 열아홉에 어린 신부는 과부가 됐다. 스물에 어린 신부는 엄마가 됐다. 마흔일곱에는 할머니가 됐고, 쉰셋에는 막내 손녀를 보았다.

'너는 대체 누굴 닮아 가지고.' 나를 향한 엄마의 잔소리가 시작되려 하면, 할머니가 말했다. '지 할아버지 닮아서 그런다.' 화가 난 엄마가 빗자루라도 들고 나타날 때면, 나는 냉큼 할머니의 치맛자락 속으로

숨어들었다. '그만해라. 몸도 약한 애를 때릴 데가 어디 있다고.' 나를 숨겨 주던 할머니의 달콤하면서도 시큼했던, 석류를 닮은 그 냄새가 지금도 가끔 내 코끝을 맴돈다.

할머니의 장례가 있기 일주일 전쯤, 할머니가 갑자기 서울에 오셨다. 강화도로 친구분들과 여행을 오셨다 잠깐 들른 거라 하셨다. 하지만 내일 또 일이 있어, 새벽 일찍 내려가야 한다 하셨다. 친구도 많고 놀기도 좋아했던 할머니는 여전히 바빴다. 그날 밤 할머니가, 나와 함께 주무시고 싶어 하시는 눈치였다. 그때의 내 방은, 체구가 작은 나조차도 책상 안으로 의자를 완전히 밀어 넣은 다음에야 간신히 두 발을 뻗고 누울 수 있는 무척 작은 방이었다. '그냥 어머님은 저랑 같이 안방에서 주무세요.' 엄마가 말했다. '전 숙제도 해야 하고 늦어요. 할머니 먼저 주무세요.' 나도 귀찮았다. 안방이라고 해 봤자 그리 넓지도 않은데, 거기서 엄마와 할머니 사이에 끼여 자는 것도 어쩐지 불편할 것 같았다. 할머니는 못내 서운한 눈빛이셨지만 더는 말씀이 없었다. 나도 할머니의 눈빛은 모른 체했다. 다음 날 아침 내가 눈을 떴을 때는 이미, 할머니가 광주로 내려가신 후였다. 그다음 주, 나도 광주에 내려갔다. 할머니의 장례를 치르러. 할머니는 할아버지 옆에 묻히셨다.

심장마비였다. 그날도 할머니는 친구분들과 약주 한잔을 걸치시고 기분 좋게 집으로 돌아오셨다. 마당에서 달빛을 받은 울긋불긋한 건넛집의 석류열매가 할머니를 맞아 준 가을밤이었다. 올해도 참 곱게도 입을 벌렸구나….

내가 아주 어렸을 때, 아직 온 가족이 추석 명절이면 할아버지 산소를 찾던 시절. 할아버지의 묘석 위에 할머니는 꼭 석류 두 알을 올리곤 하셨다. 어머님, 그래도 제상인데 무슨 석류예요. 하도 곱게 열려서 따왔다. 제상이면 뭐 어떠니….

할머니의 장례가 끝나자마자 나만 곧 서울로 올라왔다. 아직 고등학생이었던 나는 학교에 가야 했다. 서울로 올라와 내 작은 방의 방문을 열었을 때, 달콤하면서도 시큼한 냄새가 확 풍겨 왔다. 열흘 전 할머니가 내 책상 위에 놓고 간 못생긴 석류 두 알. 잘 익다 못해 이제는 조금씩 썩어 가느라 벌린 입 사이로 더 시큼한 냄새를 풍겨 오던 그 석류 두 알이, 나를 바라보고 있었다. 내 눈에선 또 왈칵, 눈물이 쏟아졌다.

동행

글 강세형 | 내레이션 김동률 | 노래 동행 〈김동률 '동행' 앨범 중에서〉 | 2014

꽤 오래전, 한 친구가 내게 말했다.

지금은 가만히… 내 옆에 있어 주기만 했으면 좋겠다고.

나는 그때 조금 섭섭했던 것 같다.

무척 힘든 상황에 빠져 있는 친구를 보면서

내 딴에는 무엇이든 도움이 되고 싶어 애타 하던 시절.

내 맘을 몰라주는 친구가 답답하기도 하고

내 친구가 이렇게 힘든데

내가 할 수 있는 일은 아무것도 없다는 게, 화가 나기도 했다.

꽤 오랜 시간이 걸렸던 것 같다.

내가, 친구의 말을 이해할 수 있게 될 때까지.

그 긴 시간 동안

나는 많은 사람들을 떠나보냈다.

혹은, 떠나오기도 했다.

너무 많이 걱정하고, 너무 많이 사랑하고,

너무 많이 아파하고, 너무 많이 미안해하고,

그래서 내가
무엇이든 되고 싶고, 하고 싶었던 시절.
그리고 할 수, 있을 것만 같던 시절.

그런데 그게 문제였다.
그토록 뜨겁게 사랑하고 뜨겁게 아파하느라
나는 번번이, 너무 쉽게, 지쳐버렸다.
상대 또한, 지치게 만들어버렸다.

사람과 사람의 관계에서 가장 중요한 건,
뜨거운 것이 아니라 지치지 않는 것.

지치지 않고
오랜 시간을 누군가와 함께한다는 것이
그토록 어려운 일인 줄, 나는 몰랐다.

그래서 참 고마웠다.
그때 내게
지금은 가만히…
곁에 있어 줬으면 좋겠다고 말해 준, 친구가.

날 떠나보내지도 떠나가지도 않고
오랜 시간, 서로가 서로의 곁을 지키게 해 준 친구가.

언젠가 글을 쓰는 후배의 블로그에
이런 글이 올라왔다.

한 젊은 소설가의 책을 보면서 이런 생각을 한 적이 있다.
이 시대의 아픔을 이토록 잘 쓰는 작가가 있는데,
왜 아무것도 달라지지 않는 걸까.

글의 힘이란 게, 과연 있긴 한 걸까.
글을 써서 밥을 먹고사는 한 사람으로서
한없이 무력해질 때가 있다.

지금 내가 쓰고 있는 글들 또한
아무 소용없는, 아무 의미 없는, 혼잣말은 아닐까.
그럼에도 왜 많은 사람들은 또, 글을 쓸까.

나 또한
음악으로 밥을 먹고사는 한 사람으로서
참 많이 했던 고민이다.

음악의 힘이라는 게 있긴 한 건지.
요즘처럼 모든 것이 빠르게 소비되고 잊히는 시대에
나처럼 음악을 한다는 것이 과연 또 무슨 의미가 있는지.

그때마다 나는
꽤 오래전, 내 친구가 했던 말을 다시 꺼내 보곤 한다.

가만히 내 곁에
오랫동안 있어 달라던 친구의 말.

나는, 그 누구에게든, 모든 것이 될 순 없다.
내가, 그 어떤 문제든, 해결할 수 또한 없다.

하지만 세상에는
내가 할 수 있는 일 또한, 분명 있다.

나는, 그 일을 하려고 한다.
뜨겁게는 아닐지라도, 지치지 않고 오랜 시간.

그렇게 오랜 시간,
나는 당신과 함께이고 싶다.

힘들다고 말할 수 있는

언제나 웃고 오게 되는 모임이 있다. 언뜻 보기엔 서로 절대 안 맞을 것 같은, 각자의 개성이 너무나도 강한 멤버들. 그런데, 그래서 더 웃기는 모임이 됐다. 오랜 시간 만나 오며 우리에겐 각자의 캐릭터가 생겼고, 마치 예능 프로그램 멤버들처럼 어찌나 다들 자기다운 말과 행동만 하는지, 누가 무슨 말을 해도 무슨 행동을 해도 우리는 웃게 됐다. 심지어 서로서로 내가 더 힘들다며 우는소리 배틀을 하면서도, 누군가를 욕하며 짜증 내는 뒷담화 레이스를 하면서도, 우리는 웃었다. 나이를 먹을수록 이렇게 소리 내 크게 웃을 수 있는 자리도 점점 쉽지 않아져, 우리는 언제나 이 모임을 기쁘게 기다렸다. 그리고 어제도 우리는 분명, 참 많이 웃고 왔다. 그런데…

"어제는 이상하게 재미가 없더라. 웃고 있으면서도 어쩐지 흥이 안 나고." 멤버 중 한 친구에게서 걸려 온 전화. 너도? 나만 그런 줄 알았는데…. 그러고 보니 다른 친구들 표정도 평소 같지 않았어. 왜 그랬을까. 그리고 우리는 잠깐 멈칫했던 것 같다. 어쩌면 우리 둘 다, 그 이유를 알고 있었기 때문에. "하긴 뭐, 요즘 다들 그렇지 뭐." 잠깐의 정적이 지나고 친구가 말했다. "그렇지 뭐." 내가 답했다. 그리고 우리는 어쩐지 조금 침울해져 누가 먼저랄 것도 없이 서둘러 전화를 끊었다. 그리고 한참 후, 친구에게서 문자가 왔다. '다 나쁜데, 이게 제일 나빠. 웃지도 못하게 하고, 아무도 힘들다는 소리조차 못하게 만든 거. 웃다가 욕하다가 힘들다고 진상 부리다 또 웃고, 그런 게 사는 건데….' 두서없는 친구의 문자를 한참이나 보고 있었다. 무슨 말인지, 너무 알 것 같았다.

누군가 말했다. 인간은 서로의 불행을 털어놓으며 정을 쌓아 가는 동물이라고. 자신의 삶에 눈곱만큼의 불만도 없는, 정말 완벽하게 행복한 사람, 나는 지금껏 만나 본 적이 없다. 우리는 모두 힘들다. 각자 다른 이유, 다른 크기의 불행을 우리는 모두 갖고 있다. 그리고 털어놓는다. 가장 가까운 사람들에게, 나의 불행을. 그리고 또 듣는다. 가장 가까운 사람들에게, 그들의 불행을. 나만 힘든 건 아니구나, 너도 힘들구나, 우리 같이 힘내자. 서로를 위로하며, 걱정하며, 독려하며, 함께 울다가 웃다가, 그렇게 우리는 친구가 된다.

그래서 나는 바라게 됐던 것 같다. 다음 만남에선, 우리 모두 조금

더 작은 불행으로 투덜거릴 수 있기를. 나뿐 아니라 너의 불행 또한 작아져야, 나의 작아진 불행도 투정의 기회를 잡을 수 있을 테니까. 그리고 그다음 만남에선, 우리 모두 더 더 작아진 불행으로 투덜거릴 수 있기를. 그러다 어느 날은, 정말 시시콜콜한 얘기들로만 투정부릴 수 있기를. 그보다 완벽한 내일은 상상할 수 없었다. 커다랗던 불행들이 하나둘씩 사라져, 어느새 우리 모두가 아주 작은 일로도, 나 요즘 이런 것 때문에 힘들잖아, 투정부리듯 볼멘소리를 하고 그러다 또 웃을 수 있는 내일. 나는 그런 내일을 꿈꾸곤 했다.

그런데 그런 내일이 더 멀어졌다. 그래서 우리는 조금씩 더 힘들어졌다. 그 누구도 선뜻 '나 힘들어'란 말을 입 밖으로 낼 수 없게 돼버렸다. 너무도 큰 불행과 슬픔 앞에서. TV를 보다가도 왈칵 눈물이 나고, 아침에 일어나 이를 닦다가도 왈칵 눈물이 났다. 그날 이후 우리는, 그런 세상에 갇혀버렸다. 시시콜콜한 투정은커녕 제법 큰 걱정, 제법 큰 슬픔, 제법 큰 불행조차도 삼켜야 하는 세상에. 너의 너무나도 큰 불행과 슬픔이 존재하는 세상에선, 나의 작은 불행과 슬픔은 투정의 대상은커녕 도리어 미안한 일. 나의 불행과 슬픔을 삼키며 그 자리를 이 말로 대신한다. 미안합니다, 미안합니다. 그렇게 우리는 조금 더 어두운 세상에 갇혀버렸다.

웃다가 욕하다가 힘들다고 진상 부리다 또 웃고, 그런 게 사는 건데…. 친구의 문자가 하루 종일 머릿속을 맴돈다. '다 나쁜데, 이게 제일 나빠. 아무도, 힘들다는 소리조차 못하게 만든 거.'

누군가는, 그 손을 잡아야 한다

후배 A를 떠올릴 때면 '여자, 정혜'라는 영화가 동시에 떠오르곤 한다. A를 못 본 지 몇 년이 지났을 때는 A의 얼굴마저 내 기억에선 흐릿해져, 나는 영화 속 정혜 역을 맡았던 배우 김지수의 얼굴과 A의 얼굴이 혼동되기도 했다. 두 사람의 얼굴이 닮아서가 아니었다. 영화 속 정혜의 느낌, 세상으로부터 스스로를 격리해 혼자의 삶을 살아가는, 그렇다고 스스로를 불행하다고도 행복하다고도 생각하지 않는, 그저 혼자의 삶이 내겐 당연할 뿐이라는, 그 초연한 정혜의 느낌이, 어쩐지 A와 지나치게 닮아 있었기 때문이었다. 또한 내가 A를 처음 만났을 때 A는 엄마와 단둘이 살고 있었다. 몇 년 후 A는 혼자가 됐다. 마치, 영화 속 정혜처럼.

아직 엄마와 함께 살던 시절의 A, 그러니까 내가 A를 처음 만났을 때도, A는 A였던 것 같다. 여럿과 함께 있어도 A는 혼자인 듯 보였다. 앞머리 없이 하나로 질끈 동여맨 머리에 두꺼운 안경. 그 두꺼운 안경 너머로 A는 언제나 책을 보고 있었다. 사람들의 세상이 아닌 책의 세상에서 살고 있는 것처럼. 깡마른 몸에 파란 정맥까지 다 들여다보이던 창백한 손. 그 손엔 언제나 책 한 권이 들려 있었다. 마치 그 책 또한 A의 신체 일부인 것처럼. 그런 A를 볼 때마다 내겐 이런 생각이 들었다. 천구백이삼십 년대 폐병을 앓고 있는 여류작가라면 저런 모습이 아니었을까.

"너 그거 알고 있었어? A 엄마가 시인이라던데?"

국문과 학생들이었던 우리 사이에서 그 소문은 빠르게 퍼져 나갔다. 시인 출신인 O교수님과 A의 엄마가 친구라는 둥, 오래전 잡지에 실린 O교수님이 다른 시인들과 함께인 사진에 A 엄마도 있는 걸 누가 봤다는 둥, A 엄마의 젊었을 적 모습이 지금의 A와 너무 똑같아서 모녀지간이 아닐 수 없다는 둥, 그래서 어쩌면 A도 시인이 될 거라는 둥, 그러니 애가 저렇게 특이하고 묘한 것이라는 둥 소문은 빠르게 퍼져 나갔고, 그래서 나 또한 A에게서 폐병을 앓고 있는 여류작가의 느낌을 받았는지는 모르겠지만, 어쨌든 이러한 소문에 대해 내가 A를 통해 직접 들은 적은 없다.

내가 A와 비교적 가깝게 (물론 남들에 비해서일 뿐이었지만) 지낼 수 있었던 것은, 나의 친한 남자 동기 B가 너무도 열렬히 A를 사모했기

때문이었다. A는 이삼십 년대 여류작가가 쓴 소설 속 창백한 여자주인공들처럼 인기도 제법 많았다. 물론 여자들이 아닌 남자들에게.

"안경만 벗어도 되게 예쁠 것 같은데…."

짓궂은 남자 선배들은, 언제나 두꺼운 안경 너머로 책을 보고 있던 A의 안경을 잡아채는 장난도 치곤 했다.

"안경 벗으면 바로 앞에 있는 사람 얼굴도 못 알아보던데?"

그때마다 A는 얼음이 되곤 했다. 정말 아무것도 보이지 않는다는 듯 A는 한 발짝도 움직이지 않았다. 하지만 그럴 때도 안경을 돌려 달라고 떼를 쓴다거나, 남자 선배들의 장난이 싫지 않다는 듯 눈을 흘겨댄다거나 하는, 여느 여자 후배들 같은 몸짓은 없었다. 어쩌면 그런 A이기에 여자들과는 좀처럼 친해질 수 없었는지도 모르겠다. 하지만 그렇다고 부러 남자들과 친해질 마음도 A에겐 없어 보였다. 그래서 A는 더 섬처럼 지냈다.

그때 내게, A가 얼마나 외롭겠냐며, 너까지 다른 여자애들처럼 A가 좀 예쁘다고 시샘하는 거냐며, A랑 밥도 좀 먹고 친하게 지내라며 부추겨대던 녀석이 B였다. 물론 내가 A와 친해지면 자기도 덩달아 우리 사이에 자연스럽게 스며들어 A와 가까워질 수 있으리란 흑심 때문이었겠지만, 솔직히 나도 A에게 늘 호기심이 갔던 건 사실이었다.

"밥은 먹었니? 같이 점심이나 먹으러 갈까?"

수업 하나를 마치고 나왔을 때, 벤치에 앉아 책을 보고 있던 A를 만났다. A는 두꺼운 안경 너머로 책이 아닌 날 올려다보며 이렇게 말했다.

"밥보단… 언니, 혹시 딸기 먹을래요?"

좀 엉뚱하다 싶었지만 어쩐지 A의 입에서 '딸기'라는 단어가 흘러나오자 내 입안에도 침이 고였다. A의 말에는 그런 힘이 있었다. 말수는 많지 않은데 그 적은 말수에 담긴 별 대단치 않은 단어도, 어쩐지 A의 입에서 흘러나오면 묘하게 상상이 됐다. 시어詩語, 별 대단치 않은 단어도 시인의 손을 거치면 시어가 되고 공상을 불러일으키는 것처럼 A의 말이 꼭 그랬다.

우리는 학교 화장실에서 딸기를 씻어 잔디밭에 앉아 나눠 먹었다. 그 뒤로도 우리는 종종 잔디밭에 앉아 딸기나 다른 간식들을 나눠 먹곤 했지만, 그때마다 우리가 대단히 특별한 대화를 나누며 우정을 쌓아 갔다고는 말할 수 없다. 나도 말이 없는 편이지만 A는 나보다 더했고, 사람과 사람 사이의 침묵을 우리는 둘 다 못 견뎌 하는 편이 아니었다. 우리는 그저 햇빛 아래 앉아 각자의 책을 보았다. 우리 사이가 소란스러워지는 건 지나가다 우리를 발견한 B나 다른 친구들이 끼어들 때뿐이었다. 가끔 나와 A와 B, 이렇게 셋이 있게 될 때면 나는 다음 수업이나 다른 볼일을 핑계 대며 (실은 B의 눈치 때문이었지만) 먼저 자리를 뜨곤 했다. 어느 날부터는 A와 B, 두 사람만의 모습이 종종 눈에 띄었다. 그때마다 나는 부러 못 본 척 길을 돌아갔다. 그때 역시 멀리서 보기에도 떠드는 건 B뿐이고, 그 옆의 A는 여느 때와 다를 바 없이 두꺼운 안경 너머로 책을 보고 있었던 것 같다. 얼마 지나지 않아 두 사람이 사귀고 있다는 소문이 들려왔다.

딱 한 번 A의 집에 가 본 적이 있다. A 엄마의 장례식이 있고 반년 정도가 흘렀을 때였다. 물론 A가 아닌 B의 초대였다. "A가 너무 집에서 안 나와. 원래도 그런 애였지만, 지난달에 회사까지 그만두고부터는 너무 집에만 있어." 이미 A와 연애 7년 차였던 B가, A를 걱정하는 마음이었다. "그래도 A가 너랑 제일 친했고 너를 좋아했잖아. 네가 오면 A도 좋아하지 않을까." B의 말이 어쩐지 나는 의아하게 느껴졌지만 (그만큼이나 대학을 졸업하고 각자 회사에 다니는 그 긴 시간 동안 A와 나 사이엔 둘만의 개인적인 왕래가 전혀 없었지만) A가 가진 그 특유의 느낌을 떠올려 보면, 그래도 B를 통해 간혹 소식도 전해 듣고 일이 년에 한 번쯤은 B와 함께 얼굴도 보는 내가, A에겐 가장 친한 사람일 수도 있겠다 싶었다.

차 없이는 힘들 것 같은 교외의 한적한 마을에 위치한 A의 집은, 사람이 사는 집이 아니라 책이 사는 집 같았다. 모든 벽을 다 먹어 치우고도 모자랐는지, 부엌 싱크대 위에도 바닥 여기저기에도 책은 아무렇게나 쌓여 있었다. 그 책들은 창문들까지도 반 이상을 잡아먹어, 낮인데도 A의 집은 어두웠다. 내가 A의 집에 들어섰을 때도, A는 그 수많은 책들을 비집고 좁은 공간으로 내려오는 독서등 아래에 앉아 책을 보고 있었다. 여전한 그 두꺼운 안경 너머로.

"내가 오늘 세형이 데려온다고 했잖아. 집 좀 치우고 있지."

B가 말했다. 하지만 나는 이 집을 사람이 치운다는 게 가능할까, 고개가 갸웃해졌다. 이곳은 이미 사람의 것이 아닌 책들의 것인 듯했다. 그리고 묘하게도 이 집은 너무도 당연한 A의 집 같았다. A 엄마의 장

례식 이후 반년 만에 보는 A는, 여전히 A였다. '어쩐지 요즘 더 마르고 우울해 보여서….' B의 말은 무색하게 느껴졌다. 예전에도 A는 지금처럼 이보다 더 마를 수 있겠나 싶을 정도로 말라 보였고, 예전에도 A는 지금과 똑같은 표정이었다. 혼자의 표정. 그 특유의 초연한 표정으로 책의 집에서 살고 있는 A를 보고 있으니, 어쩐지 나는 A가 곧 책인 것만 같았다.

"회사도 그만뒀다며, 요즘은 뭐하면서 지내?"

"그냥 뭐… 논술 첨삭?"

역시나 길지 않은 A의 말이었지만, 나는 상상이 됐다. 일주일에 한 번 첨삭한 논술을 학원에 가져다주고 새로 가져오고, 외출은 그뿐이었을 것이다. 큰돈은 벌 수 없지만, A에겐 책을 사 볼 돈과 식비 외에는 별로 필요치도 않았을 것이다. 책을 보고, 논술 첨삭을 하고, 다시 책을 보다 잠이 들고. A의 삶은 그뿐이었을 테니까.

A의 집을 나서며 B는 말했다.

"원래도 책을 좋아하는 애였지만, 요즘은 정말 너무 책만 봐."

"예전에도 A는 그랬잖아. 책 좋아하고, 원래 말수 없고 혼자 있는 거 좋아하고. 너무 걱정하지 마."

내가 말했다.

"그랬나. 예전에도 그랬나…."

혼잣말인 듯 아닌 듯 중얼거리는 B의 모습은 어쩐지, 엄마를 떠나보내고 집에 홀로 남은 A보다도 더 외로워 보였다.

내가 A를 마지막으로 본 것도 그때, 벌써 10년도 전인가 보다. 방송 일을 하면서 나는 점점 더 바빠졌고, 오후에 출근해서 새벽에 퇴근하는 삶을 몇 년이나 사는 동안 대학 친구들과의 만남도 소홀해졌다. 간혹 누군가의 결혼식이나 누군가의 부모님 혹은 누군가의 장례식에서 마주할 뿐이었다. 그사이 나는 B의 결혼식에도 다녀왔다. 신부는 A가 아니었다. 그래서 더 A의 소식은 들을 길이 없어졌다. 가끔 궁금했다. A는 요즘 어떻게 지내고 있을까. 여전히 책과 같은 그 집에서 책과 함께 책처럼 살고 있을까. 아니면 다시 세상으로 나와 회사도 다니고 결혼도 하고 아이도 낳고 살고 있을까. 하지만 궁금해하는 것, 그뿐이었다. 나는 바빴고, B는 결혼을 했고, B가 아닌 내가 아는 누구와도 A가 연락하며 지낼 것 같진 않았다.

아침 9시. 페이스북 알림창에 B의 메시지가 뜬 건 오늘 아침 9시가 조금 넘은 시간이었다.

- A랑 연락돼?

그때 내 머릿속에 제일 먼저 든 생각은, 그럴 리가 없잖아, 였다. B에게서 연락이 온 것도 몇 년 만의 일이었다. 페이스북을 통해 나는 그동안 B에게 아들이 둘이나 생겼다는 것을 알게 됐고, B는 내가 두 권의 책을 냈다는 것을 알게 됐다. 또 가끔 서로의 게시물에 좋아요를 누르며 우리는 서로의 생존을 확인해 왔다. 하지만 B에게서 이렇게 개인 메시지가 온 건 몇 년 만의 일이었고, B를 통해 A의 이름을 듣는 것은 그보다 더 오래전 일, 내가 A를 만난 것은 그보다 더 더 오래전 일이었다.

어제 오후 B에게 걸려 온 전화.

- 아무래도 A 같아.

B가 말했다.

- 8년을 만나는 동안 A가 나한테 먼저 전화한 적은 한 번도 없었는데….

걸려 온 일반전화번호로 B가 다시 전화를 걸었을 땐, 연결이 되지 않았다.

- 공중전화가 아니었을까 싶어.

A에게 메일을 보내 볼까, B는 생각했다.

- 내가 아는 메일주소도 너무 오래된 거라, 아직 A가 그 메일을 확인하는지도 모르겠지만….

그럼에도 B는, 메일을 보낼 수 없었다. 세 사람의 얼굴이 떠올라서였다. 아내와 두 아들.

- 네가 한번 연락해 볼래?

그렇게 나는 B에게서 A를 넘겨받았다, 라고 말하고 있지만, 나 역시 A가 궁금했다. 그동안 A에게 무슨 일이 있었던 걸까. 무엇이 A로 하여금 오래전 헤어진 연인에게 전화를 하게 만든 것일까. 책이 아닌 모든 것에 무심하고 초연해 보였던 A를 떠올려 보면, 분명 이상한 일이긴 했다. 나는 A에게 메일을 보냈다.

- A에게 메일 보냈어. '읽음' 표시가 뜨거나 답이 오면 알려 줄게. 그런데 그 A의 전화라는 게 이렇게 걱정할 일인 거니?

B에게도 메시지를 보냈다. 회사에 있을 B의 답은 더뎠다.

- 글쎄, 나도 잘 모르겠는데…. 어쨌든 그 전화에는, 누구라도 응답해야만 할 것 같았어.

오전 10시 23분에 도착한 B의 메시지. B는 나에게 A의 이야기를 조각조각 흘려주었다. 역시나 B를 만나는 8년 넘는 시간 동안에도 A는, 말이 많은 연인은 아니었던 것 같다. 하지만 B를 통해 흘러나오는 A의 조각 말들에도 어쩐지 힘이 있었다. 많은 것을 공상하고 짐작하게 하는 힘.

"아, TV…."

어느 날 TV를 들고 찾아온 B에게 A가 말했다. 엄마를 떠나보낸 후 A의 집이 너무 적적하지 않을까 싶었던 B의 배려였다. 하지만 이어진 A의 말에 B는 곧 머쓱해지고 말았다.

"나, TV 안 보는데…. 엄마가 싫어했어요."

책의 집, 그곳에서 엄마와 A가 함께 살던 때부터 TV는 없었다. TV는 A에게 있어, 다른 많은 단어들과 마찬가지로 그저 책 속에 존재하는 단어였다. 학교에 다니기 시작하면서부터는 A도 아이들의 대화에 등장하는 그 TV라는 것이 궁금해졌다. 하지만,

"눈이 먼다. TV는 눈을 멀게 한다."

엄마의 말은 그뿐이었다. 식탁 건너편에 앉아 있던 엄마는 다시 책을 보셨다. A도 다시 책으로 눈을 돌리며 빵을 한입 베어 물었다. 그때부터도 A의 콧잔등엔 안경이 걸려 있었다.

- 나는 사실 A의 엄마가 싫었어.

오전 11시 48분, B에게서 다시 메시지가 왔다. 세상 밖으로 나오지 못하고 혼자의 세계, 책의 세계에 갇혀 있는 듯 보였던 A. 그런 A는, 연인이었던 B에게도 예외가 아니었다.

- 나는 그게 다 A의 엄마 탓인 것 같았거든.

아직 A가 A의 엄마와 함께 살던 시절, B는 딱 한 번 A의 집에서 하룻밤을 묵었다. A를 집에 데려다주고 막차가 끊겼는데, 한적한 교외 마을이라 여관이나 찜질방도 찾기 힘들었다.

- 내 딸의 남자친구라는 놈이 왔는데, 엄마라면 당연히 이것저것 궁금해해야 하는 거 아닌가.

하지만 하룻밤을 묵고 다음 날 아침을 먹고 그 집을 나올 때까지 B가 A 엄마에게서 들은 말은, 총 열 마디도 되지 않았다. 어색한 분위기를 극복해 보려 아침 식탁에서 B가 이런저런 얘기들을 물어보고 늘어놓았을 때, A의 엄마는 이렇게 말했다. "밥, 먹게." 그러곤 다시 책을 보셨다. A 역시 그 상황을 당황해 하지 않았다. A 또한 특유의 그 초연한 표정으로 책을 보며 밥을 먹었다.

오후 12시 46분.

- 내가 가장 이해할 수 없었던 건, 아마도 그 날이었던 것 같아.

A와 3일째 연락이 되지 않아 걱정하던 B는, A의 집을 찾아갔다. 현관문은 열려 있었고, 현관에는 낯선 남자 신발이 몇 개 놓여 있었다.

- 정말 이해가 안 되더라. 그런 상황에서 3일이나 혼자 있었다는 게….

A의 엄마가 돌아가셨다. 3일 동안 A는 어떻게 해야 할지를 몰랐다. 결국 경찰에 신고를 했다.

- 나한테 먼저 연락했어야 했던 게 아닐까. 6년 넘게 만나 온 남자 친구가 있는데 어떻게….

A 엄마의 장례식 내내 B는 상주 노릇을 했다. 다녀간 사람들 또한 B의 연락을 받은 우리 과 사람들이 대부분이었다. A가 아는 친척은 없다고 했다. 엄마의 친구도 A는 모른다 했다. 그 자리에 있던 가장 나이 많은 사람은 우리 과 O 교수님이었다.

"아빠를 많이 닮았구나…."

O 교수님의 말에 A는, 의아하다는 듯 고개를 갸웃했을 뿐이었다. 그런 A의 표정에 당황해 한 건, 도리어 O 교수님이었다. 교수님의 자리를 찾아가 A 아빠에 대해 물은 것도 A가 아닌 B였다.

"A의 아버님을 아세요?"

그때 근처 테이블에 앉아 있었던 나도 그 장면이 얼핏 기억났다. 하지만 O 교수님은 거의 말씀이 없으셨던 것 같다.

"A도, A 엄마도 말하지 않았던 얘기라면, 내가 할 수 있는 얘기가 뭐가 있겠나."

그 후로도 B는, A는 물론 그 누구에게서도 A 아빠에 대한 이야기는 듣지 못했다.

- 다만 그때부터였던 것 같아.

오후 3시 12분에 도착한 B의 메시지는, 그때부터 자신이 더 외로워

졌노라 말하고 있었다. 책밖에 없는 그런 집에서 엄마까지 돌아가셨으니, 이제는 A가 좀 더 나에게 의지하지 않을까, A에게 힘이 되어 주고 싶다, B는 생각했다.

- 하지만 그 후 점점 더 깊숙이 어딘가로 숨어들어 가는 거 같았어, A는….

며칠씩 전화도 받지 않아 B가 찾아가 보면, A는 내가 마지막으로 A를 봤을 때와 마찬가지로 책의 집에서 책 속에 묻혀 책을 보고 있었다. 그렇게 몇 달이 흐르는 사이, B는 조금씩 지쳐 갔다. 나에게도 도움을 청했다. "그래도 A가 너랑 제일 친했고 너를 좋아했잖아. 네가 오면 A도 좋아하지 않을까." 내가 다녀간 후에도 A는 달라지지 않았다. B는 점점 더 외로워졌다. 그런 B에게 다가온 새로운 사람이, 지금 B의 아내였다. 물론 B가 처음부터 새로운 사람에게 마음을 열었던 건 아니었다.

"나를, 좋아해 주는 사람이 있어."

어느 날, B가 A에게 말했다. 천천히 책에서 고개를 들어, A가 두꺼운 안경 너머로 B를 바라봤다. 지금도 B는 그 날, 그 때, 그 순간 A의 표정을 잊을 수 없다고 했다. 아무 말도 하지 않고 B를 바라보던 A의 표정. 그 표정에 짓눌려 B가 다시 입을 열었다.

"나도… 그 사람이 싫지 않아."

그리고 또 한참이나 B는 기다렸다. A가 무슨 말이든 해 주길 바랐다. 화라도 내 주길, 조금이라도 섭섭한 기색을 보여 주길, 아주 미세하게라도 달라진 표정을 보여 주길. 하지만 여전히 A는 A였다. 특유의

그 초연한 표정. 그 누구와 함께 있어도 혼자라는 표정. 그리고 내게는 그것이 너무 당연하다는 표정. 참지 못하고 다시 입을 연 건 B였다.

"나한테, 무슨 할 말 없어?"

고개를 갸웃하며 한참을 생각하던 A는, 이렇게 말했다.

"그건… 잘된 일인가요?"

그렇게 A의 집을 나선 B는, 그 후 다시는 A의 집을 찾지 않았다. 처음 1년은, 혹시라도 A에게 연락이 올까 B는 한시도 휴대폰을 손에서 놓지 못했다. 그다음 1년은, 조금씩 새로운 사람에게 미안한 마음이 들었다. 그리고 그다음 1년은, A를 잊어야 한다 매일 결심했다. 그리고 그다음 해, B는 결혼을 했다.

오후 5시 47분. 겨울 해는 짧다. 어느새 창밖이 어두워지고 있었다. 하루 종일 내가 한 일이라곤 B의 메시지가 왔나 페이스북에 들어갔다, 혹시 A가 내 메일을 읽었나 수신확인을 또 확인하는 일, 그게 다였다. 그런데도 하루가 금세 지나가 버렸다. 저녁을 준비하는 동안에도 나는 A의 생각을 멈출 수 없었다. 그사이에도 휴대폰을 열어 몇 번이나 나는 B의 메시지와 A의 수신확인 여부를 체크했다.

오후 6시 59분. 어느덧 창밖이 깜깜해졌다. 설거지를 마치자마자 나는, 하루 만에 버릇이라도 돼버린 양 조급한 마음으로 휴대폰을 열어 메일사이트를 체크했다. 그 순간, 딩동. 새로운 메일이 도착했습니다.

- 세형 언니?

그게 다였다. 제목도 없는 A의 메일은 그게 다였다. 나는 서둘러 답장 버튼을 눌렀다.

- 그래, 나야! 너 도대체 어디서 어떻게 지내고 있는 거니?

A의 메일을 다시 기다리는 시간이 너무도 길게만 느껴졌다. 하지만 근 10년 만에 만나는 A의 말이 나는 그렇게 반가울 수 없었다. '세형 언니?' 고작 이 짧은 말 한마디에, 긴 겨울잠을 자고 있던 나의 뇌가 부슬거리는 봄비에 젖어 조금씩 깨어나고 있는 듯한 기분이 들었다.

"세형 언니?"

그게 언제였더라.

내가 A를 마지막으로 만난 것은, 십여 년 전 A의 집에서가 아니었다. 왜 나는 그날을 까맣게 잊고 있었던 걸까. 그날은 하루 종일 부산했던 할머니 제사였다. 아침 일찍부터 노량진에 있는 엄마집에 가서 제사음식을 준비했다. 음식 장만이 어느 정도 마무리됐을 땐, 오후 3시가 조금 넘은 시간. 잠깐 산책 좀 다녀올게요. 바깥공기가 너무도 절실해져 나는 엄마집을 나섰다. 그렇게 노량진 고시촌, 시대에 눌려 젊음의 빛을 상실한 이십 대 초중반의 아이들 사이를 걷다 어쩐지 한없이 마음이 답답해진 나는, 길가에 서서 잠깐 넋을 놓고 있었던 것 같다.

"세형 언니?"

A였다. 놀랍기도 하고 반갑기도 했지만, 어쩐지 이런 대낮에 이렇게

북적이는 길에서 우연히 A를 만난다는 것이 너무도 비현실적으로 느껴졌다. 근처 재수학원에 첨삭한 논술을 가져다주고 A는 집으로 돌아가는 길인 것 같았다.

"너는 여전히 책만 보면서 사는 거니?"

그때 내가 A와 정확히 어떤 대화를 나눴는지는 잘 기억나지 않지만, 지금 떠올려 봐도 그날의 A는 '이 사람이 정말 A가 맞을까' 싶을 정도로 꽤 말이 많았던 것 같다. 그래 봤자 지난 A에 비해서였지만.

"그냥 궁금했어요."

A가 말했다.

"도대체 엄마는, 뭐가 그렇게 두려웠던 걸까…."

엄마가 떠나간 후, A는 더욱더 엄마의 세계이기도 했던 책 속에 묻혀 지냈다.

"그래서 알게 됐니?"

내가 말했다. A는 조금 고개를 저어 보였다.

"아니요, 모르겠더라고요."

그리고 정말 모르겠다는 표정으로 한참이나 아무 말 없이 생각만 하고 있던 A가 다시 입을 열었다.

"언니라면 이해할 수 있을까요. 엄마에게서 내가, 그렇게 남겨져야 했던 이유를요."

A를 홀로 남겨지게 만든 것은, A 엄마 스스로의 결정이었다. 언젠가부터 책을 보던 A의 엄마가, 자꾸만 눈을 가늘게 뜨며 연신 눈을 깜박거리다 이내 피곤해하셨다. 그러다 책에서 눈을 떼 A에겐 보이지 않는

무언가를 한참이나 눈으로 좇고 계신 것 같았다. 그러다 힘을 줘 눈을 크게 감았다 뜨곤 다시 책을 보셨다. 그렇게 몇 달이 흐른 어느 날 아침, 엄마의 비명소리에 놀라 A는 잠에서 깼다.

"눈이… 눈이 보이지 않는다."

서둘러 병원으로 엄마를 모시고 가는 길, 엄마의 눈은 조금씩 다시 보이기 시작했다. 그러니 집으로 돌아가자. 하지만 태어나 단 한 번도 엄마의 큰 소리를 들어 보지 못했던 A는, 그날 아침 엄마의 비명소리를 잊을 수 없었다. 처음으로 A는 엄마의 뜻을 거역했다. 엄마를 모시고 찾아간 병원에선 수술을 해야 한다고 했다. 하지만 그다지 어려운 수술은 아니라고 했다. 완전한 회복 여부는 수술이 끝나고 경과가 지나 봐야 알겠지만 실명 확률은 아주 낮다고 했다.

"아주 낮지만, 일어날 수도 있다는 얘기 아닙니까?"

A의 엄마가 물었다. 그렇다고 의사가 답했다. 다음 날로 바로 수술 날짜를 잡고 집으로 돌아왔다. 그날 밤, A의 엄마는 스스로 떠나갔다. A는, 남겨졌다.

A의 세계는, 엄마와 책, 그뿐이었다. 엄마의 세계 역시, 책과 A, 였을거라 A는 믿었다. 그래서 외롭지 않았다.

"하지만 엄마는 나를 떠났어요."

아주 조금이라도 실명의 가능성이 있다면, 더 이상 볼 수 없게 된다면…. A의 엄마는, 눈먼 삶을 선택하지 않았다. 자신의 옆에 A가 있다해도, 눈먼 삶은 선택하지 않았다. A의 세계에는 엄마와 책이 있었지만, 엄마의 세계에는 A는 없고 책만 있었던 걸까. 엄마의 선택을 마주

하고 A는 3일을 꼬박 생각했다. 엄마의 선택을 이해하기 위한 시간이 필요했다. 하지만 A는 답을 찾을 수 없었다.

사육신공원 벤치에 그러고도 한참을 A와 나는 앉아 있었던 것 같다. 서로의 침묵을 낯설어하지 않고 그렇게 한참을 가을 햇볕 아래 앉아 있자니, 오래전 학교 잔디밭에서의 우리가 떠올랐다. 그리고 B…. A도, 그랬던 걸까.

"B 선배는 잘 지내나요?"

한참 만에 A가 입을 열었다. 아마도 내가 A에게서 B에 대한 질문을 받은 것은, 그때가 처음이자 마지막이었던 것 같다.

"응. 그런 것 같아. 나도 못 본 지 한참 됐지만…."

B의 결혼식에 다녀온 후 나도 B를 만나지 못했다.

"어쩌면 그때였던 것 같아요. 엄마도 어쩌면… 그런 생각을 해 보게 됐던 건."

"나를, 좋아해 주는 사람이 있어."

어느 날, B가 A에게 말했다.

"나도… 그 사람이 싫지 않아."

그 날, 그 때, 그 순간 B는 A에게서 듣고 싶었던 말이 있었다. 하지만 A는 그 말을 해 줄 수 없었다. 그 날, 그 때, 그 순간 A의 삶에는 여백이 없었다. A의 삶은 온통 단 하나의 생각으로 가득 차 있었다. 엄마. 엄마가 날 떠나간 이유. 내가 엄마에게서 남겨진 이유.

B를 떠나보낸 아니 B를 남겨지게 만든 A는, 그제야 어렴풋이 '엄마

도 어쩌면…'이란 생각을 하게 됐다. 엄마도 어쩌면… 나를 헤아릴 여백 따윈 없었던 게 아닐까. 엄마의 삶은 온통 단 하나의 생각만으로 가득 차 있었던 게 아닐까. 아빠. 아빠가 엄마를 떠나간 이유. 엄마가 아빠에게서 남겨진 이유.

"내가 아주 어렸을 때부터 우리집엔 TV가 없었어요."

A가 말했다. '눈이 먼다. TV는 눈을 멀게 한다. TV는 온통 거짓말만 한다.' A의 엄마는 TV 대신 책을 보셨다. 아니 엄마는 하루 종일, 아니 일생을, 책만 보셨다.

"딱 한 번 아빠에 대해 물어본 적이 있어요."

누구에게나 있는 아빠가 왜 내게는 없을까. 머리가 굵어지면서 A에게도 자연스레 그런 의문이 생겨났다.

"너희 아빠는 떠났다."

A의 엄마가 말했다. A는 그다음에 이어져야 할, 당연한 질문을 던졌다.

"왜요?"

하지만 A의 엄마는 그다음에 이어져야 할, 당연한 답을 내놓지 못했다.

"나도, 잘 모르겠다."

"……."

"세상이 온통, 거짓말만 해대서 말이다."

B를 떠나보낸 후 아니 B를 남겨지게 만든 후에야 A는, 엄마와 아빠

의 이야기를 쫓기 시작했다. 다시 두꺼운 안경 너머로 책을 보기 시작했다. 엄마가 읽던 책들을 쫓아갔다. 엄마의 책들엔 어떠한 공통점이 존재했다. 엄마의 책들엔 언제나 죽음이 있었다. 그것도 이유를 알 수 없는 죽음에 대한 이야기들. 그제야 A는 아빠의 죽음을 생각하기 시작했다. 엄마가 남겨진 이유는, 아빠의 죽음 때문이었을까. 그렇다면 아빠는, 왜 죽었을까. 잠겨 있던 엄마의 책상 서랍엔 오래된 신문 스크랩북이 있었다. 모두 단신 기사들이고, 한 군인에 대한 이야기였다. 군대에서 스스로 죽음을 선택한 한 젊은 군인의 이야기.

"언니라면 이해할 수 있을까요."

하지만 여기까지 이야기를 들었을 때도 나는 잘 이해가 되지 않았다.

"엄마에게서 내가, 그렇게 남겨져야 했던 이유를요."

군대에 간 남편이 스스로 죽음을 선택했다. 아내는 어린 딸을 홀로 키우며 세상을 등진 채 책에 묻혀 살았다. 그러다 어느 날 아내는 눈이 멀 수도 있다는 아주 낮은 확률에 스스로 목숨을 끊었다. 딸을 남겨 둔 채…. 내가 뭘 놓친 걸까. 미간을 찌푸리며 나는 생각했다. 그런 내 마음을 읽기라도 한 듯 A가 다시 입을 열었다.

"저도 도무지 잘 모르겠더라고요. 그래서 O 교수님을 찾아갔던 것 같아요."

"아빠를 많이 닮았구나…."

A는 엄마의 장례식장에서 만났던 O교수를 찾아갔다. 하지만 만날 순 없었다. 안식년이었던 O교수는 미국에 머물고 있었다. 집으로 돌

아와 A는 O교수에게 메일을 썼다. 일주일이 지나 O교수에게 답이 왔다.

"하지만 저는 O교수님의 답을 듣고도 엄마를 온전히 이해할 순 없었어요. 그게 왜 내가 엄마에게서 남겨진 이유가 될 수 있는지…. 저는 아직도 잘 모르겠어요."

그게 A의 마지막 말이었던 것 같다. 그땐 이미 이제 막 시작된 석양빛에 사육신공원의 나무들이 조금씩 색을 달리하고 있었고, 내 휴대전화가 바쁘게 울려대기 시작했다. 친척들이 오시기 시작했고 저녁상도 준비해야 하니 어서 들어오라는 엄마의 전화였다. 나는 서둘러 A와 작별인사를 나누며 또 보자는 말과 함께 정신없이 헤어졌다. 하지만 그게 또 벌써 몇 년 전의 일이다. 그 후 우리는 또 보지 못했다. 우리가 서로 연락할 방법이 없다는 걸, 나는 A와 헤어진 이후에야 깨달았다. 그리고 그 후 나는 또 정신없이 바쁜 하루하루를 살았다. 그렇게 나는 A를 잊고 지냈다.

오후 6시 59분.
- 세형 언니?
오후 7시 01분.
- 그래, 나야! 너 도대체 어디서 어떻게 지내고 있는 거니?

A에게서 온 메일과 내가 A에게 보낸 메일 사이를 왔다 갔다 하며,

나는 한참이나 A를 생각했다. 하지만 좀처럼 A의 얼굴은 떠오르지 않고, 영화 '여자, 정혜'에서 정혜 역을 맡았던 배우 김지수의 얼굴만이 떠올랐다. 정혜는 세상을 향한 문을 스스로 닫았다. 닫힌 문 안에서 홀로 살아갔다. 그렇다고 불행해 보이지도 행복해 보이지도 않았다. 늘 무심하고 초연한 표정일 따름이었다. 그런 정혜가 딱 한 번 화를 낸다. 정혜의 속눈썹 하나가 빠져 볼에 붙어 있는 것을 직장동료가 떼어 불어버리던 장면이었다. "그냥 그렇게 버려버리면 어떡하니? 불어서 버리기 전에 소원을 빌었어야지!" 그때도 나는 생각했던 것 같다. 저 무심하고 초연한 표정의 정혜에게도 소원이라는 게 있었던 걸까. 그렇다면 그 소원이란 건 무엇이었을까.

오후 7시 47분, 딩동. 새로운 메일이 도착했습니다. 드디어 A에게서 또 한 번의 답 메일이 왔다.

- 언니. 어디서부터 어떻게 이야기를 시작해야 할지 모르겠어요.

- A에게. 어디서부터 어떻게 이야기를 시작해야 할지 모르겠구나.

A에게 보내온 O교수의 답 메일도 그렇게 시작했던 것 같다. O교수의 메일엔 A의 엄마와 아빠가 어떻게 만났고, 어떻게 사랑을 키워 갔는지에 대한 이야기가 적혀 있었다. O교수의 고등학교 후배였던 A의 아빠는 법대생이었고, A의 엄마는 그때 이미 등단한 시인으로 O교수와는 젊은 문인들과의 모임에서 알게 된 사이였다. 어두운 시절이었다. A의 아빠에겐 곧 수배가 떨어졌다. 수배 생활은 길지 않았다. 검거된 A의 아빠는 곧 군대에 끌려갔다. 군대 생활은 6개월을 채 넘기지

못했다. 곧 화장이 이루어졌고 장례가 끝났다. A의 엄마는 '그럴 리가 없어요.'라는 말만 되풀이하는 사람이 됐다. 지인들을 통해 방송국에도 신문사에도 찾아갔다. 하지만 TV에선, 신문에선, 모두 자살이 틀림없다고 말했다. '그럴 리가 없어요. 세상이 온통 거짓말만 해대고 있다고요.' 하지만 A의 엄마가 할 수 있는 일은 아무것도 없었다. A의 엄마는 아내도 아니었다. '하지만 그 사람도 알고 있었어요. 곧 아기가 태어날 것을 그 사람도 알고 있었어요. 그럴 리가 없어요.' A 엄마의 이야기를 들어주던 사람들은 점점 줄어 갔다. 자신도 그중 하나였다고 O 교수는 고백했다. 그 후 A의 엄마가 어떻게 살아왔는지는 O 교수도 잘 모른다고 했다. 다만 몇 년 후, 고속버스터미널에서 구입한 어떤 싸구려 잡지에 실린 시 한 편을 보고, 이것이 혹 A 엄마의 시가 아닐까 생각했을 뿐이었다. 정확한 내용은 기억나지 않지만 그 시의 제목은 '홀로 눈뜬 자의 밤'이었다고 했다. 세상이 모두 눈을 감아도/ 내 두 눈을 감길 순 없으리// 깜깜한 밤에도 부릅뜬 내 눈이/ 부릅뜬 상태로 멀어버린 날에는/ 내 스스로 내 두 눈에/ 밤을/ 선물하리//

그래서 A 엄마는 자신에게 밤을 선물했던 것일까. 눈이 먼 세상을 향해 스스로 문을 닫아버린 그녀에게 있어 가장 큰 두려움은 그것이었을까. 그녀 자신 또한 눈이 머는 것. 그래서 그녀는 끝내 자신에게 밤을 선물한 것일까.

나는 잘 모르겠다. 그녀의 선물, 그녀의 선택에 대한 판단은 내가 할 수 있는 일이 아니었다.

"하지만 저는 O교수님의 답을 듣고도 엄마를 온전히 이해할 순 없었어요."

다만 슬펐던 것 같다. 깜깜한 밤에 깜깜한 눈으로 살아가는 사람들을 향해 스스로 문을 닫아버리고 철저히 혼자가 돼 홀로 눈뜬 자의 삶을 살아갔던 그녀의 삶이, 슬펐다. 그리고 또 슬펐다. 그녀의 슬픔으로 인해 남겨진 또 다른 누군가.

"그게 왜 내가 엄마에게서 남겨진 이유가 될 수 있는지…. 저는 아직도 잘 모르겠어요."

A. 홀로 남겨진 슬픔에 스스로 세상을 향한 문을 닫고 책 속에 묻혀버린 A의 삶 역시, 나는 슬펐다. 처음엔 그저 엄마를 따라 책을 봤다. 세상이 엄마와 책뿐이었다. 다음엔 엄마를 이해하기 위해 책을 봤다. 오랜 시간 A의 곁을 맴돌던 B에게마저 문을 닫아버린 채, A는 책의 세상에 남겨졌다. 엄마도 B도 없는, 오직 책뿐인 세상에 남겨진 A. 그러다 결국 스스로 책이 되어버린 A의 삶 또한, 나는 한없이 슬펐다.

오후 7시 47분.

- 언니. 어디서부터 어떻게 이야기를 시작해야 할지 모르겠어요.

A에게서 온 메일을 보며 이른 아침 B와 내가 주고받았던 메시지들이 떠올랐다.

- A에게 메일 보냈어. '읽음' 표시가 뜨거나 답이 오면 알려 줄게. 그런데 그 A의 전화라는 게 이렇게 걱정할 일인 거니?

- 글쎄, 나도 잘 모르겠는데…. 어쨌든 그 전화에는, 누구라도 응답해야만 할 것 같았어.

나는 이제야 B의 말을 온전히 이해할 수 있을 것 같았다.

그 전화에는, 누구라도 응답해야만 할 것 같았어.

어제 오후 B의 회사로 한 통의 전화가 걸려 왔다. 모르는 번호였다. 안 그래도 바쁘고 정신없는 가운데 모르는 일반전화번호라는 게 스팸일 것 같아 B는 그 전화를 받지 않았다. 하지만 전화는 연거푸 세 번이나 다시 걸려 왔다. 짜증이라도 낼 마음으로 B는 전화를 받았다.

"여보세요."

"……."

"여보세요!?"

"…… 저기……."

"네?"

"저기… 아, 안경이 깨졌어요."

"네?"

"안경이 깨져서 아무것도 보이지 않아요. 집에 가야 하는데…."

"네? 지금 무슨 말씀하시는 겁니까?"

"그러니까 아, 안경이… 아니… 죄, 죄송합니다."

전화는 끊겼다.

언제나 두꺼운 안경 너머로 책을 보고 있던 A였다.

"안경 벗으면 바로 앞에 있는 사람 얼굴도 못 알아보던데?"

일주일에 한 번 있는 외출이었다. 지나가는 행인과 어깨가 부딪혔

다. 안경이 떨어졌다. 서둘러 주우려는 순간 누군가 안경을 밟았다. 거리엔 수많은 사람들이 있었지만, A는 그 누구의 얼굴도 읽을 수 없었다. 지나가는 버스의 번호도 읽을 수 없었다. 거리의 수많은 간판도 읽을 수 없었다. 대낮인데도 나만 홀로 아무것도 보이지 않는 깜깜한 밤에 서 있는 것 같았다. 환한 밤에, 깜깜한 낮에 갇혀버린 A는 그렇게 얼마나 오랜 시간 홀로 서 있었던 걸까. 아무도, 아무것도 읽을 수 없다는 절망 속에 얼마나 오랜 시간 그렇게 홀로 서 있었던 걸까.

처음으로 A는 두려움이란 것을 알게 됐는지도 모른다.
안경이 깨졌다. 아무것도 읽을 수가 없다.
처음으로 A는 엄마의 마음을 이해할 수 있게 됐는지도 모른다.
눈이 멀면, 아무것도 읽을 수 없다. 아무것도 볼 수 없다.

눈이 멀면,
모두가 거짓말을 하고 나를 속여도,
나는 아무것도… 볼 수 없다.

깜깜한 세상에 깜깜한 눈으로 버려진다는 두려움. 그 두려움에 A의 엄마는 스스로에게 밤을 선물했다. 그 두려움에 A는 조심스레 세상 밖으로, 아니 어쩌면 세상 안으로 손을 뻗었다.

누군가는, 그 손을 잡아야 한다.

오후 7시 47분.

- 언니. 어디서부터 어떻게 이야기를 시작해야 할지 모르겠어요.

A의 메일에 나는 서둘러 답장을 썼다.

- 이야기는 천천히 하자. 지금 어디니? 집에 있니? 주소만 남겨 줘. 내가 지금 갈게.

나는 서둘러 옷을 입었다. 그러면서 다시 A의 얼굴을 떠올려 보려 애썼다. 역시나 A의 얼굴은 떠오르지 않고 정혜의 얼굴만 떠올랐다. 정혜의 볼에 붙은 속눈썹을 떼어 불어버리는 직장동료에게 정혜는 말했다. "그냥 그렇게 버려버리면 어떡하니? 불어서 버리기 전에 소원을 빌었어야지!" 영화 내내 무심하고 초연하게, 혼자의 표정으로 혼자의 삶을 살아가던 정혜가 처음으로 화를 내던 장면. 영화가 끝나고 엔딩 크레딧이 올라갈 때야 비로소 나는, 정혜의 소원을 짐작해 볼 수 있었다. 스스로 혼자를 선택한 그 이유가 무엇이든, 정혜는 어쩌면 바라고 있었는지도 모른다.

누군가를, 만나고 싶다고.

혼자인 자신의 삶에 누구라도 문을 두드려 주기를.

아무도 문을 두드려 주지 않는다면

조심스레 뻗은 내 손을, 누구라도 잡아 주기를.

누군가는, 그 손을 잡아야 한다.

그렇게 정혜는 배우 황정민이 역을 맡았던 '작가'를 만난다.

서둘러 차 키를 챙기며 메일함을 다시 확인했다. A의 주소를 옮겨 적고 집을 나섰다.

나는 지금, A를 만나러 간다.

다음에, 다시 올게요

누가 아침마다 내 책상만 치워 줘도 꽤 괜찮은 작가가 될 텐데.

어떤 소설의 작가의 말을 보다, 피식 웃음이 났다. 부모에게 얹혀살며 변변한 벌이도 없이 습작을 하던 시절, 그는 투덜대곤 했단다. 누가 아침마다 내 책상만 치워 줘도 꽤 괜찮은 작가가 될 텐데.

나는 오늘 빨래만 세 번 돌렸다. 수건들을 비롯한 하얀색 계열의 빨래들을 먼저 돌리고, 그다음엔 색깔 있는 빨래들을 돌렸다. 그러고도 뭔가 아쉬웠는지, 침대보까지 벗겨내 이불 빨래까지 돌렸다. 이쯤 되면 이런 생각이 들 수밖에 없다. 나는 빨래를 좋아하는 걸까. 아니면 그냥 지금 글을 쓰기 싫은 걸까.

방송작가부터 시작해 글을 쓰고 산 지 15년이 됐다. 나도 처음에는 그런 생각을 많이 했다. 누가 빨래만 해 줘도, 누가 밥만 해 줘도, 누가 청소만 해 줘도…. 글이 잘 안 써질 때 댈 수 있는 핑계는 끝도 없이 떠올랐다. 물론 그건 지금도 마찬가지다. 점심 먹고 설거지하고 어제 새벽까지 어질러 놓은 집 좀 치우고 책상에 앉으면, 이번엔 책상이 엉망이다. 책상 정리까지 마치고 뒤를 돌아보면, 책장에 앉은 먼지들이 눈에 들어온다. 책장의 먼지들을 다 닦아낼 새도 없이 배가 고파 온다. 저녁 먹고 설거지하고 또 그러면…. 나 대체 글은 언제 쓰니. 하지만 지금의 내가 15년 전의 나와 조금은 달라진 것이 있다면, 이제는 나도 알고 있다는 거다. 그 모든 것이 정말 '핑계'일 뿐이라는 걸.

두 번째 책을 내면서 내가 제일 좋았던 것은, 적어도 당분간은 이런 소리 안 들어도 되겠구나 였다. '너 앞으로 뭐하고 살래? 다음 책은 쓰고 있니? 언제 낼 거야?' 첫 책을 내고 방송국까지 그만둔 나는, 두 번째 책을 낼 때까지 2년 반 동안 거의 매일 그런 얘길 듣고 살았다. 그때 나는 다음 책을 내기 위해 방송국을 그만둔 게 아니었기 때문에, 오히려 이젠 글을 그만 쓰고 싶어서 작가 일을 그만둔 것이었기에, 한동안은 잔소리 심한 지인들은 만나고 싶지 않은 기분까지 들었다. 그런데 배운 게 도둑질이라고 나는 어느새 다시 글을 쓰고 있었고, 두 번째 책을 내게 됐다. 그리고 기대했다. 적어도 당분간은 그런 소리 안 들어도 되겠지. 하지만 책을 내고 일주일도 지나지 않아 나는 또 그 소리를 들어야 했다. '다음 책은요? 작가님 다음 책 준비하고 계신 거 있나요?'

그리고 그때마다 내 머릿속엔 수많은 핑계들이 떠올랐다. 저기, 저 일주일 전에 새 책 냈는데…. 한 달이 지나도, 반년이 지나도, 일 년이 지나도, 핑계들은 끝도 없이 떠올랐다. 누가 아침마다 내 책상만 치워 줘도, 보일러가 고장 나서 너무 추워요, 봄이 왔잖아요, 광합성 좀 하고 오겠습니다, 뉴스를 보고 있으니 너무 슬퍼서 글을 못 쓰겠어요. 심지어 컴퓨터가 고장 났을 때는 한없이 심란하면서도, 내 마음 깊숙한 곳에서 누군가 웃고 있는 게 느껴졌다. 이번엔 정말 어쩔 수 없는 거야. 나는 너무 글이 쓰고 싶지만 컴퓨터가 고장 났잖아?

하지만 언제나 그랬듯 그 핑계에도 끝은 찾아왔다. 컴퓨터를 고쳐 보려 애쓰다 결국은 포기하고 새 컴퓨터를 샀다. 새 컴퓨터를 산 김에 밀린 사진 정리와 원고 정리까지 마치고 나니, 나는 더 이상 할 일이 없어졌다. 설거지도 다 했고, 빨래도 다 했고, 청소도 다 했고…. 나는 이제 뭘 해야 하지. 그때 한 선배가 말했다. "이제 정말 써야겠네. 더 이상 댈 핑계도 없잖아?"

마감 때문에 숙제처럼 썼던 글 외에는, 도무지 맘이 잡히지 않아 수많은 핑계들로 한없이 미뤄만 왔던 내 글들을, 그제야 나는 조금씩 쓰기 시작했던 것 같다. 지금까지 내가 써 왔던 글들과는 조금 또 다른 느낌의 글들이었다. 나는 10년이나 방송작가를 했고, 두 권의 에세이 책을 냈다. 그래서 늘 두려웠다. 내가, 이런 글을 써도 되는 걸까. 그 글들이 어느새 꽤 모였을 때, 나는 한 선배에게 그 글들을 보여 줬다.

"이제야 조금씩 네 욕망이 나오기 시작했구나. 원래 그런 거야. 모든

핑계가 사라지고 나면, 사람들은 알게 되거든. 자신의 진짜 욕망을."

모든 핑계가 사라지고 나면…. 선배의 말이 머릿속에서 떠나지 않았다. 그러다 어떤 영화가 떠올랐다.

좋은 소설을 쓰고 싶은, 좋은 예술가가 되고 싶은 한 남자가 있었다. 그는 1920년대의 파리를 동경한다. 'Let's do it'의 작곡가 콜 포터, '위대한 개츠비'의 작가 스콧 피츠제럴드, 그의 연인이자 소설가인 젤다 피츠제럴드, 작가이자 예술비평가로 유명한 거트루드 스타인, 그 외에도 너무나 유명한 헤밍웨이, 피카소, 살바도르 달리 등이 함께 살고 있던 골든 에이지Golden Age, 1920년대의 파리를 동경하며 남자는 생각했다. 나도, 그 시절에 살았더라면….

영화 속에서 남자의 소원은 이뤄진다. 자정을 알리는 시계탑 종소리와 함께 멀리서 나타난 구형자동차. 그 자동차는 그를 1920년대의 파리로 데려간다. 남자는 그곳에서 한 여자를 만난다. 그들에겐 과거를 동경한다는 공통점이 있다. 남자가 그토록 동경해 마지않던 1920년대의 파리. 그런데 정작 그 시절을 살고 있는 여자는 도리어 이렇게 말한다. '과거는 늘 나에게 큰 매력이었죠. 나는 늘 내가 너무 늦게 태어났다고 생각해요. 아름다운 시대에 태어났더라면….'

물랑 루즈와 레스토랑 맥심으로 고갱, 드가, 로트렉 등의 예술가들이 모이던 19세기 말 20세기 초의 파리. 아름다운 시대, 벨 에포크La Belle Époque를 동경하는 여자. 영화는 여자의 소원 역시 이뤄 준다. 자정을 알리는 시계탑 종소리와 함께 나타난 마차. 그 마차를 타고 두 사람은 벨 에포크로 넘어간다. 그런데 그곳에서 만난 고갱은 또 이렇게

말한다. '이 시대는 텅 비고 상상력이 없어요. 살았다면 차라리 르네상스 시대가 낫죠.'

현재를 살고 있는 남자는 1920년대를 동경하고, 1920년대를 살고 있는 여자는 19세기 말을 그리워하고, 19세기 말을 살고 있는 예술가는 또 르네상스 시대를 부러워한다. 나도, 그 시절에 태어났더라면….

어느 시대에나, 누구에게나, 핑계는 있었다. 모든 핑계가 사라지고 나면…. 그것을 위해 영화는 남자를 과거로 데려간다. 그곳에서도 핑계가 생긴다면 더 과거로, 더 과거로…. 그리고 영화는 끝내 이렇게 마침표를 찍는다. '내가 정말 가치 있는 소설을 쓰고 싶다면 내 환상을 없애야죠. 내가 과거에 태어났다면 행복했겠다는 환상이요.' 어쩌면 모든 핑계는 환상일지도 모른다. 진짜 나, 진짜 나의 욕망과 마주하는 것이 두려워 내 머리가 나에게 꾸며대는 환상, 거짓말.

누가 아침마다 내 책상만 치워 줘도 꽤 괜찮은 작가가 될 텐데.

습작생 시절 이렇게 투덜대곤 했다는 소설가. 어느 날 그의 아버지가 그 얘기를 들으셨다. 그리고 그날부터 이 층 그의 방에 올라와 책상을 말끔히 치운 후, 꽁초가 수북이 쌓인 재떨이를 비우고 물로 말끔히 씻어 다시 갖다 놓으셨다. 그의 핑계는 사라졌고, 그는 소설가가 되었다. 그런데 나는 그 구절을 읽으며, 이런 생각을 했다. 아마도 당신은, 아버지가 당신의 책상을 치워 주지 않으셨다 해도 소설가가 되지 않았을까요. 그것이 당신의 진짜, 욕망이었으니까요.

나는 앞으로 커서 대체 뭐가 될까. 이제 곧 마흔인데도 나는 종종 이런 생각을 한다. 그리고 언제나 그게 제일 힘들다. 나는 앞으로 커서 뭐가 될까, 뭐가 되고 싶은 걸까, 내가 정말 원하는 건 대체 뭘까. 눈을 감고 하나씩 하나씩 핑계를 거두어 본다. 내가 이것을 할 수 없는 핑계, 내가 저것을 할 수 없는 핑계. 모든 핑계를 거두고 나면, 그리고 운이 좋다면, 나는 만날 수 있을지도 모른다. 진짜 나, 진짜 나의 욕망을.

세 번째 책을 마무리하고 있는 요즘, 나는 여전히 철이 덜 들어서인지 역시나 이 점이 가장 기대가 된다. 적어도 당분간은 이런 소리 안 들어도 되겠지. '앞으론 어떻게 살 건데? 다음 책은? 다음 책은 준비하고 있어?' 물론 일주일도 지나지 않아 그 질문을 해 올 사람들 또한 분명 있으리라는 걸 이제는 나도 안다. 그런데 나는 이제 '저기, 저 일주일 전에 새 책 냈는데….' 잔뜩 볼이 부은 표정으로 억울해하지만은 않을 것 같다. 내 안에, 답이 준비돼 있기 때문이다.

다음 책은, 저도 전혀 짐작이 안 됩니다.
이제 겨우 제 욕망과 만나는 법을 익혔거든요.
조금만 기다려 보세요.
제 진짜 욕망이 도대체 뭔지 제가 먼저 잘 살펴보고,

다음에,
다시 올게요.

도움을 받다

책

나를, 의심한다

속죄 Atonement _ 이언 매큐언 Ian McEwan _ 2003, 문학동네, 한정아 옮김

젠장, 큰일이다

아서 코난 도일 Arthur Conan Doyle _ 셜록 홈즈 전집 2 '배스커빌의 개' 중에서 _ 2002, 시간과 공간사, 정태원 옮김

내 생애 최고의 여행

2006년 10월 13일 저녁 9시 47분 _ '나는 아직, 어른이 되려면 멀었다' 중에서 _ 2010
뜻하지 않은 길을 가다 뜻하지 않은 즐거움을 만나다 _ '나는 아직, 어른이 되려면 멀었다' 중에서 _ 2010
우리가 끊임없이 타인을 찾아 헤매는 이유 _ '나는 다만, 조금 느릴 뿐이다' 중에서 _ 2013

음악을 읽다 | 내 마음은

약국 _ '올리브 키터리지 Olive Kitteridge' 중에서 _ 엘리자베스 스트라우트 Elizabeth Strout _ 2010, 문학동네, 권상미 옮김

W 617

서울 1964년 겨울 _ '김승옥 소설전집 1' 중에서 _ 김승옥 _ 1995, 문학동네

소설처럼 Comme un Roman _ 다니엘 페나크 Daniel Pennac _ 2004, 문학과지성사, 이정임 옮김

친절한 복희씨 _ 박완서 _ 2007, 문학과지성사

살인자의 건강법 Hygiene de L'assassin _ 아멜리 노통 Amelie Nothomb _ 2004, 문학세계사, 김민정 옮김

여전히 참, 너답다

친구의 연애 _ '나는 다만, 조금 느릴 뿐이다' 중에서 _ 2013

정말, 정(正)말입니다

침묵의 뿌리 _ 조세희 _ 1995, 열화당

인중을 긁적거리며 _ '눈앞에 없는 사람' 중에서 _ 심보선 _ 2011, 문학과지성사

다음에, 다시 올게요

살인자의 기억법 _ 김영하 _ 2013, 문학동네

영화

젠장, 큰일이다

이웃집 토토로 となりのトトロ _ 1988, 미야자키 하야오 宮崎駿

복숭아

천장지구 天若有情 _ 1990, 진목승 陳木勝

내 생애 최고의 여행

아비정전 阿飛正傳 _ 1990, 왕가위 王家卫

14구역 _ '사랑해, 파리 Paris, Je T'Aime' 중에서 _ 2006, 알렉산더 페인 Alexander Payne

외톨이

월터의 상상은 현실이 된다 The Secret Life of Walter Mitty _ 2013, 벤 스틸러 Ben Stiller

어른의 영화

베테랑 Veteran _ 2015, 류승완

음악을 읽다 | 그 노래

안녕, 헤이즐 The Fault in Our Stars _ 2014, 조쉬 분 Josh Boone

누군가는, 그 손을 잡아야 한다

여자, 정혜 _ 2005, 이윤기

다음에, 다시 올게요

미드나잇 인 파리 Midnight in Paris _ 2011, 우디 앨런 Woody Allen

노래

에스컬레이터

왕자와 병사들 _ 모자이크 3집 '밤이 찾아오면' 앨범 중에서 _ 1995

배우

언제나 이렇듯, 어느 날 갑자기

필립 세이모어 호프만 Philip Seymour Hoffman _ 1967년 7월 23일 - 2014년 2월 2일

나를, 실망시키지 않았으면 좋겠다

젊은 우리 사랑

젊은 우리 사랑 _ 검정치마 2집 'Don't You Worry Baby (I'm Only Swimming)' 중에서 _ 2011

너무 많은 일기장

깊은 밤 전화번호부 _ 장기하와 얼굴들 2집 '장기하와 얼굴들' 중에서 _ 2011

마음이, 너무 바빠서

싸구려 커피 _ 장기하와 얼굴들 1집 '별일 없이 산다' 중에서 _ 2009

뭘 그렇게 놀래

별일 없이 산다 _ 장기하와 얼굴들 1집 '별일 없이 산다' 중에서 _ 2009

뭘 그렇게 놀래 _ 장기하와 얼굴들 2집 '장기하와 얼굴들' 중에서 _ 2011

조금 무모한 일이 될지 모른다 해도

주성치와 함께라면 _ 달빛요정역전만루홈런 _ 컴플레이션 앨범 'Life' 중에서 _ 2010

치킨런 _ 달빛요정역전만루홈런 3집 'Goodbye Aluminium' 중에서 _ 2008

절룩거리네 _ 달빛요정역전만루홈런 1집 'Infield Fly' 중에서 _ 2004

요정은 간다 _ 달빛요정역전만루홈런 3집 'Goodbye Aluminium' 중에서 _ 2008

팟캐스트

마음이, 너무 바빠서

김영하의 책 읽는 시간

나를, 실망시키지 않았으면 좋겠다

17세의 나레이션 _ 강경옥

별빛 속에 _ 강경옥

설희 _ 강경옥

현재진행형 ING _ 강경옥

드라마 & TV 애니메이션

우리의 전성기는 언제였을까

섹스 앤 더 시티 Sex And The City

나는 원래…

빨강 머리 앤 _ Anne Of Green Gables 赤毛のアン

골든 타임 Golden Time

익숙함을 놓아버린다는 것

빅뱅이론 The Big Bang Theory

노래

작가 코스프레

사랑은 은하수 다방에서 _ 10cm 1집 '1.0' 중에서 _ 2011

아메리카노 _ 10cm Digital Single _ 2010

어른이 된 나는 어지러워

새벽 4시 _ 10cm 'The First EP' 중에서 _ 2010

끝내 떠오르지 않는 그리움이 그리워

겨울 이야기 _ DJ DOC 3집 'D除2德' 중에서 _ 1996

영화

내 맘 같지 않은 지금

장미의 이름 The Name Of The Rose _ 1986, 장 자크 아노 Jean-Jacques Annaud

착한 사람들에 의한 착한 세상

르 아브르 Le Havre _ 2011, 아키 카우리스마키 Aki Kaurismaki

우리는 모두 섬이다

어바웃 어 보이 About A Boy _ 2002, 크리스 웨이츠 Chris Weitz, 폴 웨이츠 Paul Weitz

그래도 나는 하지 않았어

그래도 내가 하지 않았어 それでもボクはやってない _ 2006, 수오 마사유키 周防正行

다른 꿈은 엄두조차 나지 않으니까

업 Up _ 2009, 피트 닥터 Pete Docter, 밥 피터슨 Bob Peterson

위악

가족의 탄생 Family Ties _ 2006, 김태용

사랑한다, 사랑하지 않는다 _ 2011, 이윤기

만화

너무 많은 일기장

마음의 소리 _ 조석

익숙함을 놓아버린다는 것

삐리리~ 불어봐! 재규어 ピューと吹く!ジャガー _ 우스타 쿄스케 うすた京介

녹차와 김

심야식당 深夜食堂 _ 아베 야로 安倍夜郎

책

우리들은 모두 무엇이 되고 싶다

꽃 _ 김춘수

홀로 북극에 버려진 펭귄

두근두근 내 인생 _ 김애란 _ 2011, 창비

꼬박 일 분간의 지극한 행복

백야 _ '우스운 자의 꿈' 중에서 _ 표도르 도스토옙스키 Fyodor Mikhaylovich Dostoevsky _ 2000, 작가정신, 고일 옮김

우리가 끊임없이 타인을 찾아 헤매는 이유

미녀 _ '체호프 단편선' 중에서 _ 안톤 체호프 Anton Pavlovich Chekhov _ 2002, 민음사, 박현섭 옮김

우리는 모두 섬이다

어바웃 어 보이 About A boy _ 닉 혼비 Nick Hornby _ 2002, 문학사상사, 김선형 옮김

규칙 놀이

분노하라 Indignez-vous! _ 스테판 에셀 Stephane Hessel _ 2011, 돌베개, 임희근 옮김

그래도 나는 하지 않았어

나는 나를 파괴할 권리가 있다 _ 김영하 _ 1996, 문학동네

우리는 누구나 선택한 삶을 살아간다, 기본적으로는

나를 바꾸는 글쓰기 공작소 _ 이만교 _ 2009, 그린비

형편없는 작가, 제법 괜찮은 작가, 훌륭한 작가, 위대한 작가

유혹하는 글쓰기 On Writing _ 스티븐 킹 Stephen Edwin King _ 2002, 김영사, 김진준 옮김

조금 무모한 일이 될지 모른다 해도

행운아 _ 달빛요정역전만루홈런 _ 2011, 북하우스

자학과 자뻑

갈매기 _ '벚꽃 동산' 중에서 _ 안톤 체호프 Anton Pavlovich Chekhov _ 2009, 열린책들, 오종우 옮김

퓨리턴의 초상 _ 김수영 _ 1976, 민음사

도움을 받다